面向

公平正义和共同富裕的
政府再分配责任研究

史瑞杰 韩志明 等著

中国社会科学出版社

图书在版编目（CIP）数据

面向公平正义和共同富裕的政府再分配责任研究／史瑞杰等著.—北京：中国社会科学出版社，2021.5

ISBN 978 – 7 – 5203 – 8067 – 6

Ⅰ.①面…　Ⅱ.①史…　Ⅲ.①收入分配—经济体制改革—研究—中国　Ⅳ.①F124.7

中国版本图书馆 CIP 数据核字（2021）第 041814 号

出 版 人	赵剑英
责任编辑	许　琳
责任校对	鲁　明
责任印制	郝美娜

出　　版	中国社会科学出版社
社　　址	北京鼓楼西大街甲 158 号
邮　　编	100720
网　　址	http://www.csspw.cn
发 行 部	010 – 84083685
门 市 部	010 – 84029450
经　　销	新华书店及其他书店

印　　刷	北京君升印刷有限公司
装　　订	廊坊市广阳区广增装订厂
版　　次	2021 年 5 月第 1 版
印　　次	2021 年 5 月第 1 次印刷

开　　本	710×1000　1/16
印　　张	37.5
字　　数	615 千字
定　　价	198.00 元

序　言

公平正义是实现社会和谐的基本条件，共同富裕是社会主义的本质要求。改革开放四十多年来，中国的经济、政治、文化和社会发展取得了令世人瞩目的巨大成就，广大人民群众的获得感、幸福感也随之不断增强。党的十八大以来，中国特色社会主义进入新时代，我国社会主要矛盾已经转化为人民日益增长的美好生活需要和不平衡不充分的发展之间的矛盾。人民美好生活需要日益广泛，不仅对物质文化生活提出了更高要求，而且在民主、法治、公平、正义、安全、环境等方面的要求日益增长。而发展的不平衡不充分也内含着公平正义问题。这说明社会主要矛盾的转换使公平正义的问题也凸显出来，说明由社会主要矛盾所决定的种种社会问题都不能依靠市场和社会自发地解决，而必须发挥政府主动担当作为的责任意识和责任能力，针对实现充分、平衡发展的主要制约因素，制定和实施合理的政策和措施。从这个要求来看，由史瑞杰、韩志明等学者在国家社科基金重点项目基础上形成的这部著作《面向公平正义和共同富裕的政府再分配责任研究》，是适应社会主要矛盾变化而完成的一项重要课题。我粗读这部著作，觉得它有以下三个主要特点。

一是确立了分配性问题的政治思维向度。社会主要矛盾中的不平衡现象，既包括区域、城乡、阶层的发展不平衡，也包括人们在经济、政治、文化等领域参与机会的不平衡。毫无疑问，收入分配差距和贫富悬殊是发展不平衡的结果和表现，也是发展不平衡的一个原因，但不能把发展不平衡归结为单一的收入分配问题。正如书中所说，解决和弥合收入差距和贫富悬殊不能仅就收入分配本身考虑问题。造成这些问题的原因是多方面的：既有具体操作层面的不公，如一些竞争门槛的不公平设定，又有制度机制方面的不公平对待，如权利保障机制、利益表达机制等方面的失衡和不对称；既有公共政策的不完善，如对效率与公平关系的曲解和对弱势群体的保护方面存在的问题，又有唯 GDP 论思维和各种政绩工程作祟等等。正是由于这诸多因素造成了收入分配差距和不平衡问题。因此本书提出，不能只在蛋糕的分割上做文章，而必须从生产蛋糕的过程和源头入手彻底解决不平衡问题，这样才能保证分配结果趋于实质公平和正义。从这方面看，将收入分配限定在国民收入分配的传统观点和做法，无论是初次分配、再分配和第三次分配，都只是单纯经济观点的产物。而要从根本上进行收入分配体制改革，就必须树立政治思维的向度，即从权力结构的改变和社会权利的重新配置等方面加强顶层设计。应该说，这些观点和主张都是非常有见地的，具有创新性。

二是提出了价值分配体系和政府再分配责任。与以往对收入分配的理解和划分不同，本书将社会生产的所有价值（好）以及生产这些价值的相关要素和条件都看作是价值分配的内容；与之相适应，将价值分配途径主要划分为市场分配、政府分配和社会分配，三者共同构成价值分配体系。在价值分配体系中，无论是市场分配、社会分配还是政府分配，权力都是分配的重要手段，也是决定分配结果的关键，价值分配状况就是权力关系及其运行状况的函数。同时，本书认为，分配又是一个动态的政治过程，分配过程中的权力博弈是影响分配结果的重要变量。因此，要改变价值分配状况，就要改变价值分配体系的权力结构。与对权力结构在价值分配体系中的重要性的认识相一致，要确保每个人的权利受到同样的尊重，就要建立相应的法律法规，提高政府有效的制度供给能力。与上述认识相一致，本书的篇章结构安排，在引论"政府再分配责任及其理论和实践探索"的基础上，设计了"政府再分配责任视域中的公民权利配置""政府在经济领域的分配和再分配责任""政府在公共财政体系优化中的责任""政府在基本公共服务领域的分配责任""自然资源管理及其分配公平问题"、"国家荣誉的权威性分配及其公平问题"等六章，较为全面地分析和论证了政府再分配责任的内容。本书从政治学视角提出的价值分配内容和价值分配体系等观点，对于完善分配制度和明晰政府再分配责任，具有重要的启发意义。

三是运用了理论研究与实证研究相结合的研究方法。本书作者是一个多学科融合的学术团队，包括哲学、政治学、经济学、公共管理等学科的专家学者，试图通过多学科的视域融合以及研究方法的互相借鉴，对政府再分配责任问题进行多学科的综合研究，避免单一学科研究这一涉及多领域、多层次、多方面问题的局限。因此，课题组在理论梳理和现实问题分析的基础上，不仅自己组织了面向全国（除港、澳、台）31个省区市的大型问卷调查，还结合经济学、公共管理等学科的研究方法，实现了理论研究与实证研究的紧密结合。这样的研究设计和研究方法的运用，也是别具特色的一个创新。

瑞杰教授早年从我攻读博士学位，博士论文做的就是效率与公平问题研究，此后多年他所承担的国家和省部级课题研究也大多和效率与公平有关，所发表的研究成果产生了广泛的社会影响，受到学术界瞩目。瑞杰教授牵头的团队推出的这部著作，从政府责任的角度研究再分配问题，特别是立足于政治学的立场，跳出了简单的就收入分配谈分配问题的局限，重点考察政府在其他权威性价值分配领域的角色和功能，是有很好的前瞻性和理论见地的，是从政府再分配责任视角研究公平正义问题的一本力作，具有重要的理论意义和实践价值，对于推动分配问题的深入研究很有启发。

当然，本书也存在一些缺憾，比较突出的是本书的数据截止日期是2018年底，党的十九大以来的一系列方针政策和实践创新成果如脱贫攻坚取得的全面胜利等，未能在书中得到体现。据我所知，这是有原因的。2018年12月本书书稿即交由原定的出版社，由于出版环节等原因一直没能出版，最后中国社会科学出版社在时间非常紧迫的情况下，迅速履行出版程序才得以面世。这是该书的缺憾，当然也可看作一定历史阶段研究成果的真实记录。好在这个缺憾在另一部书中得到了弥补。从2018年春季开始，我邀请瑞杰教授加入了由我主持的天津市社科规划重大委托项目"新时代政治思维方式研究"，该项目成果是一套八卷本的丛书，其中的"效率与公平"一卷由瑞杰教授牵头。现在他主撰的这本书已经成稿，该书在吸收改革开放以来特别是党的十八大以来的理论研究和实践创新成果的基础上，对效率与公平的基本问题、效率与公平的判断标准、效率与公平的复合关系以及效率与公平的制度建构等问题，做了系统的政治哲学视域的阐述，在某种程度上弥补了上述缺憾。因此，我在郑重向读者推荐《面向公平正义和共同富裕的政府再分配责任研究》一书的同时，也请大家关注即将由人民出版社出版的《效率与公平》这部新作。

在《面向公平正义和共同富裕的政府再分配责任研究》这本著作付梓之际，说了以上的一些看法，是为序。

陈宗清

南开大学荣誉教授

2021 年 3 月 23 日于南开园

目　　录

第一章 引论

公平正义在不同时代被赋予了不同的含义和内容，而且不同的思想家和不同阶层地位的人，对公平正义的看法和理解也大不相同甚至截然相反。因此，面向公平正义的政府再分配责任这样一个当代中国非常现实的问题，就不能不从正义、公平及公正概念的厘清和它们之间的关系谈起，并在此基础上进一步理解共同富裕与政府分配责任的关系。

第一节 公平正义、共同富裕与政府再分配责任

从概念谈起并不是从概念出发，恰恰相反，因为在人们讨论现实问题时，由于概念的不同理解和使用而使得讨论歧义丛生以致误入歧途，才提出了厘清概念的必要性，而这恰恰是现实问题意识的理论反映和理论提升。比如围绕"塔克—伍德命题"[①] 而产生的旷日持久的争论，就生发出诸多对马克思正义理论的误读、误解和误判，这在很大程度上是由于对正义概念的不同理解所致。因此，我们在这里首先进行概念的清理工作，就是为了给我们将要讨论的问题创设一种清晰明确的理论环境和平台。

一 正义、公平、公正的含义及其关系

从最一般的意义上看，正义、公平、公正属于关系范畴，是在理解和

---

① 西方一些马克思的阐述者如伯特·塔克和艾伦·伍德，断言马克思认为资本主义是正义的，而另外一些人如齐雅德·胡萨米等则不同意这种看法，由此引发了一场自 20 世纪 70 年代开始的旷日持久的正义之争。参见李惠斌、李义天编《马克思与正义理论》，中国人民大学出版社2010 年版。

处置人们之间的关系时所产生和使用的概念；它们既是描述概念，也是规范概念和评价概念，是描述概念、规范概念和评价概念的统一。

根据历史上思想家们的论述，正义①包括两层含义：一是美德或德行，是涉及个人之间以及个人和社会之间关系的一种美德，亦即人的行为的最高准则，或称之为"应当"或"当然"；二是应得，是作为给予个人以应得权益的有关社会秩序的原则。在中西不同的语境中，正义的表述虽有不同，但在这两层含义的理解上颇为暗合，当然中国传统文化更强调"应当"，而对"应得"较少关注。在中国传统文化中，"正"指无所偏倚和倾斜，"义"指宜、合宜，正义就是指坚守合宜的事物或行为。② 正义也简称为义，是与利相对立的一个概念，被看作人的行为的最高准则，或如张岱年所说的"当然"。按张岱年的分析，中国文化有两种义的学说。一种观点认为，义或应当的标准是人民之大利或人民之公利。凡是有利于大多数人民的行为即是应当的；反之则是不应当的。这是墨家一派的观点。另一种观点认为，"义"或"应当"的标准在于人之所以为人者，亦即人之所以异于禽兽者。凡表现或发挥人之所以为人者的行为，即应当的；反之即不应当的。这是儒家一派的观点。相比较而言，儒家更强调正义的道德修养意蕴和行为准则内涵，不管这种行为是否能够带来利，是否符合利益原则，只要有利于个人完善就是义，墨家则把正义的标准外推为利益原则，只要能够带来利益并且有利于天下便是义。在古希腊，正义概念首先是作为形而上学的宇宙论原则提出来的。最早出现于毕达哥拉斯的哲学中，正义指的是数和元素的比例、平衡与和谐；在苏格拉底看来，正义是

---

① 中西不同语境对于正义的理解是不同的，特别是英文 justice 的不同翻译给讨论带来很大麻烦。对于 justice 译法多有不同，有的译为正义，有的译为公正，有的译为公道，有的译为义。在商务印书馆 1965 年出版的亚里士多德《政治学》卷一章九中，没有公正一词而只有正义的译名；但在中国人民大学出版社 1994 年出版的《亚里士多德全集》第八卷中，直接与《政治学》卷一章九的内容密切相关的《尼各马科伦理学》第五卷，却没有正义一词出现，有的只是公正的译法；而中国社会科学出版社 1990 年出版的《哲学的伦理学》，其中所引亚里士多德上述两本书的相关内容，则全部译为正义。译法的不同，给我们认识西方语境中正义的确切含义及其与公平、公正的关系带来很大难度。但是，依循思想家们对正义的具体理解和论述，我们仍然能够发现在这些不同的名称下所包含的独特内容。参见史瑞杰《效率与公平：社会哲学的分析》，山西教育出版社 1999 年版，第 42 页。

② 参见夏勇《人权概念起源》，中国政法大学出版社 1992 年版，第 28 页。

支配人的行为的伦理学原则;① 柏拉图认为，正义不仅是一条道德原则，而且是一条政治原则、法律原则，他在《国家篇》中，把正义定义为灵魂的不同组成部分之间，或者说社会不同阶级之间的和谐秩序。② 亚里士多德深化和发展了古希腊的正义概念，提出了比较完整的正义学说，他把正义分为"普遍正义"和"特殊正义"。③ 普遍正义是美德的全部，一个正义的人是对待他人道德地行为的人。"政治学上的善就是'正义'，正义以公共利益为依归。"④ 特殊正义也可以被看作美德的一部分。特殊正义有三个形态：分配中的正义、补偿或奖惩中的正义，以及交换中的正义。亚里士多德认为，无论哪一个形态的正义，都是比例上的平等，这一基本的平等便是后来为大家所熟知的"正义的形式原则"。⑤ 亚里士多德对正义的两种划分，不仅是古代正义理论研究和发展的重要成果，而且成为后世研究正义理论遵循的基本原则。

公平接近于正义的第二层含义，亦即应得，也是亚里士多德提出的比例上的平等。按照公平的一般要求，相同的情况要相同地对待，不同的情况要区别地对待，社会对资源的分配必须根据接受者的贡献、需要和能力来决定。⑥ 这被看作是公平的。彼彻姆指出："'公平'一词常被用来解释'正义'，但是与'正义'一词的一般意义最为切近的词是'应得的赏罚'（desert）。一个人如果给了某人应得或应有的东西，那么前者对后者的行动便是正义的行为，因为后者所得到的东西是他应该得到的东西。"⑦ 罗尔斯也是取正义的第二层含义，因此他称自己的正义理论是"作为公平的正义"。

---

① 参见王守昌《西方社会哲学》，东方出版社 1996 年版，第 368 页。

② 参见 [英] 尼杜拉斯·布宁、余纪元编著《西方哲学英汉对照辞典》，人民出版社 2001 年版，第 531 页。

③ 参见 [美] 塞缪尔·弗莱施哈克尔《分配正义简史》，吴万伟译，凤凰出版传媒集团、译林出版社 2010 年版，第 24 页。

④ [古希腊] 亚里士多德：《政治学》，吴寿彭译，商务印书馆 1965 年版，第 148 页。

⑤ 参见 [美] 汤姆·L. 彼彻姆《哲学的伦理学》，雷克勤等译，中国社会科学出版社 1990 年版，第 331 页。

⑥ 参见 [英] 尼杜拉斯·布宁、余纪元编著《西方哲学英汉对照辞典》，人民出版社 2001 年版，第 316 页。

⑦ [美] 汤姆·L. 彼彻姆：《哲学的伦理学》，雷克勤等译，中国社会科学出版社 1990 年版，第 327—328 页。

与正义密切相关的另一个概念是公正。所谓公正，就是按正义原则和公平观念做事，或者说是对正义原则和公平观念的一种操作，可以称之为做事公平或做法公平。亚里士多德指出："所谓公正，一切人都认为是一种由之而做出公正的事情来的品质，由于这种品质人们行为公正和想要做公正的事情。"① 正义由于需要法律和法官的公正来维护，因此在希腊文里，正义与法官是同一个词，② 这也就是在英文里正义和公正是同一个词（justice）的缘故。

在正义、公平、公正的关系中，正义是统辖公平和公正的最高范畴，并且是它们得以存在和变革的依据。③ 特别是正义的第一层含义，无论是亚里士多德的"人间的至善""美德的全部""以公共利益为依归"，还是我国儒家的"义以为上""舍生取义"以及墨家的"天下莫贵于义"等，都是人类的共同价值追求和社会合作的共同理想，因此成为公平和公正的共同价值根据，也是变革公平和公正的观念与行为的最终依据。现实社会中的人们追求的首要价值是公平和公正，因为这是我们每个人看得见和触摸得到的"应得"。但是社会中的人又是千差万别的，所谓"应得的赏罚（desert）"只是针对结果而并未将产生这些结果的差别作为条件考虑进去，这就需要用正义原则加以校正。当所确立的社会规范模式或社会制度基本上是公平的时候，正义作为价值原则起保护这一秩序的作用；当现存的秩序是不公平的时候，正义作为价值导向就成为一个要求社会变革的改革原则。因此，公平总是相对的、有条件的和历史的，而正义恰是处理从公平到不公平再到新的公平的矛盾运动过程的基本原则和价值导向。

正如当不公平产生时正义是对公平的一种校正一样，当不公正产生时，公平又是对不公正的一种校正。法律的公正处事原则总是针对普遍性的，而任何事务都具有特殊性，用普遍性的原则处理个别事务能够保持原则的一贯性和公正性，但对于个别事务来说就不免会带来不公。这需要用公平原则加以校正。正如亚里士多德所说："公平就是公正，它之优于公

---

① 《亚里士多德全集》（第八卷），中国人民大学出版社 1994 年版，第 94 页。
② 参见［美］汤姆·L. 彼彻姆《哲学的伦理学》，雷克勤等译，中国社会科学出版社 1990 年版，第 334 页。
③ 参见史瑞杰《公平、正义、公正及其关系辨析》，《红旗文稿》2013 年第 22 期。

正，并不是一般的公正，而是由于普遍性而带来了缺点的公正，纠正法律普遍性所带来的缺点，正是公平的本性。"①

总之，我们是否可以这样说，一个社会发展的首要价值目标是要保证社会的公平和公正，但是仅有公平和公正还不一定是完全正义的社会，而一个正义的社会必然是一个公平和公正的社会。如是，这也就是人们经常将公平正义连用、强调要"维护社会公平正义"的理论根据；而这同时也是我们提出"面向公平正义的政府再分配责任"问题并进行深入探讨以寻求解决之道的理由。

二 从古代分配正义到现代分配正义②

现代分配正义由古代分配正义演变而来，经历了一个漫长的历史发展过程。古代分配正义以亚里士多德为代表，他把正义划分为两个层次即普遍正义和特殊正义，已如上述；现代分配正义直接继承的是古代分配正义特别是亚里士多德的正义思想，现代分配正义"特别精确的定义"③ 是罗尔斯提出的两个正义原则。这两个正义原则是："（1）每个人对于一种平等的基本自由之完全适当体制（scheme）都拥有相同的不可剥夺的权利，而这种体制与适于所有人的同样自由体制是相容的；（2）社会和经济的不平等应该满足两个条件：第一，他们所从属的公职和职位应该在公平的机会平等条件下对所有人开放；第二，他们应该有利于社会之最不利成员的最大利益（差别原则）。"④ 现代分配正义如何从古代分配正义演变发展而来？不同时代的分配正义有何异同？对比亚里士多德和罗尔斯的分配正义，不仅是件非常有意思和有意义的事情，而且能够从中发现上述问题答案的端倪（参见表 1 - 1）。

---

① 《亚里士多德全集》（第八卷），中国人民大学出版社 1994 年版，第 117 页。

② 史瑞杰：《从古代分配正义到现代分配正义——西方分配正义思想的演进理路及其启示》，《新视野》2016 年第 3 期。

③ ［美］塞缪尔·弗莱施哈克尔：《分配正义简史》，吴万伟译，凤凰出版传媒集团、译林出版社 2010 年版，第 155 页。

④ ［美］约翰·罗尔斯：《作为公平的正义——正义新论》，姚大志译，上海三联书店 2002 年版，第 71 页。罗尔斯在 1971 年出版的《正义论》中提出了著名的正义两个原则，在时隔 30 年后的 2001 年，罗尔斯出版了《作为公平的正义——正义新论》一书，对正义的两个原则做了修订，因此我们以他最后修订的这本书为准。特此说明。

表 1 - 1　　　　　　　　亚里士多德与罗尔斯分配正义之比较

亚里士多德的两种正义		罗尔斯的两个正义原则	
普遍正义	美德的全部	第一个原则	平等的基本自由
特殊正义	分配中的正义	第二个原则	公平的机会平等
	补偿或奖惩中的正义		
	交换中的正义		差别原则

从表 1 - 1 中可以看到，亚里士多德和罗尔斯的分配正义在内容上的相异之处是显而易见的：亚里士多德的普遍正义是指美德的全部，而罗尔斯的第一原则是平等的基本自由；亚里士多德的特殊正义是指分配中的正义、补偿或奖惩中的正义，以及交换中的正义，罗尔斯的第二原则是指公平的机会平等和差别原则。但是，两种分配正义在结构安排和表述方式上基本一致，这是一个需要特别关注的现象。这种一致表现在，无论是美德的全部还是平等的基本自由，都申明了各自分配正义的价值指向，在此前提下，才有分配正义的制度安排和政策实践；反过来，制度安排和政策实践又进一步强化了价值指向。

从以亚里士多德为代表的古代分配正义到以罗尔斯为代表的现代分配正义大致经历了两个阶段：一是从古希腊到 19 世纪中叶；二是从 19 世纪中叶至当代。

第一，由等级美德向社会美德与慈善的转变。在古希腊，正义概念首先是作为形而上学的宇宙论原则提出来的。最早出现于毕达哥拉斯的哲学中，正义指的是数和元素的比例、平衡与和谐；在苏格拉底看来，正义是支配人的行为的伦理学原则；①（与前面重复）柏拉图认为，正义是所有美德中最根本的，认为它构成了灵魂的正确秩序——让我们的激情处于理性控制下的秩序，认为这个秩序不仅能保证人们采取普遍被理解的正义所要求的行为，比如说话算数、借债还钱。亚里士多德礼貌地承认老师的说法，但认为这只是正义的观点之一，即"普遍正义"，他同时提出了"特

---

① 参见王守昌《西方社会哲学》，东方出版社 1996 年版，第 368 页。

殊正义"。① 普遍正义是美德的全部，一个正义的人是对待他人道德地行为的人。"政治学上的善就是'正义'，正义以公共利益为依归。"② 特殊正义也可以被看作美德的一部分。特殊正义有三个形态：分配中的正义，补偿或奖惩中的正义，以及交换中的正义。亚里士多德认为，无论哪一个形态的正义，都是比例上的平等，这一基本的平等便是后来为大家所熟知的"正义的形式原则"。③ 亚里士多德对正义的两种划分，是古代正义理论研究和发展的重要成果，不仅开创了分配正义研究的先河，而且成为后世研究分配正义所遵循的基本原则。

普遍正义是美德的全部，特殊正义也包含美德，美德在亚里士多德的分配正义中占有重要地位。亚里士多德认为，特殊正义不仅指分配中的正义、补偿或奖惩中的正义以及交换中的正义，还包括决定政治安排和司法裁决的美德，正义的这一"特殊"含义一直沿用至今。亚里士多德的美德含义非常广泛，且常常和公共项目有关，比如一个人为商业企业投资越多，所得到的利润回报也应该越多。但无论是柏拉图还是亚里士多德，他们所讲的美德是有适用范围和界限的，即他们的美德是就等级制度之内而不是针对等级制度之外的人群（比如奴隶）而言的，甚至柏拉图还通过等级制有利于下层人的事实来部分地证明他的等级森严的共和国的合理性，亚里士多德也说过奴隶制如果运用得当是对奴隶有好处的。因此，我们称这种美德为等级美德。一些柏拉图的追随者认为，如果普遍正义确实是所有美德的基础，如果有美德的公民是美好国家的基础，那么就应该首先考虑在所有公民中推行普遍正义。实际上，关于正义的西方主流传统思想总是把它作为世俗美德来看待的，即使一个人缺乏足以让他站在上帝面前的美德，这种美德也还是可以实现的。自然法概念本身，即人人都遵守的法律，表明了人们为了政治秩序的目的用共同遵守法律的美德来超越宗教、文化、哲学的差异。据此，古罗马政治家西塞罗在《论义务》中对正义和慈善做了区分，他认为，正义能够而且应该要求我们遵守，而慈善不应

---

① 参见［美］塞缪尔·弗莱施哈克尔《分配正义简史》，吴万伟译，凤凰出版传媒集团、译林出版社 2010 年版，第 24 页。

② ［古希腊］亚里士多德：《政治学》，吴寿彭译，商务印书馆 1965 年版，第 148 页。

③ 参见［美］汤姆·L. 彼彻姆《哲学的伦理学》，雷克勤等译，中国社会科学出版社 1990 年版，第 331 页。

该，破坏正义会造成积极的伤害，而不慈善只不过剥夺了人们的一个好处。正义是任何人在任何地方都必须履行的义务，而慈善的责任更多地属于朋友、亲属、同胞，而不是陌生人。当然，西塞罗也明确指出，他心目中的正义和善行之间的联系是正义包含慈善的意思，所有形式的善行都"应该指向"正义。西塞罗对正义和慈善两种美德及其关系的描述影响深远，不仅影响了基督教作家奥古斯丁和阿奎那，而且还影响到后来的思想家如格劳秀斯、亚当·斯密和康德等。受亚里士多德和西塞罗影响的这些思想家，尽管对正义和慈善的具体理解和论述多有不同，但他们论述的美德都超出了美德的等级界限而向社会美德转变，并且他们都主张面向穷人的慈善也是美德的题中应有之义。①

　　第二，由社会慈善向政府义务与责任的转变。在前现代思想家中，一般都认同西塞罗关于善行和正义的关系的观点。近代德国启蒙运动思想家、自然法学家普芬多夫继承了前人的思想，区分了完美权利和不完美权利。完美权利包括我们的生命、身体的完整、贞操、自由、财产、名誉等权利，不完整权利包括我们因为靠美德和帮助朋友、邻居和亲戚等而赢得的地位和荣誉的权利。普芬多夫把完美权利和特殊正义联系起来，把不完美权利和普遍正义联系起来，认为两种权利是一样的，两者的区别在于：人类颁布和实施前者；上帝颁布和实施后者。斯密同意普芬多夫的看法，认为"不完美权利"这个词是指个人单单通过道德就可以提出的主张。按照塞缪尔·弗莱施哈克尔的看法，斯密是最后一个在前现代意义上使用分配正义概念的大思想家，他继承了自然法的传统，将分配正义和美德紧密联系起来。分配正义对于斯密来说，就像对于格劳秀斯一样，是指"所有社会美德"，它仍然包含着亚里士多德把财富和美德结合起来的隐含意义。在实践上，斯密的一个重要贡献，是对穷人的描述、对穷人的认识和穷人应该得到救济的观点，改变了人们对穷人的看法，启迪了分配正义现代含义的诞生，即政府减少或者消除贫困是义务而不是恩惠。斯密认为，完美权利或许能够强制实施，不完美权利一般不应该强制实施。斯密指出："这些法规不仅禁止公众之间相互伤害，而且要求我们在一定程度上相互

---

　　① 参见［美］塞缪尔·弗莱施哈克尔《分配正义简史》，吴万伟译，凤凰出版传媒集团、译林出版社 2010 年版，第 11、13、27、28 页。

行善。"① 18世纪见证了对待穷人态度的巨大变化。在18世纪初期，甚至中期，传统的基督教社会等级观念仍然占据主导地位，穷人永远在社会底层。到了18世纪末，如康德所说，人人应该能够通过"智慧、勤奋和幸运"获得相应的社会地位，法国和美国都在庆祝社会流动性是件大好事。正是这种态度上的变化，连同一系列科技发展和政治进步，让消除贫困似乎开始有了现实的可能性，并从中诞生了分配正义的现代观念，即国家能够而且应该帮助人们摆脱贫困，没有人应该贫穷，没有人需要贫穷。也就是说，分配或者重新分配财富成为政府工作的一部分。当然，这个观念还不流行，直到法国大革命结束后这个观念才逐渐活跃起来并在19世纪流行开来，尽管它还要和激烈的反对观点做斗争。②

第三，由救济向权利的转变。分配正义的现代概念隐含在前现代的济贫法中。救济的历史不仅久远，救济的主体也有多种。至少有三种救济在现代之前就已经存在着：私人慈善、教会（寺院）慈善和政府救济。私人慈善和寺院、教会慈善在中外历史上具有同样久远的历史，但是在法律制度意义上的政府救济，普遍认为英国是第一个具有世俗济贫机制的国家，标志是1601年通过并实施的《济贫法》。但是，在前现代慈善救济中，无论是个人慈善、教会慈善还是政府救济，其基础是仁慈的义务而不是正义的要求，至多是柏拉图普遍的美德意义上的正义。而且，这三种形式的慈善和救济有可能由于目的不同而偏离正义。就个人慈善而言，慈善行为成为展示两个美德的机会：给予者的慷慨和接受者的谦恭，而这会加剧接受者和给予者的心理和人格上的不平等。就教会慈善而言，教堂常常把慷慨行为和明确的宗教宣传结合在一起，并且穷人和教堂的关系在很大程度上决定了他能否得到教堂的救济。就政府救济而言，济贫法在帮助穷人的同时也有控制他们的企图，或如费尔南·布罗代尔所说："问题是把穷人放在一个不能给人带来危害的位置。在巴黎，病人和残疾人被送进医院，身体健康者两个为一组被拴住，用来做清洁城市污水管道的工作，艰苦的、苛求的、没完没了的工作。在英国，济贫法……实际是对穷人不利的法律。为穷人和不良分子建造的房子渐渐出现在西区，迫使那里的人到工

---

① ［英］亚当·斯密：《道德情操论》，蒋自强等译，商务印书馆1998年版，第100页。

② 参见［美］塞缪尔·弗莱施哈克尔《分配正义简史》，吴万伟译，凤凰出版传媒集团、译林出版社2010年版，第32、36、38、75—77页。

厂、监狱和拘留所强迫劳动。"① 上述情况表明，前现代的慈善和救济，目的各不相同，特别是政府为了更大的社会利益，把救济当作胡萝卜加大棒的方式管理贫困，而很少或者根本没有从穷人有权得到救济的角度看问题。康德就对慈善美德提出了尖锐的批评：给人施舍在"抬高了施舍者骄傲"的同时"贬低"了接受者。他从每个人都是目的的角度提出，每个人都"有获得大自然提供的好东西的平等权利"。因此，政府收税为穷人提供救济时，每个人都有做贡献的义务，为穷人提供救济就变成了权利而不是恩惠。法国革命家巴贝夫更进一步将平等财富的自然权利，直接与社会平均财富的要求相连接，大自然给予每个人"享受所有财富的同等权利"的观点成为他的思想的第一个原则。巴贝夫的第二个原则是："社会的目的是捍卫这种平等，免受自然状态下强势力量的经常性攻击，通过全民合作的方式改善这种平等。"巴贝夫把摆脱生活贫困作为一种政治权利，第一次把人人得到社会经济地位的权利列入政治议程。当然，对巴贝夫的审判表明，他的思想还没有成为社会的主流，19 世纪初到中叶，随着 18 世纪桀骜不驯、缺乏政治意识的"暴徒"转变为有组织、有政治意识的工人阶级，才实现了把旨在消除贫困本身的措施向将其作为权利的政治要求及其政治运动的转变。正如 T. H. 马歇尔曾引用 1953 年对北欧国家的调查，认为"贫穷公民从社会得到救济作为合法权利的观点，只有不到一百年的时间"。②

三　现代分配正义的主题转换

现代分配正义或社会正义③的概念产生于 19 世纪中叶，这一看法为学界基本认同。布莱恩·巴利指出："现代社会正义的概念脱胎于 19 世纪 40

---

①　参见［法］布罗代尔《资本主义与物质生活》，转引自［美］塞缪尔·弗莱施哈克尔《分配正义简史》，吴万伟译，凤凰出版传媒集团、译林出版社 2010 年版，第 71 页注释。

②　参见［美］塞缪尔·弗莱施哈克尔《分配正义简史》，吴万伟译，凤凰出版传媒集团、译林出版社 2010 年版，第 69、71、73、100、108—113 页。

③　"'分配正义'，又叫'社会正义'或'经济正义'，是当今许多人的说法。"（［美］塞缪尔·弗莱施哈克尔：《分配正义简史》，吴万伟译，凤凰出版传媒集团、译林出版社 2010 年版，第 1 页。）塞缪尔·弗莱施哈克尔的说法在罗尔斯那里可以得到印证。约翰·罗尔斯在谈到两个正义原则的功能时指出："在另外一种功能中，它提供了对自由和平等的公民而言最合适的社会正义和经济正义之背景制度。"（［美］约翰·罗尔斯：《作为公平的正义——正义新论》，姚大志译，上海三联书店 2002 年版，第 76—77 页。）

年代法国和英国早期工业化的阵痛期。隐含在社会正义概念之中的潜在的革命观念是，社会制度的正义性所遇到的挑战不仅体现在边缘地带，而且呈现在核心地带。这意味着，在实践中，挑战可以威胁到资本所有者拥有的权力，以及资本主义植根其中的整个市场体系的统治地位。雇佣者以及被雇佣者之间不平等关系的正义性可以受到质疑，同样，来自资本主义制度运转的收入和财富的分配以及货币在人们生活中发挥的作用也受到了质疑。"① 19 世纪中叶，作为一支独立的政治力量登上历史舞台，无产阶级的斗争客观上影响了以往有关分配问题的观念、理论及其实践变革，促使分配正义的主题发生了根本转换。在围绕"雇佣者以及被雇佣者之间不平等关系的正义性"问题的论争中，以马克思为代表的主张对资本主义制度实行彻底革命的理论和以自由主义为代表的主张维护资本主义制度的理论，成为现代分配正义最具代表性的理论。这表明，现代分配正义的主题已经由慈善、政府义务与责任、权利等制度内的正义性问题向质疑资本主义制度本身的正义性转换：自由主义分配正义理论在将资本主义特殊的立宪政体普世化的基础上探讨分配正义的背景制度及其政策实践，而马克思则是在废除私有制的基础上探讨分配正义的。当然，这两种理论都是在继承人类分配正义理论的基础上发展演变而来的。

马克思的分配正义理论继承了人类思想史发展的成果，其中空想社会主义是重要的思想来源。最早呼吁"社会和经济正义"的应是柏拉图，他在《理想国》中为统治阶级建立了公共财产，说私有财产会产生意见分歧，让人专注于自私的欲望，而不是公共团体一分子的义务。当然，这里消除私有财产只是在统治者之间进行，财产和财富的不平等仍然存在于下层劳动人民中间。但是尽管如此，柏拉图开启了质疑私有财产合法性的先河，以后在反思人类不平等的根源时，私有财产成为批判的首要对象。作为柏拉图和莫尔的信徒，卢梭抨击私有财产是暴利和社会动乱的源头。空想社会主义者，无论是康帕内拉、摩莱里、马布利，还是圣西门、傅里叶、欧文，他们都把批判的矛头指向私有制，一再呼吁废除私有财产，认为私有制是人类一切不平等的根源。马克思吸收了空想社会主义的合理思想，把废除私有制作为无产阶级革命的根本任务，作为解决公平正义特别

① ［英］布莱恩·巴利：《社会正义论》，曹海军等译，江苏人民出版社 2012 年版，第 5 页。

是分配正义问题的制度前提，而这正是区别于资产阶级思想家在资本主义私有制基础上探讨分配正义问题的根本所在。

近代启蒙思想家是现代分配正义理论特别是自由主义分配正义理论的重要思想资源，这些思想家们的思想对于罗尔斯的分配正义理论产生了深刻的影响。罗尔斯在哈佛大学讲了30多年的政治哲学史课程，最终以"政治哲学史讲义"为书名出版的其生前最后一部著作，名为政治哲学史讲义，实际只选取了近代以来的六位代表性人物，除了马克思是"作为自由主义的批判者而被关注"①外，其他五位如霍布斯、洛克、休谟、卢梭、密尔均是自由主义和契约论的代表性人物。罗尔斯在谈到卢梭时指出："卢梭在洛克论述的基础上把社会契约论的理念引向了深入。他关于平等（和不平等）的地位和重要性的观念更为深刻也更为重要。作为公平的正义观念在这方面都更为紧密地遵循卢梭的思想。"②在谈到密尔对于其作为公平的正义观念产生的作用时，罗尔斯指出："我并没有太多关注于密尔学说的整体性的功能。相反，我的目标是解释，在他明显是以一个边沁主义的信徒开场的讨论当中，又是如何设法以正义、自由和平等的原则（与作为公平的正义这一观念当中的相关原则差距不大）收场的，以致他的政治和社会学说——从他的整体的道德观念当中提取出来的——能够为我们提供某种现代而又全面的自由主义原则。"③罗尔斯的上述表述，再清楚不过地说明启蒙思想家们的正义、自由和平等的原则对于他本人思想的形成所产生的深刻影响。罗尔斯的作为公平的正义是近代以来自由主义发展的当代最重要成果，强调的是平等的基本自由，罗尔斯的两个正义原则是："（1）每个人对于一种平等的基本自由之完全适当体制（scheme）都拥有相同的不可剥夺的权利，而这种体制与适于所有人的同样自由体制是相容的；（2）社会和经济的不平等应该满足两个条件：第一，他们所从属的公职和职位应该在公平的机会

---

① ［美］约翰·罗尔斯：《政治哲学史讲义》，杨通进等译，中国社会科学出版社2011年版，第483页。

② ［美］约翰·罗尔斯：《政治哲学史讲义》，杨通进等译，中国社会科学出版社2011年版，第273—274页。

③ ［美］约翰·罗尔斯：《政治哲学史讲义》，杨通进等译，中国社会科学出版社2011年版，第324页。

平等条件下对所有人开放；第二，它们应该有利于社会之最不利成员的最大利益（差别原则）。"① 这就是被塞缪尔·弗莱施哈克尔称作的现代分配正义的"特别精确的定义"。自罗尔斯1971年发表《正义论》以来，被称为平等的自由主义流派的分配正义思想获得广泛传播，罗尔斯也因此成为现代分配正义的典型代表。

近代以来的自由主义发展还有另一重要流派，即极端的或自由至上的自由主义流派，在现代被称为保守的自由主义。被看作自由主义奠基人和整个19世纪思想界最重要的代表人物之一的赫伯特·斯宾塞，在他1851年出版的《社会静力学》中介绍了自然选择的进化概念，提出"适者生存"概念和政治项目不应该"干扰"生存竞争的观点，成为"社会达尔文主义者"的鼻祖。斯宾塞反对国家救济穷人，反对的理由就是既然穷人不适合生存，就应该被消灭。他认为贫穷是清除人类中不适合生存者的有效手段，就像疾病和干旱清除其他低劣动物物种一样。斯宾塞不妥协地相信财产权的神圣性和绝对性，他的一个重要的政治原则就是，每个人都有自由做他愿意做的任何事，只要不侵犯其他人同样的自由，这被认为是基本自由原则，而财产权是自由不可分割的一部分。塞缪尔·弗莱施哈克尔总结了斯宾塞相信国家应该避免帮助穷人的理由，并由此开列了一个极端自由主义者发展演变的谱系。这些理由包括六个方面：（1）穷人是由一群不适合生存的人组成的，不管怎样帮助也起不了多大作用；（2）优胜劣汰的社会进化过程如果不受干预将消灭贫穷；（3）社会是无法控制的，所以政府试图解决贫困问题是注定要失败的；（4）这种政府企图将腐蚀慈善的美德；（5）这种企图将造成一系列法律问题，因为目标不明确；（6）这种企图将颠覆财产权，而这正是政府保护的首要目的。后继的自由主义者一般不再坚持（1）（2）条，他们更多选用（3）（4）（5）（6）条，最著名的路德维希·冯·米塞斯和弗里德里希·哈耶克特别强调第（3）条，米尔顿·弗里德曼和罗伯特·诺齐克特别强调第（6）条。② 从自由主义发展演变的历史看，分配正义问题已经超出自由或平等的一般原则的争论，而

---

① ［美］约翰·罗尔斯：《作为公平的正义——正义新论》，姚大志译，上海三联书店2002年，第71页。

② 参见［美］塞缪尔·弗莱施哈克尔《分配正义简史》，吴万伟译，凤凰出版传媒集团、译林出版社2010年版，第120、121、124、128页。

进入更为具体的有关分配正义的对象、内容及其标准的确定上。

四 分配正义的价值指向、制度安排和政策实践

分配正义的演进理路表明，尽管从古至今不同的思想家在探讨分配正义的立场和内容等方面存有很大殊异甚至截然对立，但是，分配正义所内含的实际要素并没有改变，变化的只是它们的表述形式和或显或隐的存在状态。这些要素包括三个层面：价值指向、制度安排和政策实践，而三者的互动构成现实社会的分配格局。这一点我们从上述亚里士多德和罗尔斯分配正义的比较中可以得到印证。

分配正义的价值指向是指"为谁分配"，亦即是为少数人、多数人还是每个人；分配正义的制度安排是指"由谁分配"，亦即分配正义的制度设计和体制机制；分配正义的政策实践是指"分配的范围、内容和方式"，亦即分配正义的政策原则、目标及实施过程。在三者的关系中，"为谁分配"是分配正义的制度安排和政策实践的价值前提，价值指向决定分配正义制度安排并进而决定政策实践；"由谁分配"和"分配的范围、内容和方式"是价值指向现实化的具体操作，同时又是对价值指向的固化和实体化。

"为谁分配"解决的是分配正义所指向的主体——是社会合作体系中的少数人、多数人还是每个人的问题，从分配正义历史演进过程中的三个转变，到现代分配正义的理论纷争；从马克思的分配正义理论，到自由主义分配正义理论的当代发展，我们可以清晰地看到：这些分配正义思想理论涉及不同的制度背景和具体分配政策诸多方面的分歧，但首要的分歧是有关分配政策受惠主体即价值指向的分歧。亚里士多德的普遍正义是指美德的全部，但这里的美德的全部如上所说只是针对等级制度中的人群而言，其特殊正义也是在等级制度内部应得的分配。因此，我们称这种分配正义为等级或差序分配正义，前现代思想家如西塞罗、奥古斯丁和阿奎那等基本都是沿着亚里士多德的这一思路论述分配正义的，阿奎那认为，就像按贵族制、寡头制和民主制等不同方式分配政治职务一样，分配正义的议题也可以采取这样的方式。[①] 所不同的是，后继的思想家们加入了慈善，

---

① 参见［美］塞缪尔·弗莱施哈克尔《分配正义简史》，吴万伟译，凤凰出版传媒集团、译林出版社 2010 年版，第 28 页。

以作为等级或差序分配正义不足的补充和矫正。自由主义的分配正义理论所直接针对的就是等级制度，通过分配正义争得资产阶级自由和平等的权利，启蒙思想家和自由主义发展的各个流派都坚持这一进路，以至于罗尔斯将平等的基本自由作为其正义原则的第一个原则，并且和第二个原则中的公平的机会平等和差别原则按辞典式序列排列不可移易，我们把这种分配正义称之为平等分配正义。很显然，自由主义的分配正义相对于古代分配正义而言有两个进步：一是将平等和自由作为价值指向；二是资本主义的分配正义实践扩大了受益主体的范围。这是历史的进步，是需要特别予以肯定的。但是，自由主义的分配正义不仅有一个形式正义和实质正义的处置问题，而且如果不在包括财产权在内的权利等方面实现事实上的平等，平等的基本自由对于无产阶级和其他群体而言也只是止步于形式而不能获得真正的公平的机会，阶级间和群体间的差别也难以根本消除。正是基于自由主义分配正义的这一局限，空想社会主义把人类作为思考分配正义问题的主体基础，把批判矛头直指私有制。马克思立足于"人类社会或社会化的人类"[①] 所要求的分配正义，把废除私有制作为无产阶级革命的根本任务，其正义性与自由主义分配正义所指向的主体显然不在同一层次。

由"为谁分配"的分析，我们还可以获得一个重要启迪，即如何理解分配正义的判断标准，这是长期以来争论不休的理论问题，同时也是难以达成共识的实践难题。通过分配正义的历史演进可以清晰地看到，分配正义的最终判断标准应是人，即"为谁分配"中的受惠主体，包括受惠主体的范围和受惠程度两个层面。受惠范围是指少数人、多数人和还是每个人，受惠程度是指人的权利的保障程度。人的权利在历史上有多种不同的划分，如完美权利和不完美权利，自然权利和社会权利，经济权利、政治权利、文化权利，生存权、发展权、享受权等。就人的权利的实现而言，受益范围越大越正义，受益程度越高越正义；否则，就违反了正义。当然，这一判断标准是历史的具体的，而不是抽象的和超越客观条件的。进一步看，面向主体及其范围和程度的价值判断标准，同时也是制度安排和政策实践的正义性的判断标准。

---

① 《马克思恩格斯文集》（第 1 卷），人民出版社 2009 年版，第 506 页。

如果说"为谁分配"是分配正义的价值指向和判断标准的话，"由谁分配"则是分配正义的制度保障。"为谁分配"解决的是"权利"问题，"由谁分配"解决的则是"权力"问题，权利只有依靠权力以及相应的制度设计和体制机制，权利的实现范围和程度才有制度保障。正是在这个意义上，罗尔斯指出："正义是社会制度的首要价值，正像真理是思想体系的首要价值一样。"① 历史上任何一种分配正义理论都既是特定社会结构的价值观念反映，或是未来社会制度建构的价值引领，又需要特定社会制度安排确保其落地生根，等级制度如奴隶制、封建制如此，自由资本主义制度如是，社会主义制度也是一样。罗尔斯在谈到两个正义原则的政治价值时明确指出："两个原则表达的都是政治价值"，认为"第一个原则表达了政治价值，而第二个原则表达的则不是政治价值"的看法是错误的。他认为："社会的基本结构具有两种并列的功能（coordinate rolse），第一个原则适用于一种功能，第二个原则适用于另外一种功能。在一种功能中，基本结构规定和确保了公民之平等的基本自由（包括政治自由的公平价值），并建立了一种正义的立宪政体。在另外一种功能中，它提供了对自由和平等的公民而言最合适的社会正义和经济正义之背景制度。在第一种功能中所关注的问题是政治权力的获得和行使。为了贯彻自由主义的合法性原则，我们希望至少诉诸政治价值来解决这些问题，而这些政治价值构成了自由的公共理性的基础。"② 罗尔斯虽然是从贯彻自由主义的合法性原则的角度谈论两个原则与政治价值的关系，亦即两个正义原则与立宪政体和背景制度的关系，其实所有分配正义的价值指向与社会制度都是这种相互作用的关系，只是罗尔斯做了深入的分析和表达。

　　作为政策实践的"分配的范围、内容和方式"，是分配正义的实现过程，在这一过程中，不同的分配正义理论、不同的社会制度背景，以及同一历史时期不同的分配正义理论，其实践效果是大不相同的；但是，在长期的理论探索和社会实践中，分配的范围在扩大，分配的内容越来越丰富多样，分配的方式越来越立体多元，这既是不争的事实，也是历史的进步。从范围上看，从按等级分配到按财产分配再到按劳分配的演进过程，

----

　　① ［美］约翰·罗尔斯：《正义论》，何怀宏等译，中国社会科学出版社1988年版，第1页。

　　② ［美］约翰·罗尔斯：《作为公平的正义——正义新论》，姚大志译，上海三联书店2002年版，第76—77页。

就是一个分配范围和受益群体不断扩大的过程，也是分配正义不断扩展的过程。马克思通过对人类历史发展规律的科学分析，提出人类的最高理想是实现共产主义，其分配正义的范围超越了传统的民族国家范围，甚至超越了分配正义本身，是分配正义价值理想的真正实现。马克思这一思想的当代价值正在被重新认识。被称为罗尔斯学生中把罗尔斯在社会正义领域的抱负系统地和彻底地继承下来的唯一人的涛慕思·博格（Thomas Pogge），不仅是第一批对罗尔斯的国际正义学说提出批评的理论家，而且在此基础上系统地发展了自己的全球正义理论。他认为"罗尔斯最主要的保守假定在于他强调主要社会制度应局限于民族国家（nation-state）体制"。"因为民族国家体制是促成当下极端贫困和不平等的制度成因。"①无论是共产主义学说还是全球正义理论，尽管它们的实现需要相应的客观条件，但是，这些学说和理论的研究理路是与分配正义范围不断扩展的实际进程相一致的，在理论逻辑上是合理的，这也为我们在实践中判断分配正义范围的标准提供了理论依据。

分配的内容也有一个历史演变过程：从基本物品分配到资源分配；从自然基本善的分配到社会基本善的分配；从物质和财富分配到权利和自由分配；从机会资格分配到荣誉地位分配等，昭示出分配的内容越来越丰富、层次越来越多样。与分配内容的丰富性一样，分配方式的立体多元也是大势所趋。古希腊的分配正义是对等级制度内道德行为的奖赏或不道德行为的惩罚，以后人们将视野投向穷人，才有了宗教慈善和救济与世俗慈善和救济，并从世俗慈善救济演变为救助穷人是政府的义务与责任，其人本依据就是人人都拥有的生存权和发展权。分配方式立体多元还表现在，分配方式既有直接的市场分配方式，也有间接的政府分配方式。间接的政府分配方式相对于市场而言实际是再分配方式，它是通过制定市场分配规则或改革市场分配规则完成初次分配，通过税收和公共服务完成第二次分配，通过鼓励社会资本投资慈善和公益等政策以及对个人善举的弘扬等政策实现第三次分配。而无论是直接的市场分配方式，还是间接的政府分配方式，都与政府密不可分，是政府义不容辞的责任。

---

① ［美］涛慕思·博格：《实现罗尔斯》，陈雅文译，上海译文出版社2015年版，第11、12页。

五 政府再分配责任的界定及其内容

社会主义是人类社会发展的崭新阶段，同时又是共产主义的初级阶段，因此，社会主义公平正义和共同富裕必然带有时代的进步和局限两重性特征。一方面，社会主义超越了资本主义的分配正义，其根本点在于超越了在私有制范围内谈论和实践分配正义的局限；另一方面，社会主义还带有其脱胎于旧社会的痕迹和特征，比如按劳分配就是一种"资产阶级权利"，因此要逐步实现共同富裕。这是社会主义条件下的公平正义和共同富裕的重要特点。共同富裕是指全体人民共享改革发展成果，公平正义作为程序和手段为实现共同富裕提供制度保障；公平正义既是价值目标又包含过程和程序，而共同富裕更强调结果的公平正义。共同富裕既是一种状态，同时又是一个不断实现的过程。正如党的十八大报告所明确指出的，"使发展成果更多更公平惠及全体人民，朝着共同富裕方向稳步前进"。在此基础上，党的十九大报告进一步指出："保证全体人民在共建共享发展中有更多获得感，不断促进人的全面发展、全体人民共同富裕。"

由于社会中的个人、组织以及地方政府的自利倾向，涉及社会公共利益和共同价值目标实现的责任，特别是共同富裕的责任只能由政府特别是中央政府来承担。又由于政府主要是一个分配性而非生产性组织，所以政府最重要的责任就是对社会价值资源进行分配。需要注意的是，由于现实的分配格局也是既往的政策实践和社会发展的结果，所以当我们着眼于价值分配探讨政府的责任时，这自然就是一种政府的再分配责任；亦即，按照社会主义公平正义原则和共同富裕要求，对现实的价值分配体系进行改革的责任。①

政府再分配责任与共同富裕的价值目标是相匹配的。由于对共同富裕存有狭隘的理解，即把共同富裕仅仅理解为物质财富的富有，因此对政府的责任或再分配责任的理解也不免简单化。这直接造成人们把价值分配问题理解为财富分配，进而把财富分配理解为收入分配，因而陷入简单以收入分配来谈论政府责任或再分配责任的窠臼。其实，即使是财富分配，也至少包括物质利益和非物质利益以及生产这些利益的相关要素和条件。

---

① 参见史瑞杰、韩志明《公平正义、共同富裕与政府再分配责任》，《光明日报》2013 年 10 月 2 日第 6 版。

因此，这里我们提出价值分配概念，即社会生产的所有价值（好）以及生产这些价值的相关要素和条件，都是价值分配的内容，自然也是政府再分配责任的题中应有之义。这些价值分配的内容大致分四类：权利类价值，如自由平等权、生存发展权、知情权、表达权、参与权和监督权等；物质类价值，如最低工资、税收、转移支付、社会保障、养老保险和自然资源等；公共服务类价值，如教育、医疗卫生、公共设施、公共安全和精神文化等；荣誉类价值，如科技进步奖、全国劳动模范、五一劳动奖章、华表奖和"五个一"工程等。

大力推进收入分配体制改革，强化和提升政府的再分配责任，应沿着以下三个基本路径展开。

第一，要树立收入分配体制改革的政治思维。毫无疑问，收入分配差距过大和贫富悬殊是制约经济和社会和谐发展的重大问题，但解决和弥合收入差距和贫富悬殊不能仅就收入分配本身考虑问题。造成这些问题的原因是多方面的：既有具体操作层面的不公，如一些竞争门槛的不公平设定和屡屡出现的"拼爹"现象，又有制度机制方面的不公，如权利保障机制、利益表达机制等方面的失衡和不对称；既有公共政策的不完善，如对效率与公平关系的曲解和对弱势群体的保护乏力，又有政府正义价值观贯彻的不彻底，如唯 GDP 论和各种政绩工程等。正是由于这诸多原因造成了收入分配差距过大和贫富悬殊，所以不能只在蛋糕的分割上做文章，而必须从生产蛋糕的过程和源头入手彻底解决问题，这样才能保证分配结果趋于实质公平和正义。从这方面看，将收入分配限定在国民收入分配的传统观点和做法，无论是初次分配、再分配和第三次分配，都只是物质思维或经济思维的产物。而要从根本上进行收入分配体制改革，就必须树立政治思维，即从权力结构的改变和社会权利的重新配置等方面进行顶层设计。

第二，要改变价值分配体系的权力结构。与以往对收入分配的理解和划分不同，我们将社会生产的所有价值（好）以及生产这些价值的相关要素和条件看作是价值分配的内容，其类型已如上述；与之相适应，将价值分配途径主要划分为市场分配、政府分配和社会分配，三者共同构成价值分配体系。在价值分配体系中，无论是市场分配、社会分配还是政府分配，权力都是分配的重要手段，也是决定分配结果的关键，价值分配状况就是权力关系及其运行状况的函数。同时，分配又是一个动态的政治过程，因此分配过程中的权力博弈是影响分配结果的重要变量。因此，要改变价值分配状况，就要改变价值分配体系的权力结构。①

第三，要提高政府有效的制度供给能力。与对权力结构在价值分配体系中的重要性的认识相一致，要确保每个人的权利受到同样的尊重，就要建立相应的法律法规，提高政府有效的制度供给能力。党的十八大报告指出，"要在全体人民共同奋斗、经济社会发展的基础上，加紧建设对保障社会公平正义具有重大作用的制度，逐步建立以权利公平、机会公平、规则公平为主要内容的社会公平保障体系，努力营造公平的社会环境，保证人民平等参与、平等发展的权利。"为落实党的十八大提出的目标，《关于深化收入分配制度改革的若干意见》提出"加强制度建设，健全法律法规，加强执法监管"，"研究出台社会救助、慈善事业、扶贫开发、企业工资支付保障、集体协商、国有资本经营预算、财政转移支付管理等方面法律法规"等，这些无疑是推进收入分配制度改革的重要举措。

这里需要强调的是，在出台法律法规和加强制度建设时，要公平对待强势群体和弱势群体的平等参与权、利益表达权和监督权等，避免既得利益者或集团利用有利位置获得好处，消除"赢者通吃"的丛林法则，给社会弱势群体更多的制度支持。同时，中央政府和地方政府的协调一致以及执行力建设，也是政府有效的制度供给能力需要持续解决的问题。重要的是，政府再分配的关键是"授人以鱼不如授人以渔"，要避免父爱主义式的包办代替，充分调动和发挥全体人民的积极性、主动性和创造性，推动权力结构的改变和社会权利的重新配置，最终实现公民个人权益和公共利益的共赢。这既是共同富裕的价值目标，也是公平正义的内在要求。

按照以上理解，我们将政府再分配责任划分为六部分：公民权利分配、个人收入分配、公共财政分配、公共服务分配、公共资源分配、政府荣誉分配。相应地，本书也由这七个部分构成。

第二节　当代西方国家分配正义理论及其实践

当代西方国家分配正义理论主要有功利主义的分配正义观、自由主义

---

① 参见史瑞杰、韩志明《收入分配制度改革的反思》，《政治学研究》2014 年第 3 期。

的分配正义观和社群主义的分配正义观等，在分析上述分配正义理论的研究理路的基础上，探讨了政府在实现分配正义中的角色定位、分配什么、如何实现分配正义、西方国家的分配正义实践及其启示等问题。

一 当代西方分配正义理论的研究理路

如上所述，分配正义是一个含义丰富、在不同的时代有着不同内涵的概念，在塞缪尔·弗莱施哈克尔（Samuel Fleischacker）看来，虽然在现代社会，人们通常将整个社会的资源分配问题视为正义关注的主要问题之一，现代意义上的"分配正义"要求政府保证每个人都能获得一定程度的物质财富，然而这种分配正义概念只有两百年的历史。18世纪以后，在亚当·斯密、卢梭、康德、马克思和罗尔斯等人的努力下，分配正义的关注对象才开始转向穷人的生活处境以及如何通过对物质财富的再分配从而改变穷人的处境等问题。[①] 现代意义上的分配正义理论的研究理路主要有功利主义、自由主义和社群主义等流派。

功利主义的基本原则是最大多数人的最大幸福原则，功利主义以人的"幸福"为主要的关注对象，不同功利主义者之间的分歧主要在对"幸福"这一概念的理解上。譬如，杰里米·边沁认为可以用一定单位的"效用"来衡量人们的痛苦和幸福。在他看来，自然将人类置于快乐和痛苦的主宰之下，只有它们才能指示人们应当干什么，决定人们将要做什么，"当一个事物倾向于增大一个人的快乐总和时，或同义地说倾向于减小其痛苦总和时，它就被说成促进了这个人的利益，或为了这个人的利益。（就整个共同体而言）当一项行动增大共同体的幸福的倾向大于它减小这一幸福的倾向时，它就可以说是符合效用原理，或简言之，符合效用。"[②] 每个人都喜欢快乐，厌恶痛苦，边沁意识到了这一点，并将"趋乐避苦"作为道德和政治生活的基础。依照边沁对效用进行的快乐主义解释，一种资源的分配当且仅当能够使公民的快乐感觉和痛苦感觉的正负结果达到最大可能的正数时，这种分配在道德上才是最可取的。功利主义者认同分配正义理念，对福利国家运动持支持的态度，而且是其中的重要支持者之

---

① ［美］塞缪尔·弗莱施哈克尔：《分配正义简史》，吴万伟译，译林出版社2010年版，第2—19页。

② ［英］边沁：《道德与立法原理导论》，时殷弘译，商务印书馆2000年版，第58—59页。

一。在功利主义者那里，为了实现功利的最大化，就要对物质财富进行再分配，其中的原因主要在于功利主义者所持有的"金钱的边际效用递减的假设"：一个人所拥有的金钱越多，他能从 1 元钱中获得的满足就越少，其所获得的满足少于一个乞丐从 1 元钱中所获得的满足。因此，一个能够实现功利最大化的分配应当能够使得每个人从 1 元钱中所获得的满足的边际效用是同样的，这样的话，就需要重新分配财富，以增加总体的幸福总量。

虽然功利主义的分配正义观在某些方面具有吸引力，并契合人们的道德直觉，但是边际效用递减仅仅是一个假设而已，并不适用于所有的物品。除此之外，功利主义的分配正义观还面临着其他批判，主要是以罗尔斯等人的自由主义分配正义观为代表的批判。按照自由主义的分配正义观的立场的差异，我们可以将其分为平等自由主义的分配正义观和自由至上主义的分配正义观，前者以罗尔斯和罗纳德·德沃金（Ronald Dworkin）的分配正义观为代表，后者以罗伯特·诺齐克（Robert Nozick）的持有正义观（justice in holdings）为代表。在罗尔斯看来，功利主义主要关注功效总量的加总，并不关注功效是如何在个人之间进行配置的，换言之，功利主义没有严肃地对待个人之间的差异，这样就有可能为了社会总体功效的增加而牺牲个人利益的情况，倘若这种情况出现的话，就会与"人是目的，而不仅仅是手段"这一康德传统相背离。罗尔斯试图通过提出一种正义理论，从根本上颠覆功利主义。如上所述，罗尔斯提出了如下两个正义原则，第一个正义原则可以被简称为"平等的自由原则"，第二个正义原则主要由机会的公平平等原则和差别原则（difference principle）构成。我们将在下文详述罗尔斯的差别原则，差别原则体现出罗尔斯的分配正义观是一种平等自由主义的分配正义观。

德沃金的分配正义观比罗尔斯的分配正义观更加重视平等，他把平等的重要性提升到了前所未有的高度，在德沃金那里，平等是一种"至上的美德"（sovereign virtue），自由主义的平等观是自由主义的核心。人们通常认为自由和平等都是自由主义与保守主义的核心理念，只是与自由主义相比，保守主义更加关心自由而不怎么看重平等；与保守主义相比，自由主义更加关心平等。然而，在德沃金看来，上述观点是值得商榷的，"无论对自由主义者来说，还是对保守主义者来说，平等都是一个基本的理念。……保守主义者要求一种不同的平等观"。① 德沃金认为政府应该平等关心和尊重每一个公民，并把其与政府的合法性紧密联系在一起，正如他所说，"统治所有公民并从中获得忠诚的政府，如果它对其统治下的公民的命运没有表现出平等的关心，那么这个政府就不是合法的政府。平等的关心是政治共同体至上的美德——缺乏这种美德的政府仅仅是一个专制的政府"②。"一个具有合法性的政府，必须对其管辖下的人民给予某种程度的关心，而且是平等的关心。"③ 德沃金建构了一种名为"资源平等"（equality of resources）的平等自由主义的分配正义理论，该分配正义理论的目标包括两个方面：一方面，人们应当对自己的选择所带来的后果承担责任；另一方面，由残障、智商等禀赋因素所带来的不平等应当获得一定程度的补偿，因为这些因素并不在人们的控制范围之内。

以罗尔斯和德沃金等人为代表的平等自由主义的分配正义观较为关注社会上的弱势群体的处境，主张政府应该从事更多的再分配活动，但是这种分配正义观在以诺齐克（以及哈耶克）等人为代表的自由至上主义者看来，是不合时宜的。诺齐克认为"分配正义"并不是一个中性词，并用"持有正义"来替代它。他提出了一种"资格理论"（entitlement theory）以对抗罗尔斯的"差别原则"，其资格理论以"持有正义"为核心，持有正义包含如下三个原则：第一个原则是"获取的正义原则"（the principle of justice in acquisition）。如果某个持有完全是个人通过"合法的"手段所获取的，那么该持有就是正义的；第二个原则是"转让的正义原则"（the principle of justice in transfer）。如果各个人之间的转让是通过合法的自愿交换或馈赠而不是通过欺诈等不正当的方式所完成的，那么这种转让就是正义的。倘若某个人按照这两个持有正义原则持有某物，他也就对该持有物拥有了资格。但是，并非所有的实际持有状态都符合上述两个持有正义原则，有些持有（比如通过偷盗的方式所获得的某种物品）是非正义的，因

---

① Ronald Dworkin, *A Matter of Principle*, Cambridge, Massachusetts: Harvard University Press, 1985, p. 190.

② Ronald Dworkin, *Sovereign Virtue: The Theory and Practice of Equality*, Harvard University Press, 2000, p. 1.

③ Ronald Dworkin, *Is Democracy Possible Here?* Woodstock: Princeton University Press, 2006, p. 97.

此，为了使持有具有正义性，必须对非正义的持有进行某种程度的矫正，这就是持有正义的第三个原则："矫正的正义原则"（the rectification of justice）。① 总之，一个持有只要符合上述三个原则，其就是正义的。诺齐克认同最低限度的国家，认为比最低限度的国家履行的功能更多的国家（比如罗尔斯意义上的致力于践行分配正义理念的国家）是不正当的，会侵犯人们的权利，最低限度的国家是唯一合理的国家。在诺齐克那里，自由至上主义的持有正义观认为应当尊重人们所达成的自愿选择，在尊重他人权利的前提下，人们拥有一种用自己所持有的东西去做任何事情的权利。

正如罗尔斯等人的自由主义的分配正义观是建立在对功利主义的分配正义观的批判的基础之上的一样，社群主义的分配正义观是建立在对罗尔斯的自由主义分配正义观的批判的基础之上的。社群主义是在20世纪80年代通过批判以罗尔斯为代表的新自由主义而兴起的一种政治思潮，迈克尔·沃尔泽（Michael Walzer）是其中的代表人物之一。沃尔泽在批判罗尔斯等人的平等观的基础上，阐述了复合平等理论，认为罗尔斯的平等观是一种简单平等理论。沃尔泽认为没有一个单一的机构能够控制所有分配的决策，也从来没有一个适用于所有分配领域的单一标准或一套相互联系的标准。沃尔泽首先批评了自柏拉图以来在正义理论中就存在的一种最深层的假设：哲学能够正确地成就一种，并且是唯一一种分配系统："今天，这个系统通常被描述为：处于理想状态中的理性的男人们和女人们，如果他们被迫公正地进行选择，而又对他们自己的地位状况一无所知，并且被禁止发表一切排他性权利主张，那么面对一组抽象的善，他们将选择这种系统。"② 显而易见，沃尔泽在此正是批判罗尔斯的平等观。对沃尔泽来说，不同的善应遵循不同的分配原则，分配正义的原则应当是多元的，并没有任何一种正义原则可以支配所有的领域，并不存在一种像罗尔斯所认为的普遍主义的正义原则。沃尔泽重点论述了三种分配原则，即"自由交换、应得和需要。所有这三个标准都有真正的力量，但没有一个有跨越所

---

① ［美］罗伯特·诺奇克：《无政府、国家和乌托邦》，姚大志译，中国社会科学出版社2008年版，第180—181页。

② ［美］迈克尔·沃尔泽：《正义诸领域：为多元主义与平等一辩》，褚松燕译，译林出版社2002年版，第3页。

有分配领域的力量，它们都只是故事的一部分，而非全部"①。在沃尔泽那里，普遍主义的正义原则并不存在，正义原则应当是特殊主义和多元主义的。

以上我们论述了当代西方政治哲学中的三种分配正义理论的研究理路，即功利主义的分配正义观、自由主义的分配正义观和社群主义的分配正义观。一个较为完整的分配正义理论应该关注如下四个方面的问题：一是谁应当成为分配正义的对象？二是由谁来承担分配正义的责任？三是在践行分配正义理念的过程中，应当分配什么？四是通过何种原则来实现分配正义？实际上，人们对前两个问题基本上不存在分歧，诸如功利主义者所关注的穷人和罗尔斯的差别原则所关注的处境最差者等社会上的弱势群体应当成为分配正义的对象，同时政府应当承担分配正义的责任。然而，政府在实现分配正义的过程中应当扮演什么样的角色，还是一个需要深入探讨的问题。

二　政府在实现分配正义中的角色定位

从整体上而言，由于政府规模不断增长以及政府手中掌握着大量的权威性资源，解决社会公正方面所出现的问题，是政府的根本职责之一，政府在实现分配正义理念的过程中，应该扮演一个设计师的角色，负责宏观性的总体设计。分配正义的实现，既有赖于初次分配，又有赖于再次分配。为了保证在初次分配中尽可能地体现公平，一个社会的制度应当是正义的，应当克服由各种人为因素所带来的非正义；同时，由于人的生活境遇除了受到社会制度的正义与否的影响以外，还会受到个人生而所处的家庭背景的好坏以及个人的先天身体健康程度、智商的高低等各种非人为因素的影响，这就要求政府需要从事一些调节性的活动。也就是说，为了实现分配正义，一方面，政府应当关注正义制度的建构以及执行，以体现"形式正义"；另一方面，政府应当承担一些再分配的职能，以体现"实质正义"。

人生的境遇往往受到各种人为因素的影响，其中社会的基本结构是一

① ［美］迈克尔·沃尔泽：《正义诸领域：为多元主义与平等一辩》，褚松燕译，译林出版社2002年版，第25页。

个非常重要的人为因素，政府在建构和执行正义制度的过程中，应当首先关注社会的基本结构的正义与否。罗尔斯在其正义理论中，曾详细论述了该问题。在罗尔斯那里，正义理论所关注的主要问题是社会的基本结构，即"社会主要制度分配基本权利和义务，决定由社会合作产生的利益之划分的方式。所谓主要制度，我的理解是政治结构和主要的经济和社会安排。这样，对于思想和良心的自由的法律保护、竞争市场、生产资料的个人所有、一夫一妻制家庭就是主要社会制度的实例。把这些因素合为一体的主要制度确定着人们的权利和义务，影响着他们的生活前景即他们可能希望达到的状态和成就"①。为什么社会基本结构应当成为正义的主题呢？在罗尔斯看来，其中的主要原因在于社会基本结构对人的一生的影响是无处不在和无时不在的，比如对公民的目标、追求和性格，以及利用自身的机会和优势的能力都会产生影响，对于人们所处的社会，人们是生而入其中，死而出其外，人们很难摆脱社会基本结构的影响。同时，由社会基本结构所带来的不平等是一种特别深刻的不平等，无论个人怎么努力，往往很难消除由不正义的社会基本结构所带来的深刻影响。倘若社会的基本结构是不正义的，那么那些生活于其中、深受社会基本结构影响的人们很难拥有一个公平的竞争环境，也很难过上一种幸福的生活。因此，为了在初次分配中能够实现正义，政府应该确保社会的基本结构是正义的，比如能够确保程序正义的实现，公民能够享有思想自由和言论自由，公民的财产权能够获得法律的有效保护，公民能够在市场上公平竞争和拥有平等的起点，公民不会因不正义的制度、种族、性别、家庭背景和社会地位等各种因素而得益或受损等。当然，政府在完成对正义制度的建构以后，还要能够确保正义的制度能够落实到实处。

人生的境遇除了受到社会基本结构等人为因素的公正与否的影响以外，还会受到一些非人为因素的深刻影响。依罗尔斯之见，公民的生活前景主要受到三种偶然性的影响："（1）他们所出身的社会阶级：他们出生并在成年之前成长于其中的阶级；（2）他们的自然天赋（与他们体现出来的天赋相对的），以及他们发展这些天赋的机会，而这些机会是受他们所出身的社会阶级所影响的；（3）他们在人生过程中的幸与不幸、好运与坏

---

① ［美］约翰·罗尔斯：《正义论》，何怀宏等译，中国社会科学出版社1988年版，第7页。

运（他们如何为疾病和事故所影响，以及如何为诸如非自愿失业和区域经济衰退时期的影响）。"① 在社会上，人们有着不同的生活前景，而不同的生活前景恰恰与上述三种偶然因素有着密切的关系，这些偶然因素往往是非人为的，是个人一生下来就要面对的东西，个人并不能控制这些偶然因素，无论个人做出怎样的努力，都无法选择其生而所处的家庭背景、身体的健康程度以及生而拥有的智商等。一个人生而所处的家庭背景和拥有的自然禀赋会对人的一生产生深刻的影响。较好的家庭背景和较高的智商等优越的自然禀赋等因素完全是偶然的，并不是人们应得的，正如人们不应得较差的家庭背景和较差的自然禀赋一样。倘若人们的命运是由这些偶然因素决定的，就是不正义的。同时，一个人在工作过程中愿意付出的努力程度也深受个人自然禀赋的影响，在其他条件相同的前提下，那些拥有较好自然禀赋的人往往也更愿意做出更多的努力。基于上述考虑，罗尔斯将社会基本结构作为正义的主要问题，并试图通过其作为公平的正义理论来缓解上述三种偶然因素对人们的影响。在罗尔斯那里，倘若人们要把每个人作为一个平等的道德主体来看待，那么人们绝不应当根据个人运气——譬如上述三种偶然因素——的优劣来衡量其在社会合作中利益和负担的份额，应该排除运气因素对分配份额所产生的影响，罗尔斯所推崇的解决方案就是我们曾提到的"差别原则"。德沃金在其名为"资源平等"的分配正义理论中，明确探讨了分配正义理论如何处理这些非人为的运气因素。德沃金将运气分为"选项运气"（option luck）和"原生运气"（brute luck）："选项运气是一个自觉的和经过计算的赌博如何产生的问题——人们的得失是不是因为他接受自己预见到并本来可以拒绝的这种孤立风险。原生运气是一个风险如何发生的问题，从这个意义上说它不同于自觉的赌博。如果我在交易所购买的股票上涨了，那么我的选项运气就是好的。如果我被落下来的流星击中，而我显然无法预测到它的运行轨迹，那么我的运气就是坏的原生运气（即使如果我有任何理由知道它会落在哪里，我可以在被击中前躲开）。"② 根据德沃金的上述类型学的区分，如果 P1 赌博赢

① ［美］约翰·罗尔斯：《作为公平的正义——正义新论》，姚大志译，上海三联书店2003年版，第88—89页。

② Ronald Dworkin, *Sovereign Virtue*：*The Theory and Practice of Equality*, Harvard University Press, 2000, p. 73.

了，那么 P1 就拥有好的选项运气；如果 P2 被流星或闪电击中，那么 P2 此时拥有的运气就是坏的原生运气。依德沃金之见，应当排除原生运气因素对人生的影响，倘若一个人是残障的（比如双目失明或四肢不健全），这个人就拥有坏的原生运气。双目失明者或四肢不健全者，无论在生活的过程中，还是在工作的过程中，都会面临着正常人难以体会到的诸多不便之处。这种坏的原生运气并不是个人所应得的，并不是个人有意为之，不应该影响人生的发展，个人也不应当为此承担责任。针对由原生运气所带来的不利影响，德沃金认为可以通过虚拟保险市场这种思想试验来解决这一问题。

　　为了解决诸如一个人拥有的家庭背景、智商和身体先天健康程度等非人为的运气因素对个人的生活境遇所带来的影响，政府应当承担一些再分配的职能，应当通过再分配的机制，落实公民的福利权利，避免人生的差距进一步扩大，正如有学者曾言，"在许多国家中，政府的第三个职能是对收入和财富进行再分配；即没收某些人的产权并将它们再分配给另一些人。这种行动立足于各种'社会公正'方面的概念。这样的概念在犹太—基督教以及伊斯兰教的传统中可能有着较深厚的历史根源。在欧洲，统治者曾长期用公共收入资助'流浪儿和寡妇'，而公共组织——如公共贫民院——曾照顾过贫民们的基本需要"①。政府通过从事一些再分配的活动，以调节或减缓由上述非人为的运气因素对人的境遇所带来的不利影响。然而，在探讨政府应当从事的再分配活动的过程中，人们并不存在一致的意见，至少在以下两个方面没有达成共识，长期以来纷争不断：一方面，政府应当分配什么？用分析马克思主义学派的代表人物之一 G. A. 柯亨（G. A. Cohen）的话语来说，平等主义正义的"通货"（currency）② 应当是什么？另一方面，政府应当依据何种原则来实现分配正义？接下来我们将探讨这两个重要的问题。

三　政府在践行分配正义的过程中对正义的"通货"的确定

　　政府在践行分配正义的过程中，应当分配什么呢？在当代西方政治哲

---

　　①　［德］柯武刚、史漫飞：《制度经济学：社会秩序与公共政策》，韩朝华译，商务印书馆 2000 年版，第 371 页。

　　②　G. A. Cohen, "On the Currency of Egalitarian Justice," *Ethics*, Vol. 99, No. 4, 1989, pp. 906 – 944.

学中，不同的分配正义理论的研究理路对此持有不同的态度，代表性的观点有福利平等（equality of welfare）、资源平等（equality of resources）和机会平等等观点。在探讨罗尔斯和德沃金等平等自由主义者所推崇的资源平等之前，我们应该首先探讨在当代西方政治哲学中一种非常具有影响力的分配正义理论，即福利平等，功利主义是其特殊的体现形式。对福利平等的批判、替代或者修正，往往已经成为包括罗尔斯和德沃金等人在内的很多学者在建构自己的分配正义理论时的一种重要的起点。福利平等理论认为分配正义理论应当将人的"福利"作为主要的关注对象，主张每个人在整个人生轨迹中所拥有的幸福与效用等物品的数量应该是一样的。不同的福利平等之间的分歧主要在于如何理解福利以及如何实现福利水平的平等化，其中的主要原因在于在福利经济学中，福利是一个抽象的、模糊的以及含义丰富的概念，可以对其做出诸多不同的解释。例如，我们既可以将其理解为"人的偏好的满足"，又可以将其理解为"人的某些主观的生活感受"（比如快乐和痛苦）等，这样的话，福利平等就会有各种不同的形式。对于福利平等的内涵，正如理查德·阿内逊（Richard J. Arneson）所言，"根据福利平等，直到物品的分配使每个人享有同等的福利，物品在人群中才是平等分配的"①。福利平等非常关注人们所拥有的福利水平的高低，其背后的根本理念是道德上唯一重要的东西即福利的生产以及公平的分配，此外，没有其他任何重要的东西。

在罗尔斯和德沃金等平等自由主义者看来，福利平等并不是一种令人满意的分配正义理论，因为该分配正义理论在分配福利的过程中，并没有考虑到个人应当承担的责任问题，比如在福利平等那里，即使某个人因为自身的懒惰而致贫，仍然能够获得某些福利补偿，这显然是有违道德直觉的。罗尔斯和德沃金在对福利平等以及功利主义批判的基础上，认为分配正义理论分配的对象应当是"资源"，认为资源平等可以避免福利平等的上述缺陷，因为资源平等既主张人们应该对自己的选择所带来的后果承担责任，又主张人们不应该对超出其控制范围的环境因素所带来的后果承担责任。虽然罗尔斯和德沃金都认为分配正义理论关注的对象应当是资源，

---

① Richard J. Arneson, "Equality and Equal Opportunity for Welfare," *Philosophical Studies*, Vol. 56, 1989, p. 82.

他们的平等观可以被统称为资源平等，但是他们的分配正义观在细节方面还是存在不少差异。我们知道，罗尔斯为了证成其作为公平的正义理论这一分配正义理论，主要采取了契约主义的论证方式。在罗尔斯所设想的原初状态中，虽然处于无知之幕背后的人们并不知道有关自己的诸如性别、民族、种族、年龄、财富状况、社会地位和家庭背景等特殊信息，但是无论人们想过什么样的生活，有些物品总是非常必需的，且有可能越多越好，罗尔斯将这些物品称为"基本善"（primary goods），基本善也就是罗尔斯所谓的"资源"。任何理性的人都想要更多的基本善，倘若一个人拥有的基本善越多，过一种良善生活的可能性就越大。在罗尔斯那里，基本善有两类：一类是"社会基本善"，其包括权利和自由、权力和机会、收入和财富，这些基本善受到社会基本结构（如社会的政治制度和经济制度）的深刻影响；另一类是"自然基本善"，其包括人的健康、理智和想象力等因素，虽然这些基本善也会在某些方面受到社会基本结构的影响，但是它们并没有处于社会基本结构的直接控制之下，而是由自然所赋予的，受自然因素的影响较大。① 鉴于罗尔斯在其平等观中所赋予基本善的重要位置，我们将罗尔斯的平等观称为"基本善的平等"也是较为恰当的。罗尔斯的基本善观念面临着很多批判，很多学者认为基本善的概念是僵化的，其内容是模糊的和随意的，它并不能涵盖人们过一种良善生活所需要的所有物品，比如它就忽视了残障者的一些需要。② 罗尔斯在《正义论》中所提出的基本善观念是一种"善的弱理论"，后来在《作为公平的正义》一书中，他提出了一种"善的强理论"，并扩充了基本善的内容："（1）基本的权利和自由：思想自由、良心自由和其他自由。对于两种道德能力的全面发展和充分使用，这些权利和自由是必需的本质性制度条件。（2）在拥有各种各样机会的背景条件下的移居自由和职业选择自由，这些机会允许追求各种目标，也允许修正和改变它们。（3）拥有权威和责任的官职和职位之权力和特权。（4）收入和财富，它们被理解为达到

---

① ［美］约翰·罗尔斯：《正义论》，何怀宏等译，中国社会科学出版社1988年版，第62页。

② 具体研究可参见 Larry Alexander, Maimon Schwarzschild, "Liberalism, Neutrality, and Equality of Welfare vs. Equality of Resources", *Philosophy and Public Affairs*, Vol. 16, No. 1, 1987, p. 89; Norman Daniels, "Equality of What: Welfare, Resources, or Capabilities?" *Philosophy and Phenomenological Research*, Vol. 1, Supplement, 1990, pp. 273 – 296.

众多目标通常所需要的适于各种目的之手段，而无论这些目标是什么。（5）自尊的社会基础，它们被理解为基本制度的组成部分，而对于公民是否能够强烈地感觉到它们自身的价值，并且是否能够带着自信来推进他们的目标，它们通常是极其重要的。"① 虽然罗尔斯的平等理论试图弥补福利平等在责任问题上的缺失，但是在德沃金等人看来罗尔斯的努力仍然是值得商榷的。

虽然德沃金与罗尔斯同属平等自由主义流派，他们的分配正义观都属于资源平等的阵营，但是德沃金并不认同罗尔斯的分配正义观，德沃金的资源平等理论是建立在对福利平等以及罗尔斯的差别原则批判的基础之上的，在他看来，福利平等和罗尔斯的差别原则的一个共同缺陷在于消解了责任，没有使人承担应当承担的责任，这也是诺齐克等自由至上主义者对当代平等理论的主要诘难之所在。为了能够更好地将责任纳入平等理论之中，德沃金建构了一种不同于罗尔斯的平等理论的分配正义观念。德沃金和罗尔斯的分配正义观至少在以下两个方面是不同的：一方面，对资源的意涵有着不同的理解。德沃金所说的资源可以分为"人格资源"（personal resources）和"非人格资源"（impersonal resources），人格资源涵盖了人的生理健康、心理健康、才能和力量等资源，作为人的身体的必不可少的组成部分，这些资源是不能在人与人之间进行转移的；非人格资源包括那些可以被支配以及被转让的环境的一部分，譬如土地、生产工具、原材料和房屋等资源。② 资源平等的逻辑起点是公民享有的"平等的关心与尊重的权利"，并把政府对所有公民的平等关心和尊重与政府的合法性联系在一起，易言之，如果政府不能对所有公民表达平等的关心与尊重，歧视某些公民，那么其就丧失了合法性，难以获得公民的认同；另一方面，分配正义的理论目标并不一样。德沃金的资源平等的理论目标是"敏于抱负"（ambition-sensitive）和"钝于禀赋"（endowment-insensitive），③ 即在对资

---

① ［美］约翰·罗尔斯：《作为公平的正义——正义新论》，姚大志译，上海三联书店2002年版，第94—95页。

② Ronald Dworkin, *Sovereign Virtue*: *The Theory and Practice of Equality*, Harvard University Press, 2000, pp. 322－323.

③ Ronald Dworkin, *Sovereign Virtue*: *The Theory and Practice of Equality*, Harvard University Press, 2000, p. 89.

源进行分配时，人们应当对由"抱负"等选择因素所造成的不平等负责，然而，人们不应当对由"禀赋"等不受个人控制的运气因素所带来的不平等负责。

以上我们论述了罗尔斯和德沃金等平等自由主义者对正义的"通货"的理解。在以诺齐克等人为代表的自由至上主义者看来，罗尔斯和德沃金等平等自由主义者对正义的"通货"的理解是难以令人信服的。诺齐克认为正义应当尽量确保每个人拥有平等的机会，亦即认同"机会平等"。诺齐克认为机会平等在许多人看来是最低限度的平等主义目标，但是很多人认为机会平等是一种太弱的理想，仅仅追求这种理想还是不够的。通常有两种实现机会平等的方式：一种是通过使机会更好者的状况变得更坏，另一种是使机会更差者的状况变得更好。当然，改善机会更差者的状况需要使用资源，在今天资源几乎都是有主的情况下，为改善机会更差者的状况，就需要剥夺他人的资源。但是，对诺齐克来说，人们持有的资源是不可以被剥夺的，即使目的是为其他人提供机会平等时亦是如此。在缺少魔杖的情况下，实现机会平等的唯一手段就是说服每个人自愿献出它们的一部分资源，在此过程中，不能有任何的强制成分。诺齐克曾假设存在如下情况：假如机会较好者并不存在，机会较差者不是就可以改善自己的处境了吗？倘若机会较好者存在，机会较差者能抱怨机会较好者妨碍了其处境变好吗？诺齐克又设想了一个思想实验来分析这种情况：假设 M1 和 M2 同时向一女子求婚，由于 M1 的英俊的相貌、敏锐的智力和超凡脱俗的气质，该女子选择了 M1 并最终成为 M1 的妻子，拒绝了另一个求婚者。M1 的英俊的相貌和敏锐的智力往往是天生的，并不是其努力的结果，被拒绝者 M2 能够抱怨这种状况不公平吗？倘若这种状况是不公平的，M1 是否必须因此而出钱给他进行美容手术或进行特殊的智力训练呢？诺齐克的答案是否定的。[①] 诺齐克认为"每个人对诸如机会平等和生命等事物都拥有一种权利，并且可以强行这种权利，对于这样的说法，主要的反对理由是：这些'权利'需要事物、物资和行为作为其基础，而别人可能对它们拥有权利和资格。任何人对这样的东西都不拥有权利，即它的实现需要利用别

---

① ［美］罗伯特·诺奇克：《无政府、国家和乌托邦》，姚大志译，中国社会科学出版社 2008 年版，第 285 页。

人已经对之拥有权利和资格的事物和行为。别人对特殊事物（这支铅笔，他们的身体，等等）的权利和资格，以及他们愿意如何实行这些权利和资格，确定了任何特定个人和他能够得到的资源的外部界限。"① 从表面上来看，诺齐克是在批判机会平等。实际上，他并不是反对一切机会平等，而是反对实质的机会平等，即结果平等。通常没有人反对形式的机会平等，分歧只是在于是否有必要实行一种实质的机会平等。可见，诺齐克主张形式的机会平等，认为任何进行再分配的实质平等都是对个人权利的侵犯。机会平等主张人们应该拥有平等的人生起点，应该拥有平等的机会去发展自己的才能，并确保每个人有平等的机会去做他们想做的、与自身能力相适应的事情，无论什么人为设置的障碍，都阻止不了人们获得与自身才能相称的地位。例如，公司在招聘员工时，职位应该向所有能满足条件——设定的条件不能故意歧视求职者——的申请者开放，而不能区别对待。一旦满足了这些条件，任何不平等的结果都无关紧要，人们都应当为之承担责任。

四　政府通过再分配实现分配正义的方式

通过上述分析可以发现，政府在实施分配正义理念的过程中，正义的"通货"通常包括福利、资源和机会。政府应当根据何种原则来实现分配正义呢？事实上，学界关于这一问题同样存在着激烈的纷争，代表性的观点有应得原则、差别原则和需要原则等。

首先，我们来看看应得原则。应得是正义的最基本的内涵，虽然正义的概念变化多端，但是其基本含义都是一样的，即给予每个人以其所应得，例如在查士丁尼《民法大全》中，古罗马法学家乌尔庇安曾给正义下了一个著名的定义："正义乃是使每个人获得其所应得的东西的永恒不变的意志。"② 应得的核心思想是每个人应当得到其所应得的份额，正如麦金太尔所言，"正义是给每个人——包括给予者本人——应得的本分"③。然

① ［美］罗伯特·诺奇克：《无政府、国家和乌托邦》，姚大志译，中国社会科学出版社2008年版，第286页。
② ［美］E.博登海默：《法理学：法律哲学与法律方法》，邓正来译，中国政法大学出版社2004年版，第277页。
③ ［美］阿拉斯戴尔·麦金太尔：《谁之正义？何种合理性？》，万俊人等译，当代中国出版社1996年版，第56页。

而，我们应当如何确定应得的基础呢？也就是说，应当参照什么来判断人们是应得的，还是不应得的？如果我们不能明晰应得的基础，那么将不能确定应当依照何种标准来确定人们应得与否。关于应得的基础主要有以下几种观点：其一，应得的基础在于道德。这是一种"道德应得观"（moral desert），在罗尔斯看来，"严格意义上的道德应得观念，即人作为一个整体之品质的道德价值（以及一个人特有的美德），而这道德价值是由完备性学说所赋予的，以及具体行为的道德价值"①。易言之，依照道德应得观，为了决定谁应得什么，必须决定哪些道德值得赞赏和奖励，如果一个人的行为体现了某种良好的道德品质，那么这个人应该得到赞赏或奖励；其二，应得的基础在于努力，这就是人们通常所说的"努力应得观"。个人愿意做出的努力程度也受到运气的影响，努力自身并不能成为一种恰当的应得基础。如果努力想成为应得的基础，那么要考虑由努力所带来的贡献的大小及其中所包含的运气因素；其三，应得的基础在于贡献。在人们有关应得基础的讨论中，以贡献作为应得的基础具有较少的争议性，在莫蒂默·艾德勒（Mortimer J. Adler）看来，"一个人应该得到的权益可依据以下两条来决定：（1）根据天生的自然权利或国家法律的许可；（2）依据两个人的价值，或者依据他们能做什么或依据他们已经做出的业绩进行比较"②。艾德勒所说的第二个条件就是主张以贡献作为应得的基础。这种贡献原则正如威尔福莱德·亨氏（Wilfried Hinsch）所言，"我们要对社会所创造的财富和可利用的资源进行分配，必须考虑到与业绩相关的超过平等财富分配的要求。直觉上看这是很清楚的，并且也符合道德共识，就是我们应理解并赞成那些在共同财富的创造过程中付出了更多的努力或做出了更大贡献的人，在财富分配中获得更多的一部分。"③ 依照贡献应得观，贡献是人们所得的源泉和依据，人与人之间的分配是否公平，可以将其所得与其贡献进行比较，当一个人的所得与其贡献相符时，分配正义就实现了，反之，就背离了分配正义。虽然人们提出了诸多正义原则，但是贡献应得观

① ［美］约翰·罗尔斯：《作为公平的正义——正义新论》，姚大志译，上海三联书店2002年版，第117页。

② ［美］莫蒂默·艾德勒：《6大观念》，陈德中译，重庆出版社2005年版，第165页。

③ ［德］威尔福莱德·亨氏：《被证明的不平等：社会正义的原则》，倪道钧译，中国社会科学出版社2008年版，第157页。

还是获得了人们的普遍认同，认为一个人的收入应该建立在其对产出的贡献基础之上，人们的争议只是在于贡献是什么以及如何评价贡献的大小。

我们在上文曾经提及分配正义的对象应当是社会的弱势群体，这已经基本上成为人们的共识。那么，人们应当根据何种原则来关注社会上的弱势群体呢？罗尔斯的差别原则的关注对象正好是社会上的弱势群体。差别原则是罗尔斯的分配正义理论的最重要的组成部分，它也是罗尔斯的正义理论中最具争议的部分，处于右翼和左翼的双重夹击之中。在右翼看来，差别原则提供了太多的平等，侵犯了个人的权利与自由。然而，在左翼看来，差别原则恰恰提供了太少的平等，虽然它减少了部分不平等，但是它仍然允许大量不平等的存在，这是令左翼难以接受的。罗尔斯认为，差别原则能够缓解社会偶然因素和自然偶然因素对分配的影响，差别原则意味着如下安排："把自然才能的分配看作一种集体资产，并共同分享无论它带来的利益是什么。那些先天处于有利地位的人，无论他们是谁，只有在改善那些处境不利者状况的条件下，他们才能从他们的好运气中获得利益。先天处于有利地位的人不能仅仅因为他们的天赋较高而获利，而只能通过抵消训练和教育费用和用他们的禀赋帮助较不利者而获利。没有人应得其较高的自然能力，也没有人应得社会中较为有利的起点。"[1] 对罗尔斯来说，没有人应得较好的自然禀赋和较好的人生起点，正如没有人应得较差的自然禀赋和较差的人生起点一样，我们没有理由忽视人们生而所具有的诸如智商、身体健康程度和家庭背景状况等方面的差别。差别原则的根本信条在于只有当那些先天处于较有利地位的人能够有利于处境最差者的最大利益时，他们才能享有更多的资源，才能从自身较为有利的境地中获得更多的益处。易言之，那些处境较好的人被鼓励获得更多的利益，但是其前提条件在于他们应当有利于处境最差者。从罗尔斯对差别原则的表述中我们也可以发现，罗尔斯的正义理论并不主张消除不平等，而是认为某些不平等的存在是非常必要的，也是不可避免的，比如其差别原则并不打算消除不平等，而是允许不平等的存在，但是不平等的类型及其程度应当受到限制，把是否能够改善处境最差者的处境作为评估不平等正当与否的

---

① John Rawls, *A Theory of Justice*, The Belknap Press of Harvard University Press, 1971, pp. 101 - 102.

依据。罗尔斯认为原初状态与无知之幕在一起决定了正义的原则将是那些理性的、自利的人们，在不知道自身的情况下将会同意的原则。

政府在实施分配正义理念的过程中，还应当在某些方面采取"需要原则"，即关注一些弱势群体的基本需要。需要原则也是一种重要的分配原则，其中最为著名的当属马克思主义的"按需分配"原则，"按需分配"原则也最能体现社会正义的理念。针对需要原则，我们必须明晰两个非常关键的问题：一是何谓需要？人们能够在需要的内涵上达成基本共识吗？二是在资源匮乏的情况下，如何权衡五花八门的需要？当两种或者两种以上的需要之间产生冲突的时候，哪种需要具有优先性？为什么具有优先性？戴维·米勒（David Miller）在探讨社会正义原则时也曾涉及了需要原则。在他看来，需要是一个较为主观的术语，人们经常从以下三个方面来确定自身的需要：一是侧重于人的生物学意义上的需要，二是人的生活计划，三是人的社会规范意义上的需要，他较为认同第一种和第三种界定方式，反对第二种界定方式。米勒较为认同根据社会规范来界定需要，认为这是一个共同体关于需要的共识，即"并不忽视'需要'的生物学内核，但强调对充斥在其周围的一种最低限度的体面生活的社会理解"①。在一个正义的社会中，社会制度必须确保能够满足人们的基本需要，以使人们过上一种较为体面的生活。

在深入探讨需要原则时，我们必须考虑人类的总体资源状况。在人类的整个发展进程中，资源匮乏恰恰是常态，倘若我们想将需要原则作为实现平等理念的原则之一，我们必须考虑在资源匮乏的情况下如何实施需要原则。在资源匮乏的情况下，毫无疑问应该首先满足人的基本需要②，比如一个人要想存活下来，必须要有基本的食物和饮用水，同时也应该有衣物来遮体和御寒，这种基本需要是使得人的生命得以延续以及使得人之为人的最基本的条件。倘若社会成员的基本需要不能被满足，他们的生活乃至生命将会受到严重的影响。如果此时人们的需要是相互冲突的，应如何权衡这些需要呢？德里克·帕菲特（Derek Parfit）的"优先性"（priority）

---

① ［英］戴维·米勒：《社会正义原则》，应奇译，江苏人民出版社 2001 年版，第 237 页。

② 对基本需要和非基本需要之间的区分，可参见 Garrett Thomson，"Fundamental Needs"，Soran Reader edited，*The Philosophy of Need*，Cambridge，UK：Cambridge University Press，2005，pp. 175–186。

观点可以成为一种有益的选择。帕菲特的优先性观点认为当一些人的处境越差时，他们的利益就越重要，这些利益也就应该优先获得满足。在优先主义者看来，每个人利益的道德重要性取决于得到这个利益的人过得如何，有益于利益较差者的处境更为重要。[1] 依照优先性观点，当在资源匮乏、人们的需要相互抵牾的情况下，就应当比较人们的处境，首先应该满足处境最差者的需要。我们可以通过一个思想实验来说明这一问题，比如人的需要有缓急之别，在食物短缺的条件下，A 和 B 都是饥肠辘辘的乞丐，再假如 A 身患疾病，属于最饥饿的人，B 的身体还基本正常。此时虽然 A 和 B 都急需食物，但是与 B 相比，A 明显属于处境最差者，就应该将食物首先分配给他。正如伦纳德·霍布豪斯（L. T. Hobhouse）所言，"一个著名的平等原则是'各取所需'，如果严格解释，这个原则是一种比例的而不是绝对的原则。……满足各种需要的费用因时因地不同，而不同需要的紧迫程度也有差异。人们确实有爱美的需要，但这种需要绝不如食物需要那样迫切，所以认为需要的要求权应该和其紧迫程度成比例，是有道理的。"[2] 因此，在资源匮乏的情况下，应该首先满足最迫切的需要。然而，当难以对人们的较差处境进行比较时，这时需要原则该如何处理该问题呢？我们可以利用阿内逊的"迎合责任的优先主义"（responsibility-catering prioritarianism）[3] 来处理上述问题，该理论主张正义在于使人们的福利最大化，应当给予那些生活过的不好的人的福利以优先性，同时在生活过的不好的人之间，给予那些对其状况不应当承担责任的人的福利以优先性。比如在上述思想实验中，A 和 B 都非常需要食物，身体都基本正常，假如 A 因为地震的缘故而一贫如洗，B 因为自己沉迷于赌博而身无分文。此时虽然 A 和 B 都属于处境最差者，但是很显然，B 应该对自己的较差处境承担责任。此时在资源匮乏的情况下，应该首先把资源给予 A，如果首先将资源给 B，显然有违人们的道德直觉。因此，需要原则还必须同责任

① Derek Parfit, "Equality and Priority", *Ratio* (new series), X3, 0034 – 0006, 1997, pp. 212 – 214.

② ［英］伦纳德·霍布豪斯：《社会正义要素》，孔兆政译，吉林人民出版社 2006 年版，第 77 页。

③ Richard J. Arneson, "Luck Egalitarianism and Prioritarianism", *Ethics*, Vol. 113, No. 1, 2000, pp. 339 – 349.

原则结合在一起。可见，根据人类社会现有的生产力发展水平，我们还只能确保满足人们的基本需要，同时在满足基本需要的过程中，还必须考虑到人际相异性。需要原则是以公民的基本生存权为前提的，是确保社会成员得以生存的基本条件，这是人们在需要原则上的基本共识，也为以需要为基础的分配正义理论带来了吸引力。

五　西方国家的经验与启示

以上我们从理论层面分析了政府再分配责任视角下的分配正义何以可能的问题。鉴于西方国家在分配正义方面有着长期的实践，接下来我们将简要探讨西方国家在解决自身面临的分配正义问题时的一些经验及其对我们的启示意义。

虽然西方国家很早就有一些将分配正义理念付诸行动的实践，比如为了解决因圈地运动而来的乞讨者和偷盗者日益增多的现象，英国王室在1601年就颁布了社会救济的法律——《济贫法》，但是此时的分配正义实践的规模仍然较小，真正大规模的分配正义实践是20世纪的事情。"二战"以后，在经济迅速发展的基础上，在凯恩斯主义的深刻影响下，西方很多国家建立了一种从"摇篮"到"坟墓"的社会保障体系，实施这种工程的国家被称为"福利国家"，这种福利国家模式也成为西方国家践行分配正义理念的主要模式。大体上来说，西方国家主要是通过一套较为完善的社会保障体系来将分配正义理念付诸实施的，比如英国和美国在这方面就具有代表性。英国的社会保障大体上由缴费制救济金、国家要求雇主支付的救济金、适用于儿童和残障人士等特殊群体的不按照家庭收入确定的临时性非缴费制救济金、按家庭收入确定的救济金和税收补贴，其中，缴费制救济金应当是公民年老、疾病、失业和丧偶时的主要经济来源，所有16岁以下的儿童以及16—18岁的在校学生的家长或监护人都可以获得救济金，英国的儿童从5岁开始就接受义务教育，同时，"英国缴费制计划由按收入决定的救济金安全网体系所支撑，这一体系并非英国独有。这种计划遍及多个国家。在许多国家里，它由地方控制，类似于英国现行计划的前身——济贫法"①。英国还有一套由国家税收所支撑的英国国民健康服

---

① ［英］迈克尔·希尔：《理解社会政策》，刘升华译，商务印书馆2003年版，第156页。

务体系，英国医疗卫生服务体系所提供的医疗服务是免费的，所有英国公民都可以享受。美国也有一套完整的社会保障体系，美国联邦政府为民众提供用于资助穷人、老人、残疾人的医疗保险项目，为失业人员提供失业补助，为穷人家庭提供住房、食品和收入补助，为退伍军人提供补助等。①可见，以英国和美国等国为代表的西方国家为民众提供了公共教育、医疗服务、住房补贴以及其他社会保障计划。

在 20 世纪五六十年代这一福利国家被全面建立起来的时期，人们对福利国家评价较高，认为福利国家能够减少社会冲突、缓和社会矛盾、实现阶级融合，并最终促进整个社会的进步，正如克劳斯·奥菲（Claus Offe）曾总结的那样，福利国家"被认为具有限制和减少阶级冲突、平衡不对称的劳资权力，并因而超越毁灭性阶级斗争和阶级矛盾（它们是前福利国家，或者说自由资本主义国家最为典型的特征）的作用。总而言之，在战后时期，福利国家作为社会矛盾的政治解决方式受到广泛的赞誉"②。然而，10 多年之后，这种状况发生了改观，这主要与 20 世纪 70 年代中期西方很多国家的经济增长放缓与石油危机密切相关。在此之后人们开始对以福利国家为代表的践行分配正义理论的实践进行了反思，认为这种措施主要存在以下两个方面的问题。

一方面，为了维持庞大的福利开支，政府必须提高税收，有的国家的福利开支占国民生产总值的比例达 30% 以上，像北欧的瑞典等国更是超过50%，甚至不得不大量发行国债。比如，2010 年，"美国的国债为 14 万亿美元，而且还在变化、增长，更不用说那些州和地方各级的庞大开销了。总而言之，政府支出占了 GDP 的 41%，这个数字令人窒息。然而，这个数字只会进一步增长：政府目前无资金着落的负债超过 66 万亿美元。这 66 万亿是未来几十年的预期福利支出，还没有已知的收入来源。"③ 可见，政府支出将近占据了美国联邦政府开支的几乎一半，其中福利支出占了很大的比例。为了维持庞大的福利支出，国家必然大规模地征税，高福利必然以相应的高税

---

①　参见刘瑜《民主的细节：当代美国政治观察随笔》，上海三联书店 2009 年版，第 138 页。

②　[德] 克劳斯·奥菲：《福利国家的矛盾》，郭忠华等译，吉林人民出版社 2006 年版，第 1 页。

③　[美] 亚龙·布鲁克唐·沃特金斯：《自由市场革命：终结大政府之路》，启蒙编译所译，上海译文出版社 2014 年版，第 46—47 页。

收为支撑，"在西方社会的历史中还没有哪种国家形态能像福利国家这样，动用了国家机器，进行大规模的社会再分配，以30%左右的税率将财富从国民手中征调到政府手中，然后再将其中的30%甚至是70%—80%根据社会需求的原则，转移到属于不同阶级和利益集团的个人和家庭手中。"① 税收过高会减少挣钱的机会并降低人们提供市场所需物品的动力，因为如果人们的税负过重的话，收入的大部分都被政府拿去了以养活那些有可能有工作能力而不去工作的人，那么这就会减少人们的工作动力。在经济全球化时代，高税率所造成的结果就是资本外移，随之而来的结果就是造成福利国家本身的经济不景气，影响了一国经济的正常发展，也进一步影响了国家对福利项目的进一步投入，同时还会造成福利国家的失业率居高不下，很多人失业后必将转而依赖国家的救济，由此产生一种恶性循环。

另一方面，福利国家浪费了纳税人的财产，造成人们对国家的依赖性，削弱了人们对自己和家庭的责任感，损害了个人责任。罗伯特·E.古丁（Robert E. Goodin）总结道，福利国家还使人们失去了主动进取的精神，最终社会上将会出现一种"依附性文化"，② 易言之，"福利病"就会应运而生。"福利病"在当前很多福利国家中比比皆是，比如就曾有人这样来描述英国的福利现状：2008年7月，"英国工党政府发布了一个《福利改革绿皮书》，据说是英国福利制度60年来最大的手术。刺激英国政府进行福利制度改革的，大约是这几个数字：英国有540万适龄人口没有工作（英国人口6000万），其中270万在领病残救济（Incapacity Benefit），162万领失业救济，80万单亲家庭受到资助，每年政府为病残救济这一项就支出120亿英镑。问题在于，据政府经济顾问David Freud估算，在270万病残救济对象中，有近200万根本就不应该享受福利，只有70万左右是真正严重的病残者，其他人大约就是那位网民所提到的瘾君子、大白天喝啤酒的人、没病装病的人。"③ 福利国家为民众提供了各种各样的保障措施，公民即使遇到年老、疾病、残障和失业等困境时，仍然可以过上一种

---

① 周弘：《福利国家向何处去》，社会科学文献出版社2006年版，第18页。

② Robert E. Goodin, "The End of the Welfare State?" in Ball, Terence and Bellamy, Richard (ed.) *The Cambridge History of Twentieth-Century Political Thought*, Cambridge University Press, 2003, pp. 210 – 211.

③ 刘瑜：《福利国家的限度》，《南方周末》2008年7月31日。

衣食无忧的生活，这也导致福利国家削弱了人们的责任感，使人们失去了主动进取精神以及工作动力，正如诺曼·巴里（Norman Barry）所言，"在美国和英国，福利国家的怀疑者有个重要观点，认为非歧视性的福利支付会削减个体性和个人责任，尤其是当它们以权利资格形式出现，并且对接受者方面没有要求相应的责任时。它们创造了一种众所周知的'依附性'文化，而不是一种由负责任的、自主的主体构成的社会。"① 塞缪尔·谢弗勒（Samuel Scheffler）也曾言，"自由主义的社会福利计划已经受到削减个人责任的指控，使社会来承担满足贫困人口的紧迫需要的成本。据说这为穷人提供了很强的动机避免做出努力去养活他们自己，因此这就产生了一个永久性的依赖阶层，他们认为他们有资格获得社会福利，不需要为改善他们的物质地位承担责任。"② 在此背景之下，很多国家不得不削减福利计划，减少福利开支，同时不再过分强调英国社会学家托马斯·H. 马歇尔（T. H. Marshall）所谓的"社会权利"，相反，很多国家开始着力强调培养那些能够担负起责任的、拥有独立自主精神的公民的重要性。以英国前首相撒切尔夫人和美国前总统里根为代表的新右派在 20 世纪 80 年代的上台就是其最明显的体现。他们均反对凯恩斯主义，认为福利国家造成了经济发展的低效率，使得公民缺乏责任精神，因此，他们采取削减福利开支、降低税收和放松管制等措施。

西方国家在践行分配正义理念时的一些经验对于我国有什么启示意义呢？从总体上来说，我们可以从中获得以下两个方面的启示：一方面，在践行分配正义理念时，我们不应当超越其自身的发展阶段，应当量力而行，因为分配正义理念的实施，必须有着丰裕的物质资源，并辅之以较为成熟的福利分配制度。虽然自 20 世纪 80 年代以来，无论是我国的经济规模的总量，还是我国的国际地位，都有了较大的增长，但是我国当前仍然处在社会主义的初级阶段，生产力还未达到高度发达的水平，人均国民生产总值在世界上还处于较低的水平，且城乡之间、地区之间的发展不平衡，环境保护的压力也较大，因此，大规模地践行分配正义理念的条件目前尚不成熟。我国目前只能建设一种适于我国国情的社会保障体系，还很

---

① ［英］诺曼·巴里：《福利》，储建国译，吉林人民出版社 2005 年版，第 15 页。

② Samuel Scheffler, "Responsibility, Reactive Attitudes, and the Liberalism in Philosophy and Politics", *Philosophy and Public Affairs*, Vol. 21, No. 4, 1992, p. 302.

难达到英美等发达国家那样的社会保障水平。

另一方面，我们在践行分配正义理念时应当致力于正义制度的建构，从源头上对公民的贫困和失业等不利状况进行"预防性"的干预，致力于消除不平等的根源，而不能只是侧重于像西方国家那样的"补救性"的干预。同时，我们还应该关注不平等的根源问题，关注人们因何种原因处于较差的境地，从而培养具有独立自主精神和公民意识的公民。倘若有些人因为自然灾害（比如地震、泥石流）或先天残障（比如先天性脑瘫、兔唇）等因素而处于较差的境地，这些人就应该获得某些补偿。然而，倘若有些人因为炒股、懒惰、酗酒或吸毒等原因而处于较差的境地，这些人就不应该获得补偿。否则，就会违背每个人拥有对自身行为带来的结果负责的能力这种基本的道德预设。虽然我国目前的社会保障体系还存在不少问题，譬如社会保障总体水平不高、覆盖面过于狭窄、管理分散和效率低下等，城乡的社会保障的差异也非常明显，甚至可以说我国现有的社会保障水平还没有达到能够产生福利病的那种社会保障水平，还没有得西方那种福利病的可能性，但是我们在逐步推进社会保障建设、践行分配正义理念的过程中，应该有通盘的考虑，未雨绸缪，避免沾染上福利病。我们在大力发展和完善社会保障体系时，一定要强化管理，提高效率，健全各种监督机制，注重公平和正义的真正实现，不要让那些不应当获得补偿的人占有社会福利，让那些真正处于不利境地的人获得补偿。

总之，从政府再分配责任的视角探讨分配正义理论，我们可以得出以下五点结论：第一，现代意义上的分配正义意味着政府保证每个人都能获得一定程度的物质财富，能够过上一种不失尊严的生活，其中的研究理路主要有功利主义、自由主义（其内部可以被分为平等自由主义流派和自由至上主义流派）和社群主义等流派；第二，政府在践行分配正义理念的过程中，应当扮演一种总设计师的角色，既应当通过关注正义制度的建构以及执行，从而实现"形式正义"，也应当承担一些再分配的职能，从而实现"实质正义"；第三，政府在实施分配正义理念的过程中，应当确认正义的"通货"，即应当确定分配的客体，代表性的客体有福利、资源和机会；第四，政府应当根据具体情况的不同，通过实施应得原则、差别原则和需要原则，从而真正实现分配正义；第五，西方发达国家在解决自身面临的分配正义问题时的一些经验，可以为我国带来一些有益的启示，比如我们在践行分配正义理念时应当量力而行，应当关注并致力于消除不平等的根源等。

第三节 马克思分配正义理论及其特征

分配正义问题不仅是当代西方功利主义、社群主义和自由主义研究的热点，也是西方马克思主义研究的热点。在这些研究中，马克思的分配正义理论又成为各流派关注的重点。自20世纪后期以来，在英美马克思主义研究中，马克思正义理论的研究占有核心位置。围绕前文提到的"塔克—伍德命题"的争论，近年来有关马克思有没有正义理论也成为国内学界研究的热点。

一 正义的特殊与普遍：马克思正义理论的分析框架

围绕有关马克思正义理论的争论，首先遇到对马克思正义理论的理解问题。"在这一问题上，有人认为马克思从正义的角度将资本主义批判为非正义，有人则认为马克思在对资本主义的批判上并不存在正义与非正义之说；有人强调经济活动与生产方式的一致与否是判断马克思正义观念的标准，有人则强调马克思的正义观念与生产方式并不存在任何实质性的关联；有人想方设法地论述马克思讲的正义是一个事实性的问题，有人则竭尽全力地证明这只是一个价值性的问题。凡此种种，不一而足。"① 在这些对马克思正义理论的理解中需要特别予以关注的，是对马克思正义理论的误读（如把马克思批评的观点当作马克思的观点）、误解（如认为马克思的正义观点是依附性的）和误判（如把"与生产方式相适应就是正义的"作为正义的一般判断）。②

对于马克思正义理论的误读、误解和误判的代表是因《马克思对正义的批判》而一炮走红的艾伦·伍德，在这篇文章中，伍德指出："一旦深入马克思和恩格斯著作中有关资本主义之不正义的详细描述时，我们便会立刻发现，在他们的著作里，不仅根本没有打算论证资本主义的不正义，甚至没有

---

① 李佃来：《马克思与"正义"：一个再思考》，《学术研究》2011年第12期。
② 参见李惠斌、李天义编《马克思与正义》，中国人民大学出版社2010年版。

明确声称资本主义是不正义或不平等的，或资本主义侵犯了任何人的权利。实际上，我们发现，明确的反对和持续的批评来自社会主义思想家——如皮埃尔·普鲁东（Pierre Proundhon）和费尔南·拉萨尔（Ferdinand Lassalle）——他们确实因为资本主义的不正义性而谴责它，或者提倡某种形式的社会主义以捍卫正义、平等和权利。也许令人惊讶的是，我们甚至会发现某些相当明确的判断，其大意是：资本主义虽有种种明显的缺点，但它在正义问题上却并未犯错。对马克思而言，无论资本主义可能是什么，它似乎都不是不正义的。"① 伍德在文中引用了大量马克思以及恩格斯的话以证明他的论断，其中之一出自《资本论》，马克思是这样说的："生产当事人之间进行的交易的正义性在于：这种交易是从生产关系中作为自然结果产生出来的。这种经济交易作为当事人的意志行为，作为他们的共同意志的表示，作为可以由国家强加给立约双方的契约，表现在法律形式上，这些法律形式作为单纯的形式，是不能决定这个内容本身的。这些形式只是表示这些内容。这个内容，只要与生产方式相适应，相一致，就是正义的；只要与生产方式相矛盾，就是非正义的。在资本主义生产方式的基础上，奴隶制是非正义的；在商品质量上弄虚作假也是非正义的。"②

在上述马克思的论述中，至少传递出既相区别又密不可分的两层含义：一是揭示了生产方式即经济基础与作为法律形式的契约等国家上层建筑之间的关系，在二者的关系中，生产方式决定上层建筑，上层建筑要适应生产方式的发展，在一定的历史时期内，只要上层建筑与生产方式相适应，就具有历史的合理性，因而也就是正义的；二是任何一种生产方式进而上层建筑都具有历史的暂时性，因此马克思说相对于资本主义生产方式而言，奴隶制是非正义的，而在商品经济发展所需的法律框架内，弄虚作假也是非正义的。这些都是马克思主义的常识，在我们看来是不可能产生误读的，但是伍德却得出了与马克思思想不相符的结论。这是有原因的。对于伍德等人误读的原因，齐雅德·胡萨米指出："为了避免先入为主之见，首先应当指出的是我们必须避免断章取义，尤其是在理解马克思的时候。一些马克思的阐述者，如罗伯特·塔克和艾伦·伍德，断言马克思认

---

① ［美］艾伦·伍德：《马克思对正义的批判》，李惠斌、李天义编《马克思与正义》，中国人民大学出版社 2010 年版，第 3—4 页。

② 《资本论》（第 3 卷），人民出版社 2004 年版，第 379 页。

为资本主义是正义的。"① 应该说，胡萨米指出塔克和伍德等人有断章取义之嫌是对的，如果全面阅读和理解马克思的著作及其思想，就不会得出与马克思本人思想不相符的结论，也就不会出现对于马克思正义理论的误读、误解和误判。但是，除了上述断章取义等表层原因，我们认为更深层的原因是，许多人在谈论马克思的正义理论时，没能理解马克思独特的分析方法，因此才产生了与马克思思想不相符的结论。为了全面把握马克思的正义理论，有必要对马克思正义理论的方法论进行深入的研究，从而进一步认识马克思正义理论的独特分析框架。

我们在前面曾经谈到，正义是在理解和处置人们之间的关系时所产生和使用的概念；通过分析从古代分配正义到现代分配正义的演进过程，我们发现，分配正义的核心要素是指正义的价值指向、制度安排和政策选择问题，涉及的是现实社会中人们的价值选择和价值分配等问题。在马克思看来，人是历史中的人，每一时代的人的活动都具有历史的印迹；同时，每一时代的人的活动又是对人类普遍性活动的推进，并以特定历史阶段的合理性存在于人类历史发展的链条和环节之中。因此，任何时代的人类活动，都具有特殊性和普遍性两重性特征，是特殊性和普遍性的统一。与人类活动的特点相一致，一定历史时期的正义也具有特殊性和普遍性，是正义的特殊性和正义的普遍性的统一。正义的特殊性是指每一历史时期和个人及其流派的正义思想与实践，都是特定历史阶段的产物，具有鲜明的历史特色和个人特征；正义的普遍性是指，在每一历史时期和个人及其流派的正义思想与实践中，都蕴含着人类对正义价值的普遍性诉求；或者说，在正义的特殊性中包含着普遍性的因素，而正义的普遍性就存在于正义的特殊性之中。因此，正义具有两个维度：从时间上看，正义既是一个前后接续的历时性概念，又是一种共时性概念；同时，从空间上看，正义又是一定时空中的共在。坚持正义的特殊性与普遍性的辩证统一，是马克思正义理论的独特分析框架，也是马克思正义理论不同于历史上和现实中其他正义思想及其实践的根本点所在。马克思正义理论的分析框架，不仅能够消除一些论者人为制造的正义的事实判断和价值判断之间的矛盾，而且也能够解释现代英美学者提出的唯物主义正义观

---

① ［美］齐雅德·胡萨米：《马克思论分配正义》，李惠斌、李天义编《马克思与正义》，中国人民大学出版社2010年版，第42页。

和价值观意义上的正义观、意识形态的正义与非意识形态的正义等一些似是而非的界分①，是马克思正义理论的重要方法论。

二 马克思分配正义理论的基本特征

仔细分析围绕"塔克—伍德命题"争论的文本，我们发现存在三个方面的问题：一是误读，如把马克思批评的观点当作马克思的观点；二是误解，如认为马克思的正义观点是依附性的；三是误判，如把"与生产方式相适应就是正义的"作为正义的一般判断。② 针对这些误读、误解和误判，已有一些学者做出了回应③，本书不想陷入对文本的辨识当中，因为从根本上说，马克思与正义的争论本身是个伪命题。合理的提问方式是：马克思是如何理解和认识正义④以及分配正义的？

要理解马克思的正义及其分配正义理论，就要首先理解马克思创立的新世界观和资产阶级世界观以及形形色色的社会主义思想的根本区别。在马克思恩格斯合著的《德意志意识形态》中指出，资产阶级和其他统治阶级一样，总是把自己的思想描绘成唯一合乎理性的思想，"在贵族统治时期占统治地位的概念是荣誉、忠诚，等等，而在资产阶级统治时期占统治地位的概念则是自由、平等，等等。一般说来，统治阶级总是自己为自己编造出诸如此类的幻想"。"赋予自己的思想以普遍性的形式，把它们描绘成唯一合乎理性的、有普遍意义的思想。"⑤ 在这一深刻认识的基础上，马克思不仅反对在资产阶级的意识形态和话语体系内谈论所谓正义、公平、平等问题，而且尤为重要的是，马克思超出思想范围在对整个社会制度的

---

① 有关现代西方学者关于马克思正义观的阐释方式请参见林进平《论马克思正义观的阐释方式》，《中国人民大学学报》2015 年第 1 期。

② 参见李惠斌、李义天编《马克思与正义》，中国人民大学出版社 2010 年版。

③ 参见谌林《马克思对正义观的制度前提批判》，《中国社会科学》2014 年第 3 期；李佃来《"正义"的思想谱系及其当代构建——从马克思到分析的马克思主义》，《学术月刊》2012 年第 11 期等。

④ 严格说来，正义与公平、平等既有区别又有联系。关于正义、公平、平等的含义及其关系，笔者曾在《公平、正义、公正及其关系辨析》（《红旗文稿》2013 年第 22 期）、《当代中国政府正义问题研究》（天津人民出版社 2013 年版）、《效率与公平：社会哲学的分析》（山西教育出版社 1999 年版）等论著中有所论及，考虑到论者在讨论马克思正义及其分配正义时基本是在同一意义上同一层次上使用以上概念的，在此本书亦从众。

⑤ 《马克思恩格斯文集》第 1 卷，人民出版社 2009 年版，第 552 页。

审视中来看待正义、公平、平等。"共产主义和所有过去的运动不同的地方在于：它推翻一切旧的生产关系和交往关系的基础，并且第一次自觉地把一切自发形成的前提看作是前人的创造，消除这些前提的自发性，使这些前提受联合起来的个人支配。"① 从以上论述可以发现，马克思不是否定正义和分配正义，在马克思看来，正义以及分配正义不能仅着眼于现象层面或分配关系，而需要彻底改变产生包括不正义分配关系在内的生产关系和交往关系的基础，才能从根本上解决分配正义问题，从而实现事实上的公平正义。因此，马克思反对和否定的是从占统治地位的资产阶级视阈谈论正义、公平、平等等概念，并且反对将这种正义和分配正义普遍化、永恒化为一般标准，实际地主张首先要消除产生不正义的制度根源，正义的普遍诉求才能真正实现。

在与资产阶级世界观及其正义理论进行界分的同时，马克思恩格斯还要同形形色色的社会主义思想做斗争，在这一过程中，他们阐明并宣传了新世界观的基本原理，与平均主义、改良主义和激进主义的密谋等划清界限。从正义者同盟在马克思和恩格斯的直接指导下改组更名为共产主义者同盟的过程，可以清晰地看出马克思和恩格斯是如何理解和认识正义以及分配正义的。恩格斯在《关于共产主义者同盟的历史》中，对这一过程做了详细说明。正义者同盟受威·魏特林粗陋的平均主义、"真正的社会主义"和普鲁东小资产阶级社会主义的影响，是半宣传、半密谋的团体，其口号是"人人皆兄弟"。正义者同盟曾邀请恩格斯加入，由于同盟的上述性质自然被恩格斯拒绝，但是他同盟员又保持联系。之所以如此，在恩格斯看来，"我不相信当时在整个同盟里有一个人读过一本经济学书籍。但这没有多大关系；'平等'、'博爱'和'正义'暂时还有助于克服一切理论上的困难"②。在承认用流行的平等、博爱和正义等思想观点暂时还有助于克服一切理论上的困难的同时，马克思和恩格斯通过口头、书信和报刊等途径宣传新世界观，影响着最杰出的盟员的理论观点，并且使"他们确信我们的观点都是正确的，也确信必须使同盟摆脱陈旧的密谋性的传统和形式"③。在这种情况下，马克思和恩格斯才接受了同盟的再三邀请加入同

---

① 《马克思恩格斯文集》第1卷，人民出版社2009年版，第574页。
② 《马克思恩格斯文集》第4卷，人民出版社2009年版，第232页。
③ 《马克思恩格斯文集》第4卷，人民出版社2009年版，第235—236页。

盟，恩格斯参加了 1847 年夏天在伦敦举行的同盟第一次代表大会，并促使同盟命名为共产主义者同盟，用"全世界无产者，联合起来！"的口号代替原来的"人人皆兄弟！"在同年 11 月底至 12 月初举行了第二次代表大会，"马克思也出席了这次代表大会，他在长时间的辩论中——大会至少开了 10 天——捍卫了新理论。所有的分歧和怀疑终于都消除了，一致通过了新原则，马克思和我被委托起草宣言"①。这就是《共产党宣言》的诞生，《共产党宣言》以全新的视野阐明了新世界观。

通过上面的简要描述我们是否可以这样说，如果按资产阶级和形形色色社会主义的正义观来衡量，说马克思反对用正义和分配正义分析、批判资本主义社会也未尝不可；但是，如果从彻底解决资本主义社会不正义的制度根源的角度看，我们发现，马克思和恩格斯不仅建立了崭新的世界观，而且这是从根本上解决正义以及分配正义问题的正义理论。正是从这个意义上，我们不同意有论者因为无法从马克思的相关论述中找到"正义"含义的确切答案，就推断马克思也沿袭了当时人们的一般用法，即也用正义指称"给每个人以应得"②。这种推断不仅缺乏马克思的文本支持，重要的是，它混淆了马克思的正义和分配正义理论与以往一切正义观和分配正义理论的本质区别。行文至此，我们可以对马克思关于正义和分配正义的关系做简要说明。如上所述，马克思反对抽象谈论正义，反对把资产阶级的正义观普遍化、永恒化，他是从不正义的具体分配关系切入论述正义问题的，并由此提出实现共产主义社会的分配正义理论。因此，在马克思那里，正义即指分配正义，当然，这是全新的分配正义，正如《共产党宣言》阐明的崭新世界观一样。

从马克思的上述视阈观察，我们完全可以把《共产党宣言》看作是马克思分配正义理论的奠基之作。"代替那存在着阶级和阶级对立的资产阶级旧社会的，将是这样一个联合体，在那里，每个人的自由发展是一切人的自由发展的条件。"③《共产党宣言》的这段名言包含了分配正义的三个核心要素："为谁分配""谁来分配"以及"分配的依据"。"每个人"和"一切人"是分配正义的主体基础，回答"为谁分配"的问题；自由人

---

① 《马克思恩格斯文集》第 4 卷，人民出版社 2009 年版，第 237 页。
② 参见段忠桥《历史唯物主义与马克思的正义观念》，《哲学研究》2015 年第 7 期。
③ 《马克思恩格斯文集》第 2 卷，人民出版社 2009 年版，第 53 页。

"联合体"是分配正义的制度保障，回答"谁来分配"的问题；"自由发展"是分配正义的价值目标，回答"分配的依据"问题。在"这样一个联合体"中，"每个人"和"一切人"是互为条件和互相促进的关系。在《共产党宣言》发表之后，马克思和恩格斯主要做两个方面的工作：一是继续指导无产阶级革命运动；二是继续对新世界观进行科学研究和严谨论证，这体现在对政治经济学和历史唯物主义的进一步丰富发展和完善过程中。在政治经济学和历史唯物主义的科学研究和严谨论证中，马克思和恩格斯都是沿着《共产党宣言》开辟的新世界观路径从正面展开论述的，只是在《哥达纲领批判》《反杜林论》等一系列批评和论战性著作中，他们才针对批评对象沿用通常使用的正义、公平、平等等概念，阐明新世界观在上述概念问题上的理论主张。通观马克思分配正义理论，有三个方面的特征最为突出。

首先，马克思分配正义是关系范畴和过程范畴的统一。人是社会关系存在物，分配关系是人的社会关系的重要方面，但人的社会关系是具体的、历史的，分配关系亦如是。分配正义就是对具体的、历史的分配关系的一种理论分析和认知，从概念本身来看，分配正义即内含着正义和非正义，或者是正义和非正义区间的正义程度的分析性范畴，亦即，是对分配关系从正义到非正义或是从非正义到正义的演进过程的理论把握。因此，分配正义是关系范畴和过程范畴的统一。即使是共产主义社会的分配关系，也是一个不断发展和不断完善的过程，这与马克思和恩格斯对共产主义的描述是一致的，"共产主义对我们来说不是应当确立的状况，不是现实应当与之相适应的理想。我们所称为共产主义的是那种消灭现存状况的现实的运动"①。与共产主义"不是应当确立的状况"和"现实应当与之相适应的理想"相一致，共产主义社会的分配关系也是现实的运动过程，马克思对社会主义社会和共产主义社会分配关系的分析很好地说明了这一点。指明这一点非常重要，一些对马克思分配正义理论产生非议的原因尽管多种多样，但最根本的是在于没有认识到分配正义的实质是关系范畴和过程范畴的统一。

其次，马克思分配正义是事实判断和价值判断的统一。马克思在《资

---

① 《马克思恩格斯文集》第 1 卷，人民出版社 2009 年版，第 539 页。

本论》第一卷中指出："我决不用玫瑰色描绘资本家和地主的面貌。不过这里涉及的人，只是经济范畴的人格化，是一定的阶级关系和利益的承担者。我的观点是把经济的社会形态的发展理解为一种自然史的过程。不管个人在主观上怎样超脱各种关系，他在社会意义上总是这些关系的产物。同其他任何观点比起来，我的观点是更不能要个人对这些关系负责的。"①毫无疑问，马克思对剥削制度秘密的揭示，是科学研究，也是事实判断。但是，这种科学研究和事实判断，并不是没有价值指向的，"把经济的社会形态的发展理解为一种自然史的过程"，也并不是把社会形态看作是无人身的纯自然运动过程。分配正义的价值指向是主体、是具体社会关系中的人，而具体社会关系中的人如何分享社会共同创造的劳动成果，在何种程度和范围、以什么方式满足每个人的需要及其满足的程度，是可测量也是有客观标准的。这里的价值判断不是来自抽象的正义、公平、平等等普遍适用的标准，而是以一定历史时期人们的分配关系状况为基础的。因此，这里的价值判断正如"共产主义不是教义，而是运动"一样，它也"不是从原则出发，而是从事实出发"②，是以事实判断为基础的。在事实判断基础上的价值判断，既体现了对事实判断的肯定性评价，又包含了对事实判断的批判和否定性评价并蕴含着对未来社会发展的价值指向。因此，分配正义是事实与价值、描述与规范、事实判断和价值判断的统一。

最后，马克思分配正义是特殊性与普遍性的统一。在马克思看来，人是历史中的人，同时，每一时代的人的活动又是人类普遍性活动的延续和推进，并以特定历史阶段的合理性存在于人类历史发展的链条和环节之中。因此，任何时代的人类活动，都具有特殊性和普遍性两重性特征，是特殊性和普遍性的统一。与人类活动的特点相一致，一定历史时期的分配正义也是特殊性和普遍性的统一。当我们指称一种分配关系是正义的时候，只是表明这种分配关系的历史合理性，具有特殊性的一面；同时，这种特殊的分配关系通过对正义价值诉求的扩展，是对人类分配关系正义性的推进，蕴含着正义的普遍性。因此，分配正义是特殊性和普遍性的统一。正是在这个意义上，马克思认为资本主义制度既具有正义的特殊性，

① 《马克思恩格斯文集》第 5 卷，人民出版社 2009 年版，第 10 页。
② 《马克思恩格斯文集》第 1 卷，人民出版社 2009 年版，第 672 页。

又具有正义的普遍性：我们既不能因为资本主义制度正义的特殊性而忽视其蕴含的普遍性，也不能因为资本主义制度蕴含的正义的普遍性而否认其特殊性，把资本主义制度正义看作是永恒的、普世的。

如果我们理解了上述马克思分配正义的"三个统一"关系，就不会产生对于马克思正义理论的误读、误解和误判，也不会产生人为地制造马克思反对马克思等诸多似是而非或子虚乌有的问题。这些问题的产生与对马克思分配正义理论的片面理解有关，甚至在某种程度上还有断章取义之嫌。正如齐雅德·胡萨米指出："为了避免先入为主之见，首先应当指出的是我们必须避免断章取义，尤其是在理解马克思的时候。一些马克思的阐述者，如罗伯特·塔克和艾伦·伍德，断言马克思认为资本主义是正义的。"① 齐雅德·胡萨米的批评可谓一针见血。

三 马克思分配正义理论的主要内容

如上所述，马克思分配正义理论回答和解决了分配正义理论的三个核心问题：即"为谁分配""谁来分配"以及"分配的依据"，这同时构成马克思分配正义理论的主要内容。

首先，"每个人"和"一切人"是马克思分配正义理论的主体基础。分配正义的主体是人，而分配正义主体范围的大小亦即是少数人、多数人还是每个人，是判断分配正义与否及其正义程度的主体基础，也是分配正义的价值前提即"为谁分配"。笔者在《从古代分配正义到现代分配正义——西方分配正义思想的演进理路及其启示》一文中，对西方分配正义思想的研究理路进行了考察和梳理，提出从亚里士多德为代表的古代分配正义到以罗尔斯为代表的现代分配正义，大致经历了从古希腊到19世纪中叶和从19世纪中叶到现代两个阶段。从古代分配正义到19世纪中叶的分配正义的演进理路，实现了三个转向：即由等级美德向社会美德与慈善的转变、由社会慈善向政府义务与责任的转变、由救济向权利的转变。现代分配正义的突出特征是制度正义。从古代分配正义到现代分配正义的演进理路可以看出，无论是古代分配正义的三个转变，还是现代分配正义的

---

① ［美］齐雅德·胡萨米：《马克思论分配正义》，李惠斌、李义天编《马克思与正义》，中国人民大学出版社2010年版，第42页。

理论纷争；无论是马克思分配正义理论，还是自由主义分配正义理论在当代的发展，我们可以清晰地看到：这些分配正义思想理论涉及不同的制度背景和具体分配政策诸多方面的分歧，但首要的分歧是有关分配政策受惠主体即价值前提和指向的分歧。①

"为谁分配"中的主体经历了一个不断扩展的过程，以亚里士多德为代表的古代分配正义将主体指向统治阶级或贵族，古代分配正义把不正义的校正或补救措施归结为慈善、义务等道德问题；自由主义分配正义扩大了主体范围，强调自由、平等、博爱，但它并未解决和处理好形式正义与实质正义的关系，无产阶级和广大劳动人民除了劳动力一无所有，存在着事实上的不平等和不正义；马克思分配正义立足于"人类社会或社会化的人类"②，"每个人"和"一切人"的自由发展是互为条件和互相促进的关系，最终目标是实现全人类的解放。因此，在马克思分配正义理论中，正义的价值指向既不是一个小问题，也不是一个"依附性的问题"，而是一个前提性问题。从这方面看，伍德说的"我们与马克思的差异仅仅在于，他对'正义'这个词的使用要比我们狭窄一些"③。这是根本不符合马克思分配正义理论实际的。

其次，自由人"联合体"是马克思分配正义理论的制度保障。如上所述，制度正义是现代分配正义的基本特征，正如罗尔斯所说，"正义是社会制度的首要价值，正像真理是思想体系的首要价值一样"④。在这一点上，马克思分配正义理论与自由主义分配正义理论具有相同性，既高扬正义对于社会制度的首要价值，又强调社会制度对于正义的保障作用。两者的根本区别在于：自由主义分配正义理论是在资本主义制度内谈论和解决分配正义问题，而马克思主张在超越私有财产权的公有制基础上解决分配正义问题。无论是自由至上或保守的自由主义如哈耶克等人，还是平等的自由主义如罗尔斯等人，他们都坚持资本主义制度具有普世性，他们的分

---

① 参见史瑞杰《从古代分配正义到现代分配正义——西方分配正义思想的演进理路及其启示》，《新视野》2016 年第 3 期。

② 《马克思恩格斯文集》第 1 卷，人民出版社 2009 年版，第 506 页。

③ ［美］艾伦·伍德：《马克思对正义的批判》，李惠斌、李义天编《马克思与正义》，中国人民大学出版社 2010 年版，第 24 页。

④ ［美］约翰·罗尔斯：《正义论》，何怀宏等译，中国社会科学出版社 1988 年版，第 1 页。

配正义理论都是在财产私有的资本主义制度内来建构的，而马克思则是在超越私有财产权的公有制基础上来建构自己的分配正义理论的。在马克思看来，只有消灭生产资料的资本主义财产私有制，实现生产资料的公有制，才能回答和解决"谁来分配"的问题：是由生产资料所有者和统治阶级进行分配，还是由社会财富的所有创造者共同参与分配，这是分配正义真正实现的制度保障。

正是在上述意义上，马克思极力主张从第一国际的文件中删除诉诸正义的文字，反对当时工人运动中要求公平报酬的改良主义，认为这些主张都没有触及问题的根本。罗尔斯非常清楚地看到了这一点，他指出："马克思并不把剥削看成是市场不完善或由于寡头垄断因素的存在而引发的。他的劳动价值论意在表明（当然还包括对其他现象的说明），即使处于充分竞争的状态之中，资本主义社会也仍然存在着剥削。他想要揭露——并使所有人都清楚看到——的是，就算资本主义是充分竞争的，甚至就算它完全满足了最适合它的正义观念，资本主义制度仍然是一种统治和剥削的不正义的社会制度。这最后一点非常关键。马克思想说的是，即使是一种非常正义的资本主义制度（一种根据它自身的标准和最适合它的正义观念而言都正义的制度），也是一种剥削制度。它不过是用资本主义的剥削取代了封建主义的剥削。"① 当然，罗尔斯并不赞同马克思的主张，他质问道："我们必须问，是否自由社会主义的政体在实现两个正义原则方面能够做得更好？如果它能够做得更好，那么从作为公平的正义观点看，情况就是对自由社会主义有利的。但是我们在这里必须十分小心谨慎，不要将一种观念的理想同另外一种观念的现实加以比较，如果要比较的话，在我们特殊的历史环境中，也应该现实对现实。"② 罗尔斯说的现实对现实在一般意义上是没错的，但从分配正义是一个关系范畴和过程范畴相统一的角度看，没有分配正义的价值理想哪来改变不正义分配关系的现实运动？而且，罗尔斯正义理论的前提"原初状态"和"无知之幕"本身就是一种理想环境的抽象假定，但当谈论马克思分配正义的理想性价值追求时，罗尔

① ［美］约翰·罗尔斯：《政治哲学史讲义》，杨通进、李丽丽、林航译，中国社会科学出版社 2011 年版，第 343 页。

② ［美］约翰·罗尔斯：《作为公平的正义——正义新论》，姚大志译，上海三联书店 2002年版，第 291 页。

斯则很不耐烦，甚至拒绝讨论，这其中的缘由，就是因为马克思对资本主义私有制的彻底否定造成了与罗尔斯在对资本主义制度认识上的根本分野。

最后，"自由发展"是马克思分配正义理论的价值目标。从"分配的依据"角度观察，以亚里士多德为代表的古代分配正义，其分配依据是地位和出身，以罗尔斯为代表的现代分配正义，其分配依据是财产权。以上两种分配依据都是外在于人的，或称外在依据。把本来是满足人的需要的分配方式却由外在于人的标准来决定，这显然是不符合"一切人"的本性的，并且导致了人的片面发展，尽管它也有利于少数人或部分人如贵族和资产阶级等统治阶级。马克思认为，需要是人的本性，而需要是分层次和不断发展变化的，自由发展是人的最高需要和价值追求，因此，自由发展就成为分配方式的内在依据。马克思分配正义理论把外在于人的分配依据拉回到人自身，把自由发展作为分配的内在依据，而且这里的自由发展指向"每个人"和"一切人"，并且他们的发展是互为条件和相互促进的关系。很显然，马克思分配的依据更人性、更合理，也更加正义。

当然，自由发展本身也是一个发展的过程，包括从共产主义第一阶段即社会主义社会到共产主义社会高级阶段这样一个发展过程。在社会主义社会分配依据是按劳分配，这是在社会共同占有生产资料基础上的分配方式，这种以人的能力作为分配的依据与按资分配相比显然是一种巨大的进步，但是，由于"还带着它脱胎出来的那个旧社会的痕迹"，因此它"仍然是资产阶级权利"。① 只有在共产主义社会高级阶段，才能实行按需分配，分配的依据真正回归人的需要本性，并使每个人的自由发展是一切人的自由发展的条件。在《哥达纲领批判》中，马克思指出："在共产主义社会高级阶段，在迫使个人奴隶般地服从分工的情形已经消失，从而脑力劳动和体力劳动的对立也随之消失之后；在劳动已经不仅仅是谋生的手段，而且本身成了生活的第一需要之后；在随着个人的全面发展，他们的生产力也增长起来，而集体财富的一切源泉都充分涌流之后，——只有在那个时候，才能完全超出资产阶级权利的狭隘眼界，社会才能在自己的旗

---

① 《马克思恩格斯文集》第3卷，人民出版社2009年版，第434页。

帜上写上：各尽所能，按需分配!"① 按需分配条件下人的自由发展，既是马克思分配正义理论的价值目标和最高理想，也是马克思分配正义的最终依据。

四　马克思分配正义理论的当代意义

马克思分配正义理论包含丰富的内容，对于当代中国社会发展具有多方面的指导和启示意义，其中，坚持以人为本、在公有制基础上完善所有制实现形式、把需要引入分配正义，就是三个重要的方面。

坚持以人为本是马克思分配正义理论给予我们的首要启示。无论是"每个人"和"一切人"的自由发展，还是立足于"人类社会或社会化的人类"，马克思都是把人作为分配正义的主体基础。资本主义剥削制度之所以泯灭人性，甚至造成一切人反对一切人的战争，就在于没有把一切人作为主体，形成主体与客体、手段与目的的矛盾甚至断裂。马克思在批判资本主义社会这种见物不见人的过程中，坚持以人为本，并且把每个人的自由发展作为社会发展的主体基础。当然，把以人为本贯彻到分配正义中，是一个逐步实现的过程，最初是"剥夺剥夺者"，实现以无产阶级为代表的最广大人民群众根本利益的共产主义第一阶段；然后进入每个人的自由发展是一切人自由发展的条件的共产主义高级阶段。从以人为本的价值指向看，马克思分配正义受益范围越来越扩大这个思路是非常清晰的，即从少数人到多数人再到每个人，这同时也成为我们判断历史上不同分配正义价值观的正义程度的主体基础。

马克思分配正义理论的这一思想，对于我们今天构建社会主义和谐社会、发展和完善社会主义市场经济，具有非常重要的现实意义。毫无疑问，中国社会主义制度的建立实现了人民当家作主，分配正义总的价值指向也是人民群众，但是在这一过程中也走过不平坦的道路。比如在改革开放前的很长一段时间里，曾经把公平、平等理解为平均主义，把按劳分配作为"资产阶级权利"进行批判，从而使干多干少一个样、干与不干一个样，结果导致共同贫穷。改革开放就是从破除平均主义大锅饭开始的，继而实行让一部分人先富起来的政策，极大地促进了生产力的发展和社会进

① 《马克思恩格斯文集》第3卷，人民出版社2009年版，第435—436页。

步。但是随之而来的问题是，区域、阶层、行业、城乡等收入分配差距越来越大，两极分化也是一个不争的事实。针对这一情况，党和国家及时调整分配政策，特别是党的十八大以来更加注重分配政策中的共建共享，把人民群众的获得感作为判断工作政绩的标准。"树立新发展理念，首先要解决为什么人、由谁享有这个根本问题。党的十八届五中全会首次提出以人民为中心的发展思想，反映了坚持人民主体地位的内在要求，彰显了人民至上的价值取向，确立了新发展理念必须坚持的基本原则。"习近平总书记指出："人民是创造历史的动力，我们共产党人任何时候都不要忘记这个历史唯物主义最基本的道理。"① 党的十八届五中全会关于制定"十三五"规划的建议中，提出的"六项原则"中第一个原则就是坚持人民主体地位，"十三五"规划建议的出发点和落脚点都是人民群众。在党的十九大报告中，习近平总书记指出："增进民生福祉是社会发展的根本目的。必须多谋民生之利、多解民生之忧，在发展中补齐民生短板、促进社会公平正义，在幼有所育、学有所教、劳有所得、病有所医、老有所养、住有所居、弱有所扶上不断取得新进展，深入开展脱贫攻坚，保证全体人民在共建共享中有更多获得感，不断促进人的全面发展、全体人民共同富裕。"② 这是从党和国家层面全面落实人民主体地位的根本体现，与马克思分配正义理论的主体基础和价值指向是完全一致的。

在公有制基础上完善所有制实现形式是马克思分配正义理论给予我们的又一重要启示。坚持以人为本的价值指向需要相应的制度作保障，正如我们在前面谈到的，马克思分配正义理论的制度保障是自由人"联合体"，在社会主义阶段是生产资料公有制。但是我们不能把公有制作抽象的理解，公有制如果离开了人，特别是离开了人民群众主动和广泛的参与，所谓公有制的优越性不仅不能得到充分发挥，还有可能走向它的反面。事实上在发展社会主义市场经济过程中，在所有制形式上我们十分强调公有制的主体地位，但是在以国企为代表的公有制实现形式中，国企员工究竟在多大程度上能够发挥主人翁的主体地位；在利益分配中如何保障员工的参

---

① 《习近平总书记系列重要讲话读本》（2016年版），学习出版社、人民出版社2016年版，第128页。

② 习近平：《决胜全面建成小康社会 夺取新时代中国特色社会主义伟大胜利——在中国共产党第十九次全国代表大会上的报告》，人民出版社2017年版，第23页。

与权、话语权和监督权；在制度机制上以什么样的规则确保普通员工的合法权益；进而扩展开来，在其他所有制形式的企业中，无论是外资、独资还是股份制企业，如何通过法律法规确保员工各种权益，特别是在收入分配中的参与权、话语权和监督权，等等。这些问题如果不能得到很好的解决，社会主义市场经济的社会主义性质就难以获得制度上的保障。

如何看待和解决以上问题，马克思的论述在今天看来仍然具有重要价值。马克思指出："从资本主义生产方式产生的资本主义占有方式，从而资本主义的私有制，是对个人的、以自己劳动为基础的私有制的第一个否定。但资本主义生产由于自然过程的必然性，造成了对自身的否定。这是否定的否定。这种否定不是重新建立私有制，而是在资本主义时代的成就的基础上，也就是说，在协作和对土地及靠劳动本身生产的生产资料的共同占有的基础上，重新建立个人所有制。"① 马克思在这里提出了一个十分重要的问题，即如何理解"生产资料的共同占有"和"重新建立个人所有制"之间的关系。生产资料的共同占有不是无主体的抽象的制度形式，而是包含了个人所有制于自身之内的社会共同占有制，特别是对生产资料的共同占有。在社会共同占有中，包含了个人对个人劳动及其产品的占有，这就意味着：第一，社会共同占有是通过个人占有实现的，而只有"重新建立个人所有制"，社会共同占有才有具体的、可靠的实现形式。第二，个人所有制只有通过生产资料的共同占有才能真正实现，因为公有制为个人占有自己的劳动及其产品提供了制度保障。因此，"生产资料的共同占有"和"重新建立个人所有制"，是互为条件和相互促进的关系。从社会主义市场经济发展的现实看，我们遇到的最大的难题，似乎就是如何处理好公有制和公有制的实现形式、公有制和其他所有制，以及其他所有制和个人所有制之间的关系问题。这些问题需要实践的探索，但马克思的论述给我们指明了方向和路径。

把需要引入分配正义是马克思分配正义理论给予我们第三个重要启示。这里的需要是多层次和多方面的，而不是仅限于物质层面的需要，实际是符合人的自由发展本性的需要的满足。马克思认为只有符合人的自由发展本性的需要的分配方式才是正义的，这是马克思分配正义理论的价值

---

① 《马克思恩格斯文集》第5卷，人民出版社2009年版，第874页。

理想和价值目标，也是判断分配正义的评价标准。对于"按需分配"的理解，金里卡的解读不无道理："如果需求被理解成对纯粹的生活必需品的需求，这个原则就不太具有吸引力。……事实上，对于马克思而言，人的需求是由于他们'无限可塑的本性'决定的，因此，人的需求包括'在生产和消费上全面展现自己的丰富个性'。"① 这样的理解，是符合马克思讲的"建立在个人全面发展和他们共同的、社会的生产能力成为从属于他们的社会财富这一基础上的自由个性"② 的本意的。

改革开放以来，我们强调人的需要的满足是对的，但对需要的理解则存在一些认识偏差，甚至把物质需要看作是人的唯一本性，而一些人为了物质需要的满足不惜突破法律和道德底线。这是值得深刻反思的。解决这一问题的关键，当然需要舆论引导、道德教化、榜样的力量和切实可行的社会规范，但更需要政府担当起应负的责任。从政府分配正义的角度看，首先要全面把握人的需要的层次性和多样性，层次性是指由物质到精神和由精神到物质的相互作用以及不断提升的过程，多样性是指经济、政治、文化、道德等多样性需要，这些有利于人的自由个性和全面发展的价值对象，都属于政府分配正义的责任范围。因此，政府分配正义是一种价值分配③，包括物质价值和非物质价值，而非物质价值也许是政府分配正义更需要关注的分配，因为非物质价值对于人的自由个性和全面发展意义更大。政府就是要通过价值分配这个导向和杠杆，引导社会高层次和多样性的价值追求，激活每个人创造性潜能的最大发挥，促进人的自由全面发展与社会和谐进步。比如在满足人的需要过程中，如何既要注重满足物质等基本需要，又要注重和倡导满足人的精神等多样化需要；又如扶贫，如何既要注重物质帮扶，也要注重精神和能力提升的帮扶；还有所谓"农民工"讨薪，如何从户籍改革进而通过城乡居民的权利平等来从根本上解决事实上的不平等问题；再比如，如何探索创新公有制有效的实现形式，通过何种方式扩大员工在企业生产、经营、管理和分配中的权利；等等，这些都需要深化研究并践行马克思分配正义理论。习近平新时代中国特色社

① ［加］威尔·金里卡：《当代政治哲学》上卷，刘莘译，上海三联书店 2003 年版，第 342 页。

② 《马克思恩格斯文集》第 8 卷，人民出版社 2009 年版，第 52 页。

③ 参见史瑞杰、韩志明《收入分配制度改革的反思》，《政治学研究》2014 年第 3 期。

会主义思想提出"八个明确",其中第二个明确就是新时代我国社会主要矛盾是人民日益增长的美好生活需要和不平衡不充分的发展之间的矛盾,这与马克思人的自由全面发展思想和分配正义理论是一脉相承的,也是解决当前一系列经济社会问题的重要指针。

我们现在可以把马克思分配正义理论的当代意义串联起来看待:坚持以人为本、在公有制基础上完善所有制实现形式、把需要引入分配正义,实际有一条主线贯穿其中,这条主线就是围绕人展开的,这个人不是指少数人,甚至也不是大多数人,而是指每个人;这个人是具体的而不是抽象的,其具体性就表现在以自由发展为目标的多样化需要;在公有制基础上完善所有制实现形式,是实现社会主义分配正义的制度保障;反过来,坚持以人为本、人的多样化需要的满足,也是在公有制基础上完善所有制实现形式的主体基础。这些就是我们从马克思分配正义理论中获得的重要启示。

第四节 中国特色社会主义的分配正义实践

马克思分配正义理论对于当代中国社会发展具有十分重要的现实指导意义,但是在实践中如何充分发挥分配正义在经济社会发展中的导引作用,正确处理好既提高效率又实现对公平正义的价值追求的关系,中华人民共和国成立后七十多年的实践探索形成的经验教训,值得深入研究和认真总结。

一 改革开放前对平等价值的追求及其实践效果

社会主义建设实践是一个不断探索、总结经验教训、在曲折中发展的过程。中华人民共和国成立初期,面对长期封建统治和连年战争留下的满目疮痍和积贫积弱的社会,党和国家延续新民主主义时期的经济政策,"保护工人、农民、小资产阶级和民族资产阶级的经济利益及其私有财产,发展新民主主义经济"[①],秉持"公私兼顾,劳资两利"的原则。特别是土地改革完成之后,农村实行农民土地所有制,家庭经营、自负盈亏,农

---

① 《建国以来重要文献选编》(第1册),中央文献出版社1992年版,第2页。

民完全享有经营成果，实现了"耕者有其田"。在城镇，由于多种经济成分并存和就业形式的多样化，城市居民的收入渠道也呈现多元化，如供给制、工资制、混合工资制等。中华人民共和国成立初期相关收入分配政策激发了人民的生产积极性，有效改善了人民的生活水平，整合了各种社会力量，巩固了人民政权。

随着国民经济的恢复和土地改革的完成，为了尽快摆脱新民主主义社会的过渡性质，快速进入社会主义，实现人人平等的价值目标，从1953年开始，我国逐步实现社会主义工业化，并逐步实现对农业、手工业和资本主义工商业的社会主义改造，将各类私有制迅速转变为社会主义公有制。在分配制度上，从初期的按劳分配和按生产资料分配相结合的制度安排，逐渐发展为取消生产资料参与分配，合作社内部完全实行按劳分配的工分制。① 经过三年的发展，到1956年国家基本完成了5亿农民从个体小农经济向社会主义集体经济的转变，"全国工业总产值平均每年递增百分之十九点六，农业总产值平均每年递增百分之四点八"②。市场繁荣，物价稳定，人民生活显著改善，社会主义制度基本建立。然而，社会主义改造时期片面强调公有制，农村合作化以及对手工业和个体商业的改造要求过急，所有制形式和分配制度单一，隐含着对社会主义制度以及与之密切相关的分配制度的理解偏差，埋下了以后实践中追求所有制的"大"和"公"以及分配中平均主义的种子。

社会主义改造完成之后，我国社会生产力虽然有了较大的提高，但与当时发达国家仍有很大的差距。为了迅速提高社会生产力，在落后的情况下和资本主义国家争时间、抢速度，充分发挥社会主义制度的优越性，1958年党的八大二次会议通过了"鼓足干劲、力争上游、多快好省地建设社会主义"的总路线，随后"大跃进"和人民公社化运动全面开展起来。

在这一过程中，单一公有制的所有制结构得到进一步强化，"一大二公"成为人民公社化运动的主要目标。分配原则也从"各尽所能、按劳分配、多劳多得、不劳动者不得食"，逐渐转变为以供给制为主、按劳分配为辅。在具体的制度安排中，农村人民公社中实行的是以供给制为主、工

---

① 《建国以来重要文献选编》（第8册），中央文献出版社1994年版，第47页。
② 《三中全会以来重要文献选编》（下卷），人民出版社1982年版，第801页。

资制为辅的分配制度；城市的企事业单位则基本取消了计件工资和奖金，实行半供给、半工资制。不可否认，这一时期人们在生产建设中发挥了高度的社会主义积极性和创造精神，在国防、军事、医药、农田水利等尖端科技方面取得了重大突破。然而，由于忽视客观经济规律和人民群众需求的满足，导致以高指标、瞎指挥、浮夸风和"共产风"为主要标志的"左"倾错误严重地泛滥开来。尽管在1956年党的八大上提出过"三主体、三补充"①的思想，一些地区也自发地进行了分配方式改革的探索②，但"左"的指导思想并没有改变，导致国民经济在1959年至1961年发生严重困难。

为摆脱主要由"大跃进"导致的国民经济严重困难，1960年至1965年，党对国民经济进行调整，其中最重要的就是对人民公社化运动中形成的过于单一、封闭的所有制形式和平均主义分配方式进行调整。经过几年实践，单一的所有制结构有所改善，集体商业、手工业得到了一定程度的恢复，个体经济也慢慢有所发展，重新确立了"按劳分配，承认差别"的经济方针，并提出"永远不许一平二调"③。这些政策措施尊重客观经济规律和人民需求，在一定程度上纠正了"大跃进"时期的"左"倾冒进，促进了国民经济的发展和社会生产力水平的提高。然而，随着1966年"文化大革命"的爆发，经济形势发生了急剧的逆转。

"文化大革命"期间，由于对国内形势的错误估计，国家开始用政治途径和阶级斗争的激进方式来促进公平。为了实现消灭剥削人人平等的价值目标，在所有制关系上更加盲目和片面地强调全民所有制的优越性，公

---

① 1956年9月20日，陈云在中共第八次全国代表大会上做了题为"关于资本主义工商业改造高潮以后的新问题"的报告，在报告中指出："我们的社会主义经济的情况将是这样：在工商业经营方面，国家经营和集体经营是工商业的主体，但是附有一定数量的个体经营。这种个体经营是国家经营和集体经营的补充。在生产计划方面，全国工农业产品的主要部分是按照计划生产的，但是同时有一部分产品是按照市场变化而在国家计划许可范围内自由生产。计划生产是工农业生产的主体，按照市场变化而在国家计划许可范围内的自由生产是计划生产的补充。在市场方面，国家市场是主体，但附有一定范围内国家领导的自由市场作为国家市场的补充。"参见《陈云文选》（1956—1985），人民出版社1986年版，第13页。

② 1956年5月，中共永嘉县委在雄溪乡燎原社进行农业生产产量责任制的试验，由此在中国首创"包产到户"。参见永嘉县委党史研究室《中国农村改革的源头——浙江省永嘉县包产到户的实践》，当代中国出版社1994年版。

③《毛泽东文集》（第8卷），人民出版社1993年版，第222页。

有制程度逐渐成为判断生产关系先进与否的唯一标准，计件工资及奖金制度被视为"钞票挂帅"。与此同时，对于公平的理解也日益偏激和僵化，将公平原则片面理解为"结果平等"，进而理解为"平均分配"。在城市实行全民所有制下的等级工资制，农村实行村民集体经济下的等级工分制。尽管期间中央政府也试图对收入分配制度做出调整①，但由于并未形成行之有效的制度和政策保障，加之"文化大革命"时期对按劳分配原则产生的严重误解，将它作为"资产阶级法权"予以批判和拒斥，未能转变整体经济形势。对公平的诉求逐渐演变为"共同贫穷"的现实。

纵观中华人民共和国成立后到改革开放前所进行的一系列所有制和分配制度改革，公有制和均等化程度越来越高是其基本特点。中华人民共和国成立初期，我国工业基础薄弱，国民经济体系崩溃，在资本极度短缺的情况下，国家必须通过平均分配实现"高速度、高积累"，以此保障工业化战略的顺利实施。通过这种分配方式"集中力量办大事"，抓住了恢复国民经济的历史机遇，在人、财、物等不足的条件下逐步建立了独立的比较完整的工业体系和国民经济体系，在科研、军事、国防等方面取得了举世瞩目的成就，为今后的发展奠定了坚实的基础。高度集中的计划经济体制还缩小了由社会高度不平等所造成的贫富分化，彻底改变了人民群众受压迫受剥削的社会地位，提高了人民群众的主人翁责任感和生产的积极性，巩固了人民民主专政政权。

当然，由于缺乏社会主义建设经验，加之对形势分析和对国情认识产生偏差，高度集中的计划经济体制和平均主义分配方式也严重制约了生产力的发展。按照马克思主义理解，评价生产关系先进与否的根本标准不在于公有制程度和分配的平均程度，而在于能否适应和促进生产力的发展，不断满足人民群众的物质文化生活需要。但是，由于忽视生产力对生产关

---

① 1970年8月国务院召开了有1200多人参加的北方地区农业会议，提出"农业六十条"中关于人民公社的政策仍然适用，必须贯彻实行；对于中央早已规定的三级所有、队为基础的制度、关于自留地制度，一般不要变动；在保证集体经济的发展占绝对优势的条件下，社员可以经营少量自留地、家庭副业；要坚持按劳分配的原则，反对平均主义；等等。1973年2月国家计委起草了《关于坚持统一计划，加强经济管理的规定》，提出了坚持按劳分配原则，广泛推行计时工资加奖励、计件工资等10条原则。参见中华人民共和国国家农业委员会办公厅编《农业集体化重要文件汇编》（下），中共中央党校出版社1982年版，第891—892页；《周恩来选集》（下卷），人民出版社1984年版，第463—464页。

系的决定作用，忽视人不断变化发展的需要的满足，过分强调通过生产关系的升级来推动生产力的发展，把对公平的价值追求理解为平均主义"大锅饭"，严重挫伤了劳动者的生产积极性，导致干多干少一个样，干好干坏一个样，干与不干一个样。在对公平片面理解和追求的同时，像壁垒森严的城乡二元体制这种不公平现象也在事实上存在着，这就使的"公平"仅限于各自体制内部。如在城市建立了终身就业、粮食供给、教育医疗等社会保障体系，而在农村仅有自然灾害时的政府转移支付、集体资助的"五保户"和以集体经济为主体的合作医疗，城乡之间处于严重的不平等状态。这不仅损害了公平原则，偏离了分配正义的价值诉求，也违背了社会历史发展的基本规律，阻碍了社会生产力的发展，这不能不说是导致"整个国民经济几乎到了崩溃的边缘"[①] 的重要原因。

二 "效率优先，兼顾公平"的政策选择及其效果

为了扭转濒临崩溃的国民经济，解决长期困扰我国经济发展的效率低下问题，1978 年以来中央对高度集中的计划经济体制进行了大刀阔斧的改革。改革的首要任务就是正确认识社会主义初级阶段的基本国情和基本矛盾，重新确立公平正义的分配价值导向，克服平均主义"大锅饭"，纠正"文化大革命"期间对按劳分配原则和对公平价值的曲解，承认劳动质量和数量的差别性，提高劳动者的生产积极性，促进生产力发展。

改革从安徽小岗村家庭联产承包责任制开始，然后在全国农村推广；又从农村扩大到城市，在国有企业实行生产经营责任制，打破了长期存在的平均主义"大锅饭"。无论是联产承包责任制还是生产经营责任制，都既涉及分配制度改革，又涉及所有制改革，这两项互动改革极大地调动了农民和工人的生产积极性，促进了经济的高速增长，从 1981 年的 5.2% 提高到 1984 年的 15.2%，产生了"经济差距缩小和经济高速增长"并存的改革奇观。[②] 1984 年党的十二届三中全会后，中国经济体制改革的重点由农村转向城市，规定企业职工奖金由企业根据经营状况自行决定、职工工

---

① 华国锋：《第五届全国人民代表大会第一次会议关于政府工作报告的决议》，《人民日报》1978 年 3 月 7 日。

② 李子联：《中国收入分配制度的演变及其绩效（1949—2013）》，《南京大学学报》2015 年第 1 期。

资和奖金同企业经济效益的提高挂钩、企业内部要扩大工资差距和拉开档次以及改变脑力劳动报酬偏低的状况等。不仅如此，还规定国家机关和事业单位也要改革工资制度，使职工工资同本人肩负的责任和成绩密切联系起来。这表明，由家庭联产承包责任制引发的所有制和收入分配制度改革进入全新的历史时期。

1987年党的十三大报告明确指出："我们的分配政策，既要有利于善于经营的企业和诚实劳动的个人先富起来，合理拉开收入差距，又要防止贫富悬殊，坚持共同富裕的方向，在促进效率提高的前提下体现社会公平。"① 党的十三大报告还允许按劳分配以外的其他分配方式②的存在。1992年党的十四大提出建立社会主义市场经济体制，1993年党的十四届三中全会首次明确指出，个人收入分配要"体现效率优先、兼顾公平的原则"，"坚持鼓励一部分地区一部分人通过诚实劳动和合法经营先富起来的政策，提倡先富带动后富和帮助后富，逐步实现共同富裕。"③ 从此，"效率优先、兼顾公平"在较长时期直至2006年党的十六届六中全会，成为收入分配政策选择和处理效率与公平关系的指导方针。

收入分配政策总是与所有制形式密不可分，多种分配方式以多种所有制形式为基础。党的十四届三中全会明确指出，我国必须坚持以公有制为主体、多种经济成分共同发展的方针。为适应生产资料公有制和多种非公有制并存的所有制结构，党的十五大明确提出，"坚持按劳分配为主体、多种分配方式并存的制度"，第一次将除按劳分配以外的其他分配方式科学概括为"按生产要素分配"。"其他分配方式"也从"补充"上升到"并存"，地位不断提升，内涵也愈加明确。党的十六大确立了劳动、资本、技术和管理等生产要素按贡献参与分配的原则，解决了其他生产要素能否和怎样参与收入分配的问题。至此，多元分配格局在党的文件中形成科学规范的表述。

---

① 《十三大以来重要文献选编》（上），人民出版社1991年版，第32页。

② "企业发行债券筹集资金，就会出现凭债权取得利息；随着股份经济的产生，就会出现股份分红；企业经营者的收入中，包含部分风险补偿；私营企业雇用一定数量劳动力，会给企业主带来部分非劳动收入。以上这些收入，只要是合法的，就应当允许。"中共中央文献研究室：《十三大以来重要文献选编》（上），人民出版社1991年版，第32页。

③ 《中共中央关于建立社会主义市场经济体制若干问题的决定》（单行本），人民出版社1993年版，第19页。

在完善初次分配政策的同时，国家还通过二次分配积极完善税收政策和社会保障政策，保护合法收入，取缔非法收入，整顿不合理收入，调节过高收入，规范收入分配。一系列的改革举措极大地促进了人民群众的积极性、主动性和创造性，促进了劳动生产率和资源配置效率的不断提高，国民经济总量迅速增长，城乡居民总体生活水平持续提升。

当然，在看到"效率优先、兼顾公平"政策所带来的积极效果的同时，收入分配差距扩大也是不争的事实。收入分配差距自20世纪90年代以来不断扩大。特别是在1997—2003年，泰尔指数[1]由0.079上升到了0.090，处于1949—2012年中最高值区间。[2] 同时，由于分配机制不健全和相关法律制度缺位，使得一些不合理不合法的"先富"，在拉大收入差距的同时，破坏了经济秩序，激化了社会矛盾。作为改革开放的总设计师邓小平在20世纪80年代就提出，要先富带后富、实现共同富裕，"在本世纪末达到小康水平的时候，就要突出地提出和解决这个问题"[3]。但是，由于缺乏明确的政策举措跟进和制度机制保障，个人、阶层、行业、区域收入差距问题没有从根本上得到解决。

三　效率与公平关系的重新调整及其实践探索

2002年党的十六大报告在"效率优先、兼顾公平"前提下，从初次分配和再分配两个层面具体阐述分配政策，首次提出"初次分配注重效率，发挥市场的作用，鼓励一部分人通过诚实劳动、合法经营先富起来。再分配注重公平，加强政府对收入分配的调节职能，调节差距过大的收入"[4]。在"十一五"规划纲要中增加了"'加快'推进收入分配制度改革"的表述，指出要"更加注重社会公平"。2006年在党的十六届六中全会通过的《中共中央关于构建社会主义和谐社会若干重大问题的决定》中，第一次在党的文件中不再提"效率优先、兼顾公平"，在"完善收入分配制度，规范收入分

---

① 泰尔指数（Theil index）或者泰尔熵标准（Theil's entropy measure），是由泰尔（Theil）利用信息理论中的熵概念来计算和衡量个人之间或者地区间收入差距（或者称不平等度）的指标。

② 李子联：《中国收入分配制度的演变及其绩效（1949—2013）》，《南京大学学报》2015年第1期。

③ 《邓小平文选》第3卷，人民出版社1993年版，第374页。

④ 江泽民：《全面建设小康社会　开创中国特色社会主义事业新局面》，人民出版社2002年版，第28页。

配秩序"中提出，"坚持按劳分配为主体、多种分配方式并存的制度，加强收入分配宏观调节，在经济发展的基础上，更加注重社会公平，着力提高低收入者收入水平，逐步扩大中等收入者比重，有效调节过高收入，坚决取缔非法收入，促进共同富裕。"① 2007 年党的十七大报告对效率和公平的关系做了新的阐释："初次分配和再分配都要处理好效率和公平的关系，再分配更加注重公平"，明确提出要"保护合法收入，调节过高收入，取缔非法收入。扩大转移支付，强化税收调节，打破经营垄断，创造机会公平，整顿分配秩序，逐步扭转收入分配差距扩大趋势"②。随着对效率和公平关系的重新认识，在分配正义的制度安排与政策实践上也做出了一系列调整和改革。

首先，巩固了分配正义的制度基础，所有制结构更加多元。除了继续坚持和完善公有制为主体、多种所有制经济共同发展的基本经济制度之外，党的十七大报告着重指出，要"坚持平等保护物权，形成各种所有制经济平等竞争、相互促进新格局"，还要"以现代产权制度为基础，发展混合所有制经济"。③ 这些举措为深化分配制度改革、推进分配形式的多元化、多样化提供了重要基础。

其次，拓展了分配正义的视野，将分配制度改革纳入以改善民生为重点的社会建设当中。党的十七大报告指出，"合理的收入分配制度是社会公平的重要体现"，提升了分配正义在中国特色社会主义建设中的作用和地位。与此同时，随着科学发展观、全面建设小康社会、构建社会主义和谐社会理论的深入阐发，以及一系列包括加快社会保障体系、建立基本医疗制度、完善社会管理等制度的建立，社会主义分配正义获得制度上的保障。

最后，创新了分配正义的实现机制，着力缩小收入差距。针对日益扩大的收入分配差距，党的十七大报告首次指出，要"逐步提高居民收入在国民收入分配中的比重，提高劳动报酬在初次分配中的比重"。前者在于提高广大劳动者的工资收入水平，后者在于增加广大群众多元化收入，"两个提高"是有针对性地切合中国收入分配差距现状的，而让群众拥有财产性的收入，是对社会主义分配正义理论的重要发展。

---

① 《十六大以来重要文献选编》（下），中央文献出版社 2011 年版，第 659 页。
② 《十七大以来重要文献选编》（上），中央文献出版社 2009 年版，第 30 页。
③ 《十七大以来重要文献选编》（上），中央文献出版社 2009 年版，第 20 页。

随着党的十六大以来我国分配政策的调整，收入分配差距也逐渐开始下降，泰尔指数从 2004 年的 0.089 下降到了 2012 年的 0.064。[①] 我国个人所得税收入也大幅增加，据统计，2002—2011 年分别是 1211.78、1418.03、1737.06、2094.91、2453.71、3185.58、3722.31、3949.35、4837.27、6054.11 亿元[②]，其间还伴随了对个人所得税起征点的调整，政策调整取得了一定效果。

当然，以往收入差距扩大所带来的负面效应在这一时期也开始集中显现，尤其体现为 2007 年以来经济增速放缓的趋势上。相关研究表明，收入差距的适当扩大在短期来说有利于经济增长率的提升，但从长期来看，则将对经济增长带来抑制作用。[③] 从 2007 年，我国经济增长率由 13% 逐渐下滑到了 2013 年的 7.7%，[④] 放缓趋势日渐明显，较大的收入差距已经开始抑制经济的增长。加之相关制度的滞后性以及机制建设未能及时跟进，导致收入分配差距的绝对值仍然很大。进一步看，仅限于经济领域改革已经无法有效解决收入差距所造成的一系列社会问题，深化分配制度改革涉及政治、经济和社会等多方面内容，分配制度的完善也需要政治、经济和社会体制的相互配合、支撑与系统整合。

四　党的十八大以来面向共同富裕的分配正义实践

2012 年召开的党的十八大对收入分配政策进行了完善和深入阐述，党的十八大报告明确指出，要"使发展成果更多更公平惠及全体人民，朝着共同富裕方向稳步前进"。作为中国特色社会主义的根本原则，共同富裕也成为党的十八大以来贯穿于分配制度改革的指导原则。2013 年 2 月，国务院转批发改委等多部委联合制定并发布了《关于深化收入分配制度改革的若干意见》，提出了收入分配制度改革的原则性要求；党的十八届三中

---

① 李子联：《中国收入分配制度的演变及其绩效（1949—2013）》，《南京大学学报》2015 年第 1 期。

② 相关数据来自中国统计年鉴（2012），http：//www.stats.gov.cn/tjsj/ndsj/2012/index-ch.htm。

③ 李子联：《中国收入分配制度的演变及其绩效（1949—2013）》，《南京大学学报》2015 年第 1 期。

④ 相关数据来自中国统计年鉴（2013），http：//www.stats.gov.cn/tjsj/ndsj/2013/index-ce.htm。

全会明确提出要通过深化收入分配制度改革，解决分配不公的问题；党的十八届五中全会通过的《"十三五"规划建议》具体指出要"明显增加低收入劳动者收入，扩大中等收入者比重"，明确了改革的阶段性任务。一系列改革推动着中国特色社会主义分配正义的理论与实践向纵深发展，主要表现在以下几个方面。

第一，共享的理念进入了中国特色社会主义分配正义理论之中。党的十八大报告第一次指出，"实现发展成果由人民共享，必须深化收入分配制度改革"。2015 年党的十八届五中全会通过的《"十三五"规划建议》第一次将坚持人民主体地位作为发展必须遵循的六大原则之首，强调必须坚持以人民为中心的发展思想，同时首次提出了"创新、协调、绿色、开放和共享"五大发展理念，并进一步明确，"共享是中国特色社会主义的本质要求，要使全体人民在共建共享发展中有更多获得感"。在共建共享理念的指导下和"两个提高"的基础上，党的十八大还提出了"两个同步"，即"努力实现居民收入增长和经济发展同步、劳动报酬增长和劳动生产率提高同步"。"两个同步"是共享理念的具体落实，也是对中国特色社会主义分配正义理论的进一步深化。

第二，所有制结构得到进一步优化，分配体制改革的基础更加巩固。党的十八大在公有制经济与非公有制经济的关系上进一步指出："保证各种所有制经济依法平等使用生产要素、公平参与市场竞争、同等受到法律保护。"在此基础上，党的十八届三中全会首次提出，"公有制经济和非公有制经济都是社会主义市场经济的重要组成部分，都是我国经济社会发展的重要基础"，并首次提出"积极发展混合所有制经济"。这是党的文件第一次将公有制经济与非公有制经济这样并列表述，也是第一次明确肯定混合所有制经济是基本经济制度的重要实现形式。这些新的提法和表述是我国基本经济制度的重大突破，所有制结构的优化也为中国特色社会主义分配制度改革奠定了坚实的基础。

第三，健全了初次分配和再分配的机制。党的十八大以来，对初次分配和再次分配的有了更具针对性的描述。《关于深化收入分配制度改革的若干意见》对初次分配机制调整方面有针对性地提出，要"促进中低收入职工工资合理增长""加强国有企业高管薪酬管理""健全技术要素参与分配机制""完善公共资源占用及其收益分配机制"等，市场化机制和效率导向的初次分配格局正在形成。与此同时，继续加快健全再分配调节机制，包括"集中更多财力用于保障和改善民生""改革完善房地产税""加大保障性住房供给"等。初次分配和再分配机制得到进一步完善。

第四，转变了扶贫开发方式，提出精准扶贫理念。农村贫困人口脱贫是分配制度改革和全面建成小康社会最艰巨的任务，扶贫脱贫已经进入攻坚克难的阶段。在《关于深化收入分配制度改革的若干意见》中就首次系统阐述了建立健全促进农民收入较快增长的长效机制，提出要让农民"合理分享土地增值收益"，切准了当前农村土地转让中的分配问题。党的十八大以来，习近平总书记在历次考察调研中都提出"精准扶贫"这一理念，2015 年 11 月 26 日，中共中央政治局召开会议审议通过《关于打赢脱贫攻坚战的决定》，将精准扶贫作为基本方略，并提出"到 2020 年确保我国现行标准下的农村贫困人口实现脱贫，贫困县全部摘帽，解决区域性整体贫困"。我国从传统"灌水式""输血式"的扶贫模式向"滴灌式""造血式"的扶贫模式转变，创新了扶贫开发的新路径，也成为实现共同富裕的重要举措。

第五，积极建立权利公平、机会公平和规则公平的社会公平保障体系。公平是中国特色社会主义分配正义的价值导向，建立健全社会公平保障体系是实现分配正义的根本。党的十八大提出"逐步建立以权利公平、机会公平、规则公平为主要内容的社会公平保障体系""保证人民平等参与、平等发展权利"，党的十八届四中全会进一步提出要"强化规则意识""加快完善体现权利公平、机会公平、规则公平的法律制度"。尤其是 2015 年以来，针对保障人民平等参与权问题，党和国家出台了一系列旨在推进社会主义协商民主广泛多层制度化发展的文件，各地积极响应并陆续推进协商民主实践，为民众表达个人利益诉求、参与利益分配过程，进而影响分配结果提供了重要的政策支持和制度保障。分配制度改革逐步与政治体制改革进行对接，视野和思路更加开阔。

改革开放以来，面向公平正义和共同富裕的收入分配政策及其实践正在不断推进，从党的十四届三中全会首次提出"效率优先、兼顾公平"，到党的十五大明确提出"坚持按劳分配为主体、多种分配方式并存的制度"，从党的十六大提出"初次分配注重效率，再分配注重公平"，到党的十七大提出"初次分配和再分配都要处理好效率和公平的关系，再分配更加注重公平"，表明了党对收入分配政策的认识正在不断深化和推进。尤其是党的十八大以来，改革收入分配的各项制度安排和政策措施表明，我们对分配正义问题的认识正从关注收入差距的现象逐渐转变为关注收入差距背后的分配不公的体制机制成因；从关注分配政策逐渐转变为关注分配理论、制度创新和顶层设计；从关注结果公平逐渐转向关注起点和机会公平，更加注重初次分配的公平与正义；从关注当代人的分配正义逐渐延伸到代际间的分配正义，防止财富与价值分配不公平的固化效应。中国特色社会主义分配正义改革的目标更加清晰、步骤更加明确、内容也更加具体。

改革正在进行时。在当前经济下行压力增大的形势下，收入分配改革也面临着新问题，如城乡居民收入增长呈现更多不确定性，增收渠道依然过窄，增收面临新风险；部分行业和领域分配不公问题依然存在；分配政策的差别激励作用还未充分发挥；等等。收入分配问题固然是经济学研究的基本问题，但也是政治、经济和社会体制共同作用下的复杂函数。作为利益分配最直接的表现形式，收入分配背后所隐藏的是深层次的利益和价值分配格局。谁来主导价值分配格局的形成、如何形成价值分配格局以及形成怎样的价值分配格局，都深刻影响着收入分配的最终结果。政府作为一个分配性而非生产性的组织，最重要的职能就是对社会的价值资源进行权威性分配。政府通过建构相应的权利配置机制、收入分配机制、财税调节机制、福利分配及社会救济机制、资源配置机制、荣誉分配机制等，实现对收入分配起点、过程与结果的公平正义。

正如习近平总书记所指出的，"收入分配是民生之源，是改善民生、实现发展成果由人民共享最重要最直接的方式"①。中国特色社会主义分配正义只有坚持以人民为中心的发展思想，做出更有效的制度安排，进一步推进分配正义理论与实践的创新，使宏观与微观、长远战略与近期措施相结合，才能更有效地应对不断出现的新挑战，使全体人民在共建共享发展中有更多获得感，逐步实现分配公平正义，朝着共同富裕的方向稳步前进。

---

① 《习近平总书记系列重要讲话读本》（2016年版），学习出版社、人民出版社2016年版，第217页。

第五节 研究方法和主要内容

一 研究方法

在目前的理论研究中，实现公平正义和共同富裕目标的改革集中在收入分配制度的改革上，研究者一般都认为中国的收入分配制度改革是关系到深化改革的关键性措施。其中，有研究者追溯了中国收入分配制度的演变阶段及其特征，有的分析了从毛泽东时期的"平均分配"到邓小平时期的"有效分配"的演变及其绩效，[①] 有的将收入分配制度划分为平均主义的修正时期、改革探索时期、全面改革时期、完善改革时期四个阶段，[②] 分析了收入分配差距形成的历史过程。对于如何进行收入分配制度改革，一些人认为，收入分配的改革的重点应该是瞄准初次分配，[③] 更多的人指出，初次分配的重点应该是提高劳动报酬在初次分配中的比重。有研究者认为，再分配的灵魂就是"劫富济贫"，面对日益拉大收入分配问题方面政府苦于找不到下手的地方和可操作的工具，只有进行税收制度的改革，才能打破收入分配问题的僵局，迎来缩小收入分配差距的曙光。[④] 但除去纯粹从经济角度进行的研究，有些研究者已经看到，由于权利保障不到位，社会中的弱势群体为精英埋单，导致了日益拉大的收入差距和分配不公。分配不公背后的深层次问题是社会群体利益表达的失衡，因此创新利益表达机制应该成为矫正利益失衡和推进收入分配制度改革困境的重要机制。[⑤]

直接针对政府再分配责任的研究也比较多，有学者指出，优良的政府必须能够维系社会的公正，政府以实现社会公正为目的的再分配职责

---

① 参见李子联《中国收入分配制度的演变及其绩效（1949—2013）》，《南京大学学报》2015 年第 1 期。

② 参见龙玉其《中国收入分配制度的演变、收入差距与改革思考》，《东南学术》2011 年第 1 期。

③ 参见杨承训《"深化收入分配制度改革"的经济学解析——兼论以初次分配为重点架构中国特色社会主义分配理论》，《经济学动态》2008 年第 1 期；厉以宁《收入分配制度改革应以初次分配为重点》，《理论参考》2014 年第 3 期。

④ 参见高培勇《两减两增——中国税收结构面临根本性调整》，《中国人力资源开发》2013 年第 16 期。

⑤ 参见吴群芳《收入分配制度改革中的利益表达失衡及其治理》，《中州学刊》2008 年第 1 期。

是迈向和谐社会的重要保证;① 政府承担着发展成果再分配的责任,政府在社会再分配中必须担当起实现公平的职责,提出了实现政府再分配责任的对策和建议,包括完善再分配手段、理顺财政再分配调节机制、给予社会不利地位的特殊群体以更多的关怀等;② 有学者分析了中国政府转移性,指出对居民收入的影响进而对收入再分配的效应,③ 还有的以满意度标准研究了政府在资源再分配中具有显著的正向效应,不同群体存在效果的异质性,正向影响随个体收入提高,相对生活水平提升而减弱,政府更有效地提高了低收入贫困群体的满意度;④ 还有学者以城镇住户调查数据分析了各项政府转移支付对于收入再分配的影响,政府净转移收支改善了城镇居民逐渐增加的市场收入不平等,改善程度随时间逐渐增加,其中转移支付和税收都起到正向的调节作用,前者主要体现为对水平公正的改进,贡献相对更大,后者的作用主要体现在有利于垂直公平上。财政净转移收支在各地区内部的作用微弱,东部起主要作用的是税收政策,西部则是转移支付政策;⑤ 有研究者以 29 个国家的面板数据进行实证分析,探讨不同的再分配政策对收入调解具有不同作用,发现再分配规模与再分配的调解效果有显著的相关关系,主要是社会福利支出的政府再分配对调节居民收入有显著的正效应,且贡献较大;主要流向社会保障缴费的政府再分配则显现出显著的负效应,而收入税对调节居民收入的影响并不显著;⑥ 有的研究者还分析了中国社会公众对政府再分配的偏好及其影响因素,其中城镇户籍人口比农村户籍人口具有更强的政府再分配偏好;如果人们倾向于与自己相似条件的对象进行比较,就会更认同政府通过再分配缩小收入差距,受教育程度越高,越

① 参见周光辉、殷冬水《政府:一个公正社会不可或缺的角色——关于政府再分配职能正当性的思考》,《吉林大学社会科学学报》2006 年第 4 期。

② 参见王和平《论社会公平再分配中的政府职责担当》,《行政论坛》2009 年第 1 期;郭兰英、单飞跃《发展成果再分配及其政府责任》,《社会科学家》2009 年第 12 期。

③ 参见郭庆旺、陈志刚、温新新、吕冰洋《中国政府转移性支出的收入再分配效应》,《世界经济》2016 年第 8 期。

④ 参见李锐、黄金鹏《政府在资源再分配中的正向效应研究》,《财政研究》2014 年第 12 期。

⑤ 参见刘柏惠、寇恩惠《政府各项转移收支对城镇居民收入再分配的影响》,《财贸经济》2014 年第 9 期。

⑥ 参见耿晋梅、岳树民、岳希明《政府再分配政策调节居民收入作用的比较分析》,《地方财政研究》2015 年第 12 期。

有可能不支持通过政府再分配的方式缩小收入差距。① 还有研究者进一步发现，居民对政府的信任显著影响其再分配偏好，对政府信任的程度越高，居民对再分配的支持、偏好程度越高。②

但上述这些研究也存在着多方面的缺陷和不足，首先，研究者的学科很多，但视角则比较单一，经济学或社会学的视角居多，缺乏多学科的交叉和融合，目前还缺乏较为系统性的研究成果；其次，或者主要是规范性的概念分析，或者是对特定问题领域的研究，理论和实践以及宏观和微观之间缺乏贯通，以数据为基础的实证研究能说明再分配政策与收入变动之间的关系，但却无法提供制度或体质层面的解释；最后，大多数研究聚焦于经济利益的分配，而忽略了决定分配结果的权力结构以及权力博弈过程，因此缺乏深度和解释力。

本书将从社会分配性问题出发，在社会分配体系的多维框架下，以政府及其权力作为核心变量，探讨政府为实现社会公平正义和共同富裕所应负有的责任，以及围绕政府再分配责任而建构起来的社会互动过程，进而提出实现公平正义和共同富裕的再分配主张。在研究方法上，本书除了坚持采用文献分析、规范研究、调查研究和比较研究等基本方法之外，还将努力从如下方面进行研究方法的转向，以全面深入探讨政府再分配的责任。

首先，从单一学科到多学科结合。现有对政府再分配责任的研究，主要是经济学、财政学或政治学等对单一议题（如收入分配或政策选择等）的研究，本书将在社会分配体系的概念框架下，以政府再分配责任为中心，兼顾收入、财富以及权利和价值等方面的分配问题，进行跨学科和多视角的研究。

其次，从客观主义到社会建构主义。对社会分配不公等问题的研究大多忽略了其社会建构的性质，以及政府责任及其实现也是一个多元参与和互动的结果，本书将主要从建构主义的立场对其进行分析和思考，着重分析参与和介入价值分配的权力和权利等结构性因素。

---

① 参见麻宝斌、杜平《中国民众对就业政策公平感受的影响因素分析》，《湖北社会科学》2017 年第 5 期。

② 参见徐建斌《政府信任与居民的再分配偏好——来自中国数据的经验分析》，《经济社会体制比较》2016 年第 1 期。

最后，从结构的立场到过程的视角。现有研究局限于政府、市场与社会的结构分化，忽略了政府对于市场和社会分配的影响，因而难以对分配过程及其结果做出有效的解释，本书将注重通过对分配过程的动态分析来探讨政府的角色、职权和责任等。

为深入了解社会民众对收入分配的状况以及对于收入分配改革的认知和意愿，本课题组于2014年2月1日至2014年2月10日面向全国开展了调研。本次调研采用社会调查研究方法，参考陆学艺划分的当代中国社会的十大阶层，课题组将调研对象划分为"农民、工人、国家与社会管理者、经理人员、私营企业主、专业技术人员、办事人员、个体工商户、商业服务业流通业从业者、自由职业者、无业、其他"，共计12类人群，采用分层抽样和随机抽样相结合的方式，面向全国（除港、澳、台地区）31个省市共发放问卷1856份，实际收回问卷1813份，有效问卷1606份，有效问卷率为96.45%。

本课题的问卷设计由课题组成员分工负责。围绕问卷设计，课题组共召开4次专题研讨会，10余次小组会议，并聘请相关领域的专家对问卷内容进行论证，开展小范围试答，共计修改问卷11稿。课题组还编写了问卷注释，以帮助受访者理解相关概念。

本课题的调查员为课题组成员和天津师范大学部分学生。在校团委的支持配合下，本着生源涵盖全国31个省市、性格较为外向、交流能力较强、语言表达能力强、学习态度端正、做事认真负责、形象气质佳的原则，课题组共遴选了40名在校大学生，加上课题组成员及部分研究生，参与问卷发放与回收的调查员共计56名。其中，每个省市区配备1—5名调查员，河南、四川、山东、广东、江苏、河北、湖南、安徽、湖北等人口大省至少2名调查员。在调研前，课题组对调查员进行了两次集中培训，制定了《调查员的工作要求及相关规范》，建立了问卷调查公共邮箱、QQ群等沟通交流平台，以确保调研工作的顺利开展。

2014年2月24日至3月19日，课题组对调查问卷进行了回收审核，对调查数据进行了统计分析。针对"问题问卷"，调查员进行了电话回访。课题组挑选10名同学录入数据，并利用SPSS软件对数据进行了总样本的频数分析、交叉分组下的频数分析、方差分析等统计分析，相关研究成果已应用于学术论文和专著当中。（调查阶段性成果和调查问卷见附录1和

附录2）

二　主要内容

本书包括上述引论和六章内容。

第一章引论首先梳理了政府再分配责任理论的演进理路，考察了当代西方国家分配正义理论及其实践经验和教训，分析了马克思分配正义理论的特征及其当代意义，提出中国特色社会主义分配正义实践的路径选择，即只有从价值分配概念和分配体系出发研究分配性问题，才能跳出简单以收入分配来谈论政府责任或再分配责任的窠臼。社会生产的所有价值（好）以及生产这些价值的相关要素和条件，都是价值分配的内容，自然也是政府再分配责任的题中应有之义。按照以上理解，本书将政府再分配责任划分为六部分：公民权利分配、个人收入分配、公共财政分配、公共服务分配、自然资源分配、政府荣誉分配。

在第二章"政府再分配责任视域中的公民权利配置"中，提出权利是社会成员能够获得平等对待的前提和公平参与财富分配的资本，是国家对个体利益和地位的法律规定，并体现为公民自我谋利的资格与能力。收入分配表面上是一个"分利"问题，实质上是"赋权"后的结果。公民权利的实现程度直接或间接影响着初次分配、二次分配和三次分配中资源与财富的分配结果，决定着公民的收入及其福利水平，对人的发展产生深远影响。当前权利配置过程中存在制度供给不足、权利冲突、权利行使效率低下、权利被虚化和空置等问题。优化公民权利配置需要完善权利配置的制度设计，厘定权利配置的政府责任，健全权利的可操作化机制，增强公民权利行使的现实效果。通过优化配置公民权利，提高公民在收入分配格局中的主体地位以及争取自身合法利益的能力水平，推进收入分配格局的合理有序发展。

在第三章"政府在经济领域的分配和再分配责任"中，通过总结、探索马克思主义政治经济学的分配理论和中国特色社会主义实践经验，系统地研究政府参与和影响初次分配的依据、原因、途径、制度保障、实施效果和存在问题；分析了经济领域分配的含义和政府在经济领域的分配和再分配责任；研究了政府通过制定和调整最低工资标准直接干预初次分配的过程，通过工资集体协商间接调节分配关系和分配格局的制度，通过构建和谐劳动关系实现各阶级、各利益集团和谐共处的主要内容和表现形式；分析了我国现阶段劳资关系存在的必然性及其性质，论证了增强劳资统一、实现共享发展的意义、条件和途径，探讨了构建公平正义分配关系的供给侧意义，为实现个人收入分配的公平正义和共同富裕提供理论依据并提出相应的政策建议。

在第四章"政府在公共财政体系优化中的责任"中，基于破解政府再分配困局的实践要求和公共财政理论对现实的回应，提出面向公平正义和共同富裕的政府再分配责任客观要求公共财政分配均等化。作为一种再分配手段的公共财政分配问题，主要表现为地区差距凸显、行业差距拉大、城乡发展失衡以及个人收入差距扩大，而公共支出结构、税制设计、社保制度安排、财政运行的模糊性和垄断红利，则是影响公共财政体系平衡收入分配功能的重要因素。面向公平正义的公共财政再分配责任的实现，需要重塑公共财政均等化理念，优化公共财政体系制度设计，创新公共财政均等化机制，发展完善政府再分配正义的公共财政政策。

在第五章"政府在基本公共服务领域的分配责任"中，提出政府要依赖于服务、权力与法律三大要素，基于公共服务均等化的需求来落实基本公共服务分配的责任。提出了基本公共服务分配领域的服务本位、权利本位与公民本位的判断标准；分析了基本公共服务分配的客观结构系统、主观结构系统与价值结构系统；探讨了致力于基本公共服务分配的可及性、主体的多元化、供给—需求的匹配性等问题。对这些问题的探析，不仅说明了政府在基本公共服务分配中的趋势是实现多元化、个性化与均等化，而且强调了政府在基本公共服务分配中的责任框架。通过"互联网＋"审视政府在基本公共服务分配中的问题，落实政府在基本公共服务分配中的责任，实现社会的公平正义从而走向共同富裕。

在第六章"自然资源管理及其分配公平问题"中，强调自然资源是社会共同的财富，属于全体国民所有，影响着经济和社会的发展。自然资源利用和收益的方式决定了财富和收入的分配格局，比如二元化的土地所有权制度导致城乡收入差距拉大，自然资源的垄断性使用导致了行业收入差距，资源的严重浪费导致了代际不公平等。改变财富和收入分配的格局，必须要大力完善自然资源的产权制度，建立健全自然资源管理制度，改进自然资源的分配机制，明确自然资源的权利主体，提高自然资源的利用效率，不仅要善用自然资源促进经济和社会发展，还要将自然资源收益更多用于普惠全民。

在第七章"国家荣誉的权威性分配及其公平问题"中，指出国家颁授荣誉的活动是国家治理的重要手段之一，也是社会进行价值权威性分配的主要途径。授予国家荣誉的活动表达了国家的意志和需要，具有强烈的支配和分配含义。通过英模人物来进行国家治理，具有悠久的历史传统，也发挥了重要的治理功能。国家荣誉分配过程中存在着制度不健全、标准不清楚和程序不合理以及问责机制缺失等问题。提高国家荣誉的公平性需要健全法律制度，健全评选审核程序，畅通民意反馈渠道，建立荣誉退出机制，推进对荣誉评选的问责，以使国家荣誉评选更加公平，更有公信力和影响力。

第二章 政府再分配责任视域中的公民权利配置

收入分配制度改革是全面深化改革的着力点。党的十九大报告指出，要坚持按劳分配原则，完善按要素分配的体制机制，促进收入分配更合理、更有序。传统对于收入分配问题的研究往往聚焦于经济学方面，"关注资源、技术和消费者需要等方面给定的条件下，经济系统能否有效地满足消费者的需要"①，而忽视了更深层次问题。事实上，收入分配悬殊的深层次原因是资源和价值分配的失衡与短缺。在现代法治社会中，权利体现着公民自我谋利的资格和能力，是公民获取一切资源和价值的前提性条件。公民权利配置状况在很大程度上影响并决定着公民的收入及其福利水平。因此，研究收入分配制度改革必须将公民权利配置纳入考察体系中。

第一节 权利配置与收入分配

一 权力与权利关系的历史演进

公民权利的确认与获得和权力之间的斗争密不可分。在很长一段历史时期内，权力与权利往往是作为一对二元对立关系而存在的，两种力量相互依存、相互制约。

所谓权力（power），通常指某一主体通过各种渠道和手段影响他人的力量和能力，体现了权力主体充分动员、凝聚和整合有效的社会资源的过程。权力运行过程包含生产资料、社会财富、暴力手段、主体能力、身份资格、意识形态、组织机构以及社会资本等诸多要素。作为社会生活的权

---

① 康纪田：《公平配置权力是收入分配改革的核心》，《华东经济管理》2010 年第 11 期。

杖，权力通常被视为社会公共生活的主导力量，具有主体利益性、强制性、排他性等特性，涉及政治的合法性问题，即"谁得到了什么"和"谁说了算"。

而权利（right）则是与权力相对的一个概念。它是在一定社会条件、经济基础和利益关系背景之下，由公共权力确认并保护的，由公民主张、争取、实现和维护自身利益的资格、能力与实践的总和。权利不仅包括法定层面的抽象权利，同时也包括现实层面的具体权利以及公民的权利实践。

从私有制产生以来，人们的政治生活无不是在掌握权力、争夺权力、运用权力中展开的。进入近代社会之后，政治生活又表现为一种人们为了创造权利、争取权利、实现权利和维护权利的"权利政治"。现代国家体制间的关键区别也集于"如何界定和保障国家权力的公有性与正义性，如何界定和保障公民权利的普遍性和实效性，以及如何保障'权力'和'权利'能够在'体制内'进行实质性的博弈"①。而在不同的经济社会形态中，权力与权利间的博弈关系也体现为不同的特点，并形成了不同的经济社会发展模式。

1. 前市场经济社会的权力逻辑

前市场经济社会主要包括自然经济社会和计划经济社会。在这两种性质的社会中，政治权力在价值分配体系中占据绝对主导地位，决定着社会资源和财富的配置与流动。

在自然经济社会中，权利通常是由权力执掌者赏赐的。权利主体往往会受到各类成文或不成文规定的限制，没有独立的社会地位和自主权，表现为"普天之下，莫非王土；率土之滨，莫非王臣"②。纵观中国古代发展史，自从第一个专制王朝夏朝建立，以权力为核心的政治逻辑始终贯穿于社会生活的方方面面。要理解这种政治结构和社会运转规则，就必须从历史的境况中去考察，不能脱离具体的历史情境。在农业生产和农业文明占据主导地位的社会中，商业生产和交换极不发达，社会分工不足，人们的生产、生活和交往通常被局限于一定阶级和地域之内，生产和消费的分散

---

① 王希：《原则与妥协：美国宪法的精神与实践》，北京大学出版社 2014 年版，第 3 页。

② 《诗经·小雅》。

与单一决定了必须由一个强大的中央来组织社会生产，整合社会资源，进行社会管理。中央集权及其官僚体系成为自然经济社会中决定社会资源和价值流动和分配的核心要素，而普通民众对于资源和价值分配的影响力微乎其微。

中世纪的西方国家同样如此。在神权政治的笼罩下，国家掌握着全部社会权力，整个社会生活呈现出高度政治化的特点。统治阶级为了巩固自身的统治地位，权力触角无孔不入。普通社会成员的利益诉求被统治阶级严重漠视甚至人为地剥夺。"神权、王权和贵族权领先地位凭借领主分封制，把政治原则彻底社会化，使得市民社会直接地具有政治性质。私人生活领域、私人利益和要求完全屈从于政治，从而形成了国家对市民社会的包容、吞噬和同化。"① 显然，在中世纪以权力为社会绝对权威的时代中，普通民众根本不具备与权威进行博弈的能力与条件，自身利益也无法得到有效保障。这种权力与权利的严重失衡状态也日益阻碍着生产力的发展和社会的进步。16 世纪至 18 世纪，为了保护私有财产、维护自身利益，新兴资产阶级高举"自由、平等、人权"的旗帜，掀起了轰轰烈烈的权利斗争。

值得注意的是，尽管在古希腊社会，公民的政治生活与社会生活是融为一体的，政治生活主要展现为一种政治民主的生活方式，但由于雅典的民主是非常狭隘的民主，政治权利仅限于本邦的成年男性，占人口大多数的奴隶、外邦人和妇女都被排除在外，他们只是作为城邦的附属物而存在。因此，这种所谓的"民主"和"权利"仍是狭隘的"民主"和"权利"，民主权利只是所谓的"公民集团"的特权。"公民集团"作为一个权利主体对于社会价值和资源的分配占据的绝对主导地位。在这种背景下，"权利"实际上体现为"权力"。

在中华人民共和国成立后的社会主义计划经济时代，市场与社会之间所遵循的同样是权力逻辑。计划经济是国家以指令性计划来配置资源的经济形式。中华人民共和国成立初期由于社会生产水平低下，经济积贫积弱，亟须通过发展重工业来增强国防实力、保障国家安全。在重工业优先的战略指导下，国家对各类社会资源的流动和分配进行全面垄断，权力也

---

① 王成礼：《权利与权力的博弈均衡》，《天津社会科学》2009 年第 2 期。

高度集中。由于资源分配、商品生产与交换都由政府高度控制、统一规划，政府权力之手渗透到社会发展的方方面面，劳动者无法通过自身努力获得利益最大化，大量"搭便车"的现象也导致了经济活动的低效率，严重影响了市场的运行，阻碍了资源合理配置与社会财富的流动。要解放生产力、发展生产力，迫切要求转变经济体制、释放公民权利，资本主义市场经济体制及其权利与权力间的关系为我们提供了借鉴。

2. 市场经济社会的权利逻辑

与前市场经济社会不同，在市场经济社会中，尊重保障公民的平等权利是经济有序运行的前提，"主体只有通过等价物才在交换中彼此作为价值相等的人，而且他们只是通过彼此皆以为对方而存在的那种对象性的交换，才证明自己是价值相等的人。"① 等价交换是市场经济的基本原则。这就要求市场主体无论身份地位有多大的差别，都能平等、自由地参与市场交换，这也就是权利平等。因此，随着市场经济的兴起和发展，符合等价交换原则的市场交换活动日渐频繁，建立于血缘和宗法基础之上、以人身依附和封建特权为基础的传统政治文化受到严重冲击，政治关系随之发生变革，原有的权力—权利间的传统格局也逐渐被打破。

权利的狭窄严重制约了迅速崛起的新兴资产阶级的发展需求。因此，新兴资产阶级与力量庞大的国家之间开始形成一种紧张的对抗关系。启蒙思想家关于"天赋人权""主权在民""社会契约"及"分权制衡"的思想为他们提供了理论武器。资本主义国家建立后，为了适应资本主义市场经济的需要，关于国家权力的来源、目的及其实现方式被重新定位。自由、平等、人权日益成为现代西方法治国家的理论基石，权力受到越来越多的制约与监督，新兴资产阶级将权利的旗帜高高举起，"权利至上"也逐渐成为近代民主国家的合法性基础。在自由市场经济体制之下的资本主义国家中，权力也被最大限度地限制了起来，从而形成一种围绕权利逻辑展开的社会运行机制。

然而，这种围绕权利逻辑所展开的社会运行机制也为发展埋下了隐患。一方面，由于天赋秉性、经济基础的差异以及社会偏见的存在，导致人们在进入社会之初就处于权利间的不平等状态。一些人由于先天禀赋或

---

① 《马克思恩格斯全集》（第30卷），人民出版社1995年版，第196页。

经济处于优势地位通常能够获得更多的权利机会，而长久以来被歧视的人群——如妇女、黑人和经济地位处于劣势的人——往往在进入社会公共生活之初就丧失了争取平等权利的资格与条件。另一方面，随着自由资本主义逐渐发展为垄断资本主义，客观上加剧了权利不平等，激化了阶级矛盾。为了缓和阶级矛盾，维护资本主义制度，新自由主义（New Liberalism）提出扩大公民权利范围，由基本的财产权和人身自由权扩展到社会保障权、就业权等领域，强调国家干预经济。

在这种背景下，19 世纪 70 年代后西方资本主义国家开始通过权力扩张的方式试图扭转社会财富的分化，以达到社会资源的公平配置与利益均衡。但是由于在权力干预过程中过分追求结果公平，福利国家政策也导致了人们不劳而获思想的产生，在一定程度上抑制了人们生产劳动的积极性。与此同时，由于国家福利范围的日渐扩大，个人的自由选择权日渐缩小，"西方国家不得不重新定位国家与市场的关系，从国家干预的'国家中心主义'，走向减少国家干预的'市场中心主义'，以寻求国家干预与权利自主的均衡发展"①。这种均衡发展同时也是权力与权利的均衡考量结果。

尽管存在种种缺陷，但以尊重主体的自由、平等权利为前提的市场经济仍然是目前最根本最有效率的资源配置方式。建立在资本主义生产方式基础之上的分配方式仍然具有相对的公平正义性。正如恩格斯在《反杜林论》中所说："大规模的贸易，特别是国际贸易，尤其是世界贸易，要求有自由的、在行动上不受限制的商品占有者，他们作为商品占有者是有平等权利的。他们根据对他们所有人来说都平等的、至少在当地是平等的权利进行交换"②。由此而言，对权利的尊重和捍卫就是市场经济得以建立并发展的内在条件。而以产权体系为核心的权利体系的构建，也为西方资本主义市场经济繁盛提供了重要动力源泉，并为我国社会主义市场经济的确立提供了资源。

3. 社会主义市场经济社会的两种逻辑

社会主义市场经济是与社会主义基本社会制度结合在一起的市场经

---

① 王成礼：《权利与权力的博弈均衡》，《天津社会科学》2009 年第 2 期。
② 《马克思恩格斯文集》（第 9 卷），人民出版社 2009 年版，第 110 页。

济。从 1992 年党的十四大正式提出要建立社会主义市场经济体制以来，我国已经经历了二十余年的探索与实践。从"市场在资源配置中起基础性的作用"到党的十八届三中全会明确指出"使市场在资源配置中起决定性作用和更好发挥政府作用"，我国对社会主义市场经济的理解愈加深刻。而在政治学的视野中，对市场在资源配置中的地位与作用认识变化的同时，也体现着公民权利与政治权力间的相互博弈过程。

社会主义市场经济作为市场经济的一种形式，以遵循价值规律为原则，以市场竞争的方式优胜劣汰，通过市场价格自动调节供给和需求实现资源优化配置。这种尊重市场经济的价值规律、供求规律和竞争规律，尊重经济主体在市场各项活动中的主体性地位以及经济活动和社会活动资格的做法，也是尊重权利的集中体现。但与此同时，社会主义市场经济与资本主义市场经济有着明确不同的方向和性质。事实上，"社会主义市场经济体制能否成功建立的关键就在于其能否真正解决公有制性质与市场机制有机结合的问题"。也就是市场如何在国家的宏观调控下对资源配置起决定性作用。其中，权利是市场机制发挥作用的重要基础，权力则是国家进行宏观调控的重要保障。社会主义市场经济的优势就就在于能够把两者有机地结合起来。

在我国长期的计划经济体制中，资源配置主要以前置的行政审批和指令性计划配置方式为主，行政权力在资源配置中起到了关键性的作用。社会主义市场经济改革最根本的任务就是转变资源配置方式。这就涉及了社会生活各个方面广泛而深刻的调整，其中最重要的就是权力的重新调整与价值的重新分配。而公民权利在法律上的确认及实现，也将为社会主义市场经济体制的巩固奠定基础。因此，在深化改革的过程中，如何充分发挥市场在资源配置中的决定性地位，是经济体制改革和政治体制改革共同面临的关键问题。这其中就涉及权力与权利的动态平衡，以及权力边界和权利分配和效用等政治体制问题。

4. 权力与权利间的相互制约与建构

在不同的经济形态之中，权力与权利之间呈现出不同的博弈状态，两者相互制约、此消彼长、彼此依存，并以一种相互建构的形式而存在着。由美国经济学家阿瑟·拉弗（Arthur B. Laffer）所提出的"拉弗曲线"在一定程度上描述了权力与权利的博弈关系。"拉弗曲线"的基本原理认为，

"在一般情况下，政府的税收随税率提高而提高；但是，当税率的提高超过一定的限度时，企业的经营成本提高，投资减少，收入减少，即税基减小，反而导致政府的税收减少"。[①]（参见图2－1）

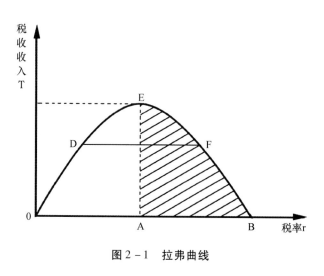

图2－1　拉弗曲线

"拉弗曲线"通过解释税收与收入间的关系也间接描述了权力与权利的博弈关系：即当社会缺乏有效的权力整合机制时，社会成员往往会因此无法有效动员和组织起来，并形成共同的力量抵抗自然灾害的经常性侵袭以及其他组织的侵犯，加之人们利益诉求的日益扩张和膨胀，在资源稀缺和社会价值无法得到合理配置的背景下，"丛林规则"作用的发挥就会不可避免地导致权利泛滥、相互斗争甚至社会动荡，最终导致个人权利也无法得到有效保障。因此，在权利与权力相互博弈过程中，要想达到价值和资源最优配置状态，权力最终还是要收回过长的触角，重新界定其自身价值和作用，重新划定自己的界限和范围，在公共事务的处理中发挥其应有的规范与调节作用，充分保障个人合法权利的行使。权力的触角收缩后，公民权利的范围也相应扩展，权利与权力在动态博弈中将逐渐实现均衡化发展。

人类社会发展的历史表明，当国家权力处于极端强势之时，个人的

---

① 参见哈尔·R. 范里安《微观经济学：现代观点》，费方域等译，上海三联书店1994年版，第348页。

权利就会因受到排挤而过于弱小，当权力被少数人所垄断时，将必然导致专制与暴政。诚然，在经济发展相对落后的时期，权力的集中有助于整合社会优势资源，实现社会生产和财富增长的最大化以及一段时间内的社会稳定。但是，在经济社会和工业化发展到一定程度后，要避免权力过分集中所带来的资源配置低效、贫富分化和两极效应，促进社会持续健康稳定发展，就必须循序渐进地改革政治体制，退出所挤占的社会空间，将更多的自主权交由社会，使权力回归到规则制定和秩序保障的轨道上来。

但也必须看到，个人权利无限扩大则会滋生极端自由主义，降低国家权力的权威性与社会价值与资源分配的效率，影响分配正义，并危及社会秩序。因此，实现政治权力与公民权利的平衡，需要逐步将公民纳入政策制定体系中，扩大公民政治参与制度化渠道，通过制度化参与机制的建立最大限度释放社会改革的社会压力，缓解社会冲突，扩大政治领域的民主与自由，从而为经济的持续健康发展赋予强大的生命力。由此，构建以权利配置为核心、权力运行为保障的资源配置体系成为我国政府促进收入分配合理化的必然选择。

二　收入分配过程中的权利配置

权利与权力间的互动关系决定了收入分配不仅是国家对经济财富分配过程，更是内含于社会政治经济生活中的公民权利配置的结果。改革开放以来，特别是党的十八大以来，我国经济建设取得重大成就，人民生活不断改善，人民获得感显著增强。但与此同时，社会发展仍然面临许多困难和挑战，如发展不平衡不充分，收入差距依然较大，实践共同富裕的任务更加复杂和艰巨。收入差距是经济学家和政策制定者重点关注的问题，由此应运而生了一系列评价指标。基尼系数[①]是各国都普遍重视的一个指标。根据国家统计局公布的数据，中国公布的基尼系数在 2008 年创下最高值，为 0.4910，此后持续下滑，2015 年为最低点（0.462），此后转为上涨，2017 年我国基尼系数为 0.4670，较 2016 年上涨 0.002 个百分点。（参见

---

①　基尼系数用来定量测定收入分配的差异程度，其数值在 0—1 之间，越接近 0 表明收入分配越趋向平等，反之则越趋向不平等。

图2-2）。与此同时，近两年我国城乡居民收入比虽然处于下降趋势，但绝对值仍然较高（参见表2-1、图2-3），收入分配体制还存在很大的改进空间。

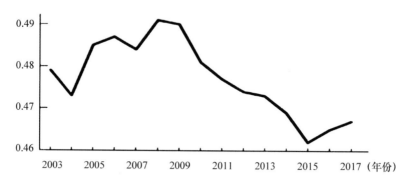

图2-2　2003—2017年全国居民收入基尼系数

数据来源：中国历年统计年鉴（2013—2017）。

事实上，关于我国城乡收入差距成因的研究一直是学术界研究的热点，综合当前国内外研究成果，主要有二元经济结构论、要素市场扭曲论、城市偏向政策论、对外开放论、人力资本论五种解释。[①] 这些研究对于我们理解当前收入分配差距的原因具有重要价值。但目前大多研究是从结果公平的角度分析研究收入分配，很难从更深层次挖掘差距形成的原因。收入分配作为分配正义的重要内容，不仅包括结果公平，还包括起点公平和过程公平。更重要的是，起点和过程的公平与否往往决定着能否实现结果公平。权利作为公民身份的体现，不仅是公民自我谋利的重要工具，也是收入分配的起点，它涉及更为广泛的资源、财富以及价值的获得资格和能力，并在很大程度上决定着收入分配的结果。因此，收入分配表面上是一个"分利"问题，实质上是"赋权"后的结果，两者的互动关系也体现在收入分配的三个环节中。

---

① 刘长庚、张松彪：《权利配置与我国城乡居民收入差距——基于省际面板数据的分析》，《经济问题探索》2015年第3期。

表 2 - 1　　　　2001—2017 年城乡居民可支配收入及其收入比

年份	城镇居民可支配收入（元）	农村居民可支配收入（元）	城乡居民收入比
2001	6860	2366	2.90
2002	7702	2476	3.11
2003	8472	2622	3.23
2004	9421	2936	3.21
2005	10493	3254	3.22
2006	11759	3587	3.28
2007	13786	4140	3.33
2008	15781	4761	3.31
2009	17175	5153	3.33
2010	19109	5919	3.23
2011	21810	6997	3.12
2012	24565	7919	3.10
2013	26955	8896	3.03
2014	28844	9892	2.92
2015	31185	11422	2.73
2016	33616	12363	2.72
2017	36396	13432	2.71

数据来源：中国历年统计年鉴（2001—2017）。

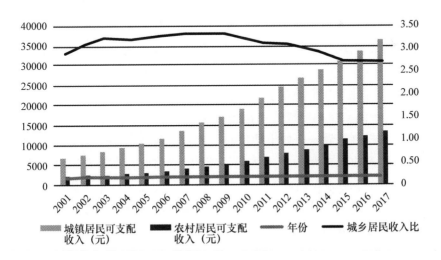

图 2 - 3　2001—2017 年我国城乡居民收入比变化趋势

数据来源：中国历年统计年鉴（2001—2017）。

1. 初次分配与权利配置

初次分配也是市场分配，指生产领域的参与者通过市场机制来获得收入和报酬的过程。由于初次分配的对象是一个社会财富和价值基础性份额，其分配状况在很大程度上决定着一个社会最终的收入分配格局，因此市场机制运行状况及其完善程度对于收入分配体系的合理化至关重要。

权利配置状况对初次分配结果的影响主要体现在市场主体的参与权方面。权利配置就是保证市场主体具有平等的参与权和收入权，能够充分参与市场竞争，获得相应的工资报酬。市场分配以契约自由、等价交换和合作共赢为基础，分配结果受供求关系、竞争机制、价格机制和风险因素的综合影响。市场机制作用下的分配不仅是财富分配，更是资源和价值的分配。要实现资源和价值的优化配置，就要使所有的市场主体能够自由流动、公平竞争，共同遵守市场运行规则，这既是高效生产的前提也是公平分配的起点。

然而，当前我国市场机制的运行受到各种因素的制约，严重影响着初次分配的结果。究其缘由，既包括地区间经济发展差异、文化传统影响、行业垄断性、劳动力市场买卖双方力量悬殊等原因，也包括由于市场主体权利资格与权利行使能力差异所造成分配不合理。事实上，市场主体权利身份的差异导致在初次分配中就形成了巨大的"分配鸿沟"，其中最典型的就是城乡收入差距。由于我国长期处于以户籍制度为基础的城乡二元经济结构之下，居民在参与经济活动之前就被制度性地分为了身份不同的两类群体，导致农村居民在参与市场活动时必须冲破种种阻拦和障碍才能和城镇居民平等地参与市场竞争，即使在农业生产中，农民也不能完全控制其收益权。[1] 随着房地产成为中国最大的财富积累、增值手段，土地制度中不平等的权利问题——如土地流转、保有、继承等——也成为扩大中国城乡居民财产收入差距的最大体制性原因。[2] 由此，在涉及财产性收入的初次分配环节，权利配置状况成为影响收入分配公平的重要因素。而在这种本就不平等的制度基础上还不断地产生新的经济社会制度，固化了城乡居民的权利配置方面的不合理状况，随着社会经济结构和城镇化的发展，

---

[1] 王冰：《中国农业生产组织政策绩效分析与评价》，《经济评论》2004 年第 4 期。

[2] 参见刘远举《收入分配改革：权力和权利》，《南风窗》2013 年第 5 期。

进一步加剧了城乡居民的收入差距。这种"制度性贫困"[1] 不仅是权利配置差距的结果，更成为下一轮不公平竞争的起点。

市场在资源配置中起决定性作用。一旦将市场分配产生的问题推到政府分配甚至社会分配中去解决，问题解决的成本将大幅度上升，不仅不利于弥补市场缺陷、缩小分配差距，还有可能降低资源配置效率，造成新的分配困境。因此，政府在初次分配中所能做的不仅是规范市场运行秩序，同时还要赋予市场主体充分的权利资格，让市场主体能够平等地参与市场竞争。

2. 二次分配与权利配置

二次分配是指国民收入在初次分配的基础上，由政府主导并利用"减税、补贴、转移支付、社会保障和公共服务等方式所进行的价值资源的再分配，分配的对象通常被称之为公共物品和公共服务。这其中有些会直接影响到个人的收入，如减税、补贴和社会保障等，有些（如基础设置和公共服务）不会对个人的收入产生直接影响，但却会间接影响到人们的消费水平和福利状况"[2]。正如一位经济学家所说，"再分配可能是大多数政府最重要的一项职能"[3]。政府通过再分配，弥补市场分配的不足和差距，使收入分配差距保持在一个较为合理的范围中。如果说初次分配遵循的是效率原则，二次分配遵循的则是公平原则，并更加注重结果公平。

然而大量数据表明，由于我国公民权利配置的失衡，政府通过再分配机制进行社会财富调节的作用非常有限，甚至在相当长时期内，政府再分配起着"逆调节"的作用。[4] 其中尤以城乡居民收入差距为甚。二次分配的主要项目包括个人所得税支出、社会保障支出（五险一金）、可支配收入、低保收入、养老金和退休金收入等。在城乡二元经济结构之下，农民的社会保障程度远不如城市居民。尽管目前建立了针对农村居民的新型农村合作医疗制度和新型农村基本养老保险制度，但这种保障水平很有限。

---

[1]　黄少安、刘明宇：《权利的不公平分配与农民的制度性贫困》，《制度经济学研究》2005年第3期。

[2]　史瑞杰、韩志明：《收入分配制度改革的反思》，《政治学研究》2014年第3期。

[3]　[美]戈登·图洛克：《收入再分配的经济学》（第二版），范飞等译，上海人民出版社2008年版，第1页。

[4]　参见常兴华《初次分配和再分配：一个也不能少》，《社会观察》2013年第3期。

根据 2018 年 3 季度的数据，在 31 个省区当中还有 20 个省的农村低保标准低于全国平均水平。[①] 而城镇居民的社保体系却一直比较完善。无论改革开放前还是改革开放后，城镇居民一直都能较为便捷地享受国家的社会保障制度。同时，农村居民享有的公共产品的质量也明显处于弱势地位。教育是政府提供最重要的公共产品，但由于政府财政用于城乡教育的投入不平等，导致无论在基础设施还是师资力量方面，农村教育质量远不如城市。平等受教育权利的缺失也加大了城乡收入差距。有学者通过研究后指出，"教育水平差异是中国城乡收入差距最重要的影响因素，其贡献程度达到34.69%"[②]。除此之外，城乡居民在医疗、养老、退休、低保等方面也存在较大差异。根据 2016 年中国人民大学老年学研究所和中国人民大学中国调查与数据中心联合公布的《中国老年社会追踪调查》研究报告显示，"机关事业单位离退休金平均每月 3174.69 元，城镇居民基本养老金为每月 1387.2 元，而农村社会养老保险金仅为每月 141.21 元，机关事业单位离退休金是农村社会养老保险金平均水平的 22.5 倍"[③]。由于在社会保障、公共产品提供和公共服务等方面的权利失衡以及由此产生的不平等问题，是导致城乡居民收入分配不公的重要原因。二次分配以公平为导向，本该减弱初次分配差距，但由于权力配置机制等问题，当前我国二次分配不但软弱无力，反而强化了资源分配的不平等。

3. 三次分配与权利配置

三次分配又指社会分配，是根据自愿原则，以社会救助、民间捐赠、慈善事业等方式进行分配的方式。第三次分配与前两次分配的区别在于，它不是市场或政府主导的，而是由社会公众主导的。它依据道德原则来解决市场分配和政府分配中无法解决的问题，强调人们的社会责任感和公德心，是收入分配的重要补充。在一些西方发达国家，第三次分配数量巨大。如 2017 年美国慈善捐款总额达 4100 亿美元，创美国捐赠历史纪录，

---

① 民政部门户网站：http://www.mca.gov.cn/article/sj/tjjb/bzbz/2018/20180910291030.html，2018 年 10 月 29 日。
② 陈斌开、张鹏飞、杨汝岱：《政府教育投入、人力资本投资与中国城乡收入差距》，《管理世界》2010 年第 1 期。
③ 陈琰：《我国机关事业单位退休金是农村养老金22.5 倍》，http://news.sina.com.cn/c/nd/2016-03-17/doc-ifxqnski7682973.shtml。

占 GDP 总量 2.1% ,① 是调节收入分配的重要方式。

社会分配主要受到文化传统、道德规范和风俗习惯的影响。许多国家也经常通过税收优惠的办法来鼓励社会进行慈善捐赠,调节资源分配。从对税收与捐赠之间的选择方面看,社会分配具有某种与政府分配相竞争的特征,能够有效弥补政府分配的不足,缩小收入差距。但随着政府权力的扩张,政府所掌握和用于再分配的资源越来越多,干预市场和社会的范围也越来越广,加之现代审批制度并未完全建立,使得各类非营利组织不得不依附于政府的羽翼之下,成为政府分配的附属品,无法独立开展社会分配活动,充分发挥其应有的作用,甚至导致官僚主义和腐败。因此,非营利组织的权利缺失成为影响第三次分配效果的重要因素。

非营利组织的权利缺失主要体现在组织机构设立的法律地位、资金来源、运行机制和活动范围等方面。健全的第三次分配机制应当独立于政府机关并自主行使分配权利。但目前,社会组织的创立条件、运行规则、募捐形式及物资处置等环节都受到政府严格的管制。政府对社会组织设立的审批程序烦琐,但监管力度却不够,导致社会组织生存困难,举步维艰。例如在资金来源,非营利组织的经费除了政府的拨款之外,很大一部分来自社会捐赠。而企业和个人在进行公益捐款时,捐款多少、如何捐款以及捐向什么领域,则取决于税收优惠等激励政策能否有效发挥作用,特别是企业。然而当前我国并未建立起完善的慈善捐赠税收优惠制度,企业慈善捐赠的积极性受到限制,也严重影响了非营利组织的发展和第三次分配的效果。因此,权利配置不健全、权利行使受限成为影响社会充分发挥第三次分配作用的关键因素。

收入分配是一系列体制机制安排的结果,权利配置机制是市场经济运行中核心的内容。尽管影响公民收入分配差距的因素很多,但由权利的不平等所导致的结构化分配差异却成为收入分配差距固化的重要根源。

三 权利配置对人的发展的影响

人的自由而全面发展是社会主义社会的本质要求和价值目标,它不仅

---

① 中国发展简报:《2017 年美国慈善捐赠突破 4100 亿美元大关》,http://www.chinadevelopmentbrief.org.cn/news-21504.html。

指人自身意义上的解放和自由，它还同社会发展以及具体的社会条件紧密联系在一起。事实上，"无论在理论上还是在实践中，权利都是一个包含着自由、同时也比自由更加宽泛的概念"①。它是对人的自由及其发展资格的一种权威性规定，体现了人作为主体的自我需要与自我满足。权利既能够维护个人的利益、促进人自身的发展，又能够保障个人的发展不受他人的损害。人的发展的过程就是权利资格不断强化、权利运用能力不断提高的过程。因此，从某种程度上讲，权利配置是通过影响人的发展而进一步决定资源和价值配置的结果。

权利配置状况对人的发展的影响体现在社会生活方方面面，既作为人多样性需求满足的工具性存在，也作为人主体性价值体现的目的性存在，贯穿于人的一生。权利对人发展的影响主要体现在作用形式、作用位阶以及作用领域等方面。

1. 直接影响和间接影响

从作用形式方面看，权利配置对人发展的影响可以分为直接影响和间接影响。权利配置对人的发展产生直接影响，在于为人的发展提供了先决条件和现实保障。马克思指出，要让"每一个有拉斐尔的才能的人都应当有不受阻碍地发展的可能"②。这里的"可能"，一方面是指人们具备满足自身各类需求的能力，另一方面也是指人们有能够支撑和保障实现自己需求、满足自身才能发挥的各类权利，这种权利体现为能够进行自我发展的条件、机会、资格与能力，以及具备选择怎样发展的自由。只有具备发展的权利，才有可能实现发展的目标。与此同时，"不受阻碍"也显示出人发展自我是权利内容的充分性和全面性。这种权利是能够落实下去的，不受其他外界因素的干扰与制约。由此，人的发展有赖于权利的充分发展，而权利配置直接影响着人的自我实现与自我发展的现实性与可能性。

权利配置对人的发展的间接影响主要体现在通过对社会和公民权利进行配置，树立权利理念、形成社会制度、引导公民行为，从而对人的思想观念、公民意识、行为方式等方面产生深刻影响。权利配置是一个国家政治制度的基石，对公民权利进行保障是现代民主国家的重要特征。世界上

---

① 陈培秀：《"权利资本"初论："人的发展经济学"有待回答的一个论题》，《改革与战略》2009 年第 2 期。

② 《马克思恩格斯全集》（第 3 卷），人民出版社 1960 年版，第 458—459 页。

任何一个国家的宪法中都要对公民基本权利内容做清晰界定。宪法和其他法律所规定的公民权利及其体系通过规范、指导和约束人的行为，最终影响着一个人的发展方向。只有当每个个体能够充分行使自己的权利、发挥自己的自由能力，整个社会才有可能实现真正自由。毋庸置疑，社会自由与个人自由是相辅相成的。

2. 低阶影响、中阶影响和高阶影响

从作用位阶和影响层次等方面来看，权利配置对人的发展影响可以分为低阶影响、中阶影响和高阶影响。这是由人的需要体系构成所决定的。"人的需要体系"是马克思首先提出。马克思从历史唯物主义和人的实践本质出发，指出人的需要体系是一个建立在劳动生产基础上的社会性、历史性的需要体系，即"需要的社会体系"和"需要的历史序列"，他将人的需要体系分为三个层次，而对应这三个体系，权利配置也不断发挥着满足人需要的功能和作用。

权利配置的低阶影响是指权利在满足第一层次人的需求方面的影响。第一个层次是人的生存需要或生理需要，包括吃、喝、排泄、睡眠、生育等需要。这些需要构成了"需要的社会体系"的基础。对应这一阶段的权利主要包括以生存权和安全权为核心的权利体系。这类权利的价值主要在于满足人生存的基本需要，并具体体现为对人们获取物质财富的保障和支持。人的生存和生理需要的满足是社会生产活动的基础，马克思之所以将人的生存权置于权利之首，就是认为生存权是人们有效地行使其他公民权利的基础，如果生存问题不解决，其他一切权利都将是无源之水。因此，这一层次权利配置和保障的程度与水平往往成为衡量一个社会正义程度的重要指标。

在低阶生存需求满足前提下，人们的需求也会随之上升，从基本的生存和安全需要扩展到谋生或占有的需要，包括从事劳动和生产，通过这种活动来获取满足自己自然需要的物质资料、维持自己自然生存和家族繁衍的生存资料以及追加生产劳动力的教育训练费用等生活资料。权利配置的中阶影响也是指权利在满足第二层次人的需求方面的影响。与此对应的权利主要包括以经济权为核心的权利体系。这一阶段人的需要在内容上超出了最基本的生存需要，并逐渐上升为发展需求。

权利配置还影响着人高层次的自我实现和全面发展的需求，即高阶需求。在这一阶段，人的需要主要包括社会交往需要、审美需要以及与之相关的对身份、地位和荣誉的追求等。在这一阶段中，人不仅仅是自然存在物或生产物，而是成为一个社会自由人，实现了社会化和历史化相统一。马克思认为只有到达了第三个层次，人才是真正的内在富有的人，"富有的人同时就是需要有总体的人的生命表现的人，在这样的人的身上，他自己的实现作为内在的必然性，作为需要而存在"①。在马克思的需求理论基础之上，美国心理学家马斯洛具体将人的需求细化为五个层次，依次为生理需求、安全需求、爱和归属需求、尊重需求以及自我实现需求。五种需求彼此依存、依次上升，满足这些需求的对象也在不同的层次上逐渐递进。这一阶段中权利的价值在于对人自由而全面发展需求的充分满足。其权利配置的高阶影响也就体现为社会物质财富和精神财富的极大丰富，社会权利体系的日臻完善，社会制度高度健全，人们能够通过行使权利达到自身的价值的实现和社会的合作共赢。

3. 经济影响、政治影响、社会影响和文化影响

从作用领域方面看，权利配置对人的发展所作用的领域非常广泛，包括经济、政治、社会和文化等方方面面。从某种程度上讲，市场经济就是权利经济，权利配置状况及其落实程度势必影响着市场经济的运行效率，进而通过经济影响社会发展的各个领域。因此，作为人与人、人与社会以及人与自身之间关系的体现，权利往往具有一定工具性意义，如果分配使用得当，这种"工具"可能对人产生深远影响。由此，权利就具有了资本的性质。

作为资本的权利及其配置对经济的影响是最具体和最直接的。亚当·斯密在其《国富论》中将权利视为经济正常运行的必要条件，并认为，"只有对劳动者和经营者赋予充分权利的条件下，才会形成和谐的经济关系和经济联系"②。这里的权利不仅包括劳动权，还包括与劳动权利相配套的整个社会的权利体系。从这个角度看，权利不仅是经济发展的外生条件，而且已经成为经济发展的内生变量了。正如阿玛蒂亚·森所说，"一个人支配粮食的能力或他支配任何一种他希望获得或拥有东西的能力，都

---

① 《马克思恩格斯全集》（第3卷），人民出版社2002年版，第308页。
② 陈培秀：《"权利资本"初论："人的发展经济学"有待回答的一个论题》，《改革与战略》2009年第2期。

取决于他在社会中的所有权和使用权的权利关系。而这些权利关系则取决于他拥有什么？交换机会能够给他提供什么？社会可以免费给他些什么？以及他由此丧失了什么"①。人的发展首先是受到财产权制约的人的权利的发展。"贫困现象基本上不是食物匮乏而是关于食物所有权的反映，要理解贫困首先必须立即理解权利配置及权利关系，并把贫困放在权利关系中进行思考。"② 只有"权利的贫困"才是人类贫困的真正原因。而权利的贫困主要体现为权利配置方面的问题。在制度经济学的视野中，"制度决定着经济绩效"更是成为一种共识。归根结底，制度所规范的问题是权利的问题。由此可知，权利不仅是一种财富和资源，更是一种能够给行为主体带来经济收益的社会资本。它是社会资本中最活跃的表现形态和最有价值的组成部分。权利配置本质上就是对权利资本的分配，并通过这种资本来影响社会经济的发展。

政治影响是权利配置产生的最直接最重要的效应，权利配置的其他效应都是以政治影响为基础的。在政治生活中，权利的作用主要在于赋予人们参与社会公共生活、表达和维护自身利益诉求、影响政府决策的资格。权利的多寡和配置状况直接影响着人们参与社会公共生活的程度和水平，影响着人们表达和维护自身利益诉求的能力和效果。权利是人们公民身份的重要体现，是一个人实现自身发展的基本保障。权利配置对人的发展的政治影响集中体现在公民的政治权利上。在参与社会公共生活方面，我国公民的政治权利主要包括知情权、参与权、表达权、监督权，这四种权利不仅构成了公民参与公共生活的保障，也是平衡与制约权力的重要工具。因此，权利配置的政治影响主要体现在两方面，一方面是体现、争取和维护公民的自身利益，另一方面则是监督和制约权力的运行。

权利配置同样影响着人们的社会和文化生活领域。合理的权利配置能够通过协调权利主体间的行动从而提高社会自治能力，维护社会稳定，减少社会运行成本。在文化领域，人们能够通过政府所提供的文化场所、设

---

① ［印度］阿玛蒂亚·森：《贫困与饥荒——论权利与剥夺》，王宇等译，商务印书馆2001年版，第25页。

② ［印度］阿玛蒂亚·森：《贫困与饥荒——论权利与剥夺》，王宇等译，商务印书馆2001年版，第5页。

施和服务等内容充分享受文化成果、参加文化活动、开展文化创造，提高自身的思想和精神境界。区别于经济、政治和社会领域，权利配置在文化领域方面所发挥的作用往往是潜移默化且影响深远的，体现为人们参与文化生活的充分性和公平性上。

事实上，无论从权利配置的作用方式、作用位阶还是作用领域来看，权利对人发展的影响体现在方方面面。它既建立于一定的经济基础之上，同时也为人的发展开辟广阔的空间。如马克思所强调的，"人的各种权利，如自由权利、平等权利、民主权利等取决于经济基础，取决于人的生存和发展状况，是为经济基础和提高、改善人的生存和发展服务的。"[①] 人的发展过程在一定意义上体现为追求、占有、实现权利的过程。人们所拥有的权利体系越完备，生存和发展就越有保障。

第二节 公民权利的基本类型、
配置过程及其逻辑

要明确公民权利的配置及其变化是如何以及从多大程度上和机制上影响着公民的收入和福利状况，必须从权利配置的本身说起。

一 权利的基本类型

权利是建立在对人主体性承认基础之上的价值。这种价值是对人们通过自身努力获取财富和尊严的肯定与激励，也是保障人际交往和社会发展的基础和界限。根据不同的划分标准可以将权利分为不同的类型。

1. 以社会功能作为划分依据的权利类型

人开展社会生活要从事不同类型的公共活动。从这些活动的所属领域来看，可以分为政治活动、经济活动、社会活动、文化活动等。在不同的活动领域中存在着不同的权利。根据社会功能的不同可以将权利分为政治权利、经济权利、社会权利和文化权利。

（1）政治权利

作为权利的一种重要类型，王浦劬教授认为，"政治权利是在特定的社

---

① 转引自袁贵仁《马克思的人学思想》，北京师范大学出版社1996年版，第198页。

会关系及其体现的利益关系的基础上，由政治权力确认和保障的社会成员和社会群体的主张其共同利益的法定资格"①。这是广义上的政治权利，将政治权利看作是一种法定资格，这种法定资格能够保障人们顺利开展政治、经济、社会、文化等活动，合法谋取利益，实现个人发展。从狭义上看，政治权利主要是指宪法和法律赋予的公民参政议政的民主权利以及在公共事务上享有的表达个人意见看法的自由，它既是权利也是自由。根据权利行使方式的不同，可以分为授权组织国家权力的政治权利、参与行使国家权力的政治权利、监督国家权力运行的政治权利、参与公共事务管理的政治权利以及政治自由权利。（见表 2 - 2）。

表 2 - 2　　　　　　　　　我国政治权利分配及其内容

权利分类	权利内容
授权组织国家权力的政治权利	选举权和被选举权
参与行使国家权力的政治权利	担任公职权；创制权；公决权；等
监督国家权力运行的政治权利	罢免权；复议权；批评权、检举权；等
参与公共事务管理的政治权利	知情权；表达权；等
政治自由权利	新闻、出版、集会、游行、示威权、结社权；等

值得注意的是，根据我国现行宪法中的规定，政治权利包括选举权和被选举权。而我们所说的政治权利是指公民参与政治生活时所拥有的民主权利，其涉及的领域更为广阔，如民主决策、民主管理、民主监督等政治参与权，以及言论、出版、集会、游行、示威以及批评、控告、申诉和检举等的权利。这个意义上的政治权利既包括了宪法上明文规定的公民权利，但又不局限于这些权利。

（2）经济权利

经济权利是公民参与经济生活的权利，其核心是人们独立的经济地位。经济权利主要通过财产权来体现。在市场对资源配置中起决定性作用的社会中，任何一种资源进入交易过程前，都要求每一个交易的参与者必须拥有该资源的所有权，即财产权，"这使产权不但成为一种必然与市场

---

① 王浦劬：《政治学基础》，北京大学出版社 2006 年版，第 96 页。

经济相伴生的重要法律现象，更构成市场经济秩序中的一大法律秩序"①。产权是经济所有制关系的法律表现形式，是所有权、占有权、使用权、收益权、处置权等权利的集合。经济权利的本质在于其主体可以通过自己对所有物的自由支配的权利而获得相关的经济利益。明晰的产权具有界定权责关系、激励并约束产权主体的经济行为、降低经济活动的不确定性作用。

以产权为核心的经济权利不仅能够有效保障公民的合法经济利益，使人们能够在资源配置中充分发挥自身的能动作用，同时也能有效保障公民在收入分配过程中处于有利地位，为人的全面发展奠定基础。

（3）社会权利

社会权利是作为社会成员分享社会发展成果的资格和拥有文明生活条件的权利。它是在一定经济发展水平之上形成的、用以抗衡市场力量的一种现代政治理念。社会权利概念的最早提出者是马歇尔（T. H. Marshall），他认为社会权利是"从少量的经济福利与保障权利到分享社会发展成果，以及拥有按照当时社会普遍生活标准的文明生活的权利"②。就此而言，社会权利是以公民身份为基础的权利，也是调整市场经济下资源和价值配置不公的重要手段，它允许人们依靠纯粹市场力量之外的力量去改善自身的生活水平，以实现社会公正的目标。

我国现代意义上的社会权利是在改革开放以后逐步被确立起来的。此前，社会权利一般被称为"单位制"福利。计划经济体制下，这种社会权利与经济权利相重叠，经济权利的保障是其他社会权利得以保障的前提和基础，拥有充分的经济权利就意味着社会权利得到了满足。在城市，依赖于城镇居民的充分就业，在农村，则表现为农村居民的土地集体所有。此外，这一时期的社会权利并非基于公民身份确定的，而是基于城市的"单位人"身份所确定的，农民身份所对应的社会福利则相当匮乏，户籍制度更是强化了这一差别。③ 改革开放之后，现代化社会福利制度的逐步建立，

---

① 林来梵：《从宪法规范到规范宪法——规范宪法学的一种前言》，法律出版社2001年版，第182页。

② T. H. Marshall, "Citizenship and Social Class", *In Sociology at the Crossroads and Other Essays*, London：Heinemann Educational Books Ltd. , 1963.

③ 参见郁建兴、楼苏平《公民社会权利在中国：回顾、现状与政策建议》，《教学与研究》2008年第12期。

原有的单位福利制也随之瓦解。以政企分离、政社分离为主的一系列改革措施有效推动了社会的领域分离，覆盖全体公民的社会福利保障制度逐步建立，社会权利的重要性也日益凸显。社会权利主要包括受教育权、社会保障权、物质帮助权以及包含相关制度保障中所附加的社会权利与自由，如户籍制度影响下的自由迁徙权，服务型政府转型后所提供的均等公共服务权，等等。社会权利的多寡与实现程度往往体现着一个国家的民主化水平，同时也是影响社会资源、财富和价值分配的重要因素。

（4）文化权利

文化权利是公民参与文化生活的权利。1966 年 12 月 16 日，联合国通过了两个并行公约——《公民权利和政治权利国际公约》和《经济、社会和文化权利国际公约》。在这两个公约中，文化权利作为一种基本人权，第一次与公民权利、政治权利、经济权利、社会权利并列提出和正式使用。1968 年，联合国教科文组织指出，"文化权利包括每个人在客观上都能够拥有发展自己个性的途径，通过其自身对于创造人类价值的活动的参与；对自身所处环境能够负责——无论是在地方还是全球意义上"①。这种观点将文化权利视为一种个体的权利。然而，随着对文化权利认识的发展，联合国教科文组织逐渐认识到文化权利至少包括文化认同的尊重、被认可为一个文化社群的权利、参与文化生活、教育与训练、资讯权、保护研究、创意活动、智慧财产权与文化政策参与等权利。② 我国有学者指出文化权利主要包括享受文化成果的权利、参与文化活动的权利、开展文化创造的权利以及对个人进行文化艺术创造所产生的精神上和物质上的利益享受保护的权利。③ 文化权利的内容非常丰富，究其根本，它是一项关涉人的精神和心灵发展的权利。文化权利的保障有助于提升个人的文明修养和整个社会的精神面貌。

我国现行《宪法》的第 47 条规定："中华人民共和国公民有进行科学研究、文学艺术创作和其他文化活动的自由"。根据各国宪法的规定，文化权利的范围应当扩展到教育权利、学术自由、科学研究自由、文化创造

---

① 吴理财：《文化权利概念及其论争》，《中共天津市委党校学报》2015 年第 1 期。

② Halina Nie'c，Cultural Rights and Wrong：A Connection of Essays in Commemoration of the 50 the Anniversary of the Universal Declarationof Human Rights，Paris：UNESCO，1998，pp. 176 – 190.

③ 艺衡、任珺、杨立青：《文化权利：回溯与解读》，社会科学文献出版社 2005 年版，第 12 页。

和文化活动、体育和其他有益于人民群众身心健康的娱乐活动。① 文化的繁荣和人们文化素质的提升有赖于充分的文化权利保障，尽管在各类资源和价值的分配过程中文化权利只是一种隐形的价值分配。但这种隐形的价值分配往往能够产生巨大的杠杆作用。这种杠杆作用通过文化的资本性质所展现出来。法国社会学家布尔迪厄曾指出，文化资本能够在某些条件下转化为经济资本，并影响社会结构和权利分配。② 因此，加强对文化权利的重视和保障是权利配置的重要内容。

上述四类权利中，政治权利涉及政治参与和民主治理，经济权利涉及物质获取和保障，社会权利和文化权利则涉及公共生活和精神发展。在这四类权利中，政治权利是最基础最根本性的权利，政治权利的实现水平体现着一个社会的民主化程度；社会权利和经济权利是最基础的权利，决定着人的生存状态和生活水平，是可以即时反映出来的；文化权利则是权利的高线，它的实现程度决定着人的层次水平以及发展方向，甚至决定着未来资源和价值的分配结果。与此同时，这四种权利也相互影响，相互渗透。通常意义上，经济权利、社会权利和文化权利依赖于政治权利，政治权利的配置和实现程度往往影响着其他三种权利。但在特定情况下，政治、经济和社会权利也依赖于文化权利。例如西方资产阶级革命的爆发就是以文艺复兴、启蒙运动和宗教改革的人文主义运动为先导。当人们的某些经济和政治诉求无法得到满足时，文化权利的可能成为人们争取政治和经济权利的武器。

2. 以权利行使的方式为依据的权利类型

党的十九大报告明确提出要"巩固基层政权，完善基层民主制度，保障人民的知情权、参与权、表达权、监督权"。这四种权利正是根据权利行使方式的不同所做出的划分。

（1）知情权

作为行使其他一切权利的基础和前提，知情权是公民了解国家和政府的重大决策、重要事务以及与公民利益切身相关的重大事件的权利，也是公民监督公共权力、保护自身利益、遏制政府腐败的重要防线。在我国现

---

① 莫纪宏：《论文化权利的宪法保护》，《法学研究》2012 年第 1 期。
② ［法］布尔迪厄：《文化资本与社会炼金术术——布尔迪厄访谈录》，包亚明译，上海人民出版社 1997 年版，第 192 页。

实政治生活中，由于存在权力的"黑匣子"和权利"无力"，公民如果通过正常的制度化渠道了解公共权力的运行状况几乎不可能。而在网络社会中，公民的知情权一旦受阻，便会通过网络打通知情渠道，通过网络保障自身的知情权。因此，网络时代的公民知情权往往是一种"谣言倒逼真相"式的质询。近些年众多网络问政事件都遵循了这样的逻辑。在网络问政中，获取知情权大致有四种途径：即政府提供、网民正常渠道索取以及"谣言倒逼真相"和集体行动，后三种途径则以公民表达权的行使为前提。

事实上，无论是集体行动还是网络谣言，事实上都是公民为保障自身知情权、获取真相的一种不得已而为之的做法。网络谣言产生的前提是由于信息不对称所造成的"真相缺位"，当人们无法获得真相时，谣言本身就成为逼出真相的武器，每一次传谣都是对真相的逼近，直到真相出现，而谣言也成为权利成长的"替代工具"。谣言止于公开，要消灭网络谣言，首先必须保障公民的知情权。而对公民基本权利的尊重和保障，也为构建更为合理有序的网络问政秩序奠定了基础。

（2）表达权

表达权是指公民在法律规定或认可的情况下，通过语言、行为等形式，借助传播媒介直接或间接、明示或默示地自由表达意见的权利。[1] 我国《宪法》第35条明文规定："中华人民共和国公民有言论、出版、集会、结社、游行、示威的自由"。这些自由就是表达权的不同体现。互联网新媒体的发展为公民表达权提供了一个积极有效的出口。公民一般通过利益表达和公共讨论来行使表达权，大多数网络问政事件也都是从利益表达和公共讨论开始的。网络社会作为现实社会的"虚拟空间"，具有的参与主体资格的平等性、参与身份的相对隐匿性、参与环境的开放性等特征，人们在一定程度上能够摆脱现实身份的束缚，拥有更大的自由度。在新媒体时代，表达权主要体现为公民在作为"公共舆论场"的网络空间中进行利益表达与公共讨论的资格与自由，对政府机构的监督，进一步加强权力的自律性。

（3）参与权

参与权主要指政治参与权，是公民通过一定的方式和途径参与公共生

---

① 王君超、郑恩：《"微传播"与表达权——试论微博时代的表达自由》，《现代传播》（中国传媒大学学报）2011年第4期。

活，影响政治权力体系、权力运行模式和政府决策过程的政治行为，主要包括选举权和被选举权、听证权、建议权等。对公民参与权的保障体现了民主政治的要求。正如美国政治学家佩特曼认为："真正的民主应当是所有公民的直接的、充分参与公共事务的决策的民主，从政策议程的设定到政策的执行，都应该有公民的参与。只有在大众普遍参与的氛围中，才有可能实践民主所欲实现的基本价值如负责、妥协、个体的自由发展、人类的平等。"① 参与权是公民政治权利的核心内容，其实现程度在一定意义上体现了社会民主化程度。随着我国法治化进程的加快，公民参与权的保障也越来越多地体现在法律制定、执行与监督之中，并成为立法民主化、决策科学化和司法公正化的重要保障。当前，公民参与社会公共事务的热情日益高涨，但囿于制度化的参与机制、渠道和平台的不足，越来越多的民众倾向于通过网络等新媒体渠道行使参与权。信息技术的革新与互联网新媒体的发展也为公民参与公共生活、表达个人权利诉求、维护自身合法利益提供了更广阔、更多元、更便捷的方式与平台，为公民参与权的有效落实提供了空间与机遇。

（4）监督权

监督权是指公民依法享有的对国家机关和国家公职人员行使权力、履行职责等行为进行监察督促的权利，包括批评权、建议权、申诉权、控告权、检举权、罢免权以及运用舆论工具进行监督的权利。② 在网络信息时代，公民可以通过各类论坛、贴吧、博客、微博、门户网站等平台，通过网络举报、网络问责和网络围观等形式行使监督权，监督渠道更加多样化，监督方式更加便捷化。

网络举报由于其具有匿名性、针对性和便捷性被广大网民所接受和使用，逐渐成为网络公共权力监督和反腐败斗争的重要形式。近年来，部分政府工作人员的不当言行、渎职怠政甚至以权谋私的腐败问题也正是通过网络举报和问责一步步暴露出来。网络问责是网络举报的进一步升级。所谓网络问责，"是指作为问责主体的公民以网络媒介为平台针对政府及其官员等问责客体的职责和义务的履行情况，通过发帖、留言、博客、'人

---

① ［美］卡罗尔·佩特曼：《参与和民主理论》，陈尧译，上海人民出版社2006年版，第36页。

② 程竹汝：《完善和创新公民监督权行使的条件和机制》，《政治与法律》2007年第3期。

肉搜索'等网络行为对问责客体进行责问、质询、检举、揭发，要求问政客体通过道歉、辞职、撤职等方式承担相应责任的一种监督形式"。① 我国的网络问政就是从网络问责发端的。此外，中国特殊的舆论环境之下，网民通常会以一种"围观"的方式行使监督权。网络围观指网民通过各种网络渠道和平台关注、评论、转发某些热点话题，以引起社会公众关注，形成强大的舆论压力，甚至改变事件发展进程的行为。

二 权利配置的途径与过程

权利是通过特定途径、依据一定过程配置出来。有学者指出，"权利是规定或隐含在法律规范中、实现于法律关系中的主体以相对自由的作为或不作为的方式获得利益的一种手段"②。其中揭示出权利配置的两个途径：一个是规定在法律规范中，另一个是隐藏在法律规范中。对于规定在法律规范中的权利分配途径主要包括制度安排或政策制定。而隐藏在法律规范中的权利则需要权利主体自己去争取，也就是权利抗争。这两个途径内含了权利配置的一般过程。

1. 制度安排——权利法定

权利法定即国家立法机关将一定的权利资格或权利价值通过法律形式确定下来，形成社会制度。权利法定的内容包括确定权利主体资格、划分权利行使边界、界定权利内容及其规范等。在我国，主要由宪法和相关法律法规承担权利法定的任务。

宪法是国家的根本大法，它规定了公民的基本权利和义务。我国现行宪法在政治权利分配方面，主要包括参与权③、选举权与被选举权、监督权。法律法规是宪法所派生出来的，由全国人大及其常委会制定，行政法规和地方性法规只能由国务院和地方权力机关制定。法律法规是对宪法规定的权利进行具体的细化。如在保障知情权方面《政府信息公开条例》，

---

① 王天笑：《论"网络公民问责"的异化及其消解》，《理论导刊》2011 年第 1 期。

② 张文显：《法学基本范畴研究》，中国政法大学出版社 1993 年版，第 82 页。

③ 我国宪法虽然并没有单列规定公民享有参与权，但我国现行《宪法》第 2 条明确规定："中华人民共和国的一切权力属于人民。人民行使国家权力的机关是全国人民代表大会和地方各级人民代表大会。人民依照法律规定，通过各种途径和形式，管理国家事务，管理经济和文化事业，管理社会事务。"这是有关公民参与的最高法律依据。

在保障参与权方面有《中华人民共和国全国人民代表大会和地方各级人民代表大会选举法》《中华人民共和国村民委员会自治法》《中华人民共和国信访条例》等，在保障表达权方面有《中华人民共和国著作权法》《出版管理条例》《音像制品管理条例》等，在保障监督权方面有《中华人民共和国各级人民代表大会常务委员会监督法》《中华人民共和国行政监察法》等，以及分散在其他法律法规中有关权利保障的条文。

尽管两者都是权利分配的重要途径，但是作为基本制度安排的宪法和一般法律法规在权利分配的地位上还是有重大区别的。宪法所规定的权利往往是抽象的，其对象是作为政治概念的人民，而法律法规规定的权利是具体的、现实的权利，主体是个人或个人的集合体。现实生活中，作为个体的公民可以放弃自己的法律权利，但作为整体的人民不可能放弃全体公民的宪法权利。宪法是由人民通过自己的代表机关——全国人民代表大会——制定的，是人民通过法定程序共同商议决定每一个公民在国家中必须享有哪些基本权利，这是作为整体的人民对每一位公民所做出的庄严承诺，也是权利的最高来源。但同时，宪法权利也有可能被侵犯，这往往出现在立法环节或国家机关及其工作人员的执法过程中，即违宪。例如，"立法机关在将宪法权利细化为法律所规范的权利时歪曲甚至剥夺了其权利，或用大量义务规范架空权利，或赋予国家机关过多的限制个人权利的权力，后两者往往是权利遭受侵犯的主要来源"。[①] 事实上，制度化并不是权利分配的唯一途径，相关政策、社会组织的规章、习惯、风俗、乡规民约也是权利分配的重要途径。然而，具有明确性、具体性、普遍性和权威性的法律制度仍然是体现一个社会的文明程度的重要标志。

2. 政策导向——权利保障

政策导向也是权利分配的一种形式。这里的政策主要指政府政策和执政党的政策。与法律法规的稳定性不同，政策具有较大的灵活性，往往随着形势的变化而随时调整。政策的制定和实施也与公民权利有着密切的联系。英国社会学家马歇尔认为"政策包括社会保障之下的对失业、生病、年老时的收入维持，以及家庭津贴、医疗照顾、住房、社区服务、教育。而这些政策的目标是由标示它们的词语——保障（security）、健康（health）和福利

---

① 马岭：《宪法权利与法律权利：区别何在》，《环球法律评论》2008 年第 1 期。

（welfare）来表明的"①。蒂特马斯认为，马歇尔对政策解释是把政策视为一种关于行善的、再分配的和关切经济及非经济的目标。② 这种"再分配"就包括对权利的再分配。当前，我国改革已进入攻坚期，经济社会深刻变迁的同时，公民的权利诉求也在不断增加，法律所能调整的权利范围往往无法满足民众的需求。由于法律具有滞后性，相关政策的出台就显得极为重要，政策因其具有时效性、针对性和具体性，所能调整的权利的范围也更加广泛。可以说，任何政策导向的背后都是一种权利分配。

　　以进城务工人员随迁子女的受教育权为例。当前我国城镇化进程加快，农村进城务工人员越来越多，他们的子女受教育权却无法得到有效保障。《宪法》第 46 条规定，"中华人民共和国公民有受教育的权利和义务"。《教育法》《义务教育法》《未成年人保护法》等法律也已明确规定要保障公民尤其是未成年人受教育的权利。然而，我国现行《义务教育法》也规定："父母或者其他法定监护人在非户籍所在地工作或者居住的适龄儿童、少年，在其父母或者其他法定监护人工作或者居住地接受义务教育的，当地人民政府应当为其提供平等接受义务教育的条件"。由此，"户籍"成为享受义务教育的主要依据。进城务工人员子女也因不具备当地户籍，其子女的受教育权也无法得到有效保障。为了解决这一权利与身份相分离的情况，切实保障公民的法定权利，2012 年 8 月 31 日，国务院办公厅转发了《关于做好进城务工人员随迁子女接受义务教育后在当地参加升学考试工作的意见》，其中提到各省、自治区、直辖市人民政府要"因地制宜制定随迁子女升学考试具体政策，统筹做好随迁子女和流入地学生升学考试工作"③。该政策就是弥补法律的空缺，通过较为灵活性的方式对进城务工人员随迁子女受教育的权利进行确认和保障。此外，党的相关政策、方针也是权利分配的一种重要方式。2018 年 9 月 10 日在全国教育大会上，习近平总书记也指出要"加快实现随迁子女入学待遇同城化"④。

---

　　① 转引自杨伟民《社会政策与公民权利》，《江苏社会科学》2002 年第 3 期。
　　② Richard M. Titmuss, *An Introduction to Social Policy*, London：Allen and Unwin, 1974.
　　③ 《国务院办公厅转发教育部等部门关于做好进城务工人员随迁子女接受义务教育后在当地参加升学考试工作意见的通知》，http：//www. gov. cn/zwgk/2012 –08/31/content_ 2214566. htm。
　　④ 《习近平出席全国教育大会并发表重要讲话》，http：//www. gov. cn/xinwen/2018 – 09/10/content_ 5320835. htm, 2018 年 9 月 10 日。

3. 新媒体技术——权利抗争与救济

根据上文对权利来源的界定，还有一些权利隐藏在法律规范中，需要权利主体自己去争取。造成这种情况发生的原因一方面是由于法律具有较强的原则性和滞后性，难以面面俱到，另一方面是由于公权力或资本对权利的挤压造成公民的权利贫困。由于法律的原则性和滞后性所造成的权利空缺，公民通过权利抗争一般可以在短时间内获得，但由于受到公权力或资本挤压而造成的权利空缺，权利抗争的过程则非常困难。尽管网络并非权利配置的一般途径，但公民通过网络平台与权力主体进行抗争的行为仍然是权利获取的一个有效方式。在互联网时代，公民往往倾向于借助网络问责权力，从争取自身的合法权益。在网络中，权利抗争的过程一般分为四个阶段，即权利表达、社会动员、议题协商以及议题消退。

（1）权利表达

网络中，公民的权利诉求通常会用一种抽象愤怒的形式来表达，这主要是基于网民对权利诉求的一种"共鸣"，认为自己和那些在现实生活中受到不公正对待的人一样都处于一种相对弱势地位，此时的表达被赋予了一种特定意义，是一种公民权利伸张的体现。

（2）社会动员

在权利表达和抗议之后得不到回应的情况下，权利诉求要想得到实现，就需要吸纳更多的人来参与权利诉求的表达，这就需要进行社会动员。社会动员包括理性动员和情感动员两种方式。理性动员就是赋予其他网民以一种理性选择的机会，强调其参与行为可能带来的利益；与此同时还可以通过"强化其潜在的权利受损感，促使他们认同权利受害者的当下遭遇，并为避免其自身的此类潜在遭遇而采取行动"[①]。情感动员是利用民众的同情、愤怒、喜恶等情感引发共鸣和认同感，从而获得支持。

（3）议题协商

议题协商是权利抗争的关键环节，决定了民众的权利诉求能否得到满足。这一环节一般由三部分构成，分别是社会舆论、传统媒体报道与政府权力。其中社会舆论对议题的反应最为快速，议题也非常丰富，广泛的网

---

① 刘娜、刘娜：《网络空间的话语抗争与议题协商——以网络事件中公民权利议题的讨论为例》，《新闻大学》2012 年第 3 期。

络舆论促使媒体参与报道，并对公权力进行监督；其次是传统媒体，传统媒体通常充当社会舆论和政府权力之间的"桥梁"，信息传播和发布的同时，也兼具社会整合与协调功能；掌握公权力的政府部门则是最后进入议题协商的主体，但它却是事件的最终"解决者"，关系着公民的基本权利、法律的公正以及社会的正义。

（4）议题消退

各方经过多轮反复协商讨论后，通常会形成一些规范性文件，用以指导相关问题的处理和解决，保障利益相关者的权利得到保障，议题也随之消退。然而，由于各方力量的不平衡、信息不对称、协商不充分等原因，并非每一个利益相关者的权利都能得到有效维护。因此，权利抗争和自救的行为还有可能再次出现，直至满足各方利益相关者的利益诉求。这一过程也将进一步推动法律制度的完善和健全，促进公民权利保障的制度化发展。例如，近些年的暴力拆迁事件促使《城市房屋拆迁管理条例》废除，《国有土地上房屋征收与补偿条例》颁布，使得城市化进程中那些面临拆迁问题的公民的财产权受到了法律保护。

值得注意的是，当公民利用新媒体技术进行权利抗争时，往往会卷入许多看似不相关的普通民众，而这些普通民众通过对他人权利的讨论与维护，实际上表达的是对自身公民权利的间接保护和争取，也对公民权利所处的法律与制度环境不断进行监督，这事实上也是促进权利合理、有效配置的重要方式。

三　权利配置的多重逻辑

正如罗尔斯所说，"一个社会体系的正义，本质上依赖于如何分配基本的权利义务，依赖于在社会的不同阶层中存在着的经济机会和社会条件"[①]。这体现了，权利与一切经济机会和社会条件一样，影响着社会发展及其正义的实现。法学家庞正认为："权利配置是指一定时期内人们（通常是国家立法者）将应有权利通过立法等形式外化为现有权利的活动。"[②]现实权利配置格局的形成是一个受多重要素和机制影响的复杂过程，是现

---

　① ［美］约翰·罗尔斯：《正义论》，何怀宏等译，中国社会科学出版社1988年版，第7页。

　② 庞正：《论权利分配》，公丕祥主编《法制现代化研究》，南京师范大学出版社1997年版，第191页。

实社会发展条件、价值基础、制度路径和技术规则等因素共同作用的函数。因此，只有理清多重逻辑及其相互间的影响和作用才能恰如其分地认识当前的权利配置格局。

1. 现实逻辑

尽管自近代资产阶级革命以来，"天赋人权"就成为众多资本主义国家的建国宣言，但是，无论从历史还是从现实来看，权利的存在并非是不证自明的。经济基础决定上层建筑，从权利内容的角度看，任何权利要求都产生于一定的社会物质生活条件之下，是该时代该地区社会主体利益需要的体现，其性质直接反映了社会关系的性质。马克思曾指出，"权利决不能超出社会的经济结构以及由经济结构制约的社会的文化发展。"① 这也表明了权利及其配置状态是历史的产物。不同社会历史时期、不同国家在经济、政治、文化发展水平、自然条件、地理环境、民族传统等方面的情况各有差异，由此所决定的权利的内容、性质、享受权利的主体及其范围等都是各不相同的。

在前资本主义阶段，权利是少数统治阶级的"特权"，权利配置体现的也是统治阶级内部的"权力分享"。虽然说这种分配形式具有历史正当性，但却缺乏现实正当性，因为"公民不承认以特权形式存在的权利"②。资本主义社会中"权利平等"成为权利配置的基本原则，从而使资本主义的权利配置具备一定程度现实正当性，主要体现为在权利配置途径和范围上，多数权利能够通过法律等途径进行较为平等、普遍的分配。但是，由于资本主义阶段分配的权利主要是一种"自然权利"，即"人生而有之"的权利，而非现实的、具体的权利，这就使资本主义的权利配置在历史正当性方面就存在一定缺陷，也无法真正实现权利平等。只有到了社会主义阶段，权利配置才可能真正具备历史正当性和现实正当性的统一，使权利配置符合社会生产力发展的水平，使广大人民真正享受到真实而广泛的权利。

社会主义制度中合理的权利分配制度框架的建立同样需要遵循一定的现实逻辑。由于我国在改革开放前受苏联模式社会主义的影响，曾一度把

---

① 《马克思恩格斯选集》（第 3 卷），人民出版社 1995 年版，第 364 页。
② 《马克思恩格斯全集》（第 1 卷），人民出版社 1995 年版，第 156 页。

民众的各种权利视为需要批判的对象，并在阶级斗争的名义下把各种权利归属人为打断和剥夺。这就造成了普遍的权利上的贫困和紊乱。从权利的视角看，改革的过程就是权利主体的重建与权利配置合理化的过程。根据权利配置的现实逻辑，我国在权利体系的建构中必须正视当前的经济、政治、文化和社会环境，准确分析目前所处的社会历史阶段，分阶段、分步骤地对公民权利进行合理分配并进行依法保障。

2. 价值逻辑

权利配置是将应有权利以立法等形式转化为现有权利，然而，应该将哪些应有权利转化为现有权利？现有权利应该被赋予哪些人？这就涉及权利的价值选择，同时也是权利配置的价值逻辑。

所谓应有权利，主要指符合一定经济社会发展规律与内在趋势，社会与公共权力应予承认的权利。作为一种内在需要与价值取向，应有权利集中体现了人作为社会历史主体对自身利益、尊严、地位的期待与追求，[1]囊括了公民的物质与精神在内的全部生存权和发展权。它是人的价值和主体资格的集中体现。因此，基于一定的社会现实，将应有权利转化为公民的法定权利就成为权利分配的最终目标。

但是，在一个价值多元化的社会中，应有权利并不总是和谐共存的，它们之间的关系往往是复杂的、不可通约的，甚至是相互冲突的。所谓权利冲突就是两种或两种以上权利在任何既定的情况下不能同时被完全行使和享有的状态。[2]权利冲突既包括权利内部要素之间的冲突性，如平等权内部的机会平等和结果平等，同时也包括不同权利间的冲突，如平等权和自由权之间的冲突，还包括不同权利主体之间的冲突。此外，在不同时代，权利之间还存在相对优先性问题，人们会依据对自身生存发展的重要性程度来对权利进行价值排序，排序在前的优先列举和配置。权利的内外部冲突和相对优先性表明，在实际的社会发展中，由于无法面面俱到且平等地分配所有权利，权利配置过程事实上也是价值选择的过程。正如罗尔斯所证明的，历史上不存在的东西，并不妨碍其在逻辑上的存在。在权利配置的价值选择中所遵循的逻辑就是保障权利的分配正义。

---

① 李海青：《权利与社会和谐——一种政治哲学的研究》，山东人民出版社 2009 年版，第 6 页。

② Carl Wellman, *Real Rights*, Oxford：Oxford University Press, 1995, pp. 202 - 220.

3. 制度逻辑

在社会主义市场经济条件下，收入分配制度的改革是一个多主体、多层次、多方面相互博弈的过程。在此过程中，不仅要发挥市场在资源配置过程的决定性作用，更要通过政府这只"看得见的手"为市场经济的有效运转制定规则，为财富、资源的分配明确方向，实现改革的经济性、社会性和政治性发展。政府责任的发挥往往通过制度来实现。广义上来讲，一切制度都是为了保障公民或组织的某项权利。从狭义上讲，制度涉及"人如何行为"的问题，而这一问题恰恰是权利层面需要解决的问题，制度的价值在于在积极保障公民个体权利的基础上实现社会交往合理的规则化和秩序化。权利配置由此成为制度建设的核心内容，而制度则成为权利配置的载体，政府制度安排过程实质上就是一个权利配置的过程。制度通过明确而合理地分配公民的权利和义务、政府的权力与责任，有效地保障公民权利和规范政府权力，形成一种稳定的社会秩序。但与此同时，制度固化也有可能形成一种路径依赖，阻碍权利分配结构的优化和转型。

"人一出生就面对既定的制度，面对制度规定的权利，面对权利表现的关系，这些关系是他无法选择的，是他从事活动的基础。"① 因此，贯穿在制度逻辑中的权利配置形式能否体现国家在分配正义上的价值选择，能否及时与社会现实发展的内在要求相适应，能否将权利切实落实到每个公民身上，就显得至关重要。对于传统的封闭制度，现代制度在很大程度上扩大了公民的权利范围，增强了公民的主观能动性，推进了社会的公平正义。与此同时，权利与义务相对应，不履行义务的权利所导致的将是恶性竞争、集体非理性、机会主义和权利失控。为了有效落实权利，并避免权利相互冲突、降低外部效应，制度就需要通过责任与义务对人们的权利进行划界，通过秩序抑制人们行为所具有的任意性和投机性，使权利相行而不悖，稳定社会秩序。

制度在促进权利合理分配与有效实现的作用上主要体现在法治方面。法治作为一种制度体系的层级结构规范着权利的有序行使，通过与权力——潜在的权利侵犯因素——抗衡从而保障着公民权利的有效实现。但

---

① 鲁鹏：《制度与发展关系研究》，人民出版社2002年版，第150页。

与此同时，制度在某种情况下也可能形成一种"路径依赖"①，阻碍权利的发展与转型。例如，党的十八届三中全会明确指出要"使市场在资源配置中起决定性作用和更好发挥政府作用"，理清政府与市场之间的关系。但由于政府长期大包大揽，过渡干预市场运行和资源分配，导致政府的制度安排和权力运行形成一种"路径依赖"，要真正在实践中理清政府与市场间关系，明确各自职责定位和运行方式，仍然有很长的路要走。

4. 技术逻辑

马克思曾在《机器、自然力和科学的应用》中指出，"随着一旦已经发生的、表现为工艺革命的生产力革命，还实现着生产关系的革命"②。技术的进步必然带来经济发展形式的重大改变，从而造成社会资源的再分配。信息时代中，网络技术的更新迭代不仅极大推动着生产力的发展，同时也促进着生产关系的革新，对权力结构、权力运行、政府治理、公共参与等方面都带来了深刻影响，在塑造人类社会的政治、经济、社会和文化环境方面发挥着重要作用。

通常情况下，网络技术的发展往往能够带来"权利福利"，这种福利主要体现于网络对于传统政治权力的削弱以及对公民权利的整合功能方面。在网络社会，信息和知识成为重要的权力源，"当信息、财富、技术被网络平民化了后，强者和弱者的力量重新平衡了"③。普通网民可能由于掌握了某些知识和有价值的信息而被赋予一定的权力，在这种权力的影响下，政治权力呈现出分散化趋势。权力的分散化实质上是掌握知识和有价值信息的普通网民通过话语影响社会舆论、开展政治参与从而对权力行使者进行监督并施加压力的过程。这导致权力行使者不得不接受监督，自觉约束自身行为。从这一点上看，技术进步有助于推动民主化进程。但是在某种情况下，技术进步也可能造成"民主的灾难"。这一方面是由于政府能够通过信息管制如屏蔽、删帖等方式控制信息的传播范围和社会舆论的

---

① 新制度学派的典型观点认为，在制度变迁中存在着这样的现象：由于初始条件的局限和方案的选择，使制度变迁走上某一条特定的道路，这种道路会使制度朝既定的方向进一步强化，并使后来的制度路径有赖于过去的制度路径。一旦制度进入某种依赖状态，由于制度系统惯性的锁定效应，要扭转业已形成的局面是非常困难的。

② 马克思：《机器、自然力和科学的应用》，中国科学院自然科学史研究所译，人民出版社1978年版，第111页。

③ 梁建章：《网络社会的崛起》，上海交通大学出版社2000年版，第72页。

导向，另一方面，由于网络信息传播具有自发性和去中心的特点，网络信息共享平台也缺乏足够的整合能力，一些缺乏理性分析能力的大众极易被网络推手和水军误导，使网民失去判断力，从而绑架民意。

事实上，对于权利的来源，美国著名的法学家艾伦·德肖维茨（Alan Morton Dershowitz）认为"权利既不来自上帝或自然法则，也不仅仅来自法律的规定，权利来自于人类过去的恶行"①。人类正是为了避免重蹈过去所经历的暴行磨难的覆辙，逐渐创立并形成了权利体系来抵抗可能发生的恶行的侵袭。正因如此，权利才如此值得人们去珍视。

第三节　公民对权利配置状况的认知与理解的实证分析

作为人们获取财富、资源或价值的能力、资格或资本，权利只有被行使才能真正发挥作用，否则只是一纸空文。

为全面把握公众对政府价值资源配置的客观认知和主观感受，2014年1月至2014年6月，课题组面向全国（除港、澳、台地区）31个省市区进行了问卷调查。问卷采用分层抽样和随机抽样相结合的方式，共发放问卷1856份，实际收回1813份，有效问卷1606份，有效问卷率为96.45%，并运用SPSS软件对数据进行处理和分析，问卷内容包括核心问题调研和态度量表。其中我们设计了五类问题来考察社会公众对公民权利配置状况的认知和理解。

为此我们设计了五类问题来考察社会公众对公民权利配置状况的认知和理解。下面就以问卷调查所获得的数据对公民对权利配置状况的认知、公民对权利效用的体会、公民对权利效用发挥的影响因素的认知、公民对权利受侵犯来源的感知以及公民维护自身权利的基本途径这五个方面进行分析，并结合相关现象来探讨当前国家在权利配置过程中存在的问题。

一　权利意识的觉醒

公民对权利配置状况的认知反映了一个社会权利分布与落实的基本情

---

① ［美］艾伦·德肖维茨：《你的权利从哪里来？》，黄煜文译，北京大学出版社2014年版，第1页。

况，同时也是判断权利配置公平与否的基础。在此方面，我们主要设置了三个问题。

对于"公民权利的来源"，半数以上（64%）的被调查者都认识到权利是"宪法赋予的"，20%的被调查者认为权利是公民"生来就有的"，9%的被调查者认为权利是"公民争取"，7%的人对于公民权利的来源不太清楚，如图2-4所示。

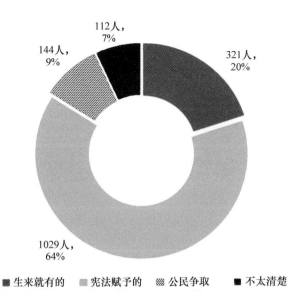

112人，
7%

144人，
9%

321人，
20%

1029人，
64%

■ 生来就有的　　▨ 宪法赋予的　　▧ 公民争取　　■ 不太清楚

图2-4　您认为公民权利的来源

在"您知道的宪法规定的公民基本权利有哪些"问题上，我们根据宪法所规定的公民权利归纳了7项权利内容，分别是平等权，即法律面前一律平等；政治权利，即选举权和被选举权、批评建议权、监督权；政治自由，即言论、出版、结社、集会、游行、示威等自由；人身自由；宗教信仰自由；社会经济权利，即劳动权、休息权、物质帮助权等，社会文化权利和自由，即教育权、科学研究和文学艺术创作等自由。如图2-5所示，绝大多数被调查者对于宪法所规定的公民的各项基本权利都比较了解。其中，被调查者最为熟知的公民基本权利为平等权和人身自由权，这两项权利的被选率分别为88%和74%；其次是政治权利、宗教信仰自由和政治自由，被选率分别为66%、65%和55%；而作为宪法规定的公民基本权利，与公民生活密切相关的"社会经济权利"以及"社会文化权利和自由"来说，分别只有42%和40%的被选率。

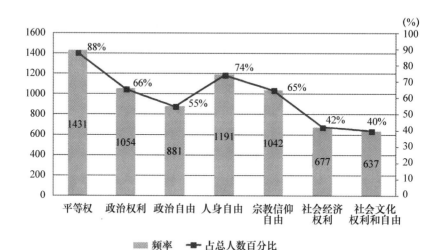

图2-5　您知道的宪法规定的公民基本权利有哪些

这也引发了我们的思考。社会经济权利主要包括劳动权、休息权和物质帮助权等。关于休息权，尽管宪法和劳动法等法律法规赋予了劳动者这一权利，但在实际操作中，一部分劳动者的休息权却被用人单位"打折"，尤其是部分企业职工。这不仅与企业追求利润最大化的性质有关，同时也是相关配套法律法规不健全、法律条文仍有诸多漏洞、权利救济渠道缺乏的结果。社会文化权利与自由主要包括教育权、科学研究和文学艺术创作等自由权利。而在现实生活中，一些贫困地区的适龄儿童仍然无法获得受教育的权利。这也是这两项权利被选率低的重要原因。

在权利获知的途径方面，我们选择了与人们工作生活密切相关的就业协议或劳动合同作为调查内容。调查结果显示，近半数（46%）的调查者会通过认真阅读就业协议或劳动合同来了解自身权利，26%的调查者会大概浏览一下，22%的调查者在遇到事情时才会关注，也有6%的人表示不会关注，如图2-6所示。认真阅读就业协议或劳动合同是了解自身权利的重要途径，也是避免自身权利受到侵害的源头。在我国的"单位社会"中，工作单位往往超越了工作场所的范畴，它强大的整合和动员能力往往成为人们的最重要的活动空间，甚至决定了人们的生活方式。因此，了解就业协议和劳动合同中的自身权利就显得尤其重要。调查结果虽然在一定程度上体现出大部分被调查者能够认识到这一点，但仍然有很多人只是在遇到事情时才会意识到，这说明人们还需要继续加强对于自身权利的了解和认知。

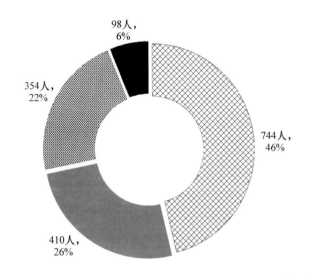

98人，
6%

354人，
22%

744人，
46%

410人，
26%

☒会认真阅读　▨大概浏览一下　▧遇到事情才会关注　■不会关注

图2－6　会通过阅读就业协议或劳动合同来了解自身权利

二　权利效用的体会

权利的效用主要是指公众对于自身权利在维护自身权益、参与社会生活、改善社会环境等方面的效果与作用，也是公民对权利效能的直观感受，对此我们设置了三个问题。在先富人群获取财富的主要方式上，机遇、政策、劳动分别获得72.1%、57.8%和48.3%的被调查的认可。此外，还有极少部分的人表示"不清楚"或是"其他"，如图2－7所示。从调查结果来看，大部分人认同机遇、政策以及个人劳动是先富群体致富的主要方式，这也是对此次调查的假设之一"充分行使公民权利有助于提高人们的生活水平"的重要支撑。但与此同时，也有近半数（46.1%）的被调查者认为"权力"是先富群体致富的主要手段。这也在一定程度上反映出人们对权力的不信任感以及对先富群体致富方式的质疑。

在政治权利与收入间的关系方面，有50%的被调查者"非常同意"或

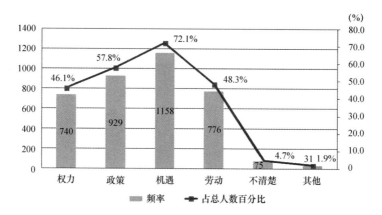

图 2 - 7　您认为先富起来的人获取财富主要依靠

"基本同意""平等的政治权利有助于缩小收入差距"这一观点；27%的被调查者对此持"不一定"的保守态度，而17%的被调查者"不太同意"或"非常不同意"这一观点，如图2-8所示。数据在一定程度上体现出，人们对政治权利在缩小收入差距的作用上是有所期待的，但相当一部分人对于政治权利应当发挥何种作用还是不甚明了。

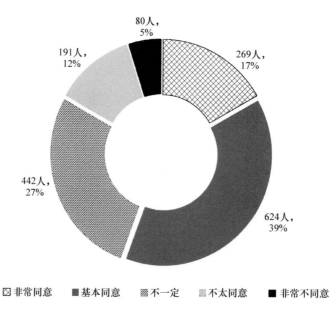

图 2 - 8　平等的政治权利有利于缩小收入差距

与此同时，我们通过把该问题与被调查者职业进行交叉分析后发现，职业的差异也在一定程度上影响着人们对这个问题的看法，并呈现显著的相关性。如图2-9所示，农民、工人、国家与社会管理者、专业技术人员以及商业服务业流通业从业人员更多地赞同"平等的政治权利有利于缩小收入差距"这一观点，而私营企业主、个体工商户、经理人员、自由职业者等人员对这一观点持保守态度。这在某种程度上体现了我国不同职业的人所享有政治权利的失衡。对于工人和农民来说，基层民主自治制度赋予了他们参与民主管理和民主监督的政治权利，使他们能够更直接、深刻地体会到政治权利对于维护自身利益的重要作用；国家与社会管理者由于处于社会价值分配的顶端，对此更是深有体会。而大多数私营企业主、个体工商户、经理人员对此持保守甚至否定态度，这在一定程度上与其工作

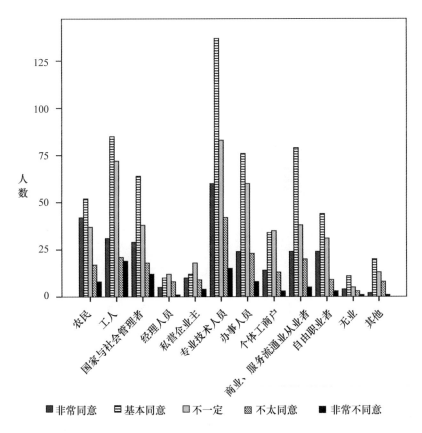

图2-9 不同职业对"平等的政治权利有利于缩小收入差距"的看法

性质和内容密切相关。私营企业主、个体工商户、经理人员在日常工作中与各类行政机关的联系非常紧密，尤其是各类行政审批机关。审批过程中的"暗箱操作"以及流程繁复很有可能导致他们产生对行政机关乃至自身权利的不信任感。近年来政府力推的"简政放权"和"权力清单"工作也正是为了解决这一问题。

对于"公民提出更多的权利诉求能推动政府的改革和进步"的问题，28%的人"非常同意"，41%的人"基本同意"，21%的人对此持保守态度，7%的人"不太同意"，还有3%的人表示"非常不同意"，如图2-10所示。随着经济社会的发展和民主政治建设进程的加快，越来越多民众已经具有了较为积极的和能动的权利意识，对于权利在推动政府改革方面有较强的信心。不仅如此，通过积极提出权利诉求，公民也有机会争取更好的福利与待遇，推动政府实现善治。

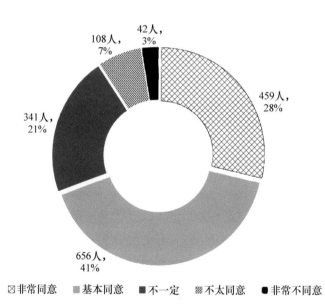

图2-10　公民提出更多的权利诉求能推动政府的改革和进步

三　权利效用的影响因素

什么因素影响了权利效用的发挥？是否应当向所在企业、单位或政府表达权利利益诉求？对于这些问题的态度能够更深层次地反映出公民权利认知状况。我们提出的假设是"经济实力对公民政治权利影响很大"。调查结果显示，共有68%的人表示"非常同意"或"基本同意"这一观点，持"不一定"的保守态度的人占22%，有8%的人表示"不太同意"，仅有2%的人选择了"非常不同意"，大部分被调查者都认为经济实力是影响公民政治权利发挥的重要影响因素，如图2-11所示。由此我们可以看出，大多数人们都认为雄厚的经济实力有助于获取和行使政治权利。

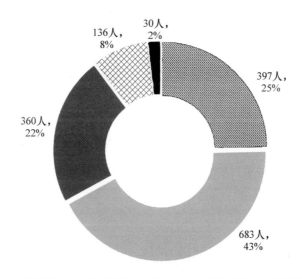

图2-11　经济实力对公民政治权利影响很大

对于公民是否应当向所在企业、单位或政府表达权利利益诉求的问题，绝大多数受访者对此表示"非常同意"或"基本同意"。共有70%的被调查者认为"公民应积极向所在企业或单位表达利益诉求"，如图2-12所示；71%的被调查者认为"公民应积极向党和政府表达利益诉求"，如图2-13所示。而持保守态度和反对态度的人数也接近一致。由此表明，积极向相关单位和部门表达个人利益诉求已经成为人们的共识，这不仅反映出人们权利意识的觉醒，同时也在一定程度上体现出公民对所在单位以及政府的信任与期待。

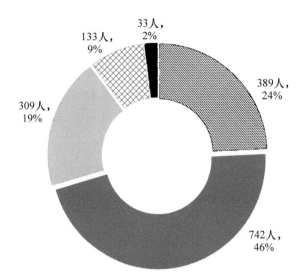

☒非常同意　■基本同意　▨不一定　⊠不太同意　■非常不同意

图 2 – 12　公民应积极向所在企业或单位表达利益诉求

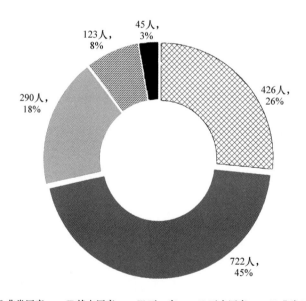

☒非常同意　■基本同意　▨不一定　▨不太同意　■非常不同意

图 2 – 13　公民应积极向党和政府表达利益诉求

对于"政府在保障公民权利方面发挥的作用"方面，有超过一半的（59%）被调查者对此持肯定态度，但其中只有17%的被调查者选择了"非常同意"；此外，有24%的人持保留态度，11%的人"不太同意"，6%的人"非常不同意"，如图2－14所示。由此看出，政府在保障公民权利方面所做的工作和发挥的作用并没有得到人们的普遍认可和满意，仍有很大的改善空间。

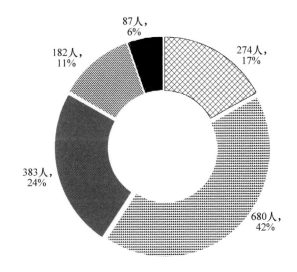

☒非常同意　　☷基本同意　　▮不一定　　◨不太同意　　■非常不同意

图 2－14　政府在保障公民权利方面发挥的作用

而与此同时，与政府在保障公民权利方面发挥的作用相比，市场为公民权利的实现所做的贡献则得到了更多人的认可。如图2－15所示，在调查中，共有64%的被调查者"非常同意"或者"基本同意""市场经济为实现公民权利创造了更多条件"这一观点，虽然也有25%的人认为"不一定"，11%的人"非常不同意"，但这一数据对比上述关于政府所发挥的作用来说仍然要乐观一些。可见，大多数人更加认同市场经济在更大程度上满足了自身发展的需求，也为自身权利的获取和落实创造了更多条件。

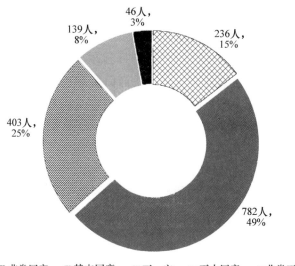

非常同意　基本同意　不一定　不太同意　非常不同意

图 2-15　市场经济为实现公民权利创造了更多条件

四　权力缺位越位与权利受侵

在公民权利受到侵害的来源方面，"行政监管不力"和"政府权力滥用"得到了被调查者的普遍认同，被选率分别为 59.4% 和 54.2%；其他侵害来源按照被选率的高低依次为"政策法规漏洞"（48.8%）、"企业不良行为"（39.2%）以及"社会治安混乱"（36.1%），还有 1.4% 的人选择"其他"，如图 2-16 所示。由此不难看出，人们普遍认为权利受到侵害的来源都与政府行为息息相关。因此，认真履行自身职责，加强对公权

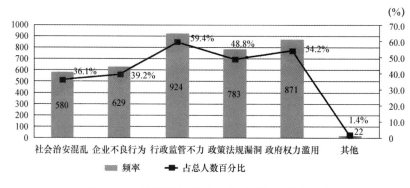

频率　　占总人数百分比

图 2-16　导致公民合法权益受到侵害的主要是

力的监督，完善相关法律漏洞不仅是政府职能转变、效能提升的重要方面，更是维护公民合法权益的迫切要求。

五 维权途径的新变化

在公民维护自身权利的途径方面，43.3%的被调查者更倾向于通过"网络等新媒体"来表达自身的权利诉求，比选择通过"司法诉讼"途径的人数高出约10个百分点，比选择"广播、电视、报纸等传统媒体"途径的人数高出13个百分点，同时也远高于选择"党政机关""人大、政协""信访""听证会"等途径的人数，如图2-17所示。可见，由于其公开性、匿名性和即时性等特点，网络已经成为维护自身权利的主要途径。但也应当看到，人们选择网络不仅仅是由于网络自身在诉求表达、社会动员与议程设置方面具有天然优势，同时也是其他维权渠道不畅或效率低下所致。由于制度化的维权渠道未能发挥其应有的作用，人们才更加信赖网络新媒体的力量。

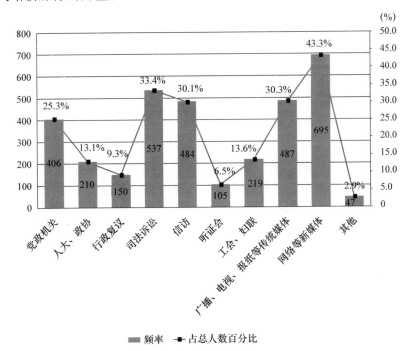

图2-17 表达自己权利诉求的渠道主要是

从调查数据来看，公众对权利配置、落实及其相关问题的认知基本上是积极和乐观的。大多数被访者能够认识到公民权利由宪法赋予，并能积极有效地行使自身权利。在权利诉求的表达方面，大多数人会选择网络等新媒体进行表达，传统权利诉求表达渠道渐受冷落。与此同时，人们普遍认为经济实力对公民权利的影响很大，行政监管不力、政府权力滥用以及政策法规存在漏洞等方面是导致公民合法权益受到侵害的主要来源，而对政府某些行为的不信任也体现在与市场相比，市场经济在为公民权利的实现创造条件方面获得了更多人的认可，部分民众认为公权力成了一部分先富群体致富的主要手段。尽管如此，人们还是普遍认为应当积极向党和政府表达利益诉求，提出更多的权利诉求有利于推动政府的改革和进步，而政府在保障公民权利的有效行使以及控制公权力滥用方面还有很长的路要走。从调查结果不难看出，民众已经具备了一定程度的权利意识和维权思维，这与我国政府职能转变和民主政治建设的目标是相契合的。

但也应当看到，公民对当前权利配置的认知状况也存在一些值得深思的问题。例如，相当一部分的人不会认真对待自己的劳动合同及其相关权利；对政治权利的重要性认识不足；对制度化的权利保障体制及其效率缺乏信心等。

六　权利配置状况对公民收入的影响

一个社会的权利配置是否合理，权利关系安排是否得当，影响着每个人对社会财富的获取以及个人价值的实现。

权利平等与否决定着收入分配的公平性。权利的不平等将会影响公民或企业组织获取公共利益、社会价值与资源的数量与效果。具体而言，如企业可否获得平等支配资源与要素的权利，直接关系到国民财富在企业间如何分配；公众能否平等享有集会、结社、言论、表达、政治参与等政治的权利，关系到公众是否在国民收入分配中享有同等发言的机会及分量；公众是否具有平等的人身自由、迁徙自由、选择自由等权利，影响到其能否具有同等的提高生活水平的机会；公众在教育、医疗、就业、住房等基本生活保障权利的获取过程中是否平等，将关系到其是否有平等的机会去改善初次分配不利的情况。所以，造成当前收入分配的差距的原因实际上是不同社会群体以及个人争取和实现自身利益的能力与资格的不平等。权利不平等是财富分化的重要原因。

权利的实现程度影响着财富获取的有效性。权利的实现程度指人们行使权利的能力与水平，体现着由法定权利向现实权利的过度。"权利的本质与意义不在于法律文本上的客观宣告，而在于权利的主观行使与实现"。① 法定权利只有转化为现实权利，才能真正实现权利在提高人们财富和资源获取能力方面的作用，因此，权利的实现同时也意味着利益的实现。然而，影响和制约公民权利实现的因素很多，包括权利行为主体的经济基础、社会条件、权利意识、智力条件、行使权利的能力、制度保障机制等。这些因素通过影响权利发挥作用的大小和实现水平，从而在不同程度上决定着人们能否充分、公平有效地获取财富。通常而言，由于人与人之间在主客观条件上存在差别，权利行使能力和实现水平各有不同，往往使法理上的平等权利在落实之后形成事实上的不平等。尽管在很大程度上，权利实现程度取决于经济条件，因为"丰衣足食的人才有时间和精力去做一个热心实践自己法律权利的公民，富庶的社会产生健全的权利，健全的公民才能行使健全的权利"②。但另一方面，权利体系的完善及其有效落实的目的就在于促进经济的发展和财富的合理分配，增强人们参与市场竞争的水平和能力，提高人们财富获取的效率。

第四节　我国公民权利配置中的主要问题

在市场经济社会，人与人之间更多的是靠契约来维系，正如恩格斯所言："只有能够自由地支配自身、行动和财产并且彼此处于平等地位的人们才能缔结契约。"③ 然而，由于各种历史和现实因素阻碍，导致目前我国公民权利配置当中存在诸多问题，严重制约着社会主义市场经济的发展和收入分配的公平性。

---

① 文正邦：《有关权利问题的法哲学思考》，张文显、李步云编《法理学论丛》（第1卷），法律出版社1999年版，第434页。

② 戚渊：《论公民权行使的条件》，龚祥瑞主编《宪政的理想与现实——宪法与宪政研究文集》，中国人事出版社1995年版，第103页。

③ 《马克思恩格斯全集》（第21卷），人民出版社1965年版，第93页。

一 权利制度供给不足

权利制度供给不足是造成我国当前社会收入分配改革困局的重要原因。有学者通过研究指出，"由于市场化进程的制度转型中产生的权利缺失成为我国欠发达地区经济社会发展相对缓慢、地区自生能力相对低落、差距持续扩大不可忽视的重要原因。"① 贫困的实质是权利缺失。权利缺失主要指公民权利的制度供给不足或保障机制缺位。当前，我国权利制度供给不足主要体现在权利配置相对不足和权利主体资格不平等。

1. 权利配置相对不足

在目前我国的权利配置体系中，与收入和财富获取相关的权利主要包括"公正和适当的资源分配权、工作权、医疗权、财产权、住房权、晋升权、迁徙权、名誉权、教育权、娱乐权、被赡养权，以及平等的性别权等十二大类"②。一般意义上讲，一个人财富的获取和收入状况一般与经济权利直接相关，然而，政治权力、社会权利乃至文化权利对经济权利的获得和行使具有重要的影响作用。例如，当一个人缺乏选举权、被选举权和民主管理权时，就无法有效地表达个人的利益需求，无法参与并影响社会的重大决策，从而制约自身经济利益的获取；当一个人的人格尊严遭到歧视、名誉受到侵害、丧失迁徙自由时，它的劳动权利自然会受到一定程度的侵犯，而一旦就业无法保障时，与经济权利相关的投资权和收益权也随之会大打折扣、形同虚设。权利的贫困像任何一种贫困形式一样，会"损害人们的自尊、尊严和自我认同，堵塞他们参与决策过程、进入各种有关机构的途径"③。因而，能否享受同等数量和质量的权利成为评价权利配置的重要指标。

从公民的政治权利来说，尽管从2006年党的十六届六中全会开始，依法保障公民的知情权、参与权、表达权和监督权就成为我国依法治国、民主政治和保障公民权利领域的重要内容，党的十八大也把维护公民的

---

① 林勇、张宗益：《禀赋差距还是权利缺失：区域经济发展差距理论与实证研究》，《中国人口·资源与环境》2008 年第 1 期。

② 洪朝辉：《论中国城市社会权利的贫困》，《江苏社会科学》2008 年第 2 期。

③ ［英］克莱尔·肖特：《消除贫困与社会整合：英国的立场》，《国际社会科学杂志》（中文版）2000 年第 4 期。

"四权"作为发展民主政治的重要内容。但从法律层面上看，对公民的这四项政治权利的保障并不均衡。只有《政府信息公开条例》《出版管理条例》等行政法规对公民的知情权予以保障，其他三项权利并未有专门的保障机制。更值得关注的是，虽然我国《宪法》有关条文对公民的各项权利进行了规定，也包含了公民享有"四权"的意思，但并未明确使用"知情权""参与权""表达权""监督权"概念，使这些权利分散在不同的法律中，缺乏具有系统性和操作性的法律规范，权利之间也缺乏联动机制，导致这些权利的法律效力大打折扣。而相关用以保障这些权利的法律位阶较低，也严重影响了权利的行使效能。因此，法律的空白和相关细化规则的滞缓成为造成权利配置不足的重要原因。这就极易使人陷入"权利的贫困—能力的贫困—收入的贫困—权利的贫困"恶性循环之中。

2. 权利主体资格不平等

权利主体资格不平等也是导致权利缺失的主要原因。权利主体资格不平等主要体现为由城乡二元结构下的身份差别以及由此所带来的权利失衡。

改革开放以后我国公民的权利保障获得了显著提升，但还存在很多问题。如户籍壁垒仍然是横亘在城乡居民之间的严重障碍，城市居民与农村居民之间在社会权利等方面仍然存在较大差距。这一差距在城市中主要表现在农民工等弱势群体身上。由于他们收入较低，往往不愿意缴纳社会保险或缴纳不足，无法享有一般水平的社会权利。而体制内的政府工作人员或事业单位人员却仍然长期保留着单位制下无须个人缴费的退休金制度。养老保险"双轨制"直到2015年8月才实现并轨。建立在身份、职业、收入甚至地域等基础上的社会权利的不平等还体现在其他领域之中，如就业、教育、医疗、最低生活保障等方面。从结果上看，"差别化的社会权利本身成为社会不公正的重要来源之一"①，导致社会权利在促进社会公正方面的作用非常有限。

究其原因，弱势群体缺乏规则制定的参与权是导致权利供给不足的主要因素。从各界党代会、人代会、政协会议的人员构成来看，工人农民代

---

① 联合国开发计划署驻华代表处等：《中国人类发展报告 2005：追求公平的人类发展》，中国对外翻译出版社 2005 年版，第 62—71 页。

表比例远低于党政领导干部、专业技术人员、企业负责人等人员，第十二届全国人大代表中仅有13.4%的工人农民代表，这类社会群体的利益表达严重不足。由此，在立法、政策制定或决策的过程中，这些强势群体的诉求必然压过弱势群体。因此，弱势群体的权利在政策制定的过程中无法有效表达自身权利诉求，即使能够表达也往往容易被忽视。主体资格的不平等已成为导致权利缺失的重要因素。这种由权利主体资格的不平等所产生的对权利的忽视，并由此引发的被边缘化的状态，不仅使他们无法有效维护自身利益，还有可能造成社会认同危机，甚至产生破坏性力量，影响社会稳定。"在一个正义的社会里，平等的公民自由是确定不移的，由正义所保障的权利决不受制于政治的交易或社会利益的权衡。"① 因此，促进收入分配改革必须从公民权利的平等性和公平性着手，否则改革就很可能成为一座空中楼阁。

二 权利的内外部冲突

权利的内外部冲突也是权利配置过程中出现的重要问题。这种冲突一方面发生在作为权力主体的政府与权利主体的公民、企业和社会之间，主要体现为权利的外部冲突；另一方面产生于权利与权利之间，体现为权利的内部冲突。两种冲突相互交织，不仅影响着权利配置的效果，同时也影响和制约着权利的实现水平以及公众切身利益的获取。

1. 权力对权利的制约

总体来说，我国的改革都是自上而下的，这就决定了权力在改革过程中起决定性作用。但事实上，在我国社会改革进程中，诸多重大事件的发生都是自下而上的，权利崛起往往成为一项重大改革的导火索。无论是家庭联产承包责任制的确立，移动、电力行业拆分，银行业、民航业引入多种经济成分，还是《城市流浪乞讨人员收容遣送办法》的废止，以及对公民财产权的立法保障，伴随着改革过程，行政垄断权力被削弱，资本等要素权利被释放。公民在一步步的权利争取过程中，倒逼权力接纳权利、尊重权利，并推进权力运行的制度化与规范化。但不可否认的是，由权利崛起所推动的社会改革必须经由权力的认可才能成功发挥作用，体制外的斗

---

① ［美］罗尔斯：《正义论》，何怀宏等译，中国社会科学出版社1998年版，第4页。

争最终还要回归到体制内的改革。由此，权力才是改革得以开展的直接推动者。但由于权力本身具有能动性、扩张性和膨胀性，加之相关权力监督和制约机制的缺乏，很容易导致在改革过程中产生权力的异化以及权力对权利的挤压和侵犯。

权力对权利的制约主要体现在权利主体的参与权在现实政策制定过程中被忽视或被剥夺。例如，在征用土地的过程中，农民普遍没有议价及协商的权利；在自然资源的获取和使用方面被某些国有企业所垄断；在社会财富的分配中，普通社会民众总是身处弱势。由于缺少与政府相关部门直接对话沟通的渠道以及缺乏相应的社会影响力，普通民众的权利诉求往往很难被政策制定部门掌握，即使被掌握也很难影响政策制定过程，更无法参与政策的制定。与此同时，他们本应享有的"知情权"完全或基本上被剥夺。土地收购、企业重组、财富分配，他们被动接受相关的政策、文件，并不知晓政策从何而来、为何制定、因何而定。

权力对权利的制约还体现在权力监督机制的匮乏。"权力导致腐败，绝对的权利导致绝对腐败"[1]，这句政治谚语已经成为现代民主国家权力运行设计的核心原则。但由于缺乏有效的权力制约和监督机制，权力的运行在很多情况下已经侵犯到了公民权利的行使。我国《宪法》第 2 条明确规定，中华人民共和国的一切权力属于人民。政府作为国家权力的行使者就必须依法行政，接受监督。目前，我国的权力监督机制主要包括人大监督、党内监督、司法监督、群众监督和舆论监督，但在具体实践中，仍然存在监督主体的独立性不强、公正性不足、积极性不够等问题。监督和制约机制的缺乏一定程度上纵容了权力的扩张和对权利的侵蚀。对权力的监督和制约不仅需要良好的公民素养与公共精神，更需要规范和健全的制度保障和救济机会，如此才能确保权利的行使不受权力的侵犯。

2. 权利主体间的相互冲突

一定社会的权利是其特定社会关系的集中反映，规范性的权利就在于协调各类关系，维护权利主体的合法利益不受侵犯。但在现实社会，由于资源、利益存在稀缺性，权利主体之间必然会产生一定冲突。这种冲突不

① ［英］阿克顿：《自由与权力》，侯健等译，商务印书馆 2001 年版，第 342 页。

仅体现在权利行使主体之间，也体现在不同的权利内容之间。

权利行使主体间的冲突是权利冲突的主要表现形式。在一个社会中成员的利益需求和价值取向通常呈现多元化特点。多元化的利益需求和价值取向之间必然会发生冲突和碰撞，这导致权利行使主体之间的矛盾和对抗得以凸显。

权利主体间的冲突也体现在权利内容上。事实上，权利本身就是作为一种"合法的不平等"而存在，在赋予一个人某种资格和能力的同时必然会对其行为进行某种限制。例如债权，"债权人有权利要求债务人履行给付行为，从负担履行给付义务的债务人而言，权利构成了一种特殊的不平等。由于对债权人负有义务，债务人的自由不仅受到了限制，连他本人还受到了约束，但就事件整体来看，这种权利依然是平等的"①。因此，权利行使主体间的冲突在一定程度上可以通过权利和义务来相互协调。这是因为，现代权利制度不会激化社会矛盾，而是通过权利义务关系的调整等制度化方式，将社会共同体的对立和紧张情绪维持在一定的范围中，通过公共领域的"解压阀"机制逐步缓解社会冲突。

与此同时，不同权利之间也存在一定的层级关系，它们之间存在互依互存的螺旋促进关系。当人们对既得利益满足之后，就会随之产生更高层次的需求。这就从客观上迫切需要新的权利予以支撑和保障。但在权利总量不变的情况下，具有更高权利诉求的人必然会侵蚀他人权利，个人与个人之间的利益冲突也随之产生。党的十九大报告明确指出，"中国特色社会主义进入新时代，我国社会主要矛盾已经转化为人民日益增长的美好生活需要和不平衡不充分的发展之间的矛盾"。需求转变的背后实际上是对政治、经济、文化、社会、生态等方面权利诉求的提升。

三　权利行使效率低下

权利行使效率低下是指在权利行使过程，由于各种内在和外在因素所导致的权利主体无法充分实现自身权利价值。导致权利行使效能低下的原因很多，但从客观条件、政府和公民三方面来看，其主要问题在于权利表达机制不畅、政府回应效能低下以及公民权利行使能力不足。

---

① 李晓春：《论权利的要素和本质》，《广西政法管理干部学院学报》2006 年第 6 期。

1. 权利表达机制不健全

权利表达是权利行使的逻辑起点。有效的权利诉求表达是公民参与社会财富分配、获取利益的首要前提，同时也是公民维护自身利益、调节分配冲突、对抗社会不公的有效工具。传统的社会格局中，利益和财富分配稳定、利益标准固化，不容易产生较大的利益冲突，公民诉求表达只是统治者进行决策的参考，其方式也相对简单。但在现代社会中，利益格局不断调整，利益矛盾日趋复杂，利益冲突不断凸显，权利表达成为民主政治的重要标志，也是公民开展政治参与的重要方式。

目前，我国的权利表达机制主要包括制度化的表达机制和非制度化的表达机制。根据我国宪法及相关法律的规定，当前我国公民存在的表达机制主要有选举、申诉、控告、检举。具体方式是"通过选举人大代表及国家公职人员来表达政治意愿和利益诉求，通过投票或者参加各类政治性会议的方式行使政治参与权利；通过向有关政府部门及司法机关提出建议、批评、举报、申诉、控告等方式进行直接的民主监督，或者通过新闻舆论等传媒方式间接参与政治生活"①。这些渠道和方式在一定程度上能够较为全面地体现社会主义民主政治的优越性，然而，这些制度化权利表达方式仍然存在很多问题，如表达门槛较高、程序烦琐、可操作性不强、范围狭窄、表达容易出现偏差等。同时，由于政府习惯于自上而下的发号施令，并长期以来受传统封建专制思想中"官本位"观念影响，加之受自然条件、社会地位以及经济实力的限制，导致民众的利益需求常常受到压制和排挤，很难广泛地通过宪法和其他法律规定的制度化的渠道来表达自身的权利诉求，并直接影响了财富的分配与流向。

与此同时，非制度化的权利表达机制同样存在问题。网络问政是目前最重要的非制度化权力表达机制。近些年，随着网络新媒体的兴起和繁荣，公众越来越倾向于通过网络渠道行使自己的权利。网络发挥了其他渠道所不具备的良好的组织动员能力、议程设置能力和监督反馈能力，几乎成为人们维权监督的主要工具。然而，由于网络参与的随意性、无序性等特征，也导致这种非制度化的权利表达机制通常导致网络谣言盛行、网络暴力和碎片化诉求，影响了网络权利表达的公平性和正义性，制约着权利

---

① 尹奎杰、刘彤：《论社会弱势群体权利的政治表达机制的完善》，《理论探讨》2009年第2期。

效能的发挥。

2. 政府回应能力不足

政府回应能力不足也是造成权利无效的主要因素。政府回应能力在一定程度上是政府治理能力的体现。权利的行使也是通过政府的有效回应得以实现和发展的。政府回应能力和水平影响着政府的公信力，并进而影响人们对权利效能的感知度。只有通过积极政府回应，才能不断满足人们的利益诉求，增强人们对政府的信心，吸引人们积极有序地参与到社会公共生活和国家治理的进程中。然而，目前我国政府回应能力并不理想，公民的权利和利益诉求往往是有去无回。尽管近些年众多的网络公共事件为政府回应提供了触发机制，但规范化、制度化的回应机制并未完全建立起来，政府回应能力的不足严重制约了公民权利实现的效度。以公民网络政治参与为例，政府回应能力不足主要体现在以下几方面。

非理性回应。非理性回应是指政府对网络政治参与形式缺乏一定的理性认识，在回应过程中表现明显的情绪化和偏激的态度，偏离了对事务的正常处理方式。它源于政府对公民网络政治参与行为的逃避和抵触，认为网络政治参与是"洪水猛兽"，主要表现为删帖、雇用"网络水军"① 发表大量有利于自身的言论和信息等行为。此外，非理性的回应还表现为简单敷衍甚至粗暴地回应网民诉求。

形式化回应。形式化回应是政府面对网民的问题和质疑时千篇一律或敷衍了事，回应形式和内容都较为单一，缺乏一定的广度和深度，无法切实解决群众的问题。例如，很多政府官网上公开内容大多侧重于组织机构介绍、政府文件的公示和重要领导人介绍等，对于与公众利益切身相关的信息，如"三公"消费状况、政府采购信息、重大工程项目建设以及政府审计等相关信息的公开明显不足。同时，这种形式化回应还表现为政府回应信度不高。例如 2009 年宁波一网友向鄞州区长信箱反映问题时，居然收到"已阅"的回复，用这样的官腔来应付网民不仅是对公众的敷衍，也是对一种行政不作为。当前，全国范围内推行的政府权力清单改革实际上也是力图解决政府的怠政问题。

---

① 网络水军即受雇于网络公关公司，为他人发帖回帖造势的网络人员，以注水发帖来获取报酬。

被动式回应。被动式回应主要表现为政府回应的主动性和积极性不足，不予回应，或是在"舆论倒逼"的情况下有选择的回应。当政府对民众诉求听之任之不予理睬时，事件影响力在网络媒体的推动下往往会呈扩大化趋势，只有当事件引发社会公众的强烈围观，给政府造成极大的舆论压力，或引发领导重视，并受到相应的压力或者处罚之后，政府才会采取相应的补救措施。但在这种情况下政府要挽回其声誉和公信力需要付出更大的成本。事实上，造成政府面对焦点事件而选择被动回应的一个重要原因就是缺乏前瞻性，对事件的发展变化趋势及其影响力没有科学准确的判断力。长期以来，正是由于政府在面对一些较为棘手或敏感问题时避而不谈、"只言片语"或答非所问，才使得政府在公信力方面呈恶性循环的态势，导致公众尤其是网民对政府回应产生一种"刻板印象"[1]，并对政府回应的可信度失去信心。

3. 公民权利行使能力不足

权利行使能力不足、无法充分发挥权利对于表达自身诉求、维护自身利益的功能也是导致权利低效的重要因素。一般来说，在国家制度供给稳定的情况下，公民的权利行使能力直接决定了他们的权利落实程度。通常情况下，权利行使能力越强，权利实现程度越高，财富和资源的获取能力也越强。当前，权利行使能力不足已经成为制约权利效能发挥的重要因素。

权利行使能力不足首先体现在公民对权利本身缺乏理性的认识。很多公民遵守法律法规、行使自身权利并不是基于对法律的真正信仰和对其权利的珍视，而是往往是免于法律的惩罚。我国宪法规定，劳动权和受教育权即是公民的权利也是公民的义务。因此在很多情况下，缺乏对权利的理性认识，缺乏争取权利、运用权利的主动性和积极性，本身就是在违反义务。

其次，权利行使能力不足还体现在权利主体资源掌握方面的欠缺。权利有效行使需要具备一定条件，如畅通的诉求表达渠道、合适的方式、恰当的时机以及一定的人力物力资源等。但目前我国有相当一部分民众并不

---

① "刻板印象"是心理学概念，也叫"定型化效应"，是指个人受社会影响而对某些人或事持稳定不变的看法。

完全拥有并能够有效利用这些条件，这就大大弱化了权利行使的效能，特别是在经济发展落后的地区。由于经济发展落后地区的生产力水平较低、信息技术欠发达、法制教育滞后、政府治理能力有限等因素，导致这些地区民众往往缺乏民主观念，权利意识淡薄、维权能力亟待提高。

最后，权利行使技能的高低也是影响权力行使能力的重要表现。由于人们所在的具体社会环境、受教育程度、理解能力、社会组织和动员能力等方面有所差别，维权能力的差别将会影响到维权行动的最终效果。

虽然在网络和新媒体的"撬动"之下，公民权利意识和观念日益觉醒，权利行使能力日益增强，但是对于通过哪种途径、选择哪些渠道，使自己的意见得以正确反映并进入决策部门，使自己的权利得到保护和得以实现，很多民众的认识还存在模糊甚至是混乱。因此，必须通过各种途径提高公民行使自身权利的效能，使人人都有机会、有条件、有能力地表达自身利益需求，能够参与决定个人利益的公共决策，并通过行使自身权利有序地参与到社会资源分配的过程中来，依据一定的程序合理恰当地实现自身利益。

四　权利被虚化与置空

权利被虚化与置空也是权利配置过程中极易出现的问题，主要指在权利配置过程中权利与利益相分离，权利所呈现的有权利之名无权利之实的状态。权利被虚化与置空是在权利的配置之初就产生的问题，出于对社会和公民的不信任、纵向政府间的权责冲突以及政府的策略选择等原因，使得权利本身不具备行使的条件或实现的价值。

权利被虚化与置空最为典型的就是公民的政治参与权。前文中提到，自党的十六届六中全会开始，依法保障公民的知情权、参与权、表达权和监督权就成为我国依法治国、民主政治和保障公民权利领域的重要内容，党的十八大更是把维护公民的四项权利作为发展民主政治的重要内容。然而，我国现行法律当中对此并没有明确表述，也未对其进行细致的分类和完善的程序设计。仅在《立法法》第 67 条规定："行政法规在起草过程中，应当广泛听取有关机关、组织、人民代表大会代表和社会公众的意见。听取意见可以采取座谈会、论证会、听证会等多种形式。"这里用的还是"应当"而非"必须"之类的模糊用词，并没有将公众参与规定为立法与决策机制中必不可少的环节与程序。类似的情况还出现在《价格法》《行政处罚法》和《城乡规划法》等法律当中，公民的政治参与权缺乏强制性规范的保障，在实践中也往往被虚置，呈现出权利的虚假状态。此外，女性和农民的参政权利也时常被边缘化和虚化。而造成这种情况的主要原因还在于行政机关在权利配置中自利取向以及中央与地方政府间的博弈关系。

1. 行政机关的自利取向

在权利配置过程中，相关权利的虚化和边缘化的主要原因在于行政机关的自利取向，这也导致公共权力机关在公民程序性参与中始终处于切实的支配地位，而公民的权利相关的主体地位难以得到有效体现。事实上，这些权利之所以"含蓄地"隐含在相关法律文本中，正是由于权利并没有真正地赋予公众，而是始终掌握在公共权力机关手中。"根据现有的制度规定，重大行政决策的提出、承办、专家论证和公众参与的组织、合法性审查、集体审议的主体都是行政机关，行政机关仍然垄断着行政决策全过程，它既是重大行政决策的启动者，又是决策草案的起草者，行政机关完全掌控行政决策的方向与内容，民情民意难以影响决策进程。"① 因此，虽然在相关法律中明确规定将公众参与纳入决策中，但政府在如何组织公众参与以及是否考虑公众意见方面有着非常大的自由裁量权。行政机关仍然是相关法规和决策的唯一决定者。

权利只有被行使才是真正的权利，否则只是一纸文字。权利的有效行使与落实是权利的本质要求，也是权利主体被赋予的角色性活动。所以，权利的主体地位与能动性必须得到制度性的保障和程序性的体现。

2. 政府间的纵向博弈关系

政府间的纵向博弈关系是造成权利被虚化的重要原因。当前，中央与地方权责分工尚未实现明确的合理配置与有效的制度化，导致地方政府很多方面的自主权限与行为空间弹性过大，而中央政府又难以有效解决自上而下委托代理中存在的诸如信息不对称等各种问题，这就必然使地方政府或政府部门的自利性在很大程度上侵蚀与压倒其公共性。在计划经济时

---

① 杨叶红、刘峰：《重大行政决策中协商民主的困境与突围》，《中国井冈山干部学院学报》2010 年第 1 期。

代，中央和地方政府之间的关系往往是简单的"命令—服从"关系。但改革开放之后，在"以经济建设为中心"的指导下，政府越来越重视对地方政府经济发展能力的考核，由此逐步演变为地方政府基于自身特殊的效用目标，利用中央政府代理人的优势以及自身丰富的资源，与中央政府展开复杂的博弈，获取自身利益，导致在长期的博弈过程中，地方政府的行为也逐渐呈现出自利化倾向。与此同时，由于体制的原因，地方的人大、司法机关等对地方政府或政府部门也难以形成有效的监督制约，导致相关权利未能形成有效的"权利束"，从而影响权利作用的发挥。

此外，自上而下的政绩考核模式也是中央和地方政府博弈的体现，同时也是导致公民权利被虚化的重要原因。绩效考核指标和内容是政府官员行为的风向标。政府绩效考核是最为重要的激励机制。在现行的政府绩效考核模式下，各级政府官员主要还是向上负责，完成上级布置的各项任务指标，并由上级政府按照工作实绩进行考核与选拔。很长一段时间里，在自上而下的压力型体制下，政府官员为了确保完成任务并获得晋升优势，往往会对上级政府布置的各项任务指标层层加码，特别是围绕经济增长指标所展开的"政绩锦标赛"。在"政绩锦标赛"中，地方政府所回应和解决的通常是上级政府经济发展指标的要求，而非与民众切身利益相关的权利诉求。尽管党的十八大以后对干部考核评价制度进行了改革，完善了发展成果考核评价体系，对以往单纯以经济增长速度评定政绩的偏向进行了纠正，但有利于政府积极回应民众权利诉求、满足民众呼声的干部人事考核体系和激励机制并未完全建立，健全政绩考核机制仍是改善央地关系、提高地方政府治理能力、保障公民权利诉求得到有效回应的重要内容。

第五节　优化我国公民权利配置的路径选择

收入分配问题实质上是权利配置的问题。优化公民权利配置，需要强化公民权利运用能力，增强公民在收入分配过程中的话语权，提高公民在财富创造与获取中的主动性和积极性。只有当人们具备影响"蛋糕"分配的能力和资格时，才会更加积极地去创造和生产"蛋糕"。因此，调节收入分配实质上是以此为基础进行权利优化配置，这也是政府理应承担起的责任。在推进社会主义建设的过程中，每一个公民和组织的合法权利都应当被考虑，并被纳入权利体系之中。公民权利是公民在一个社会中最大的自由、最平等的自由。除非某些差别本身受社会发展的限制，否则权利自由就不应受到任何质疑和干涉。公正合理的制度安排应考虑到各个群体的权利诉求。因此，优化权利配置必须以公平正义为导向，进一步完善权利配置的制度设计、厘定权利配置的政府责任、健全权利配置的操作化机制、增强公民权利行使的现实效能。

一　完善公民权利配置的制度设计

优化制度设计是权利合理配置的前提和基础。公民权利必须经过法定程序上升为具有普遍约束力的法律制度时，才具有广泛的适用性。优化公民权利配置的制度设计需要从完善权利的法律保障、推进公民权利体系平等化建设以及释放公民权利等方面着手。

1. 健全公民基本权利的法律保障

权利的制度化是权利落实的根本保障。要切实落实宪法赋予公民的各项权利，就要将尊重和维护公民权利理念贯穿于国家治理的各项制度安排中，夯实权利的制度基础。通过完善选举制度、代表制度、参与制度和监督制度来不断规范和保障权利的分配与行使，让民众能够依照法律规定的方式和程序表达自身的利益要求，有机会、有条件、有能力参与各项公共事务和公共决策，参与社会财富的分配及分配规则的制定。

确定权利内容和范围，提高基本权利的法律地位是完善法律保障的核心内容。将公民的知情权、表达权、参与权和监督权等基本权利纳入宪法，并制定与之相配套的法律法规，以此提高公民基本政治权利的法律地位。在知情权方面，提高《政府信息公开条例》的法律位阶，制定《信息公开法》以保障公民的知情权。在表达权方面，尽管我国已签署了联合国的相关公约①，并在宪法中对相关的表达权利进行了界定，如《宪法》第

---

① 1948 年《联合国人权宣言》第一次把表达自由宣布为国际法规范。1966 年的《公民权利和政治权利国际公约》将表达自由的权利扩展到适用所有的媒体，即"人人有自由发表意见的权利，此项权利包括寻求、接受和传递各种消息和思想的自由，而不论国界，也不论口头的、书写的、印刷的、采取艺术形式的或通过它所选择的任何其他媒介"。1976 年的《经济、社会、文化权利国际公约》第 15 条要求签约国保证"传播科学和文化"，并且"承担尊重进行科学研究和创造性活动所不可缺少的自由"。

35 条规定了公民有言论的自由，第 40 条规定了公民的通讯自由，第 41 条规定了公民对国家机关及其人员的批评建议、控告检举的权利，第 47 条规定了公民有进行科学研究、文艺创作和其他文化活动的自由等。然而，对于如何保障和救济公民的言论自由和表达权并没有对应的制度，需要建立并完善相应的配套保障制度。在参与权方面，尽管宪法、选举法、代表法等法律有相关规定，但规定过于笼统，在具体的实践中难以实施，建议在宪法中明确提出"公民具有公共事务参与权"的概念，提高参与权的法律地位，建立公民参与权的刚性保障机制。在监督权方面，对于民主监督的程序化、制度化和系统化程度不够，亟须制定《监督法》《举报法》《信访法》等相关法律法规，并加快"建立公民监督权的安全保障机制"，在公民行使监督权时确保其人身权和其他权利受到保护。

与此同时，公民法定权利必须由相关配套机制予以保障。配套机制中应当明确权利行使的方式、渠道、程序以及权利救济的途径等内容，为公民维护自身合法权利提供充分有效的制度保障。

2. 推进公民权利体系平等化建设

权利配置的根本任务在于提供一个机会平等的社会条件。保证所有人进入市场的机会以及流动机会的平等。其中，最关键的就是建立一套能够关涉所有人的平等的权利体系。平等的权利体系既要保证市场在资源配置中的决定性地位以及效率的最大化，同时还要保护社会弱势群体的平等的生存和发展机会，实现权利配置的帕累托最优。推进公民权利体系的平等化建设，涉及包括对一般权利的平等配置和对特殊权利主体的特别保护。

在经济方面，权利体系的平等化包括工作权利、财产权利以及从事各种经济活动权利的平等，还包括对中小企业、农民工以及欠发达的地区等弱势群体给予一定的特殊保护和优惠政策，对大企业的垄断行为予以一定限制等。在政治方面，权利体系的平等化主要包括知情、表达、参与、监督的平等权利，还包括对少数民族、劳工、农民等弱势群体的政治参与机会的特殊保障。在社会方面，权利体系的平等化包括公民在教育、医疗、住房、社会保障等方面拥有平等权利，弱势群体享有特殊照顾和免受歧视的平等权利，宗教信仰自由的平等权利，参与文化创造、发展、享受文化成果的平等权利等。

3. 建立权力清单以释放公民权利

权力具有自利性、扩张性和膨胀性，公民权利的萎缩很大程度上是由于权力的制约与排挤。公民权利的合理配置与有效落实不仅需要法律制度的保障，还需要将"权力关进制度的笼子"，坚持"法无授权不可为"的原则，明确权力的边界范围，规范权力的运行流程，问责权力的失范，加强权力的监督制约，通过建立权力清单制度释放和保障公民权利。

自党的十八届三中全会明确提出要"推行地方各级政府及其工作部门权力清单制度"以来，中央和地方政府积极部署和大力推行权力清单建设工作，截至目前，全国 31 个省市自治区已全部公布省级政府部门权力清单和责任清单（或权责清单），但从目前的情况来看，权力清单在释放公民权利的方面仍然有较大的提升空间，如编制主体不合理、编制过程缺乏公众的参与以及究责机制尚未建立等。因此，要通过进一步简政放权完善权力清单制度。

首先，将人大常委会委员作为权力清单编制主体，并将权力清单纳入人民代表大会及其常务委员会的监督范畴。我国宪法规定，国家的一切权力属于人民。同样，政府权力的设定、更改和取消都需要通过人民代表大会来决定，这也是公民政治参与的重要内容。因此，将人大常委会委员作为权力清单编制主体、并由代表大会及其常委会监督是合理的，也是必需的。

其次，在权力清单的编制和修改过程中要充分征询公众意见，以权利约束权力。征询内容主要包括清理与合并的权力事项、权力运行规范、权力监督流程等，进一步推动公民权利认同和参与下的政府权力实践。保证权责统一、权力法定，提高决策科学性，避免权力的缺位、越位与错位。

再次，要完善权力清单的动态管理机制。根据法律法规的立改废释情况和政府机构与职能的调整情况，及时调整权力清单的组成，保证权力清单与时俱进、规范运行。

最后，政府也要严以用权，尊重公民的每一项权利，以权力服务人民，努力将"权力清单"转化为维护公民权利的坚强护盾，使权力运行与权利行使协调发展。

二 厘定公民权利配置的政府责任

要实现财富、资源和价值分配的合理化发展，就必须建立起权利导向型的法治政府，划清政府权力的界限与范围，承担起保护公民平等权利的应有责任。在权利配置过程中，中央政府具有明确的价值导向和进行顶层设计的责任。各级地方政府依据各地情况进行详细的规则制定并保障落实，基层政府进一步进行配套措施完善与机制健全。权利从中央到基层的配置过程实际上是一个逐渐具体化、清晰化、可操作化的过程。厘清不同层级政府在权利配置中的责任有助于充分发挥各级政府的优势和作用，提高权利配置效率。

1. 中央政府：价值导向与顶层设计

在权利配置过程中，中央政府需要发挥统筹性作用，构建权利配置的整体性框架，明确价值导向，进行权利配置的顶层设计。中央政府应坚持促进公平与提高效率相统一、配置内容上的基本权利平等与非基本权利比例平等相统一、配置对象上的广泛覆盖与特殊照顾相统一。

中央政府在进行制度安排时应坚持既有利于实现权利价值的公平分配，也有利于提高民众生产积极性和市场参与的竞争性，达到促进公平与提高效率的有机平衡与统一，并通过公平公正的权利配置来缩小收入差距。如通过健全产权制度，明确各类产权的主体、范围以及与相关的权责关系，提高公民平等参与公共事务和维护切身利益的动力和能力。

在配置内容上，要坚持权利的平等分配，特别是基本权利的分配。基本权利是维持人们生存和发展的最低要求，是保证人民生活尊严的基本要求，不论公民性别、身份、民族、党派、身处何地，都应充分享有的最基本权利。中央政府在起草重要的行政法律法规时，要坚持基本权利的平等原则。与此同时，由于人们自我发展能力和水平不同，社会贡献能力也有一定差别，加之某些较高层次的权利具有竞争性和稀缺性，因而在涉及促进人们更好地生存和发展的非基本权利方面，如担任公职的权利等，就需要根据贡献大小按比例进行分配，使每个人所享有的权利与自己所做出的贡献的比例达到平等。

在配置对象上，由于经济发展状况、社会环境、文化背景以及自身条件等的差异，要实现权利配置的公平正义即需要将权利平等、广泛地覆盖所有民众，同时也要兼顾弱势地区与弱势群体的利益诉求，在制度设计上给予一定的特殊照顾与权利倾斜。

中央政府在进行权利配置的顶层设计时需要关注的核心问题在于，权利配置是否围绕社会成员的基本利益诉求而展开，是否增加了社会成员的福利，是否赋予了社会成员以更强的能力和水平去获取、支配和使用资源、增进财富。

2. 地方政府：规则制定与保障落实

地方政府是地方具体社会事务的决策者和管理者。这里的地方政府主要指省级政府。"省级政府是最高层级的地方政府，担负着贯彻中央政策、发展地方经济和管理地方事务、服务地方群众等重大责任。"① 事实上，发展地方经济、管理地方事务和服务地方群众在一定程度上体现着对公民的经济权利、政治权利和社会权利的保障。区别于中央政府的统筹规范和顶层设计，地方政府在公民权利的配置和保障过程中，往往发挥着更为具体的作用，主要体现在地方政府要依据地方经济社会发展状况、条件以及公民的现实诉求来制定具体规则促进并保障公民权利的有效落实，承担着规则制定和保障落实的责任。

地方政府应当结合地方发展状况和公民权利的实现程度，建立适应本地区发展权力运行机制与权利保障规则，不断增加民众对地方公共政策制定的影响力；逐步增加民众在地方官员选用方面的话语权；健全地方发展相配套的法律制度并发挥具体的规则制定和权利保障落实的责任。地方政府应当设立并不断完善配套的组织结构，创新各种权利保障制度，通过现代化的组织结构和规则设计保障公民权利的有效落实。

同时，地方政府还要对不同的公共事务治理范畴进行界定，"划分不同的治理主体，将不同治理主体的权利义务关系通过法制的形式予以明晰和固化，并完善各种参与渠道，促进公民实质性和有序地参与到公共治理中来"②。此外，地方政府还要以促进保障、拓展和落实公民权利为宗旨，积极推进公民权利规范的具体化、明晰化和可操作化，使公民有能力、有条件、有渠道、有机会通过行使自身合法权利参与社会价值、资源与财富的分配。

3. 基层政府：措施完善与机制健全

基层政府（市、县、乡镇）作为直接面向民众的政府，承担着社会管

---

① 郑方辉、段静：《省级"政府绩效评价"模式及比较》，《中国行政管理》2012年第3期。
② 陈天祥：《公民参与：权利结构在共治中优化》，《北京日报》2016年2月29日。

理和公共服务的基本职责，处于保障公民权利有效落实和行使的第一线，公民权利能否得到有效保障很大程度上受基层政府治理能力和水平的限制。基层政府责任在于完善具体措施，健全权力运作监督机制和权利落实保障机制。

首先，基层政府要加强和完善权力监督机制，强化对行政权力主体的监督和制约，进一步发挥人大、政协的监督功能，形成有效的权力制衡机制。同时还要将权利纳入权力的监督体系中，引入民主机制，畅通民主监督渠道，加强网络新闻媒体和社会舆论的监督力度，创新权力监督机制，提高权利的行使效能。

其次，基层政府要完善具体的信访工作机制。基层政府与民众的关系最近，也最容易感受到民众疾苦。因此，基层政府部门应当建立健全权利表达机制，拓展信访渠道，创新信访工作方式，积极搭建政府与民众沟通交流的多元化平台，建立省、市、县、乡镇联动责任机制，将责任分别落实到各级地方党委、政府和各级信访部门。

最后，基层政府要加强法律援助制度建设。当权利受到侵犯时，公民可以通过自力救济、公助救济和公力救济的形式维护自身合法权利。救济越充分，权利的实现也就越充分。法律援助是公助救济的重要方式，是维护困难群众合法权益、保证社会公平正义的重要制度。基层政府要广泛构筑全方位、多层次法律援助机构，建立完备的法律援助工作体系，加大对弱势群体维护合法权益的法律援助。同时，基层政府还要规范法律援助便民服务与监督管理体系，使法律援助真正落到实处，成为维护公民权利的最后防线。

在面向公平正义和共同富裕的社会资源与价值分配过程中，厘清政府再分配责任必须要实现从权力导向型向权利导向型的发展转型。权利导向性的政府再分配责任注重将保障公民合法权利作为基本任务，使政府面向社会的资源分配、价值分配和财富分配决策更民主更科学，以政府权力运行保障公民权利行使。与此同时，也要正确认识政府的权力与权威。合理的政府权威对于公民权利充分、有效的行使同样至关重要，因为"没有一个有效的政府，任何民主都是毫无意义的"[①]。公民权利实现的前提是存在

---

① Juan J. Linz, Alfred Stepan, *Problems of Democratic Transition and Consolidation*, Baltimore: The John Hopkins University Press, 1996: 17.

有效的公共权威，一个丧失治理能力的政府是对公民权利的最大威胁。由此而言，提高公民权利意识，促进公民充分、合理、有效地运用权利并不是要削弱政府，而是通过转变政府职能、增强政府治理能力，从而实现公民权利运行的常规化与合理化，促进权利的进步和成长。

三 健全公民权利可操作化的机制

1. 畅通权利诉求表达渠道

正如马丁·内莫勒所说，"人的一切权利从表达的权利开始"。权利配置的正义程度与权利诉求表达的充分程度是密切相关的，诉求表达越充分，公众对社会资源和财富分配的参与度就越高，政策受社会的影响也越大。权利表达的规范化是公民参与政府公共决策的基本要求，也是提高公民政治参与效能的重要保障。畅通权利诉求表达渠道有助于公民通过制度化的方式表达自身诉求，降低矛盾激化的可能性。

畅通公民权利诉求表达渠道，首先需要激活现有诉求表达机制的作用，支持合法、正当、富有建设性的制度化权利表达方式。当前我国诉求表达渠道主要包括信箱网络、热线电话、向人大政协委员提意见、向村委会或居委会表达诉求、参加听证会、座谈会等。但在现实中有些渠道往往由于某些原因被阻塞，无法发挥其应有的作用，导致民众不得不采用非制度化的方式表达权利诉求，提高激化社会矛盾的风险。渠道的畅通度直接影响着公民权利诉求表达的方式和社会效果，需要在保证原有渠道畅通的基础上，进一步强化人大和政协的利益表达功能，使其能够有效反映公众的意见，同时要进一步完善和扩展投票制度、听证制度、信访制度以及政务公开等制度。

与此同时，要积极探索其他渠道的权利表达机制，充分利用大众传媒和新媒体的开放性、低门槛和即时性特征，拓展多渠道的权利表达渠道和机制。提高传统媒体的开放性和灵活性，增强其在凝聚权利共识方面的作用。同时，还要积极发挥微博、微信等新媒体在权利诉求表达与传播方面的积极作用，有效整合各类网络信息沟通交流平台，为公民权利表达提供更多元、更有效的渠道和途径。

在促进、规范权利表达的同时，还要加强社会自律的能力，鼓励表达的理性，建构健康、有序的社会舆论环境，激发公民权利发展的良性动力。

2. 构建协商民主决策机制

党的十九大报告明确提出要发挥社会主义协商民主的重要作用，"有时好商量，众人的事情由众人商量，是人民民主的真谛"。健全公民权利的可操作化机制，就要充分发挥协商民主的作用，通过构建多元理性的协商对话机制，表达诉求，处理矛盾，凝聚共识，提高公共决策的民主化程度。

协商民主沟通是社会民主政治的重要形式，在意见表达、利益整合、民主决策、纠纷调解以及公共事务管理等方面发挥着重要的作用，是推进公民权利可操作化机制建设的重要内容。其中，基层协商民主在公民权利实践当中的作用更加具体。特别是近年来我国基层民主实践中所涌现出的众多具有地域、行业及技术特色的协商民主形式，如民主恳谈会、决咨委员、议事会、参与式预算、企业工资集体协商等，为公民权利的有效行使提供了良好的条件，为公民参与政府公共决策，影响社会资源的分配提供了丰富而有效的平台。

构建协商民主决策机制，首先要明确协商民主的法律定位，将协商民主纳入国家治理结构和法制体系建设当中，确保协商民主的权威性和有效性。其次，健全和完善基层协商民主的制度机制，进一步规范协商主体、协商对象、协商内容、协商程序，积极促成协商共识的达成以及协商结果的应用，让民众更多地参与到公共事务中来，有效落实民主管理和民主监督。再次，建立协商民主沟通的促进和保障机制，把协商民主纳入地方政府的绩效考核内容中，健全协商民主的组织保障和财政保障，加强公民参与协商民主沟通的权利保护工作。最后，还要建立协商过程监督公示制度，通过制度化机制确保协商民主沟通的真实性和公平性，提高协商民主沟通的效果。

3. 完善权利救济救助机制

无救济即无权利，只有当公民权利在受到侵犯时能够获得有效的救济，权利才是真实的，而非一纸空文。完善权利救济救助机制需要从立法、行政、司法等方面着手，将切实保障公民合法利益作为政府行为的方向，提高公民权利的行使水平和维权的效果，切实维护公民的合法利益。

立法救济是权利救济的基础。宪法是权利的根本保障。加强立法救济，首先必须巩固和增强宪法的实际地位，建立违宪审查机制。健全现代产权制度，增强对公民和企业的财产保护，完善《劳动法》和《就业促进法》等法律法规，有效保障弱势群体的基本权利。优化法律条文设计，使法律条文更加清晰化、条理化与可操作化。建立政府机关及其工作人员的侵权责任追究机制，严明侵犯公民权利的法律后果和惩罚措施。

行政救济是权利救济的直接途径。针对不同的权利主体及其权利类型，建立多层次多渠道的权力运行监督机制。当前我国行政救济的主要方式为行政复议，作为行政机关内部上级对下级实施监督和纠错的机制，行政复议在化解纠纷和权利救济方面具有不可替代的作用。但在具体实践中，由于行政复议机构和程序设置不合理、与信访工作衔接不顺畅、社会知晓度低等原因，导致行政复议未能充分发挥行政救济的作用。因此，需要进一步完善行政复议制度，加强对行政复议机关的责任与监督，增强复议机关的独立性，优化复议程序，提高复议效率，加强行政复议与信访工作的有效衔接，积极引导民众通过行政复议寻求权利救济。

司法救济是权利救济的最后防线。司法救济具有广泛性、法定性和强制性。是最重要和最正式的权利救济方式。加强权利的司法救济，要健全行政诉讼制度，扩大行政诉讼受案范围，加强对行政审判的监督，提高法院裁判的执行力度，为公民权利的司法保障提供更多更有效的途径。此外，司法机关还要加强宣传，提高民众对司法救济制度的认识和了解，使司法救济深入人心，真正成为公民维护自身合法权利的有效武器。

四 增强公民权利行使的现实效能

权利是非常重要的，但权利不可能是自动实现的。要更好地保障和维护公民的权益，必须要明确和充实公民权利的内涵，强化对公民权利的支持和保障，真正做到让权利能够动作起来，使权利成为公民行动的能动性资源，切实提高权利行使的效能。

1. 提高公民的权利行使能力

提高公民权利行使能力的基础是增强公民法律意识，规范公民权利行使方式。增强公民的法律意识就要进一步加强法制宣传教育，丰富公民法律知识，提升公民法制素养。政府可以引导各类社会力量通过不同渠道进行法律知识宣传。如政府相关部门可组织律师事务所以及高校法律协会等社会团体，集中开展法律咨询以及法律知识的宣传活动，使民众懂法用法。注重对《法律援助条例》和有关法律援助政策进行宣传，让公众知晓如何获得法律援助以及申请法律援助的条件。与此同时，还要重点关注弱势群体。由于相关制度保障不健全，弱势群体因其文化素质较低、维权能力有限，权利往往更容易遭受侵害，且维权难度较高。因此，可以根据弱势群体的不同特点开展专项法制宣传，使法治精神真正深入人心。

要进一步规范公民权利的行使方式，引导公民正确行使自身合法权利，防止权利乱用、滥用甚至出现暴力维权的现象。我国《宪法》第51条规定："中华人民共和国公民在行使自由和权利的时候，不得损害国家的、社会的、集体的和其他公民的合法的自由和权利。"在进一步细化完善相关规章制度的基础上，政府有责任、有义务对公民权利行使方式进行引导和规范，使广大民众能够合理合法地行使自身权利，维护自身利益，促进社会的稳定和发展。

2. 重视社会公众人物的示范作用

社会公众人物拥有丰富的信息资源和人脉资源，具有较强的社会影响力，在权利诉求表达、沟通与实现方面，比普通公民拥有更多的优势，其行为也具有更强的社会示范效应。近年来互联网技术的撬动下，中国社会已经形成了一个多元而复杂的舆论场，为广大网民提供了一个即时、高效、开放、低门槛的公共讨论和意见交流的公共领域，公众的知情权、表达权、参与权和监督权也在一定程度上得到保障。然而，不同权利主体所产生的影响力并非是均衡的。新媒体中也涌现出了一大批具有代表性的意见领袖或"大V"，他们通常具有较高社会知名度和影响力，在很大程度上影响着较大规模的社会群体对一些公共问题的看法和价值判断，也成为一些重要公共事件解决的重要推动者。充分掌握这些传播节点，有利于加强网上民意互动、沟通和整合，公民权利行使的效率和效果也会大大提升。

提高新媒体中代表性人士的示范作用，需要提高和建立相关人士的社会责任感与社会公信力。遵守法律法规，履行一个公民应尽的责任和义务，认真对待自身的"特殊使命"，把社会赋予自己的这份荣耀转化为推动社会发展进步的强大正能量，在评论和转发每个公共事件时都要经过认真辨别和思考，以确保消息来源的可靠性，尊重事情真相，言之有理论之有据，以对社会负责任的态度参与焦点事件的讨论，赢得社会公众的信任与支持。此外，还需要与相关代表人士建立商谈、合作与反馈机制，加强线上互动和线下沟通，有效整合和吸收不同领域、不同行业、不同地区的民众利益诉求和权利意愿，并通过规范化的、制度化的渠道对相关问题加以解决，对相关诉求进行回应，发挥代表性人士的示范与传播功能，从而提高特定领域和行业中公民权利的行使效能。

3. 充分发挥社会组织的利益整合作用

增强公民权利行使的现实效果还应当充分发挥社会组织的利益整合作用。社会组织的形成和运作具有志愿性、自主性、平等性和非营利性等特征，使得它相对于政府部门和市场组织，在基层社会治理和特殊领域资源分配中具有独特优势，更容易获得公众的认同和归属，能够凝聚社会利益，整合和表达权利诉求，监督政府权力运行。与此同时，充分发挥社会组织在利益整合和公共参与方面的作用，也有助于保障弱势群体的权利诉求与表达，降低政府与弱势群体信息不对称状况，减少弱势群体信息传递的成本，化解由此可能产生的社会矛盾，提高社会的治理水平。

充分发挥社会组织的利益整合作用，首先需要加强社会组织自身能力建设，建立自我约束机制。完善社会组织内部规范化管理机制，创新组织治理结构，通过多种途径和渠道公开内部信息和资金运转情况，建立一套相对应的社会权利诉求收集机制和快速反应机制，把相关群体的权利诉求及时传达给政府部门，并在获取反馈与回应方面给政府施加适当的压力，提升自身的公信力和公共事务参与效度。

充分发挥社会组织的利益整合作用，还需要加强社会组织协商。协商民主是我国社会主义民主政治的特有形式和独特优势。2015 年 2 月中共中央印发的《关于加强社会主义协商民主建设的意见》中首次明确提出要探索开展社会组织协商。社会组织应积极探索多样化的、常态化的协商民主渠道，围绕自身所属的行业与领域充分发挥自身优势，积极培育理性对话、互利合作的协商精神，健全协商制度，完善协商机制，细化协商程序，规范协商技术，使社会组织真正成为整合社会多元利益、凝聚社会共识、服务社会发展、化解社会矛盾的重要阵地。

此外，还要加强对社会组织的引导和监督，特别是建立同业约束监督机制。通过建立行业协会，制定具体可行的专业标准与规范，以确保社会组织在资金使用和机构运作方面更加规范有序。与此同时，还可以建立行业内部的协商机制，相互监督、促进与协调，使社会组织内部形成高效、协调的内部监督机制。通过同业约束促进社会组织的规范运作和健康发展。

　　权利是社会成员能够获得平等对待的前提和公平参与财富分配的资本。诺贝尔经济学奖获得者罗伯特·希勒曾说，"经济发展的基本动力，来自于人们可以平等地拥有财富。"① 而平等地拥有财富的前提是具有平等地创造财富的机会和能力。党的十九大报告明确指出，要打造共建共治共享的社会治理格局。在面向公平正义和共同富裕的政府再分配视野中，公民权利的优化配置既是社会公平正义的体现，也是实现共同富裕的前提和基础。它意味着国家对公民主体资格的确认和人格尊严的强化，同时也意味着社会资源分配方式的优化以及社会正义的增进。"我们的时代是权利的时代"已经成为一个不争的事实。政府作为公共权力的运行者和公共资源的权威分配者，在国家治理现代化的过程中，理应承担起合理配置公共权利并切实保障公民权利有效落实的重任。

---

　　① 余然：《诺奖得主希勒对中国的六大忠告》，http://finance. ifeng. com/news/special/Rob-ertJShiller2013/index. shtml。

第三章　政府在经济领域的分配和再分配责任

政府在实现公平正义和共同富裕中的责任，首先表现为政府在经济领域中为实现公平正义和共同富裕而承担的再分配责任。党的十八届三中全会《决定》指出，深化经济体制改革的核心是处理好政府和市场的关系，使市场在资源配置中起决定性作用和更好发挥政府作用。这说明，实现我国经济社会的可持续发展，要发挥市场和政府"两个作用"，政府再分配责任就是"两个作用"中的重要责任。

第一节　经济领域分配中政府的责任

经济领域的分配，马克思主义经济学将其一般分为两个阶段，第一个阶段，物质生产领域内有关经济主体参与的分配，或称为初次分配；第二个阶段，由于非物质生产主体（包括政府）介入和参与而引发的财富在全社会范围的分配，或称为再分配。在第一个阶段，政府不作为主体参与财富分配，但并不意味它不根据自己的执政宗旨影响和调节初次分配。我们在后面将要指出，近代以来，政府作为权力机构参与和调节初次分配和再分配，已成为惯例。本研究将首先介绍经济领域分配的含义和政府在经济领域参与分配的责任，说明在市场经济条件下政府参与和影响分配关系的主要依据和原因；然后，分析我国现有分配关系和分配格局形成的原因并对这种分配关系和分配格局进行公平和正义评价。在此基础上，对我国政府利用必要的制度参与国民收入初次分配进行分析，它构成本研究的主体。最后，对在初次分配中如何实现公平正义和共同富裕而特别要关注的几个重要问题进行更深入的分析。

一　经济领域分配的含义与分配的决定因素

经济领域的分配是社会分配的基础。广义的经济领域分配，是一个包括多个层次内容的系统。马克思恩格斯曾指出："我们首先应当确定一切人类生存的第一个前提，也就是一切历史的第一个前提，这个前提就是：人们为了能够'创造历史'，必须能够生活。但是为了生活，首先就需要吃喝、住穿以及其他东西。因此第一个历史活动就是满足这些需要的资料，即生产物质生活本身。"① 所以，这一系统的第一个层次即基础层次就是组织生产所必需的生产条件的分配，而这一分配显然是马克思主义研究经济和社会问题的首要对象和出发点。因而，也就成为政府实现再分配的首要职责。

马克思指出，"生产实际上有它的条件和前提，这些条件和前提构成生产的要素。这些要素最初可能表现为自然发生的东西。通过生产过程本身，它们就从自然发生的东西变成历史的东西，并且对于这一个时期表现为生产的自然前提，对于前一个时期就是生产的历史结果。它们在生产本身内部被不断地改变。"②这说明，当代各国生产条件的分配，即生产资料归谁所有，劳动者如何与生产资料相结合，是历史长期演变的结果。同时，政府作为维护和调整某一生产资料所有制关系的因素，对生产关系的形成、完善和调整也发挥了重大作用。正是在川流不息的历史长河中各国具体的生产力、生产关系和上层建筑的长期互动，在西方发达国家形成了以垄断资本所有制为主导，以资本主义私有制为主体，以资产阶级国家所有制为辅助，以合作社所有制和其他所有制为补充的所有制结构③。这种以生产力、生产关系和上层建筑为内容的三位互动还要不以人的意志为转移地继续下去，最终证实马克思关于生产条件分配演变趋势的论述。

马克思认为，上述生产条件的分配，"显然是属于生产本身内部的问题"④。但人类社会的历史表明，社会发展的速度越快，生产力、生产

①　《马克思恩格斯选集》（第1卷），人民出版社1995年版，第78—79页。
②　《马克思恩格斯文集》（第8卷），人民出版社2009年版，第21页。
③　高峰等：《发达资本主义国家的所有制研究》，清华大学出版社1998年版，第265页。
④　《马克思恩格斯文集》（第8卷），人民出版社2009年版，第20—21页。

关系和上层建筑的互动就愈明显强烈，就越是具有更为强烈的共振性。因此，研究政府对我国现阶段所有制结构形成和演变的再分配职责和作用，显然应成为本书研究的基础。对于这一基础，我们党和政府已经在很多文件中予以明确。在 2017 年 10 月召开的党的十九大中进一步明确指出，"必须坚持和完善我国社会主义基本经济制度和分配制度，毫不动摇巩固和发展公有制经济，毫不动摇鼓励、支持、引导非公有制经济发展"。在今后的工作中，我们必须坚决贯彻党的十九大的这一思想，在政府积极作用下，主要通过市场决定作用下的生产条件的分配，为实现经济领域的公平正义和共同富裕创造基础条件。而本研究研究的主要内容，是真正的分配环节中的分配而不是生产环节中的分配，因此，在本研究中，政府再分配责任主要是政府在分配环节的责任。我们必须明确，这一真正意义上的分配，首先是由生产条件的分配决定的。马克思指出："分配的结构完全决定于生产的结构。分配本身是生产的产物，不仅就对象说是如此，而且就形式说也是如此。就对象说，能分配的只是生产的成果，就形式说，参与生产的一定方式决定分配的特殊形式，决定参与分配的形式。"① 这就是马克思主义学者在研究分配问题时长期坚持的生产决定论。

根据生产决定论，我们首先要对资本主义下生产条件的分配及其所决定的分配关系有一个基本的认识。如前所述，当代资本主义已经形成了以垄断资本为主导、以资本主义私有制为主体的所有制结构。但是，同以往的私有制相比，资本主义私有制有其重大特征。主要表现为，以往的私有制都是在自然经济（甚至包括对自然人的占有为内容的自然经济）的基础上形成的，而资本主义私有制的基础则是商品经济，"成为商品是它的产品的占统治地位的、决定的性质"②。在商品经济内在规律作用下，生产的客观条件即生产资料则采取了资本的形式，而生产的主观条件即劳动者则成为劳动力商品的出卖者，劳动者以雇用劳动者的身份与生产资料相结合并参与生产过程。雇佣劳动与资本构成了资本主义生产的基本要素。由此决定，生产成果的一部分采取雇用工人的工资的形式，而另一部分表现为

① 《马克思恩格斯文集》（第 8 卷），人民出版社 2009 年版，第 19 页。

② 《马克思恩格斯文集》（第 7 卷），人民出版社 2009 年版，第 996 页。

资本的所得即剩余价值。[①] 其中，利润作为剩余价值的一种形式，并不是个人消费品的分配范畴。在剩余价值规律和竞争规律的作用下，它要成为资本主义生产中新形成的生产资料和劳动力即资本积累的前提，因而成为一种支配再生产过程的关系。这说明，由于其商品经济特点，资本主义的生产（关系）与分配（关系）存在着明显的内在联系和互动关系。而在以往的以自然经济为基础的前资本主义私有制经济中，生产"基本上都是为了满足统治阶级的'消费'，这就是说，生产资料与劳动被结合起来以生产出有限而已知的大量的、各种各样的使用价值。在资本主义社会中，这种情况不复存在了。提高剥削者的消费能力并不是剥削直接生产者的唯一目的。实际上，消费品的生产并不是主要的，主要的是使价值的增加最大可能地超过任何一轮生产开始时存在的价值"[②]。这种剩余价值的主体部分（保证资本家的个人消费之后）再被用于积累和扩大再生产，长此以往，循环往复，不自觉地为一个更有利于人的全面发展的未来社会的到来创造了条件。这种在生产与分配分立基础上的二者的统一和同一，是资本主义生产与分配关系的重要特点，是资本主义的广义生产关系"更有利于生产力的发展，有利于社会关系的发展，有利于更高级的新形态的各种要素的创造"[③] 的重要原因和表现。

因此，资本主义的根本性矛盾不在于生产与分配之间的矛盾[④]，而是内存于资本主义生产中并由此决定且通过分配关系体现出来的矛盾，即资本主义生产社会化与资本的私人占有之间的矛盾和资产阶级与无产阶级之间的矛盾。只有调整生产中的劳资矛盾，才能调节收入和财富的分配状况；只有彻底改造资本主义生产中的阶级关系，才能从根本上改变资本主义的分配关系；反过来，分配状况的改变，可以看作生产中阶级关系调整

---

① 马克思指出："工资以雇佣劳动为前提，利润以资本为前提。因此，这些一定的分配形式是以生产条件的一定的社会性质和生产当事人之间的一定的社会关系为前提的。因此，一定的分配关系只是历史地规定的生产关系的表现。"《马克思恩格斯文集》（第7卷），人民出版社2009年版，第998页。

② ［美］马克·林德：《反萨缪尔森论》（上），梁小民译，上海三联书店1992年版，第45—46页。

③ 《马克思恩格斯文集》（第7卷），人民出版社2009年版，第927—928页。

④ 强调资本主义生产关系是自然的、合理的，而分配关系是社会的、历史的，力图通过改造资本主义的分配关系消除资本主义的弊病，包括马尔萨斯、萨伊、罗宾逊夫人和皮凯蒂等一系列近现代经济学家的共同特点。

的一种镜像，尽管它是近似的、不完整的。李嘉图等古典经济学家就曾"直觉地把分配形式看成是一定社会中的生产各要素借以得到确定的最确切的表现"①。而英国现代左翼经济学家哈维更明确地指出："阶级力量，就其自身来说，是难以捉摸的，因为它是一种难以直接测度的社会关系。但是，为了从事该工作，一个可得且必要的（但绝对不是充分的）条件就是（认识）一小部分人手中收入和财富的积累。"② 把生产关系与分配关系更紧密地结合起来，在二者的互动关系中把握分配状况的走势，是本书必须坚持的更具体方法。

二　政府是影响分配关系变动的重要因素

经济领域的分配结构和分配结果主要是由生产结构的性质和状况决定的。如果我们进行更具体的研究，就会发现，生产结构是存在层次的，由此决定了分配关系的层次性。以商品经济为基础的资本主义经济更是如此。③ 它的第一个层次，即基本层次，就是我们所说的生产资料资本家所有制基础上的由劳动力买卖而形成的雇佣关系和由此决定的新价值在经济剩余与工资之间的分配关系。对此，我们称之为初次分配关系。这是资本主义的基本生产关系和分配关系，反映了劳资关系是资本主义的基本阶级关系。在《资本论》第1卷中，马克思对这一关系进行了详细分析。此基础上，形成了第二层次的关系，即由资本主义市场竞争关系决定的资产阶级内部各集团之间的分配关系。通过以各种形式的契约纽带，各资本家之间建立了联系；通过资本在不同部门之间的转移竞争、在同一部门内部的价格与非价格竞争，各个资本家集团得到了以利润、利息、地租等形式出现的剩余价值，而这正是《资本论》第3卷的分析对象。历史表明，资本主义经济关系的每次调整，都会引起分配关系和分配格局的变化。

但是，这个分配过程仍是一个理论抽象，尽管它是一个反映资本主义趋势的合理抽象。实际上，这一过程还要受到其他因素影响。政府作为上层建筑，对分配结构和分配结果有重大影响。这在资本主义发展的各个阶

---

① 《马克思恩格斯文集》（第8卷），人民出版社2009年版，第19页。

② David Harvey, *The Limits to Capital*, London：Verso 2006, p. xi.

③ 马克思指出：在研究中，要注意"第二级的和第三级的东西，总之，派生的、转移来的、非原生的生产关系"。参见《马克思恩格斯文集》（第8卷），人民出版社2009年版，第33—34页。

段都明显地表现出来。

历史表明，在资本主义发展的初期，这一工作主要是通过构建法律法规体系完成的。例如，在 15 世纪末和整个 16 世纪，当原始积累形成的大量失地农民涌入城市并流浪于工厂之外时，"整个西欧都颁布了惩治流浪者的血腥法律"；然后再迫使进入工厂的雇佣工人接受直到 18 世纪才逐渐退出的以延长劳动时间、限制工资水平为内容的"劳工法"。当劳动时间过长危及资本长远利益后，又于 19 世纪通过了以缩短工作日为重要内容的"工厂法"①。工作日的缩短是工人长期斗争的结果。但是，如果没有国家出面，工作日也难以缩短。因为，在激烈竞争中，个别资本不愿、也不敢缩短工时。"在这种情况下，为了维护资本的整体利益，国家必须采取干预措施，因为经济竞争妨碍资产阶级作为一个阶级来自发地采取缩短工时的制度。……从这个意义上说，国家是作为资产阶级的联合力量发挥作用的。"② 正是在这一过程中，实现了资本的长远利益与劳动者中短期利益的统一。又如，建立社会保障制度。尽管这种制度的资金来源各异，用途不同，但在实质上是一种强制储蓄制度。对于工人来讲，"它们的真正目的并不是财富，而只是更有目的的分配开支，使工人在年老或生病、发生危机等情况下，不会成为贫民院、国家的负担，或者行乞"。③ 实践表明，这种保障制度确实给工人带来了某些好处，甚至在一定程度上增强了他们的力量④，但对缓和、控制和转移阶级矛盾、维护资本统治发挥了更大的作用。

自 20 世纪特别是 1929—1933 年大危机和"二战"以来，发达资本主义国家不仅继续利用法律手段，而且开始自觉地利用政策手段调节分配关系。近年以来，国内外已经有文献利用经验资料说明了发达资本主义国家百年以来收入和财富差距的变化，并把这一变化归为收入差距先上升（20世纪 20 年代之前）、再下降（20 世纪 30 年代至 70 年代）、再上升（20 世

---

① 《马克思恩格斯文集》（第 5 卷），人民出版社 2009 年版，第 312、843 页。

② ［英］本·法因等：《重读〈资本论〉》，魏埙等译，山东人民出版社 1993 年版，第 94—95 页。

③ 《马克思恩格斯全集》（第 46 卷上），人民出版社 1979 年版，第 244 页。

④ 大卫·科茨指出："福利国家计划在调节资本主义时代变得更加普遍，这一趋势保护了工人的谈判力，使之免受失业的影响。"参见［美］大卫·M. 科茨《新自由主义的进入危机和终结阶段》，丁为民等译，《国外理论动态》2007 年第 12 期。

纪 80 年代以后）的正 U 型曲线。我国学者杨春学认为，造成收入和财富差距的具体原因比较复杂，但有效缩小这种差距的政策是非常清晰的："累进制税率、平衡资本与劳动讨价还价的法律、社会福利制度。美国历史表明，政府最终选择什么程度的这三类政策，取决于执政党的意识形态偏好、政治考量以及与不同利益集团的关系密切程度。"① 法国学者皮凯蒂则进一步指出："在 1910—1950 年，在大部分发达国家发生的不平等的减少主要是源于战争以及为应对战争冲击而出台的一系列政策。同样，1980 年以后不平等的重现很大部分是源于过去几十年政治上的转变，尤其针对税收和金融方面的政治转变。财富与收入不平等的历史是由经济的、社会的和政治的参与者看待'什么是正义、什么是不正义'的方式，以及这些参与者的相对实力和由此导致的集体选择共同作用的结果。不平等是所有相关参与者联合作用的产物。"② 由此可见，如何看待正义→政府政策的转变→分配关系的变动，可能是当代资本主义国家参与再分配、影响分配关系的重要路径，也应成为我国利用政府手段参与再分配的重要依据。

三　我国分配关系变动的历史与现实

中华人民共和国成立以来，分配关系也是随着生产关系的变动而变动的。在 1956 年基本完成生产资料私有制的改造之前，我国主要存在三种经济成分，即国有经济、资本主义经济、农民和手工业者组成的个体经济，相应的分配方式也是多元的。在国有经济内部，基本上是按照马克思所设想的社会所有制的分配原则进行分配，即对劳动产品做了以下扣除：第一，用来补偿消耗掉的生产资料的部分；第二，用来扩大生产的追加部分；第三，用来应付不幸事故、自然灾害等的后备基金或保险基金；第四，管理费用；第五，用来满足共同需要的部分；第六，为丧失劳动能力的人等设立的基金，再对剩余部分根据按劳分配的原则进行分配的。③ 在

---

① 杨春学：《如何压缩贫富差距？——美国百年历史的经验与教训》，《经济学动态》2013 年第 8 期；[法] 托马斯·皮凯蒂：《21 世纪资本论》，巴曙松等译，中信出版社 2014 年版。

② [法] 托马斯·皮凯蒂：《21 世纪资本论》，巴曙松等译，中信出版社 2014 年版，第 21—22 页。

③ 马克思：《哥达纲领批判》，《马克思恩格斯文集》（第 3 卷），人民出版社 2009 年版，第 432—433 页。

资本主义工商企业中，在扣除了生产资料消耗、工资之后，全年盈余按"四马分肥"的方式，即缴纳国家所得税（约为30%），企业提留公积金（10%—30%）、职工获得福利奖金（5%—15%）和资方获得利润（约为25%）来进行分配的。而在个体经济中，在缴纳国家税金之后，其成果的分配是由个体农民和手工业者自主决定的。在这里，我们再一次看到不同的生产关系对分配关系的决定作用。对当时的分配关系和分配结果的评价，首先或主要是对当时的所有制结构的评价问题。

随后国家通过对生产资料私有制进行改造，建立了社会主义生产资料公有制，也初步建立起与之相适应的社会主义分配制度。对这种分配制度，我国资深经济学家薛暮桥将其简要概述为："在社会主义制度下，由于生产资料公有制的建立，劳动力已不再是商品。在这里，劳动者新创造的价值，一部分用来满足社会共同的需要（经济建设基金，行政费，国防费，文化教育，医药卫生事业的开支等等），一部分作为个人消费基金，在劳动者之间按照他们所提供的数量和质量进行分配。"[①] 生产资料公有制、按劳分配和计划经济，构成了我国当时的社会主义经济制度的基本框架和主要组成部分。以此为基础，形成20世纪60—70年代我国居民收入和财富逐渐趋同的格局。

在此，我们进一步看到上层建筑（党和政府）对生产关系和分配关系、分配格局变迁的重要甚至决定作用。现在，需要我们研究的是，实现这种转变的依据是什么？如果从应然的角度看，其评价的标准是什么？进一步说，在当时的决策者心目中，其坚守的正义观是什么？对此，当时的决策者毛泽东有较多的论述。关于实现这一转变的必要性，毛泽东曾多次谈到这是发展生产力的需要。但是他更多地强调，这是消灭剥削制度的要求。但是，随着形势的变化，以及对形势的分析和对国情的认识的主观主义的偏差，毛泽东越来越把后者作为工作的主要内容，以至在1962年9月的党的八届十中全会上提出了党在社会主义阶段的基本路线，发展了他在1957年反右派斗争以后提出的无产阶级同资产阶级的矛盾仍然是我国社会的主要矛盾的观点；在1966年发动了以"继续革命"理论为依据的"文化大革命"，使当时的社会主义经济制度达到了纯而又纯的程度，同时

---

① 薛暮桥：《中国社会主义经济问题研究》，人民出版社1979年版，第77页。

也使党、国家和人民遭到中华人民共和国成立以来最严重的挫折和损失。①

造成这种挫折和损失的原因是什么？中共中央《关于建国以来党的若干历史问题的决议》已经做了分析，我们在此不做赘述。下面需要做的工作，就是利用马克思关于经济领域正义的标准对这一制度选择进行评价。

在引论中，我们在论述马克思的正义观时指出："分配正义主体范围的大小亦即是少数人、多数人还是每个人，是判断分配正义与否及其正义程度的主体基础，也是分配正义的价值前提。"下面，我们从经济层面使这一标准具体化。我们认为，在马克思看来，经济领域的正义观可以分为两类，一类是该社会主流的评价标准，另一类是马克思依据人类社会发展规律而提出的评价标准，二者不能混淆。第一类社会评价相当于该社会的自我评价。在分析这一评价标准时，马克思认为，一个社会的主流评价标准是由其占统治地位的生产方式决定的。在资本主义条件下："生产当事人之间进行的交易的正义性在于：这种交易是从生产关系中作为自然结果产生出来的。这种经济交易作为当事人的意志行为，作为他们的共同意志的表示，作为可以由国家强加给立约双方的契约，表现在法律形式上，这些法律形式作为单纯的形式，是不能决定这个内容本身的。这些形式只是表示这个内容。这个内容，只要与生产方式相适应，相一致，就是正义的；只要与生产方式相矛盾，就是非正义的。在资本主义生产方式的基础上，奴隶制是非正义的；在商品质量上弄虚作假也是非正义的。"② 对马克思的这一论述，我们可以再做如下解读：资本主义经济作为以商品经济为基础和形式的资本主义占有和分配关系，要求市场的扩展、交易的公平（等价交换）和价值规律的充分作用。根据这个要求，只要工业企业按照劳动力的价值支付劳动者工资，商业按照商品的价值出售商品，货币贷放者或土地所有者按照双方约定收取利息或地租，就是公平的、正义的，尽管作为上述行为的结果，产业资本、商业资本、借贷资本和土地所有者分别得到了不同形式的剩余价值。相反，弄虚作假、强制劳动或依附劳动、垄断市场等，尽管在现实中屡见不鲜，但由于与占统治地位的生产方式相抵触、相矛盾，所以被判定为是不公平、非正义的。西方发达国家陆续出

---

① 参见《中国共产党中央委员会关于建国以来党的若干历史问题的决议》，人民出版社1981年版，第22页。

② 《马克思恩格斯文集》第7卷，人民出版社2009年版，第379页。

台的反垄断法、公平交易法等，就是为校正这些不公正行为而设立的。因为只有这样，才能确立资本主义的价值观，维护这个社会的主体生产方式，进而维护整个资产阶级的共同利益和根本利益。

更应引起我们关注的，是马克思本人依据社会发展规律对某一社会的评价。这里，我们仍以他对资本主义的评价为例。通过研究《资本论》及其手稿，我们看到，作为唯物史观和剩余价值理论的创始人，作为共产主义运动的导师，马克思对资本主义的评价是建立在他对资本主义经济的本质而非表层的认识基础之上的，实现了真正意义上的实然与应然问题研究的统一。首先，马克思承认商品经济是资本主义经济的重要特征，等价交换是资本主义通行的原则。但是，他认为，它只是资本主义经济运行的前提和基础，是在流通领域即资本主义经济的现象层次所通行的原则。在流通领域，一切交易行为都是按照等价交换原则及其所蕴含的自由、平等、所有权和互惠互利精神进行的，资本主义相对于奴隶制、封建制的正义性（交易正义）和优越性在此得到体现。但是，一旦离开这个简单流通领域或商品交换领域，进入资本主义生产过程，开始了生产要素购买者即资本家使用这些要素特别是劳动力，启动雇佣劳动的过程，上述形式就会消失，资本主义经济关系的非平等性、工人劳动的雇佣性和分配的不公平性就会暴露出来。据此，马克思指出："货币最初转化为资本，是完完全全符合商品生产的经济规律以及由此产生的所有权的。尽管这样，这种转化仍然有以下的结果：1. 产品属于资本家，而不属于工人；2. 这一产品的价值除包含预付资本的价值外，还包含剩余价值，……3. 工人保持了自己的劳动力，只要找到买者就可以重新出卖。"① 所以，在等价交换掩盖下的是雇佣工人的被剥削和由此形成的一系列矛盾，这才是资本主义所通行的根本原则。在《资本论》中，马克思多次使用"残酷""盗窃""可耻"等词语来抨击资本家对工人的剥削，使用"可怜""悲惨"等词语来表示对工人的同情，表达了对资本主义非正义性的批判。同时，马克思还依据资本主义的内在矛盾和发展趋势，预测了未来社会的基本特征：消灭私有制，建立以自由人联合体为基本单位的经济社会组织，劳动者运用公共的生产资料进行生产；实现每个人的自由全面发展，人的生产力高度提高，

---

① 《马克思恩格斯文集》第 5 卷，人民出版社 2009 年版，第 675 页。

集体财富的一切源泉充分涌流；随着人的发展和生产力的提高，实现分配方式由按劳分配到按需分配的转变等，从正面表达了他的公平和正义观。这种公平与正义的核心，就是人与人之间的平等和每一个人的自由全面发展。反过来，这种与资本主义的交易正义相对的以人为核心的正义又成为批评资本主义非正义的手段。在这个意义上，英国左翼经济学家杰拉斯认为，马克思对资本主义生产方式的批判，是以所谓的"跨历史的原则"（transhistorical principles）为基本方法的。

如果用马克思的"跨历史的原则"对我国改革开放以前的所有制关系和分配关系的变革进行评价，我们会得出结论，以毛泽东为首的党中央所领导的具有特定含义的"过渡时期"和"继续革命"是符合马克思的基本主张的。正是通过这一系列工作，在占世界人口 1/4 左右的中国摆脱了剥削，极大地缩小了贫富差距，建立了崭新的社会制度。

但是，我们必须注意到，马克思是在对现实实然问题研究的基础上认识应然问题的。因此，他对公平与正义的认识始终是具体的、历史的，对任何有关公平和正义的研究所使用的基本原则首先是历史性原则，同时兼顾"跨历史的原则"。这正如恩格斯所指出的："马克思了解古代奴隶主，中世纪封建主等等的历史必然性，因而了解他们的历史正当性，承认他们在一定限度的历史时期内是人类发展的杠杆；因而马克思也承认剥削，即占有他人劳动产品的暂时历史正当性；……"① 如果按照这一原则看待问题，我们就会得出结论，对于中国这样一个大国，如果在历史上没有资本主义的发展带来的高度发达的生产力，没有经历商品经济的充分发展而塑造的人的独立性和"普遍的社会物质变换、全面的关系、多方面的需求以及全面的能力的体系"，② 是不能建立真正的社会主义的。邓小平说："现在虽说我们也在搞社会主义，但事实上不够格。"③ 如果我们从上述角度理解邓小平的这段讲话，可能更切合其原意。改革开放之前的 30 年历史表

① 恩格斯：《法学家的社会主义》，《马克思恩格斯全集》（第 21 卷），人民出版社 1965 年版，第 557—558 页。

② 马克思：《1857—1858 年经济学手稿》，《马克思恩格斯文集》（第 8 卷），人民出版社 2009 年版，第 52 页。

③ 邓小平：《社会主义必须摆脱贫穷》，《邓小平文选》（第 3 卷），人民出版社 1993 年版，第 225 页。

明，尽管从历史角度看，同旧中国相比，我们在经济建设和改善民生方面已经取得了很大成就，但是，从横向看，与发达国家相比，不论在总体实力，还是在人均水平方面，我们的差距不是在缩小，而是扩大了。这说明，与旧中国的半殖民地半封建的经济关系和上层建筑相比，我们所确立的生产关系和分配关系是具有优势的；但是，当这种离开基本国情而更多依赖上层建筑作用的制度运转到一定阶段，其弊端就会逐渐表现出来（如企业吃国家的"大锅饭"，个人吃企业的"大锅饭"）。本来，国有企业的整体性和个人消费品的按劳分配应该是这一制度的重要优势，然而这一制度与中国的具体国情相结合后，由于缺乏使这一制度的潜在优势变为现实优势的条件，其效应以两个"大锅饭"的形式表现出来，其结果必然是阻碍生产力的发展，成为传统体制的非公平性、非正义性的表现，从而也就成为发动经济体制改革、实现中国历史再次转折的原因。

从微观看，中国的经济体制改革是从分配环节开始的，其直接针对的体制弊端就是两个"大锅饭"问题。针对国有企业吃国家大锅饭的问题，改革从扩大企业自主权入手，经历承包经营责任制、建立现代企业制度等形式，通过"抓大放小"等途径，国有企业以各种形式走向了市场；与此同时，通过体制外改革，发展非公企业，民营企业和外资企业在经济活动中占有越来越重要的地位。与生产环节的改革相适应，针对个人吃企业大锅饭问题，经历恢复奖金和津贴制度、改革工资制度等形式，使劳动者的贡献与其收入更紧密地结合起来；与此同时，通过劳动人事制度改革、建立劳动力市场，劳动者出卖劳动力，与企业生产资料相结合，取得劳动力价格即工资；而非公企业的所有者，可以通过各种渠道取得以年薪、红利、财产收入、股票期权等形式出现的企业利润（剩余价值）。这些制度，构成了我国现阶段的基本经济制度主要内容，成为我国改革开放以来取得巨大进步的经济基础。

下面，我们将对我国现有生产制度和分配制度的经济影响做进一步的分析，并根据历史性原则给予正义性评价。

四　我国分配关系的变动与社会评价

改革开放以来，我国的生产关系和分配关系发生了巨大的变动。这一变动的实质，就是调整了现阶段的利益关系，形成了多个利益主体，调动了多方面的积极性，对形成新的分配格局产生了重大影响。

1. 我国人均可支配收入水平不断提高

这是改革开放以来我国国民生产总值不断提高的结果，其重要表现就是我国人均收入在世界人均收入中的排名不断提高。著名英国经济学家安格斯·麦迪森（Angus Maddison）在《世界经济千年史》中，对世界124个国家（地区）1950年至20世纪末的人均GDP变动情况进行了统计。该统计用购买力平价法估算各国GDP年度估计值和人均GDP（GDP年度估计值÷人口的年度估计值），货币单位为1990年的国际元（参见表3-1）。

表3-1　　　　1950年以来中国内地历年人均GDP及排名变化

年代	人均GDP	排名	国际上的影响力
1950	439元	倒数第5	仅高于缅甸、蒙古、博茨瓦纳、坦桑尼亚
1951	479元	倒数第8	超越佛得角、马里、毛里塔尼亚
1952	537元	倒数第10	超越尼泊尔、乍得
1953	554元	倒数第12	超越孟加拉、柬埔寨
1954	558元	倒数第11	被柬埔寨超越
1955	575元	倒数第12	再超柬埔寨
1956	619元	倒数第13	超越冈比亚
1957	637元	倒数第13	超越卢旺达，再次被柬埔寨超越
1958	693元	倒数第19	超越巴基斯坦、柬埔寨、老挝、科摩罗、多哥、乌干达
1959	697元	倒数第17	被柬埔寨、乌干达超越
1960	673元	倒数第14	被老挝、科摩罗、多哥超越
1961	557元	倒数第5	被缅甸、尼泊尔、孟加拉、蒙古、巴基斯坦、乍得、冈比亚、毛里塔尼亚、卢旺达超越
1962	553元	倒数第6	超越孟加拉
1963	592元	倒数第6	超越乍得，被孟加拉超越
1964	648元	倒数第10	超越孟加拉、缅甸、尼泊尔、卢旺达
1965	706元	倒数第11	超越蒙古
1966	753元	倒数第14	超越阿富汗、柬埔寨、老挝
1967	712元	倒数第11	被柬埔寨、老挝、蒙古超越
1968	678元	倒数第11	超越越南，被阿富汗超越
1969	722元	倒数第11	超越阿富汗，被越南超越

续表

年代	人均GDP	排名	国际上的影响力
1970	783 元	倒数第14	超越越南、老挝、柬埔寨
1971	799 元	倒数第14	
1972	802 元	倒数第13	被博茨瓦纳超越
1973	839 元	倒数第17	超越中非、尼日尔、苏丹、乌干达
1974	836 元	倒数第17	
1975	874 元	倒数第17	超越科摩罗，被苏丹超越
1976	852 元	倒数第17	
1977	895 元	倒数第17	
1978	979 元	倒数第21	超越印度、安哥拉、毛里塔尼亚、赞比亚
1979	1040 元	倒数第24	超越蒙古、肯尼亚、苏丹
1980	1067 元	倒数第27	超越冈比亚、马达加斯加、多哥
1981	1103 元	倒数第26	被蒙古超越
1982	1192 元	倒数第32	超越蒙古、加纳、利比里亚、莫桑比克、塞拉利昂、索马里
1983	1265 元	倒数第35	超越海地、贝宁、尼日利亚
1984	1396 元	倒数第38	超越巴基斯坦、塞内加尔、津巴布韦
1985	1522 元	倒数第38	
1986	1597 元	倒数第38	
1987	1706 元	倒数第41	超越喀麦隆、象牙海岸、吉布提
1988	1816 元	倒数第42	超越尼加拉瓜
1989	1827 元	倒数第42	
1990	1858 元	倒数第42	
1991	1940 元	倒数第45	超越伊拉克、埃及、洪都拉斯
1992	2098 元	倒数第46	超越菲律宾
1993	2277 元	倒数第48	超越古巴、也门
1994	2475 元	倒数第51	超越玻利维亚、朝鲜、刚果
1995	2653 元	倒数第54	超越萨尔瓦多、阿尔及利亚、摩洛哥
1996	2820 元	倒数第55	超越斯威士兰
1997	2973 元	倒数第55	
1998	3117 元	倒数第56	超越印度尼西亚
1999	3259 元	倒数第57	超越巴拉圭

资料来源：［英］安格斯·麦迪森：《世界经济千年史》，伍晓鹰等译，北京大学出版社2003年版，第302页。

根据上述资料，可以看到，自 1950 年以来，我国的人均 GDP 就开始呈增长态势。其表现，就是人均 GDP 不断超越原来处在我国之前的国家。但是，从 1958 年起，这种赶超状态开始停滞，在 20 世纪 50 年代末和 60 年代初，甚至出现被有些国家反超的现象。自 1979 年以来，这种局面被彻底扭转，随着我国 GDP 年度估计值迅速增加，我国人均 GDP 的位次不断攀升。更新的统计资料表明，这种态势一直持续到新世纪以来。[①]

2. 贫困人口数量不断减少

在我国人均 GDP 快速增长的同时，我国贫困人口数量也在不断减少。以农村贫困人口数量为例，按照世界银行 1 天 1 美元的贫困标准，农村贫困人口从 1981 年的 7.3 亿人下降到 2008 年的 9700 万人，减少了 6.3 亿人，贫困发生率从 73.5% 下降到 7.4%。[②] 按照我国官方贫困标准，农村贫困人口从 2002 年的 8645 万人下降到 2010 年的 2688 万人，贫困发生率从 9.2% 下降到 2.8%。[③] 绝对贫困人口的大幅减少，是我国改革开放以来经济社会进步的最明显表现之一。2015 年 11 月，中共中央、国务院发布《关于打赢脱贫攻坚战的决定》，2018 年 6 月又出台《关于打赢脱贫攻坚战三年行动的指导意见》，就完善顶层设计、现行标准下农村贫困人口做出具体部署，充分体现了中国共产党领导和社会主义制度能够集中力量办大事的制度优势。

3. 不同群体之间差距加大

如果说人均收入水平的提高和贫困人口的减少反映了我国居民收入总体水平的变动趋势，那么，居民收入的差距变化则反映了居民收入的离中和分散趋势。这是改革开放以来我国收入分配格局的另一个重大变化。人们通常用基尼系数，即在全部居民收入中用于不平均分配的百分比来衡量居民收入分配的差距。资料表明，在 20 世纪 50 年代中后期到改革开放以前，我国居民收入的差距是比较小的（基尼系数在 0.3 以下）。1978—1982 年，我国的基尼系数仍相对平稳地保持在 0.20—0.31 的较低水平，1985 年下降到 0.24。但从 1985 年开始，基尼系数开始逆转上升，在 1988 年达到 0.38，之后则在

---

① 据有关资料，中国人均 GDP 的排位，在 2011 年为第 89，2012 年为第 84，2013 年为第 85，2014 年为第 80，2017 年为第 74。

② The World Bank, An Update to the World Bank's Estimates of Consumption Poverty in the Developing World, 2011.

③ 国家统计局住户调查办公室：《中国住户调查年鉴》（2011），中国统计出版社 2011 年版。

波动中小幅上升，2008 年达到最高 0.491，然后逐步回落。图 3 - 1 展示了我国自改革开放初期到 2006 年的全国居民基尼系数变动情况。

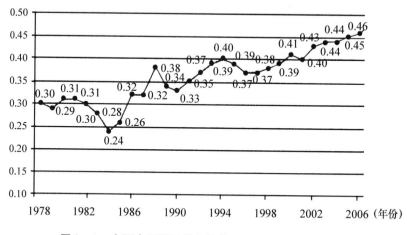

图 3 - 1　中国全国居民收入的基尼系数（1978—2006）

资料来源：何娅：《基尼系数：中国城乡历史政策的解构》，《中国国情国力》2007 年第 4 期。

根据国家统计局公布的数据，我国居民收入的基尼系数，2003 年是 0.479，2004 年为 0.473，2005 年为 0.485，2006 年为 0.487，2007 年为 0.484，2008 年为 0.491，随着我国各级政府采取惠民生的若干强有力的措施后，基尼系数逐步回落，2009 年为 0.490，2010 年为 0.481，2011 年为 0.477，2012 年为 0.474。[①] 根据国家统计局的这个资料，我们甚至可以得出结论，上述图示甚至低估了近年来（截止到 2012 年）我国居民收入的离中趋势。不论有关统计数据有多大的差别，近年来居民收入差距扩大已成为一个不争的事实。

第二节　政府直接调节初次分配关系的制度：
最低工资标准制度

政府影响和调节分配关系的途径，首先是指在不改变社会主义初级阶

---

① 《马建堂就 2012 年国民经济运行情况答记者问》，http：//www. stats. gov. cn/tjdt/gjtjjdt/t20130118_ 402867315. htm。

段基本经济制度的前提下，政府通过经济、法律或行政手段，制定有关政策、实施有关措施，进而改变分配关系和分配格局的方法。本节将研究政府通过制定和调整最低工资标准，直接干预初次分配过程，调节分配关系和分配格局的方法。这种方法通过立法手段提高了工资水平的底线，必然会在一定程度上缩小收入水平的级差和基尼系数，为再分配环节缩小差距提供基础。对此，我们称之为政府直接调节我国现阶段初次分配关系、实现公平和正义的基础性制度。

一　最低工资标准制度的渊源和理论基础

所谓最低工资，是指在法定工作时间内提供了正常劳动，用人单位支付劳动者报酬的最低金额。最低工资制度作为劳动工资政策，通常规定由国家通过立法程序，以确保工人的最低工资收入金额，从而确保员工在工作后的工资收入能够支付他们的基本生活需要。

传统理论认为，最低工资一般包括以下内容：第一，维持劳动者本人最低生活的费用，即对劳动者从事一般劳动时消耗体力和脑力给予补偿的生活资料的费用；第二，劳动者平均赡养人口的最低生活费；第三，劳动者为满足一般社会劳动要求而不断提高劳动标准和专业知识水平所支出的必要费用。上述内容，构成了最低工资所涵盖的主要内容。对最低工资问题的研究，最早可追溯到英国古典政治经济学创始人威廉·配第（1623—1687）。在《赋税论》一书中，配第不仅初步提出了以劳动时间测量商品的价值量的思想，而且在探讨了工资、分配等问题。他依据其劳动价值论分析了工资的实质，并在分析工资由何决定、政府应怎样对工资进行规定的基础上，得出劳动者应得到最低生活资料的价值的观点，他写道："法律应该使劳动者只能得到适当的生活资料。因为如果你使劳动者有双倍的工资，那么劳动者实际所做的工作，就等于他实际所能做的和在工资不加倍时所做的一半。这对社会来说，就损失了同等数量的劳动所创造的产品。"[1] 在此基础上，他进一步探寻了工人工资应包括的内容，认为，它是由包括劳动者"'为了生活、劳动和延续后代'所必需的东西决定的"[2]。

---

[1] ［英］威廉·配第：《赋税论、献给英明人士、货币略论》，陈冬野等译，商务印书馆1978年版，第85页。

[2] 《马克思恩格斯文集》（第5卷），人民出版社2009年版，第364页。

可见，配第仅仅是从工人的生理需要出发，用自然因素确定工人最低工资的。在对待最低工资问题上，法国重农学派创始人弗朗斯瓦·魁奈（1694—1774）与配第持相似的观点。魁奈认为，劳动者的工资应等于工人所需要的维持生活基本开支所需生活资料的价值。他在《人口论》一书中提出："那些用自己的双手创造货物的人们并不创造财富，因为他们的劳动只是使这种货物的价值增加上支付给他们的工资数，而这些工资是从土地的产品中取得的。他们的劳动产品等于他们所需要的费用，结果财富毫不增加。"①

在古典经济学家中，亚当·斯密在《国富论》中比较系统地阐述了工资概念。他认为："尽管雇主们在同自己工人的争议中一般处于优势，却有一个一定的比率，即使是最低贱的那种劳动的普通工资，也似乎不可能在一个长时期内降到这个比率以下。"根据斯密的论述，这个最低比率的工资应该包括：第一，维持劳动者本人生存所需要的工资；第二，赡养劳动者家庭所需要的工资；第三，学习费用，"劳动工资因业务学习有难有易、学习费用有多有少而不同"②。它们构成了劳动的"自然价格"，劳动的市场价格就是围绕着"自然价格"而上下波动的。在斯密关于工资的研究中，甚至发现了工资还受到道德因素的影响，从而克服了配第仅仅是从工人的生理需要出发，用自然因素确定工人最低工资的观点。依据斯密的分析，在一个社会中，什么算是"必需品"不是决定于人的自然需要，而是决定于什么是不带耻辱地、体面地出现在公众面前。他写道："对于必需品，我的理解是，它不仅仅指维持生命所不可缺少之物，而且是指由一个国家风俗决定的作为一个体面的人，哪怕最底层的人，不可缺少之物。"③ 斯密的这些思想，为马克思的有关研究提供了重要思想基础。同时，他所提出的劳动的市场价格就是围绕着"自然价格"而上下波动的观点，也为下面我们要批评的"工资基金论"（工资铁律）提供了理论支撑。

在 19 世纪中叶，随着古典经济学日益走向自己的反面，成为资本主

---

① 〔法〕弗朗斯瓦·魁奈：《魁奈经济著作选集》，吴斐丹、张草纫译，商务印书馆 1981 年版，第 144—145 页。

② 〔英〕亚当·斯密：《国富论》，杨敬年译，陕西人民出版社 2001 年版，第 89、131 页。

③ 〔英〕亚当·斯密：《国富论》，转引自阿玛蒂亚·森《以自由看待发展》，任赜等译，中国人民大学出版社 2002 年版，第 61 页。

义经济关系的辩护理论，新的工资理论即"工资基金论"应运而生。该理论的重要代表人物是约翰·穆勒，他认为，"企业总资本额不变的情况下，劳动者的工资取决于企业内部劳动力的数量以及企业雇主支付给劳动者的人力成本投入与其他固定、可变资本之间的关系。这部分用来给劳动者支付购买其劳动力的资本就是工资基金。"该理论假设企业主为一定数量的劳动者所需支付的人力资源成本是固定的，因而从长远的角度看，工人的总人数增加时，每个工人所得的工资数额就减少了。由此可见，该理论认为，只有当工资基金增加或工人数量减少时，企业雇主才会适当提高劳动者的工资。这一理论，经过进一步的系统化，成为后来的西方主流经济学长期坚持的"工资铁律"。①

在分析资本主义经济的过程中，马克思揭示了市场经济运行所具有的共同的、普遍的规律，也论述了他对工资特别是最低工资问题的认识。马克思认为，劳动者的工资收入实际上就是劳动者付出的劳动力价值的转化形式。他指出"简单劳动力的生产费用就是维持工人生存和延续工人后代的费用。这种维持生存和延续后代的费用的价格就是工资。这样决定的工资叫做最低工资"。"调节一般商品价格的那些一般规律，当然也调节工资，即调节劳动价格。劳动报酬忽而提高，忽而降低，是依需求和供给的关系为转移的，依购买劳动力的资本家和出卖劳动力的工人之间的竞争情形为转移的。"② 在《资本论》中，马克思对工资的内容做了更详尽的说明，明确指出工资的本质是劳动力商品的价值而不是劳动的价值，从而对古典经济的工资理论做了革命性变革。在此基础上，他指出，劳动力商品的价值由三部分构成：第一，维持工人生存的基本生活资料的价值；第二，使工人阶级能够繁殖后代即养活劳动者家人所需的费用；第三，把工人逐步训练为有技能的劳动者所需要的费用。当劳动力价值只包括满足纯生理要素所需要的费用，即工人只能"获得自己生活和繁殖所绝对必需的生活资料"，劳动力价值就到了最低限度。对此，马克思指出："劳动力价

---

① 所谓"工资铁律"，是资产阶级经济学家长期坚持的教条：认为"资本的运动依存于人口量的绝对运动。……按照这个教条，工资因资本的积累而提高。工资的提高刺激工人人口更快地增加，这种增加一直持续到劳动市场充斥，因而资本同工人的供给比较起来相对不足时为止。工资下降，于是事情走向反面"。（《马克思恩格斯文集》第 5 卷，人民出版社 2009 年版，第 734 页）

② 《马克思恩格斯文集》（第 1 卷），人民出版社 2009 年版，第 722 页。

值的最低限度或最小限度，是劳动力的承担者即人每天得不到就不能更新他的生命过程的那个商品量的价值，也就是维持身体所必不可少的生活资料的价值。假如劳动力的价格降到这个最低限度，那就降到劳动力的价值以下，因为这样一来，劳动力就只能在萎缩的状态下维持和发挥。"①在马克思的工资理论中，特别应注意的是，他进一步强调了历史和道德因素对劳动力价值的作用，认为这是劳动力商品的重要特征，并指出，劳动者为提高工资水平而进行的斗争有着重要意义。这种斗争的成果，不仅在于使劳动力的市场价格在长时间里与它的价值相一致，而且在于使劳动力价值中的历史或道德因素有可能扩大，而不至于降低到劳动力价值的最低界限甚至以下。②

根据这些论述，我们可以把马克思所说的"最低"分为两个层次：第一，最低劳动力价值，即劳动者自己生活和繁殖所必不可少的生活资料的价值；第二，最低工资，即包括受历史和道德因素影响的全部劳动力的价值。现实的工资，可能大于劳动力价值，也可能等于劳动力价值，也可能小于劳动力价值而相当于最低劳动力价值。对于劳动者来说，他们在出卖了劳动力后，有权得到相当于其付出的劳动力价值的工资，实现其劳动力价值，也有权根据历史和道德进步情况，通过斗争把工资提高到最低劳动力价值以上。因此，马克思的最低工资理论为工人的经济斗争提供了重要的理论基础，也为我们研究最低工资标准提供了理论基础。

20世纪80年代，新凯恩斯主义流派出现于西方的主流经济学中，该学派研究的重点是工资刚性和劳动市场失衡问题，效率工资理论是其理论之一。效率工资理论首先假设劳动者工资收入的高低是由其在工作过程中付出的努力、生产率的高低决定的，也就是说假设对于生产效率高的工人来说，得到的工资就高，对于生产效率低的劳动者，工资收入就低；另一方面，该理论认为工人生产率的高低也在一定程度上依赖于工资的高低。例如，劳动者工资提高，就会使其更愿意为雇主卖力，工作中会更加勤奋努力，工作士气高；相反如果工资水平低，劳动者就会产生消极怠工情绪，工作上爱偷懒、耍滑等。该理论认为，由于雇主已

①　《马克思恩格斯文集》（第5卷），人民出版社2009年版，第201页。

②　马克思：《工资、价格和利润》，《马克思恩格斯全集》第16卷，人民出版社1963年版，第131、163—165页。

经开出了较高的工资，而且由于最低工资制度约束雇主为减少人力成本所构成的失业率上升的现状，会给在职的劳动者造成无形中的压力，从而促使其更加努力地工作。或者说，在实施效率工资的前提下，最低工资既能够推动劳动效率的提高，又能够相对地减少整个社会的失业水平。但是，由于最低工资标准可能增加劳动力市场的刚性特征，所以，没有必要不断提高最低工资标准。

反对制定最低工资标准的代表人物是美国芝加哥大学的施蒂格勒（George J. Stigler）教授。[1] 他认为，实行最低工资标准会对就业产生负的效应。他特别以企业的利润最大化而遵循边际生产力理论为前提，分析了竞争性劳动力市场和非竞争性劳动力市场，分别论证了两种情况。从微观的角度，他得到结论：低工作效率的工人会首先被解雇，劳动生产率达不到所定的最低工资水平的人员都会被解雇，这样一来，如果雇员增加时为了实现工人的福利最大化，最低工资标准只会对工人的福利起相反的作用。他认为，在宏观上，这个结论依然存在。

从正面反对施蒂格勒教授立场的代表学者是莱斯特（Richard J. Lester）教授。他细心观察了在劳动力市场中工资的决定过程，发现它与工业产品市场的运营有着根本不同的特征，指出劳动力市场是受心理的、社会的、制度的等因素影响，因此在分析工资水平时，不能单纯依靠边际生产力原理，还要分析许多非市场性的因素。他认为，实际工资水平并不在同一条线上，而是存在这样一个范围，就是即使进行上下调整，也不对企业生产产生影响，因此，只要在这一范围内，即使以最低工资标准提高其下限，也并非一定会使企业倒闭或者解雇边际工人。[2]

上述关于最低工资标准减少雇佣效果的争论。在理论上没有得到任何最终结果的情况下，在过去的几十年间，一直进行着通过实证来证明哪种理论正确的研究。尽管在理论上如何认识最低工资制度有重大分歧，但在实践中，它仍是一项在绝大多数发达经济体和中等收入以上国家普遍实施的制度。最低工资制度不仅在保障劳动者权利上有着积极的贡献，同时，

① George J. Stigler, "The Economics of Minimum Wage Legislation", *American Economic Review*, 1946, June, pp. 358 – 365.

② Richard A. Lester, "Shortcoming of Marginal Analysis for Wage Employ-ment Problems", *American Economic Review*, 1946, March, pp. 63 – 82.

众多国家的实践也证明，当经济进入工业化中后期后，对激励劳动者增加劳动供给，转变经济增长方式和经济发展路径也有直接推动作用。对此，我们将在后面的分析中予以介绍。

二　我国实施最低工资标准制度的现实意义

我国的最低工资标准是从 1984 年开始推广的。1984 年，中国颁布了《确定最低工资办法公约》。在《确定最低工资办法公约》颁布之后，珠海是第一个通过立法的形式制定最低工资标准的城市，在此之后，深圳、广州及其他城市也纷纷通过立法形式确立了各自城市的最低工资标准。1993 年，当时的劳动部发布了《企业最低工资规定》，最低工资标准的概念、监督机制、调整方法，法律责任在《规定》中都有相应的详细规定。1994 年 7 月 5 日，《中华人民共和国劳动法》在第八届全国人民代表大会第八次会议中通过并得到发布，《劳动法》中的相关条款规定："国家实行最低工资保障制度。最低工资的具体标准由省、自治区、直辖市人民政府规定，报国务院备案。用人单位支付劳动者的工资不得低于当地最低工资标准。"1994 年 10 月 8 日，当时的劳动部发布了《关于实施最低工资保障制度的通知》，上述条款规定正式定义中国的最低工资标准的内容，在我国初步建立了最低工资标准的制度。具体说，我国实行这一制度，具有以下现实意义。

1. 有利于维护社会公平正义

公平正义体现在分配领域，就是要保障广大劳动者应有的劳动报酬权和基本的生存权，使在非公企业就业的劳动者得到劳动力价值。其底线，就是劳动者的工资收入能够维持劳动力自身的再生产，这大体上相当于马克思所说的最低劳动力价值的水平。我们在前面指出，在分析劳动者收入状况时，马克思曾提出两个标准：一是最低劳动力价值标准，二是最低工资标准。在此，我们应明确指出，我国作为社会主义国家，绝不能仅按照劳动力的纯生理要求所决定的价值确定我国的最低工资水平。我国所确立的最低工资标准，从理论上讲，应该考虑到历史和道德水平的变动，与马克思所说的最低工资标准的内容是相一致的。它是能够体现公平正义的劳动者收入。

实际上，在现实中，在实施过程中，由于某些历史原因（如，我国生产力总体水平仍较低，就业压力大），我国的最低工资标准还有可能低于上述理论标准，甚至低于最低劳动力价值标准。世界银行普查报告显示，考虑每人每天的营养摄入量及养育孩子的需要，在中国维持基本生活水平的平均费用应是每人每月 1684 元，而目前我国多数城市的最低工资还没有达到这一标准。这说明我国部分地区制定的最低工资标准，尚不足以维持劳动者最低生活水平。这一问题突破了社会公平正义的底线，社会和谐稳定状态必将面临考验，只有不断落实和完善最低工资标准，"公平正义的阳光"才能普照弱势劳动者。

2. 有利于保护弱势劳动者的基本权益

一些人对最低工资标准持批评态度，这些批评者立论的前提是最低工资制度涉嫌对劳动者的"过度保护"。事实上，我国的情况恰恰相反：劳动力市场严重供大于求，而且在 GDP 崇拜的驱使之下，一些地方还存在超越"正常保护"，而对资本"过度保护"甚至"一味纵容"的现象。因此，在当前条件下，我们不仅要注意保护民营经济的合法权益，而且要把保护弱者的工作放在重要的地位。我们不仅要热心维护投资环境，而且要积极推动改进劳动者的就业环境和劳动条件；不仅要服务企业，而且要切实提高劳动行政执法力度，着力维护劳动者的合法权益；不仅要加强有关宣传、教育，而且要及时坚决制止影响劳资合作和劳动者权益的各种行为；不仅要关注和解决劳动者面临的经济困境，而且要关注和逐步解决劳动者面临的社会困境，增加他们向上流动的机会。坚持最低工资标准就是这些理念的重要表现。[①]

据全国总工会 2009 年的调查，职工月工资与当地最低工资标准相比，低于当地最低工资标准的占 4.8%，高出当地最低工资标准 50 元以下的占 10.9%，高出 50 元至 100 元的占 12.5%，三者合计占 28.2%。考虑到超时劳动的普遍存在以及部分地区最低工资标准并非纯粹的"工资"，实际上有近 1/3 的职工工资徘徊在最低工资标准附近。[②] 近年来，通过加强监管，这一情况有所好转，但并没有从根本上解决。关于工资问题的纠纷一直成为维权立案数量的高位，就是证明。这说明，尽管我国的最低工资标

---

① 丁为民：《合作与共赢：通往和谐劳动关系的必由之路》，《教学与研究》2012 年第 4 期。

② 张建国、石毅：《实行最低工资制度的现实意义》，《包头日报》2010 年 8 月 6 日。

准仍然很低，距离合理的水平仍然有一定的距离，但仍有企业达不到要求。如果我国没有实行最低工资制度，对弱势劳动者的收入政府不加以干预，可能会有更多劳动者的收入低于目前的水平。这从另一个侧面说明了坚持最低工资标准的必要。

3. 有利于改善不合理的国民收入分配状况

经验资料表明，改革开放以来的一段时间里，我国收入分配中存在的最大问题就是普通劳动者收入水平过低且增长缓慢。就最低工资而言，国际惯例是最低工资应达到平均工资的 40%—60%，而我国的实际情况是，绝大部分省（区、市）的最低工资标准低于当地平均工资的 40%。以目前最低工资标准最高的上海市为例，最低工资标准也仅占到当地职工平均工资的 31.4%。再比如，2014 年深圳市的人均 GDP 和 1992 年相比增长了 7.4 倍，但最低工资却只上升了 4.1 倍。如果扣除物价因素，按照实际购买力计算，最低工资上升的实际幅度会更小。但按照当地的物价、消费等水平，即便收入达到 2014 年最低工资两倍的 2000 元水平，在深圳生活养家糊口仍会较为困难。

20 世纪 90 年代中期以来，通过逐步提高最低工资标准，我国一线职工的工资水平逐年提高。特别是 2008 年世界范围的金融—经济危机以来，为了抵御危机对我国经济的负面影响，我国最低工资调整的力度进一步加大。到 2015 年，大陆几乎所有省市自治区企业员工的名义工资都比 2008年提高一倍左右。[1] 由于最低工资不断提高的效应，我国"城乡居民收入增速超过经济增速，中等收入群体持续扩大"[2]，对于扩大生活消费、缩小收入差别、实现社会稳定发挥了重要作用。但是，我们仍不可过于乐观。从世界经济角度看，我国劳动者的工资水平仍不够高，过去工资的增长带有明显的"向历史还欠债"的性质。现在的工资水平，对于多数劳动者来讲，还难以达到能够体现历史和道德因素影响的全部劳动力的价值的水平，还不足以维持劳动者体面且有尊严的生活。因此，不断提高中国的最低工资标准，仍需长期努力。

---

① 据人社部统计，在"十二五"期间，全国最低工资标准年平均增幅为 13.1%（《21 世纪经济报道》2016 年 5 月 17 日）。

② 习近平：《决胜全面建成小康社会　夺取新时代中国特色社会主义伟大胜利——在中国共产党第十九次全国代表大会上的报告》（2017 年 10 月 18 日），人民出版社 2017 年版，第 5 页。

4. 有利于澄清人们对"比较优势"理论的误解

有的批评者认为实行最低工资制度和不断提高最低工资标准，会提升劳动力成本，从而吓跑投资者，让我国的"比较优势"在招商引资中丧失殆尽。这是一种偏颇的认识。因为，"比较优势"并不单纯体现为劳动力成本优势。否则，我们很难解释为什么在中国劳动力更为廉价的时代，比如说中国职工的平均工资尚不足欧美、日本工人工资1%的20世纪70年代，中国经济并没有依靠巨大的"比较优势"实现经济腾飞？同样不能解释的是，虽然低廉的劳动力成本是我们的"比较优势"，但即便劳动力成本维持现状，也要高于东南亚的一些国家，那么为什么我们还能在与它们的竞争中处于优势地位？这正如有学者指出的，除了劳动力优势外，我国还有诸如基础设施、政策优惠、大量的熟练劳动力等优势，这种情况下，别说我们的最低工资标准还远低于应有的水平，即便按照经济社会发展水平相应调整最低工资标准，使之达到相对合理的占职工平均工资40%—60%的水平，也可以吸引投资者，同时还会激发职工的创造力，巩固中国经济发展的"比较优势"。因为，只要劳动力成本的上升速度不超过劳动生产率的提高速度，"比较优势"就会依然存在。

5. 有利于推动经济发展方式转变

当前我国正处于加快经济发展方式转变的关键时期，要求我们不断提高核心竞争力，但低工资绝对不是核心竞争力。经过改革开放40多年的发展，之前粗放式的发展模式难以为继，特别是国际金融危机的冲击表面上看是对我国实体经济的冲击，实际上是对我国经济发展方式的冲击。国内外形势的发展，使得我国转变经济发展方式已经迫在眉睫。在这样的历史条件下，如果依然想依靠低工资的优势，在产业链低端让工人加班加点"拼血汗"，建设创新型企业、创新型国家就会成为一句空话。其实，在生产饱甚或过剩的条件下，一味靠挤压成本和扩大产出规模很难带来更高的利润。比如说，2014年我国电子行业的总销售为5.1万亿元，雇用了760万工人，据此推算，全部工资支出1810亿元，只占总销售的3.5%，这说明核心的竞争力绝对不在低工资上，在人工成本很低的情况下，能够挤压的空间还有多大呢？另一个有说服力的例证是，由于长久以来我国多数劳动者都处于产业价值链最低端，许多时候，一件发达国家拥有的知识产权商品，中国劳动力成本大约只占1%—5%，而30%甚至50%以上的利润都被发达国家拿走。这样看来，在对劳动力成本影响微乎其微的最低工资上"打主意"，与加快转变经济发展方式的目标完全背道而驰。

如果我们进一步开阔视野，就会看到，高效率、高附加值往往是同高工资相联系的。在经济思想史上，曾长期存在工资与效率关系的争论，并形成了大量的高工资产生高效率的文献。[①] 在 19 世纪后期，美国已采用这一思路作为政府的政策。在格罗弗·克利夫兰（Grover Cleveland）[②] 主持的两届民主党政府中，美国国务院启用了雅各布·舍恩霍夫（Jacob Schoenhof），一个主张自由贸易的民主党人；该人在 1861 年从德国移民到美国，曾到世界各地旅行，其间比较了各国的工资率和劳动生产率。他的统计数据证实，有利的生产率优势足以抵消美国的高工资水平。为此，民主党人主张，排除使用保护性关税支持工资水平的要求。舍恩霍夫在 1884 年写道："美国不能通过降低工资来征服他国。而应通过优秀的组织和由于该国更高生活水平而产生的更高劳动效率实现这一目的。高工资的劳动意味着更好的食品和更好的生活，而这些可以给美国工人提供能量和智力，对此，他有充分理由加以欢迎。高工资劳动的国家在任何方面都能战胜'救济贫困劳工'的国家。"[③] 目前我国的著名企业华为实行的"高工资、高效率、高压力"的发展战略，也使人看到了我国企业未来发展的方向。当然，这是需要付出长期努力的。在这方面，我们仍然任重道远。对此，我们将在第四节进一步分析。

三　影响我国最低工资标准的因素分析

1. 影响最低工资标准的因素

在一个国家设立和调整最低工资标准时，会考虑很多因素。我国在确定和调整最低工资标准时，要考虑的首要因素就是劳动者及其家庭成员的基本生活需求，其次还要考核本地的经济发展水平和状况。从根本上说，这是与

---

　　① ［美］赫德森：《国际贸易与金融经济学：国际经济中有关分化与趋同问题的理论史》，丁为民等译，中央编译出版社 2014 年版，第 198—200 页。

　　② 格罗弗·克利夫兰生于 1833 年 3 月 18 日，卒于 1908 年 6 月 24 日，美国第 22 届和第 24 届总统，是美国历史上唯一一位非连续担任两届总统（1885—1889 和 1893—1897）的政治家。

　　③ Jacob Schoenhof, *Wages and Trade in Manufacturing Industries in America and Europe*（New York：1884），p. 19. See also Schoenhof's *The Economy of High Wages*（New York：1892），p. 385.

我们前面关于劳动力价值决定因素的论述相一致的。具体来说，我国《劳动法》第 49 条规定，"确定和调整最低工资标准应综合考虑下列因素：（1）劳动者本人及平均赡养人口的最低生活费；（2）社会平均工资水平；（3）劳动生产率；（4）就业状况；（5）地区之间经济发展水平的差异"。

在《劳动法》规定的几个因素中，其中"最低生活费"是指维持劳动者及其家庭基本生活开支所需要的费用，这个生活费用是与社会各个时期的通货膨胀率有关的。通货膨胀率越高，维持劳动者及其家庭基本生活开支所需要的费用就越高；通货膨胀率越低，维持劳动者及其家庭基本生活开支所需要的费用就越低。"社会的平均工资水平"在统计时，实际上只包括城镇企业的职工平均工资，最低工资标准与城镇企业的职工平均工资有一个比率，并且这个比率也与恩格尔系数有关。"劳动生产率"就是生产者在参加劳动生产时候的效率，在具体统计时，整个区域经济社会的劳动生产率可以用国内生产总值及其增长率来测算。"就业状况"就是指城镇的就业人口和就业率的情况，最低工资标准的设立肯定会对就业产生影响，如果最低工资标准设立的过高，必然会对就业有一定的负面影响，所以，在考虑最低工资标准时，也要考虑到失业率的情况。

考虑到"地区间的经济发展水平的差异"，我国没有全国统一的最低工资标准，而是由各省（市）根据自身经济社会的实际情况来确立的自身的最低工资标准。最低工资标准不能脱离经济社会实际而存在。这就是说，在制定最低工资标准时，我们应考虑到不同地区的经济发展水平和有关工资水平的历史与现实状况。如果我国在设立最低工资标准的时候，搞一刀切政策，那么，对于发达的东部省份来说，在那里生活成本较高，最低工资标准难以起到保障生产者及其家人的基本生活开支的作用。而对于经济发展落后的西部省份来说，过高的最低工资标准势必会增加当地企业人工成本，影响企业竞争力，还会对当地的招商引资产生不利的影响。

影响最低工资标准的主要因素都对最低工资标准产生了不同程度的影响；但是，反过来，最低工资标准却不是影响这些因素变动的变量。那些认为最低工资标准调整会加剧我国通货膨胀、降低劳动生产率和增加失业率的观点并不能成立。

（1）通货膨胀

维持劳动者及其家庭基本生活开支所需要的费用，是与社会各个时期的通货膨胀率有关的。在劳动者基本生活水平不变的情况下，通货膨胀率越高，维持劳动者及其家庭基本生活开支所需要的费用就越高；通货膨胀率越低，维持劳动者及其家庭基本生活开支所需要的费用就越低。如果最低工资的增长，低于通货膨胀率的增长，那么就会造成最低工资和最低生活水平"负增长"的情况。在这种情况下，最低工资标准根本不能起到保障生产者基本生活的作用，反而会加剧劳资矛盾，造成社会不安定因素。所以，世界各国在确立最低工资标准的时候，都会将通货膨胀率算入其中，以保证维持生产者基本的生活开支。我国也是如此。在我国的《最低工资规定》中明确要求，各地区的最低工资标准每两年时间至少要调整一次，就是为了避免最低工资标准出现"负增长"的情况。

然而，也有学者指出，增加最低工资标准，会使企业增加成本开支，这种成本开支的增长必然会表现在商品价格上，以转嫁给消费者。所以，他们认为提高最低工资标准会造成成本推动型的通货膨胀。其实，调整最低工资标准而造成成本推动型通货膨胀的条件，是最低工资标准过高，超过的经济的发展水平。但是，下述资料表明，对于我国而言，最低工资标准实行的时期比较短，而且最低工资标准并不高，即使最近几年一直在提高最低工资标准，也只是带有补偿的性质，并没有超过经济实际，所以，不会出现提高最低工资标准推动通货膨胀发展的情况。

在现实经济测算中，通货膨胀率一般是由居民消费价格指数，即 CPI 来衡量。在图 3-2 中，我们采用居民消费价格指数的增长率表示 1996—2014 年的通货膨胀率；对于最低工资标准的度量，由于各地区最低工资标准数值不同，无法使用全国性的数字，所以，我们选取了北京市的最低工资标准，作为全国最低工资标准的代表，以便于分析最低工资标准的增长率与通货膨胀率的增长率之间的关系。通过对图 3-2 的分析，我们很容易发现，在大部分年份，最低工资的增长率仍低于通货膨胀率的增长。这说明，我国的最低工资标准增加不仅不会造成通货膨胀，而且最低工资标准的调整并不够，还应该加大提高最低工资标准的力度。

用 Y 表示北京市 1994—2013 年的最低工资标准，用 $X1$ 表示相应时期的 CPI 水平，由于最低工资标准的影响具有滞后性，所以对 $X1$ 滞后一阶，对两列数据取对数建立回归模型如下：

$$\ln Y = \beta_0 + \beta_1 \ln X1 + \upsilon$$

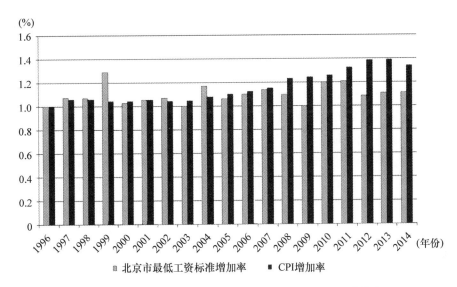

图 3-2　1996—2014 年北京市最低工资标准及 CPI 增长率

对两列数据进行单位根检验，经 2 次差分显示为平稳序列。

为了避免伪回归，经过 Johansen 协整检验显示两列数据具有协整关系。直接用最小二乘法进行回归，回归结果显示 $\beta_1 = 30.09$，在 10% 的水平下显著。说明通货膨胀确实会影响最低工资标准的提高，最低工资标准要随着通货膨胀发展而提高。

对于国内外有些专家学者认为提高最低工资标准会引起通货膨胀的说法，可以经过对两列数据的回归来验证。

$$\ln X1 = \beta_3 + \beta_4 \ln Y + \upsilon$$

回归结果显示 $\beta_4 = 0.001$，并且不显著。所以，认为提高最低工资标准会引起通货膨胀率的观点并不能成立。

（2）GDP 增长水平

"劳动生产率"就是生产者在参加劳动生产的时候的效率，在具体统计时，整个区域经济社会的劳动生产率可以用国内生产总值及其增长率来测算。最低工资标准的调整，必须要与当前的经济形势实际有关，不能脱离其而盲目调整，既不能调整过高，也不能一直保持在低水平。最低工资标准调整过高会造成企业人工负担过重，缺少竞争和活力，阻碍经济发展。而使最低工资标准长期保持在一个低水平的情况，更会抑制劳动者的劳动积极性，产生怠工、劳动生产率低下的情况，这种情况也会严重阻碍经济的发展。所以，应该是最低工资标准与 GDP 增长速度保持一个平行的增长，使更多的劳动者享受经济发展带来的生活水平的提高，并且，适量地提高最低工资标准还会促进经济的发展。如果工人得到的工资较多，那么他就是拿出更多的收入进行社会生活资料的消费，从而增加生活资料的需求，刺激了第二部类的生产。在现代西方主流经济学中，对于工资的提高会刺激经济发展的论述也很多。凯恩斯指出，消费会刺激国民收入。如果工人拥有更多的工资，那么他们就会增加自己的消费，而消费的增加会刺激相应消费品的投资的增长，根据投资乘数理论，投资的增长会引发国民收入成倍地增长，从而刺激消费。其实，美国在大萧条时期增加国家基础设施建设，大兴土木，就是为了增加工人的工资，以此来刺激国内经济的复苏。而在我国，经济转向"新常态"，我国的 GDP 增速放缓、出口导向型企业减产，为使经济回温，更应该拉动国内消费需求来刺激经济发展。要想使老百姓增加自己的消费，就必须要想方设法提高他们的收入。而对于当前的中国来说，提高最低工资标准无疑是增加最广大人群收入的良药。

然而，我国有些省份最低工资标准的增长速度却远远比不上 GDP 的增长速度。例如内蒙古，前几年一直保持 20% 左右的 GDP 增长速度，但是最低工资标准的增长差强人意。

图 3-3 及图 3-4 中表示的是内蒙古的最低工资标准的绝对量以及其增长率变化。我们在对数字的观察中不难发现，内蒙古从 2004 年到 2014 年的最低工资调整中，调整幅度在 20% 以上的只有 2006 年、2008 年和 2010 年，其余年份最低工资标准的调整都在 20% 以下。在中国，内蒙古并不是一个特例，中国有不少省份最低工资标准的调整都没有跟上经济的发展速度。所以，我国要适时加快最低工资标准的提高步伐，早日使其与经济发展相适应，并为促进经济发展贡献力量。

研究二者的相互影响，可以通过对两列数据的分别回归来验证。由于北京市的数据统计较全面，所以依然选取北京市的数据。Y 表示北京市 1994—2013 年的最低工资标准，用 $X2$ 表示相应时期的 GDP 水平，由于最低工资标准的影响具有滞后性，所以对 $X2$ 滞后一阶，对两列数据取对数

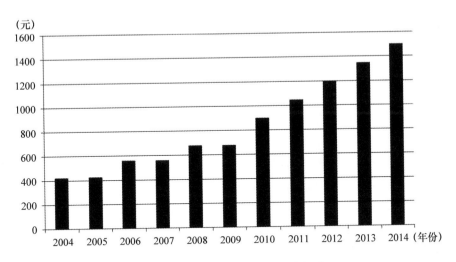

图 3 - 3　内蒙古自治区最低工资标准

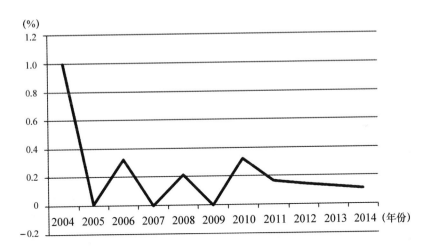

图 3 - 4　内蒙古自治区最低工资标准增长率

建立回归模型如下：

$$\ln Y = \beta_0 + \beta_1 \ln X2 + \upsilon$$

重复上一节的做法，回归结果显示 $\beta_1 = 12.33$，在 10% 的水平下显著。说明最低工资标准随着 GDP 的增速而提高。

$$\ln X2 = \beta_3 + \beta_4 \ln Y + \upsilon$$

回归结果显示 $\beta_4 = 0.03$，在10%的水平下显著。所以，我国应适时地加快最低工资标准的提高步伐，通过提高最低工资标准，可以增加居民的购买力，从而扩大内需，缓解经济下行的压力。

（3）就业情况

就业率也是影响最低工资标准调整的重要因素。有些经济学家质疑最低工资标准，就是因为他们认为设立和提高最低工资标准会减少就业，造成全社会范围的失业增加。在理论分析上，确实会有这方面的不利影响，但是企业家弃用人工而转向机器生产是有一定的条件的，就是工人工资很高，已经超过了研发和使用机器的成本，这就是马克思所说的生产的资本主义边界。但是在中国，由于历史原因，工人的工资并没有达到一定的高度，而是一直在低水平进行徘徊，直到确立最低工资标准之后，实际工资才有了增长，但这些增长也只是补回历史遗留的不足而已，并没有达到很高的程度。所以，并不会引起大规模的失业，我们还是拿北京市来分析。

通过对图3-5及图3-6的观察，我们不难发现，北京市的城镇登记失业率并没有随着最低工资标准的大幅提高而增加；在2005年以后，二者还呈现出反向变动态势。所以，以目前中国的经济来看，提高最低工资标准并不会引发社会的失业增加。

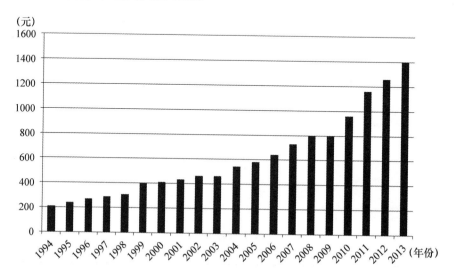

图3-5　北京市最低工资标准（1994—2013年）

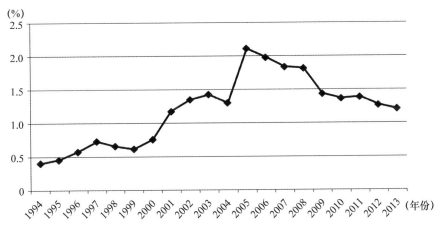

图 3-6　北京市城镇登记失业率（1994—2013 年）

对于某些人对提高最低工资标准会引起失业率的增加的担忧，我们也可以用实证的手段来验证。Y 表示北京市 1994—2013 年的最低工资标准，用 $X4$ 表示相应时期的城镇登记失业率，对 $X4$ 滞后一阶，对两列数据取对数建立回归模型如下：

$$\ln X4 = \beta_0 + \beta_1 \ln Y + \upsilon$$

回归结果显示 $\beta_4 = 0$，不显著。所以，根据结果，最低工资标准的提高并不会对城镇失业率产生影响。

2. 我国最低工资标准影响因素的格兰杰因果分析

（1）变量的选取和数据来源

在此，我们主要研究我国最低工资标准的影响因素及其之间的因果关系，由于各地最低工资标准的不统一和数据的不完整，根据《劳动法》对最低工资标准影响因素的规定和国内外专家的研究，主要选取北京市 1996—2013 年的 GDP 增长率（$X1$）、第三产业的就业人数占比（$X2$）、城镇登记失业率（$X3$）、通货膨胀率（$X4$）和人均平均工资（$X5$）作为影响因素，运用格兰杰因果检验验证以上 5 个因素与北京市最低工资标准（Y）之间的相互联系。数据主要来源于北京统计局网站《2014 年北京市统计年鉴》。

（2）实证分析与结论

由于使用的为时间序列数据，首先需要进行平稳性检验。通过对 6 个变量的平稳性检验，发现其中 $X1$、$X2$、$X5$ 为 0 阶平稳，Y、$X3$、$X4$ 为 1 阶平稳，由于 6 个变量平稳性检验不同阶，所以不可以使用回归检验，由此选用格兰杰因果检验分别验证 5 个影响因素与最低工资标准的两两联系。Stata 的实验结果如下（参见表 3 - 2）：

表 3 - 2　　　　　　　　　　　　格兰杰因果检验结论

原假设	样本量	Prob	结论
X1 does not Granger Cause Y	18	0.027	拒绝原假设
Y does not Granger Cause X1	18	0.041	拒绝原假设
X2 does not Granger Cause Y	18	0.549	接受原假设
Y does not Granger Cause X2	18	0.042	拒绝原假设
X3 does not Granger Cause Y	18	0.444	接受原假设
Y does not Granger Cause X3	18	0.569	接受原假设
X4 does not Granger Cause Y	18	0.005	拒绝原假设
Y does not Granger Cause X4	18	0.112	接受原假设
X5 does not Granger Cause Y	18	0.001	拒绝原假设
Y does not Granger Cause X5	18	0.474	接受原假设

通过格兰杰因果验证，可以进一步得出以下几个结论：GDP 的增长率和最低工资标准是相互影响的，也就是说，提高最低工资标准水平可以促进 GDP 的增长；最低工资标准的增加可以影响第三产业的就业人数占比，优化产业结构；最低工资标准与失业率并没有因果联系；最低工资标准应该随着通货膨胀率增加而增加，但是并不会引起通货膨胀率的增加；增加最低工资标准不会增加人均工资，所以应该加快提高最低工资标准的步伐。这些结论，进一步证实了我们的理论分析。

四　我国实施最低工资标准制度的特点和效果分析

1. 我国各地实施最低工资标准的现状及特点

我们首先收集了 2004—2015 年我国主要省区市的代表性城市最低工资标准的情况，并通过表 3 - 3 加以显示。实际上，最低工资标准是从 1993 年开始进入人们视线的，广东省珠海市第一个制定了最低工资标准法规，后来慢慢地发展到现在以省、直辖市为单位统一制定最低工资标准。由于数据的可得性，我们只收集和研究了 2004—2015 年这 12 年的数据。由于各地区经济发展水平的差距，除了北京、上海、天津等直辖市，其他省市的不同地区之间的最低工资标准也被分为若干档次。例如，广东省的最低工资标准就被分为以广州、珠江、汕头、韶关为代表的四个档次。出于简便需要，本表使用的是有关省（市）内各地区的最高档次的最低工资标准。

表 3 - 3			32 个省（市）2004—2015 年的最低 工资标准面板数据					（单位：元）
	北京	安徽	福建	甘肃	广东	广西	贵州	海南	河北
2004	545	410	475	342	684	460	400	500	520
2005	580	410	475	342	684	460	400	500	520
2006	640	520	653	430	780	500	550	580	580
2007	730	560	750	430	780	580	650	630	580
2008	800	560	750	620	860	670	650	630	750
2009	800	560	750	620	860	670	650	630	750
2010	960	720	900	760	1030	820	830	830	900
2011	1160	1010	1100	760	1300	820	930	830	1100
2012	1260	1010	1200	980	1300	1000	930	1050	1320
2013	1400	1260	1320	1200	1550	1200	1030	1050	1320
2014	1560	1260	1320	1350	1550	1200	1250	1120	1480
2015	1720	1260	1320	1350	1550	1200	1250	1270	1480
	河南	黑龙江	湖北	吉林	江苏	江西	湖南	辽宁	内蒙古
2004	480	390	460	364	692	360	481	450	421
2005	480	390	460	363	692	360	481	450	424
2006	480	620	460	510	754	360	602	590	561
2007	650	620	580	650	850	580	635	700	560
2008	650	680	700	650	850	580	665	700	680
2009	650	680	700	650	850	580	665	700	680
2010	800	880	900	820	960	720	850	900	900

续表

	河南	黑龙江	湖北	吉林	江苏	江西	湖南	辽宁	内蒙古
2011	1080	880	1100	1000	1140	720	1020	1100	1050
2012	1080	1160	1100	1150	1320	870	1160	1100	1200
2013	1240	1160	1300	1320	1480	1230	1160	1300	1350
2014	1400	1160	1300	1320	1630	1390	1265	1300	1500
2015	1600	1160	1550	1320	1630	1390	1390	1300	1640

	宁夏	青海	山东	山西	陕西	上海	四川	天津	西藏
2004	380	370	530	525	490	635	450	590	496
2005	380	370	530	525	490	690	450	590	497
2006	450	460	610	552	540	750	580	670	495
2007	560	460	610	610	540	840	650	740	495
2008	560	600	760	720	600	960	650	820	730
2009	560	600	760	720	600	960	650	820	730
2010	710	770	920	850	760	1120	850	920	950
2011	900	920	1100	980	860	1280	850	1160	950
2012	1100	1070	1240	1125	1000	1450	1050	1310	1200
2013	1300	1070	1380	1290	1150	1620	1200	1500	1200
2014	1300	1270	1500	1450	1280	1820	1400	1680	1200
2015	1300	1270	1600	1450	1280	2020	1400	1850	1400

	新疆	云南	浙江	重庆	深圳				
2004	481	474	670	401	610				
2005	483	473	670	402	690				
2006	675	543	750	583	810				
2007	670	540	850	580	850				
2008	800	680	960	680	1000				
2009	800	680	960	680	1000				
2010	960	830	1100	680	1100				
2011	1160	950	1310	870	1320				
2012	1340	1100	1310	1050	1500				
2013	1520	1265	1470	1050	1600				
2014	1520	1420	1650	1250	1808				
2015	1520	1420	1650	1250	2030				

资料来源：有关省市劳动与社会保障部门网站。

通过对表3-3数据的分析，可以看出我国当前实施最低工资标准制度过程呈现以下特点。

第一，东中西北各部分差异明显。在我国，东中西北四个地区最低工资标准呈现明显的不均衡性，其中，深圳制定的最低工资标准最高，2015年达到2030元；黑龙江最低，只有1160元，且三年没有调整，与深圳相差870元，黑龙江的最低工资只相当于深圳的57.1%。在《劳动法》中规定，最低工资标准设立也要参照"地区间的经济发展水平的差异"。这个差异使我国没有国家统一的最低工资标准，而是由各省区市根据自身经济社会的实际情况来确立。因此，反之，最低工资标准的差异，从另一个角度反映了我国各省区市经济发展水平的差别。如果我国在设立最低工资标准时，搞一刀切政策，那么，对于发达的东部省份来说，在那里生活成本较高，最低工资标准根本没有起到保障生产者及其家人的基本生活开支的作用。而对于经济总量发展落后的西部省份来说，过高的最低工资标准势必然会引起当地企业人工成本高，在企业暂时缺乏竞争力的情况下，不利于企业生存，而且也会对当地的招商引资产生不利影响。

所以，根据自身经济水平的差异，我国西部地区如新疆、西藏、甘肃、青海等地的最低工资标准比较低，东北三省的最低工资标准也比较低，这样安排，可能有利于当地企业降低成本，增强竞争力和比较优势，而在经济发达的北京、上海、深圳、广州等一线城市，最低工资标准相应的也比较高，主要是与当地经济实际和物价水平相关联，更好地维持工人的基本生活。

第二，多数省区市调整比较频繁。我国《最低工资规定》中提到，最低工资标准每两年至少调整一次。从表中可以看到，多数省份都做到了至少两年调整一次，很多省份如上海、北京、天津等基本上是每年都会上调最低工资标准。主要是这些省市的经济发展形势较好和通货膨胀因素所致，反映了我国总体经济形势向好的局面。

但是，也应注意到，近年来，有些省区市（广东、广西、福建、安徽、宁夏、新疆、吉林、辽宁等）已有两年没有调整最低工资标准；更应关注的是，在2012年做了最后一次调整后，黑龙江已经3年没有调整最低工资标准。这在一定程度上反映了我国局部或部分省区市经济增长出现问题，特别是东北三省，问题更为严重。工资水平低，调整慢，又成为东北人才流失的重要原因。按照第六次全国人口普查数据，东三省每年净流出的人口约200万人。这些数据，进一步证实了我们在前面关于影响最低工资标准的因素分析和实施这一制度的意义分析。

第三，多数省区市近年调整力度增大。《最低工资规定》中并没有提每次调整的浮动区间有多大，各地也是根据《劳动法》中规定的几个因素进行调整。但是，资料显示，在近几年，每次最低工资的调整力度都很大，尤其是2011—2014年，每年都有20个以上省区市的调整力度在100元左右，但实际上，这几年的通货膨胀率并不高，这体现了党的十八大以来各级政府对通过调整最低工资标准实现初次分配公平的重视，也体现了这几年我国经济总体向好的形势。

2. 我国实施最低工资标准制度的成效

第一，有利于缩小居民收入差距。通过对图3-7的观察，可以看到，2003—2009年，反映我国居民收入差距的基尼系数一直呈攀升态势，到2009年达到顶峰，在2009年之后不断下降。再对作为全国最低工资标准变动的代表性地区北京等地的最低工资标准变动（图3-8）进行观察，发现在2009年之后不断提高最低工资标准，并且力度逐年增大，所以，从2009年开始，基尼系数呈下降态势[①]。这说明，通过最低工资标准的调整有利于缓解收入分配不合理的现状。

研究二者的相互影响，仍然可以通过对两列数据的回归来验证。Y表示北京市2003—2014年的最低工资标准，用$X3$表示相应时期的基尼系数，对两列数据取对数建立回归模型如下：

$$\ln Y = \beta_0 + \beta_1 \ln X3 + \upsilon$$

重复上一节的做法，回归结果显示$\beta_1 = -0.004$，不显著。

---

① 在2017年1月举行的国务院新闻办公室新闻发布会上，国家统计局局长宁吉喆在谈到基尼系数时指出，近年来，中国的基尼系数总体上呈下降趋势。2012年到2015年中国居民收入的基尼系数分别为0.474、0.473、0.469、0.462。2016年的数字是0.465，比2015年提高了0.03个百分点，但是它并没有改变中国基尼系数总体下降的趋势。过去一年中国的城乡居民收入的相对差距还是在缩小，从2.73%下降到2.72%，但基尼系数为何有所扩大？主要原因有两个：一是城市一部分低收入者的养老金收入增速略微放缓；二是农村一部分只靠粮食生产收入为主的，由于粮价的下跌，收入略有减少。但总的趋势并没有改变，我国加大脱贫扶贫攻坚的力度，加大城镇化、城乡一体化的步伐，会保持居民收入差距逐步地缩小的这种趋势。http://jingji.cctv.com/2017/01/20/ARTIWTRT6Bk9FqtW4mK1jeNf170120.shtml。

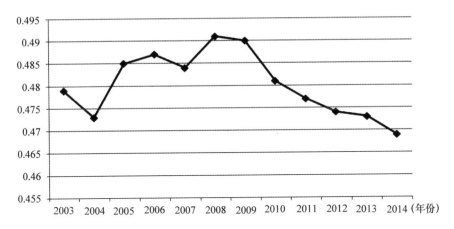

图3-7 全国基尼系数变动态势

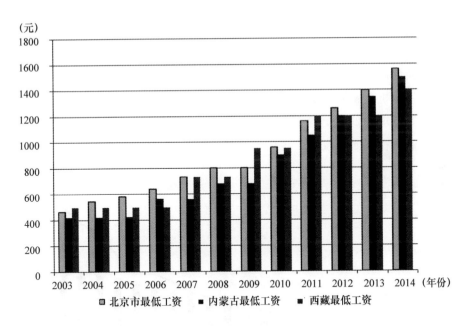

图3-8 北京、内蒙古、西藏最低工资增长趋势

$$\ln X3 = \beta_3 + \beta_4 \ln Y + \upsilon$$

回归结果显示 $\beta_4 = -1.257$，在10%的水平下显著。通过回归验证，适时地提高最低工资标准确实会促进收入分配的均等化水平，缓解贫富差距拉大的趋势。

第二，有利于调整产业结构。上面论述最低工资标准与失业的关系时，我们曾指出，提高最低工资标准并不能增加失业，一部分原因是我国的最低工资标准还处于比较低的水平，更重要的原因是，最低工资标准的提高可以增加居民的收入水平，为增加服务业的就业创造了条件。这就是说，即使工资变动可能增加企业成本，将一部分制造业和建筑业的工人挤出，但是他们可以进入服务业和其他新型产业。所以，提高最低工资标准在客观上还会起到推动第三产业发展和产业转型升级的作用。

在改革开放初期，我国一直走粗放型的发展道路，国内产业也大多是劳动密集型、资源密集型的产业，这种发展模式使我国国内长期依靠人口红利、依靠高工资和高污染发展经济，到现在产生了很多社会问题。由于现在人口红利的消减、出口降低以及居高不下的环境污染，中国经济的转型升级迫在眉睫。而提高最低工资标准就是一个很好的途径。由于最低工资标准的提高，会增加制造业的劳动力成本，原本利润不高的制造业会将目光转向使用机器来替代人工，这就刺激了创新；另外，被机器排挤的工人寻找就业机会，一般会选择进入第三产业，因为第三产业尤其是服务业对体力等要求较低，更容易进入和生存，而且在经济社会的不断发展中，第三产业也在不断地发展，提供了更多的就业岗位。

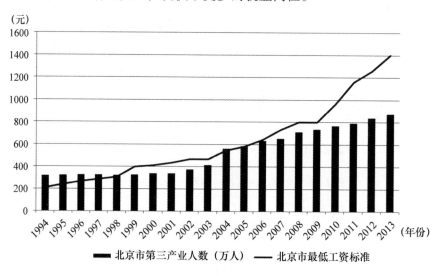

图3-9　北京市最低工资标准与第三产业就业人数

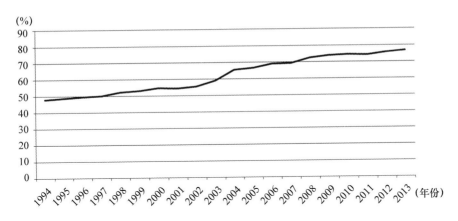

图 3 – 10 北京市第三产业就业人数占比

在图 3 – 9 和图 3 – 10 中，我们可以清晰地观察到，随着北京市最低工资标准的不断增加，北京市的第三产业就业人数也在不断增加，而且第三产业就业人数占总就业人数的比例也在不断增加。由此可以说明，提高最低工资标准，有利于第三产业的发展，更有利于中国经济社会的转型和升级，有利于转变经济发展方式，调整产业结构。所以，在社会矛盾日益凸显的今天，提高最低工资标准，将制造业工人转移到第三产业中，不仅有利于刺激制造业的创新和现代化发展，还有利于解决当前人口红利消失和环境污染严重的问题，更有利于建设资源节约型，环境友好型社会。

我们用 Y 代表北京市 1994—2013 年的最低工资标准，用 $X5$ 表示相应时期的第三产业就业人数占总就业人数的比重，对 $X5$ 滞后一阶，对两列数据取对数建立回归模型如下：

$$\ln X5 = \beta_0 + \beta_1 \ln Y + \upsilon$$

回归结果显示 $\beta_1 = 0.13$，在 10% 的水平下显著。由此，可以推断，最低工资标准的提高一方面会将部分工人挤出第二产业，另一方面又会吸纳大量的劳动力进入第三产业，从而促进产业结构的升级，提升了我国经济的运行质量。

五 进一步坚持和完善最低工资标准制度

1. 我国实施最低工资标准制度存在的问题

第一，覆盖面不全，没有负责监督最低工资标准执行的国家机构。在最低工资标准的执行方面，目前最低工资标准一般只覆盖了城镇企业、事业单位职工，对于很多私营企业的劳动者和没有登记的就业人员以及农村劳动力是难以覆盖的，这就会造成最低工资标准无法覆盖最广大就业群体，也会使最低工资标准保障劳动者基本生活、促进社会公平正义和调节经济的作用大打折扣，并且，有的劳动者处于最低工资标准的覆盖范围，而有些劳动者则处在最低工资标准覆盖范围之外，也不利于实现社会收入分配的公平和正义，造成"同工不同酬"的现象。

在我国，制定和修改最低工资标准的是由"三方"组成的最低工资委员会。这里的"三方"，是指国务院劳动行政主管部门、省级人民政府劳动行政主管部门以及同级工会、企业家协会，各省区市的最低工资标准就是由以上三方进行协商研究决定的。具体的程序包括：其一，地方政府牵头拟定。其二，征求相关社团意见。其三，批准与发布。其四，适当调整。[①] 但是，监督最低工资执行的却是由劳动行政保障部部门、工会完成的[②]，并没有像国外一样，建立一个统一部门，专门负责最低工资标准的执行，对那些拒不执行的企业进行处罚，对劳动者关于最低工资标准的诉讼进行受理。这就导致了在很多地方存在监管不严、监管失当以及相互推诿的情况，不利于最低工资标准的良好运行。

第二，没有在全国范围形成专门针对非正规就业的日工资和小时工资。在我国，从全局看，存在大量的非正规就业和非全日制就业，这类劳动者群体既不受社会保障的保护，也没有在最低工资标准的覆盖之列。他们的合法权益没有得到保障。目前，已经有省市注意到这个问题，并采取了相应的措施。北京市曾经颁布《北京市非全日制就业管理若干问题的通知》，规定非全日制从业人员的工资按小时计算。其中小时工资包括用人单位支付的小时劳动报酬、应为非全日制从业人员缴纳的社会保险费和劳动者本人应缴纳的社会保险费及风险补偿金。用人单位可按周或月支付非全日制从业人员的工资。对于用人单位克扣或者无故拖欠非全日制从业人员工资的，除全额支付其工资外，还应加发相当于工资报酬25%的经济补

---

① 乔珍：《我国城镇最低工资标准制定程序问题与建议》，《经济视角》2013年36期。

② 《最低工资规定》第4条指出：县级以上地方人民政府劳动保障行政部门负责对本行政区域内用人单位执行本规定情况进行监督检查。各级工会组织依法对本规定执行情况进行监督，发现用人单位支付劳动者工资违反本规定的，有权要求当地劳动保障行政部门处理。

偿金。

但是，还有很多地区没有相应的规定，小时工资就是在月最低工资的基础上除以工作时长来计算的，这是不合理的。所以，我国急需一个全国性对于非正规就业人员小时工资和日工资的最低规定。

第三，最低工资标准依然有待提高。目前，在执行最低工资规定方面，许多地方还存在最低工资标准尚未达到当地社会平均工资40%—60%的水平的问题，并且，一些用人单位以实行计件工资为由，拒绝执行最低工资制度，利用提高劳动定额变相降低工资水平。在我国当前来说，最低工资标准确实没有跟上经济社会的发展，再加上通货膨胀因素，我国的最低工资标准的调整确实应该适时加快步伐。

2. 完善最低工资标准的政策建议

党的十八大报告提出到2020年实现全面建成小康社会的目标。为确保这一目标的实现，明确提出：“实现国内生产总值和城乡居民人均收入比2010年翻一番。”为千方百计增加居民收入，报告还提出了“两个同步”，即：居民收入增长和经济发展同步、劳动报酬增长和劳动生产率提高同步。这充分体现了实现发展成果由人民共享的思路。在党的十九大报告中，进一步强调了“两个同步”的思想，提出要通过努力，“坚持在经济增长的同时实现居民收入同步增长、在劳动生产率提高的同时实现劳动报酬同步提高”①，为了实现这一目标，我们要更自觉地发挥最低工资标准制度的作用。

第一，加强最低工资标准立法建设。关于工人享有最低工资保障的合法权利法案在世界上大多数国家都存在，在一些国家，已经确立了最低工资保障的法律地位。相比之下，在我国的法律体系中，关于最低工资标准部分的法律地位仍比较低。作为实行最低工资标准的准则，我国的《最低工资规定》只是一个行政部门法规，远未达到国家立法的高度，因而只具有相对较小的法律影响和约束力。因此，加强立法建设是一项重要的措施。最低工资制度作为保障工人基本生存权利和市场经济下的处理劳资关系的最重要制度，应该置于规范和处理企业之间关系的反不当竞争法同一

---

① 习近平：《决胜全面建设小康社会　夺取新时代中国特色社会主义伟大胜利——在中国共产党第十九次全国代表大会上的报告》，人民出版社2017年版，第46—47页。

法律层次，由人大常委会以立法形式通过，在必要时可以写入宪法，并在此基础上制定实施细则，为最低工资标准的合理性调整提供更具体的法律保障。

第二，由人大专门机构制定和调整最低工资标准。目前，在我国，由劳动保障行政部门、企业或企业家联合会会同同级工会确定和调整最低工资标准。实际上，在实施过程中，劳动保障行政部门拥有最低工资标准的最终决定权和执行权。由于我国工会特点的限制，工会难以发挥更大作用。这些劳动保障行政部门往往更多地受到上级行政领导的影响和干预，在片面政绩观的影响下，可能做出错误决策。为了避免这一缺陷，建议会同有关部门和单位（政府、企业、工会），由省级人大常委会的专门机构（如经济委员会；或借鉴瑞典经验，成立劳动市场管理委员会）制定和调整最低工资标准，由劳动保障行政部门检查监督实施。这样做，可能更有利于排除干扰，提高最低工资标准调整的科学性、实施的有效性和监督的独立性。

第三，发挥国有企业和大型非公企业的带头作用。最低工资标准的调整总是要有企业落实的。在这方面，要通过各级国资委的督促和监督，更自觉地发挥国有企业的带头作用。在私有企业中，也要把大型企业作为工作的重点。为此，要进一步加快完善的工会体系的建立，强化工会的作用和监督，使工会在监督最低工资标准实施中发挥应有的作用。就劳动保障行政部门而言，一方面要加强检查监督工作，另一方面也应做到信息公开，利用劳动市场机制，激励实施好的企业，约束实施差的企业，在完善劳动市场的过程中逐渐提高工资水平。

第四，最低工资标准可随经济实际变动自动调整。我国《最低工资规定》在调整周期的问题上，提出了"每两年至少调整一次最低工资标准""每年至多调整一次"的要求。"每两年至少调整一次最低工资标准"政策的设立，是为了使最低工资标准随经济发展而调整，"每年至多调整一次"是为了维持政策的稳定性，以免引起劳动力的频繁流动。但是，在《最低工资规定》中并没有标明可调整的区间和幅度，也没有标明调整的参照因素。其实，在具体调整的过程中，各省也是根据国内生产总值、通货膨胀率以及实际工资等因素确定调整幅度的。在美国，亚利桑那、科罗拉多等10个州的最低工资标准是每年自动根据通胀率调整的。我国也可以参照这一做法，通过有一定法律约束的规定，将通货膨胀率和国内生产总值同比增长率纳入最低工资标准的调整参照因素，使各地的最低工资标准随通货膨胀率和国内生产总值增长率自动调整，使最低工资标准的调整更具灵活性和科学性，更符合中国的经济发展实际。

2018 年以来，由美国发起的中美贸易摩擦不断升级，这一事件必然对美国经济发展造成无可挽回的损失，也会对中国的经济增长产生负面影响。在这一背景下，我们可以适当稳住最低工资调整的力度，为中国经济发展长期稳定发展注入后劲。

第三节　政府间接调节初次分配关系的制度：工资集体协商制度

政府为了在经济领域实现公平正义的目标，除了发挥最低工资标准制度的作用，还应更好地发挥工资集体协商制度的作用。本节将就政府间接调节初次分配关系和分配格局的制度，即工资集体协商的意义和实施状况进行分析。所谓政府间接调节初次分配关系，是指在最低工资标准制度已经逐步抬高员工工资水平的前提下，主要通过企业内部员工与企业协商，而不是政府直接干预的方法，进一步提高劳动收入的途径，它也是国际上提高劳动收入的通行方法。

在本节中，我们将进一步关注我国的经济转型和劳动收入比重降低之间的关系。指出经济转型带来的经济结构转变，由此引发了劳动收入份额的降低；而劳动收入份额的降低又制约了经济发展方式的转变和产业的快速升级。其次，我们进一步指出，为了解决这一问题，工资集体协商势在必行。作为现行收入分配制度的一个组成部分，工资集体协商承认行业和企业间的差异，能够切合实际、更有效地增加劳动者的收入。

一　我国实施工资集体协商制度的必要性

在改革开放的背景下，随着多种所有制经济的发展和资本积累，各地的技术进步指数一直呈上升趋势，这源于企业大规模引入先进的生产技术和机器设备等，同时，企业采用更加有效率的管理方式，实施精益生产的管理策略，尽可能充分地利用工人的劳动时间进行生产，使单个工人创造的价值大幅度增加，但是工人的收入却没有实现与企业效率增长相适应的提高。企业对利润的追求抑制了工资的适度增长，也制约了我国需求的进一步扩大，影响了第三产业的健康和顺利发展。

此外，过快的资本积累使资本迸发出扩大再生产的强烈冲动，企业的扩大再生产相当大的一部分是固定资产投资。积累的资本原本应用于更有助经济发展的方面，但由于有效需求不足，实际上却用于扩大与需求不相适应的供给上。资本收入份额的过度增长会形成资本深化，严重的会导致产能过剩和过度工业化，造成资源的错配和浪费。从长远来看，这种不合理的投资结构，不利于企业的长远发展，为经济发展埋下隐患，更有害于经济的转型升级。其直接后果，就是资源配置效应降低。下面，我们通过实证说明。

在现代主流经济学中，全要素生产率（*TFP*）是测度经济发展方式的重要指标。在此，我们借鉴张军等（2010）的研究，从索洛经济增长模型出发，采用 *SFA* 与 *Malmquist* 指数结合，将 *TFP* 变化指数分解为：技术效率、技术进步指数、规模变化指数和要素配置效应，[①] 研究要素配置效应对于全要素生产率，进而对经济转型的影响。

1. 模型的设定和推导

产出用实际 *GDP* 来表示，要素投入有资本 K_{it} 和劳动 L_{it}，为考察技术前沿面的时间变化，加入了时间趋势项。为避免遗漏变量，加入劳动和资本的交互项 $\ln K_{it} \times \ln L_{it}$、时间与劳动的交互项 $t \times \ln L_{it}$、时间和资本的交互项 $t \times \ln K_{it}$；由于可能存在非线性关系，加入了劳动、资本和时间的平方项。设定 *SFA* 模型：

$$\ln GDP_{it} = \beta_0 + \beta_1 \ln K_{it} + \beta_2 \ln L_{it} + \beta_3 \ln K_{it} \times \ln L_{it} + \beta_4 \ln K_{it} \times \ln K_{it} +$$
$$\beta_5 \ln L_{it} \times \ln L_{it} + \beta_6 t + \beta_7 t \times \ln L_{it} + \beta_8 t \times \ln K_{it} + \beta_9 t^2 + v_{it} - u_{it} \tag{1}$$

经过推导[②]，可得：

---

① 张军、陈诗一、张熙：《中国工业部门的生产率变化与要素配置效应：1993—2006》，《东岳论丛》2010 年第 10 期。

② 由于这不是本节的核心内容，所以推导过程从略。

技术进步指数为：

$$TC_{it} = \exp\left(\frac{\partial \ln GDP_{it}}{\partial t}\right) \tag{2}$$

技术效率变化指数为：

$$TEC_{it} = TE_{it}/TE_{it-1} \tag{3}$$

规模变化指数为：

$$SE_{it} = \exp\left[\left(\varepsilon_{K_{it}} - \frac{\varepsilon_{K_{it}}}{\varepsilon_{it}}\right) \cdot d\left(\ln K_{it}\right) + \left(\varepsilon_{L_{it}} - \frac{\varepsilon_{L_{it}}}{\varepsilon_{it}}\right) \cdot d\left(\ln L_{it}\right)\right] \tag{4}$$

要素配置效应为：

$$AC_{it} = \exp\left[\left(\frac{\varepsilon_{K_{it}}}{\varepsilon_{it}} - s_{K_{it}}\right) \cdot d\left(\ln K_{it}\right) + \left(\frac{\varepsilon_{L_{it}}}{\varepsilon_{it}} - s_{L_{it}}\right) \cdot d\left(\ln L_{it}\right)\right] \tag{5}$$

TFP 变化指数为：

$$\dot{TFP}_{it} = \frac{TFP_{it}}{TFP_{i,t-1}} = TC_{it} \cdot TEC_{it} \cdot SE_{it} \cdot AC_{it} \tag{6}$$

（5）式中的 $\varepsilon_{K_{it}} = \dfrac{\partial \ln GDP_{it}}{\partial \ln K_{it}}$、$\varepsilon_{L_{it}} = \dfrac{\partial \ln GDP_{it}}{\partial \ln L_{it}}$ 分别表示资本、劳动的产出弹性，两者之和 ε_{it} 为规模弹性；$s_{L_{it}} = \dfrac{劳动者报酬}{名义\,GDP_{it} - 生产税净额}$、$s_{K_{it}} = 1 - s_{L_{it}}$ 分别表示劳动、资本的收入份额。若要素收入份额与产出弹性完全相等，则意味着要素配置正常，TFP 的变动分解为技术效率、技术进步、规模变化三部分；反之，则存在要素配置扭曲，TFP 的变动分解为技术效率、技术进步、规模变化和要素配置效应四部分。

2. 分析结果及其解释

限于数据不可得，在我们的分析中，西藏、港澳台除外，出于计算方便，将四川和重庆视为一个省。所以，我们利用 1978—2011 年 29 个省市、自治区的投入—产出数据，运用 STATA 软件进行随机前沿面分析，并与 Malmquist 指数结合，将各年的 TFP 指数分解为四部分，从而求得全国的平均 TFP 指数。得出的 SFA 分析结果如表 3 - 4 所示。

表 3 - 4 SFA 分析结果

	$\ln GDP_{it}$
$\ln K_{it}$	0.4161 ***
$\ln L_{it}$	1.0583 ***
$\ln K_{it} \times \ln K_{it}$	− 0.0612 ***
$\ln K_{it} \times \ln L_{it}$	0.0883 ***
$\ln L_{it} \times \ln L_{it}$	− 0.0828 ***
t	0.0101
$t \times \ln K_{it}$	0.0104 ***
$t \times \ln L_{it}$	− 0.0033
t^2	− 0.0001
u	1.1806 ***
η	− 0.0075 ***
γ	0.9616 ***
观察值	986

$^* p < 0.05,\ ^{**} p < 0.01,\ ^{***} p < 0.001$

　　表 3 - 4 的结果显示，除了时间趋势项、时间趋势与劳动的交互项、时间趋势的平方项三者系数不显著外，其他变量的系数均以 99% 的置信水平显著。无效率项的均值 u 为 1.18（ > 0），说明存在技术无效率。γ 的值达到 96.16%，非常接近于 1，且以 99% 的置信水平显著，说明技术无效率现象严重，几乎全部的产出波动都源于技术无效率。结果显示，η 在 99% 的置信水平上显著为负，说明技术无效率现象不仅存在，而且在持续恶化。这个结果说明，与前沿技术相比，其他技术总是在相对落后，而且差距还在扩大。将结果代入各指数的计算公式，可得出，大部分地区的技术进步指数大于 1，规模变化指数参差不齐，而考虑了配置效应与未考虑配置效应的全国平均 TFP 变动指数有着明显差别，如图 3 - 11。

　　由图 3 - 11 可以看出，在 2004 年之前，考虑了配置效应的 TFP 指数

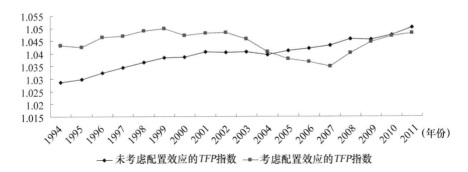

图 3 - 11 考虑配置效应与未考虑配置效应的全国平均 *TFP* 指数对比

资料来源：作者根据两种计算结果比对得出。

要高于未考虑配置效应的 *TFP* 指数，也就是说，在此之前的分配关系还未严重阻碍资源的有效配置，它与经济转型还是正向促进的关系。但是，在 2004 年之后，前者开始低于后者，即收入分配体系与经济转型开始变为反向阻碍的关系；直到 2009 年，这一局面才得以初步扭转。这种关系反映到（5）式中即可得出：

$$AC_{it} = \exp\left[\left(\frac{\varepsilon_{K_{it}}}{\varepsilon_{it}} - s_{K_{it}}\right) \cdot d\,(\ln K_{it}) + \left(\frac{\varepsilon_{L_{it}}}{\varepsilon_{it}} - s_{L_{it}}\right) \cdot d\,(\ln L_{it})\right]$$

$$= \exp\left\{\left(\frac{\varepsilon_{L_{it}}}{\varepsilon_{it}} - s_{L_{it}}\right)\left[d\,(\ln L_{it}) - d\,(\ln K_{it})\right]\right\} < 1$$

其中，$d\,(\ln L_{it}) - d\,(\ln K_{it})$ 为劳动投入与资本投入的增长率之差，由数据可知，资本积累的增长远高于劳动投入的增长，所以此值是正数。这就表明，2004 年后考虑了配置效应的 *TFP* 指数低于未考虑的对应值，这完全是由于劳动收入份额低于劳动产出弹性所致，而这种情形又是劳动者收入所占比重的降低造成的。因此，劳动者收入所占比重的降低阻碍了 *TFP* 的增长，进而对经济转型有负面影响。这是工资集体协商在全国得以迅速推广的重要背景。

二 工资集体协商制度的功能及其推广

1. 政府在工资集体协商中的作用

由政府发起的工资集体协商是从 20 世纪末开始出现的。2000 年 11

月，《工资集体协商试行办法》以劳动和社会保障部第9号令发布，并要求在全国逐步推行。依据有关规定，所谓工资集体协商，是指在当期劳动保障行政部门发布的最低工资标准之上，由职工代表与企业代表依法就企业内部工资分配制度、工资分配形式、工资收入水平等事项进行平等协商，在协商一致的基础上签订工资协议的行为。

根据工资集体协商的含义，企业员工工资的协商是由企业职工代表和企业法人代表完成的，政府的工作只是制定法律法规、执行监督和争议处理，而不是协商的当事人，很难把工资集体协商当作政府调节分配关系的渠道。但是，如果我们再做进一步考察，就可看到，情况并非如此。这是因为，从形式上看，工资集体协商制度只是一种具有软约束的法规。《试行办法》规定，工资协商是企业一方（如工会）提出，另一方（如企业）接受的结果。① 从理论上讲，如果没有协商的提出方，就不存在协商过程。因此，也就不存在违法行为。但从实践上讲，在我国，在通常情况下，工资协商要约往往是由企业工会提出的。是谁在领导和支配着企业工会？在我国现行情况下，地方各级工会和全国总工会显然是企业工会的领导者，而各级工会作为党和政府领导的群众组织，实际上是政府联系企业员工的主渠道。所以，企业工会向企业方提出工资协商要约往往是在政府的授意和支持下完成的，进一步说，是政府通过各级工会在工资集体协商中起着主导作用。正是政府通过工会的工作，使工资集体协商得以开展，使政府的意图在企业的工资集体协商中得以体现，使协商条例具有了硬约束的性质，从而也使工资集体协商成为政府影响分配关系和分配格局的一个基础性渠道和主体性方法。我们认为，在中国特色的工会制度的基础上，政府通过工会、进而间接通过工资集体协商影响分配关系和分配格局，是中国分配制度的重要特色，正是通过这一制度安排，使劳动者与企业之间的力量关系发生变化。而西方发达国家的政府则难以做到这一点，即使这些国家存在集体协商的制度安排。

政府在工资集体协商中的作用，更主要地表现在政府对协商过程中工资变动程度的限定，即工资指导线的设定上。所谓工资指导线，是指政府

---

① 《工资集体协商试行办法》第17条规定："职工和企业任何一方均可提出进行工资集体协商的要求。工资集体协商的提出方应向另一方提出书面的协商意向书，明确协商的时间、地点、内容等。另一方接到协商意向书后，应于20日内予以书面答复，并与提出方共同进行工资集体协商。"

对企业的工资分配进行规范与调控，使企业工资增长符合经济和社会发展的要求，促进生产力发展的企业年度货币工资水平增长幅度的标准线。企业工资指导线由基准线、上线（又称为预警线）和下线构成。它是政府根据当年经济发展调控目标，向企业发布的年度工资增长水平的建议，虽并不具有强制约束力，但可作为企业与职工开展工资集体协商以及企业自身合理确定工资增长水平的参考依据。企业工资指导线制度及工资集体协商制度，是调控指导企业内部工资分配、引导企业建立工资正常增长机制的重要措施，两者密不可分。企业落实工资指导线必须通过集体协商方式进行，企业落实工资指导线实施方案的制定过程即是开展工资集体协商的过程，落实工资指导线实施方案的内容即是工资集体协议的内容，落实工资指导线实施方案的备案即是工资集体协议的备案，落实工资指导线实施方案的履行即是工资集体协议的履行。这样，集体协商的过程，包括协商主体、协商过程、协商内容、工资变动幅度等，实际上都是处在政府掌控之中的。

2. 工资集体协商的功能

从直接意义上讲，工资集体协商就是一个各方面展示力量的平台。根据马克思关于工作日长度的论述，工人的集体议价能力是工资水平或工作日长度的重要决定力量，该能力的强弱又受制于劳资双方的力量对比。在我国，随着非公经济的发展，"强资本，弱劳动"的情形比较普遍，劳动者收入所占比重的降低意味着工人经济地位的下降和工人力量的削弱，从而进一步降低劳动收入份额。为解决这一问题，由政府助力的工资集体协商受到人们的重视。

从根本上讲，工资集体协商是企业管理体制的创新。广义的管理制度是指企业领导制度、组织制度、管理手段等内容的总和，它的实质是企业决策权的分配，是生产方式的变革。通过这一变革，不仅可以提高工人的工资水平，还可以形成一种合作共赢的劳动关系。经过历史演变，当代资本主义企业在不变更生产资料所有权性质的前提下，对企业管理制度进行了某些调整，逐渐形成了以职工进入董事会、监事会，直接参与企业日常决策为特征的"共同决定"（codetermination）模式（以德国为代表）；以激励职工参与企业技术创新为特征的"质量控制团体"（quality contral circles）模式（以日本为代表）；和通过工会与资方谈判影响企业决策的

"谈判"模式（bargaining model）（以美国为代表）。通过这些模式，职工获得了程度不同的决策权。显然，职工参与决策权力的大小与构建合作的劳动关系有明显的正相关关系。这是因为：首先，职工在企业的劳动组织、技术创新、职工人数的增减、企业规模的变动、工作加班、职工健康与安全等方面有更大的发言权，他们的"声音"能够得到保护而不致遭到报复，他们的要求能够（在不同程度上）得以实现，他们就与企业有更密切的利益关系，这就为形成合作劳动关系提供了利益基础。职工参与企业决策的程度越广泛，或者说企业的管理制度越有利于职工参与决策（如"共同决定"模式就更有利于实现职工参与决策），就越有利于形成合作的劳动关系。

在西方国家的企业中，职工通过工会与资方谈判确定工资水平，还可以将企业内部关于工资问题的矛盾转移到企业外部，避免双方在企业内部的冲突。工资问题是直接影响企业内部劳动关系状况的重要因素，长期以来，工资水平的争议是引起企业劳动关系紧张和对抗的重要原因。但是，在某些现代资本主义国家，企业内的工资纠纷却有缓和的趋势，关键原因就在于在这些国家中形成了行业或地区范围的工资谈判机制。在这种谈判机制中，首先是行业或地区工会代表其成员与雇主联合会就工资水平进行集体议价，一旦达成协议，其影响往往会远远超出有关行业或地区的范围，受其影响的工人和雇主，不管是否是达成协议的工会或雇主联合会的成员，也要按协议的规定（特别是最低工资标准）确定工资水平。这样就缓和了各个基层企业内因工资问题引起的劳动纠纷。表 3－5 介绍了 15 个发达资本主义国家工资集体谈判机制的覆盖率。有关研究已经指出，在发达国家中，芬兰、法国、德国、日本等国企业带有较多的合作劳动关系性质，相反，美国、英国、澳大利亚、加拿大等国企业则有着较多的非合作劳动关系的性质。它也证明，就多数国家而言，工资集体谈判机制的覆盖率是与这些国家劳动关系的状况成正相关关系的：工资集体谈判机制覆盖率越高，这一国家的劳动关系就越具有合作劳动关系的性质。①

---

① 丁为民：《企业劳动关系与经济绩效的变动》，《福建论坛》2004 年第 7 期。

表 3 - 5　　　　　　　发达资本主义国家的工资集体谈判覆盖率（%）

国别＼指标	澳大利亚	奥地利	比利时	加拿大	丹麦	芬兰	法国	德国	意大利	日本	荷兰	挪威	瑞典	英国	美国	平均
覆盖率	83	80	80	38	81	95	92	91	80	23	74	80	90	56	19	71

资料来源：根据 Robert Buchele and Jens Chritiansen，"Labor Relations and Productivity Growth in Advanced Capitalist Economies"，*Review of Radical Political Economics*，1999，31（1）的有关资料整理。

在我国现阶段，完善工资集体协商是提高劳动收入、构建和谐劳动关系的必要途径。有研究表明，在集体谈判覆盖率较高的国家，工资的弹性较高，*GDP* 每提高一个百分点，工资平均增长 0. 87，远远高于那些覆盖率较低国家的 0. 65。[①] 工资集体协商提供了一个劳资双方平等沟通、协商的平台，不仅能提高工人的工资，还可以解决潜在的劳资矛盾，缓和劳资关系，有利于和谐社会建设。正如谢玉华（2011）指出的，集体谈判是协调劳动关系的"第三条道路"。[②]

工资集体协商是一种合作博弈。劳资双方在利益、信息等方面的不一致和非对称性是矛盾的根源，也是博弈的基础。根据最终的结果，博弈分为合作和非合作博弈，非合作博弈强调个人理性，其结果可能有效率，也可能无效率，如"囚徒困境"。而合作博弈强调集体理性，结果是有效率且公平的。通过工资集体协商，劳资双方都能获得利益的增加，实现帕累托改进。

从表面上看，合作的产生是基于以下两方面的原因：一方面，通过工资集体协商这一平台，工人们有了话语权，有权自由表达利益诉求，一定程度上加强了工人的力量；另一方面，工资集体协商会适当地提高职工工资，这样会激励职工提高生产、工作效率，从这个角度来看，对于企业获得利润是有益的。

从理论上看，可以构建纳什议价模型进行说明。w 为工人的工资率，L 为就业人数，P（w，L）表示企业的利润函数，U（w，L）表示工会的效

①　王霞：《全球视角下中国的工资分配问题》，http：//www. clssn. com/html1/report/3/5507 - 1. htm。

②　谢玉华：《工资集体协商：能否走出协调劳动关系的"第三条道路"?》，《社会主义研究》2011 年第 3 期。

用函数，两者都与工资率和就业人数有关，将工会的效用视为工人的效用，R（w，L）代表企业的产品收益。则企业的利润函数为：

$$P（w，L）=R（w，L）-w \cdot L - r \cdot K$$

工会的效用函数为：

$$U（w，L）=f（w，L）$$

根据纳什议价模型，建立最优化问题：

$$Max \quad U（w，L）\quad P（w，L）$$

$$S.T. \quad L \geq 0，w \geq 0$$

结果为：

$$\frac{U_w^{'}}{U_L^{'}} = -\frac{P_w^{'}}{P_L^{'}}$$

即企业等利润线斜率的绝对值与工会等效用曲线斜率的绝对值相等，也即两条线相切时得到的组合使得双方都能达到最优。

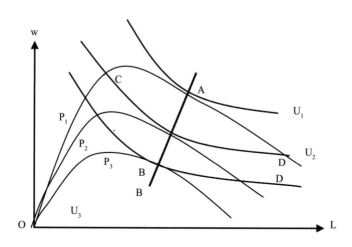

图 3 - 12　纳什议价模型中工会与企业的博弈结果

资料来源：张润泽：《推行集体谈判和集体合同制度若干问题研究》，硕士学位论文，首都经济贸易大学，2003 年。

工会的无差异曲线 U_1、U_2、U_3 凸向原点，越往外效用越高；企业的等利润曲线 P_1、P_2、P_3 呈倒 U 状，往外递增。根据图 3 - 12 可以看出，位于线 AB 上的工资率和就业人数的组合是满足帕累托最优的。比如，C 点和 D 点沿着等利润曲线 P_1 向着 A 点运动，都会在保持企业利润不变的情况下，使得工会的效用增加。在 C 点向 A 点运动的过程中，工资率下降，就业人数增加；在 D 点向 A 点运动的过程中，工资率升高，就业人数下降。即议价的结果是：用就业人数的减少换取工资率的提高或者用工资率的下降换取就业人数的增加。

但是值得注意的是，减少就业人数并不是工资集体协商可以接受的结果。因为我国的社会保障体系和劳动力市场均不完善，下岗职工很难在短时间内找到满意的工作，这就造成工资集体协商的得不偿失。要解决这一问题，有三种途径：一是完善社会保障和劳动力市场，使下岗职工能迅速找到工作，目前来看，这一方案涉及因素比较多，较难实施；二是大力发展高就业弹性的服务业，吸收失业劳动力[①]；三是采取措施提高工人的生产和工作的积极性，一定程度上弥补企业成本的上升，使得企业在不裁员的情况下不排斥工资集体协商。对此，我们将在第四节予以展开论述。

3. 工资集体协商在收入分配中的地位及其基础

相对于基本的收入分配制度而言，工资集体协商最大的优势是灵活性和民主性。自改革开放以来，我国实行的发展战略是："让一部分地区的人先富起来，先富带动后富，最终实现共同富裕"。国家划定了重点发展地区和行业，给予政策优惠和资金支持。因此，目前我国不同行业、企业间的实际发展情况本身存在巨大差异，就职于效益好的单位的员工，对于工资待遇的要求肯定高于效益不好的单位员工。此外，各地区的民主传统不一样，如东南沿海地区有着民主恳谈的传统，工人工资增长的频率相对较高，而内陆地区民主传统欠缺，工人对于提高工资的诉求有心无力。随着经济的发展，工人的民主意识在普遍提高，对于提高工资的呼声也越来越高。所以，单纯通过规定按劳分配政策、制定最低工资标准、划定工资增长指导线来规范收入分配，容易忽视了实际情况的差别性。然而，工资集体协商能够克服上述问题，切合各地区、各单位的实际情况，实现对现有收入分配制度的查漏补缺和局部矫正，改善劳动关系，更好地实现共同富裕。

经济发展方式转变的同时，经济结构也必然会随之变迁。经济结构的变迁包括：产业结构变迁、产品市场结构变迁、要素市场结构变迁、所有

---

① 魏杰：《我国就业问题的逆向思考》，《改革与理论》2002 年第 9 期。

制结构变迁和经济治理结构变迁。产业结构的调整使得第二、第三产业的劳动力需求日益增加，与此同时，农业科技的进步使得第一产业所需的劳动力减少，于是大量的农民在一年中的大部分时间离开土地，进城务工，为城市创造了大量的财富。但是农民工作为流动人口，就业安全、福利待遇、工资保险方面明显低于正式职工，而且工资发放的及时性和足额性难以保证。新生代农民工就业年龄低，渴望能在城市定居，但是他们在住房补贴和就业保险等方面容易受到不公平待遇。而工会会员中农民工所占的比重较小，这个群体的诉求不好被反映出来。又由于自身缺乏法律意识，权益受到侵犯时，很难找到正确的渠道表达自己的利益诉求，所以他们或者忍气吞声或者采取不恰当的方式。近年来关于侵害农民工利益而引发治安案件的报道层出不穷，一定程度上影响了社会和谐。如果工资集体协商能将他们纳入其中，给他们提供合法的渠道争取自身权利，就会大大减少侵害农民工权益的事件。

所有制结构变迁的一个典型就是国有企业的改革。国企改革的目的是通过产权改革来提高企业的活力和生产效率，精简企业冗员。在此过程中，一些工人下岗，在岗职工也失去铁饭碗的保障。更重要的是，企业管理者与地方政府在处置国有资产的过程中合谋分蛋糕，他们的目标函数是最大化自身的利益，而约束条件仅仅是使得职工原有的工资和福利不减少而已。由于存在信息不对称，职工并不知情，即使知情也没有利益申诉的有效途径。最终的结果是职工从中得到的利益基本为零，国有资产流失，国企改革的红利完全由管理者和地方政府瓜分，劳动关系也因此趋于紧张。归根结底，在国企中虽然均有工资集体协商建制，但真正履行的较少，职工没有话语权，不能为自己争取应得的利益。

综上所述，在经济转型的背景下，由政府出面，大力推行工资集体协商成为我国缩小收入分配差距、和谐劳动关系和实现公平正义的必要路径。工资集体协商在我国是新生事物，与固有的制度磨合期较短，因此，我们应在借鉴国外成熟理论和实践经验的基础上，结合我国工资集体协商的工作现状和特殊情况，积极地进行制度完善和实践推广。

需要我们关注的是，企业员工参与工资集体协商的基础是什么？在资本主义的私有企业内部，企业主是凭借其掌控的所有权、政府是凭借其政治强制参与企业工资集体协商的，职工参与企业工资决策的基础是什么？

在不占有生产资料的情况下，职工只拥有体力和脑力即劳动力，劳动力就成为他们参与企业工资决策的唯一基础。对这一基础能够保证职工参与企业决策的作用机制，可以用马克思提出的在劳动力出卖和使用上的"二律背反"理论说明；也可以用西方主流经济学的"人力资本"理论解释。但不论怎样，在现实中都表现为劳动者凭借其能力或"人力资本"与资本家进行斗争或"竞争"。其结果，是使资本家及其代理人认识到："用强制的方法阻止（劳动）运动只是暂时的，从长期看这些方法会刺激和加强这些运动，……导致劳动大军的力量逐渐增加这一成本。"[1] 因此，重视和调整劳动关系，给予劳动者一定的权利，就成为一些资本主义企业出资者的理性选择。认识到这一点，也可以在一定程度上解释为什么在地缘上与原社会主义国家更近的国家，更有利于形成合作的劳动关系；而那些老牌资本主义国家、资本主义强国，更不利于形成这样的关系。认识这一点，对于增强在我国各类企业中推进工资集体协商的自觉性，有着更重要的意义。

三　我国工资集体协商制度的演变历程及现状

1. 我国工资集体协商制度的演变历程

我国工资集体协商制度的演变历程与劳动关系的变动密不可分。20 世纪 90 年代以来，我国劳动关系呈现逐渐紧张态势。[2] 总体来说，这一态势主要是下述原因造成的。首先，20 世纪末，我国逐步实施改革开放政策，劳动力市场化的程度不断提高，加之国企改革稳步推进，下岗职工增多，劳动关系面临严峻考验；其次，21 世纪初期，尤其是加入世贸组织以后，我国的市场经济与世界接轨，产生诸多不适应，劳资矛盾更加突出；最后，金融危机发生后，世界经济动荡，我国面临着经济滑坡的风险，很多企业大量裁员，致使劳动关系恶化。工资集体协商因为劳动关系的紧张而越来越受重视，其建构和演变过程中遵循两条线索，即在制度上逐步细化和在实践中大力推进。

第一条线索是，逐步细化工资集体协商制度。1995 年，《劳动法》提出了关于平等协商的原则性规定。1996 年 5 月 17 日，劳动部、全国总工

---

① Slicher, Sumner H. , *The Turnover of Factory Labor*, New York：D. Appleton，1919.

② 参见丁为民等《中国企业劳动关系：转型，紧张，迈向和谐》，《当代世界与社会主义》2008 年第 1 期。

会、国家经贸委、中国企业家协会联合发出《关于逐步实行集体协商和集体合同制度的通知》。1998 年，全国总工会对工会开展工资集体协商提出指导意见。2000 年 11 月，《工资集体协商试行办法》以劳动和社会保障部第 9 号令发布，并要求在全国逐步推行。2004 年 5 月 1 日，《集体合同规定》开始实施。从 2000 年到 2004 年，由《工资集体协商试行办法》到《集体合同规定》，逐渐细化了对于工资集体协商内容、协商代表、协商程序和工资协议审查工作的规定，还增加了争议的具体处理办法。在此基础上，各个地方政府纷纷制定各地的企业工资集体协商条例。之后，在2006—2009 年，劳社部、全总就区域性工资集体协商以及行业性工资集体协商，多次提供了指导意见。

第二条线索是，积极推进工资集体协商。推进的过程又分为两条路线：不断加强对工资集体协商的指导和对工作指标的考核管理。第一，从1996 年到 2009 年，劳动部、全国总工会等部门先后发布多个通知和意见，倡导建立和完善集体协商指导员队伍，进一步推行集体协商，开展集体协商要约行动。第二，2010 年的工作方案中，制定了到 2012 年提高集体合同覆盖率的目标；"两个普遍"要求：力争到 2012 年，基本在全部已建会企业中，依法推广工资集体协商；2011 年，全总针对已建制企业及世界500 强在华企业，研究确定了工资集体协商推行的三年目标。

总的来看，我国工资集体协商的演变呈现出以下几个特点：由制定基本的法律法规到通过加强考核指标的管理来推进工作；由最初法律若干条款的原则性规定到专项规章制度的详细规定；由笼统的工资集体协商到具体的区域性以及行业性工资集体协商制度。这说明工资集体协商工作正在一步步走向完善。

2. 我国实施工资集体协商制度的现状

自工资集体协商制度被引进以来，全国各地都在如火如荼地推行这一制度，一些省市自治区、行业的工资集体协商初见成效。深圳市最早引入这一制度，1993 年开始试点，64% 的员工和企业感到工资集体协商有作用。① 武汉市餐饮行业通过平等协商，于 2011 年 4 月正式签订工资专项集体合同，覆盖了武汉市 4 万多家大大小小的餐饮企业和 45 万从业人员。

---

① 冯力：《工资集体协商在深圳》，《中国劳动保障》2009 年第 10 期。

截至 2011 年 2 月，浙江省温岭市进行了工资集体协商的已有 15 个行业，覆盖 6100 多家企业。[①] 有调查表明，在我国实行工资集体协商建制的企业中，职工工资比同行业未建制的企业要高 10% 到 15%。[②]

2005—2012 年，我国职工入会率、工资专项集体合同的职工覆盖率如表 3－6 所示。职工入会率在小幅波动中上升；2005—2007 年农民工在工会会员中的比重升幅较大，2008 年以来小幅度增加；2005—2007 年，工资专项集体合同及区域性、行业性工资专项集体合同在职工覆盖率方面，每年都有较小增长，而 2008 年以来增长趋势明显，其中，区域性覆盖的比重较大，且上升迅速，行业性覆盖的比重较小。总的来看，近年来，在工资集体协商的推进中，我国取得了显著成绩。同时也要注意到，工资专项集体合同在职工中的覆盖率仍然不高，而且层次也不高。

表 3－6　　　　　**我国职工的入会率及工资专项集体合同覆盖率**　　　　单位:%

	职工入会率	农民工会员比重	职工覆盖率		
			工资专项集体合同	区域性	行业性
2005	69.2	13.8	16.3	2.6	0.7
2006	73.6	24.1	16.1	3.5	1.3
2007	71.5	30.2	14.7	3.2	1.0
2008	73.7	34.0	17.8	4.2	1.4
2009	78.6	35.4	21.5	5.2	1.5
2010	74.7	36.9	23.6	5.3	2.0
2011	80.6	37.3	36.5	9.6	3.4
2012	80.1	37.4	43.0	23.2	10.8

资料来源：根据中华全国总工会研究室历年的《工会组织和工会工作发展状况统计公报》计算。

单纯从数字上看，我国工资集体协商取得了重大进步，但目前在实际操作中，这一制度依然存在诸多问题。据调研资料显示，虽然企业和职工

---

① 谢玉华、郭永星：《中国式工资集体协商模式探索——武汉市餐饮行业工资集体协商调查》，《中国劳动关系学院学报》2011 年第 12 期。

② 吴宏洛：《工资集体协商制度的中国实践及其讨论》，《中国工人》2011 年第 3 期。

参与工资集体协商的意愿和期望度都普遍比较高，但是他们实际的参与度、认知度和满意度都较低。[①] 原因很复杂，从国内外学者已有的研究看，大家大多关注三个层面的因素：政府和法律制度环境层面、企业和行业的组织层面、参与者个人层面。[②] 我们借鉴已有研究，深入思考，认为我国工资集体协商中存在的问题如下。

（1）法制环境不完善。首先，没有高层次的专项法律规范。我国的《劳动法》《工会法》《劳动合同法》和《公司法》中若干条款对工资集体协商已经有些许原则性规定，但太过笼统，显然不足以解决协商中遇到的复杂情况；目前应用频率较高的是劳社部颁布的《集体合同规定》，其中的相关规定较为详细，但它的立法层次低，法律效力有限。

其次，相关的法律法规在某些规定上不一致。此外，对于工会提交的工资集体协商要约，没有相关法律规定企业必须赴约，一些企业拒绝要约甚至置之不理，严重藐视职工的权益诉求。据《集体合同规定》，上述行为应根据《工会法》及相关法律法规进行处理，而究竟依据何法，如何处理，《工会法》也含糊其辞，妨碍了工资集体协商的进程。

再次，雇主组织不明确。对于独立建会的企业，雇主代表是企业经营者，但是国有企业产权不清晰，国有资产的真正代表也不明确；而对于区域或行业覆盖建会的企业来说，找不到合适的雇主组织代表这些企业进行工资集体协商。作为国际劳工组织和我国政府认可的雇主代表，中国企业联合会在区县一级并没有分支机构。有的地方甚至选择工业管理办公室或工商局作为雇主的代表，而这些行政部门并不真正了解企业的实际经营状况，显然不合理。

复次，罢工权既不合法也不违法。1932 年，希克斯提出产业纠纷模型，证实在集体谈判中，罢工权有助于工人争取到更多利益。罢工的权利不等于自由罢工，实践证明，在明确了罢工权的国家，工人在使用罢工权的时候是很慎重的，而且对企业违约行为也起到了威胁和震慑作用。在集体谈判相对成熟的国家，工人拥有协商失败的情况下依法罢工的权利，但是我国的法律对于罢工没有认可也没有禁止，通常用"停工""停止作

---

① 谢玉华：《别将工资集体协商做成政府和工会的自娱自乐》，《中国工人》2012 年第 1 期。
② 谢玉华等：《集体协商功能及影响因素：中外文献比较与启示》，《中国劳动关系学院学报》2012 年第 10 期。

业"等词汇代替"罢工"。实际上，在工资集体协商时，没有罢工权的工人与雇主的地位并不平等，力量对比也不平衡，无法体现协商民主的要求。此外，缺失非暴力罢工权也不利于实现言论自由和结社自由等公民基本权利。罢工权无法可依的状态不能满足依法协调劳动关系的需要。

最后，社会保障制度不配套。协商民主要求协商中要机会平等，即自由发表意见。要做到这一点，劳资双方的后续保障必须完全平等，正如科茨认为，福利保障也会对工人的谈判力量产生影响。[①] 如果缺乏相关的社会保障，如失业保险，职工代表在协商过程中就会有后顾之忧，害怕协商结束后，会被辞职或者影响晋升等，因而不敢谈有可能与企业利益相斥的问题。就天津市而言，近年来用于地方建设、科教文卫、行政事业等方面的财政资金支出增长速度较快，但社会保险的补贴水平较低。[②] 社会保障制度的不健全造成了协商双方地位事实上的不平等，进而削弱了协商的有效性。

（2）政府治理不精细、形式化。在西方发达国家，政府完全是"第三方"的身份，采用立法、税收和调节劳动力市场的手段，间接引导工资集体协商和协调劳资关系。而我国的"嵌入式"工资集体协商制度[③]是由政府主导的，可以说它的引入是一种强制性制度变迁，政府是工资集体协商的主要推动力量。通过自上而下的"运动式"的推进方式，能够迅速提高工资集体协商建制的覆盖率，推动工资集体协商制度的扩散。因此若仅从统计指标上看，工资集体协商制度得到了快速推广，是中国特色的工会制度的重要表现。

但从实际效果看，这种方式也存在某些弊端，其中主要是这种治理模式容易造成工作不够精细。在实际操作中，往往是通过政府下达考核指标任务"运动式"地推行工资集体协商，国家的战略目标变成了各地方政府必须执行的政治任务，原本很正常的劳资博弈就变成了政绩考核，劳资纠

① ［美］大卫·科茨：《新自由主义时代经济增长的矛盾：当今美国经济的积累和危机》，丁为民、沈文玮编译，《国外理论动态》2007年第12期。

② 刘畅：《社会保险缴费水平的效率研究——基于天津市的实证分析》，《江西财经大学学报》2007年第1期。

③ 谢玉华：《"嵌入式"工资集体协商：协商民主在劳动关系协调中的应用》，《学习时报》2010年9月20日。

纷转化为政府的治理责任。在上级或外部的压力下，各级工会、地方政府各相关部门和企业不得不响应政府的政策，千方百计地采取众多手段，有声有色地推行工资集体协商。而一旦政府放松工作要求，工资集体协商的工作动力就自然消退了。

此外，这种治理模式还容易造成工资集体协商形式化。吴清军认为，现在工资集体协商中的问题根源于只注重考核指标而不注重效果的治理模式。[①] 在这样的模式下，可能造成工会工作的唯一目标是提高集体协议签订率和工资集体协商建制率，而非提升企业和职工的满意度以及合同的执行效果。为完成指标任务，地方工会联合政府的相关职能部门，采取"软硬兼施""偷梁换柱"等合法但没有实效的手段。工资集体协商演变成党政、工会与企业之间的博弈，一场体制内运动，造成形式化的倾向。

（3）企业工会职能难以独立发挥。在实际工作中，一些企业的工资集体协议，具体内容不是根据实际情况确定，而是照搬照抄参考文本，使得协商的内容雷同，不能很好地解决问题。造成这种现象的原因有两方面。

一方面，政府对工会的领导，造成基层工会对政府的依赖思想，工会只需按时完成上级下达的任务。在我国，绝大多数工会不是由企业员工自发组织起来的。正如游正林所说，新中国成立以来的工会改革尚未改变工会政治色彩浓厚的现实。[②] 在一些工人看来，与其说工会是社团组织，不如说它更像是行政部门。工人对于工会经济职能的认可度不高，遇到问题时也很少向工会求助。长此以往，工会就难以掌握工人的利益诉求，与工人形成紧密的团结和协作，也缺乏工资集体协商的自主性。工会定期组织集体协商技能培训，大多以笔试合格的考核方式结课，这会造成协商技巧的书本化，工作人员的协商技能得不到有效提升。

另一方面，基层工会经费和领导层都来自企业，很难独立担当职工代表的角色。按照协商民主的参与性要求，协商主体必须为具有自身偏好的行为者，参与工资集体协商的双方必须能够代表绝大多数受协议影响者的利益。[③] 实际上，做到这一点有难度：第一，国有企业工会主席基本上是

① 吴清军：《集体协商与"国家主导"下的劳动关系治理——指标管理的策略与实践》，《社会学研究》2012 年第 3 期。

② 游正林：《60 年来中国工会的三次大改革》，《社会学研究》2010 年第 4 期。

③ 陈家刚：《协商民主：概念、要素与价值》，《中共天津市委党校学报》2005 年第 3 期。

指派的，大多数私企的工会主席由企业法人之外的管理人员兼任，[①] 很多私企的工会领导只用两种人，一是"亲近人"，二是"老实人"。为了方便报销工会经费，一些众多小微企业甚至让会计直接兼任工会主席[②]，不能独立于企业利益，代表工人偏好的权利受质疑；第二，工会经费来源于企业上交的工会筹备金，[③] 经济的不独立使得工会在协商过程中说话没有底气。工会虽然由党政领导，代表工人的利益，但是它的经济和领导来源却不能独立于企业，这就导致工会在工资集体协商时比较尴尬。

（4）企业目光短浅。企业生产经营的唯一目标是利润最大化。在工资集体协商的情况下，在短期内，企业不仅不会增加利润，甚至还要由于工资成本增加而减少利润，企业的态度往往是消极的，它们常常不情愿提供相关信息、提供虚假信息，甚至无视工资集体协商要约，对工会提出的工资集体协商工作感到反感，不配合，使协商工作走形式。

在有些工资集体协商建制企业中，工资协议几乎每年都会签，但协议的部分内容的真实性无法保证，是否真的执行也无法考证。如天津市某企业职工所说，"虽然工资协议每年都签，工资集体协商过程却没了，最近一年多，领到手的钱总比协议上的少"，"虽然单位与我们签订了劳动合同，会根据效益的增长上涨工资，但这只是企业单方的行为，说穿了，领导'开明'我们的工资就能涨"。[④]

这种情况的发生，主要是由于经营者素质不高和目光短浅，他们没有意识到工资集体协商对企业长远发展的好处。据有些学者的调研资料，在某些地方，如果企业不进行这项工作，地方政府的有关部门会采取其他手段，隐性惩罚这些企业，暗中逼迫它们执行，[⑤] 但是这种措施只是权宜之计，不能彻底解决问题。

---

① 刘驰：《当前工会推进工资集体协商存在的难题及对策》，《中国劳动关系学院学报》2011年第8期。

② 这一情况是作者在天津市某街道办事处调研时观察到的。

③ 据作者调研了解，天津市企业按职工工资总额的2%提交工会筹备金，筹备金的60%返给企业作为工会经费，用于组织活动或提供职工福利等。

④ 《工资集体协商有点难：企业不"商量"处罚没依据》，http://www.shopping518.com/c33206/w10215502.asp? cid = 10215502&。

⑤ 吴清军：《工资集体协商与"国家主导"下的劳动关系治理——指标管理的策略与实践》，《社会学研究》2012年第3期。

（5）职工参与意识和能力不足。我国企业员工往往缺少民主意识，"大家觉得工资拿多拿少都是由单位发，即使有异议，发发牢骚也就算了，和单位理论没用。"如果实在无法忍受目前的低工资，员工宁愿辞职跳槽，也不会坚持与企业协商。在天津市某些外企、合资企业和民企中，不少职工甚至连"工资集体协商"的概念都没听说过："有法律规定吗？我们老板说了，有法就执行，否则免谈！"① 这就造成对于工资集体协商的有效需求较少，不利于工资集体协商的推进。这种现象可能是由于企业职工深受传统中庸文化的影响，得过且过，少有反抗心理，即使有，迫于升职和失业的压力，也没有胆量跟企业协商。

此外，一些职工代表不了解工资集体协商的制度立法情况，代表工人进行协商时难以起到作用。正如天津市某货运代理企业的一位职工代表所说，"领导张嘴就找我要法律依据，噎得我一点词儿没有"。②职工代表的法律素质和协商能力不高，直接阻碍了工资集体协商的有效进行。

（6）工人凝聚力较弱。在未实行工资集体协商的企业中，职工的力量微弱，基本上没有话语权；甚至在一些已建制的企业中，员工们也是一盘散沙，协商与否由企业领导决定，工资集体协商变成"空架子"。这一方面是由于越来越精细的社会分工造成工人的原子化和碎片化，③更重要的是，由于企业往往采取"人治"而非"法治"，通过企业管理层的意志和强硬的管理策略来控制工人，削弱工人的力量，瓦解工人的集体行动。

正如有的学者指出，富士康的内部管理模式来源于我国台湾地区的军队管理体系，员工之间等级壁垒森严，普遍缺乏沟通和交流，管理者通过责骂和处罚等简单粗暴的方式来管理工人。由于劳动强度过大和加班时间过长，工人们几乎没有闲暇时间。尽管深圳工业园区内人口密度很大，但生活在这个拥挤的小型社会里，工人们却好像一个个互不相干的碎片，有

---

① 《工资集体协商有点难：企业不"商量"处罚没依据》，http：//www. shopping518. com/c33206/w10215502. asp? cid = 10215502&。

② 《工资集体协商有点难：企业不"商量"处罚没依据》，http：//www. shopping518. com/c33206/w10215502. asp? cid = 10215502&。

③ 杨芳：《从专业化到"碎片化"——社会分工对人的发展的影响分析》，《理论月刊》2010 年第 7 期。

的员工甚至连室友的姓名都不知道。[①] 在这样的状况下，像机器一样的工人们机械地忙碌着，彼此交流甚少，更不用说为争取合法权益而采取集体行动了。

据一份天津市滨海新区的调研资料统计，在被调查的工人中，不用加班的只占 8.04%，周加班时间平均为 1—5 小时的占 30.65%，加班 6—10 小时者占 26.63%，加班 11—18 小时者占 26.63%，加班时间超过 18 小时者达到了 8.04%。50.90% 的工人说是因为"太累了"所以才不加班。[②]其次，有些企业的工资不公开，很多职工不清楚同事的工资数额，更不了解企业管理层的薪资水平。此外，在某些管理森严的企业里，车间工人去卫生间得请示管理人员；天津市某区的工厂里甚至还存在"包身工"，[③]他们不仅杜绝工人的集体行动，甚至束缚工人的人身自由。在这些企业采取的种种分割工人群体的治理措施下，工人的活动受限制，空闲时间少，彼此沟通的机会少，凝聚力较低，没有机会也不敢与企业协商工资，即使组织了集体行动，也很容易被分散、瓦解。

四　进一步坚持和完善工资集体协商制度

1. 毫不动摇地坚持工资集体协商制度

尽管我国现阶段的工资集体协商还存在一些问题，但这些主要都是技术和方法层面的问题，而不是战略问题，因而不能成为否定工资集体协商制度的理由。从全局和战略角度看，在其他权利保障制度和权利救济制度尚不健全的条件下，为了更好地调解劳资矛盾，建构和谐的社会关系，必须坚持推行工资集体协商制度。

有一种意见认为，自 2007 年以来，由于《劳动合同法》的实施，降低了劳动力市场的流动性和灵活性，使我国工资的增长高于劳动生产率的增长，这是我国有可能掉进中等收入陷阱的主要原因。[④] 这一观点，把工

---

①　刘闻佳：《从"富士康事件"看新生代农民工的心理现状及对策》，《长江论坛》2010 年第 4 期。

②　信息源自本课题的研究报告（内部讨论稿）：《新生代农民工的现状、问题与相关政策研究——以天津滨海新区为重点的调研》。

③　石洪涛：《现代"包身工"惊现天津》，http://www.people.com.cn/GB/shehui/45/20020524/735973.html。

④　楼继伟 2015 年 4 月 24 日在清华大学经管学院的讲话。见 2015 年 5 月 7 日观察者网。

资集体协商（它是《劳动合同法》的延伸）与经济增长速度下降甚至掉进中等收入陷阱联系起来，已经引起了人们的广泛关注。我们认为，这种观点是完全错误的，主要表现在以下三方面。

第一，忽视企业员工与企业存在对立统一关系，企业员工也是企业经济活动的积极主体。该观点把企业员工与企业发展完全对立起来，似乎认为只要是给员工增发工资，就是减少了企业积累，降低了企业生产率。这仍是把工人与企业（资本）对立起来观点的变种。实际上，企业与员工之间、劳动者与资本家之间的矛盾是对立统一关系，这既是马克思主义的基本观点，[①] 也是国内外劳资关系状况的真实写照。历史和现实表明，资本与劳动的矛盾是资本主义生产方式的基本矛盾，二者既相互对立，又相互依存，正是这种既对立又统一的矛盾运动，推动了近代以来经济社会的发展。

中国仍然是一个发展中国家，人均 GDP 距中等发达国家尚有较大的距离，因此社会发展仍需要大力解放和发展生产力，满足人民日益增长的对于美好生活的需要。因此，资本和劳动者都是经济发展不可或缺的力量，在认识和处理劳资关系的过程中，要更多地强调二者的统一性，强调二者利益一致的地方，在此基础上化解二者的矛盾；而不要片面强调二者对立冲突的方面。这是我们当前面临的重大任务。对此，我们将在第四节予以更详细的论述。

第二，教条地看待劳动力的供给和企业内各要素的相互替代。按照这种观点，企业员工工资的增加，必然造成企业劳动成本的提高。如果不是人为地抑制工资增长，必将降低企业竞争力，除非劳动力供给大幅增加再次压低工人工资，重新享受人口红利。但是，中国即将进入老年社会。这是判断中国将进入中等收入陷阱的主要理由。这种情形真的会出现吗？不会。马克思在《资本论》中批评所谓的"工资铁律"时指出：当租地农场员工工资提高时，"租地农场主该怎么办呢？难道他们会像教条的经济学的头脑所设想的那样，等待这种优厚的报酬促使农业工人增加，直到他们的工资不得不重新下降吗？不，租地农场主采用了更多的机器，工人转瞬

---

① 参见《马克思恩格斯全集》（第 46 卷上），人民出版社 1979 年版，第 304—306、378—381 页。

间又'过剩'到连租地农场主也感到满意的程度。同以前相比，现在投入农业的'资本更多了'，并且采取了生产效率更高的形式。这样一来，对劳动的需求不仅相对地下降，而且绝对地下降了。"近年来，在工资水平不断提高的背景下，我国企业不断采用新的、效率更高的技术装备（如机器人），经济发展方式转型加快，就是当代中国条件下马克思思想的有力证明。

反之，如果按照上述观点，仍然维持劳动力的低工资政策，企业是绝不会主动采用技术替代劳动的政策的，其结果，只能是阻碍经济发展方式的顺利转型，使中国经济掉进"低技术陷阱"。

第三，不利于发展第三产业，从根本上解决就业问题。在剩余价值和资本积累规律作用下，资本改进技术，使用机器，确实会用技术替代劳动，这是造成相对人口过剩的直接原因。这能否成为反对工人成立和利用工会、提高工资的理由？① 我们的回答仍是否定的。这是因为，从短期看，工资水平的提高有可能成为企业使用新技术替代劳动的原因。但是，从中长期看，这又会成为第三产业特别是生活服务业、旅游业发展的动力，从而为通过发展第三产业安排就业提供了通道。近几年，在企业员工工资水平提高的同时，我国第三产业发展呈加速态势，就是有利证明。

总之，通过逐渐提高工人的工资水平调整我国的分配关系和分配格局，从而建立一种较为合理的劳动关系，既可推动经济的持续发展，又会实现社会的稳定，应该成为我国的一项长期国策，而不是一个权宜之计。

2. 完善工资集体协商制度的建议

针对目前工资集体协商存在的不足，我们提出以下改进建议。

第一，改进相关法律，明确企业承担的法律责任。在西方很多国家，无视工资集体协商要约属于不当劳动的行为，需要经济处罚甚至行政制裁，我们国家可以借鉴相关经验。应该制定关于工资集体协商的高层次专项法律法规。严格上级工会对下级工会主席选举流程和任职资格的审查，如考虑候选人受雇主的控制程度、持有公司股票的份额等因素；明确雇主组织代表的资格，如由区域或行业覆盖范围内的企业投票决定该组织的代

---

① 成立工会造成工人失业，成为弗里德曼反对利用工会提高工资的理由。（见 Milton Friedman，"The Methodology of Positive Economics"，In Essays In *Positive Economics*，Chicago：Univ. of Chicago Press，1966，p. 4。）

表权；对于单方毁约的企业，给以一定的处罚和对职工进行补偿的措施。此外，应该明文规定工人拥有依法罢工的权利，并对罢工的条件和程序进行详细规定。同时，相关的社会保障制度，如社会保险制度的完善也是重中之重。

第二，发布相关的宏观信息。政府相关部门应定期向社会公开各行业的平均工资待遇水平、工资平均增长率、物价水平变动等信息，以便企业和职工参考、比较。政府现在实施的收入分配调节措施是不够的，应该研究制定与企业利润率增长、劳动生产率变动等指标挂钩的工资增长浮动机制，为工资集体协商提供一定的依据。2014 年，我国首部餐饮业工资福利和工资集体协商指导文件发布，明确了 2014 年餐饮业工资集体协商的重点内容，包括协商制定行业工资最低标准、固定工资增长幅度、工资福利制度和结构等。与之相类似，应尽快建立和完善其他行业的工资集体协商指导制度。

第三，督促工会吸纳农民工。目前，全国总工会目标指向已建会企业的工资集体协商建制率和集体合同签订率。在提高工会覆盖率和工资集体协商建制率的同时，也要扩大其会员在企业职工中的覆盖面。比如农民工虽为流动人口，但已经形成了庞大的规模，已然成为一个备受关注的群体。很多企业工会只收纳长期在岗职工，使得这些流动的农民工利益受损时缺乏申诉的渠道。因此，政府应该鼓励工会多吸收外来务工人员入会，关心他们的生活和工作，为他们提供维权指导和争取合法利益的渠道。一来提高他们的收入和保护他们的利益诉求，二来减少劳资纠纷，维护社会稳定。

第四，改进工作考核指标。虽然我国自下而上的工资集体协商治理模式存在一定的不合理性，但是毕竟工资集体协商不是自发的需求引致，要大规模推行必须靠政府的主导。因此，在现有制度的框架下，政府可以通过改进工会的考核指标来避免协商的形式化。韩国劳动关系专家金秀坤指出，进行集体谈判是成立工会的目的，不以开展集体谈判为前提的工会属于政党，不能算作真正意义上的工会。[①] 所以，政府应该更加重视工会的工资集体协商职能，注重职工对工资集体协商满意度的调查和会员对工会

---

① ［韩］金秀坤：《韩国劳资关系》，方振邦译，经济科学出版社 2005 年版，第 307 页。

的评价等指标，督促工会的工作落到实处。此外，关于工会工作人员的工资集体协商技能培训，改变笔试及格的结课方式，强调理论与实践的结合，更好地为职工谋福利。

第五，重视厂务公开与职代会制度。厂务公开制度要求企业必须公开一切重大决策、生产运营状况、关系职工切身利益的问题、与领导班子和党风廉政等密切相关的事项，法律禁止公开或确实不能公开的商业秘密和技术秘密等可以不公开。厂务公开能够使员工清楚明白地了解企业的经营状况，缓解双方信息的不对称。作为厂务公开的载体和形式，职代会是职工行使话语权和民主参与管理的平台。其一，职代会可以统一员工的思想，提高他们的凝聚力；其二，可以实现职工适度参与企业决策，增进劳资双方的沟通交流，提升员工对企业的集体认同感和工作积极性，和谐劳资关系；其三，职工对企业财务、领导班子的监督，会促进企业"法治"和可持续发展。

但是，目前，厂务公开和职代会制度仅在全民所有制企业、集体所有制企业、国有独资公司等公有制企业中较为常见，而且厂务公开的内容形式化问题突出。为了进一步提高职工在企业中的地位，增加职工话语的重量，增强工人的工资集体谈判力量，更好地表达利益诉求和开展工资集体协商，应该扩大厂务公开和职代会制度在非公企业中的覆盖面，同时提高厂务公开的透明度。

第六，试行职工持股计划。为了避免在工资集体协商中处于被动地位，企业可以主动采取能够实现职工收入与企业利润同向浮动的机制。职工持股就是这样一种机制。有研究表明，职工持股后，其收益权、知情权、主人翁意识和心理所有权都会明显提高，但是控制权不会显著提高，另外，职工持股对公司业绩存在促进作用。[1] 该计划由美国众多公司的实施结果证明，它在提升职工的工作责任感，加强职工对经营者的监督意识，提高工作效率，增加企业竞争力等方面都起到了积极作用。[2] 华为之所以能驰骋于国际市场，某种程度上也得益于职工持股的股权激励，将职

---

① 鲍盛祥：《职工持股后的心理行为变化——基于心理所有权理论的实证分析》，《管理科学》2005 年第 6 期。

② 陈朝龙、阎庆民：《职工持股计划与股票期权计划——中国企业激励之路》，《财经科学》2000 年第 5 期。

工利益跟企业捆绑在一起。

应该指出的是，职工持股的目的决定激励效果。实施该制度正确的目的应该指向员工的长期福利，通过这一长效激励机制，提升员工对企业的依附程度，使得职工更加关心企业，从而提高工作业绩，以此来增加企业效益。有学者研究证实，在内部职工股上市流通后，曾经发行过职工股的公司与从未发行内部职工股的公司相比，前者在财务和市场业绩上均显著较低。[1] 因此，职工持股不能以交易为目的，更不能成为套利手段。[2] 我国企业可以借鉴一些美国企业的经验，如将职工持股与他们的养老保障结合起来。这样一来，一方面，职工的收入与企业的盈利挂钩，实现劳动所得与企业利润同步浮动；另一方面，职工作为小股东，可以更好地了解企业经营状况，有利于工资集体协商中协商双方地位和议价力量的平衡。

第七，工会维权社会化。工会成立的目的之一是进行工资集体协商，应该更多地体现社团性质和经济职能。西方国家的工会大多数都是独立的组织，我国的工会工作是由政府主导的，开展工资集体协商大多是一种行政行为，而且经费的不独立使得工会在工作时底气不足。要扭转这一局面，工会维权方式就必须进行创新。例如，义乌市于 2000 年创立了职工法律维权协会（维权中心），招录社会上的专业技术工作人员，由财政拨款支持运营，接受市公、检、司、法的监督与指导，企业职工自愿缴纳会费。[3] 自成立以来，该中心为维护本地区职工的利益、和谐劳动关系做出了较大贡献。

无论是从领导来源还是经济来源上，这种社会化的工会组织均脱离了企业，而且具备素养更高的专业人才，彻底改变了工会软弱的态势，改善了协商双方信息不对称的现象，能够有效地进行工资集体协商。我国其他地区也可以效仿义乌模式，依法创立社会化工会组织，依靠社会上专业人才和相关部门职员的智慧，采用以会员缴纳会费与财政拨款相结合的工会经费筹集方式，改变原来工会经济不独立的状况，实现工会维权社会化和专业化。

---

① 宁向东、高文瑾：《内部职工持股：目的与结果》，《管理世界》2004 年第 1 期。

② 王晋斌、李振仲：《内部职工持股计划与企业绩效——对西方和我国企业案例的考察》，《经济研究》1998 年第 5 期。

③ 冯丹阳、陈雅玲：《工资集体协商中政府角色与力度探讨》，《法制博览》2012 年第 8 期。

由于工资集体协商是一个复杂的工作，涉及的方面比较广，部分相关因素如混合所有制改革、工会维权方式改革等不是朝夕之间就可以实现的，而且像职工持股计划的实施也需要经过反复深入的论证以避免出现严重的副作用，所以作为一项复杂的系统性任务，工资集体协商的完善是需要一步一步地认真完成的。

第四节　构建公平正义和共同富裕分配关系的进一步思考

在经济领域构建公平正义的分配关系，是目前我国亟须解决的重大全局性问题。它不仅直接关系到增加劳动者的收入，缩小收入差别，实现社会和谐稳定，而且与扩大内需、推动我国经济发展方式的转变、实现我国经济可持续发展息息相关。通过前面的分析，我们可以得出结论，实现经济领域分配的公平正义和共同富裕，从形式上看，在我国，涉及市场经济活动的公平公正，它要求按照价值规律办事，实现等价交换；但从实质上看，涉及生产领域的所有制结构和经济领域的劳动关系，它要求构建和谐劳动关系，实现各阶级、各利益集团的和谐共处，其构成我国构建公平正义的分配关系的主要内容。

改革开放以来，我国劳动关系已经发生了重大变化。据有关资料显示，到 2007 年 3 月，我国在城镇非公企业从业的人员已占到城镇从业人员总人数的 65.8%；[①] 到 2010 年，新生代农民工在非公有制企业中的集聚度更是高达 84.3%；[②] 到 2013 年年底，非公经济从业人口已占天津滨海新区全部从业人口的 78.5% 以上[③]。从全国看，到 2018 年，在非公经济中从业的人口已经占城镇劳动就业人口的 80% 以上。这说明，劳资关系已成为我国企业劳动关系的最重要组成部分。构建公平正义的分配关系，其核心

---

①　根据《瞭望》新闻周刊 2007 年第 40 期的有关资料统计。这里所说的非公企业是指私营企业、外资企业和港澳台企业。

②　见中华全国总工会新生代农民工问题课题组《2010 年企业新生代农民工状况调查及对策建议》。

③　《天津滨海"非公"服务成企业之"家"》，http：//tj．zhaoshang．net/2014 - 04 - 02/158039．html。

和实质是正确认识和处理劳资关系。

进一步分析与政府承担构建公平正义和共同富裕的分配关系，是重大理论和实践问题。这些问题涉及我国现阶段国有企业改革的原因、过程及其对分配关系和分配格局的影响；我国现阶段的劳动关系的变动和如何实现共享发展；构建公平正义的分配关系的供给侧意义。

一　国有企业的改革与分配关系的调整

在本书第一部分，我们已经指出，我国所有制结构的变革是我国分配制度、分配关系变动的主要原因，并且指出，这一变革具有必然性，从而提出了如何认识和处理生产正义与分配正义的关系问题。在本节中，我们试图以国有企业为核心，进一步探讨这一问题。研究的思路是，首先论述我国国有企业改革的必然性和历史过程，然后进一步明确国有企业改革的思路，最后从构建公平正义和共同富裕的分配关系角度提出国有企业和公有企业改革的具体路径。

1. 市场经济对市场主体的要求与传统国有企业的特点

改革开放以来的实践表明，就其本质和主流来说，我国经济改革是市场取向的改革。党的十四大明确提出我国经济体制改革的目标是建立社会主义市场经济体制，进一步确认了市场取向改革的正确性，从而极大地推动改革的进程；同时，也使传统国有企业同市场经济对微观主体要求的不适应性更充分地暴露出来。

第一，国有企业的所有权特征不适应市场经济对微观主体的要求。社会主义市场经济是以公有制为主体、多种经济共同发展的所有制结构为特征的；但是，它也具有市场经济的共性。市场经济作为商品经济的成熟形态，通过交换关系把错综复杂的社会分工和彼此独立的各个经济主体全面有机联系起来，并通过市场机制实现着资源的运动和配置。从形式上看，市场上流量运动表现为各种资源的运动，但由于进入市场的资源都各有其主，因此从内容上看，资源的运动又都是所有制的法权形式即所有权的转手，是资源所有权的运动。市场经济正常运转所要求的所有权具有以下特征：(1) 它所反映的关系是一种纯粹的经济关系，而不包含非经济关系，也就是说，在交换中，"这种具有契约形式的（不管这种契约是不是用法律固定下来的）法的关系，是一种反映着经济关系的意志关系。这种法的关系或意志关系的内容是由这种经济关系本身决定的"。① 这是价值规律得以贯彻的基本前提，否则，就难以真正发挥市场机制作用、建立市场经济的基本框架。（2）它对拥有客体的所有关系是强有力的。正是因为各种资源都是彼此独立的私人劳动或企业劳动的产物而对他人具有毋庸置疑的排他性，社会分工又决定了它们只对别人有效用而对生产者自己只具有交换手段这种特殊的效用，才产生了通过等价交换，既交换了使用价值又保护了所有权的要求。党的十四届三中全会提出，建立现代企业制度，是我国国有企业改革的方向，现代企业制度具有产权关系明晰等特征。中共中央国务院在《关于完善产权保护制度依法保护产权的意见》中，进一步把现代产权制度概括为"归属清晰、权责明确、保护严格、流转顺畅"，这准确地反映了现代市场经济的基本要求。其中的"归属明确"，是市场经济所要求的产权特征的核心。

　　但是，传统国企的所有权特征不能满足上述要求。（1）政府是国企资产的所有者，其产出资源的所有权主体必然是政府，这种所有权反映的就不可能是纯粹的经济关系，必然带有非经济关系的色彩。从历史和现实看，这种非经济关系或者表现为政府直接参与企业生产经营活动，或者表现为政府通过间接方式干预企业生产经营活动。所有这些，都可能使国企的行为偏离市场准则要求。（2）随着国有资产范围扩大、规模增加、门类复杂，为了调动企业积极性，减少政府对企业的干预，我们对国企实施了所有权与经营权分离的改革，在当时条件下，这种改革具有重要积极意义，但也具有某些可能逐渐放大的消极效应：政府作为所有权主体对其资产的所有权约束有弱化现象，国有资产对他人难以具备足以使其保值的排他性，国有资产通过交易行为（如故意压低国有资源价格而交易者个人得到好处）或非交易行为（如请客送礼、行贿受贿、贪污浪费、明抢暗偷等）大量流失。于是，我们便看到了传统国企进入市场过程中的一个两难抉择：如果政府为了实现国有资产保值，就必然要强化对国有企业的所有权约束，这样，企业行为就难以避免超经济色彩；如果在保留国企性质前提下，要使其行为更符合市场准则要求，政府就必须放松对它的所有权约

---

　　① 马克思：《资本论》第1卷，《马克思恩格斯文集》第5卷，人民出版社2009年版，第103页。

束，这又势必造成国有资产流失。仅此一点，我们就看到在传统国企改革中确实存在着深层次矛盾。

第二，传统国有企业目标不适应市场经济对微观主体要求。虽然市场经济中的流量运动表现为资源运动，但这种运动的基础和目标却是保值和增值。实际上，正是通过企业为了保值和增值而进行的资源供求活动，才实现了资源的运动和配置。因此，就市场经济中的一般竞争性企业来说，稀缺资源的配置只是其经营活动的必要条件和客观结果，价值增值即盈利最大化才是目标。盈利最大化和与此相联的积累最大化，是企业能够在激烈市场竞争中取胜的最根本保证。为了保证政府对经济活动的有效调节，企业要为实现宏观目标承担更多的义务，但这主要是通过合理纳税，再由政府根据需要建立某些制度、实施某些举措等外在于企业的方式完成的。就企业自身来说，它仍是盈利性实体，组织目标并没有变。

传统国企则不同。既然政府是国企所有者，政府又担负着宏观调控的任务，它必然把一部分任务分解给国有企业，从而使国企把实现宏观目标作为自己义不容辞的责任。在市场经济条件下，国家也会对国有企业提出盈利要求，但在实践中，往往是以完成政府赋予的宏观目标为必要前提或最终结果的。例如，企业不仅要以外在于企业的方式（如向国家缴纳更多的利税）向国家做贡献，还要以内在于企业的方式（如低价向其他企业提供原材料和技术，安排更多就业等）为政府排忧解愁。这往往导致传统国企长期盈利率与其所承担的宏观调控任务呈反方向变动。在政府支持不力时，其积累率和竞争力必然下降，企业也很难在市场竞争中站稳脚跟。于是，我们又看到了传统国企进入市场过程中的另一个两难抉择：如果企业对实现宏观目标负有更多责任，就很难获得正常水平盈利，进而难以成为市场竞争主体；如果要使国企成为强有力的市场竞争主体，就必须切断企业同政府宏观任务的联系，与其他竞争性企业一样平等地以外在方式承担社会义务。这样，国有企业就有可能失去原有性质，而国家也会丧失实现宏观调控的一个重要基础。

总之，就总体而论，由诸多深层次矛盾所决定，传统国企在进入市场后难以成为真正的市场竞争主体。如果传统国企在经济结构中处于统治地位，也难以正建立社会主义市场经济体制。我们必须重新认识国有企业在市场经济中的地位和作用，重新认识国有企业改革目标，走出悖论，重筑国有企业改革之路。

2. 国有企业在社会主义市场经济条件下存在的主要根据

国有企业不适应市场经济对微观主体的要求，并不意味着在市场经济条件下国有企业没有存在的必要性和根据。这种必要性主要来自实现宏观经济目标的要求，这个宏观目标，主要表现为实现经济的长期可持续发展，而宏观经济目标之所以存在，则在于市场经济本身的若干矛盾与问题。依据社会主义市场经济的要求和我国的国情，国有企业在社会主义市场经济中应发挥以下作用。

第一，在市场信号形成中起调控作用。价格是市场机制的重要环节，是反映并引导资源配置的最重要信号。党的十四大指出，我国应建立市场形成价格的机制；党的十八届三中全会进一步提出要使市场在资源配置中起决定性作用。这意味着在通常情况下国家将不再直接规定市场价格。但是，这并不表明国家对所有商品和劳务的价格都撒手不管，放任自流。按照市场规律对关系国计民生和社会安全的资源价格进行调控，已成为国际上市场经济国家的普遍做法；通过规定最低工资标准逐步抬高劳动力价格，更成为大多数国家的惯例，也成为我国宏观调控的重要内容。在市场的社会经济结构严重失衡，市场价格严重扭曲的情况下，这种调控就显得更为重要。

国有企业则是调控市场的主渠道这主要表现为，在发挥市场价格机制的基础上，国有企业通过"反风向"的供求行为，影响重要生产资料和生活资料的价格，以保持物价相对稳定。此外，还可以通过国有银行使用恰当的货币政策和外汇政策，调整资金利率和外汇汇率，以使其他要素价格真实反映市场价值，保证市场机制的正常运转和社会秩序的稳定。

第二，在产业结构调整和升级中起服务和带头作用。从一定意义上讲，经济发展的过程就是产业结构调整的过程。发达国家的历史表明，单纯靠市场机制也有可能实现产业结构的调整，但那将是缓慢、高成本和残酷的，当国家参与产业结构调整后，其进程就显得较为迅速和平缓。发展中国家的历史也表明，在发展中国家普遍存在"二元经济结构"，而在发达国家已享有科技和经济实力比较优势或垄断势力的情况下，单纯利用市场力量实现产业结构的合理化和高级化已无成功先例。仅此就说明，我国必须走在国家调控下，发展市场经济，实现产业结构调整和升级的道路。

美国左翼经济学家赫德森指出："一旦一国取得先发优势，它所获得的优势就开启了扩大全球两极分化的反馈过程，除非其他国家通过引导市场提升其劳动、工业和农业的质量。"① 我国改革开放以来的大量事实已经完全证明了这一观点。

国有企业则是实现产业结构调整的重要基础。在市场经济条件下，国有企业的这个作用，主要表现为它的资产不断地变换活动领域和活动范围，活跃在其他类型企业不能或不愿进入的投资多、风险大、见效慢的基础产业和支柱产业、新兴产业上。"二战"后，西方发达国家曾有过几次私有化浪潮，如仔细考察就可看到，每次较大的私有化浪潮大都发生在产业结构较大变动时期，两者具有很大的同期性。在私有化过程中，哪些企业要私有，哪些仍属国有国营，并不是任意规定的，也不是像有些人说的主要是把经营不善、效益低下的企业私有化，而是出自综合考虑。其根本出发点，还是为了获得新的财源，以兴办新产业，扶植原有产业。正是通过国有资产在市场经济中这种特有的运动方式，西方发达国家较顺利地完成了战后几次产业结构调整。② 我国的国有企业，也应主要根据市场经济的要求，以符合市场机制正常运转需要的规模和方式实现这个作用。

第三，在实现公平正义、共同富裕和安排劳动就业方面起保障作用。由于国有企业的性质和由此决定的分配关系，它必然成为市场经济条件下阻止分配关系两极分化的重要力量。在此，我们要特别关注国企在实现就业并通过增加就业对实现共同富裕的作用。

"二战"以来，在科技进步和产业结构调整中，"充分就业"已成为市场经济国家宏观经济目标的重要内容。为此，这些国家的政府除了运用财政政策和货币政策去刺激经济增长、增加就业机会外，还直接干预企业对劳动力的需求。如在经济衰退时，禁止国有企业随意裁减工人；对于那些对就业具有重要影响的私人企业给予政府资助，以防止其倒闭而造成大量工人失业等。可见，即使在西方市场经济条件下，国有企业对实现充分就业的作用也是不容忽视的。

---

① 迈克尔·赫德森：《国际贸易与金融经济学：国际经济中有关分化与趋同问题的理论史》，丁为民等译，中央编译出版社 2014 年版，第 19 页。

② 高峰、丁为民等：《发达资本主义国家的所有制研究》，清华大学出版社 1998 年版，第 149—159 页。

在传统体制下，我国国企对劳动就业主要采取"包"下来的政策。这固然是两个"大锅饭"的重要体制原因，反映出我国传统体制就业机制的刚性特征，但同时也体现了国企在实现就业目标方面发挥着巨大的作用。在建设社会主义市场经济条件下，这一作用不能完全否定，也没有理由完全否定。西方主流经济学认为，就一般的竞争性企业而言，由盈利目标驱动，它对劳动力的需求量最终取决于劳动力的边际成本和边际收益，只有购买新的劳动力所支付的费用低于新增劳动力所创造的市场价值时，企业才会继续增加劳动力，直到劳动力的边际成本等于边际收益时为止。马克思主义则认为，在以剩余价值为目标的背景下，只有保证企业获得经济剩余，这类企业才会吸纳劳动力。不论在理论上如何表述，这类企业在吸纳劳动力时是要受到盈利目标和市场机制约束的；而国有企业则可在国家支持的限度内突破这一约束。可以得出结论，在我国市场就业机制和社会保障制度尚未完善之前，国有企业还将继续发挥这个作用。即使有关机制和制度健全了，国有企业也将作为总体机制的一个特殊组成部分，在经济波动的下降期在安排就业方面发挥特殊的作用。

总之，在社会主义市场经济条件下，国有企业是实现宏观经济目标的重要基础；典型的国有企业，应成为市场保证主体，成为国家宏观调控体系的重要组成部分。国企存在并发挥作用的实质，就是社会主义国家代表全体劳动者掌握一部分现实生产力，使这些特殊性企业以其特有的运行规律和方式，影响和调节经济社会活动，并同其他手段一道，保证社会主义市场经济比资本主义市场经济运转得更好。

但是，我们必须看到，国有企业要发挥宏观调控作用，必须有实力作保障。我们是现实主义者，必须现实地看待这一问题。由于国企承担宏观调控任务，所以，许多国内外学者的研究表明，国企的利润率普遍低于私人企业，生产成本却通常高于私人企业，在总效率方面，除了在少数带有自然垄断性质的行业（如民航、电信、煤气等），国企都低于私人企业。[①]在短时间内，这一问题往往是通过政府财政支持化解的。但从中长期看，这种状况不仅难以发挥国企作用，反而成为政府的拖累和国企私有化的直

---

① 高峰、丁为民等：《发达资本主义国家的所有制研究》，清华大学出版社1998年版，第141—142页。

接诱因。鉴于此，我们必须得出如下结论：实现国企资产的保值增值，是国企发挥宏观作用的条件，尽管不是它的终极目标。这样，我们又不得不回到讨论的原点，直面如何走出悖论，从根本上化解国有企业所面临的深层次矛盾。

3. 深化国有企业改革的路径选择

从党的十二届三中全会到十四届三中全会，国有企业改革主要是在"两权分离"的基础上实行承包经营和租赁经营。其特点是：（1）不改变国有企业在社会经济结构中的地位；（2）不变革国有企业的产权关系。其实质，就是既想让企业掌握经营权而成为商品经营者和市场竞争者，又想使国家保留对企业的所有权，以便对企业行为直接干预，完成国家的宏观调控任务。这一改革对增强企业活力，造就适应市场需要的企业家起到了一定积极作用。但是，前面的分析已经表明，由某些根本性矛盾所致，这种愿望是不能实现的。一方面，不论在国家和国企之间挖设几道"堑壕"，国家作为最终所有者总是要干预企业的生产经营活动，企业就不可能成为真正的市场竞争主体；另一方面，国有企业得到自主权，盈利动机增强，使国家宏观调控能力下降。此外，"两权分离"还成为我国经济生活中的"双轨制"长期存在，政府职能迟迟不能彻底转换的深层次基础。

党的十四届三中全会的《决定》指出，建立现代企业制度，是我国国企改革的方向。在如何理解建立现代企业制度的问题上，实际上仍存在着不同的思路。一种意见认为，它仍是"两权分离"的直接继续，即建立现代企业制度与承包制相同，都是建立在"两权分离"基础上的，所不同的是，前者直接以法律形式确认了企业经营权，并使之上升为包括占有、使用、依法处分和收益等权利在内的法人财产权，从而国家对企业债务不再承担连带责任；而后者仅以契约形式确认了企业经营权，企业权利有限，国家对其的责任则是无限的。实际上，这种认识并没有把握住建立现代企业制度的真谛，因为它并没有走出"两权分离"的老路，不可能解决由此产生的深层次矛盾。

党的十八届三中全会进一步明确了国企改革的方向，形成对国企改革道路的重大修正。全会通过的《关于全面深化改革若干重大问题的决定》指出，要"准确界定不同国有企业功能。国有资本加大对公益性企业的投入，在提供公共服务方面做出更大贡献。国有资本继续控股经营的自然垄断行业，实行以政企分开、政资分开、特许经营、政府监管为主要内容的改革，根据不同行业特点实行网运分开、放开竞争性业务，推进公共资源配置市场化。进一步破除各种形式的行政垄断。"这一指示，实际上是根据社会主义市场经济的要求和国企任务，明确了国企改革的新思路：通过建立现代企业制度，实现对传统国企的"两制"分流；在此基础上，进一步建立现代企业制度。

所谓通过建立现代企业制度，实现对原国有企业的"两制"分流，是指以建立现代企业制度为契机，通过改革使一部分国有企业"改制"。它包括以下要点：第一，在原有工作基础上，通过产权出售，将一些竞争性国企转为集体、个人或外商所有，为市场经济的建立提供更广阔的微观基础，并将出售企业和股权的收入，转投于急需发展的产业和社保基金。第二，对与国家经济命脉和经济战略有关的大型国企继续坚持国有，这类企业将首先以完成宏观调控任务为目标。为实现这一目标，它们也应在改制基础（如改制为国家独资公司）上进入市场，进行成本、盈利核算；但是，由于实现宏观调控目标往往同盈利率呈反方向变动，这类企业的盈利率不可能是最大盈利率，只能是有弹性的适度盈利率，由此也就产生了国家支持的必要。第三，由诸多原因决定，在典型的非国有制企业和典型的国有企业之间，会出现众多色层，它们作为两极间的中间状态，要通过"积极发展混合所有制经济"，或者改制为国家控股的有限责任公司和股份有限公司，或者改制为国家持股的同种企业。这类企业不同于典型的国有企业，它注入了非国有经济的要素，在经营管理上有较大的自主权；同时又有别于典型的非国有企业，在一定程度上受国家直接或间接控制，不能单纯为追求盈利而进行经济活动。从我国国情出发，应大力发展这类企业。通过"改制"，使大批企业走上良性循环的轨道。从长远看，随着条件的变化，其中某些企业会同两极中的一极并轨。但这类企业作为一个整体，将长期存在，并在社会主义市场经济中发挥重要作用。

所谓在两制分流的基础上建立现代企业制度，主要是指对保留下来的国有企业，按社会化大生产和市场经济的要求进行改组，建立科学的企业组织制度；与此同时，探索国有资产管理和经营的合理形式、途径和机构。这主要表现在，"完善国有资产管理体制，以管资本为主加强国有资产监管，改革国有资本授权经营体制，组建若干国有资本运营公司，支持有条件的国有企业改组为国有资本投资公司"。① 这样，通过加强对国有资本的所有权约束，尽量减少国有企业进入市场后的资产流失，并为其更好地实现宏观调控任务，提供组织制度上的保证。

在这一过程中，我们要特别强调，将传统国企改造为混合所有制企业，绝不意味着将这些企业私有化。为此，一个重要的选择，就是要在政府的领导、组织和支持下，进一步调动广大职工积极性，大胆探索市场经济条件下公有制的新形式，将企业改造为雇员持股企业和股份合作企业。在此基础上，进一步探索能够更好发挥广大职工主人翁作用的体制机制。只有这样，才有可能再造实现公平正义和共同富裕的分配关系的所有制基础。

4. 国有企业的改革对分配关系的影响

在国有企业改革过程中，随着国有经济的所有关系的调整，其分配制度和分配关系也在不以人的意志为转移地发生变化。

在 20 世纪 80 年代，国有企业的改革是以扩大企业自主权和经济责任制为起点的。企业扩权内容主要有两条：一是在利润分配上，给企业以一定比例的利润留成，在此基础上，企业恢复和扩大了奖金制等按劳分配的具体形式；二是在权力分配上，给企业以一定的生产计划、产品购销和资金运用的权力，以打破企业是政府机关的附属物、吃国家"大锅饭"的体制。从形式上看，这一改革是以分配制度的变革为起点的，但是，现在看，这就是我国国有企业所有制改革的起点。在 1984 年召开的党的十二届三中全会指出："过去国家对企业管得太多太死的一个重要原因，就是把全民所有同国家机构直接经营企业混为一谈。根据马克思主义的理论和社会主义的实践，所有权同经营权是可以适当分开的。"正是这种把国企所有制关系分为所有权与经营权的理论探讨和实践改革，成为当时的分配关系改革的依据。这种分配关系的改革，初步打破了分配中的两个"大锅饭"，为更好贯彻按劳分配原则，调动企业和广大职工的积极性，起到了积极作用。从分配环节看，这是一次迈向公平和正义分配格局的有益探索。

但是，由于前面所说的生产关系特别是所有制关系方面的原因，根据

---

① 《中共中央关于全面深化改革若干重大问题的决定》，人民出版社 2013 年版，第 9 页。

邓小平建设有中国特色社会主义的理论和党的十四大精神，1993年，党的十四届三中全会做出了《中共中央关于建立社会主义市场经济体制若干问题的决定》，创造性地将建立社会主义市场经济体制的改革目标与基本原则进一步系统化、具体化。其中一个重要内容，就是提出要"进一步转换国有企业经营机制，建立适应市场经济要求，产权清晰、权责明确、政企分开、管理科学的现代企业制度"。在这一改革过程中，或者把企业经营权上升为包括占有、使用、依法处分和收益等权利在内的法人财产权，或者以契约形式确认了企业经营权。其结果，都极大地固化了国有企业的自主权，为市场经济的作用初步确定了微观基础。同时，全会强调"建立以按劳分配为主体，效率优先、兼顾公平的收入分配制度，鼓励一部分地区一部分人先富起来，走共同富裕的道路"，进一步调动了企业职工特别是企业管理者的积极性，对于构建公平和正义的分配格局，其主导作用是好的。

但是，随着国企权力的落实和公司体制的运行，企业的利润动机越来越强烈地表现出来。国企特别是大型国企内部出现了两个值得关注的动向：第一，为了增加企业用工的灵活性、降低劳动成本，一些国企越来越多地雇用"劳务派遣工"。据有关资料显示，根据全国总工会的统计，到2010年底，全国劳务派遣工已经达到6000万人，他们主要集中在公有制企业和机关事业单位，部分央企甚至有超过2/3的员工属于劳务派遣。尽管从总体看，在国企内部，多数职工的劳动力还不是商品，仍然贯彻按劳分配原则。[①] 但与国有企业内部正式职工实行的按劳分配制度相比，这部分劳务派遣工只能是劳动力的出卖者，得到劳动力价值和底线正义，这显然是对按劳分配所要求的公平正义的破坏。第二，部分国企公司高管比照私企老板，利用自主权为自己设定了高于普通职工十几倍、几十倍甚至上百倍的高薪，这实际上是变相地贯彻了私企中通行的按资分配原则，是对按劳分配所要求的公平正义更严重的破坏，它极大地伤害了广大员工的积极性。这一现象，势必被中央有关规定所纠正。

如前所述，党的十八届三中全会进一步明确了国企改革的思路，形成对国企改革道路的重大修正。我们相信，以这次改革为契机，一定会进一

---

① 刘凤义：《社会主义市场经济中劳动力商品理论再认识》，《经济学动态》2017年第10期。

步厘清分配制度和分配关系的改革思路：在真正意义的新国企中，更好地贯彻按劳分配的分配原则；在混合所有制中，依其为主的所有制性质，分别实行不同的管理制度和分配制度，而不能移位和错位。总之，我们要进一步更全面地贯彻党的十九大的精神，坚持按劳分配原则，完善按要素分配的体制机制，促进收入分配更合理、更有序，为构建更加公平正义的分配关系和分配格局而不断奋斗。

二　社会主义市场经济条件下劳动关系的调整与包容性发展

1. 劳资关系与两种类型的劳资关系

为了构建公平正义和共同富裕的分配关系，在关注国有企业改革的同时，我们还应关注非公企业中的劳动关系问题。目前，多种所有制共同发展，已成为我国现阶段的基本经济制度，它是实现我国经济长期可持续发展的重要条件和基本经验。我国劳动关系的重大变化和劳资关系的逐渐凸显，就是这种所有制结构变动的必然结果。我们承认这种所有制结构及其变动趋势，就应该肯定企业劳动关系的重大调整，看到劳资关系已成为我国现阶段整个经济社会关系框架中一个非常重要的环节，并在这一认识的基础上构建经济领域的公平正义的分配关系。

2018 年 10 月 29 日，习近平总书记在同中华全国总工会第十七次全国代表大会新一届领导班子成员集体谈话时指出，工会要坚持以职工为中心的工作导向，抓住职工群众最关心最直接最现实的利益问题，认真履行维护职工合法权益、竭诚服务职工群众的基本职责，把群众观念牢牢根植于心中，哪里的职工合法权益受到侵害，哪里的工会就要站出来说话。胡锦涛同志在同全国总工会十五大新一届领导班子成员座谈时指出：在现阶段，"要充分认识到，国家利益、集体利益、个人利益是内在统一的，职工群众利益与企业发展是紧密相连的，只有尊重和保障职工群众合法权益，企业发展才有动力，社会才能和谐；只有实现企业发展和社会和谐，职工利益也才具有更可靠的保障"。[①] 这些讲话表明，在社会主义市场经济条件下，我国劳动关系矛盾本质上是非对抗的，属于人民内部矛盾，矛盾

---

① 中华全国总工会研究室：《沿着中国特色社会主义工会发展道路奋勇前进》，中国工人出版社 2013 年版，第 13 页。

双方是对立统一体和利益共同体，具有根本利益的高度一致性和具体利益的相对差异性，是对我国现阶段劳资关系性质和状况的准确概括，也是构建公平正义的分配关系的基础。

劳资之间的矛盾是对立统一关系，这是马克思主义的基本观点，也是国内外劳资关系状况的真实写照。但是，历史和现实表明，从企业角度看，在这种对立统一关系中，仍有一个强调和突出哪一方面的问题。多位西方左派学者的研究表明，即使在资本主义国家，企业劳动关系的本质是劳资关系，也存在有着较大差别的两类劳动关系。前者有着相对较长的员工岗位任期、较少的劳动监督和较小的收入差别，因而较多带有合作的性质，可以称之为合作的劳动关系；后者则有着较短的岗位任期、较多的监督和较大的收入差别，因而有着较少的合作性质，可以称之为非合作的劳动关系①。从历史维度看，一些资本主义国家也存在着较多带有合作性质的劳资关系与较少带有合作性质的劳资关系的交替②。在调研中，我们看到，我国也存在着合作的劳资关系企业与非合作的劳资关系企业之别。在那些劳资较为合作的企业，劳资双方能够做到真诚相待，企业尊重员工的要求，随着企业的发展不断提高员工收入水平，注意提升员工对企业文化的认知，鼓励员工自主参与管理，在相互关心中实现共享发展③；而在那些非合作的企业，数年不给一线员工涨工资，劳动条件恶劣，劳资双方缺乏正常沟通渠道，员工得不到应有的关心和尊重，有的甚至上厕所还需要"移动证"，往往成为劳资纠纷的发源地。这些资料表明，从认识论和方法论的角度看，有一个如何认识和处理劳资之间的对立统一关系的问题。在人类历史的现阶段，在我国这种国情下，在看到劳资关系的存在具有必然性的情况下，更加强调劳资双方的统一性，积极创造条件，在加强这种统

---

① 参见 Robert Buchele and Jens Chritiansen，"Labor Relations and Productivity Growth in Advanced Capitalist Economies"，*Review of Radical Political Economics*，Vol. 31，No. 1，1999，pp. 87 - 110；David M. Gordon，Fat and Mean，The Free Press，1996，p. 148。丁为民：《企业劳动关系与经济绩效变动》，《福建论坛》2004 年第 3 期。

② Kotz，D. M.，"Neoliberalism and the Social Structure of Accurmulation Theory of Long-Run Capital Accumulation"，*Review of Radical Political Economics*，Vol. 35，No. 3，2003，pp. 263 - 270.

③ 参见天津保税区工会《和衷共济，共同凝练以关爱生命为中心的企业文化——加铝（天津）铝合金产品有限公司多方营造企业文化侧记》，《工会通讯》2010 年第 3 期；梁晓文《是帮手，不是对手——访天津富士通天电子有限公司总经理音羽良二》，《和谐与跨越：天津开发区保税区工会工作巡礼》（下卷），天津人民出版社 2006 年版，第 565 页。

一性的过程中缓和、化解二者的矛盾，实现二者的共享发展，可能是处理二者矛盾的正确指导思想，也是实现分配领域公平正义的重要基础。

21世纪初，法国左派学者托尼·安德烈阿尼在总结分析中国改革开放前后对待所有制结构和阶级关系的政策变化后指出，根据处理对立统一关系的态度，可把辩证法分为否定辩证法和肯定辩证法两类，"文革"和"文革"前的中国实行了否定的辩证法，改革开放以来实行了肯定的辩证法，即"矛盾的双方在相互作用下各自得到加强，从而使各自都得到充分发展"的辩证法①。这一观点，对于正确处理劳资关系，构建公平正义的分配关系，具有重要的指导意义。

2. 合作的劳资关系与经济绩效的变动

研究表明，构建公平正义的分配关系不仅有利于构建合作的劳资关系，而且对以生产率为主要标志的经济绩效和经济发展有积极影响，从而为实现劳资共享和劳动关系的和谐提供物质基础。

在西方主流经济学中，生产率的变动主要是由技术和资本集约度的变动决定的；此外，员工的劳动努力对生产率的变动也有影响。其中，员工劳动努力程度又与劳动监督的程度、就业安全的状况和失业成本的大小直接相关。劳动监督的加强会减少工人偷懒的机会，可以增加工人的劳动努力；就业安全指工人是否具备稳定、有保障的工作，如果缺乏这种保障，工人在工作中就会小心翼翼，增加劳动努力，以保住自己的饭碗；失业成本则是指工人失业后的实际经济损失②，它与工人的劳动努力成正相关关系。由此，在西方主流经济学看来，如果抽掉技术变动和资本集约程度因素，生产率与劳动监督的程度和失业成本的大小呈同一方向变动，而与就业安全呈反方向变动；或者说，相对不合作的劳资关系更有利于经济绩效的提高。在现实经济活动中，一些企业的不合作的劳资关系，在很大程度上就是在这个理论的指导下形成的。

然而，一些西方左派学者通过对15个发达资本主义国家在20世纪70年代末到90年代中期的劳动关系与生产率增长关系的调研，却得出了相反的结论。他们发现，那些带有较多合作性质劳动关系的国家，从总体

---

① ［法］托尼·安德烈阿尼：《作为肯定辩证法的社会主义》，《国外理论动态》2003年第2期。
② 失业成本（CJL）取决于工人的现岗收入（I）、预期失业时间（T）和失业后得到的救济金（B）及其他形式的收入（S），等于工人在失业期间的实际经济损失，即 $CJL = I \cdot T - (B + S)$。

（平均）上看，要比那些较少带有合作性质劳动关系的国家，有着较高的生产率增长（见表3－7）。另一研究表明，企业劳动关系状况，不仅对劳动生产率，而且对资本生产率、滞胀和就业等宏观经济状况都有重要影响。研究发现，在生产率增长、资本生产率增长、投资绩效、滞胀、就业等方面，较多带有合作性质劳动关系的国家要比带有非合作性质劳动关系的国家更好（见表3－7）。我国的一些合作型劳资关系企业的经营状况，全国总工会在金融危机期间组织的"共同约定行动"等事实，都证明了相对合作的劳动关系对经济绩效有着积极的影响。

第一，合作的劳资关系不仅可以增加工人的劳动努力，而且可以使之得到更适当的组织和协调，成为"有效的努力"。在团队生产的条件下，企业劳动过程是由两个有机环节构成的，一是将工人的劳动能力转化为实际的劳动努力。二是经过合理的组织和协调，将工人的劳动努力转化为有效的劳动努力。如果缺少这一环节，工人的劳动努力就不会形成一种有效的合力，其中的一部分劳动努力就会成为"虚费"，不会形成产品或价值。在以技术密集和知识密集为特征的现代劳动过程中，这一环节更重要，作用更突出了；企业要在竞争中取得优势，对劳动有效性的依赖更加强化了。显然，与非合作的劳动关系相比，合作的劳动关系更有利于劳动过程的组织和协调，从而更有利于有效劳动努力的形成和价值创造。

第二，合作的劳资关系使职工与技术创新有积极的利害关系，从而更有利于推动技术创新。生产过程中的技术创新可分为两类：一类是与过程结果有关的创新，即人们所说的产品创新；另一类是有关过程的条件的创新，即人们所说的工艺创新。在非公企业中，这两类创新主要是由投资引发并由资本主导的。但它们也要受到企业劳动关系状况的影响。这是因为，技术创新不仅是通过劳动者的努力完成的，而且对职工的利益有重要影响：前者有利于维护和扩大企业的市场份额，增加企业销售额，它为扩大职工就业、增加工人收入提供了可能，对职工利益的影响是积极的，至少不会产生消极影响。后者有利于提高企业单位时间内的产出，通过减少劳动耗费降低单位产品的成本，这就使一部分工人失业成为可能，因而它对职工利益的影响往往是消极的。所以，只有当工人与技术创新和生产率的变动有更直接的、积极的利害关系时，他们才会主动地参与上述创新。显然，合作的劳动关系有利于鼓励工人参与这一过程。反之，当工人缺乏工作保障或与技术创新没有积极的利益关系时，他们就会意识到单位时间内产出的提高有可能增加他们失业的机会，或者看到创新不会给自己带来任何好处。在这种情况下，工人是不会积极主动参与技术创新的。

第三，合作的劳资关系对增加企业内部骨干员工的劳动努力更为重要。由于骨干员工在企业中的特殊作用和企业对他们的依赖，企业对这些人的管理面临着一个重大课题，即如何在调动他们的主动性去进行技术和管理创新的同时又使他们最大限度地尊重企业权威。解决这一课题的途径，只能是为他们提供更多的薪酬、就业保障和升迁机会，从而形成合作的劳资关系。

第四，合作的劳资关系有利于增强企业的凝聚力和竞争力。在市场经济下，企业中资方和劳方是一个利益共同体。资方害怕由于经营失败而破产，员工则既害怕由于违反劳动纪律而受到解雇处罚，又害怕因企业竞争失败而裁员或破产。但是，员工所面临的这两种压力对企业的影响是不同的。资方可以利用第一种压力迫使员工紧张劳动，从而形成非合作的劳资关系；也可以利用第二种压力凝聚人心，形成合作的劳资关系。但分析表明，更多地利用第二种压力、形成合作劳资关系是明智的。这是因为，其一，在日常的企业管理中，由于工人违反劳动纪律而被解雇的案例是很少发生的，对于关键岗位的骨干工人更是如此；其二，相对于骨干工人，非关键岗位的工人会承受更大的违纪下岗威胁，但由于他们工资较低，失业成本也较低，根据失业成本与劳动努力从而生产率成正相关关系的观点，这种威胁对工人劳动态度的影响并不大。因此，"工人，特别是核心工人，更害怕经历由于经营失败、企业缩减规模、企业从外部获得资源而不再自己组织生产以及工厂关闭等集体威胁所造成的就业机会减少"[1]。这就为强调企业整体利益，建立合作性质的劳动关系提供了基础。形成合作的劳资关系，对于增强企业凝聚力，提高企业生产经营水平，有重要意义（见表3-7）。

---

① Robert Buchele and Jens Chritiansen, "Labor Relations and Productivity Growth in Advanced Capitalist Economies", *Review of Radical Political Economics*, Vol. 31, No. 1, 1999, pp. 87–110.

表3-7　　　　　　生产率增长、资本/劳动比率和劳动关系

国家	每小时产出变化（%/年）	单位工人资本变化（%/年）	岗位任期中位数（年）	监督者与生产工人的比例	最高收入与最低收入的比例
芬 兰	3.85	2.87	5.2	0.060	2.14
法 国	2.99	2.21	7.5	0.056	3.27
德 国	2.45	1.57	7.5	0.044	2.30
日 本	2.95	5.44	8.2	0.063	2.74
奥地利	2.93	3.19	—	0.078	2.70
比利时	3.09	1.97	—	0.055	1.92
丹 麦	2.52	1.59	—	0.063	2.20
意大利	2.26	2.51	—	0.037	2.08
荷 兰	2.47	1.44	3.1	0.045	2.13
澳大利亚	1.49	1.82	3.5	0.100	2.15
加拿大	1.45	3.66	4.1	0.126	3.8
挪 威	1.97	1.00	6.5	0.085	2.16
瑞 典	1.64	2.88	—	0.040	2.05
英 国	2.35	2.58	4.4	0.154	3.05
美 国	0.66	2.22	3.0	0.176	5.65
平 均	2.34	2.46	5.3	0.079	2.69

资料来源：Robert Buchele and Jens Chritiansen，"Labor Relations and Productivity Growth in Advanced Capitalist Economies"，*Review of Radical Political Economics*，Vol. 31，No. 1，1999，pp. 87－110. 其中，每小时产出变化为1979—1994年的平均值，单位工人资本变化为1979—1992年的平均值。

　　第五，合作的劳动关系对宏观经济的健康运行有积极影响。首先，非合作的劳动关系具有降低实际工资与公众消费的倾向，因此，从长期看，它将导致总需求不足的问题。相反，合作的劳动关系则有利于增加总需求，更好地抵御经济衰退的影响。其次，非合作的劳动关系具有加剧阶级矛盾的倾向，不利于实现社会稳定，这将潜在地降低投资者的投资欲望。而合作的劳动关系则是引进投资的基础性条件。最后，非合作的劳动关系所导致的激烈竞争，使得公司的职业经理人更倾向于注重短期效益的策略，这将不利于长期投资。而合作的劳动关系则更有利于人们行为的长期化。研究表明，近年来发生的波及全球的金融危机，就是新自由主义体制

造成的劳资关系恶化的结果。① 表 3 - 8 就是从全球经济的角度对这一观点的经验证明。

表 3 - 8　　　　　　劳动关系状况对经济绩效的影响　　　　　　单位:%

	合作	非合作
生产率增长（1973—1989 年平均）	—	—
商业	1.9	1.1
制造业	3.4	2.2
资本生产率增长（1966—1989 年平均）	0.49	0.28
投资情况（1973—1989 年平均）	—	—
人均固定资本增长	3.3	2.2
固定投资占 GDP 份额	14.2	10.8
滞胀（1973—1989 年平均）	—	—
通货膨胀率	5.8	8.0
失业率	3.7	7.6
失业率（1980—1994 年平均）	—	—
1980—1989 年	4.7	8.8
1990—1994 年	5.0	8.6
1980—1994 年	4.8	8.8

资料来源: David M. Gordon, *Fat and Mean*, The Free Press, 1996, p. 148, 150, 159, 163, 170。

在本章的第二、第三节，我们已经说明了通过实施最低工资标准和工资集体协商这两个制度不断提高劳动者工资水平、提升了我国经济运行质量的事实。目前，我国正在面临经济降速的压力。我们认为，这是多重因素作用的结果：一是 2008 年金融危机以来世界经济的持续衰退，不断缩小了我国的出口商品市场。二是近年来为了抵御金融危机，我国政府实施的扩大基础建设投资的效应不断下降。三是美国对我国经济的挤压，有可能进一步加大我国面临的技术约束和市场约束状况。而通过实施两个制度

① 参见 Kotz, D. M., Contradictions of Economic Growth in the Neoliberal Era: Accumulation and Crisis in the Contemporary U. S. Economy, 2006。该文中文版版权属于《国外理论动态》，由丁为民等摘译，以"新自由主义进入危机和终结阶段"为题发表于该刊 2007 年第 12 期。丁为民：《新自由主义体制下经济增长的矛盾与危机：对当前金融危机的再思考》，《经济学动态》2009 年第 3 期。

而不断提高内需、推动经济向上的效应在不断增强，成为推动我国经济健康发展的最重要因素。① 它再一次证明了上述结论。

3. 提高经济绩效与增进劳资统一和共享

合作的劳动关系更有利于提高经济绩效，是在一定条件下经济关系促进生产力发展的具体表现。而经济绩效的提高和经济增长，又为增强劳资统一性，实现二者共享发展成果奠定了基础。它主要表现在以下方面。

第一，资方保住企业，劳方保住岗位。在金融危机的冲击下，有些企业破产，资方失去了资本，劳方失去了岗位，工人再次经历了下岗的痛苦，这种劳资俱损的局面是由多种原因造成的，劳资关系紧张显然是重要原因。而在实际中也有很多企业，由于劳资合作，坚持民主管理，确定正确的经营方针，调动了各方面的积极性，实现了节能降耗、产品创新，使资方保住企业，劳方保住岗位。在国内外实践已经证明劳资关系的存在和有限发展是人类社会难以逾越的阶段这一大背景下，在重大的外部经济环境变动的过程中，这是劳资统一和共赢的最重要表现，也是我们在下面所要研究的劳资统一和共享的起点和基础。

第二，资方获得了更多的利润，劳方提高了实际工资。马克思在《资本论》中指出，生产率的变动和工作日的长度、劳动强度是影响资本主义生产过程中劳资关系的三个主要变量。在此基础上，马克思揭示了"劳动生产率的提高会降低劳动力价值，从而提高剩余价值"的规律。同时，马克思又明确指出，"即使在情况允许这个规律发生作用的条件下，也会发生各种中间的变动"。只要劳动力价格下降的程度小于由于生产率的提高而引起的劳动力价值的下降程度，或者简言之，只要劳动力价格下降的程度小于生产率提高的程度，资本获得更多的利润与工人提高实际工资就可以并行不悖。而劳动力价格下降程度（从而实际工资提高的程度）"取决于资本的压力同工人的反抗这二者的力量对比"。②

历史表明，在劳资合作的背景下，生产率提高而劳动力价值下降的规律通常是以企业利润和工人实际工资双增加（尽管比例不同）的形式表现

<hr />

① 李克强总理在 2015 年夏季达沃斯论坛开幕式上的致辞中指出："更令人欣喜的是，中国的经济结构在加快优化。服务业已占 GDP 的'半壁江山'，消费对经济增长的贡献率达到了 60%。"

② 《资本论》（第 1 卷），人民出版社 1975 年版，第 570—571 页。

出来的；而在劳资关系紧张（如新自由主义体制）的条件下，则往往表现为企业利润的上升和工人实际工资的下降。我们认为，这两种不同的表现形式，很有可能是两类不同性质的劳动关系作用的必然结果；进一步说，在合作的劳动关系下，企业利润和工人实际工资双增加，可能是在合作的劳动关系下劳资统一和共享的主要表现形式。在我国，这一形式主要是通过第二节和第三节所研究的两个制度实现的。

第三，劳资共享有效劳动增加带来的新价值。但是，我们必须看到，在上述情况下，工人实际工资上升很可能会掩盖劳动力价值的下降。从新价值分配的角度看，这是由于劳动力价值的下降引起了企业利润量的增加，因而，它还不是真正意义上的帕累托改进和正和博弈。我们认为，真正的正和博弈存在于由于合作劳动关系和有效劳动增加而带来的新价值的分配中。正是这种由合作劳动关系形成的价值增值和由此形成的劳资分享新增价值的局面，形成了劳资共享的最高境界。

由于合作劳动关系而增加的有效劳动投入是新增值的源泉。在社会化生产的条件下，一个企业的工人是作为"总体工人"来创造价值和使用价值的，而市场则根据全社会生产商品的平均有效劳动量确定商品的价值量。一个企业的总体工人投入的有效劳动越多，其创造的使用价值和价值就越多；反之，投入的无效劳动越多，其创造的使用价值和价值就越少。在价值形成与创造过程中，这种劳动本来就是较多（或较少）的劳动量，现在也作为较多（或较少）的价值量对待；而与个别企业改进技术后，单位商品中的较少劳动由于社会关系的作用而被当作较多的劳动和较多的价值对待，有着根本的不同。同时，正因为这种有效劳动所带来的价值增值是合作劳动的结果，所以，劳资共享这种新价值也是合作劳动关系的应有之义和必然结果，它必然成为我国构建中间收入阶层最重要的基础。在我国，这一形式主要是通过工资集体协商（承认行业和企业间的差异的补充性制度）实现的。

4. 实现劳资合作与共享的途径和条件

从总体看，我国目前的劳资关系状况是较好的。但是，也存在潜在问题。20 世纪末和 21 世纪以来劳动纠纷的增长和变动情况就是证明（见表3 - 9）。这一纠纷是劳资之间矛盾性的显性表现。它有可能成为影响我国经济可持续发展的重要原因。通过劳资合作和劳资共享，最终构建和谐的劳动关系，还需做大量工作。

表3-9　　　　我国劳动争议立案受理和审理结案情况（1992—2015 年）

项目 年份	立案数量 （万件）	增长率 （%）	涉及人数 （万人）	增长率 （%）	结案率 （%）	劳动者申诉案件 所占比率（%）	劳动者胜诉或 部分胜诉率（%）
1992	0.82	n. a.	1.74	n. a.	96.8	n. a.	n. a.
1993	1.24	51.2	3.48	99.8	n. a.	n. a.	n. a.
1994	1.91	54.5	7.78	123.5	94.0	n. a.	n. a.
1995	3.30	72.8	12.25	57.5	95.1	n. a.	n. a.
1996	4.81	45.0	18.91	54.4	96.7	86.7	79.7
1997	7.20	49.7	22.1	16.9	98.6	95.5	83.8
1998	9.40	30.6	35.9	62.4	98.2	90.2	92.8
1999	12.00	27.7	47.4	32.0	1008	95.1	86.5
2000	13.5	12.5	42.3	-10.8	97.0	88.9	88.7
2001	15.5	14.8	46.7	31.4	96.8	94.7	79.0
2002	18.4	19.1	60.8	9.4	97.3	93.6	81.6
2003	22.6	22.8	80.1	31.7	99.1	95.4	84.7
2004	26.0	15.2	76.5	-4.5	99.6	95.7	83.4
2005	31.4	20.8	74.4	-3.3	97.5	93.6	84.7
2006	31.7	0.9	67.9	-8.1	98.1	95.0	85.5
2007	35.0	10.4	65.3	-4.4	97.1	93.1	83.1
2008	69.3	98.0	121.4	86.8	89.9	93.8	78.2
2009	68.4	-1.3	101.7	-16.3	100.9	91.8	86.8
2010	60.1	-12.2	81.5	-19.8	105.5	93.0	91.3
2011	58.9	-1.9	77.9	-4.4	100.7	96.6	83.0
2012	64.1	8.8	88.2	13.2	100.3	96.9	88.0
2013	66.6	3.9	88.8	0.7	100.3	96.4	88.1
2014	71.5	7.4	99.8	12.4	99.4	96.5	87.8
2015	81.4	13.8	115.6	15.8	99.8	96.3	88.7

注：1. 上述多数数据可能不仅包括企业，还包括行政事业单位中的劳动纠纷。但由于中国行政事业单位劳动关系相对较稳定，因此，这些数据基本能够反映企业劳动关系状况。2. n. a. 为资料不详。

资料来源：根据人力资源和社会保障部网站（http：//www. molss. gov. cn）和《劳动统计年鉴》（2016）的有关资料整理和计算。

第一，合作竞争，推动公有制经济和非公有制经济共同发展。公有制为主体、多种所有制经济共同发展，是我国的基本经济制度。长期以来，在学术界和实际部门，对如何认识和处理二者的关系，存在严重的分歧。一些人极力主张公有制经济特别是国有经济要从我国经济领域彻底推出，实现全盘私化；也有人主张要通过改造和消灭私有制经济，回到改革开放之前的传统体制。我们认为，这两种观点都是错误的，是不符合我国国情和现阶段经济社会发展要求的。这些错误的一个共同的认识论原因，就是片面强调这两种经济之间的竞争关系（或相互替代关系）及其产生的负面影响，只不过各自强调的侧重点有所不同。实际上，在我国现阶段，应首先看到二者的合作和互补关系。这也是中央一直强调的重点。党的十八届三中全会《关于全面深化改革若干重大问题的决定》中已经指出："公有制经济和非公有制经济都是社会主义市场经济的重要组成部分，都是我国经济社会发展的重要基础。"因此，政府在通过再分配实现公平正义和共同富裕的过程中，它的第一个职责就是毫不动摇地巩固和发展公有制经济，坚持公有制主体地位，发挥国有经济主导作用，不断增强国有经济活力、控制力、影响力。必须毫不动摇鼓励、支持、引导非公有制经济发展，激发非公有制经济活力和创造力。

从构建公平正义的分配关系的角度看，应该在合作与竞争中推动公有制经济和非公有制经济共同发展。这是因为，国有企业属于全民所有，是推进国家现代化、保障人民共同利益的重要力量，是我们党和国家事业发展的重要物质基础和政治基础，也是构建公平正义的分配关系的宏观基础和最重要的物质条件。在此基础上，稳步推动各种所有制资本取长补短、相互促进、共享发展的混合所有制经济，使各方面的利益高度融合。只有坚持这一基础，劳动者的根本利益才能获得保障，才能使劳动者在与资本的合理合法较量中得到政府的支持，使劳动者获得意识形态的保护。下面的建议，都是在这一基础和条件下运行的。

第二，加强宣传教育，提高构建合作劳动关系的自觉性。各级政府要切实加强宣传、教育，使劳动关系的有关各方真正认识到要通过合作而不是对抗来实现劳资共赢，具有重要意义。它是构建公平正义的分配关系的意识形态条件。历史表明，一部分资本主义国家和资本主义企业之所以能够形成相对合作的劳资关系，首先是工人长期斗争的结果。这种斗争使投资方及其代理人认识到："用强制的方法阻止（劳动）运动只是暂时的，从长期看这些方法会刺激和加强这些运动，……导致劳动大军的力量逐渐增加这一成本"。① 因此，重视和调整劳资关系，通过各种制度安排给予劳动者一定的权利，就成为一些资本主义企业出资者的理性选择。在我国这样的社会主义国家，在基本经济制度的基础上，在科学发展观的指导下，完全没有必要重复资本主义国家曾经走过的老路，完全可以避免它们曾经经历的痛苦和损失。宣传和教育，逐渐形成各方合作、协商、妥协、共赢的理念和传统，就是重要途径。这一过程，实际上是模拟博弈（斗争）的过程，对于我国现阶段，具有重要意义。

第三，从实际出发，渐进地推进最低工资标准调整和工资集体协商工作。积极推进以最低工资标准调整和工资集体协商为主要内容的收入分配制度改革，是"十二五"期间调整和理顺劳资关系的重要途径，已经得到各方面的广泛拥护，并取得实实在在的成效。"十三五"期间，继续推进这一工作。为了更好地做好这一工作，我们一定要把它放在构建合作和和谐劳动关系的框架中进行。一方面，要看到我国的一线企业员工的收入水平确实较低（这是主要方面）；另一方面，也要看到我国的众多中小企业的经营也存在诸多困难，它们往往受到垄断企业特别是国际资本的挤压。在中美贸易摩擦中，这一问题更加明显地显现出来。因此，在收入调整的过程中，我们不求一步到位，贵在从实际出发和长期推进。只要长期坚持，就一定会积小胜为大胜，取得更好的、劳资双方都满意的效果。这是构建公平正义的分配关系的认识论条件。

第四，在劳资合作的框架内处理和解决集体劳动争议问题。近年来，我国企业劳动争议迅速增加。根据人力资源与社会保障部公布的资料统计，自1992年以来，全国各级劳动争议仲裁委员会受理的劳动争议立案数和涉及的劳动者人数、集体劳动争议立案数和涉及劳动者人数的年均增长率都在20%以上；其中，关于劳动报酬的争议案件占的比重最大。各级工会、政府部门和司法机构积极化解矛盾，通过调解、仲裁、诉讼等环节和预警、调处等机制，使我国劳动争议的结案率保持在较高水平（见表3－9）。但资料也表明，除个别年份（2013年），结案率有下降的态势；

---

① Slicher, Sumner H., "The Turnover of Factory Labor", New York: D. Appleton, 1919.

与此同时，劳动关系群体事件却在一定时间内（1995—2005年）呈增加态势（见表3-10）。如何认识和处理以停工、怠工等方式表达的集体劳动纠纷问题已突出地摆在我们面前。我们建议，在积极推进上述两个制度不断落实的同时，也要加强对劳动关系群体事件问题的作用、处理方式、后果的研究，探索研究制定在劳资合作框架内处理和解决劳动纠纷群体事件（如停工）的条例，使有关当事人行为规范化、法制化，确保在合法停工期间企业生产资料、产品、半成品不受损失，工人的合法利益（工资和岗位）不受影响，在合作的框架内处理和解决由于劳动报酬引发的劳资争议问题。这是构建公平正义的分配关系的框架性制度条件。

表3-10　　　我国受理的劳动争议案件中集体劳动
争议案件变动情况（1992—2015）

项目 年份	集体劳动争议 案件数（万件）	增长率 （%）	涉及人数 （万人）	增长率 （%）	占涉及总人数 比率（%）	平均每次案件 涉及人数（人）
1992	0.0540	n. a.	0.91	n. a.	52.3	16.9
1993	0.0680	24.9	1.95	113.9	56.0	28.7
1994	n. a.	n. a.	n. a.	n. a.	n. a.	n. a.
1995	0.2600	n. a.	7.73	n. a.	63.1	29.7
1996	0.3150	21.2	9.220	19.3	48.8	29.3
1997	0.4109	30.4	13.26	43.8	60.0	32.3
1998	0.6767	64.7	25.13	89.4	69.9	37.1
1999	0.9043	33.6	31.94	26.1	67.3	35.3
2000	0.8247	-8.8	25.94	-18.8	61.2	31.4
2001	0.9847	19.4	28.67	10.5	51.6	29.1
2002	1.1024	12.0	37.50	30.8	61.7	34.0
2003	1.0823	-0.2	51.46	37.4	64.3	47.6
2004	1.9241	77.7	47.80	-7.2	62.5	24.9
2005	1.6217	15.7	41.00	-14.3	55.4	21.6
2006	1.3977	-13.8	34.87	-14.9	51.5	25.0
2007	1.2784	-8.5	27.18	-20.3	41.5	20.8
2008	2.1880	71.2	50.27	80.0	41.4	22.9

续表

项目 年份	集体劳动争议 案件数（万件）	增长率 （%）	涉及人数 （万人）	增长率 （%）	占涉及总人数 比率（%）	平均每次案件 涉及人数（人）
2009	1.3779	-37.0	29.96	-40.4	29.5	21.4
2010	0.9314	-32.4	21.18	-29.3	26.0	23.6
2011	0.6592	-22.2	17.48	-17.5	22.5	19.4
2012	0.7252	10.0	23.19	32.6	26.3	33.1
2013	0.6783	-6.5	21.85	-5.76	24.6	32.2
2014	0.8041	18.5	26.72	22.26	26.8	33.2
2015	1.0466	30.2	34.16	27.86	29.5	32.6

注：占涉及总人数比率为当年劳动争议涉及人数（见表3-9）与集体劳动争案件涉及人数之比。

资料来源：根据人力资源和社会保障部网站（http：//www.molss.gov.cn）和《劳动统计年鉴》（2016）的有关资料整理和计算。

第五，积极利用行政和司法手段促进劳资合作与劳资共赢。行政和司法手段是影响劳动关系、构建公平正义的分配关系的重要外部条件，也是政府大有作为之处。历史表明，某些资本主义国家每次劳资关系的重大调整，都与政府的作用有着或大或小的联系。[①] 对此，我们在本研究的第一部分已经予以论述。在此，我国再一次强调，各级政府职能部门肩负着构建合作劳资关系、构建公平正义的分配关系的重任。我们不仅要热心维护投资环境，而且要积极推动改进就业环境和劳动条件；不仅要着力服务企业，而且要维护劳动者的合法利益；不仅要加强有关宣传、教育，而且要及时坚决制止影响劳资合作、伤害劳动者权益的各种行为；不仅要重视GDP指标，而且要关注以劳动关系为实质、以劳动报酬变动为重要内容的劳动者经济状况指标。在"十三五"期间，要把做好后者的工作放在更重要的地位，彻底转变"维稳维权，势必两难；劳资对立，天经地义"的片面认识，开创构建和谐劳动关系、构建公平正义和共享发展的分配关系的新局面。

---

① 参见 Gordon，David M. and Richard Edwards and Michael Reich，*Segmented Work*，*Divided Workers*，Cambridge University Press，1988。

三 构建公平正义和共同富裕分配关系的供给侧改革

2015 年以来，我国宏观经济管理战略的重点已经由需求管理（扩大内需）转为供给管理（供给侧结构性改革）。在这一背景下，如何正确认识和处理供给侧结构性改革与构建公平公正和共同富裕的分配关系之间的关系？如何在供给侧结构性改革的框架下正确实施公平公正分配关系的构建？这是我们必须回答的问题。前面，我们已经反复论证和运用了下述方法：分配关系是生产关系的背面，生产关系决定分配关系，分配关系反作用于生产关系；并在实证分析中论述了逐步提高最低工资水平和工资集体协商对我国转变经济发展方式的意义。这一方法和成果已经隐含了要从供给侧看待分配关系的形成和作用的结论。

1. 从生产关系的变动看供给侧结构性改革的重点和核心

目前，我国经济运行中在的问题集中表现为生产领域产能过剩、流通领域库存积压和由形成的企业负债与金融机构债务风险不断增大。这些结构性问题，一方面是新自由主义体制引发的国际金融危机冲击、世界经济复苏乏力在我国的反映，另一方面也是我国市场经济体制内在张力引发的企业盲目扩张、转变经济发展方式滞后的结果。往日的全球制造业大国，正在经受以各种形式出现的经济过剩的折磨。

在市场经济条件下，对这种以相对形式出现的过剩，可以从供给或需求两个不同角度探寻原因。假定市场上有 10000 吨钢材没有销路，我们可以说，是因为市场上对钢的需求少了；也可以说，是由于市场对钢的供给多了。正如马克思所说："供给发生了变化，尽管需求仍旧不变，这样一来，就会产生相对的生产过剩或生产不足的现象。或者是再生产即供给保持不变，但需求由于各种各样的原因而增加或减少了。……但它的相对量，也就是同需要相比较或按需要来计量的量，还是发生了变化。"① 这样，判断过剩这一市场状况形成的主因，就显得十分必要。

回顾历史，我们可以看到，自 20 世纪 90 年代末（1998 年）到 2014 年，中央主要是从需求角度探寻过剩原因和解决路径的。中央有关文件曾多次强调把扩大内需作为实现我国经济发展的"基本立足点""根本途

---

① 《马克思恩格斯文集》（第 7 卷），人民出版社 2009 年版，第 207 页。

径""着力点""主要动力"和"长期战略方针"。[①] 2015 年以来，提出主要从供给侧认识和解决问题，进行宏观经济管理，进一步凸显了管理战略的重大转变。

这次转变，强调主要从结构上认识和解决问题，所以，从形式上看，它与 20 世纪 60 年代初的结构调整有某些相似之处。但是，稍加分析，就可看到，结构调整所面临问题的性质和主体已经发生了根本变化。在 20 世纪 50 年代中期，我国已基本完成了生产资料私有制改造。60 年代初期进行的结构性调整，面临的主要问题是以农产品严重短缺形式出现的国民经济比例关系失调，它是在公有经济范围内，通过行政指令性方式，辅以市场调节方式完成的。而在社会主义市场经济体制已基本确立的今天，我国的所有制结构已经发生了重大变化，非公经济已经在经济活动中发挥重大作用，即便是国有和集体企业，其适应市场的经营性质也更加明显。对利润的追求是非公企业即资本的内在要求，而资本之间的竞争，又把它"作为外在的必然性现实地表现出来，而竞争无非是许多资本把资本的内在规定互相强加给对方并强加给自己"[②] 的手段。因此，以利润为目标的经济运行，已经构成我国宏观经济运行的基础。以此判断为基础的马克思主义市场机制理论，是解释我国改革开放以来经济社会取得巨大进步的适当框架，也是说明我国当前所面临问题最有效的手段。

依据这一理论，可以看到，我国经济运行中的供给和需求，基本上是直接或间接受谋利行为决定和制约的。当经济形势向好，利润率较高或有较高利润预期时，供给会不断增加，由此又造成人们对消费品特别是资本品的不断需求；当经济形势逆转，现实或预期利润率下降时，人们对产品的需求会绝对或相对下降，而由于固定资本的专用性和空间相对固定性，企业产能却不能随之减少，能减少的只是产能利用率或开工率[③]，其库存

---

① 参见 1998—2014 年的中央经济工作会议文件。

② 《马克思恩格斯文集》（第 8 卷），人民出版社 2009 年版，第 180 页。

③ 据有关资料显示，西方发达国家在战后整个时期开工率是相当低的。以美国为例，除了朝鲜战争和越南战争时期曾有几年达到较高的能力利用率外，制造业经常开工率大多在 80% 上下，1948 年到 1989 年平均不超过 82.3%（高峰：《发达资本主义经济中的垄断与竞争》，南开大学出版社 1996 年版，第 397 页）。

积压甚至会更加严重，债务风险也会加剧①。目前，我国供给侧存在问题及其形成过程，已基本具备上述特征。所不同的，只是政府的需求管理在一定程度上抵消了这一过程，而国际经济的衰退却在加剧我国经济的上述转变。因此，我们有理由把我国目前市场上存在的问题，称为全球经济形势变动和我国市场经济内在矛盾共同作用下，在我国经济中表现出来的资本过剩。这种过剩，首先表现为存在于钢铁、煤炭、水泥、建材等行业以产能过剩、开工率不足等形式存在的生产资本过剩，还表现为存在于上述行业和建筑业以库存积压形式存在的商品资本过剩，以及与上述过剩相联系的以债务杠杆过多形式出现的使用借贷资本过多、过滥及其背后所反映的借贷资本过剩。

由此决定，我国当前所面临的供给侧改革，绝非解决经济短缺问题；所面临的工作对象，也主要不是国有或集体企业，而是资本主导的结构性过剩；加强对资本结构和行为的调控，是整个改革的重点。抓住这一点，才能对中央提出的在推进供给侧结构性改革时，"战略上坚持持久战，战术上打好歼灭战，着力加强结构性改革"，抓好"去产能"等"五大重点任务"，有更深刻的理解。

应当承认，我国政府在较长时间内实施的扩大内需战略和需求侧管理，特别是扩大基本建设投资政策，在客观上对上述过剩的形成起到了推动作用。但是，对这一政策及其实施效果也要进行实事求是、辩证的分析。第一，通过增加基础设施投资以削减经济衰退的负面影响，已成为第二次世界大战以来西方发达国家的通行做法。某些关于基础设施投资规律的初步研究已经表明，周期"下降期的基础设施投资明显地多于扩张期的水平"②。因此，我国政府实施的这一政策也是抵消市场经济负面后果，特别是西方发达国家金融危机影响的必要措施。在分析问题时，一定要分清本末、主次和先后顺序，绝不能把政府政策当作经济过剩的根源，把必要

---

① 哈维认为，协助完成商品和人口空间移动的道路、铁路、桥梁、码头、机场、房屋等建筑凝结了大量的固定资本，由于这类固定资本被嵌入土地之中，所以，它们往往由于不能移动而"特别容易受到贬值冷风的袭击"（David Harvey, *The Limits to Capital*, London: Verso 2006, p. 415）。如果我们用这一方法分析实体经济中的固定资本，它们也大多具有这一特点。

② Raymong S. Hartman, and David R. Wheeler, "Schumpeterian Wave of Innovation and infrastructure Development in Great Britain and the United States: The Kondratieff Cycle Revisited", In *Research in Economic History*, edited by P. Uselding, Vol. 4, Greenwich, Conn: JAI Press, 1979, p. 66.

的宏观调控作为否定的对象。第二，拉动内需的一系列政策的效果是积极的，由此形成的政府债务仍在可控范围内。最近，著名英国左翼经济学家大卫·哈维在首都师范大学的演讲中指出："当一般消费无力的时候，就依靠生产性消费来带动经济。中国就采用了这种方式，大规模的基础建设和城镇化进程。中国的复苏过程十分成功，这也给全世界带来了重大的影响。"① 我们认为，哈维的评价是恰当的。第三，以扩大生产性消费为主要内容的内需拉动政策更倾向于从量的角度推动我国经济的扩张，难以从质的角度实现我国经济增长结构的提升。因为它主要是依靠改变宏观分配结构，通过外生冲击，而不是改变内在生产结构的办法，来推动经济发展的。这或许是中央放弃以需求管理为主的战略，实施以供给管理为主的战略的另一原因。这又使我们进一步认识到，在保持一定的经济增长速度的前提下化解过剩，同时通过调整结构转变经济发展方式，是此次供给侧改革的核心；也是同传统的需求侧管理相比，实施供给侧改革战略的最主要创新之处。

2. 从分配关系的调整看供给侧结构性改革的路径

由我国的社会性质、基本国情和世界经济格局所决定，推进供给侧改革，既不能回到传统的计划经济体制，也不能接受新自由主义的主张，走放松政府监管、打压雇佣劳动、放纵金融资本的道路。党的十八届三中全会《决定》指出，经济体制改革的核心，是处理好政府和市场的关系，使市场在资源配置中起决定性作用和更好发挥政府作用。这也是我们顺利推进供给侧结构性改革的指导思想。

首先，要更好地发挥政府在推进供给侧结构性改革中的作用。这一作用主要表现在政府利用行政、经济和法制手段推动化解产能、产品过剩和为经济转型升级创造条件等方面。但是，应认识到，在市场经济背景下，政府行政手段的作用是相当有限的，使用经济手段还会增加管理成本，增大信贷风险；更重要的是，作为外生变量的政府作用，不能直接地改变企业进而产业的内部结构，实现我国经济运行质量的提升。所以，传统的政府干预的政策不能成为影响企业行为、推进供给侧结构性改革的决定性

---

① 大卫·哈维 2016 年 6 月 16 日在首都师范大学的演讲，http：//bbs. rdjjlt. org/forum. php? mod = viewthread&tid = 150577。

手段。

因此，如何更好地发挥市场的决定性作用，应成为关注的重点。现在的问题在于，如何更好地发挥这一作用。如前所述，在我国市场运行中，资本已经发挥了重要的支配性作用。因此，使市场在资源配置中更好地发挥决定作用，实质是如何让资本在资源配置中更好地发挥积极作用；或者说，使其在经济发展中选择最优行为。培育创新性企业，无疑是发挥市场作用、实现供给侧改革目标的重要途径。然而，尽管这些"新形成的资本嫩芽"[1] 可能代表经济的未来方向，但就目前来说，这仍是市场的边际扩张和调整，不具有全局意义。

我们认为，更好地发挥市场作用、制约资本行为的决定性因素是市场的内生因素，即市场的内生变量。尽管这一变量依考察对象（市场）的不同而呈现形式上的差别。但是，马克思主义认为，任何形式上的差别都掩盖不了与资本直接对应的劳动这一最深层次的主体，掩盖不了由此形成的资本与劳动之间的竞争以及由此派生的资本之间的竞争关系，它们构成了市场经济中约束资本行为的最基本变量。实际上，在《资本论》中，马克思就是按照这一思路来研究资本主义经济的内在运行机制的。[2] 当代一些西方左翼学者仍继承了马克思的这一传统，把上述变量归结为制约资本主义经济运行的两个内在张力（tensions），认为它们是决定市场主体行为的根本力量。[3]

目前，对资本之间竞争关系及其效应，我们已经有较多的认识。所谓利用对外开放的倒逼机制，实际上就是利用资本之间的竞争迫使我国企业主动实现自我变革、自我完善，走向行为优化的道路。对此，我们存而不论。而对于前者，我们的认识却远不充分。

必须承认，在市场经济中，资本和劳动是物质生产和以此为基础的经济活动的最基本要素。劳资之间的关系，在劳动市场中以最直接、最不加掩饰的形式展现出来。它表明，劳资关系，本身就是市场供求关系的组成部分。

---

① 《马克思恩格斯文集》（第7卷），人民出版社2009年版，第279页。

② 参见［英］本·法因等《重读〈资本论〉》，魏埙等译，山东人民出版社1993年版，第14—15页。

③ Devine, J. N., "An Introduction to Radical Theory of Economic Crisis", in *The Imperiled Economy*, *Book* I, *Macroeconomics from a Left Perspective*, Published by Radical Political Economics, 1987.

正视和承认劳资之间的竞争，是完善市场机制、发挥市场决定作用的应有之义。改革开放以来，随着我国非公经济的发展，劳动市场逐渐形成，它在促进劳动者流动、配置劳动资源方面发挥了越来越大的作用。实践表明，在我国现阶段，劳动市场上的劳资竞争主要是围绕着工资水平展开的，因此，劳动市场配置资源的作用主要是通过工资机制的作用和利益关系的调整实现的。企业员工工资水平的变动，作为员工收益和企业成本变动的原因，不仅对劳动供给和劳动需求有直接影响（通过激励效应和成本效应），而且对消费需求变动有重要的实际意义（通过需求效应）。近年以来，随着我国劳动市场供求关系的变化，企业员工的工资水平有所提高，工资的激励效应、需求效应与成本效应同时显现。在我国宏观管理战略转向供给管理为主的情况下，如何看待工资变动，已成为学术界争论的重要焦点。

我们认为，工资的上述两个效应本身就是相互矛盾、相互制约的。其根源就在于市场经济条件下生产的价值增值目标与市场的价值实现功能的冲突。本节的主要论题，在于跳出这一争论，从长期动态角度看公平正义分配关系的构建和由劳资竞争引发的工资水平的上涨，对实施技术和产品创新战略、推动供给侧结构性改革的影响。

在《资本论》中，马克思曾几次谈到在资本支配的市场经济中，在工资机制的作用下，工资水平的变动对资本主义转变经济发展方式的影响。马克思指出，"机器表现为从资本主义生产方式出发的、使一般生产方式发生革命的起点"。[①] 但是，机器的使用并非无条件的：只有当机器的价值和它所代替的劳动力的价值之间存在差额，能够给企业带来利润的时候，机器才得以使用。因而，在机器价值比较昂贵的前提下，较高工资是使用机器的条件；相反，较低工资则成为使用机器的障碍。马克思指出：就部门来说，"机器本身在某些产业部门的使用，会造成其他部门的劳动过剩……以致其他部门的工资降到劳动力价值以下，从而阻碍机器的应用，并且使机器的应用在资本看来是多余的，甚至往往是不可能的"。[②] 就国别来说，美国人之所以对技术发明和使用持积极态度，是因为美国工资水平高："美国人发明了碎石机。英国人不采用这种机器，因为从事这种劳动的'不幸者'……的劳动只有很

---

① 《马克思恩格斯全集》（第47卷），人民出版社1979年版，第564页。
② 《马克思恩格斯文集》（第5卷），人民出版社2009年版，第452页。

小一部分是有报酬的，所以对于资本家说来，机器反而会使生产变贵。"①这说明，如果劳动者的工资水平低于使用机器的成本，企业是不愿意使用机器的。反过来，在较高工资条件下使用机器，又为转变经济发展方式、降低成本、提高效率创造了条件，尽管二者之间可能存在时滞。我们在本研究第二部分所介绍的美国经济转型史，就是证明。

当然，从经济史角度看，职工工资水平的提高对经济增长的积极作用并非没有限度。在总结了美国近代历史经验后，赫德森指出："美国和其他先进国家的生活水平能在多大程度上领先于贫穷经济体，并在支付了较高工资和利润后仍能产生一个剩余，显然是存在界限的。超过某一点后的较高工资水平将不再反映较高的劳动生产率。正如早期重商主义者所警告的，奢华将会到处泛滥。但是，只要剩余整体增长，工资和利润就会并行不悖地增长，而不会出现李嘉图和生产要素比例模型所提到的矛盾。"② 赫德森所关注的问题，也应引起我们的注意。

如果我们认定马克思的论述揭示了产业升级的内在动力和规律，对以追求利润为主导的市场经济有普遍意义，那么，就可以推论，我国几十年来结构调整缓慢，很有可能是工资水平较低、没有发挥工资撬动产业升级杠杆作用的结果；发展中国家在经济发展中所面临的，也很有可能是工资水平低而导致的"低端锁定"或"中低技术陷阱"，而不是"中等收入陷阱"。因此，从供给侧结构性改革的视角看待劳资竞争、工资机制作用和由此导致的工资水平的逐步提升，首先把它作为一种生产关系和另一种倒逼机制，而不仅仅是分配关系和激励手段、需求杠杆，对顺利推进改革有重要意义；进一步说，正确界定供给侧的内容，以最终实现总量平衡和结构优化为统领，从供给侧角度（其核心为物质生产）看待与供给、需求、分配、交换和消费有关的一切问题及其相互关系，是供给侧结构性改革的基本要义。

近年来，我国劳动市场中的工资水平有所提高。③ 以此为背景，一些企业和行业已经开启机器替代劳动即产业升级的战略，逐步走上以创新为

---

① 《马克思恩格斯文集》（第5卷），人民出版社2009年版，第452—453页。
② ［美］赫德森：《国际贸易与金融经济学：国际经济中有关分化与趋同问题的理论史》，丁为民等译，中央编译出版社2014年版，第201页。
③ 根据人社部统计，过去5年间，全国最低工资标准年平均增幅为13.1%。参见《21世纪经济报道》2016年5月17日。

主的高路①，这是非常值得关注的积极现象。那种把工资水平提高只是看作扩大内需的措施，甚至只是增加成本而成为提高竞争力障碍的观点，极力主张限制工资水平上升趋势。从认识论的角度说，这是在淡化甚至否定工资机制的作用，淡化甚至否定广大员工的内在要求与经济发展的一致性，是与改革开放的大势即市场取向的原则完全相悖的，是不可取的。

既然是一种倒逼机制，企业肯定会感到压力，因为它与利益诱致的作用机制不同。但我们也应设想，如果企业长期享受低工资的红利而不承受工资上升的压力，它们能够放弃低成本扩张的企图并萌生改进技术的内生动力吗？长此以往，我国的经济转型和实现供给侧改革的目标就很有可能成为一句空话。当然，我们也要看到企业职工内在要求与企业发展之间存在即期、静态矛盾。在具体操作过程中，也要考虑赫德森所关注的限度，考虑企业承受能力、员工就业状况、经济发展周期等因素，实现具有特定含义的"员工提薪、企业发展、就业稳定"三者的统一。

3. 实现供给侧结构性改革目标的条件

国家统计局发布的数据显示，我国规模以上工业企业每百元主营业务收入的成本，2012 年以来一直维持在 85 元左右的高位；其中，2015 年1—11 月为 85.97 元；而同期企业利润仅为 5.57%。2015 年，规模以上工业企业利润总额同比下降 2.3%，其中，12 月份利润同比下降 4.7%。② 因此，如何降低成本，为启动工资倒逼机制、实现供给侧改革目标创造条件，是必须正视和解决的问题。

为此，中央提出要打好降成本的"组合拳"，这是完全必要的。但是，我们不能仅静态地盯住降低成本这一面。③ 如果只关注于此，有可能自觉或不自觉地为启动工资杠杆设置认识或行动障碍。我们认为，在通过各种

---

① 美国左翼经济学家大卫·戈登在《丰厚与卑微》一书中，根据企业劳动关系状况和对技术创新的态度，把西方国家所走道路分为高路和低路，前者在合作劳动关系的基础上更具效率特征，而后者则相反（David M. Gordon, Fat and Mean, The Free Press, 1996, pp. 148 – 170）。

② 转引自赵展慧、顾仲阳《降低成本"组合拳"怎么打》，《人民日报》2016 年 1 月 4 日。

③ 从形式上看，工资是成本的一部分，所以，提高工资似乎会进一步加大成本。但是，只要稍加思考，就会看到，即使仅从成本角度看，这一认识也是错误的，因为它是以生产规模不变为前提的。在生产规模扩大、产量增加的条件下，即使工资提高，只要前者的增速大于后者，分摊到每件产品中的人工成本仍会下降。因此，在降低成本的"组合拳"中，最重要的还是提高马克思语境下的劳动生产率。

途径特别是提高效率途径着力降低成本的同时，还应关注保证企业获得正常、合理的产品价格。从理论上讲，合理的价格应是"自然价格"，或是与价值基本一致的价格。近年来，我国工业品价格持续下降。有资料表明，2015 年，我国工业品出厂价格比上年下降 5.2%，降幅比上年扩大 3.3 个百分点，已连续 46 个下降，①而同期主营业务收入中的成本却没有明显上升。这说明，价格下降很可能是企业利润下降的直接主因，我们应对价格动向给予更多的关注。

与价格相联系的另一个因素是企业市场份额。这是一个更应值得重视的问题，因为它关系到包括工资和利润在内的产品价值能否实现和实现程度。马克思曾指出："市场的扩大或缩小取决于单个商品的价格，并和这个价格的涨落成反比。"②在自由竞争阶段，企业市场份额的大小主要是由这一原则调节的。然而，19 世纪末期以来，以价格为机制的供求互相调节，已经逐步让位于生产集中为基础的垄断组织；在现代经济中，更让位于跨国公司，让位于以跨国公司实力为基础的非价格垄断竞争。目前，从国内外经济背景看，我国工业品价格下降是世界范围内产能和产品过剩这一结构性矛盾作用的结果，但资本之间的竞争特别是大资本、国际资本的垄断竞争显然起了推波助澜作用。在经济全球化背景下，由跨国公司主导的不合理价格体系，必然对我国中小企业形成了无形挤压，把部分价值直接或间接转移到大资本、垄断资本手中。与此同时，那些跨国企业，却能够利用其优势在给生产工人支付很低工资的同时以高价出售产品。在资本之间竞争和劳资之间竞争这两种倒逼力量不对称的情况下，挤压员工工资，增加劳动的外延量和内含量，而不是改进技术，就会成为中小企业的必然选择。著名左翼经济学家阿明指出，在当代世界经济中，垄断资本取得了惊人的发展，"在很短的时期内——从 1975—1990 年的 15 年间，垄断资本主义以更快的速度集中化。以同一标准计算，巨型跨国公司的数量从 1.5 万家降低至 5000 家，这是一个质的变化。其结果就是少数人间接控制一切"③。而"跨国公司出现的最重要结果是，个别国家（例如，公

---

① 转引自张翼《如何看工业企业利润下降》，《光明日报》2016 年 1 月 28 日。
② 《马克思恩格斯文集》（第 7 卷），人民出版社 2009 年版，第 123 页。
③ 丁晔：《只有社会主义道路才能摆脱依附与危机——访埃及著名经济学家萨米尔·阿明》，《马克思主义研究》2016 年第 3 期。

司以那里为基础的国家）民族资本的扩张不再直接与国民经济的扩张结合在一起"①。对外国市场的占有成为其扩张的首要目的。根据国务院发展研究中心 2006 年的报告，外资已控制了我国通信、计算机以及相关电子行业 82% 的市场份额，仪器、办公文化产品 72% 的生产，纺织、鞋类、帽子 48% 的生产，皮革、皮毛及相关产业 49% 的生产，家具行业 51% 的生产，教育和体育用品 60% 的产品，41% 的塑料生产，42% 的交通工具生产。② 这一企业组织结构和由此形成的市场结构，很可能是我国中小企业受到挤压的重要原因。

因此，在供给侧结构性改革过程中，积极推进企业兼并重组，逐步提高集中度，并有针对性实行必要的贸易保护政策，进而保证企业获得合理价格，同时获得有市场保证的规模经济，就显得十分必要。马克思曾经把资本主义条件下应用机器的条件归结为"大批生产"，和以此为基础的"机器加进单个商品的价值部分，仍比包含在同一商品中的劳动和原材料的价值部分小"。③ 在市场经济条件下，大批生产的实现条件就是市场份额的扩大。如果没有市场，就不可能有大批生产，就难以有机器的应用，就不可能为工资提高创造条件。而市场份额的扩大，一方面取决于消费能力特别是广大劳动者的收入水平，另一方面更取决于占多数的本土企业的竞争力。这样，我们又进一步看到发展中国家的技术进步被"低端锁定"和难以跨越"中等收入陷阱"的另一制约性因素：市场锁定。事实上，正是工资水平低下所造成的中低技术锁定与市场锁定二者的逆反馈和互为因果关系，使发展中国家难以跨越"中等收入陷阱"。

供给侧结构性改革，为我们从两方面开展工作，实现超越创造了机遇：第一，进一步调整劳资之间的分配关系，发挥工资杠杆作用，倒逼企业转型升级；第二，发挥大型国有企业在兼并重组中的作用，依托大型国有企业组建和壮大国际企业集团（混合联合企业），使之成为我国经济发展的稳定器和国际竞争的集团军。并且，要在二者的正反馈和良性互动中完成供给侧改革的任务。由此，我们又得出另一结论：大型国有企业的上

① ［英］布鲁厄：《马克思的帝国主义理论》，陆俊译，重庆出版社 2003 年版，第 268 页。

② 转引自［美］约翰·贝米拉·福斯特等《全球经济停滞与中国》，张峰译，《国外理论动态》2013 年第 11 期。

③ 《马克思恩格斯文集》（第 8 卷），人民出版社 2009 年版，第 385 页。

述作用，就是必须坚持国有企业主导地位的最重要理由；以做大做强大型国有企业为核心的所有制结构和企业结构调整，也是供给侧结构性改革的应有之义。

第四章 政府在公共财政体系优化中的责任

·

公共财政是国家控制权力资源的经济活动，财政体制最充分地体现了权力资源的配置格局。因此，每个社会问题与经济问题，说到底都是财政问题。[1] 公共财政制度安排体现了政府与市场、政府与社会、中央与地方等维度的关系，涉及经济、政治、文化、社会、生态文明等各个方面。党中央、国务院历来高度重视财税体制改革和财政制度建设。中华人民共和国成立以来，我国财税体制历经多次调整，主要经历了从"统收统支"到"分灶吃饭"的包干制、再到"分税制"的财政改革历程。党的十九大做出了"加快建立现代财政制度，建立权责清晰、财力协调、区域均衡的中央和地方财政关系"的重大论断。目前，我国的财政制度主要包括处理中央与地方、国家与企业、部门之间财政分配关系的制度，有关各项财政收支的基本法规以及有关财政工作规程的制度。如国家预算管理体制、国有企业财政体制、税收管理体制和基本建设财务管理体制等。

理解当代经济、社会生活，首先需要对事件和解释这些事件的理念之间的关系有比较明确的看法。在劳动、资本、技术、管理等生产要素按贡献参与分配的分配制度下，要素占有数量的差异和要素配置合理性的差异所形成的收入分配差距，是市场合理配置资源的有效激励机制。[2] 分散的市场化分配有利于提高资源配置效率，适度的收入分配差距有利于克服平均主义，调动劳动者的积极性和创造性，但也会拉大社会成员间收入差

---

① ［美］丹尼尔·贝尔：《资本主义文化矛盾》，赵一凡等译，生活·读书·新知三联书店1992年版，第287页。

② ［美］约翰·肯尼思·加尔布雷思：《富裕社会》，赵勇等译，江苏人民出版社2009年版，第5页。

距，容易加剧社会矛盾，引发社会不稳定。收入分配差距的不断扩大，其负面影响逐渐显现，并已成为制约经济社会协调持续发展和全面建成小康社会的重要障碍。因而需要政府对市场初次分配结果实施再分配调节，以促进形成合理有序的收入分配格局，维护社会公平与正义。

第一节　公共财政体系框架下的政府分配

公共财政是市场经济体制下的国家财政，它是一种弥补市场缺陷的财政模式，其功能在于支持、促进市场经济体制的形成和发展。此外，公共财政也是民主财政，它是满足社会公共需要并按公益进行的一种社会集中性分配，反映了预算法治和民主财政的"政治实质"内涵。在市场经济条件下，社会公平通过市场机制难以完全实现，因而政府的介入是必要的。因此，公共财政的收入分配职能要求政府财政运用多种方式，参与国民收入的分配和调节，以达到收入分配的经济公平和社会公平的目标。

收入分配通常是指一定时期内所创造的国民收入在国家、企业和个人等多种经济主体之间的分割，以及由此形成的收入增量和存量的财产分配格局。公平正义是政府资源分配永恒的主题，政府在社会价值资源的再分配过程中承担着重要角色和职责。其中，公共财政体系层面的政府制度及其行为是政府分配的重要内容。一般说来，为改善收入分配状况而采取的公共财政措施主要包括政府收入、政府支出制度。财政的收入分配职能主要通过税收调节、社会保障、转移支付、财政政策等手段来实现。

一　公共财政收入形式及政府公平分配责任

自西方经济学被引进以后，公共财政的理念被广泛接受。公共财政亦称政府收入或财政收入，是指政府为履行其职能而筹集的一切资金的总和。对于公共财政收入，首先应理解为一个过程——政府将私人部门的部分资源转移到公共部门，这一过程是政府分配活动的一个阶段或一个环节，其间规定并形成特定的分配关系。公共财政收入的状况如何，不仅对私人资本获取利润的方式产生重要影响，还会对居民的收入水平、生活状况发生作用。它是政府职能的反映，与此同时也制约着政府政策目标的实现。

1. 财政收入的主要形式

以政府为主体进行国民收入的分配，是政府财政的主要职责之一。从动态的角度看，政府收入是政府筹集财政资金的过程；从静态的角度看，政府收入是用货币表现的一定量的社会产品价值，它是政府从事一切活动的物质前提。政府收入的取得，凭借的是国家的公共权力和所有者权力，不同性质和不同特点的政府收入表现为相应的政府收入形式。例如，以强制性的方式取得税收收入，以有偿性的方式取得债务收入，等等。在分析财政收入时，按收入形式分类是最常用的方法。就我国而言，政府收入主要有如下几种形式：税收、公共收费、公债、国有资产收益。

"为了维持这种公共权力，就需要公民缴纳费用——捐税"①，由此可见，税收是政府凭借政治权力强制征收的，体现了国家政治权力对国民收入的特殊分配和对社会经济的宏观作用。这是因为：首先，税收在筹集政府收入方面具有其他收入形式不可替代的重要作用，是取得政府稳定收入的最佳形式。其次，税收在调节经济运行以及在调节社会财富分配方面也起着重要作用。政府通过"对什么征税，对什么不征税，对哪些征重税，对哪些征轻税以及在什么环节以什么方式征税"等制度安排，都直接或间接地影响着各社会阶层、集团和个人的利益，进而起到调节经济运行的作用。最后，税收税源大，涉及面广，且人们已经形成照章纳税的习惯，税收遵从成本相对较小。

公共收费是以政府提供某种产品和服务为前提，根据受益大小和服务成本所做的一种收费。一方面，收费的可行性是由政府提供的部分产品或服务具有价格排他性所决定的，这类服务通常被称为混合物品或准公共物品。较为典型的混合产品如高等教育、医疗保健、社会保险等。混合物品的受益范围、受益对象及受益程度等比较容易测定，通过收费方式使受益者承担部分乃至全部生产成本，既符合公平原则，也有利于提高公共资源的配置效率。另一方面，公共收费在财政收入中占的比重虽然较小，但包括的项目较多且政策性强。主要有中央和地方各部门所属事业单位向国家缴纳的事业收入、国家机关为单位或居民提供某些特殊服务时所收取的手续费和工本费等规费收入、与财政支出中的"专项支出"相联系的专款专

---

① 《马克思恩格斯全集》（第21卷），人民出版社1965年版，第195页。

用项目的专项收入等。如商标注册费、企业开办登记费、公证费、护照费、商品检验费以及铁道专项收入、教育费附加收入、电力建设资金专项收入等收费项目。

国有资产收益是政府依靠资本所有权取得的收入。国有资产是政府投资及其收益形成的，或者是凭借法律规定和接受馈赠取得的财产和财产性权利。按照其与市场的关系，我国目前的国有资产可以分为经营性国有资产和非经营性国有资产，换言之，政府既可以凭借资本所有权获得经营性国有资产收益，也可以凭借公共权力获得非经营性国有资产收益。

当税收、收费、国有资产收益等收入无法满足政府财政支出需要时，就有必要预支"未来"收入，即举借债务，其主要形式是发行政府公债。公债是一种国家通过信用方式从国内、国外取得的借款收入。例如，向国内发行的国库券、经济建设债券，给外国政府和国际组织的借款等，都属于债务收入。债务收入是财政收入中的一种调剂性收入方式。公债的发行实质上是一个国民收入再分配过程，不论政府举债的目的是为了弥补财政赤字，还是筹集建设资金，这种分配的结果，都表现为国民收入从认购者手中转向政府手中，在增加政府可支配财力的同时，减少了个人和企业的可支配财力。因而，公债收入是平衡财政收支的一种有效手段，可以扩大政府支出规模筹集资金，并在分配过程中调节经济，促进经济发展和社会公平。

同国家取得公共收入的其他方式相比，税收具有其鲜明的形式特征，即具有无偿性、强制性和固定性，这就是人们通常所说的"税收三性"。

2. 财政收入中的政府职能与责任

公平合理是财政收入的基本原则和目标。实践中，各国政府也通常将公平原则作为设计财政收入制度所追求的目标之一。在对公平原则的理解上，尽管人们从不同角度理解财政收入公平原则的含义，但是有一点是为大家普遍接受的，即财政收入应具有横向公平和纵向公平。就征税而言，所谓横向公平，是指税收应使相同境遇的人承担相同的税负；所谓纵向公平，是指税收应使境遇不同的人承担不同的税负。简言之，就是所得多者多征，所得少者少征，无所得者不征。为诉诸公平，政府往往通过累进税、差别比例税、减征免征、加成征收等差异化征收办法来实现。

税收是政府调节收入分配的有力工具。税收制度的三大原则之一的公平原则就将"横向公平"和"纵向公平"囊括在内，它不仅诉诸处于同等经济负担能力的人应纳同等的税收，而且也力图使经济负担能力不同的人应差别化地缴纳税收。作为财政收入最重要的表现形式，政府通过征税不仅可以对高收入者课以重税，降低其收入水平，还可以将通过税收聚集的资金，以财政转移支付或通过提供公共产品和服务的形式，用于有益于贫困者的支出上，从而改善社会的收入分配状况、缩小贫富差距并为经济秩序稳定进行提供良性的社会机制。由此可见，税收制度与政府收入分配之间存在着内在联系。

税收制度是由其所处时代特定的生产力发展水平、生产关系性质、经济管理体制以及税收目的等要素共同决定的。"经济立法，首先是税收政策，继续成为利益悬殊的双方争论的焦点。没有其他任何一项经济政策的问题有如此重要，从而在收入分配措施方面产生如此重要的作用。"① 在法律层面讲，税收制度是社会经济活动及其分配格局在法律上的确认。税收最首要的、最基本的职能是组织财政收入，在此基础上，税收还发挥着调控经济运行、调节收入分配、监督经济活动等职能作用。

作为经济杠杆，税收制度引导着社会主体的经济行为，影响着社会成员的经济利益分配，从而达到调控宏观经济运行和平衡利益的目的。历史地看，自20世纪30年代经济大危机以来，税收一直都是各国重要的宏观调控工具。通过税收间接地实现收入再分配，是现代市场经济国家的普遍做法。在我国，税收已经成为社会主义市场经济宏观调控的重要杠杆，适度运用税收杠杆对调控宏观经济发挥着积极的作用。比如增税和减税是影响社会成员经济公平的重要手段，国家税务行政部门可以根据经济形势的发展相机做出增税、减税措施的选择——开征新税、扩大征税范围、提高税率、减少税收优惠等都能起到增税的效果；反之，停征税种、提高税前扣除标准、调低税率和实行税收优惠等都可以起到减税的效果。党的十九大报告指出，坚持在经济增长的同时实现居民收入同步增长、在劳动生产率提高的同时实现劳动报酬同步提高。因此，在收入分配制度改革中，需要重视税收的收入分配职能，通过设计有效的税制，如运用个人所得税、

---

① 这里的"双方"指的是自由主义者和保守主义者。转引自［美］约翰·肯尼思·加尔布雷思《富裕社会》，赵勇等译，江苏人民出版社2009年版，第68页。

消费税、房产税等税收措施，积极发挥税收的分配调节职能，促进社会收入分配的公平合理和社会的和谐发展。

基于公平分配的目的，在税源的选择上，政府对非生产性的私人财产进行课税，将某些特定财产纳入税源也是必要的。例如，课征遗产税、赠与税，可以达到促使社会财富合理分配的目的，对以股票、债券为代表的有价证券的课税，一方面不会伤及税基，另一方面也能起到调节国民收入分配的重要功能；在税率选择上，根据公平分配的要求，可通过差别比例税率增加商品税的累进性。这要求政府税收政策对生活必需品采取较低的税率，而对高收入阶层集中消费的奢侈品实行较高的税率；在税种设置上，一般来说，直接税能体现税收公平原则，同时对商品比价关系的扭曲性影响较小，这给政府提出了从间接税到直接税的"良税之治"的要求。

进言之，税制结构是在一定的社会生产力发展水平、政治制度、经济结构、经济管理体制下，一国为发挥税收作用而运用税收进行分配的产物。作为调节体系的一个整体构成，对税收实际作用的发挥，具有很强的制约作用。但不同的税制结构，其作用方向、程度及范围是不相同的。从社会公平的角度来说，对全部或大部分商品课征一般性商品税，虽然有利于减少税收的额外负担，有利于提高经济效益，但这种大范围的课税很容易涉及一般生活必需品。由于低收入者的收入中有较大一部分用于支付生活必需品，对生活必需品课税，低收入者负担的税款占其收入的比重将会高于高收入者，税负具有明显的累退性，这与税收的纵向公平原则和社会公平目标相悖。这就要求政府兼顾公平和效率，在尽可能拓宽课征范围的同时，对一些基本的生活必需品在税率上予以特别规定，如低税率或免征。

二　公共支出结构及其政府收入分配公平

公共支出是政府政策的一种具体反映。它是以政府为主体，以财政的事权为依据进行的一种财政资金分配活动，它集中地反映了国家的职能活动范围及其活动成本。除了保证国家机器的运转、提供公共产品、促进经济增长等作用之外，调节收入分配、促进公平更是公共支出的题中应有之意。公共支出正是通过对价值形式的分配，调节着由市场自由竞争所带来的收入差距、贫富分化等问题。

1. 公共支出结构分类

公共支出结构是政府支出的各个不同部分的组合状态及其数量配比的总称。政府支出结构表现为一定公共支出的数量关系，反映了财政配置资源的效率，以及社会资源配置的公平程度，实质上体现了政府职能状态和政府政策。对政府支出结构进行分析是以其分类为基础而展开的。

首先，按政府支出与政府职能的关系作分类，政府财政支出可分为经济建设支出、科教文卫支出、国防支出、行政管理支出和其他支出五大类。按政府职能对政府财政支出作分类，可以分析一定时期内政府履行其职能的重点，以及政府职能的变迁。比如分析科、教、文、卫费用占比情况，可以在一定程度上反映政府收入再分配的理念。

随着近年来财政收入总体规模的增大，一系列与百姓密切相关的民生项目支出也"刚性"增长，其增幅均超过总体支出增幅。财政部的统计数据表明，就业与社会保障是我国民生类支出的主体，其中占比最大的是职工基本养老保险补助资金。以 2017 年为例，从主要支出科目情况看：社会保障和就业支出 24812 亿元，同比增长 16%；医疗卫生与计划生育支出 14600 亿元，增长 9.3%。自 2012 年我国教育性支出占比 GDP 超 4% 的理论阈值后，教育公共支出支持统一城乡义务教育学生"两免一补"政策，全面改善义务教育薄弱学校基本办学条件，更多地着眼于"三农问题"和农村义务教育，并不断拓宽农民工子女义务教育服务领域，公平性诉求更加凸显。2017 年，全国教育性支出 30259 亿元，增长 7.8%。在社会保障和就业支出方面，全国支出 24812 亿元，增长 16%，城乡居民基本医疗保险财政补助标准由每人每年 420 元提高到 450 元、基本公共卫生服务项目年人均财政补助标准由 45 元提高到 50 元。[1] 全面推开了公立医院综合改革，取消了实行 60 多年的药品加成政策，低保补助标准和基本养老金标准逐步提高，一定程度上加强了特困人员的救助供养问题。

而在中央一般公共预算支出中，2016 年中央本级预算支出 27355 亿元，比 2015 年执行数增加 1800.34 亿元，增长 7%。其中：一般公共服务支出 1201.38 亿元，增长 13.7%；外交支出 519.71 亿元，增长 8.6%；国

---

[1]　财政部：《2017 年财政收支情况》，http://gks.mof.gov.cn/zhengfuxinxi/tongjishuju/201801/t20180125_2800116.html。

防支出 9543.54 亿元，增长 7.6%；公共安全支出 1668.15 亿元，增长 5.3%；科学技术支出 2706.43 亿元，增长 9.1%。①

总体地看，伴随社会主义市场经济体制改革的深入和政府职能的转变，政府支出结构也在变化，突出表现在经济建设支出占政府支出总额的比重从实行改革之前的平均 60% 左右逐步下降，而民生社保等社会管理性支出则大幅度提高。由此可见，随着社会主义市场经济的确立，公共财政支出的经济管理职能正逐步弱化，社会管理职能日益增强。

其次，以政府支出经济性质为标准，即按照公共支出是否通过与商品和服务相交换而实现直接等价补偿进行分类，政府支出具有有偿和无偿两种不同的经济性质。据此，公共支出可以划分为购买性支出和转移性支出两大类。这种分类方法的优点在于便于分析政府预算政策在公平与效率之间的权衡和选择，以及政府对市场运行干预的广度、深度。

购买性支出，又称消耗性支出（exhaustive expenditure），指政府按照等价交换原则，以购买商品和服务的方式占用和耗费社会经济资源，以提供公共产品和服务的支出。这类支出直接表现为政府购买商品和服务的活动，主要包括用于购买政府日常活动所需的支出、用于政府投资或提供公共产品所需的商品和劳务的支出。在市场经济中，政府通过市场获得所需的商品和服务，因而购买性支出体现了政府的市场性再分配活动。

转移性支出活动，其主要目的在于调节收入分配，实现社会公平。常见的转移支付主要包括各项财政补贴支出、社会保障支出、政府债务利息支出、捐赠支出等。这类支出直接表现为政府财政资金单方的、无偿的转移，即财政支付了资金，却没有得到任何商品和服务作为补偿，因而不存在交换问题，它体现的是政府的非市场性再分配活动。转移性支出安排的突出特点是，政府并没有占用和消耗社会经济资源，只是作为调控人将其掌握的社会经济资源转移给某些社会成员，从而改变收入分配的状况，实现公平分配的均衡。由此可见，与消耗性支出相比，转移性支出的重点在于直接体现社会公平，而对市场经济运行的影响则是间接的。相对而言，在经济发达国家，市场发育程度高，社会基础设施比较完善，政府一般不直接参与经济活动，财政分配政策重点倾向于体现社会公平，因而转移性

① 《财政部公布 2016 年中央一般公共预算支出》，《光明日报》2016 年 3 月 31 日。

支出占较大比重。

2. 公共支出中的政府职能与责任

首先，社会保障类支出作为按职能关系为标准而划分出来的一种支出形式，是衡量和体认政府再分配的重要内容。社会保障是缓解贫困、保障民生、促进经济发展、维护社会稳定和社会公平正义的重要制度，也是现代政府支出的重点领域和公共支出的重要工具。

社会保障的本质是维护社会公平进而促进社会稳定发展。《中华人民共和国宪法》规定："中华人民共和国公民在年老、疾病，或者丧失劳动能力的情况下，有从国家和社会获得物质帮助的权利。"这为我国建立和完善社会保障制度提供了法律依据。社会保障类支出是国家依法以社会保障基金为依托，为社会成员的基本生活权利提供保障的一种制度安排。社会保障支出在调节收入分配、维护社会公平、保障社会成员的基本人权和社会权利、促进社会和谐等诸方面发挥着至关重要的作用，是其他制度所难以替代的。社会保障支出及其相应的制度安排是社会持续发展和经济快速运行的"稳定器"、"助推器"和"安全阀"。尤其是在经济转轨的新常态下，我国还存在就业难、就医难、读书难、贫困等影响社会和谐的矛盾和问题。建立和完善社会保障制度，有利于化解社会矛盾，消除社会不和谐的因素。

社会保障支出的重要目标之一就是保证社会公平。但是毋庸讳言，我国城乡社会保障供给制度并不完善，因其结构失衡可能适得其反地加大了社会不公平程度。长期地看，我国的城市社会保障事业发展较快，保障水平相对较高，而农村的社会保障受重视和支持不足。城乡之间无论在社会保障覆盖面、社会保障深度上都存在很大的差异。相对于城市来说，农村财政社会保障支出在绝对数量和相对数量上都较小，这同农村人口所占全国人口的比重严重不对称，它折射出城乡社会保障的财政投入不均衡，因而无法体现社会保障制度的公平性。

社会保障体系是社会文明进步的重要标志之一，而健全和完善社会保障体系是创建和谐社会、建立社会主义市场经济体制、基本实现现代化的重要内容之一。由社会福利、社会保险、社会救助、社会优抚和安置等各项不同性质、作用和形式的社会保障制度构成了我国社会保障体系。完善的社会保障体系，一方面有利于保证劳动力平等地进入竞争市场，使劳动力资源得到充分开发和合理利用；另一方面，统一的社会保障费率提供了均衡了各企业社会保障费用的负担，为企业提供了平等竞争的条件。改革开放以来，各级政府在如下三个领域推进了公共财政支出的民生保障：一是促使狭义的社会保障支出增长明显快于教育卫生事业投入经费增长；二是通过增加社会保障财政支出扩大了最低生活保障覆盖面；三是社会保障类公共支出增长在一定程度上兼顾了基本生活保障与发展型保障。

其次，转移性支出的分配效应是指政府转移性支出对分配领域所产生的影响。对于转移性支出的经济效应分析，应通过公共支出收益的归宿进一步讨论和验证转移支出对收入公平分配的实际效果，由此将发现政府转移性支出可能会改变在初次分配中形成的国民收入分配格局。比如，考虑到公共支出收益的分配并不是平均分布的，因而有必要分析公共支出的最大受益者是哪部分社会群体。①

以个人或家庭为对象的消费性转移性支出来说，如居民生活补贴，它实质上是在国民收入已经完成了初次分配的基础上进行的再分配。一方面，转移性支出的资金来源于各纳税人在国民收入初次分配中所获得的各种收入，如利润、利息、地租和工资；另一方面，转移性支出的对象又是特定的，主要限于那些收入低于维持正常生活标准所应有的水平（即在所谓贫困线以下，如低保）的居民。于是，通过转移性支出这一渠道，国民收入的分配格局会发生有利于享受居民生活补贴的个人或家庭的变化。

以厂商为对象的生产性转移性支出来说，如企业生产补贴，其资金来源当然也是政府的税收收入，而税收收入又是政府吸纳各纳税人在国民收入初次分配中所分得的收益。通过课税和转移性支出过程，国民收入中的一部分便会由全体纳税人转移到享受补贴的厂商手中，从而导致纳税人和享受补贴的厂商在国民收入分配中所占份额的相应变化。很显然，这种变

---

① 有关这方面的研究还没有形成一致的结论。一般认为，收入从富人向穷人和中间收入家庭转移，并且穷人得益的绝对值要大于中间收入者。艾伦和麦奎尔（Aaron & McGuire）的开创性分析结论与人们的通常愿望相反：收入的边际效用越高则得自公共支出的受益越小，收入的边际效用越低则得自公共支出的受益越大，若两人收入的边际效用相等则得自公共支出的受益相同；按照通常的假定，收入的边际效用随收入增加而减少，这意味着公共支出的受益更加偏向富人而不是穷人，或者说，通过公共支出进行的收入再分配具有累退性质。麦道（Maital）支持艾伦和麦奎尔的上述结论。而尼南（Neenan）、基里斯派和道奇（Gillespie&Dodge）则支持传统结论，认为收入分配是从富人到穷人的。参见刘宇飞《当代西方财政学》，北京大学出版社2003年版，第237、245页。

化不利于前者，而有利于后者。

公共财政支出的收入分配职能不仅可以通过影响个人间的直接收入再分配，也可以通过地区间的间接收入调整实现政府再分配职能。相对而言，收入分配的公平性诉求是一种全国性的目标，因而应有全国统一标准。纯粹的地方性再分配政策仅可能在本地区范围内进行收入的再分配，而不会把全国的转移支付收入考虑进去，因而在公平性上有所欠缺。

从个人间的收入再分配的层面看，在劳动和其他要素具有充分流动性的条件下，如果由地方政府来实现收入分配的公平目标，则不同地区的收入再分配计划的差异会引起人员的流动。[①]流动性限制了地方政府进行收入再分配的能力，但在国家层面却存在发挥再分配职能的天然优势。在封闭和半封闭的地方经济中，劳动力、商品和资本的流动被重重障碍，地方财政的收入分配作用会进一步得到加强。但这会导致地方保护主义泛滥，形成诸侯割据局面，影响资源配置效率。以发展的观点看，随着市场经济的逐步成熟和全国统一市场的形成，收入再分配职能必然由中央政府集中统一行使。由此，为保障基本公共服务均等化的实现，在央地政府的职能配置上，顶层设计尤为重要。

收入分配的公平不仅包括个人之间的收入再分配，还应包括地方政府之间的再分配。这是因为各个地方政府由于财政能力和财政需求的不同，提供均等的基本公共服务水平，所需征收税收的税率是不同的。从地区间的收入再分配的层面看，也应该由中央政府主导实施区域财政能力平衡，即将发达地区的部分收入集中起来，然后转移支付给落后地区。党的十九大报告要求"深化税收制度改革，健全地方税体系"。一般来说，提供相同公共产品，经济落后地区的税负相对较重。这样，由于所处地区不同，居民税负不同，违反横向公平原则，因而，各地的收入差距应得到熨平。但各地区不负有法律或行政上的补偿义务，落后地区不能强迫发达地区给予援助，而发达地区也

---

① 具体地说，如果某一地方政府想要实行更多的收入再分配，即对高收入者征收更高的累进税率，对低收入者给予更多的补贴。这样将会导致大量高收入者迁出该地，以寻找一个只有较少社会福利方案的地区居住，而低收入者则为高福利计划所吸引，会大量涌入该地区。该地区财政支出将急剧上升，而财政收入则下降，导致高福利政策难以实行。而且，高税率使已有投资缺乏持续发展的可能，并排斥了新投资者的进入。因此各地纷纷减少补助，降低税率，不愿进行大规模的再分配计划，地区间的竞争结果是在全国范围内形成了一个统一的较低的收入再分配标准，不利于公平目标的实现。

不会自觉自愿给予落后地区无偿援助。这样中央政府的通过转移支付等再分配职能便不可或缺。2016 年一般预算中，中央对地方税收返还和转移支付 58030 亿元，增长 5.1%，其中中央对地方税收返还 5088.57 亿元，与 2015 年执行数基本持平。中央对地方一般性转移支付 32017.82 亿元，增长 12.2%；专项转移支付 20923.61 亿元，减少 3.2%。①

需要指出的是，区域间的收入转移并不能代替个人之间的收入再分配，因为欠发达地区也有高收入者，向这一地区进行的收入转移不仅会使低收入者受益，也会使高收入者得到好处；同理，发达地区也有大量的低收入者。因而地区间的收入转移只能达到一种次优的公平目标，不能替代个人之间的收入再分配。

三 政府分配责任与公共财政制度变迁

处理效率与公平的关系既是中国面临的难题，也是世界性难题。党的十七大报告指出，初次分配和再分配都要处理好效率与公平的关系，再分配更加注重公平。② 党的十九大报告提出："坚持按劳分配原则，完善按要素分配的体制机制，促进收入分配更合理、更有序。""坚持在经济增长的同时实现居民收入同步增长、在劳动生产率提高的同时实现劳动报酬同步提高。"这些论述为我们正确理解公平效率关系指明了方向，为政府财政的分配责任提供了政策支持。

1. 破解政府分配困局的理论回应与现实要求

从理论层面看，加强对社会经济实践有直接指导意义的公共财政应用理论的研究，不仅有利于完善我国财政理论体系，也有利于财政理论研究能真正发挥推动社会经济发展的应有作用。

公共财政是市场经济下的政府财政，其经济实质就是市场经济财政。与之相应地，公共财政理论实际上就是市场财政知识系统，即关于"市场财政"的科学探索。公共财政理论认为，市场失灵是由其内在功能性缺陷和外部条件性缺陷所导致的资源配置效率匮乏的状态，这为政府干预和规

---

① 《财政部公布 2016 年中央一般公共预算支出》，《光明日报》2016 年 3 月 31 日。
② 胡锦涛：《高举中国特色社会主义伟大旗帜 为夺取全面建设小康社会新胜利而奋斗——在中国共产党第十七次全国代表大会上的报告》，《中国共产党第十七次全国代表大会文件汇编》，人民出版社 2007 年版，第 37 页。

制提供了必要条件。以此逻辑，政府获得了在公共性市场失灵领域不断满足公共需求的合法性功能。但是，政府提供公共产品的领域只限于公共服务领域，为保证政府不越界提供公共产品，必须为政府提供公共产品的范围划定明确的界限。而这一界限显然不能由政府自我单独划定。

公共财政理论不仅探明了社会经济运行中存在的"公平分配性不足"等"市场失灵"的经济逻辑，也论证了"预算法治"和"民主财政"的政治内涵。法治性、民主性在我国公共财政理论中日益得到重视，但在对现实中公共财政和公共利益的"公共性"理解上还存在一些认识差异。因此，需要现实公共财政制度及其运行的回应。

从社会经济发展看，改革开放以来，中国居民收入确实大幅增长，人们"获得感"日益增强，但是分配失衡问题也如影随形。从城乡居民收入五等份分组统计分析情况看，2013 年城镇内部高收入和低收入家庭的收入差距为 4.9 倍；农村内部高低收入差距为 8.2 倍；就中位数指标而言，城镇居民家庭人均可支配收入的中位数 24200 元，低于平均数 2755 元。农村居民家庭人均纯收入中位数 7907 元，低于平均数 989 元，同比由上一年度的 898 元扩大了 91 元。[①] 社科院数据表明，1980 年以来的城乡收入差距在个别年份有所反复，如 1980—1983 年城乡收入差距急剧缩小，1994—1997 年是收入差距小幅缩小的阶段，其他绝大多数年份城乡收入差距不断拉大。尤其是自 2002 年以来，城乡收入差距均在 3 倍以上，2010 年该数据为 3.23 倍。[②] 据中国社会科学院 2013 年 12 月发布的《社会蓝皮书》显示，2012 年中国城乡收入差 20 倍。[③]

公共财政体系优化是财税政策的价值基础，也是财税政策不断演化的结果之一。收入分配改革不能离开财税制度变迁而独自运行，按照《中共中央关于全面深化改革若干重大问题的决定》的精神，财政被定位为"国

---

① 《2013 年收入分配改革工作与形势分析》，http://jys.ndrc.gov.cn/dcyj/201504/t20150410_677163.html。

② 王晓慧：《发改委今年出台收入分配细则：城乡收入差 20 倍》，《华夏时报》2014 年 1 月 4 日。

③ 陆学艺等：《社会蓝皮书：2013 年中国社会形势分析与预测》，社会科学文献出版社 2012 年版，第 65 页。需要指出的是，一般城乡收入差距得出的数据采用的是调查人口的均值，此次是在将被调查人口按收入水平分成五等份以后，20% 最高收入组的收入水平高于 20% 最低收入组的收入水平 20 倍，也就是城乡居民两极收入差距是 20 倍。

家治理的基础和重要支柱"。从国家治理的层面看，公共财税改革涉及公共资源配置体系与机制，它是经济体制改革的关键所在，具有上引政治体制、中和民生制度、下至行政政策的联动效应。

进言之，财税体制是整个收入分配这一系统工程中的重要内容之一。因此，如果财税改革搞不好，公共财政体系将很难优化，收入分配改革也将缺乏财税政策支持。另一方面，合理的公共支出结构是调节经济、社会发展和优化经济结构的有力杠杆。就公共财政制度变迁而言，优化财政收入结构，并在此基础上完善财政收入稳定增长机制，将进一步提高财政收入水平、增强基本公共服务财政保障能力。因此，新常态下健全财政体制的主要目标至少应包括：其一，遵从健全中央和地方财力与事权相匹配的总体要求，合理界定中央与地方的事权和支出责任，进一步理顺各级政府间财政分配关系；其二，作为配套制度，还需要持续优化转移支付结构，健全统一规范透明的财政转移支付制度，从而不断提高转移支付资金的使用效率。

2. 中华人民共和国成立以来公共财政分配制度变迁过程

"转轨好比分家。这个比喻不能狭义地只理解为公共资产的量化到个人……实质上计划经济就是'交易权利'高度集中于计划者的经济，而市场经济则是交易权利高度分散的经济，因而由前者向后者的转轨，不管形式上有没有'分配式私有化'的程序，实际上都意味着交易权利的分配。"[1] 历史地看，我国政府一直不断重视并推进着收入分配制度改革工作，收入分配制度发展大致经历了如下四个主要阶段。

第一阶段，强化公有制结构的计划分配阶段。这一时期自中华人民共和国成立到1978年党的十一届三中全会的改革开放前，其分配体制主要表现为以供给制为主、按劳分配为辅的分配原则，以及高度集中和平均主义的分配方式。根据计划经济体制，在收入分配制度方面实行"统一分配"，农村实行工分制，城市实行等级工资制。

第二阶段，"效率优先，兼顾公平"分配模式逐步形成的阶段。这一阶段从1978年党的十一届三中全会到2002年党的十六大召开前，其中大致经历了三种分配制度的梯次演进。一是在1987年党的十三大前，主要是恢复社会主义按劳分配的原则，在个人收入分配方面，纠正了之前高度

---

① 秦晖：《转轨经济学中的公正问题》，《战略与管理》2001年第2期。

集中和平均主义的分配方式，引入和体现了利益差序分配机制。二是从1987年党的十三大到1992年党的十四大召开前，这一阶段主要是进行了"强调以按劳分配为主体，其他多种分配方式为补充"的社会主义初级阶段分配方式的探索。三是从1992年党的十四大到2002年党的十六大召开前，这一阶段主要是探索适应社会主义市场经济的分配方式。明确提出要把按劳分配和按生产要素分配结合起来，允许和鼓励资本、技术等生产要素参与收益分配——在分配制度上要兼顾效率与公平，个人收入分配要体现"效率优先，兼顾公平"的原则，明确生产要素能参与收入分配，并科学地概况"按生产要素分配"为其他分配方式的重要内容。

第三阶段，从2002年党的十六大到十八大的"效率与公平关系的重新调整"阶段。这一时期主要是确立了贯彻"效率优先，兼顾公平"的"两个注重"的原则。就初次分配而言，需要注重效率、发挥市场资源的配置作用；就再分配而言，需要注重公平，加强对差距过大的收入的政府调节职能。同时，还确立了劳动、资本、技术和管理等生产要素按贡献参与分配的原则，以及参与收入分配的合法性。逐步提高了劳动报酬在初次分配中的比重，以持续优化调整收入分配格局。2008年，个税起征点从1600元提高至2000元，2011年进一步提高到3500元。2009年，出台了《关于加强收入分配调节的指导意见及实施细则》；2011年，中央政府提出了"深化收入分配制度改革，抓紧制定收入分配体制改革总体方案"的政府工作要求。

第四阶段，党的十八大以来面向共同富裕的分配阶段。党的十八大提出"提高劳动报酬在初次分配中的比重。初次分配和再分配都要兼顾效率和公平，再分配更加注重公平"[①]，使发展成果更多地惠及民生。《关于深化收入分配制度改革的若干意见》对初次分配机制调整方面有针对性地提出，要"促进中低收入职工工资合理增长"的主张，继续加快健全再分配调节机制，包括"集中更多财力用于保障和改善民生""改革完善房地产税""加大保障性住房供给"等。2013年，党的十八届三中全会强调了通过深化收入分配制度改革，解决分配不公问题的重要性，在《决定》中明

---

① 胡锦涛：《坚定不移沿着中国特色社会主义道路前进　为全面建成小康社会而奋斗——在中国共产党第十八次全国代表大会上的报告》，《中国共产党第十八次全国代表大会文件汇编》，人民出版社2012年版，第33页。

确提出了全面深化改革，要"以促进社会公平正义、增进人民福祉为出发点和落脚点"，"实现发展成果更多更公平惠及全体人民"，"形成合理有序的收入分配格局"①。党的十九大报告提出："坚持按劳分配原则，完善按要素分配的体制机制，促进收入分配更合理、更有序。""坚持在经济增长的同时实现居民收入同步增长、在劳动生产率提高的同时实现劳动报酬同步提高。"在共享理念的指导下，惠及民生、全民共享改革制度红利成为社会经济发展的内在要求。在提高低收入阶层分配水平方面，党和政府转变了扶贫开发方式，提出"精准扶贫"。我国从传统"灌水式""输血式"的扶贫模式向"滴灌式""造血式"的扶贫模式转变，创新了扶贫开发的新路径，也成为实现共同富裕的重要举措。

从总体上看，这四个阶段的收入分配政策是时代的产物。在不同的时期，政府通过微观干预、宏观调控或服务管制，在公共财政体制上做出了相应的调整性政策，一定程度上也有效地应对了当时的社会分配问题。

第二节　公共财政体系平衡收入分配效果
欠佳的问题及其表现

近年来，各级政府采取了一系列"惠民生、调分配"等公共财政措施，取得了显著成效。数据显示，改革开放四十多年来中国居民收入不仅大幅增长，城乡收入差距也有缩小趋势。基尼系数从 2008 年最高的 0.491 逐步回落至 2017 年的 0.469，城乡居民收入比 2010 年之后首次回落到 3 倍以内，2015 年又回落到 2.7 倍左右。

但不可否认的是，分配失衡的问题也日趋复杂，特别是现阶段收入分配改革已经成为一个重要的显性问题。正如国家统计局原局长马建堂 2015 年表示，0.47—0.49 的基尼系数反映出收入差距依然较大，加快收入分配改革、缩小收入差距的紧迫性犹存。从东中西部收入差距到城乡收入差距，从行业间收入差距到不同职级收入差距，如何实现分配的公平考验着中国，考验着改革。如何统筹地区差异和行业差异、城乡差异和个人收入

①《中共中央关于全面深化改革若干重大问题的决定》，人民出版社 2013 年版，第 3、42、45 页。

差距，同样需要政策设计者的智慧。

一　地区差距凸显

自 2002 年"全面建设小康社会提出"以来，各地区的城乡居民收入水平呈现较大幅度的提高。但毋庸讳言，由于各地区自然地理、社会和经济条件以及国家政策扶持的差异，东、中、西三个地区之间的居民收入水平和可支配收入的差距不断扩大，已经成为中国社会经济发展附随的趋势性产物。各类数据也显示，从 20 世纪 90 年代以来，发展速度最快的东部地区和最慢的西部地区之间的差距持续拉大。它集中表现为农村居民人均纯收入分配和城镇居民人均可支配收入分配两方面的差距，在东中西部地区间呈现不断增大态势。

1. 地区收入差距过大

在增量收益层面，人才、土地、资本等资源禀赋和地理位置等条件的迥异导致了地区间不同的发展结构。根据国家统计局调查数据①显示，2014 年全年全国居民人均可支配收入 28844 元（见图 4 - 1），仅有东部的上海、北京、浙江、江苏、广东、天津、福建、山东、辽宁这 9 个地区的城镇居民人均可支配收入超过了全国平均水平。分区域地看，东、中、西分区域的收入差距依然十分显著。其中，东部的沪、京、浙分别为 47710 元、43910 元和 40393 元，中部的鄂、豫、皖分别为 24852 元、24391 元和 24839 元。甘肃省作为西部典型代表，其城镇居民人均可支配收入达到 20804 元，农村居民人均纯收入仅为 5736 元。2014 年全国城镇居民人均可支配收入比上年增长 9.0%，扣除价格因素实际增长 6.8%。从地区分布看，排在前三位的省份均位于东部地区，而排在后三位的省份均位于西部地区，一定程度上表明东西部收入差距依然比较明显。

2013 年 2 月，国务院批转国家发改委、财政部、人力资源和社会保障部等九部委制定的《关于深化收入分配制度改革的若干意见》。该意见指出收入分配领域存在一些亟待解决的突出问题，收入分配秩序不规范，隐性收入、非法收入问题比较突出。从规范对象看，该文件管控范围主要是

---

① 冯蕾、鲁元珍：《2014 年 31 省份人均收入排行公布》，《光明日报》2015 年 2 月 28 日。

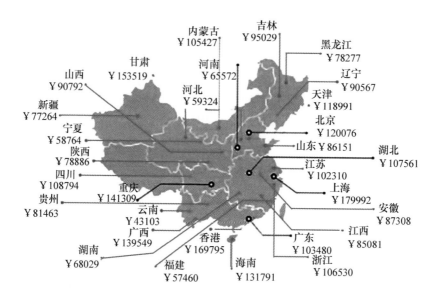

图 4 - 1　2014 年全年全国居民人均可支配收入

资料来源:《2012 年央企员工工资报告》, http://www.chinairn.com/news/20131127/161401714.html。

国企和各级政府, 及非国有企业的上市公司高管。以中央企业为例, 网易财经曾对 113 家央企及其上市子公司在岗职工年平均工资进行统计, 发现 2012 年央企及其上市子公司员工年平均工资在区域分布上也不平衡, 2012 年央企及其上市子公司共 287 家在职员工平均工资为 111357 元, 其中上海央企的员工年平均工资最高为 179992 元, 最低的是云南央企为 43103 元。

2. 地区支出差距明显

整体而言, 我国全部的财政支出对社保、教育的经费投入较少。近十年来政府在社保上的财政投入占财政总投入的 3%—4%, 而同期美国为 18%, 欧洲则更高。在这有限的财政支出上, 从存量收入看, 不均等、不合理的财政支出结构又不断拉大了东中西部地区间的收入差距。以社会保障性支出为例, 东中西三大区域的支出比例差别依然存在较大差距 (见表 4-1)。

表4-1　　　三大区域间社会保障支出规模和人口规模与占比情况　　　　单位：%

地区\时间		2007	2008	2009	2010	2011	2012
东部地区	社保支出占比	50.4	49.18	49.45	48.64	48.38	48.57
	人口占比	40.26	40.49	40.68	41.23	41.34	41.53
中部地区	社保支出占比	25.95	25.8	26.85	25.53	25.37	25.28
	人口占比	32.06	31.96	31.85	31.71	31.64	31.43
西部地区	社保支出占比	21.49	22.95	24.79	23.93	24.51	24.45
	人口占比	27.68	27.55	27.47	27.06	27.01	27.04

数据来源：根据中华人民共和国国家统计局网站和《中国统计年鉴》整理计算而来。

表4-1列出了我国三大区域从2007年到2012年的各区域人口比重和区域社会保障总支出占全国社会保障总支出的比重情况。从表中数据可知，2007年到2012年，东部地区的社会保障总支出占全国社会保障总支出的比重都要高于该地区相应年份的人口规模占全国人口的比重，而中部和西部地区的社会保障总支出所占比重始终低于区域人口占全国人口的比重，这说明在社会保障总支出的分配中，东部地区处于绝对的优势，该地区获得了超过与人口规模相对应社会保障支出份额，而中西部地区在社会保障总支出的分配中处于劣势地位，在一定的人口规模比重下却未获得相对应的社会保障支出份额。所以，当前我国三大区域间在总的社会保障支出的分配上处于非均等化的状态。

现行财政管理体制在加强中央财力的同时，削弱了经济欠发达地区提供公共服务的能力。这是因为地方政府之间的税收返还和转移支付体系中的一般性转移支付（占全部转移支付的近50%）是地方标准财政收支的函数，相应地，经济发达地区的返还收入较高；与此同时，大多为附条件的专项性转移支付落实到每个省级政府的数额有限以及用途限制，使得越是经济欠发达的基层政府用于教育、医疗、卫生、养老等民生支出就越少，这又反向加大了地区收入差距。

二　行业差距拉大

理论上讲，行业差距的存在是资源配置的合理反映。这不仅因为工作技能有简单或复杂差别的劳动分工，而且存在各种劳动力培训费用不同、劳动力素质不同的劳动力市场，因而形成不同的劳动报酬和行业工资。进言之，行业收入差距是否合理不仅要看这种差距是否是非市场因素导致的，而且也要看是否属于劳动付出、技术水平间的市场差别过大。大致说来，我国的行业收入差距存在于多领域，但在新兴行业与传统行业收入差距、垄断与非垄断行业的收入差距以及劳动收入与资本收入差距三个方面上体现得尤为明显。

1. 新兴行业与传统行业的收入差距

某种意义上说，赶超发展战略的选择是造成中国收入分配现状的因素之一。发展中国家在资本相对稀缺的情况下，不致力于发展比较优势产业，而是利用行政力量扭曲资源的配置，实施"赶超战略"，[1] 集中发展资本和技术密集型产业，导致大量人力资本水平较低的劳动力滞留在传统的低收入行业，其结果必然是恶化了收入分配结果，并违背了社会公平的本质。

近年来，我国行业收入差距在统计数据上愈发明显。据统计，金融、保险、房地产、交通运输等新兴行业和垄断行业职工，在工资以及住房、医疗福利等非工资性方面收入增长较快。而农、林、牧、渔等传统行业领域的职工收入低且增长缓慢。其中，2002—2010 年农林牧渔业始终是城镇单位就业人员平均工资最低的行业，2002 年、2009 年和 2010 年，金融业是城镇单位就业人员平均工资最高的行业，2003—2008 年，信息传输、计算机服务和软件业收入增幅最高，是城镇单位就业人员平均工资最高的行业，这加剧了平均工资最高行业与最低行业绝对差距不断上升的态势[2]。同时，平均工资最高的行业与最低行业的相对差距也居高不下。

2002 年以来，改革开放以来的制度红利使各行业就业者收入水平大幅增加。但与此同时，我们也发现各行业增速明显的背后是行业间的收入差距继续拉大。以 2014 年平均工资为例，相关行业和岗位的差距详情如表 4 - 2 所示。

---

① 林毅夫、刘培林：《何以加速增长，惟解自生难题——〈前 10 年的转轨——东欧和前苏联的经验和教训〉述评》，《经济学季刊》2003 年第 3 期。

② 人民网：《中国收入分配差距现状及其影响》，http：//theory.people.com.cn/n/2012/1213/c353107 - 19888034 - 2.html，2012 - 12 - 13。

表 4 - 2   分行业分岗位就业人员年平均工资（2014）

行业	就业人员	中层及以上管理人员	专业技术人员	办事人员和有关人员	商业服务业人员	生产、运输设备操作人员及有关人员
合计	49969	109760	66074	47483	40669	42914
采矿业	56929	115662	69583	57781	43335	53061
制造业	47241	102273	64216	46833	49715	41245
电力、热力、燃气及水生产和供应业	73513	142202	83829	59424	54003	68075
建筑业	43959	82811	50086	39169	37342	41368
批发和零售业	51395	111880	65249	51850	38631	40901
交通运输、仓储和邮政业	59138	118072	90507	53271	49178	53866
住宿和餐饮业	35133	71236	40872	35210	30930	32007
信息传输、软件和信息技术服务业	101802	209315	116963	75400	71963	54874
房地产业	52703	112580	64799	44064	34919	34799
租赁和商务服务业	64919	208398	98107	59084	41364	44845
科学研究和技术服务业	90392	182419	99574	63519	48597	50981
水利、环境和公共设施管理业	45231	96409	61430	41684	33997	41690
居民服务、修理和其他服务业	38361	81393	49808	41317	31328	36277
教育	51156	93975	53160	43763	47366	38696
卫生和社会工作	54540	91252	54962	41060	38631	42348
文化、体育和娱乐业	68247	143048	90122	57876	36110	42946

资料来源：国家统计局 2015 年统计年鉴。

分行业门类看，租赁和商务服务业岗位工资差距最大，2014 年岗位平均工资最高与最低之比为 5.04；建筑业岗位工资差距最小，最高与最低之比为 2.22。有 7 个行业岗位工资差距大于全国平均水平，其比值从高到低依次是：5.04（租赁和商务服务业），3.96（文化、体育和娱乐业），

3.81（信息传输、软件和信息技术服务业），3.75（科学研究和技术服务业），3.24（房地产业），2.90（批发和零售业），2.84（水利、环境和公共设施管理业）；有9个行业岗位工资差距低于全国平均水平，从低到高依次是：2.22（建筑业），2.30（住宿和餐饮业），2.36（卫生和社会工作），2.40（交通运输、仓储和邮政业），2.43（教育），2.48（制造业），2.60（居民服务、修理和其他服务业），2.63（电力、热力、燃气及水生产和供应业），2.67（采矿业）[1]。

2. 垄断行业与竞争行业的收入差距

由于对公共资源利用的方式不同，垄断收入是其与竞争部门收入差距的主要来源。目前不同行业间的收入差距主要集中在行政垄断收益上。由于垄断部门占有他人无法拥有的公共资源，往往能够轻而易举地获取巨额利润，并且在利益分配上有更强的向个人倾斜倾向，使其从业者无须付出更多的劳动和智慧也能获取高收入。

20世纪90年代以来，由于有效竞争匮乏，公共资源的行政性分配的无序和失控，使得行业间收入分配向资源性和垄断性行业倾斜。凭借其垄断地位，部分垄断行业获取了超出社会平均利润率的高额利润，不断扩大了与非垄断行业间的收入差距。《中国居民收入分配年度报告（2013）》的调查数据表明，行业间收入差距十分突出，仅从平均工资一项看，垄断行业与竞争行业的平均工资比分别从1978年的1.43倍到2003年的1.58倍，再上升到2012年的1.76倍，其中影响行业平均工资差中有33.3%。从绝对数量上看，1978年到2000年垄断行业与竞争行业的收入差距甚至增长了32倍。[2] 需要指出的是，在这些统计数据的背后，如果将工资以外的各项福利等因素考虑在内，我们会发现垄断与非垄断行业的实际收入差距将更大。

虽然近年来央企职工工资增幅有减缓的趋势，但其工资水平仍远高于社会平均工资。网易财经调研数据显示，2012年央企及其上市子公司共287家在职员工年平均工资为111357元，是私企平均工资的3.8倍。目前，电力、运输、通信、邮政、能源、金融、烟草等垄断行业职工的平均

---

[1] 国家统计局：《2014年不同岗位平均工资水平有较大差距》，http：//www.stats.gov.cn/tjsj/zxfb/201505/t20150527_1110637.html，2015 – 5 – 27。

[2] 张东生：《中国居民收入分配年度报告（2013）》，中国财政经济出版社2013年版，第65页。

工资是其他行业的 2—3 倍，如果加上工资外收入和职工福利待遇上的差异，实际收入差距可能在 5—10 倍。① 统计数据显示，2013 年全国职工的年均工资为 52379 元，其中，非垄断行业的住宿餐饮业和居民服务修理服务业的平均工资分别为 35133 元和 38301 元，而同期的电力、热力、燃气及水生产和供应业的平均工资高达 73513 元，为前者的 2 倍，二者的绝对差值达 4 万元。

3. 劳动收入与资本收入差距

生产要素按贡献参与分配是初次分配的原则，但受劳动力资源丰富、劳动力市场的供给过剩和长期以来工资水平偏低等因素的影响，初次分配存在着资本所得不断提高、劳动所得持续下降的趋势。企业的管理层收入除了不菲的年薪，还有股权、期权、保险以及各种活动经费，而大多数普通职工，特别是劳动密集型企业以及私营、外资企业和农民工的劳动报酬过低且增长幅度缓慢，呈现"一低一慢"的特点，从而使企业内部资本所有者、经营管理者和劳动者之间的收入分配差距不断扩大。

研究表明，我国劳动收入占 GDP 的比重呈下降趋势，2005 年已降至 12%。② 据估算，资本收入占国民收入的比重在 50% 左右，并呈现出上升的趋势。③ 这种劳资双方收入变动的趋势与发达国家现代化进程中的情况稍有不同，比如 1870—1984 年的美国，其劳动收入占国民收入的比值由 50% 升至 74.3%，同期资本收入则由 24.5% 降至 16.6%。④ 根据国家统计局相关数据显示，2010 年第一季度，在国家财政收入和企业利润的增长率高速增长的同时（分别为 34% 和 119.7%），城镇居民的人均可支配收入和农村居民的现金收入增幅仅为 7.5% 和 9.2%。⑤ 党的十九大报告提出的"坚持按劳分配原则，完善按要素分配的体制机制，促进收入分配更合理、更有序"为劳资收入的合理分配做出了精神指示。

---

① 新华网：《聚焦收入分配制度改革》，http：//news. xinhuanet. com/politics/。
② 萧灼基：《"重资轻劳"必须改变》，《商界名家》2005 年第 5 期。
③ 仲大军：《劳动收入与资本收入的比重缘何相差悬殊——对我国劳动关系的再思考》，http：//www. dajunzk. com/laodonggx. htm。
④ 王振中：《劳动与资本在分配中的地位》，《中国社会科学院院报》2003 年 1 月 19 日。
⑤ 朱新武：《2009 年度经济述评："V 字"是怎样炼成的》，《中小企业管理与科技》2010 年第 2 期。

三 城乡发展失衡

世界发展历程表明，一个地区的发展大致要经历城乡收入差距由低水平的均衡到收入扩大、再到收入缩小这样一个呈倒"U"字形的过程。我国三次产业增加值所占比重表明我国目前正处于工业化阶段后期，是城乡收入不均等继续加剧时期。按照库兹涅茨的"倒U"假说①，某种意义上讲，当前中国的工业化进程中出现收入差距是历史演进过程的伴生，它本身不是问题，问题在于我们如何面对和解决。要通过体制机制和制度设计逐步缩小城乡差距，避免同拉美国家一样出现社会两极分化的发展陷阱。

由于中华人民共和国成立初期特殊发展战略需要而形成的城乡"二元"社会结构没有根本改变，城乡发展差距不断拉大趋势没有根本扭转。在户籍、住房、粮油供给、就业、保险、劳动保障、婚姻、征兵等领域引发了一系列矛盾：农村居民收入偏低在城乡居民收入差距中凸显；农村劳动力素质因城乡居民受教育权利严重不平衡而拉大；在不健全的社保体系中进城务工农民的"乡下人"的"地域宿命"更直观地被呈现出来。进言之，推进城乡发展一体化是根本解决城乡二元结构的症结所在。

1. 城乡居民相对收入差距

统计数据显示，2001年城乡收入比是2.90，但是从2002年城乡收入比破3后就一直上升，直到2007年达到3.33。2007年到2009年连续三年城乡收入比超过3.3后，从2010年开始减少到3，2014年城乡收入比为2.92。当然，如果把城市居民所享有的各种实物性补贴，如医疗、教育、养老金保险、失业保险、最低保障等福利考虑进去，城乡居民的实际收入差距还会更大些。相对而言，世界上多数国家的城镇居民人均可支配收入与农村居民人均纯收入之比处于1.5∶1以下。由此看来，我们国家的城乡收入差距还是比较明显的。

---

① 在经济增长的早期阶段，收入结构的不均等会不断扩大，当一个社会从前工业文明向工业文明转变的时候，不均等的扩大会更迅速，随后出现一个稳定时期，在后一阶段不均等缩小，即个人收入分配随着经济的不断发展，收入差距不断扩大，并且保持一段时期，当工业化阶段结束之后，城乡收入差距将会逐步平稳，然后收入差距会趋于缩小。Kuznets，"Economic Grow thand-income Inequality"，*American Economic Review*，Vol. 45，No. 1，March，1955，p. 18.

表 4 - 3　　　　　1978—2017 年城乡居民收入比变化情况

年份（年）	城镇居民人均可支配收入（元/年）	农村居民人均纯收入（元/年）	城乡绝对差距（元）	城乡收入比值
1978	343.4	133.6	209.8	2.57
1979	387.0	160.2	226.8	2.42
1980	477.6	191.30	286.3	2.50
1981	491.9	223.4	268.5	2.20
1982	526.6	270.1	256.5	1.95
1983	564.0	309.8	254.2	1.82
1984	651.2	355.3	252.2	1.83
1985	739.1	397.6	341.5	1.86
1986	899.6	423.8	475.8	2.12
1987	1002.2	462.2	540	2.17
1988	1181.4	544.9	636.5	2.17
1989	1375.7	601.5	774.2	2.29
1990	1510.2	686.3	823.9	2.20
1991	1700.6	708.6	992.0	2.40
1992	2026.6	784.0	1242.6	2.58
1993	2577.4	921.6	1655.8	2.80
1994	3496.2	1221.0	2275.2	2.86
1995	4283.0	1577.7	2705.3	2.71
1996	4838.9	1926.1	2912.8	2.51
1997	5160.3	2090.1	3070.2	2.47
1998	5425.1	2162.0	3263.1	2.51
1999	5854.0	2210.3	3644.0	2.65
2000	6280.0	2253.4	4026.5	2.79
2001	6860	2366	4494	2.90
2002	7703	2476	5227	3.11
2003	8472	2600	5872	3.26
2004	9422	2936	6486	3.21
2005	10493	3255	7238	3.22

续表

年份（年）	城镇居民人均可支配收入（元/年）	农村居民人均纯收入（元/年）	城乡绝对差距（元）	城乡收入比值
2006	11759	3587	8172	3.28
2007	13786	4140	9646	3.33
2008	15781	4761	11020	3.31
2009	17175	5153	12022	3.33
2010	19109	5919	13190	3.23
2011	21810	6977	14833	3.13
2012	24565	7917	16648	3.10
2013	26955	8896	18059	3.03
2014	28844	9892	18952	2.92
2015	31195	11422	19733	2.73
2016	33616	12363	21253	2.72
2017	36396	13432	22964	2.71

数据来源：根据国家统计局 1979—2012 年《中国统计年鉴》和 2014—2017 年的《国民经济和社会发展统计公报》相关数据整理。

1978—1984 年，总的来看，城乡居民收入差距是逐渐缩小态势的，比值由 2.57 缩小到 1.83。在这一阶段中，在解放和发展生产力的同时，农民收入得以大幅提高。农民收入增长速率相对要快于城镇居民收入增长。其原因在于当时农村的家庭联产承包责任制，较大程度地推动了农村资源的合理配置，从而提高了农业劳动生产率。

1985—1994 年，城乡居民收入差距逐渐扩大，城乡居民的收入比值由 1.86 迅速扩大到 2.87。1985 年之后，改革和发展的重心逐步转向城镇，以社会化生产为主要特点的城市经济迅速活跃起来，大大增加了城镇居民工资收入水平；而同期的农业生产成本却不断提高，农民收入相对减少，降低了农村居民收入增长幅度，这一系列变化导致城乡收入差距扩大。

1995—1998 年，城乡居民收入差距短暂回落，两者之间比值从 2.72 下降到 2.51。通过在此期间的两次连续提高农副产品的收购价格和补贴措施，农副产品市场价格稳中有升，大幅度促进了农民收入的快速增长，增长速度比城镇居民收入增长速度 11% 高出 5 个百分点，由此城乡收入比率下降。

1999—2007 年，城乡居民收入比率又一次从 2.65 拉大到 3.33。在此期间，城镇居民人均可支配收入增长速度快于农民人均纯收入，城乡居民收入比率上升到 3.6。扣除物价增长因素，2007 年城镇居民和农民纯收入的增长率分别为 13% 和 8%，农村居民收入增长率慢于城镇居民 5 个百分点。

2008—2017 年，我国城镇居民人均可支配收入与农村居民人均纯收入之比一直在 3 左右。2008 年之后，我国城乡居民收入差距的绝对差距开始突破 1 万元。2009 年的这一比例上升为 3.33 的峰值；从全国数据看也存在这种趋势：从 2010 年至今，虽然全国的城乡收入比呈现下降趋势，但城乡收入绝对差距却不断被拉大。尽管 2016 年与 2017 年这一比例再度出现小幅下降，但比值也仍然分别处于较高的 2.72 和 2.71。

2. 城乡居民收入绝对差距

2018 年上半年统计公报数据显示，城乡收入差距依然延续递减态势。但是，城乡收入比减少是不是就意味着城乡收入差距的缩小呢？从绝对数值比较上看，比如上海的城乡收入比是 2，新疆的城乡收入比是 9.24，但是上海的城乡绝对差额是 13318 元，而新疆的城乡绝对差额却是 11349.46。前者的城乡绝对差额明显大于后者。1978—1987 年，城乡居民收入绝对差额由209.8 元扩大到 540 元。1988—1997 年，城乡居民收入绝对差额由 636.5 元激增到 3070.2 元，增长幅度较大。1998—2007 年，城乡居民收入绝对差额也由 3263.1 元增加到 9646 元。2010 年城乡居民收入绝对差额是 13190 元，到了 2017 年的城乡居民收入绝对差额已经增长到约 2.23 万元。实际上，表中的数据还不能真实反映城乡居民的收入差距，如果从现金和财产看，城乡居民的收入差距更大。尽管农民人均纯收入保持较好的增速水平，但一直落后于城镇居民人均可支配收入增长也是不容回避的事实；因此，缩小城乡收入差距不仅要在相对数上体现，更要在绝对数上体现。货币的绝对拥有量意味着对商品的绝对占有量。消费能力的提升必须以货币拥有量为支撑。城乡收入绝对差额的增加扩大了城乡消费能力的差距，收入的绝对差额减少与农民的真正富裕呈正相关关系。

四　个人收入差距扩大

伴随着我国经济的快速增长，综合国力迅速提高，我国居民的个人收入也有了非常快的增长。毋庸置疑，在不完善的劳动就业体制和分配制度的约束下，初次分配还存在诸多不合理，致使居民个人收入差距不断扩大。概言之，个人收入差距在时间上有着基尼系数逐步增大、在空间上特定行业从业人员收入畸高现象比较突出的特征。

1. 基尼系数逐步增大

一般认为，"橄榄形"社会的稳定性较强。其理论解释在于规模较大的中间阶层的不断壮大对于缩小贫富差距是大有裨益的，而庞大的中产阶级也有利于减少由这种差距带来的对立情绪和社会矛盾。在发达国家，中等收入者所占比重普遍在60%—80%，呈"中间大、两头小"的橄榄形结构。但从我国目前的收入分配格局看，中低收入阶层比重仍然偏大，收入分配的基本格局基本呈现"金字塔形"结构。这一金字塔的收入分配格局可以从我国近期的基尼系数中得以反映。

党的十一届三中全会以来，按照"计划经济为主、市场调节为辅"的原则，城市沿袭了社会主义计划时期的较低差别的等级工资，而与先期发展的农村经济体制改革使得城乡差别在这一时期相对不突出，比如1981年的中国基尼系数[①]仅为0.29。但是，随着改革开放的逐步深入，特别是在启动以城市为改革阵地的20世纪80年代中期以后，中国居民收入的基尼系数大幅增加，从2000年开始，我国基尼系数首次超过0.40的理论临界值（如图4-2所示）。

在官方发表数据的同时，一些学术机构根据其大规模的抽样调查计算得出，在20世纪90年代中期中国基尼系数就已超过了0.40；近年来的基尼系数甚至已超过0.50。[②]因此，无论以官方或者民间智库发表的基尼系

---

① 基尼系数一般作为衡量收入差距的重要指标之一。根据洛伦兹曲线计算出来的居民收入的基尼系数是最常用的度量收入分配平等程度的指标。它的取值在0—1，0表示绝对的平等，1表示绝对的不平等，且数值越大表示不平等的程度越高。

② 关于基尼系数的应用和观察，需要指出的是，诸如北京大学、西南财经大学等学术机构发布的基尼系数报告大多采用家庭净财产的基尼系数，而中国统计局官方采用收入的基尼系数，由于不同收入水平群体随着时间累积产生的净资产差异会逐步累积、放大，所以前者的基尼系数会大于后者。收入是一个流量概念，而财富，或者说能持续带来收入流量的资本则是存量的概念。因此，在引用数据和系数比较时应注意概念的定义域。

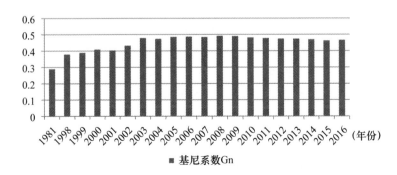

图 4 - 2 中国 1981—2016 年的基尼系数

资料来源：1998—2002 年数据源自国家统计局相关报告，2003—2016 年数据来自国家统计局网站数据。

数指标来看，中国居民的收入差距在过去的三十多年中飞速提升。收入差距扩大的趋势显示，当前中国社会正在经历社会结构——根据不同的收入与财富，中国社会正在被切分成不同的社会阶层。

2. 特定人群间的收入差距增加

工资收入分配差距过大主要表现在行业之间、企业内部不同人群之间。经过多年政府调控，行业间工资收入差距仍然在高位运行，尚未回归到合理水平。特别是企业内部高管人员与普通职工之间工资差距依然过大，部分企业特别是个别国有企业职工工资的福利项目多、标准高、透明度不够。

据统计，2010 年上市公司高管年薪平均值是当年全国平均工资的 18 倍，达到 66.8 万元，而城镇私营单位中的农林牧渔业、公共管理社会组织、住宿餐饮业等行业就业人员月均工资收入不及城镇企业在岗职工的二分之一，其收入低于 1461 元。中国劳动保障科学研究院发布的《中国劳动保障发展报告（2014）》指出，目前中国工资收入分配差距依然较大，工资收入分配立法滞后。部分国有企业高管还存在自定薪酬现象，高管薪酬增长过快、水平过高；一些行业凭借垄断地位获得超额利润，并将部分利润转化为职工工资。

此外，由于国家行政机关与企事业单位内部分配政策的"双轨"垄断性，导致了特定人群不同的收入效应。与企业和非财政列支的事业单位员工工资、社会福利、医疗保险等保障项目不同，它主要与所在单位经济效益挂钩，而公共财政支出的机关企事业单位的职工工资、福利、医疗等水平则直接与其所在的岗位挂钩。城镇居民在工资水平、社会保障等方面的较大优势，是由两种不同属性的"单位"造成的。而且随着工业化经济大生产和城市社会的进一步发展，后者的工资水平与社保待遇更高于后者。差异化的所有制分配政策是城镇居民内部收入差距不断扩大的重要因素。

由此可见，随着我国经济的快速增长，一方面，无论城镇还是农村，全体居民的绝对收入得到较快增长，经济增长成果和改革红利被普遍获取。但是，另一方面，不同行业、领域所分享的福利依然存在差异，相对而言，拥有资源和权力的高收入阶层更多地分享了改革所带来的制度红利。

第三节　影响公共财政体系平衡收入分配功能的因素

我国居民间收入分配差距不断扩大是多种因素长期累积的结果，既有历史因素，又有现实因素；既有制度因素，又有政策因素；既有经济发展因素，又有管理因素，这些因素相互影响，共同作用。比如说支出结构不合理、税制设计不科学、户籍和社保的长期"双轨制"运行、政府对市场干预过度带来的权力寻租收入等。这些因素或单独或系统地影响初次分配与再分配领域中的公平与效率分配，并由此拉大贫富差距。

一　公共支出结构

公共支出是政府对资源进行分配的重要内容，而公共支出结构则是公共支出质的规定性与量的规定性的统一体。公共支出结构的协调是指结构内部各个要素间相互联系相互适应的过程，是影响财政资金的方向、投量以及评价公共支出效率的关键因素。在不同公共财政环境的制约下，财政支出结构中的各要素地位有着主次之分。财政支出结构是经济发展的函数，在不同经济发展阶段财政支出结构必然存在差异。

1. 民生社保类公共支出比重

罗斯托将经济发展划分为传统社会、为起飞创造条件阶段、起飞阶段、成熟阶段、高消费时代五个阶段。① 他认为，经济发展一旦进入成熟期，公共支出的目标将主要服务于提供卫生、福利和教育等方面的基础设施，这些支出占 GDP 的比重都会有较大幅度提高。此时，社会保障类支出数量和再分配的各种转移支付规模将会超过其他类型的公共支出。客观地说，目前我国经济发展已经进入成熟期，按照罗斯的理论，逐步完善的社会保障水平无疑将扩大民生社保类支出。

公共财政支出对社会公平的影响是多方面的，其中最直接的手段是社会保障性支出，通过财政的再分配作用，调整居民收入差距，提供发展所需的公平。近年来，我国财政逐渐由建设型财政向公共财政的发展过程，意味着公共服务逐步成为发展的重点，改善教育、看病、养老、住房等民生问题成为重中之重。毋庸讳言，近年来社保类的公共支出在绝对值上逐年递增，但与世界其他国家相比，我国民生社保类公共支出比重依然有较大提升空间。2007—2012 年的国家统计数据表明，我国 2012 年社会保障类公共支出占 GDP 的比重为 10%，相比之下，远远低于西班牙、德国等发达国家占比 40% 以上的社会保障和福利支出比例。

表 4 - 4 　　2007—2012 年世界主要国家社会保障和福利支出在财政中的比例

类别	国家
10% 以下	委内瑞拉、印度尼西亚、缅甸、巴基斯坦
10%—20%	中国、新加坡、泰国、南非
20%—30%	韩国、墨西哥
30%—40%	美国、英国、俄罗斯、澳大利亚、新西兰
40% 以上	加拿大、西班牙、德国

资料来源：国际统计年鉴 2013。

从国内的视角看，人民生活水平普遍随着改革开放得到较大提高，加之我国的公共卫生支出绝对量呈逐年增长态势。公共卫生支出结构中用于

---

① 罗斯托是美国经济史学家。他在 20 世纪 50 年代提出经济成长阶段论，提出各阶段公共支出不断增长的观点。关于罗斯托的论述详见 ［美］罗斯托《经济增长的阶段：非共产党宣言》，郭熙保等译，中国社会科学出版社 2001 年版；［美］罗斯托《从起飞进入持续增长的经济学》，贺力平译，四川人民出版社 1988 年版。

老年人保健、卫生防疫、社区发展等支出相对不足，但在经济建设性支出和行政管理性支出方面比重居高不下，这些问题都要通过调整与优化财政支出结构来解决。近年来，我国目前财政支出结构中行政管理费用增加速度迅速，占比逐年增大。政府机构人员庞大、行政成本未有效控制是行政成本泛滥的重要原因，此外如公务接待、公务用车、因公出国"三公"经费和楼堂馆所修建等行政支出加大了行政管理费用。从2007年到2013年一般性公共支出从17.1%下降到10%，社会保障就业支出也从10.9%下降到10.3%；文化教育与传媒、科学技术支出都基本保持在1.8或3.5个百分点不变，教育支出略加幅度很小（如表4-5所示）。

表4-5　　　　　　　2007—2013年我国财政支出比重　　　　　单位:%

分　类	2007	2008	2009	2010	2011	2012	2013
一般公共服务支出	17.1	15.7	12	10.4	10.2	10.1	10
国防支出	7.1	6.7	6.5	5.9	5.5	5.3	5.2
教育支出	14.3	14.4	13.7	13.9	14.8	16.8	15.7
科学技术支出	3.6	3.4	3.6	3.6	3.5	3.5	3.6
文化体育与传媒	1.8	1.8	1.8	1.7	1.7	1.7	1.8
医疗卫生支出	4.0	4.4	5.2	5.3	5.8	5.7	5.8
社会保障就业支出	10.9	10.9	10.9	10.2	10.2	10	10.3
环境保护支出	2.0	2.3	2.5	2.7	2.4	2.4	2.5

资料来源：根据2008—2014年《中国统计年鉴》计算得出。

从央地财政支出的分类比较看，自1992年提出分税制改革以来，按照中央和地方政府的事权划分，中央和地方财政在支出项目上存在着较为明显的差异。在此阶段，中央财政支出在1992年度和2011年度的经济支出、国防支出分别占中央支出的58.7%和49.9%；而区域经济发展和社会管理的复杂化程度，要求地方政府在经济支出和行政管理上保持较强和较持续的关注，46.9%的财政支出力度或多或少地说明了地方政府的这一主要诉求。动态地看，1994年分税制改革后，央地两级政府的财政支出方向发生了较大的变化，相对而言，经济支出、行政支出和国防支出有一定的上升，而社会保障性支出不约而同地减少，这说明政府对社会保障重视程度在下降。

　　　　　　中央和地方政府财政支出项目配置　　　　单位:%

职责	1992		2011	
	中央	地方	中央	地方
经济支出	38.1	27.4	14.6	30.4
科教文卫	5	28.3	19.3	27.4
社会保障	3.1	13	3	11.4
行政管理	4.2	15.1	13.6	16.5
国防支出	20.6	0.12	35.3	2.1
农业支出	1.5	3.6	2.5	10.2
利息	24.1	2.58	11	0.6
其他	3.4	9.9	0.7	1.4

资料来源：中国统计年鉴（1993 年，2012 年）。

2. 地区性公共支出差异

由于梯度发展和资源禀赋的差异，一直以来，我国地区间的公共财政支出差异也较明显，这突出表现为东、中、西部地区的财政支出均衡投入阙如。可以发现一个基本的趋势是东部投入的资金比重大，中西部投入的资金相对较少。

以教育支出为例，我国财政性教育支出 1998 年和 2011 年分别为 2031.45 亿元和 16380.4 亿元，年均增长率为 17.4%。但是这一数字还是略低于同期国家财政支出 19.4% 的增长率。这 14 年间财政教育总支出为 94038.94 亿元，其中东、中、西地区分别为 43353.12 亿元、18418.87 亿元和 23998.98 亿元。动态地看，我国财政教育支出的区域差距非常明显，东部地区 13 年增长了 7.25 倍，是财政教育支出总额及其比例最高的地区。

从 1998 年到 2011 年的 13 年间，西部地区由 465.08 亿元增长到 4560.9 亿元，比例由 22.89% 增长到 27.84%；同期，中部地区由 392.58 亿元增长到 3499.7 亿元，增长了 8.9 倍；如果单独把东北地区抽出来进行统计分析，则可以发现该地区同期则由 209.79 亿元增长到 1331.3 亿元，仅仅增长 6.34 倍，是增长速率最低的区域，其占比甚至由 10.34% 下降到 8.14%。①

3. 城乡偏向的财政支出结构

长期以来，在城乡二元经济结构下，我国财政制度存在向城市倾斜的"偏向"。近年来，我国政府对扶持农村的财政支出总量不断加大，但占财政总支出的份额却徘徊不前。以户籍身份和所有制特征为依据的政府转移支付制度，在教育、医疗卫生和社会保障等领域，加重了分割城镇居民和农村居民的歧视性恶果，在就业、住房、医疗、教育等方面，农村居民往往很难享受到城镇居民的基本待遇。

"城市偏向政策的实施扩大了城乡收入差距，固化了城乡二元经济结构，这种政策带来的只是片面的经济增长，而非社会经济的全面发展。但是，在当时的国际环境和特殊国情下，发展中国家选择城市偏向战略的行为本身是理性的，只是实施效果与其'赶超战略'的理想目标背道而驰。"② 在中华人民共和国成立初期，优先发展重工业成为在短时间内实现工业化和城市化的优先发展战略。然而，一直到改革开放后，这种非均衡的城乡发展战略依然如故，城市作为工业化社会大生产的中心，农业剪刀差反哺工业，城乡和工农差别日趋明显，中国特色的典型的"二元经济结构"逐步形成和固化。虽然农村剩余劳动力在家庭联产承包责任制下得以解放，但各级政府向城市倾斜财政资源配置的状况未得到改变，三农性公共财政支出对农村和农业和农民的建设投入仍然远低于城市。这种"重城市轻农村、重工业轻农业"的城市偏向的公共财政体制必然导致城乡公共服务的非均等化。

地方政府为了快速发展本地经济，对于财政支出的投入必然"以城市为中心"，这种差别化财政支出格局，表现为财政大量投入于完善城市基础设施建设、城市居民的社保、医疗和教育等领域。这导致了财政支出结构的人为偏向，最终影响农村的经济绩效、农业的生产力水平和农民生活水平的提高，并传导为不断扩大的城乡差距。由此可见，城市偏向的公共财政支出体制是影响城乡差距的关键因素，其具体作用机制如图 4-3 所示。

---

① 本小节数字均来源于各年度中国统计年鉴的整理与计算。

② 参见林毅夫《"赶超战略"恶化收入分配》，《经济参考报》2002 年 9 月 18 日。

图 4 - 3　财政支出结构偏向影响城乡差距的作用机制

从官员晋升机制的角度讲，一直以来广为诟病的干部绩效考核机制，内在地驱动了经济指标，地方政府官员更关注于任期内经济增长指标状况而放任了环保、民生等弱政治晋升指标参数。按此逻辑，在短期利益的诱导下，地方政府理性地会将有限的公共财政资源倾斜投向具有高收益率、见效快的工业和城市，而虹吸了农村投入，造成城乡财政资源分配不均衡。因此，财政支出结构的优化要求要打破城乡二元经济结构，增加对农村的投入，同时要减少经济建设支出和工业投入，鼓励现代化农业和农业服务业的发展，它既是经济增长方式转变题中应有之义，更是维系社会公平的重要手段。

二　税制设计

1. 个人所得税

客观地看，我国个人税收调节体系不健全，在"控高"和"提低"的公平性考量上失衡。现行的个人所得税，特别是消费税和利息税调节力度十分有限，而且在征收环节上漏洞较多，征收税款占总税收的比重较小。本课题组对"个人所得税政策存在的主要问题"进行问卷调研，回收的1606份有效问卷中分别有434份、295份、510份和1003份，分别对"起征点较低""征税范围过窄""税率较高"和"调节高收入效果不明显"四个选项做出了肯定的选择。调查统计数据反映了纳税人对事实感知的反映（如图4 - 4所示）。

目前的税制只有工薪所得是累进税率，其他都是比例税，这对调控高收入者和提高低收入者的税收公平的功能略显不足。它主要表现为如下两个方面。

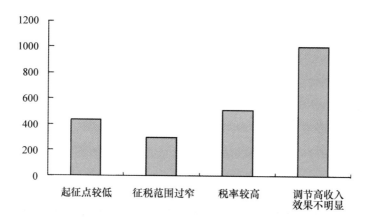

图4-4 个人所得税政策存在的主要问题

一方面，个人所得税征税范围过窄。目前，个税主要将工资、薪金所得纳入征税范围，实际上应明确统一工资制度外的各种名目、形式的工薪性质的补贴、福利收入（如菜篮补贴、伙食补贴、货币分房补贴、保险基金、年节补贴、不休假补贴、防暑补贴、工龄补贴、小集体补贴、电话费、公车使用包干和股票证券酬劳、实物发放等），均计入工资、薪金所得征税，从而大大拓宽税基。此外，各种科技、文化、体育奖励免税以及《税法》第4条列举的国家发行的金融债券利息免税的规定，也可以根据社会经济发展做适当修改。与此同时，股票转让所得、遗产税、赠予税的阙如，也不同程度地加剧了再生产中的对生产要素占有的初始竞争条件的不平等。

另一方面，个人所得税税收起征点较低。实际上，起征点只是一个通俗的说法，它对应的准确财政概念是免征额，是指在征税对象总额中免予征税的数额，也即按照一定标准从征税对象总额中预先减除的数额。免征额部分不征税，只对超过免征额部分征税。个税问题近几年是社会关注的重点，尤其是其免征额问题。此前，随着社会经济的发展和物价水平的影响，税务行政部门曾四次调整了个人所得税起征点，第一次于2006年将起征点从800元提高到1600元；第二次是2008年调为2000元；第三次是2011年提高到3500；第四次是2018年调高至5000元。一个被普遍接受的观点是，提高起征点后，低收入群体将更多地进入免税范围，这种按照纳税能力的区别征税更有利于体现个人所得税的公平性。

由于征管方式的局限，个人所得税中除代扣代缴的工资收入外，其他收入尤其是高收入者的收入难以严格征缴。目前以分类计征的个税制度，常常演变成高收入者避税的工具，一定程度上起到了累退性作用，助长了贫富分化。一些学者认为，建立综合与分类相结合的个人所得税制是下一步改革的方向。

2. 税制结构

目前税制结构的不完善不仅削弱了政府调控经济的能力，也降低了政府调节收入分配的能力。从我国的税制结构看，我国是比较明显的间接税制度。1994 年间接税比重超过 75%，直接税不到 25%；随着改革的深入，间接税尤其是增值税和直接税都实施过相应的减税政策，目前，我国间接税的比重超过 60%，直接税的比重小于 30%（而作为主要调节收入分配的个人所得税占税收的比重则不到 10%）。虽然近年来间接税占比趋于下降，但仍高于世界平均水平的 45.0%。而以间接税为主的税制意味着形式上中低收入者的税负水平并不高，但实际税赋更重。这是因为中低收入阶层的恩格尔系数更高，其在普通消费品中消费得更多。它导致税收负担对其实际收入的影响要远远超过对高收入者的影响，从而导致个人所得税不能充分发挥其调节收入差距的作用，反而使中等收入者成为纳税的主体。因此，这种失衡的税收收入结构要求提高直接税比重。

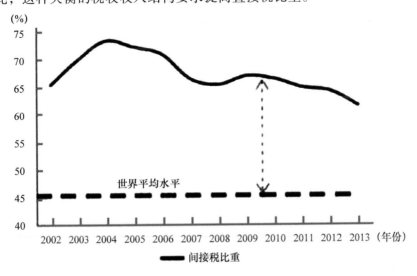

图 4 - 5　我国间接税比率与世界平均水平

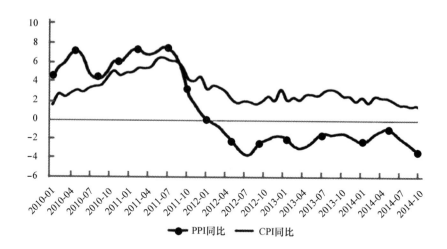

图4-6 物价低迷增加了以间接税为主的税收增长压力

资料来源：民生证券研究院①。

从税收属性上看，间接税不由纳税义务人实际承担，被转嫁至最终消费者。这表明，直接税比重不大对低收入人群来说意味着其总体的税负水平难以下降。一方面，具有累退性的间接税比重过高加大收入分配差距。因消费者的边际消费倾向随收入增加是递减的，从而其承担的间接税税额占收入比重是下降的。另一方面，间接税通常在商品的流通、消费环节征收，计价征收的税种税基取决于商品的价格。目前我国的 CPI 低迷以及 PPI 持续为负的经济下行时期，以间接税为主体的税收制度使税收收入面临压力。由于间接税与商品价格高度相关，且具有累退性，因此，以间接税为主的税制结构客观上起到了推高物价、抑制消费需求和增加消费者税负的作用。作为一种传导机制，税收减少将又加大公共财政支出在民生领域的难度。

3. 税收优惠

赋予各级政府制定税收优惠政策的权利，目的是引导各地优势产业发展，带动当地经济增长和促进就业，结果政策往往被滥用。为了抢先占领

---

① 管清友：《财税改革新常态：大国央地关系重构——民生宏观新常态系列研究之九》，ht-tp：//www. wendangku. net/MjM5NjE4NTQzNg/7203969535_ 804fb22c2d6eb09b8b4aafe29a0b46d5. html。

中央政策优势，各地区积极申请税收优惠政策，最终形成了几乎所有省份雨露均沾的税收优惠；更有甚者，某些地方政府或其财税行政部门出台"灵活性政策"或选择性执法，通过税收返还等方式变相减免税收，制造税收"洼地"。其背后的激励在于以 GDP 等经济数据为主的考核指标，刺激了地方官员的政治晋升锦标赛制度。这样，地方官员为了个人政绩，滥用税收优惠等政策引导产值大、税收高的产业发展，结果是地区间产业失衡与产能过剩。由此可见，区域性税收优惠政策均等化违背了区域发展比较优势，不利于实现产业结构优化和经济公平，影响了公平竞争和统一市场秩序建设，也难以达到现代公共财政制度的内在要求。在路径选择和制度设计层面，从公共财政制度变迁视角，应通过逐步清理规范税收优惠政策以遏制腐败的空间，为地区间的协同发展创设制度条件。

三　社会保障制度安排

公共财政的基本作用之一在于提供社会公共服务，作为公共产品生产和提供的主导者政府而言，如何有效提供公共服务是其需要考虑的问题。这包括由谁提供、如何提供、提供什么等要素。从公平的维度，本调研就提供对象这一问题做了问卷调查，在对"调节收入差距最有效的财政投入领域"的单选上，回收的 1606 份有效问卷中有 174 份、298 份、726 份、138 份和 270 份，分别对"基础设施""教育科技""社会保障""医疗"和"就业"五个选项做出了选择，其中 45.2% 的被调查者认为社会保障是最重要的调节收入差距的最重要的手段。

在党的十八届三中全会决定出台之前，农业、社保、计划生育、教育、文化、医疗卫生、科技等财政性支出与各级政府的 GDP 和财税收入紧密连系在一起。在特定发展阶段，为促进上述领域事业发展，这种财政支出挂钩机制发挥了积极作用。但与此同时也不同程度地僵化和固化了财政支出结构，扰乱了各级政府预算的灵活性安排，阻碍了地方政府，特别是财税收入较低的政府的统筹安排能力。更有甚者，部分领域出现了财政投入与事业发展的错位，导致或者"无米下锅"或者"一锅乱炖"的财政支出乱象。而这也是造成预算管理全面公开阙如、过多专项转移支付、重复低效资金的原因所在。为此，党的十八届三中全会针对财税改革的困境提出了指导性纲领，《决定》明确提出，"清理规范重点支出同财政收支增幅

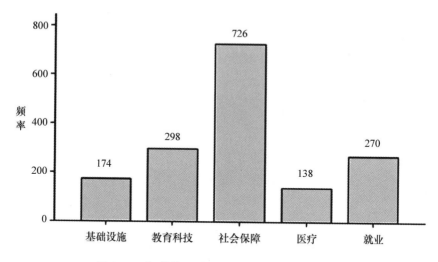

图 4 - 7　调节收入差距最有效的财政投入领域

或生产总值挂钩事项，一般不采取挂钩方式。"作为抓手，应实事求是地推进脱钩分行工作，并继续优先将民生社保领域作为重点，确保社会事业发展的有效支出。这样，收支在财政上的脱钩就会使得财政投入在针对性、有效性和可持续性方面逐步增强。

整体上看，我国的社会保障制度还存在诸多梗阻公平分配的制约。比如社会保障体系尚不完善，制度尚有待健全，存在着诸如保障层次较低、保障种类不完备、社会救助范围较小等问题，它们不同程度地限制了公共财政对日益扩大的初次分配差距纾解功能的发挥。

1. 城乡社会保障

我国现行的社会保障制度是在特定的社会环境中形成和逐步确立起来的。由于我国长期的户籍制度和历史因素，畸形城乡二元分化的社会经济结构，是"人为标签"划分的一种不公平的社会结构。随着改革开放与市场经济的发展，我国已经基本形成覆盖城乡居民的基本医疗保障制度体系。不断扩大的医疗保障覆盖范围，使得越来越多的城乡居民享受到更大多社会福利及民生实惠。但是，"目前的制度体系还存在不少问题，其中一个突出问题是城乡医疗保障体制在二元社会体制下的户籍标准（城乡标准）、就业标准（劳动者与居民不同标准）、行业部门标准（公职人员与普通劳动者的差异）等确立的三维分割运行状态"[1]。从公平的度量看，在各种福利政策和户籍制度挂钩的条件下，按照三维标准所确立的参保、筹资、福利等社会保障权不同的体制缺陷是不言自明的。

城乡社会保障制度之间的巨大差异也显而易见。从法律意义上讲，农村社会保障制度也是中国社会保障体系的重要内容。自党的十六大以来，为保障和改善民生，各级政府和有关部门加快建立和着力推动了农村社会保障制度。由此，我国农村社会保障事业取得长足发展。但是，建立在城乡二元经济结构基础上的社会保障框架，内在驱动着各级政府着力于城市发展和城镇居民保障。相比较而言，城镇居民基本获得了包括养老、医疗、失业等保险在内的较为完备的社会保障。但这些惠及城镇居民的基本保障并没有覆盖到所有农村地区，目前仅在部分东部发达区域的农村地区推行农村社会养老制度，而绝大部分农村人口被社会保障安全网所遗漏。显然，当前我国这种保障力度不一且相互隔离的城乡社会保障体系，通过城镇社保与农村社保水平的差距，加速扩大了城乡收入分配水平。

全国城镇职工以养老、医疗、失业、工伤、生育五大社会保险和住房保障为主体的制度体系，几经改革已日臻完善，而农村社会保障水平却很低。从农村社会养老保险看，除政府硬性规定必须参加的失地农民和在本地企业的就业人员，一般劳动者未能参加，而新型农村合作医疗的筹资水平也远不及城镇职工医保的筹资水平，医疗保障制度仍然任重道远。

2. 体制内外社会保障

机关事业单位社会保障制度与企业职工社会保障制度之间也由于单位属性的不同而形成差别，直接导致企业职工与公共财政列支的机关、事业单位之间，在社会保障水平上的巨大差距。在养老问题上，确实存在不同的制度设计。一方面，存在城镇职工养老保险缴费由国家、单位、个人三部分组成而农村基本是由家庭本身负担的差异；另一方面，即使体制内城镇职工养老安排也存在较大差别。公务员是一套制度，企事业单位职工是另一套制度。20世纪90年代中期以前的不同工作性质的员工养老金差别不明显，此后，随着工资水平连年增长带来的公务员退休金相应增长较快而企业职工退休金增长幅度较小，这种保障水平差别就慢慢显现。显然，

---

① 罗志先：《关于统筹推进城乡社会保障体系建设的思考》，《实事求是》2013年第1期。

制度性的不平等容易造成职业壁垒和社会矛盾，体制内外的差异是目前社会保障支出公平性不足存在的问题。

以公积金制度为例，住房公积金在经济属性上相当于储蓄，是收入的一部分。我国的住房公积金制度始于 1991 年，当时国家要搞住房商品化改革，但是住房建设资金短缺，因此基于"互助原则"设定了公积金制度。20 多年来，公积金制度发挥了不容置疑的社会稳定和住房保障的作用。该制度按职工工资基数及其所在单位补贴各出 5%，用于住房建设贷款基金，其初衷是聚集和有效使用社会成员的一部分闲置或暂时闲置的自有资金，通过互助性贷款的方式，帮助有购房需求的部分人购买住房。但是，某种意义上讲，体制内的公积金制度已异化为过度福利的工具。

虽然住房商品化改革早已落幕，但公积金制度沿用至今。《住房公积金管理条例》和财税行政部门的其他相关规定，将公积金缴存比例规定为 5%—12%，由各地根据实际情况执行。这实际上为不同的单位和组织的选择执行提供了自由裁量的空间，这一伸缩性规定也形成一个巨大的制度弹簧：效益不同的单位的选择存在着政策空间内的合理差异。一般地，效益相对较差的企业和社会服务组织的单位理性地低报基数或按照下限缴，而国有机关、垄断部门等效益好的单位则顶格上缴公积金。事实上，现在执行超额缴纳的大多是垄断行业国企，从其性质上讲，国家机关和国有垄断企业超标准缴纳的公积金属于是国有资产。如果不严格执行 12% 的上限标准，那么"软制度约束"就变成私分国有财产和腐败分肥的渠道。因此，在制度软约束的前提下，住房公积金不同程度地影响了社会成员福利的获得。非制度化的执行过程使得"不公正"的一面逐渐暴露出来，如低息账户缩水资金、"劫贫济富"，不同地区、行业缴纳的公积金差异性过大，助长一些国企隐性福利①的住房公积金数倍于低收入群体收入，很多私企未给员工缴纳住房公积金，这就导致无房的低收入阶层反而享受不到公积金。此外，住房公积金在提取、使用和监管机制方面，对弱势群体的需求也还存在诸多亟待改进的地方。

---

① 一些地方和垄断行业不顾国家明文规定，超比例超缴公积金，涉嫌违规避税和变相发放福利。在内蒙古省级贫困县杭锦旗调查得到的数据显示：当地职工缴存的平均水平不足 1000 元，但当地供电公司职工最高缴存达到 15530 多元。转引自人民网《贫困县国企员工月公积金过万，编制外员工最少仅 20 元》，http://finance.people.com.cn/n/2014/0714/c1004-25275015.html。

3. 弱势群体的社会保障

　　相对而言，由于历史、体制和自身条件等各种原因，一些社会弱势群体①的利益诉求还不能得到有效保障，因此，作为人民权力委托者的政府有义务扩容我国社会保障的覆盖范围。

　　一是随着我国经济体制的改革的逐步深入，日趋激烈的市场竞争使得失业劳动者数不断增多。由于失业下岗加之劳动能力较低，这一群体在激烈的市场流动中失去了以前低端资源型收入的渠道，加剧了生活和家庭困难，已然成为新的社会弱势群体。在经济形势和整体就业形势不断恶化的情况下，失业或下岗职工的再就业更是难上加难。即便如此，相应的社会救济制度及其服务还远未跟上。

　　二是向城镇流动的以农民工为主体的"新生代农民"人口规模日趋扩大，但限于公共财政供给能力，各级城市政府在能力和理念上都缺乏将这一庞大的群体纳入所在城市的公共服务体系中去。实际情况是，参与到医疗、失业、工伤保险等社会保障的人数极少。另外，由于自身知识、能力和拥有社会资源的限制，农民工的合法权益很难得到保障，加之劳动合同没有得到有效执行的隐形风险中包含着农民工被雇佣后遭遇诸如工伤、失业、疾病等巨大负担。根据国家统计局调查结果显示，2014 年，农民工参加基本养老保险的比例为 16.7%，而在高龄农民工聚集的建筑行业，养老保险的参保率仅为 3.9%。② 这些都进一步拉大了农民工与城镇居民及其他行业人群间的收入差距。

　　三是残障人群体因生理缺陷无法正常地生活与工作，就业难度更大。一些底层的残疾人群体缺乏对残疾人相关保障扶助政策的足够了解，割裂了他们与政府及社会各界间的扶助通道。党的十九大报告指出，共享是中国特色社会主义的本质要求，必须坚持发展为了人民、发展依靠人民、发展成果由人民共享，做出更有效的制度安排，使全体人民在共建共享发展中有更多获得感。因此，必须快速落实增加对残障人士的关注并在物质层

---

　　① 弱势群体（social vulnerable groups），也叫社会脆弱群体、社会弱者群体。弱势群体根据人的社会地位、生存状况而非生理特征和体能状态来界定，它在形式上是一个虚拟群体，是社会中一些生活困难、能力不足或被边缘化、受到社会排斥的散落的人的概称。

　　② 人民网：《农民工参加养老保险比例不足两成》，http://society.people.com.cn/n/2015/0804/c1008 - 27404983.html。

面加大社会保障的力度。通过社群的发展，建立更加健全的融合制度，以社会保障为后援，扩大特殊环境下给予残障群体需要的支持。

四是不同城镇社会成员之间也存在较大差异化的社会保障水平。在城镇，由于就业情形的不同，城市群体的社会保障程度也被区别对待。比如城镇职工的社会保障制度比城镇居民的社会保险制度覆盖面更广，制度更完善，保障程度更高，而后者只能享受部分社会保障，保障程度偏低。

四　财政运行方式与垄断红利

目前我国的财政预算和执行过程缺乏监督，信息不透明造成部分财政收入流向灰色收入，不仅加剧了社会分配的不公，也降低了经济运行的效率，还严重损害了政府公信力。从公共财政运行的整体看，我国调整收入分配差距的法律法规和监督管理制度相对滞后，打击非法收入的法律法规不全面。现行财政、税收、金融、土地和矿产资源管理、公共投资项目管理、预算外资金管理、财政转移支付等制度仍未完善，形成了大量腐败和钱权交易的寻租空间。阳光是最好的防腐剂，因此，实现公共财政的首先要任务是提高财政透明度。一方面，预算公开是制约财政透明度的重要因素。财政透明度是建立预算管理体系的前提，而完善预算管理体系是财政透明度改革的坚实基础。另一方面，公民通过财政基本信息公开制度，不断得以了解财政预算等公共信息。这就要求各级地方政府，应当定期公布预算的指导原则、内容、财政政策目标及其规则，以便于财政预算信息为公众及时获知。此外，完善财政监督机制也是方案的可选择集合，因为提高财政透明度需要财政监督的有效运行。实事求是地说，目前的"公开、透明、规范、高效"的公共财政运行监督机制并未真正建立。因而也就更遑论为提高财政支出的公平性，财政运行对预警、监测、分析、矫正等公共预算全过程的功能发挥。

1. 财政运行方式

中央和地方财力与事权相匹配是公共财政有效运行的前提，科学合理分配财力和事权是其关键所在。但是实际上，囿于不清晰和不规范的中央和地方政府事权和支出责任的划分，统一市场、公正司法和均等化基本公共服务难以有效形成。政府错位领域也亟待进一步理清，中央较多地承担了本该地方负责的事务支出责任，而地方也无端地承担一些应由中央负责的事务。与此同时，中央和地方职责交叉重叠、共同管理的事项较多。在地方承担了中央事权的跨地域性事务，受地方财力和协调能力等权能的限制，中央不得不通过政策投放、项目审批以及专项转移支付等综合手段对地方给予补助。这种"跑部钱进"的竞租格局不仅容易造成财政分配上无效的雨露均沾现象，而且容易阻碍地方自主性甚至造成体制依赖。信息的不对称导致中央部门通过政策、项目和资金对地方事权的不适当干预，有可能弱化执政行为合法性和依法行政的有效性，还会影响市场统一与公正。

　　一定程度上，透明的财政制度抑制了公共支出过程中的各种机会主义。"政府俘获"理论认为，财政监督可以约束代理人理性的财政行为，但是依然很难解决委托代理的内在问题。这是因为委托人由于信息的不对称而放任代理人利用其信息优势所获取信息租金。具体说来，一方面，公共物品是由税收所规定的征税方式筹集而来的财政收入提供的，但是由于每个人的资源约束和主观效用的差异，其所承担的税负与获得的公共产品效用之间并不存在一致性，由此对当前的财政支出水平及其支出效果难以悉知，这很容易导致"财政幻觉"的产生。"财政幻觉的存在往往会夸大公共支出的效益，低报税收的实际成本，相应降低了官员的财政支出风险"[①]；另一方面，相对而言，掌握绝大部分公共资源的公共服务提供者——政府部门，在信息方面具有天然的优势。复杂和烦冗的公共财政预算制度及其过程设计，更是强化了政府信息上的比较优势。这样，在激励兼容机制付之阙如的环境约束下，政府官员缺乏激励和动机为公众提供简单、清晰和透明的预算，而总是故意通过各种繁文缛节，策略性地公开财政信息尽可能地隐瞒公共支出的低效率。

　　信息不透明还会导致公众监督弱化。政府利用其自身的信息优势和垄断地位，使公众难以获取有效信息，在信息不透明的情况下，公众自然无法对它进行实质性监督。因此，"看得见的政府"的营造需要信息透明作支撑。这样，公众就可以知道政府财政支出的内容，并在此基础上做出公共财政支出效率的评价。这种制度将大大降低公众监督财政运行成本，并

---

　　① 赵大全：《公共财政的公共性与透明度问题研究》，博士学位论文，财政部财政科学研究所，2011 年。

提高政府官员欺骗行为的机会成本。

　　正是由于公共财政预算制定和监督机制还不尽完善，按照地方的税收能力、地理人口、项目配套能力等因素，虽然目前地区间财力再分配有向落后地区倾斜的趋势，但是在经济增长目标的压力下，这并不妨碍地方官员挪用和挤占一般性转移支付资金以扩大基础设施建设的刺激。这种理性的选择性执行，层层弱化了中央或上级政府实现公共服务均等化的政策意图，政令难以落地、预期效果也难以达成。如在党的十八大之前的地方财政支出结构中，一个较为普遍的现象是获得转移支付越多的地区人均行政管理费支出增加规模明显大于文教卫支出。究其原因在于，理性的地方官员在其有限的任期之内，对自身利益直接相关的财政支出项目有较大激励，至于居民公共服务的数量供给乃至水平提高则在其次。

　　改革开放以来，由于政治体制改革与经济体制改革的不平衡或不配套，大量公共资源仍然掌控在政府手里，再加上某些缺乏权威程序规定和制度回路的政策，大大减弱了对官员的权力监管力度，极大地限制了政策效力。法律法规贯彻落实不力或受到干扰，导致资源的配置过程存在很大的随意性，出现政府仍然以行政权力来配置这些资源的现象。尤其是极个别的腐败分子利用手中的权力大搞"权钱交易"，收取贿赂，收入分配政策的执行效果大大降低，收入分配领域的一些长期得不到有效解决的深层次矛盾和问题依然存在。在要素的占有上，因政府监管不到位，国有企业改制中的国有资产流失、土地流转中的增值收益被不合理侵占，以及大量自然资源和其他公共资源被廉价占用甚至无偿使用等问题在一定范围内还相当严重。在这种不合理、不合法的交易中，权力的拥有者和寻租者都获得了暴利，从而加剧了社会分配不公。

　　总之，财政透明机制在政府财政部门和社会公众之间搭建起了一架开放透明的沟通与监督的廊桥。获得公众有效监督下的财政支出过程，也将反过来促使其更加有效地做出决策并加以具体执行。

　　2. 垄断红利

　　每一社会的既定关系首先表现为利益。[①] 初次分配是国民收入最基础的利益分配过程，公平的初次分配是整个国民收入分配公平性的重要基

---

　　① 《马克思恩格斯选集》（第3卷），人民出版社1995年版，第209页。

石。初次分配的结果直接影响和制约着收入分配差距的程度。从理论上看，按生产要素的贡献进行分配是在市场经济条件下经济有效运行的内在要求。自由竞争、充分流动、产权明晰、信息对称是有效市场的前提条件，它既可以优化资源配置，又是实现收入分配公平的必要保证。一般认为，作为最初的一种市场分配，政府不宜直接介入初次收入分配。作为一种常态，政府与市场未明晰界分下的政府规制过度和市场自由掣肘等情形，并不鲜见地存在于现实市场中。受限于国有企业改革的步履维艰，国有资产产权交易平台尚未真正搭建起来，所有权虚置语境下的利益分配扭曲，某些要素的贡献并没有按照市场价值规律被体现出来。由此，在某种意义上讲，垄断性的资源使用方式也进一步加剧了收入分配差距。

制度缺陷也是制约公平分配实现的重要因素之一，经典的例子就是国有产权制度下的垄断行业的高收入。政府监管作为一种制度，"是产业自己争取来的，管制的设计和实施主要是为受管制产业的利益服务的"[1]。因为制度约束上的非刚性，为了追求各自利益最大化，政府和垄断利益集团相互勾结，"政府俘获"成为必然从而加剧了垄断的形成并导致收入分配结果的逐步恶化。

我国垄断行业大多属于行政控制下的自然垄断。其本意是模拟市场竞争，保护市场主体的利益不受损害，遵从规模效应的规律在不断降低生产成本的同时更多地提供社会福利。但是结果却事与愿违，政府规制保护了垄断生产者豁免于竞争压力，造成了公共资源使用的低效率。一些企业利用其政策和资源上的优势，在服务产品的产量和定价制定上进行理性限制，垄断行业通过限制产量提供或直接提高产品价格的方式，不仅使其获得了超出市场平均利润率之外的超额垄断利润，也直接增加了全体社会成员的负担。与此同时，各级财政弥补垄断企业亏损是其财政支出的一个重要内容，见诸报端的诸如中石油等垄断性国企的财政补贴数额，几乎年年都排在中央财政转移支付的前列。而这些逐年增多的财政补贴并非都用于生产能力建设和企业科技创新等领域，为数众多的补贴往往成为职工高工资和高福利的部门收入。进言之，除了社会公共资源免费或低成本使用的

---

① ［美］乔治·J. 施蒂格勒：《产业组织与政府管制》，潘振民译，上海三联书店1996年版，第282页。

来源之外，财政补贴的垄断行业的高额福利其实也有国民税收的存在。政府垄断性提供服务与限制市场自由、降低消费者收益是如影随形的。按照辅助原则这一理论，政府计划的能力是有限的，与市场"看不见的手"一样，政府这只"看得见的手"以垄断行业的形式也难以实现资源的最优配置。因此，过度的政府资源垄断性配置的结果是维持了行业性的"垄断福利"，在损害消费者利益的同时，也减弱了垄断部门的公信力。某种意义上说，垄断行业高福利也是一种腐败，这无疑又加重了社会分配的不公。

我国的垄断性行业大多是涉及国计民生的基础性产品和服务的部门，一些行业例如电信、电力、铁路运输、自来水等行业的市场化进程相对滞后，依然存在着严重的行政垄断，未能形成有效的市场竞争，个别行业甚至是完全垄断。垄断行业中的企业凭借对关键资源的独自拥有或政府赋予的排他性地生产某种产品的权利，在产品市场或者要素市场上具有独自决定价格的能力，长期获得高额垄断利润，但却没有完全转为国有资本金或上缴国家财政，而是把其中一部分通过财务账目转化为职工收入和福利，导致垄断行业企业职工收入表现为"双高"，即在工资已经比较高的情况下，职工工资外收入水平也比较高。"亏损并高薪着"① 是我国垄断行业的普遍生存状态，多数垄断行业都维持在一个高收费、高利润运营状态下。这种违背市场竞争规律的行业行政垄断，使垄断行业的员工和其他企业的员工相比，在收入分配之初就处于不平等的地位。尽管近年来垄断部门和行业正逐步引入市场竞争，但国家在初次分配领域的宏观调控缺失，使其垄断地位仍将在相当长的时期内存在。

近年来的数据统计表明，油气、电力、电信、烟草等在内的垄断行业的收入排名居于前十位。除计算机软件和服务业等竞争性产业之外，包括银行、石油、电信、水利、电力等特殊行业，不仅掌握着国家垄断性的生产资源权利，还可以获得高额的垄断利润，其工资水平也远远高于其他一般竞争行业，加之这类单位的保险、补贴、津贴等福利不仅名目繁多，而且福利水平也在不断提高。

此外，现阶段我国对居民合法收入不仅缺乏完善的保护制度与法律，

---

① 2009 年国家电网公司亏损 23.4 亿元，2010 年中国联通亏损 41.4 亿元。更有甚者，2011 年中国石油炼油业务亏损竟超过 500 亿元，从 2012 年至 2015 年 6 月，中国石油以 342.24 亿元成为政府补贴最多的央企。

而且某些部门、组织滥用职权，乱摊派、乱罚款、乱收费等大搞"创收"；某些地方政府弄虚作假，巧立名目向社会成员尤其是农民收取各种不合理的财物等，如此加重了人们的负担，收入分配差距的不合理现象将更为严重；政府管制的后果之一也是对于资源的限制性配置所进行的新的利益分配格局，而过度的行政管制则对经济效率来说是负效用的，它可能会在实质上拉大不同行业间的收入差距。以专营制度来说，设立专营制度的目的在于保障民生和规范特殊商品市场，但如果超出有效管制的范围、层次和程度，门槛较高的准入制度不利于市场要素的充分竞争，也使得被管制行业的市场效率大大降低。但是垄断行业的过度管制并不与其内部收益负相关，某种意义上它甚至是有利于管制政策的，在信息的比较优势下他们获得管制下的剩余利润成为可能，由此行业间合理的收入差距拉大，从而抑制收入分配的公平性诉求。

国家垄断性企业与一般性企业相比，其市场竞争优势不言而喻，而其员工的工资、福利待遇大大高于非垄断企业部门，各种待遇的不平等加剧了我国目前不合理收入的差距。

第四节　面向公平正义的公共财政分配责任的实现

收入分配是否合理，不仅影响全体社会成员的利益分配，也关系到社会经济制度的合理性。对此，党的十八大报告提出的"倍增计划"和"两个同步"（即努力实现城乡居民收入水平和经济增长同步、劳动者报酬增长和生产率提高同步）、"两个提高"（即提高劳动报酬在初次分配中的占比、提高居民收入在国民收入分配中的占比）构成了一个完整的社会分配体系，同时为收入分配改革提供了方向。更进一步地，党的十九大提出了"两个阶段"的发展路线。其中第一个阶段，从 2020 年到 2035 年，在全面建成小康社会的基础上，再奋斗十五年，基本实现社会主义现代化。它的一个重要衡量指标是：人民生活更为宽裕，中等收入群体比例明显提高，城乡区域发展差距和居民生活水平差距显著缩小，基本公共服务均等化基本实现，全体人民共同富裕迈出坚实步伐。在党的纲领性精神指导下，我们认为，促进收入公平分配是复杂的系统性工程，需在理念变革、制度设计、机制创新和政策发展等不同维度，从财政支出结构、税收政策、社会保障、市场环境等方面多管齐下，才会更好地实现面向公平正义的公共财政分配责任的实现。

一 理念变革：公共财政公平分配观念的重塑

观念是行为的先导。正确判断收入分配关系的性质，是调节当下收入分配差距的关键，在此认识的指导下，解决城乡、行业和地区之间的这一发展中的问题才具有有效性基础。一般说来，人们对分配正义的追求主要集中于两个目标：一是减少绝对贫困，即减少处于某一规定的物质生活最低标准①之下的人口比例；二是减少不平等，即减少居民群体相互间收入与财产的差别。② 这涉及发展和公平两个层面的内容，它们被学界形象化地比作"做大蛋糕"和"分蛋糕"。换言之，公平分配既包括经济公平也包括社会公平。经济公平是按照供求关系、等价交换等市场经济体制的内在要求，在平等竞争的市场机制制约下，强调经济活动中的土地、人力和资本的投入和产出大体一致。而社会公平诉诸现阶段社会各阶层能接受的合理收入差距的思想，将从横截面的熨平收入畸大畸小的矛盾。虽然，收入分配的主要着眼于分配公平，但是平均不等于公平，简单地"一刀切"则与公共财政分配的本意相去甚远。如果将"平均主义"置换为"公平"的概念，那么新的不公平将会产生，甚至是背离了社会公平的题中应有之义。

毋庸讳言，合理的收入差距是激励效率的基本动力。马克思主义认为，分配不仅对生产有反作用力，在一定意义上也具有决定性作用。分配好比切蛋糕，蛋糕公平合理地分配是一种有效的刺激，对于劳动者和资源拥有者而言，其主动性、积极性和创造性将大大提升。由此，下一个蛋糕才会做得更大更好，并不断促进经济发展。在分蛋糕层面，从总的社会财富框架来讲，需要恰当地把蛋糕切分为国家财政、企业收入和职工工资三大块。但是，现在的问题是国家财政收入在收入分配中获得的比例大而企

---

① 2015 年 10 月 4 日，按照购买力平价计算，世界银行在《消除绝对贫困、共享繁荣——进展与政策》中将国际贫困线标准从此前的每人日均 1.25 美元上调至 1.9 美元。

② ［美］萨缪尔·亨廷顿：《现代化：理论与历史经验的再探讨》，罗荣渠译，上海译文出版社 1993 年版，第 332 页。

业和个人的比例偏小，藏富于民的方式方法还需要进一步探索。如何增加初次分配中劳动报酬，以此提高居民收入在国民收入分配中的比重。相比较而言，分好蛋糕的难题在于如何有效提高低收入者的收入水平。而对低收入者来说，收入提高不应只看社会保障和转移支付方面的所得，不能仅限于在社会既有的蛋糕存量上增大自己的一块，而应重在通过提高劳动技能和劳动生产率来持续增加收入。

　　缩小行业、城乡和地区之间的收入差距，实现共同富裕，需要强调和重视分配公平机制，在其指导下更加重视"分好蛋糕"工作，特别是应将民生问题提到全新的认识高度。但这并不意味着将关注点限于分好蛋糕而忽略如何做大蛋糕。消除两极分化，实现社会公平正义，逐步实现共同富裕，不仅要求做大蛋糕，还要求与此同时分好蛋糕，让社会民众共享发展成果。发展是解决所有社会问题的坚实基础，而市场机制——以追逐经济利益为动力的竞争，是促进经济发展与社会繁荣的基本动力。作为一种均等措施的替代物，增加产量又成为他们之间明显改善关系的基础。"纯粹从金钱收入的观点看，非常明显的是，在经历了多年之后，那些对贫富不均问题耿耿于怀的人，也感到从更快的增长中获得的东西，要比从任何收入再分配方案得到的更多"。① 因此，如果不调整存量结构，仅仅依靠增量，那么调整的效率将非常有限和低下，就实现不了改革目标。在做大蛋糕的层面，以公平为导向，为缩小地区间经济差异，在发展取向上加大西部大开发、振兴东北老工业区和中部崛起等措施的力度，基本建设项目支出向西部、东北、中部倾斜，将有助于这些地区经济的赶超发展，进而提高中西部地区居民的生活水平并促进社会公平。比如结合欠发达地区产业结构的调整和经济增长方式的转变的实际情况，充分利用当地的资源优势，就地取材发展优势产业和特色经济，助推地方产业优化升级，淘汰落后产能。

　　"如果人民大众从人口或任何其他东西的增长中得不到丝毫好处的话，则这种增长也就没有什么重要意义"②。矫正市场机制造成的国民收入初次

　　① ［美］约翰·肯尼思·加尔布雷思：《富裕社会》，赵勇等译，江苏人民出版社 2009 年版，第 78 页。
　　② ［英］约翰·穆勒：《政治经济学原理及其在社会哲学上的若干应用》（第 1 版），赵荣潜等译，商务印书馆 1991 年版，第 324 页。

分配不公问题时，政府的再分配手段不可或缺，即政府的"一收一支"。所谓"收"是指个人所得税和其他具有累进性质的税种；而"支"是指政府的社会保障、社会福利等转移性支出。也就是政府通过征收个人所得税等税收可以使富人"穷"一些，而通过社会保障等转移性支出可以使穷人"富"一些。政府通过这"一收一支"，可以使一部分收入从富人手中向穷人转移，从而达到缩小社会成员之间收入差距的目的。

二 机制创新：公共财政均衡化的途径

深化财税体制改革是完善社会主义市场经济体制的要求，而建立现代财政制度则是加快转变政府职能的迫切需要。经济社会持续稳定健康发展要求在体制机制上创新公共财政均衡化的思路，它是经济发展方式转变的内在要求。

1. 推动基于事权和支出责任合理划分的公共财政预算机制

分税制后地方财政收入减少而财政支出刚性增长，特别是社会保障、地方政府部门及其事业单位费用和地方基础设施配套建设均依赖地方财政支出，于是，地方政府财政收支缺口日益严重（见图4-8）。究其原因，这是因为地方事权和财权存在一定程度的分离和不匹配。地方政府为保障和支持民生领域的基本支出，其应对方法之一是降低地方政府支出刚性增长压力，包括适度加强中央事权和支出责任，即上移部分事权和支出责任至中央。在中央与地方事权合理划分的基础上，适度加强中央事权和支出责任，这将提高中央财政支出占总财政支出的份额，从而也缓解了地方政府在民生社保方面的公共支出压力。

基于政府职能转变以及合理界定政府与市场边界，立足于建立现代财政制度，应充分考虑公共事务在受益范围、影响程度、信息优势和相对效益的不同，以事权为基础的财权配置，合理划分中央与地方在事权和支出责任上的界限，充分发挥中央政府的主导功能和地方政府的财政自主性。

政府事权是划分政府间支出责任、配置财权和分配财力的基本依据，它对各级政府承担经济和社会事务的性质和范围做出了明确规定。按照1994年分税制改革时确立的"事权财权相统一和兼顾利益关系"的原则，划分了中央和地方的支出责任，中央政府和地方政府分别承担14项和13项事权。受当时公共财政收入水平、税制结构、改革进程多种条件制约，法律法规尚未完善，实施细则也未有效跟上。在对政府间事权及支出划分上缺乏明确法制和标准，理性的中央政府利用行政优势地位，单方地下放支出责任而保留事权，这样，不匹配的地方政府事权与支出责任，使得地方政府财政更加捉襟见肘。随着政治经济和社会环境的发展，央地关系处在不断变化中，分税制时期确定的事权责任和新常态下的政府职能不可避免地产生了冲突。

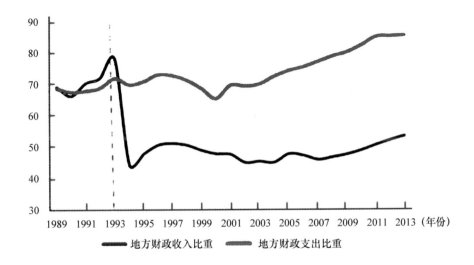

图 4 - 8　地方政府财政收入支出比例对比

资料来源：民生证券研究院①。

对于中央和地方的共同事权，应由粗到细地逐步分解形成中央、省、市县三级事权明细单，并动态优化。这包括中央事权、地方事权、中央和地方共同事权三个方面的事权区分和公共财政责任划分。

一是明确区域性公共服务为地方事权。地方政府作为中央政府的委托人，代理着公共物品有效提供的角色，并实施地方性管理和服务的功能。因而，地方政府及其财政必须相应承担与当地居民有关的、外部性不强且容易内化为本地区效应的区域性事务。而中央财政的着力点在于调动和发

---

① 管清友：《财税改革新常态：大国央地关系重构——民生宏观新常态系列研究之九》，ht-tp：//www. wendangku. net/MjM5NjE4NTQzNg/7203969535_ 804fb22c2d6eb09b8b4aafe29a0b46d5. html。

挥地方政府的积极性，指导和协调其更好地提供区域公共服务所需要的产品。当然，这并不排斥上下级政府之间的财政转移支付，上至中央财政对财力困难的地区依旧有一般性转移支付的职责，省级财政也要对区域内财力平衡承担起相应责任，不断建立和完善符合本省级单位的转移支付政策。

二是中央承担全局性的诸如维护统一市场、促进区域协调等公共支出事务。从公共财政支出的"外部性"和"激励相容"的事权划分原则看，中央财政可以适度上收由地方政府公共财政支出的教育、医疗卫生等事权，这些规模较大的支出负担限制了地方公共财政在基础性服务方面的提供水平。以教育为例，教育事务作为地方财政的首要支出项目，它不仅涉及面广而且与居民基本生活和社会民生息息相关。相对而言，义务教育作为一种公共品，特别是高等教育的外溢性特征更为明显。普遍在校学生跨省区就学就业的扩散效应，以及高校重要产出的科研投资成果也具有跨区域外部性。因此，按照外部性原则，为激励中央和地方的主动性和积极性，跨区域的外部性公共事务的支出责任主体更应赋予中央政府而不是反之。

三是在中央与地方共同事权领域，将诸如社会保障、跨区域重大项目等具有地方信息优势但对相邻地区的公共产品和服务水平影响较大的共同事权，由中央和涉及事项的地方政府共同承担。在区分主次的基础上，进一步将更多涉及全局性、复杂性的事权上移中央，将避免地方政府对经济的过多干预和由此导致的重复建设、产能过剩问题，同时加大中央政府在全国范围内的再分配职能。就医疗卫生支出而言，在事权属性上，它是一种共同事权；在经济属性上，它还是一种具有外部效用的准公共物品，因此，基于"外部性"和"复杂性"的原则，医疗卫生事业应该由中央和地方共同支付。一般性的卫生支出，因其与地方特征相对明显，继续由地方承担信息收集、处理和应对的支出是合理的。而涉及传染等危害大的疾病预防与治疗需要形成全国统一标准，因而应主要作为中央事权，由中央财政承担更重要的支出责任。从国际比较看，我国中央政府的医疗卫生事务支出还有较大提升空间。按2013年的数据，与同期加拿大和美国中央政府的医疗卫生97.3%和64.1%的比例相比而言，我国中央财政医疗卫生支出在全国卫生支出中占比为11.3%。由此看来，按照复杂性原则的要求，我国跨区域的重大医疗卫生事权上移中央财政的空间还比较大。

由此可见，在合理划分中央和地方事权和支出责任的基础上，完善公共财政预算机制，将是实现财政均衡化发展，以及面向公平正义的政府分配责任的必然选择。

从预算机制创新的角度看，现代财政学认为，全面规范的预算公开制度是科学预算制度的重要特征，在此基础上建立起来的科学的预算制度则是形成现代财政制度的前提。在制度层面，优化公共财政的均衡供给需要在借鉴国际经验的同时，从我国财政支出现状出发，注重国家层面的制度设计、创新地方层面的实践，积极稳妥推进财政预算制度的发展。

建立跨年度预算平衡机制。推进预算审核的重点由财政收支平衡状态、赤字规模向支出预算和政策拓展，这样收入预算的预期性替代了以前的约束性。确定重点锚定于收入预期性后，税收任务将不复存在，在税收法定的原则约束下，财政收入该收多少就收多少。这样的结果可能会形成财政决算与预算预期并不完全一致，所谓理论上的平衡状态将成为愿景，而年度预算赤字被突破可能会是一种常态。为此，建立跨年度弥补机制来纾解年度预算执行超赤字的压力。在支出预算方面，以不安排当年支出为原则，进一步对超收收入的规范使用做严格管理。在国家财政的总篮子里设置年度全国总赤字规模，以警戒线之下的水平确保财政的可持续。中期规划对于财政的可持续性起到了承上启下的中继作用，因此，强化实行中期财政规划，增强公共财政制度的前瞻性和财政政策的连续性，建立健全跨年度的、合理的平衡机制是实现跨年度预算平衡不可或缺的抓手。总之，改革预算审批体制机制，实施依法征税，硬化支出责任，建立符合国情的预算平衡制度，不仅在人大审查监督政府预算和依法治税进程方面，而且在提升政府服务能力方面，都有重要作用。

改进年度预算控制方式。现行预算法及其规定表明，收入、支出和收支平衡是目前我国预算审批的三个重要内容，其中收支平衡是其核心问题。由此，作为影响收支平衡的支出规模与政策的地位和功能受到弱化，这在客观上容易形成与预算执行逆向调节的负功能。也就是说，在年度控制的预算平衡的要求下，当经济过冷时，为了完成财税收入任务，一些财税部门可能过度征缴，造成社会经济的吸血；当经济上行时，简单完成收入任务后的财税部门又容易倾向于少征缴，这样，社会可流通货币相对增多，一定程度上起到了推动经济驱热的作用。这既不利于依法治税，也会影响政府逆周期调控政策效果。因此，审核预算的重点应由平衡和赤字规模向支出预算和政策拓展。

2. 保障弱势群体的补偿机制

弱势群体利益表达机制的制度构建是公共财政支出的重要议题。由于在资源禀赋、初始条件、能力水平上的差异，一些特定人群通过正常途径很难实现自己的利益诉求。这要求政府财政对其做出补偿性的制度安排，从内涵上看，它与作为公共财政的公平原则是一致的。大致说来，对弱势群体的利益保障主要可以从以下几个方面加以完善。

一是建立健全促进农民收入较快增长的长效机制。[①] 坚持经济工作中农业的首要地位不动摇，主要体现为真正"以农为先"政策背景下的加大农业投入力度。这要求在农产品价格补贴得到适当调整的同时，根据经济发展目标和公共财政状况，使各级财政保证财政支农资金的稳定增长。为此，在三农问题上，按照农业、农村和农民的实际发展状况，在财政支出结构和国民收入分配结构上做出适时调整。与此同时，以财政支农资金投入总量为抓手，不断丰富财政支农支出方式方法，增强对农业的财政支持水平。

二是调整财政支出结构，建立健全农业补贴稳定增长机制。继续增加农业基本建设投资的力度，使农民直接受益的资金投入水平逐步提高。将关注点集中于农业建设领域的资金投入，从而保证正常稳定的农业投资来源；在粮食政策方面，不仅需要在良种、农资综合和粮食直补等领域的资金政策以扩大农机购置补贴规模，而且需要对农资综合补贴作动态的机制调整，粮农和种粮大户将在新增农业补贴中占有优势地位；改革直接补贴制度，首先应在流通环节减少例如农产品出口等对农产品的补贴形式，从而加大对生产环节的直接补贴。生产环节是农业和粮食生产的最初源头，这种直接补贴将大大推动农业生产技术和劳动力水平的提升。这样，在农业生产条件逐步改善的基础上，可持续农业发展将会尤其一致。其次，可考虑在主要产粮区实施直接补贴农民使用先进技术的鼓励制度；在强化农业种植业财政支出水平的同时，针对林、牧和渔等副业出台相应的优先扶

---

① 国务院：《国务院批转发展改革委等部门关于深化收入分配制度改革若干意见的通知》。

持政策。夯实农业保险制度，一方面在保费补贴比例上适当提高，另一方面在农业保险保费补贴范围上也可以逐步扩大，对于农村财政的奖励和补贴政策，亟待稳步扩大和进一步细化。

三是基于《农业法》的发展要求，在现有财政支农资金总量水平上，按一定比例逐年适当提高，确保在增长幅度上，财政支农资金略高于财政经常性预算收入增长的速度。以"存量适度调整、增量重点倾斜"为原则，逐步形成市区县财政可持续的、长效性的支农制度及其政策，不仅使改善农村生产生活条件的建设资金增长拥有制度性保障，也确保新农村建设投入资金不断加大。

四是加大精准扶贫开发的投入。扶贫是熨平社会收入分配差距的一个重要制度设计，精准扶贫则是我党和政府在社保实践中逐步摸索出来的符合我国国情的大政方针。精准扶贫在最低生活保障、保障性住房、专项救济以及特殊人群补贴等方面的作用尤为突出。为提高城乡居民最低生活保障水平，实行与物价上涨挂钩的联动机制，建立并完善城乡低收入群体基本生活保障标准。在市场化配置住房资源的前提下，切实稳固保障性住房的建设和管理。作为兜底制度，政府保障性住房制度为困难家庭基本需求的满足提供了可能；大幅增加财政专项扶贫资金，通过抚恤补助标准的提高，对于优抚对象的生活水平裨益良多。随着社会经济的发展，"经济洼地""城中村"等集中、连片的特殊困难地区的扶贫任务尤为凸显。专项补贴的新增部分可以以项目开发的形式实行以工代赈，从而不仅锻炼了所在区域贫困对象的劳动技能，也增加了其劳动收入。精准扶贫的基本目标应定义为：在人均收入增长幅度上，实现贫困地区农民等同或略高于全国平均水平。此外，对老弱病残等弱势群体的生活贫困问题而言，针对特殊人群建立的相应政策选择集如下：孤儿集中供养支出、困境儿童生活救助支出、困难残疾人生活补贴、重度残疾人护理补贴和"失独"补贴制度。

五是全面开放农村金融市场。以农业政策性银行为引导，在财政支农资金进行利息补贴和风险补偿的基础上，吸引保险机构、商业银行证券公司等金融机构的广泛参与。加大财政支持力度是有效应对弱势群体保障的重要选择，然而不可回避的现状是，捉襟见肘的公共财政支出表明财政资金投入力度的加大一定程度上是个伪命题，它不能从根本上解决问题。因此，突破政府财政支出增长瓶颈，需要从国情出发，在保证财政支农资金的政府引导的同时，建立合理的利益诱导机制，搭建 PPP 平台，鼓励社会资本参与农村社会发展的基本建设。在强调利益共享的同时做好风险共担的制度设计。作为创新融资模式的 PPP 模式，也是管理模式和治理机制的创新。具体措施有：不断拓宽农业投资渠道，综合运用直接补助、贷款贴息、奖励促进、担保、政策优惠等方式，吸引社会资金和民间资本进入农业领域，实现国家财政、社会资本和农民三方的集体受益。在利润留成和使用上，落实并完善慈善捐赠税收优惠政策，对企业超过年度利润总额的特定比例的公益性捐赠支出，允许结转以后作年度扣除。

3. 合理引入市场竞争机制

制度本身是集体行动的产物，集体行动是有交易成本的。在产权界定明晰、市场交易成本为零时将不存在租值耗散，因而所有资源分配会达到最佳。而充分的市场竞争是有效产权形成的必要条件。因此，就公共财政制度而言，发挥市场机制在资源配置中的基础作用，也是促进公平分配的基本方法之一。对此，本课题组的调研数据也得出了同样的结果（如表4-7所示），认为完善市场经济体制是促进收入分配公平最主要的手段。

表4-7　　　　　　　　　　实现社会财富公平分配的手段

	分值	频率	百分比（％）
选项	完善市场经济体制	590	36.7
	大力转变政府职能	338	21.0
	加强权力制约和监督	571	35.6
	发挥社会组织的作用	107	6.7
	合计	1606	100.0

产量增长已经消除了与贫富不均有关的诸多尖锐的紧张关系。对于保守主义和自由主义双方而言，这个事实已经很明显了：总产值的增长是再分配问题的另一种选择，甚至是缩小贫富差距的另一种选择。这个古老而又尖锐的社会问题，即使没有得到解决，但至少在很大程度上变得隐而不

彰了。[①] 持续调控市场收入的初次分配和国民收入的二次分配，是实现全体社会成员的共同富裕的必由之路。党的十八届三中全会以来，传统的计划机制被市场机制所取代，按劳分配原则有了新的解释，由此社会生产的经济效益也大幅提高。作为社会各界劳动者的基本收入分配原则，不再简单地理解为劳动时间的付出数量，而更着眼于质的考察。换言之，按劳分配要求劳动的产出效益与社会生产率紧密结合，与社会需求息息相关。在多种经济成分并存的条件下，生产要素贡献程度参与分配是市场化的资本运作的内在价值体现。另一方面，分配政策允许和鼓励相对稀缺的资本、技术和管理等生产要素参与到收入分配中去。这样，在多种生产要素的共同参与下，社会价值被创造、社会生产力被提高，因此，按各要素对增量收益的贡献程度进行收入分配的要求是合理的。从根本上说，国家对个人收入分配进行的调节，是为了防止贫富差距过大所造成的两极分化，在合理的范围内保持必要的差距，而不是去消灭收入差异。当然，这是不现实也是不可能的。

事实上，在市场经济条件下，由于经济发展过程中的产业结构转换，不同行业之间从业人员的收入存在差距是必然的，关键在于这种差距是市场行为还是政府行为。我国正处于经济转轨时期，一些行业处于政府的保护之下。这种行政保护造成的垄断是不合理的。在竞争原则的约束下，首先需要对那些目前仍需进行垄断价格保护的以及某些非竞争性的行业，则应征收相应的垄断收入税，或实行"收支两条线"，将垄断性收费收归国库。也就是说，对某些行业、产业采取扶植和保护政策是必要的，但要清除市场准入壁垒，允许民间资本参与竞争。其次，降低垄断造成的竞争差异。这包括优化资本市场，全面放开垄断行业的劳动力市场，完善实现行业内的资源配置自由，使各行业具有平等的权利。强化垄断收益分配管理，垄断经营企业凭垄断地位和特殊条件获得的超额收益不得用于内部分配；健全垄断行业的工资增长约束机制，规范各行业的工资标准，在收入增长幅度上确定标准以有效控制垄断行业职工的工资，规范企业收入分配结构，从而使行业间不合理的收入差距逐步缩小。实行工资总额和工资水

---

① ［美］约翰·肯尼思·加尔布雷思：《富裕社会》，赵勇等译，江苏人民出版社2009年版，第79页。

平双重调控，建立垄断超额利润上缴制度，将垄断利润收归国家财政。

进言之，逐步推进户籍制度改革，使公民真正实现"用脚投票"。当然，我们说，改变当前的户籍制度，并不是要取消户籍管理，关键是剥离以户籍制度为基础的社会保障制度和福利分配制度，削弱户籍在分配公共资源过程中的影响程度，在市场准入、教育资源配置、社会保障与住房福利的获取方面，真正实现迁移居民与辖区原有居民之间权利义务的平等和一致。根据经济学基本原理，要素的充分流动是良性竞争的前提。如果中央政府对户籍制度进行彻底的变革，那么地方政府间财政竞争将同时考量资本和劳动力的双重流动，把资本和劳动力放在同等重要的位置。最终，随着社会成员对公共服务的需求逐渐凸显，为了吸引和留住宝贵的人力资源，地方政府间的财政竞争不再表现为"招商引资"，而是"招兵买马"。所以，畅通"用脚投票"机制在现实社会程序中的运行通道，是实现公共财政均衡配置不可忽视的补充。

三　制度变迁：公共财政体系的优化

1. 推进均衡的财政支出结构建设

社会财富分配不公问题已经严重地影响到了我国改革开放的进一步发展及和谐社会的构建，公共财政支出不仅有经济发展的驱动，也有扩大保障惠及民生的公平性诉求。因此，社会市场所带来的初次分配的差距过大问题，在一定程度上有赖于良好的公共财政支出结构。优化公共财政支出结构是增进财政支出公平分配的一种重要方式。根据卡尔多－希克斯的补偿原则理论，财政收支活动的最终目标，就在于直接或间接地产生最大可能的总社会福利，而这种理想结果产生的路径不一定仅仅依靠财政支出规模的扩大，通过对社会成员之间的利益进行局部调整，即优化财政支出结构也可以实现。

财政支出结构的调节重点要向低收入者倾斜，就缩小收入差距的角度看，主要表现在以下几个方面。

一是在财政预算体系方面，需要联动编制体制与财政预算体制改革协同性功能。这不仅需要制度化公共服务型预算，将建设性预算从一般性财政预算中分离出来，而且务必严格控制包括行政经费在内的"三公"开支，增强其公开透明的制度刚性。按照新《预算法》切实执行政府公开预算信息的义务和责任，并在《政府信息公开条例》的框架范围内，加紧出台财政公开实施细则，就财政信息披露的方式、范围、程序以及问责等问题进行具体的规定。同时，提供制度性和程序性的条件促使人大代表真正理解和熟悉财政收支预算、决算方案，只有这样，才能够从技术可能性上大幅度提高人大代表对再分配的监督，否则，人大代表的财政监督功能将会大打折扣。

二是在财政支出领域的双维协同，它表现为纵向的央地和上下级政府间的转移支付和地方政府间的横向转移在任务目标上的统一性。一方面努力协调好中央与地方财权与事权的分配关系，促进实现地方政府财政支出的有效性；另外在省管县的制度设计上，如何利用财政资金的转移支付，不断均衡配置各县级政府的财政资金。具体包括如下制度安排：加大区域间财政转移支付力度。首先，政府应统一转移支付的标准，采用"因素法"代替"基数法"；其次，在不断缩小专项转移支付和税收返还规模的同时，相应增强均衡化的转移支付的力度；最后，国家应增加对西部地区的转移支付力度，加强西部地区的基础设施建设，缩小西部地区与东部发达地区居民收入的差距。

三是从专项转移支付到保障性一般转移支付的重心位移。转移支付是地方政府重要收入来源。我国现有转移支付主要分为两大类：一类是包括税收返还和体制补助在内的一般性转移支付，优点在于地方可以自主决定资金用途，根据实际需要实现资金效用的最大化，问题在于中央与地方信息不对称，难以保证有限的转移资金用于最需要的地区；另一类是专项转移支付，以专项拨款等形式为特定政策目标的实现提供资金保障，在专款专用对、急需解决的特殊问题上有立竿见影的效果，但其长效性和系统性缺乏，往往治标不治本。因此，单独发展任何一种转移支付方式都不利于整个社会的帕累托最优，应当以一般性转移支付为主，实现各种转移支付形式的协调配合。2017 年，中央财政对地方税收返还和转移支付 65218 亿元，占中央财政支出的 68.6%，比上年提高 0.2 个百分点，而如何用好转移支付起到"保工资、保运转、保基本民生"等功能，将在一定程度上缓解地方政府的预算压力。毋庸讳言，近年来我国政府转移支付效果欠佳的重要原因之一，在于各种转移支付行为缺乏统一的协调机制。

相比而言，专项转移支付类似专款专用，地方政府难以统筹，可能造成一些项目资金不足但又无法使用其他项目的盈余资金，造成部分财政资金被无效率闲置，也就是通常所说的"趴在账上"。一般性转移支付多采用因素法分配，综合考虑地区的人口、经济发展水平和税收等因素确定，纳入一般预算收入；而专项转移支付是下级政府因承担上级政府委托事务或政府间共同事务等享受的上级政府补助资金。由于贴近基层的地方政府基于信息比较优势，有利于最大化就近管理效益，因此，相对于专项转移支付，一般性转移支付的资金分配不仅给地方预算直接"输血"，还可以减少寻租机会。因此，在财政支出的转移支付领域，规范专项转移支付项目、改进专项转移支付方法的同时，一般性转移支付的稳定增长机制也亟待进一步完善。

增加一般性转移支付规模和比例，拓宽对老、少、边、穷地区的转移支付渠道和力度，不断促进地区间的财力均衡。中央出台减收增支政策形成的地方财力缺口，原则上通过一般性转移支付调节。根据经济社会发展，重新制度化设计专项转移支付项目的审批和监督运行——整体思路是在逐步取消竞争性领域专项支出、合并重复交叉项目的同时，对引导类、救济类、应急类专项支出进行严格控制，对无地方资金配套的转移支付项目原则上不审批；属于地方事务且数额相对固定的专项转移支付项目划入一般性转移支付。而那些经过甄别被保留下来的专项，也应做及时清理和归并。

四是继续加大财政对"三农"的政策支持。调整收入分配差距需要重视城乡之间的利益调节，增加农民收入的一个重要渠道就是扩大财政对农业的投入规模，提高财政总支出中农业投入所占的比例，增强农村基础设施建设，减轻农民税负，增加农业补贴，多渠道增加农民收入。调整我国的财政支农资金投入结构，增加财政对农业科技研究和推广的投入，提高其在财政农业总支出中所占的比重是我国实施科技兴农战略的迫切要求。国家财政要确保农业科技研究和推广组织资金的充分供给，来加速农业科技的创新、转化和推广，提高农业生产和农产品的科技含量，使农民真正走上科技致富的道路。

五是加大社会保障投入。适当提高财政支出中社会保障支出、抚恤和社会福利救济费所占的比重，降低行政管理费的比重，加大对社会保障的支持力度，逐步完善社会保障体系，扩大社会保障的覆盖面，确保人们老有所养、病有所医。积极推进农村居民最低生活保障和基本医疗保险制度建设，以解决农村贫困问题。与此同时，加大对教育的投资力度。政府应加强财政对教育的投入力度，改善教育的支出结构，继续加强对义务教育的投入，尤其是农村地区；同时应增加对职业教育的投入，增加失业救济与就业的结合力度。

2. 完善税制

现行税收制度以 1994 年确立的分税制为主，但现在的社会经济环境与当年已有较大不同，改革并完善税制是适应"三期叠加"的"新常态"的必然选择。合理界定中央和地方的事权和税源配置、加快税收立法、清理规范税收优惠政策和税制改革是税收改革的重点。

（1）税收法定和正税清费

首先，在中央和地方税制关系设计上，根据税种的属性和特点，遵循效率、公平和便利等税收原则依法合理划分税种。将税基分布不均衡、收入周期性波动较大、税基流动性较大、易转嫁且再分配作用较强的税种划为中央税（或中央主导税）；将其他那些不直接影响宏观经济运行的，但具有区域性特征且受益性明显的税种划为地方税（或地方主导税），这样，中央和地方的两个积极性将得以充分调动，也为地方政府的民生社保类支出提供了更稳定和充裕的税源。

其次，税收法定滞后需要加快税收立法进程。"税收法定"不仅是一个立法原则，也是一项改革要务，是财税改革和财政体系优化的重点内容。目前我国 18 个税种中仅企业所得税、个人所得税和车船税 3 个由人大立法制定，其他的诸如营业税、消费税、增值税、印花税、房产税等税种均按照 1985 年全国人大常委会对国务院的授权由国务院制定条例征收。这些税收法律不仅在法律层级上存在效力不高的问题，在适用性上也因为社会经济发展而更加凸显其滞后性。

最后，清理规范税收优惠，也是公共财政体系改革的重点。其目的在于保证税收公平，避免各地行政性竞争，维护统一市场，促进市场在资源配置中起决定性作用。继续推进"费改税"的法治进程，按照"正税清费"原则，进一步清理整顿各种政府性基金和行政事业性收费，将不合理、不合法的收费和基金项目排除在正式条目之外，适当降低收费项目的标准。按照 2014 年 12 月国务院出台《国务院关于清理规范税收等优惠政策的通知》的精神，加强对税收优惠政策特别是区域优惠政策的规范清理，凡违法违规或影响公平竞争的政策都纳入清理规范的范围。

（2）构建公平、简洁的税收制度

构建公平、简洁的税收制度也是改革方向，某种意义上它比增加直接税比重更重要。税制改革涉及具体的税种以及税率的确定，与公共财政公平性分配关系较大的有增值税、房地产税和个人所得税。

推进增值税改革，适当简化税率。营业税改革的重点是"营改增"。营业税税基为企事业单位的全部营业额，存在重复征收的问题，而增值税仅对企事业单位经营活动增值部分征收，能降低税收对资源配置的扭曲作用。特别是"营改增"扩大到生活服务业之后，通过合理调整部分消费税的税目和税率，将部分高档奢侈消费品和高档娱乐消费纳入征收范围之内，这样，在公平的层面就更具助推作用和示范意义。

改革完善房地产税。加强存量房交易税收征管，将房产税改革试点范围逐步扩大。细化房产保有、交易等环节的差别化税收政策。房产税涉及多方面直接利益，加之征收范围争议较大，是否所有房产都需征收还是第一套免征，是否所有类型房产都需征税抑或仅需面积或房产价格超过某一标准的征税，最终出台要经过人大立法确定。但是，随着 2015 年 3 月 1 日《不动产登记暂行条例》的正式实施，统一登记在籍的居民房产数量和面积为后续房地产税开征奠定了核算基础。与之相类似地，作为对个人所得税的有益补充，遗产税不仅有利于鼓励下一代辛勤劳动、缩小社会阶层固化程度和贫富差距，而且对完善税制结构、优化财产税体系也颇有助益。从长远看，我们认为，就缩小收入分配差距而言，开征房产税、遗产税是大有裨益的。

加快建立综合与分类相结合的个人所得税制度。个人所得税的重要使命之一是调节收入差距，如何在保证效率的情况下更好兼顾到公平，是税收制度设计者最应该考虑的问题。随着收入差距不断拉大，是否可以在不影响财富较多者积极性的情况下，让其多缴点税；在不导致财富较少者慵懒的前提下，对其少征点税？利用个税杠杆，减少收入差距，纾解公平焦虑，使个人所得税真正发挥好调节作用。在计算税基时，如果仅考虑收入而未考虑房贷、教育、赡养等家庭负担，相同收入的纳税人往往承担的实际税赋压力迥异。根据纳税人真实能力依法征收，现行税法采用分类课征办法，不能全面衡量纳税人的真实纳税能力，可用年收入总量计征。统一基本扣除标准，逐步将个人所得税的征收对象从个人过渡到家庭，结合婚姻、赡养子女、老人等现实情况，根据个人收入净所得征纳，允许子女抚养费、子女教育费、老人赡养费等进入税前费用扣除项目，为体现税收公平和收入平等，税制改革应对部分所得项目实行综合计税，并将纳税人的按揭贷款、赡养抚养等家庭负担计入抵扣因素。在提高个税免征额的同时，还要进一步增强富人的税负水平。例如，英国曾在 2010 年出台了一项政策，"年收入超过 10 万英镑的个人，其个人所得税的免征额随超过部分的大小逐渐递减，收入每超过 2 英镑，免征额减少 1 英镑。这样，收入畸高的人免征额就可能等于零"①。这项改革就是为了避免单纯提高免征额可能对富人更有利而实行的，值得我们借鉴。

此外，在做好现有结构性减税政策的基础上，进一步加大减税的系统性政策。切实减轻劳动密集型企业、科技型企业和小微企业的税费负担，促进扶持类企业产业产品结构的优化。使劳动者能在生存发展、兼顾劳资利益前提下，不断提升劳动生产率和员工工资。此外还可以在扩大资源税征收范围，提高资源税的缴纳结构、对资源型消费税征缴的范围、环节、税率进行征收模式调整，把一些高污染产品及高档消费品纳入征收范围等方面进行税收变革，以不断降低间接税比重，促进收入分配公平和保障税收来源稳定。

3. 健全社会保障体系

为扩大公共财政支出在公平分配领域的作用，社会保障体系的建立健全是不可或缺的。加快完善社会保障体系，合理配置公共财政支出逐步建立起以社会救助、社会保险、社会福利为基础，以基本医疗、基本养老、最低生活保障制度为重点，以商业保险和慈善捐助为补充的大社会保障体系。大体说来，以公平分配为导向的社会保障体系的完善主要包括如下内容。

逐步实现基本社会保障制度的统一和城乡衔接及社会保障关系跨地区转移接续。我国城乡之间的社会保障存在很大差异，农村社会保障体系落

① 徐科：《财税改革落脚点：让富人穷一些，让穷人富一些》，《证券日报》2013 年 11 月 22 日。

后与城镇，应建立城乡统一的社会保障体系，让农村地区的居民享受到和城市居民同等的社会保障；同时，目前我国社会保障体系还存在地区性、区域间的转移比较困难，这就在很大程度上损害了参保人员的利益，因此，要逐步实现基本社会保障制度的统一，实现社会保障关系的跨地区转移接续。与此同时，加快整合城乡居民基本养老保险制度，将多元分割无序状态的养老保险格局向农民基本养老保险、城镇职工基本养老保险、公职人员基本养老保险和城乡居民老年津贴等组成的养老保障体系转变，从制度层面实现全覆盖，而后走向实质性的普惠发展阶段。

健全居民最低生活保障制度。对于我国城镇居民来说，最低社会保障制度比较健全，但也需要根据物价水平的提高不断提高最低生活保障的水平。农村最低社会保障制度不健全，还没有完全确立，并且在政策实施中不同地区也存在一定的差异，因而在公共财政支出的力度和广度上更需要加强。

建立基本医疗卫生制度。无论是城镇还是农村，看病难是普遍存在的问题。因此政府应进一步完善公共卫生服务体系，扩大国家基本公共卫生服务项目的范围，并提高经费标准，逐步实现人人享有基本医疗卫生服务；加大对基本医疗设施建设的投入，加强以全科医生为重点的医疗队伍建设，使居民看病方便可及。

健全社会救济制度。积极推进城乡社区服务建设，以基层社区为平台，完善城乡低保与失业保险、最低工资、再就业政策和扶贫政策相衔接的城乡社会救助体系。其中，特别是针对弱势群体的相关政策措施必须切实得到贯彻实施。

完善工会制度。虽然我国较早建立了工会制度，但公有制经济体制下的工会更多的是企业方的职能部门，在维护职工权益上的作用有限；个体和私营经济以及外资企业的工会制度尚待建立，进而为劳动者与企业就劳动合同进行平等协商，实现劳动者与企业间的平等对话提供制度平台。

坚持"多予、少取、放活"和城市支持农村、工业反哺农业的方针，促进城乡之间公共资源的均衡配置、生产要素在城乡之间自由流动和平等交换；同步促进信息化、工业化、城镇化和农业现代化的发展，加快完善城乡发展一体化体制机制，在城乡规划、公共服务等制度性公共服务和物质性基础设施上拓展和夯实，从而加大富农惠农的政策力度；建立并完善农业的市民化统筹机制，综合推进基本公共服务均等化和户籍制度改革。

4. 规范薪酬管理

在我国的收入分配过程中，政府存在直接涉及初次分配领域的行为与国有企业密切相关业。尽管早在1993年党的十四届三中全会就提出要"转换国有经营机制，建立现代企业制度"，但目前我国大多数国有企业属性决定了其自身的特殊性，其不同程度的垄断经营方式并未发生实质改变，因而与真正意义上的市场经济语境下的企业还存在较大距离。由于政府是国有企业的最大股东，按照所有权的来源和委托代理理论，国有企业的经营所得是政府收入的重要来源之一。但是囿于委托者政府对代理者的信息不对称，加之所有权虚置的矛盾，政府一定程度上丧失了对国有企业的有效监管权。特别是当政府官员和国有企业管理者的公务自律被个人理性自利动机凌驾时，国有企业很容易成为理性"经济人"利用政府权力谋取个人和组织利益的源头，从而出现一些国有垄断行业依靠政府所赋予的垄断经营权利获取高额垄断利润，再将垄断利润以不同形式分配给其职工的现象。所以即使这些垄断行业因缺乏成本控制意识而出现亏损，职工的工资福利也很难缩减，从而造成其职工收入水平畸高于其他行业。

"人们奋斗所争取的一切，都同他们的利益有关"[①]，而充分竞争则是人们平等获取利益的必要条件。因此，需要引入竞争机制，切实放松铁路、电信、电力等基础产业的进入门槛，考虑对垄断行业征收垄断税、资源税或提高红利上缴，以加强对垄断行业工资的调控和收入的监管。

本课题组通过调查发现，垄断行业获取的超额分配是收入差距形成的主要原因之一。在抑制垄断企业员工收入手段方面，实现同工同酬被认为是最有效、最直接的手段和工具。本次调研有17.5%的调查对象认为"调节高收入效果不明显"（见图4-9），应该在这方面的政策设计有所突破。

（1）薪酬"限高"

垄断企业已成为"限高"的主要对象，限制高管工资成为可选的工具之一。当然，为公平分配目的，在薪酬和工资管理方面所进行的"限高"，不是简单的"抽肥补瘦"，更不是"劫富济贫"，而是要通过税收等方式对过高收入进行有效调节，将社会成员收入差距控制在合理范围内。需要

---

① 《马克思恩格斯全集》（第1卷），人民出版社1956年版，第82页。

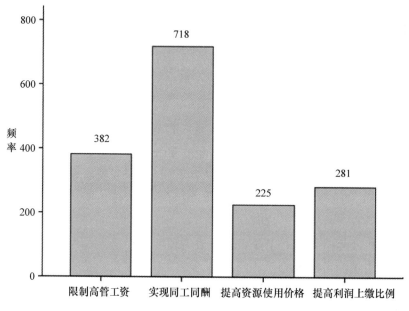

图 4-9　调节垄断企业员工收入最好的方法

进一步发挥好个税的调节作用，根据居民工薪收入水平变化、物价影响、基本生活费开支等因素，适时进行合理调整。对垄断企业，特别是企业负责人的薪酬进行管控。按照基本年薪与绩效年薪之和的增长幅度不超过本企业在岗职工平均工资增长幅度的原则，从基本年薪调节系数的计算、分配系数的确定，绩效年薪的考核等方面对其基本年薪和绩效年薪做审核管理。

质言之，深化由国家垄断的行业和领域的收入分配改革，应进一步调整国家和企业的分配关系，打破行政垄断，实现政企分开，适当引入竞争机制，建立公平、规范、透明的市场准入标准；扩大国有资本经营预算实施范围、提高上缴比例，更好地实现国有资本收益全民共享；加强对垄断行业工资水平的直接监管，要完善工资指导性制度、改进工资总量调控办法、建立工资审查制度，特别是要对高管人员实行限薪，并严格控制其职务消费。

除了显性的工资之外，垄断企业的福利性工资也是需要加以关注的。这一方面要求严格控制国有及国有控股企业高管人员的职务消费，制度化地接受职工民主监督，对其公车使用、业务招待、考察培训等职务消费项目和标准做到有据可查，严格公务招待费审批和核算，各种职务消费相关账目要公开透明，经得起审计。另一方面，抓紧出台配套性改革性补贴的规范实施意见，严格约束党政机关各种奖金发放和津贴补贴行为。与此相关的是，对于事业单位也可做延伸性强化，既要加强制定事业单位自身的创收管理制度，也要对研发项目和科研课题经费的管理使用进行科学合理的制度设计。

（2）提高利润上缴比例

红利上缴是国有企业按照一定比例将其超额利润收归国家所有，上缴到公共财政，并通过社会保障、转移支付等方式向全民转移。运行中的国有资本经营预算支出主要包括用于根据产业发展规划、国家战略安全、国有经济布局和结构调整等需要而安排的资本性支出，以及用于弥补国有企业改革成本等方面的费用性支出。范围上相当于把国有资本经营支出严格区别于其他政府公共支出，形成了国有资本经营预算支出准封闭运行的倾向。这表明，上缴的红利目前尚未体现出惠及民众的意义，而主要在央企体系内部转移。

目前，一般竞争性行业企业税后利润的收取比例为10%；资源垄断特征的行业企业为15%，烟草行业为20%；军工企业、科研院所、中国邮政为5%；中储粮、中储棉等政策性公司为0；2013年2月，国务院发布《关于深化收入分配制度改革的若干意见》，提出未来三年中央企业国有资本收益上缴比例继续提高。在现有比例上再提高5个百分点左右，按照一定比例将其新增部分用于教育、医疗、卫生等社会保障等民生支出；2013年11月，党的十八届三中全会通过的《中共中央关于全面深化改革若干重大问题的决定》提出提高国有资本收益上缴公共财政比例，2020年提到30%，更多用于保障和改善民生。

除上缴比例过低，国企红利"内部沉淀""体内循环"的顽疾也应加以有效应对。以国有资本红利为主要来源的国有资本经营预算体系，主要定位于调整国有资本在不同行业与企业之间的配置状况，而注重公共福利性支出工作有待加强。

公共财政制度是国家实现财政收入最大化的制度化安排，它在社会分工和经济增长中具有重要地位和作用。在设计公共财政制度时，需要根据不同时期的政治、经济、发展目标和国情来决定实现公平分配目标，并制定不同阶段的公共财政均等化的基本标准。在新体制实施初期，可以优先保证落后地区、低附加值行业和弱势群体在基本公共服务方面能够达到最低标准，在后期逐步扩大收入分配公平。在不损失或尽量少损失效率的前提下，通过公共财政的再分配政策，最大限度地实现社会公平的目标。

利益结构是社会系统中最深层次的结构，利益的分化与重组构成了社会变革和制度变迁的根本动因。公共财政体制改革本身既是制度变迁的过程，也是一个利益重新调整的过程。作为一种对利益关系进行再分配的制度，公共财政制度通过制度设计及其实施，重新分配了不同利益主体获取财富、收入的资格与权利。按照党的十八大报告"加快改革财税体制，健全中央和地方财力与事权相匹配的体制，完善促进基本公共服务均等化和主体功能区建设的公共财政体系，构建地方税体系，形成有利于结构优化、社会公平的税收制度"的精神，《中共中央关于全面深化改革若干重大问题的决定》提出了"完善以税收、社会保障、转移支付为主要手段的再分配调节机制"，这表明财税改革已经成为新时期改善收入分配格局的重要工具。

构建市场与政府良性互动的分配正义实现机制，一方面需要"做大蛋糕"以夯实基本公共服务基础。首先，规范市场经济秩序，打破资源在所有制、行业、地区间自由流动的玻璃门，加强宏观调控和市场监管。其次，转变政府职能，制定亲市场的财政政策，培育和孵化市场机制平台，维护公平竞争的分配秩序。此外，进一步认识政府在初次分配中的作用，转变发展战略，实现城乡并举工农并重的公共财政支持。另一方面，需要提供畅通的利益表达渠道、建立有效的社会利益平衡制度、完善科学的利益调整机制，从而实现各阶层、各地区之间的良性互动。在政府收入层面，通过完善现行税制来重新合理划分收入——实现增值税由生产型向消费型的转变，扩大税基；调整消费税的征收范围，条件成熟后开征以直接税和财产税资产税为主体的税种；在不违背统一税法的前提下，对不需要全国统一的、地方特征特别明显的一些地方税的税权下放给地方；结合税费改革，推出新的地方税税种以增加地方政府规范性收入的来源。这样，中央和地方都将有较为稳定的财政收入来源来保证其履行公平再分配职能的需要。在政府支出层面，确定各级政府转移支付制度的目标模式，通过横向转移来实现地区公共服务水平的均衡，以弥补单一纵向转移支付的不足，加大向落后地区的资金转移力度，推进各地区协调发展，以保证其能够提供大体相等的公共服务水平并体现财政均等化的要求。

第五章　政府在基本公共服务领域的分配责任

第一节　基本公共服务分配的政府责任

政府依赖于权力、服务与法律来实现管理与服务两大类基本职能。而提供服务是政府的一项最基本的职能，主要包括政治、经济、文化与社会四个方面的公共服务，是政府承担面向公平正义和共同富裕的分配责任的一个基本元素。显然，其关键环节是促进政府职能的转变，有效地推进公平正义和共同富裕的基本公共服务分配责任的实现。通过公共服务分配以更好地解决民生问题，促进人的全面发展，而这又依赖于提高政府实现基本公共服务的能力与水平（见图5-1）。

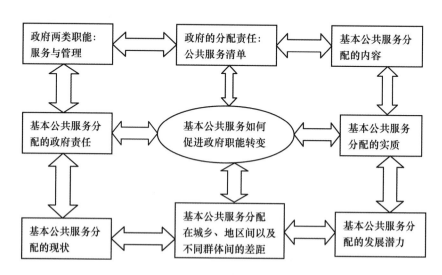

图5-1　基本公共服务分配中的政府责任

一　基本公共服务及其分配

2013 年"非典"的发生引起党和政府的高度重视，随之政府职能调整为宏观调节、市场监管、公共服务、社会管理。因而，公共服务职能凸显并为政府职能的转变提供了契机，基本公共服务成为当前政府再分配中实现公平正义与共同富裕的重要载体。

1. 公共服务与基本公共服务

公共服务是指致力于公平正义和共同富裕的政府在实现公共利益最大化过程中为公共利益需求方无偿提供能使其实现合理合法利益的使用价值和价值的公共活动，旨在解决无时不在、无处不存的外部性问题。换言之，政府用纳税人的钱为纳税人提供无偿的、利他的和公益的义务性公共活动。对公共服务的解读可以从以下几个方面入手。第一，应维护和代表公共利益之需而产生的政府，天然地成为公共服务的供给方即公共服务的主体。第二，公共利益需求方即公共服务对象或公共服务客体，由宪法和相关法律规定的可以享受公共服务权利的对象共同构成。第三，公共服务供需过程中的使用价值和价值是指公共服务基于合理需求得以有效地供给，是公共服务的主体与客体匹配的过程，也是实现政府及公务人员责任的载体。第四，公共服务的目标和任务是通过公共资源实施有效服务为客体无偿提供并充分地实现其合理合法利益的使用价值和价值，确保权利主体能够充分实现自身的权利，获得公共服务的满意和满足，真切地解决和落实民生问题，在治理活动中彰显以人民为中心。第五，遵循共享原则免费提供公共服务，并不意味着无限供给或者特供。公共服务最基本的关系和最现实的范畴反映了与政府拥有的权力、服务和法律三个元素密切相关的公共服务主体和客体的义务和权利关系。①

萨缪尔森认为公共产品是消费上具有非竞争性和非排他性的产品，即"纯公共物品"（如外交、国防）。事实上，现实生活中存在大量的介于这种纯公共物品和私人物品之间的"准公共物品"或"混合公共物品"。奥斯特罗姆夫妇把产品使用/消费的排他性和共同性作为区别于私人物品和公共产品的标准，介于其中的是俱乐部物品和公共池塘资源物品/共同

---

① 邱霈恩：《国家公务员公共服务能力》，中国社会科学出版社 2004 年版，第 6 页。

资源。

从政治学、法学等学科看，公共服务属于人权事务范畴，基于公共利益的目的再分配社会财富，以共济互助方式满足公众需求，服务对象非特定化，服务领域具有可进入性，服务标准一般化，服务主体多元化①。从经济学角度看，公共服务是政府为节约经济制度的运作成本，规范"看不见的手"以弥补市场的失灵，承担协调和统一规则的经济活动。从社会学角度看，公共服务是指政府有责任针对不平衡不充分的发展状况而引发社会公众的需求，集中社会资源进行生产，遵循公平与正义的原则供给公共产品和服务以满足人民日益增长的美好生活需要。

公共服务的本质是政府为满足本国或本地区全体社会成员生存权和发展权而运用公共权力、利用公共资源由社会和市场共同提供的各种有形产品服务和无形产品服务的总称。换言之，公共服务是政府为了优化全体社会成员的生存权与发展权而承担再分配责任的一个重要元素，公共服务领域包括公众基本的生存、发展所需求的水、电、交通、通信等城乡公共设施，也包括劳动就业、社会保障、公共安全以及文化、教育、体育、卫生等公共事业，发布公共信息等，便于为社会公众和社会经济、政治、文化活动提供保障与创造条件。

基本公共服务是指基于公民的权利满足其基本需求并且与一国或地区范围内的全体社会成员②的生活密切相关的大量公共物品和服务。基本公共服务具有基本性、公共性、财政能力、工具性四个要点，并取决于我国现有的制度、管理、成本和财力的多元复合因素，是动态发展的，是政府缓解潜在和现实问题的工具和手段，也是政府的基本责任所在。

我国现阶段的基本公共服务是根据当前实际、国际经验和《中华人民共和国宪法》《中共中央关于构建社会主义和谐社会若干重大问题的决定》《国家基本公共服务体系"十二五"规划》以及《中国基本公共服务均等化进程报告》，在符合全体社会成员基本公共需求的基础上，国家和政府无偿地为全体社会成员提供切实的基本公共服务（包括义务教育、养老保险、社会救济等基本性社会保障服务），以保障人的基本生存权与基本发

---

① 柏良泽：《"公共服务"界说》，《中国行政管理》2008年第2期。
② 本书中的基本公共服务对象是指本国范围内长期（一年以上包括一年）生活的全体社会成员，既包括中国国内的所有居民，也包括在本国范围内合法居留长期生活的外国人。

展权。

总之，基本公共服务是基于社会共识和本国经济社会发展阶段和总体水平，为维持本国的经济和社会的稳定、公平正义和凝聚力，满足个人的物质和非物质方面的基本需求，保护社会成员最基本的生存权与发展权，为实现人的全面发展所需要的基本物品和公共服务，包含保障基本生存权、满足基本健康需求、满足精神方面的基本需求与保障每个人的基本发展权四个层次。① 其范围取决于基本公共服务客体，受制于基本公共服务主体提供公共服务的能力与水平，这是一个动态的发展过程。换言之，基本公共服务是服务主体基于社会成员需求而提供的服务。

2. 我国基本公共服务分配的现状

我国基本公共服务分配领域在城乡之间、地区之间以及不同社会成员之间存在不平衡的现象。由于社会多元结构引发城乡、地区之间的居民在收入和消费支出在总量、结构方面存在差距，由此引发城乡和不同地区的居民享受基本公共服务的差异。

随着收入形成多元化的格局以及各类收入比重和趋势的差异，导致城乡和不同地区的社会成员依靠自身劳动或自有财产获得的初次分配收入存在差异且具有市场的内生性，而转移性收入的差异（采用不同的基本公共服务体系，如城乡、地区之间不同的住宅、教育、就业、医疗、养老、劳动、公共交通、环境保护体系）使社会成员在政府再分配中获得的基本公共服务存在较大的差距。目前我国基本公共服务分配存在结构性问题，主要表现为以下十个方面。一是食品安全领域监管服务的欠缺。让全体社会成员担忧尤其是经济收入偏低的人群表现为不安而又无奈的食品安全服务。二是教育服务领域的公平性与创新性的欠缺。东中西部公共教育资源的不均衡在中国户籍制度的背景下，让部分公民向国学与留学这两个领域去寻找教育服务的公平与创新。三是住房服务领域政策执行力弱化。比如，我国在实施住房服务分配方面接二连三地出台了国六条、新八条、国九条、国十条、国十一条、国五条等政策，由于政策制定者和地方政府管理者或涉利或过分依赖土地财政或远离社会大众支付能力，导致房价调控"缩水"。四是环境保护服务和大气污染防治成为我国政府重点关注的主

---

① 刘琼莲：《试论基本公共服务均等化及其系统》，《江汉论坛》2010 年第 8 期。

题。比如，政府面对严重雾霾等空气质量问题要求环保部门研究起草《大气污染防治法》，规定与之相关的绿化、卫生、自来水质量标准，对高能耗产业以及招商引资进行环境评估，转变经济发展方式，调整产业结构和能源结构，以及政府采取加强环境监测与管控制度建设措施。五是医疗卫生服务领域的资源短缺与不均衡分配。比如，卫生医疗面临各种考验主要是就医等待时间与费用的承受能力问题，卫生医疗便利度与可获得性问题，医疗效果遭遇质疑，过度依赖卫生医疗设备，以及卫生医疗政策的公平性问题等。六是公共交通服务供给不足。比如，出租车绝对数量、相对数量和利益供给不足导致打车难，乱停车、超车、地铁上吃东西、闯红灯等公民不文明行为，机动车过快增长、配套不健全导致交通"潮汐现象"，以及公共交通体系不完善等导致交通拥堵问题。[①] 七是公共信息服务未能有效地消除不确定性的因素，且不能很好地激发公民参与的热情。比如，通信服务费用昂贵、公众获得信息程序缺乏保障和救济、政府为社会提供信息的方式和渠道过窄与不规范、政府信息公开程度较低等问题。八是人身安全服务与财产保护制度总体稳定有效但有待进一步完善。比如，日益复杂的反恐斗争形势，社会信用体系不健全以及应急系统与情报系统不成熟等使财产保护与人身安全服务领域都增加了不确定性，面临着较大的挑战。九是文化体育服务投入有待增加与管理能力有待提高。十是社会保障就业服务面临财政资金短缺与政策改革的挑战。比如，弱势群体救助随着社会的发展面临救助力度与扩面的需求，养老保险服务的改革如何增加公民满意度的问题，以及政府提供更多的就业岗位和有效落实扶持创业政策等。

总之，现阶段我国政府基本公共服务分配的问题主要表现为：公共服务成本高、公共产品分配不公、公共服务决策程序偏差和政府购买公共服务的随意性等。《国家基本公共服务体系"十二五"规划》确立了国家基本标准，引导各地政府根据当地的实际情况制定地方基本公共服务体系。

3. 基本公共服务领域的政府分配责任

我国面临着就业岗位紧缺、社会基础设施薄弱、卫生医疗与社会保障

---

① 钟君、吴正杲：《中国城市基本公共服务力评价（2014）》，社会科学文献出版社 2015 年版，第 188—197 页。

服务不完善、收入分配差距拉大、城乡发展和地区发展不平衡尤其是基本公共服务分配失衡的挑战。党的十九大报告强调要坚持在发展中保障和改善民生，要"在幼有所育、学有所教、劳有所得、病有所医、老有所养、住有所居、弱有所扶上不断取得新进展"[①]。因此，政府基本公共服务的分配责任要基于全体社会成员的基本需求制定出基本公共服务清单，以满足社会安全的需要、社会成员基本生活的需要及提高生活水准并获得发展机会的需要。换言之，政府基本公共服务分配责任主要通过制度安排、政策导向、具体政策以及直接提供服务等形式得以体现。基本公共服务清单在不同阶段内容各异，基本公共服务分配在不同阶段要实现的目标有异，但最终目标是要"为所有的人创造生活条件，以便每个人都能自由地发展他的人的本性，按照人的关系和他的邻居相处，不必担心别人会用暴力来破坏他的幸福"[②]。不管哪个阶段列出的基本公共服务清单都必须有相应的制度安排给予保障。

　　社会的复杂性与不确定性对政府列出基本公共服务清单带来了极大的挑战。因此，基于这种复杂且充满风险的现实，与政府基本公共服务分配责任相匹配的制度安排必须遵循以下几项原则。第一，公共服务清单的制定要坚持科学与公正原则。政府要科学地划分基本公共服务的类别，准确定位权责边界以合理有效地配置资源，设定基本公共服务的规模、具体实施标准和阶段性目标。第二，社会财富分配坚持动态与平衡原则。基本公共服务供给受制于可分配的社会财富即政府能承担的基本公共服务成本，以及公共服务制度建设和公务员的服务精神、角色定位和使命意识。因此，以均等、多元、个性化为特征的基本公共服务要谋求一种动态平衡，根据一定历史阶段的经济、政治和社会等发展水平以及社会成员需求而确定基本公共服务分配的计算公式、制订标准与实现规模[③]，并列出基本公共服务清单。第三，公共服务清单执行要坚持民主与规范原则。在公共服务提供的过程中，政府要基于全体社会成员关系平等、自由的前提设立公共机构并赋予其维护平等与自由，基于民主和规范原则对基本公共服务的

　　① 习近平：《决胜全面建成小康社会　夺取新时代中国特色社会主义伟大胜利——在中国共产党第十九次全国代表大会上的报告》，人民出版社 2017 年版，第 19 页。
　　② 《马克思恩格斯全集》（第 2 卷），人民出版社 1957 年版，第 626 页。
　　③ 刘琼莲：《论基本公共服务均等化的制度建构》，《学海》2009 年第 2 期。

供给方与需求方进行制度设计与安排建构社会合作体制促进社会合作，以确保基本公共服务的开放性、规范性与可进入性。第四，基本公共服务分配要坚持法制化原则，实现法律意义上的制度化。由法律制度确认、规范、调整和保护（纳入法治轨道）基本公共服务分配的条件、程序与结果，通过其立法、执法保障实现其财政保障，确保基本公共服务供需过程的开放性与公民基本权利的实现，激励全体社会成员积极合作。①

4. 我国基本公共服务分配的实质

舒尔茨认为制度是某些服务的供给者且其需求源于经济增长的需求②。基本公共服务分配制度是通过落实权利与义务来规范主体行为并且调整基本公共服务主体—客体之间关系的规则体系，即政府规定的一种权利义务分配关系，其核心价值是公正。我国随着推进全面深化改革，需要日益缩小社会成员在收入分配领域的差距，消弭人们在基本消费领域的差距，基于此，体现政府公平正义的基本公共服务分配责任被赋予极大关注。

基本公共服务分配的实质是政府为提高全体社会成员的生存、发展水平承担责任，提供基本而有保障的公共产品和公共服务，确保其普遍平等地享受，从而落实与解决民生问题。这就要求深化改革，建立与完善公共服务领域内的制度体系建设，通过基本公共服务结果和机会均等来公正而合理地分配社会的权利与义务，确保每一个社会成员的基本权利与义务和机会的自由平等，合理性调节和分配实际存在着的"社会的与经济的不平等"，使公共资源分配尽可能"合乎每个人的利益"，尤其要"适合于最少受惠者的最大利益"③。

我国社会正经历从身份关系到契约关系再到合作关系的转变，因此，各级政府应基于合作关系去推进和实施基本公共服务分配，这是在社会领域体现公平正义的具体操作与实践，需要政府在合作体制建设中谋求具体方案。事实上，基于信任而产生的合作关系体现自主性，合作过程就意味着自主性的实现。基本公共服务分配中的"平等是自由和自主的前提，自由是人的能力得以张扬的基础，而自主是人的创造力得以实现的前提"④，

① 刘琼莲：《论基本公共服务均等化的制度建构》，《学海》2009 年第 2 期。

② ［美］科斯等：《财产权利与制度变迁》，刘守英译，上海三联书店 1994 年版，第 251 页。

③ ［美］罗尔斯：《正义论》，何怀宏等译，中国社会科学出版社 1998 年版，第 179 页。

④ 刘琼莲：《论基本公共服务均等化的实质》，《教学与研究》2009 年第 6 期。

通过建构合作的社会治理体系给全体社会成员提供自愿平等参与的合作基础，实施才能和天赋无差别对待，使各种机会具有充分的开放性，实现形式上的平等和实质上的平等，从而实现作为公平的正义和社会的公正。当前我国提出的基本公共服务国家标准是通过实现公正、平等的基本公共服务分配来推进社会建设与解决民生问题。

5. 我国基本公共服务分配的潜力

基本公共服务的合理分配主要取决于经济发展的实力、财政能力和公共财政的制度安排三个方面。经济深入发展能为政府提供更多的财力，政府有更多的财力和良好的公共财政制度能为人民提供更多的公共服务，为实现基本公共服务的合理分配奠定坚实的基础。①

我国 GDP 增长迅速与财政收入大幅度增加为基本公共服务的合理分配提供了经济基础，但依然缺口很大。目前中国财政支出占 GDP 比重仅为 20% 左右，用于公共服务的支出大大低于西方发达国家，尤其是某些消耗性与经济建设支出比重偏高，而公共性较强的公共服务支出占比略低（见表 5 - 1、表 5 - 2）。以城乡社区事务为例，财政支出情况是：2011 年为 7620.55 亿元，2012 年为 9079.12 亿元，2013 年为 11165.57 亿元；以农林水事务为例，财政支出情况是：2011 年为 9937.55 亿元，2012 年为 11973.88 亿元，2013 年为 13349.55 亿元。

表 5 - 1　　　国家财政支出总额及部分支出项目占比情况　（单位：亿元,%）

年份（年）	财政支出总额	增长速度	一般公共服务支出	一般公共服务支出占比	公共安全、外交、国防服务支出	公共安全等服务支出占比	基本公共服务支出	基本公共服务支出占比
2011	109247.79	21.6	10987.78	10.1	13723.78	12.6	53717.09	49.2
2012	125952.97	15.3	12700.76	10.1	14137.35	11.2	63495.95	50.4
2013	140212.10	11.3	13755.13	9.8	15553.16	11.3	69665.41	49.5

资料来源：根据《中国统计年鉴》（2012 年、2013 年、2014 年）相关数据综合而成，基本公共服务主要包括教育、科学技术、文化体育传媒、卫生医疗和计划生育、社会保障和就业、交通、住房保障等服务。

① 孙琳：《让公共财政的阳光普照每一个人——与西南财大教授朱明熙谈基本公共服务均等化》，《四川日报》2007 年 3 月 5 日。

表 5 - 2 部分公共服务支出项目及其占比情况 （单位：亿元，%）

年份（年）		教育服务支出及其占比	科技文体传媒服务及其占比	社会保障就业服务及其占比	公共安全服务及其占比	节能环保服务及其占比	医疗卫生服务及其占比	交通服务及其占比	住房保障服务及其占比
2011	支出	16497.33	5721.38	11109.40	6304.27	2640.98	6429.51	7497.80	3820.69
	占比	15.1	5.2	10.2	5.8	2.4	6.0	6.9	3.5
2012	支出	21242.10	6720.98	12585.52	7111.60	2963.46	7245.11	8196.16	4498.62
	占比	16.9	5.3	10.0	5.6	2.4	5.8	6.5	3.6
2013	支出	22001.76	7628.69	14490.54	7786.78	3435.15	8279.90	9348.42	4480.55
	占比	15.7	5.4	10.3	5.6	2.5	5.9	6.7	3.2

资料来源：根据《中国统计年鉴》（2012 年 、2013 年、2014 年）相关数据综合而成。

从上表可以看出，政府基本公共服务分配通过全面深化改革会有很大的潜力实现人均财力均等化、一般公共服务标准化、基本公共服务最低供应的综合均衡。换言之，通过转移支付制度来缩小城乡、地区与群体间的基本公共服务分配差距；以基本公共服务国家基本标准执行统一的范围、种类与标准和政府主导作用、主体地位基础，充分发挥社区与社会组织在实现扶贫、提供再就业、环境保护和教育培训服务的作用，实现公共服务投入与效益的最大化。因此，政府既要通过统一政府的各种收支于国家预算中，提高基本公共服务支出比重，规范基本公共服务分配，加强对基本公共服务支出的民主监管，为实现基本公共服务合理分配提供强大的财力与制度支持；又要节约行政成本使更多资金用来提供基于社会成员需求的基本公共服务，推进基本公共服务分配的科学与民主决策。

基于我国的政治、经济、社会与财力，基本公共服务分配的潜力应该从以下几个方面来挖掘。第一，进一步转变政府职能，优化公共服务体制是基本公共服务分配的关键。政府在基本公共服务分配领域依据现有经济和社会发展水平增加对义务教育、环境保护、医疗卫生、基础科研等项目的资金投入力度；同时，通过消费者与供给者互动、购买公共服务引入竞争、实施绩效管理合约与强化财务责任制度来提高政府基本公共服务能力。第二，明确政府的事权与财权，完善财政体制是基本公共服务分配的核心要件。调整央—地政府间与各级地方政府间的事权与财权关系；同时，要逐渐完善当前实现均等化的财政转移支付制度。第三，降低行政成本，建设节约型政府。通过规范社会组织改进基本公共服务提供方式，充分发挥各种社会力量的合力实现政府购买公共服务。第四，借助于大数据与云计算等信息化管理手段，完善基本公共服务供给技术。数据中心与能耗分别是云计算的主要载体与运营成本，政府要通过构建具有经济、高效、快捷、节能的云计算数据中心，充分发挥空间优势、能耗优势、价格优势、管理优势和部署优势来发掘政府对基本公共服务分配的潜力。

二　基本公共服务分配的系统

基本公共服务分配是促进社会整体和谐、提高社会成员生活质量的手段，是根据现阶段社会经济发展水平在协调与发展过程中逐步推进多元主体合作参与提供服务，通过缩小社会成员在基本公共服务消费领域的差距，并最终实现人的自由发展和全面发展。它由服务供给方、服务需求方、双方搭建的供需体系等要素组成，基本公共服务分配的逻辑起点是政府通过公共财政来承担分配责任，核心要件是基本公共服务生产与提供过程中的监管与评估。换言之，基本公共服务分配是由主客观结构系统以及二者共同构建的一个价值结构系统构成的（见图 5 - 2）。

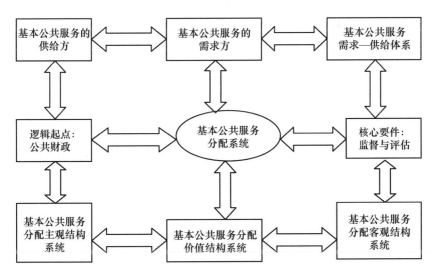

图 5 - 2　基本公共服务分配的系统

1. 基本公共服务分配的组成要素

基本公共服务分配要根据萨缪尔森法则确定公共产品和私人产品的组合达到帕累托效率状态，使福利实现最大化，其主要组成要素包括基本公共服务需求方、供给方以及供给—需求体系，三者互为支撑，缺一不可。

基本公共服务需求是指基本公共服务客体（需求方）基于一定价格水平对公共服务有支付能力的需要，为实现一定程度上的效用满足，把公平作为价值评价的标准，社会成员需求曲线的垂直加总决定了市场需求曲线。由于基本公共服务需求具有相对性、公共性、通过公共渠道以政治方式来实现和表现、需求偏好的多样性和差异性等特性，并且基本公共服务需求的数量、质量、结构与规模受经济发展水平、社会成员收入水平、社会成员的基本素质和消费文化等因素的影响，因此，政府在基本公共服务领域的分配责任强调的是全体社会成员享有大致均等的基本公共服务。当前最需要关注以下三个方面：一是保护全社会未成年人受教育的权利，使之享有发展基本能力的机会以缩小发展差距；二是为所有老年人提供养老保障服务，使之能准确把握生活预期以减少因贫富、灾祸等带来的恐惧与不安；三是为我国特殊群体（残疾人群体、单亲家族子女、精神病患者、下岗职工等）提供诸如最低生活保障、康复、就业等基本公共服务，使之享有作为人的基本生活的权利。[①]

基本公共服务供给包括公共服务需求偏好显示的激励、公共服务供给的筹融资以及公共服务的生产安排和监督。[②] 由于公共服务具有以下三个方面的特征：有效供给数量不易确定、不能通过价格进行筹融资以及不能通过市场来提供，这就决定了基本公共服务主体（即供给方）由法定义务主体和自愿义务主体构成。法定义务主体在该主体体系中占绝大多数，包括公共权威部门、公共事业部门以及其他形态的公共组织，政府因其公共性最直接、最显著而成为最主要的服务义务主体和责任最大的法定义务主体。自愿义务主体包括承担公共义务的个人（以公务员和领导者等社会角色和私人角色出现的）和私人组织（如企业等营利性组织和半营利性组织）。

---

① 刘琼莲：《试论基本公共服务均等化及其系统》，《江汉论坛》2010 年第 8 期。

② 任宗哲、卜晓军：《中国公共服务城乡均等化供给——基于制度分析的视角》，社会科学文献出版社 2013 年版，第 69 页。

基本公共服务供—需体系是围绕基本公共服务的需求与供给而展开的一系列举措，是政府实现分配责任的前提和基础。完善这一体系需要致力于以下几个方面：一是坚持基本公共服务供给的多元化和开放性，形成政府—企业—社会各种力量的合力；二是拓展基本公共服务需求表达的渠道，培养基本公共服务客体参与提供公共服务的主人翁意识和积极性，激发社会全体成员的活力与创造力；三是公开政府信息，完善各项监管措施，提高基本公共服务供给的能力和水平；四是根据基本公共服务国家标准因地制宜确立各省市现阶段基本公共服务的基本标准，不断提高服务质量；五是完善基本公共服务评估体系，提高社会成员对基本公共服务的满意度。

2. 基本公共服务分配的逻辑起点与核心要件

政府根据社会与经济的发展状况，考虑公平竞争环境、治理外部负效应、增强正外部性服务、提供效率以及一国的自然条件和文化习惯等因素确定准公共服务的范围。换言之，我国实现基本公共服务分配中"幼有所育、学有所教、劳有所得、病有所医、老有所养、住有所居、弱有所扶"的逻辑起点是要理顺财政机制，完善财政制度安排，以确保与基本公共服务相应的财政能力或者财政公平。现阶段，我国基本公共服务分配要解决的是财政均衡问题，也就是在多级政府架构中，要实现中央政府与省级政府、省级政府与市县镇乡之间的财政均等化，以消除政府在基本公共服务分配时形成城乡之间的差异，农业部门、农村工业、城市部门之间的差异[1]以及城市现代部门、城市传统部门、乡镇企业部门和农村传统部门之间的差异[2]。

党的十八届三中全会指出："政府的职责和作用主要是保持宏观经济稳定，加强和优化公共服务，保障公平竞争，加强市场监管，维护市场秩序，推动可持续发展，促进共同富裕，弥补市场失灵。"[3] 因此，政府基本公共服务分配的核心要件是各级政府要完善基本公共服务立法和制度，优化地方政府政绩考核评价办法，强化并且细化基本公共服务能力评价，启动基本公共服务大数据统计方式，健全和完善基本公共服务供给—需求的

① 赵勇：《城乡良性互动战略》，商务印书馆 2004 年版，第 19 页。
② 徐庆：《论中国经济的四元结构》，《经济研究》1996 年第 11 期。
③ 《中共中央关于全面深化改革若干重大问题的决定》，人民出版社 2013 年版，第 6 页。

监管与评估体系。这源于公共服务满意度是对政府公共服务分配的客观反映，能准确和客观地反映公共服务分配的价值导向和社会效益，改善基本公共服务质量与效率。

3. 基本公共服务分配的结构系统

基本公共服务分配是我国政府根据现阶段的政治、经济、文化、社会、生态等情况而对公共资源和公共财政进行配置的系统工程。基本公共服务分配存在一定的结构，包括由政府规制的服务体制、服务组织、服务机构、服务资源等要素构成的客观结构系统，由国家调控的法律、公民权利、公共权力、公共政策、服务方式等要素构成的主观结构系统，以及由基本公共服务分配主体意志、主体义务、主体责任和主体人格等要素构成的价值结构系统。

基本公共服务分配的客观结构系统是政府对基本公共服务体制、组织、机构和资源等物质性客观要素之间关系进行理性地权衡、配置以及综合的总和，具有客观性。就广义而言，影响和制约基本公共服务分配的客观物质环境也是客观结构系统的要素，服务体制的选择、服务组织的建立、服务机构的设置、服务资源的分配和服务人员的状况在很大程度上受制于客观物质环境。① 基本公共服务分配会随着社会物质生活条件的改善，各种要素会形成一个动态的、系统的结构整体，这个日益精细化与复杂化的客观结构系统既要服务于社会秩序的目标，又要突出公平与效率的基本价值取向，更要符合人的发展这个终极目标。

基本公共服务分配的主观结构系统是指政府对公民权利、公共权力、服务法律、公共服务政策和服务方式等精神性主观要素的各种关系进行引导、规范以及调整的总和，具有主观性。就广义而言，基本公共服务分配主观结构系统包括占支配地位的政治观念、思想意识形态和文化心理结构等因素。公民权利和公共权力这种客观力量在本质上取决于主体和客体的主观认同，需要由服务法律来支持并加以确定；公共服务政策和服务法律是政府分配意志及其观念的形式化，是获得行政规范甚至社会规范的强制力量；服务方式是政府分配公共服务的规律与经验的凝结，是政府分配权力、公民权利、服务法律和服务政策等因素的综合体现。

---

① 刘琼莲：《试论残疾人均等享有公共服务的哲学与伦理》，《伦理学研究》2014 年第 2 期。

基本公共服务分配的价值结构系统是联系基本公共服务分配客观结构系统（是相对稳定的物质前提）与主观结构系统（是中介和桥梁，具有灵活性和变动性）的纽带，是比较稳定但非独立存在（包括服务分配主体意志、责任、义务和人格等）且贯穿于基本公共服务分配中，属于整个结构系统的实质性构成部分，为基本公共服务分配提供指导方向并赋予公共服务清单内容。基本公共服务分配的价值关系对主客观结构系统的各种要素起感性支配作用，是其他各种关系的调节因素。围绕基本公共服务分配的价值结构关系展开的横向网络和纵向层次结构，在具体的政治、经济与社会环境中形成上下沟通、左右协调、密切配合的横向与纵向的组织关系，政府通过配置服务体制、法律、人力等各种资源和机会来承担在基本公共服务领域的分配责任。

三　基本公共服务政策及分配方式

　　我国政府在履行职能的过程中，谨遵"人民对美好生活的向往，就是我们的奋斗目标"[①] 这一理念，政府"必须不断为人民造福"。基本公共服务分配是政府通过制定公共服务政策与确定基本公共服务分配方式确保获取和转让的财富合乎正义，引导社会力量自愿为社会弱势群体提供服务，保证社会弱势群体获得服务而不损害他人利益。自由和机会以及收入和财富都要平等地分配，除非对其中一种或所有价值的不平等分配合乎每一个人的利益。换言之，任何社会成员都有追求对等而基本自由的权利，通过基本公共服务分配使社会和经济上处于不利地位的社会成员享有最大限度的公共服务和保障，让他们享有对等及开放的参与机会和工作机会。

　　1. 基本公共服务政策的制定

　　在社会多重转型期，政府制定基本公共服务政策必须坚持保基本、广覆盖、可持续的基本理念，遵循保基本、强基层、建机制的基本路径。基于此，政府应该更多地关注社会保障、教育、医疗等民生问题，加大对民生建设的投入总量。

　　第一，明确社会保障服务政策的制定理念。随着社会经济的发展，我

----

　　① 习近平：《人民对美好生活的向往，就是我们的奋斗目标》（二〇一二年十一月十五日），《十八大以来重要文献选编（上）》，中央文献出版社 2014 年版，第 87 页。

国制定社会保障服务政策的理念要基于社会模式来不断完善社会救助、社会保险与社会福利制度并提供多元化、个性化、均等化的服务。党的十八大做出"积极应对人口老龄化"的战略部署，新修订了《中华人民共和国老年人权益保障法》，密集出台一系列老龄政策文件，致力于完善养老、医疗保障制度，均衡发展基本公共服务。残疾人社会保障服务政策也日臻完善，包括提供残疾人护理补贴、居家托养等在内的残疾人津贴、康复保障、特殊教育保障、就业保障与无障碍设施等方面的服务。

第二，遵循公共教育服务政策的制定依据。公共教育支出规模是否与经济增长与收入分配呈正相关关系主要依据一个国家或地区对基础教育资源的内部配置，发展中国家的教育资源配置政策要以提高基础教育质量为目标，资源向基础教育倾斜有助于提高公共投资的经济增长效应和实现收入分配公平。[①] 我国地方政府在教育发展中的作用日益突出，中小学和中等职业技术教育主要由地方负责，高等教育管理体制采用"以地方办学为主、中央与地方分级管理"的模式。因此，我国公共教育政策制定要因地制宜从公共教育支出规模、结构与可获取性等维度来设定评价指标以均衡当前的公共教育资源。

第三，坚守卫生医疗政策的服务意识。2009 年 4 月 6 日，中共中央、国务院颁布的《关于深化医药卫生体制改革的意见》标志着"新医改"正式开启。"新医改"提出要明确政府、社会与个人的投入责任，确立政府在提供公共卫生和基本医疗服务中的主导地位。加快推进医疗保障制度改革抑或健全基层医疗卫生服务体系，其目标是为老百姓提供大致均等、方便、价廉、有效、安全的医疗卫生服务。2015 年 9 月 23 日李克强在河南考察时表示，大病保险年内要实现城乡全覆盖。以药养医抑或分级诊疗政策的实施效果最终都必须把卫生医疗服务意识作为其中一个非常重要的考核指标。

第四，完善劳动就业服务政策的制定规则。我国宪法规定公民有劳动的权利与义务，基于此，制定劳动就业服务政策时要遵循的规则是既能让有劳动能力者充分享有就业机会与获得报酬的权利又能激励其以主人翁的态度履行职责。包括要制定劳动合同标准、工资标准（付薪时间与扣除工

---

① 郭庆旺、贾俊雪：《公共教育政策、经济增长与人力资本溢价》，《经济研究》2009 年第 10 期。

资标准)、工作时间和休息休假标准、外国人力雇佣标准、工伤赔偿标准、工作场所安全和健康标准以及社会保障标准。因此,我国劳动就业服务政策制定时要遵循以下几个方面。一是完善大学生就业政策、促进毕业生合理就业。包括完善就业创业政策、健全就业服务与指导,根据市场需求合理控制招生规模和专业设置以及扶持中小企业发展、优化就业结构。二是完善我国劳动标准体系,强化监察力度。涉及加强劳动标准立法、强化劳动标准监察力度。三是调整产业结构、优化就业结构。包括加强发展第三产业,吸纳更多劳动力就业,转变第二产业发展方式,挖掘就业潜力以及促使传统农业向现代农业转变。[①]

2. 基本公共服务分配方式

任何政府职能模式都应该从权力、法律与服务三个维度去进行剖析与探讨,而服务型政府职能模式是以服务为中心,权力与法律是服务的辅助元素,基本公共服务分配方式是服务型政府角色定位和职能的集中体现。我国政府的基本公共服务分配方式主要有两种类型。

第一类是政府直接生产和提供公共服务。这是任何国家任何阶段的政府职能都必然承担和提供的一项服务,如维护国家的公共安全和公共秩序这类纯公共服务,这是一种具有普适性的基本公共服务分配方式。具体而言,政府主要是通过提供政策、规则以及制度服务等来维护外交、内政的安全,从而构建秩序井然的社会。

第二类是政府购买服务。政府购买公共服务是基于对管理成本和效益的反思,整合预算经费,通过直接拨款或公开招标的方式引导和鼓励社会服务机构向社会公众提供更为快捷、方便的社会公共服务。我国基于社会化大生产发展,政府职能逐渐转变为强化社会治理和服务职能,政府力图借助于社会财富的再分配以调节与缓和社会矛盾,但随着市场经济体制的改革和完善,政府提供公共服务的"成本—质量—效益"问题日渐凸显,在这种背景下,上海率先打破政府包办服务的格局,试点政府购买公共服务。作为政府采购组成部分的政府购买服务主要包括定向购买和招投标两种形式。定向购买是指政府通过支付现金、实物或者提供政策优惠作为购买的方式将一个项目或者一项职能直接委托给特定的机构,目前上海市政

---

① 杨宜勇、郎凯英:《新加坡劳动就业政策及启示》,《中国经贸导刊》2005 年第 3 期。

府购买以定向购买为主，包括项目形式、非项目形式与直接资助形式三种实践形态。①

3. 基本公共服务分配流程

基本公共服务分配是我国解决民生问题的重要途径之一，其分配流程直接体现社会的公平性与民主性程度。规范基本公共服务分配流程使其生产与提供环环相扣，这对打造公共产品和公共服务供给分配的新引擎、拉动有效投资和消费，促进绿色发展和科学发展，影响深远。

第一，完善基本公共服务分配主体。基本公共服务分配中有一个至关重要的问题是：最终由"谁"采用什么程序和手段来分配？政府的重要职能之一就是分配职能，但根据契约论所阐述与论证的，政府与人民的关系是代理人—委托人的关系。归根结底，基本公共服务分配应该是纳税人委托政府来制定规则与标准通过有效的程序进行分配。我国当前在"市场起决定性作用"的理念指导下，市场通过"价格—竞争—供求—风险"四大机制互相制约并发挥优胜劣汰的功能。因此，政府购买公共服务已经逐渐被"政府—市场—社会"三分领域内的主体达成默契并加以吸收消化。

第二，明确基本公共服务分配客体。与基本公共服务分配主体环环相扣的是给"谁"分配"什么"？随着经济的发展与社会的进步，我国基本公共服务分配客体范畴在不断完善并日益呈现扩大化的趋势。我国 2007 年在全国农村推行免费九年制义务教育，2008 年在城镇广泛推行从而为全国范围内的中小学生免费提供九年制义务教育服务。这就是用全国纳税人的钱为全国基础教育埋单，进行基本公共服务分配。自 2009 年开始的全国医疗体制改革，大力提倡全国社区医疗服务。与之配套的是教育体制、医疗体制以及社会保障制度改革等，同时要加大财税、金融、用地、价格等政策扶持，支持基础设施建设与服务。

第三，确定基本公共服务分配的目标。我国政府在实现中国梦的过程中，必须要借助于公共权力与各种法律供给与现阶段社会与经济发展水平相适应的基本公共服务，实现各级政府所追求的公平与正义，社会与经济、城市与农村、人与自然的和谐。"十二五"规划确定了基本公共服务

---

① 徐家良、赵挺：《政府购买公共服务的现实困境与路径创新：上海的实践》，《中国行政管理》2013 年第 8 期。

国家基本标准的总目标。各级地方政府要根据地方经济发展水平与社会成员需求的具体情况基于这一基本标准以制定和完善基本公共教育、卫生医疗、社会保障、就业服务的地方标准。在落实基本公共服务基本标准方面，政府在尊重分配目标的多元性、整合性与动态性特征前提下，放宽基本公共服务供给主体的准入，规范市场秩序，引导和鼓励民间资本以独资、PPP 方式等多种渠道来合作参与。

第四，拓展基本公共服务分配全过程的监管。政府在确定基本公共服务主客体与目标之后，要保证基本公共服务的生产与供给能更好地兑现与落实，关键举措是拓展基本公共服务分配全过程的监管，即通过规范权力的运行来实现监管的制度化与规范化。一是通过制定基本公共服务生产与供给标准规程与具体措施，部署公共服务监管工作，强化服务意识。二是推行基本公共服务监管公示卡制度，加大宣传引导的力度提升基本公共服务主体的责任意识与法律意识。三是积极开展基本公共服务供给主体的培训交流，加强对基本公共服务供给数据库、服务质量标准核查、备案登记和制度化监管等内容进行培训指导，并开展交流提高服务监管工作人员的业务能力。四是提高基本公共服务制度的执行力，把握时间节点跟踪督办，加强监督检查以有效落实监督责任。

第五，落实基本公共服务分配后的绩效评估。基本公共服务分配绩效评估的价值取向决定绩效评估行为与绩效评估结构体系的构建，即涉及指标要素的设定、评价标准的确立、指标权重的确定、评价方式的选择和评价结果的运用。[①]

因此，政府要坚持效能（体现为服务质量与能力以及均衡协调发展）、社会公平（政府、基本公共服务以及社会现状提出的要求）、满足公众需求（基于符合经济社会发展水平）和民主参与（健全公共服务需求表达机制和评价机制）的价值取向，这要求政府通过完善相关评估标准规范、扩大评估主体、尊重评估客体、重视评估方法、细化评估过程以及评估方式多元化等推广应用，并借助于"互联网＋"来盘活当前现有的基本公共服务资源。政府基本公共服务分配要侧重于着眼长远和系统规划、以点带面和精细培育、加强沟通和供需协商以及精准定位和精准供给。

---

① 许淑萍：《论我国基本公共服务绩效评估的价值取向》，《理论探讨》2013 年第 6 期。

四 政府在基本公共服务分配中的判断标准

政府基本公共服务分配要体现对民众需求的回应性和责任性，即强调政府的使命意识和责任意识。政府实现基本公共服务分配责任的关键是准确把握公众对基本公共服务的需求以及现阶段基本公共服务的提供与生产二者之间既紧密联系又有区别的原则。因此，我国当前必须坚持政府主导和适度引入市场机制、公平与效率并重与统一、公共服务广泛覆盖与最低供应以及规模经济和比较优势相结合的原则。

1. 基本公共服务分配的服务本位标准

政府通过财政投入来提供文化教育、科学技术、卫生体育、出版、通信、广播等服务以及为全体社会成员提供社会保障等服务（包括养老、医疗、伤残、失业等），实现收入再分配功能、社会资源配置功能和宏观经济稳定功能。

第一，坚持以人为本的服务理念以保证市场的有序和竞争。市场经济的发展经历了以产品本身的竞争、价格的竞争两个阶段以后，逐渐迈向以人为本的服务竞争制胜的阶段。因此，世界各国在由工业社会向后工业社会转型的过程中，以政治和经济建设制胜逐渐转向以完善政府公共服务和推进基本公共服务均等化为目标的政府职能定位。比如，英国和北欧国家追求公共福利最大化。我国在不断完善社会主义市场经济体制、厘清政府与市场关系的基础上，2006年提出了基于财政体制改革推进基本公共服务均等化，并成为施政方针和制度安排，突显了政府在政治、经济、文化和社会领域的服务职能，通过完善服务确保市场机制发挥积极有效的作用。

第二，根据当前面临的多重转型以不断创新服务形态。一是推进公共服务创新改革，把标准化服务作为判断标准。基于基本公共服务国家基本标准，各地方政府可以根据实际制定符合当地的动态的开放的基本公共服务基本标准。二是完善公共服务的实现形式，以规范化服务为判断标准。明确规范公共服务的生产、提供与需求的主体，规定公共服务的维护保障、现场勘察、检验测试、技术鉴定、调查取证、综合分析和专家论证过程，以及制定公共服务的决策规划、信息交流、监督评价的发展平台。对问题如何产生和解决的责任分析。三是提高政府的基本公共服务能力与水平，以均等化与个性化服务为评价标准。基本公共服务的均等化是以各地公共财政能力的均等化和社会成员消费能力的均等化为基础，而社会成员消费能力均等化是以公共服务的多元化、差异化与个性化提供为前提的。

第三，投入与经济社会的发展水平相适应的公共服务经费。确保公共服务的经费投入按时到位是政府基本公共服务分配的重要手段。因此，经费投入不仅要考虑公共交通、教育设施、卫生医疗设备、生态环境等公共基础设施建设，更要均衡各地公共教育、卫生医疗和文化领域的人才培训服务等软实力建设；除要确保公共服务财政支出比例外，政府要通过激励机制拓展公共服务资金来源，引导企业、社会组织与其他社会力量共同合作提供公共服务。经费分配要保障东中西部的公共服务财政经费的投入，尤其是保障中西部农村基本公共服务的经费投入。

第四，基于公共服务评价标准完善公共服务绩效评价机制。绩效评估是公共服务质量与供给能力的重要衡量标准。基于此，公共服务绩效评价要从评价主体、评价客体与公众满意度、投入—产出—受益（即对公共财政投入资金、公共服务产出与公众受益情况进行绩效评估）等多个维度展开，基于动态的标准进行开放式评价。换言之，针对公共服务的性质与特点，科学设定公共服务发展的指标，吸收专家、需求方等社会各方人士组成委员会，对公共服务的各个环节进行考评，且向社会公开评估的所有信息，在总结反思的基础上随时纠偏，实现公共服务效益最大化。

2. 基本公共服务分配的权利本位标准

随着市场经济体制的完善和公民社会力量的增强，其必然趋势是"社会把国家政权重新收回，把它从统治社会、压制社会的力量变为社会本身的生命力"①，逐渐形成"国家、社会与市场合作治理格局"，即政府以公民权利为本位来履行职能。基于此，基本公共服务分配的逻辑起点是基于追求社会秩序和稳定，以维护和实现公民的权利。尽管随着利益主体的多元化，社会成员的需求也日益层级化、差异化与个性化，但基本公共服务需求是当前政府面临的最为迫切的民生问题。基于此，政府要从权利入手来解决基本公共服务供需矛盾的问题。

第一，权利平等是基本公共服务分配最基础的要求。我国倡导"以人民为中心""人民当家作主"意味着公民拥有宪法和法律赋予的政治、经

---

① 《马克思恩格斯选集》（第2卷），人民出版社1972年版，第413页。

济和社会权利，也拥有参与管理国家和社会事务的权利。因此，基本公共服务分配要以尊重公民权利为最高价值。换言之，基本公共服务分配不能因社会成员的城乡身份差异与地域差异而区别对待，这取决于公民有权利对基本公共服务分配者和提供公共服务的公职人员进行必要的选择，即具有投票权并实行差额选择。

第二，权利本位是实现公共服务分配主权在民的平台。公共服务需求方拥有的批评权、公议权（包括评估、统计支持率、满意度的制度，公民投票表决制度、舆论监督制度、质询制度、听证制度等）是制约基本公共服务分配权力行使主体、约束权力运行过程、监控权力运行效益、防止和纠正权力滥用的重要形式。① 基于社会成员对公共服务的需求以规范政府权力并明确其权力边界，深化公共服务体制改革，让公共服务需求方拥有对公共服务供给方的批评权、监督权，让社会成员大致均等地享有就业、住房、社会保险等公共服务以确保其经济权利。

第三，权利本位是防止公共服务分配权力异化的有效机制。科学地分割权力，公民拥有公共服务分配行使主体的罢免权，以及提高公民的组织化程度，这能有效地防止基本公共服务分配过程中的权力被滥用。"每个政府如果只是委托给人民的统治者，就会蜕化。因此，人民自己才是唯一可靠的委托人。"② 人民对基本公共服务分配权力的制约是最有效的制约。如果要实现"以权利制约权力"，就要求政府基于社会成员的知情权与表达权，大致均等地提供教育、医疗、生态环境、社会保障等公共服务以维护其社会权利。

3. 基本公共服务分配的公民本位标准

政府基本公共服务分配责任的判断要以社会成员需求为出发点，改变我国以往基本公共服务分配形式公平与缺少价值考量的现状，逐步实现机会平等与实质公平。

第一，完善公民参与公共服务的立法，给予公民以知情权与人生价值的肯定，激发公民参与意识。基本公共服务分配权力的大小与同一权力拥有者人数的多少成反比，"就同一权力行使的人数而言，人数愈少，每人

---

① 参见胡连生《公民权利本位：现代民主政治的基本走向》，《长白学刊》2004 年第 3 期。

② ［美］亨利·蔡尔兹·默文：《美国国父列传：托马斯·杰斐逊》，钟琦译，北京大学出版社 2013 年版。

权力愈大；人数愈多，每人权力愈小。"① 基于此，公民参与公共服务宪法化，能增强公民的民主政治观念，培养公民的有效参与意识，尤其是给予公民知情权使其了解基本公共服务整个分配过程的权利，激发公民的强烈参与意识，从而使每个社会成员都充满"存在感"。通过制度、政策规定使社会成员能平等地获得交通、教育、就业以及环境等公共服务的使用权、救济权、参与权。公共服务使用权即社会成员均等享有教育、就业、交通、卫生医疗、社会保障等公共服务权利；获得救济权即社会成员的环境、就业、教育等公共服务使用权受到侵害后向有关部门请求保护，从而获得事后救济的权利。

第二，健全公民参与的保障机制，为公民参与提供各种便利与服务，畅通公民参与渠道。保障公民参与公共服务的决策（基于公民的需求）、公共服务监督管理活动、公共服务供给活动以及为其提供法律援助和法律服务。公民有权通过一定的程序或途径参与一切与自己权益相关的决策、提供与生产公共服务活动，有权进行监督与评价。通过采用诸如公共参与能力的模拟演练、劳动技能的培训、听证会、座谈会、论证会、学者论坛、学术沙龙等活动提高公民参与能力，通过各种学会、协会、基金会等社会组织来实现实体民主，使我国公民参与渠道日益多元化。因此，各级政府要通过完善听证会制度、论证会制度与座谈会制度保证公民直接参与公共服务决策。行动最有力量，即使没有进行深层次的价值衡量，公民的积极参与也能提高公共服务效率与社会的和谐程度。

第三，政府要采取多种途径保障公民有效参与，提高公民参与能力。政府要致力于以下几个方面：一是通过公共服务信息公开化，有力地推进公共服务决策的民主化；二是培育和发展民间组织，发挥社会力量提供公共服务的作用；三是通过宣传教育活动增强公民的权利意识和服务意识，提高公民参与能力，激发公民参与公共服务的积极性。通过扩大公民的代表性与参与面，在全社会营造一种积极参与社会公益活动、服务社会的良好社会风气，逐步提高公民参与公共服务供给过程中的合理性和科学性的程度，发挥公民参与公共服务的作用。

---

① 马起华：《政治理论》（第 2 册），（台北）商务印书馆 1977 年版，第 163 页。

第二节　基本公共服务基本问题对政府 分配责任回应的审视

优化政府公共服务职能，增强政府公共服务能力，是新时期政府职能转变的重要内容和方向。当前最为迫切的任务是，综合分析我国公共安全服务、公共交通服务、基础设施服务、公共教育服务、卫生医疗服务等基本问题，审视政府分配责任回应之所需判断与评估（见图5-3）。

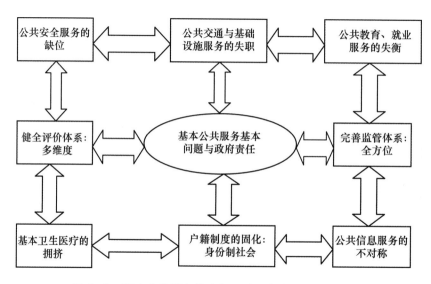

图5-3　基本公共服务基本问题对政府责任回应的审视

一　公共安全服务缺位

1. 资金领域存在监管服务缺位

随着我国金融市场的进一步开放，有越来越多的人开始或正准备从事理财或者投资，但由于缺少有效的指引，很多投资者在进入市场时感到无所适从，有的投资者掉进了交易陷阱，蒙受损失，从而导致资金安全服务满意度不高（见表5-3）。在经济、文化等领域的全球化逐渐深入推进的背景下，资金安全既要保证国内银行的安全，又要完善法律制度，健全政府机构监管或由第三方的合作银行来监管，由保险公司进行信用保险以规范保证金使之能安全交易。

表 5 - 3　　　　　　　　　　前资金安全服务满意度调查

		频率	百分比（%）	有效百分比（%）	累积百分比（%）
	迫切需要提供的公共安全服务是资金安全服务				
有效	否	1161	72.3	72.3	72.3
	是	445	27.7	27.7	100.0
	合计	1606	100.0	100.0	

数据来源：根据课题组 2014 年的调研数据分析所得。

在全球化加速的背景下，金融交易的关键是要严格规范制度，注重队伍建设，加强内部监管，搭建资金安全保障的交易平台，为交易者提供资金安全服务；核心举措是要健全风险控制，加强监督检查，确保资金安全运行。因此，政府必须在公共服务领域构建较为安全、合理的交易商监管体制并掌握其判断标准：这既要了解交易、开户、监管等方面的规范性确保交易步入正轨；又要了解怎样汇款确保资金快速安全到位；还要了解一些当地法规特点，避免人为地设置陷阱，确保交易安全。总之，要坚持以人为本，改善服务，全面提高监督服务水平，提升我国经济与社会发展的质量与安全程度。

2. 生产领域存在安全保障服务缺位

在后工业社会中，生产领域的安全事故频发，生产安全服务满意度有待提升（见表 5 - 4）。2007 年 5 月 28 日厦门 PX 项目事件让群众纷纷上街游行，2012 年 10 月 29 日宁波 PX 项目事件引发了群体事件，2013 年 7 月30 日、2015 年 4 月 6 日福建漳州两次发生 PX 项目爆炸与爆燃等安全事故。据统计，2014 年我国有 22 个省份发生重特大事故（41 起 708 人死亡），其中煤矿瓦斯爆炸事故发生 6 起死亡 101 人、火灾事故发生 5 起死亡 57 人以及透水事故。全年特别重大事故 4 起共死亡 202 人，分别发生在西藏、江苏、湖南、山西四省区；事故高发于交通事故（16 起 285 人死亡）、煤矿（14 起 229 人死亡）和工贸企业（4 起 121 人死亡）三大行业①。另外，我国多地频发"电梯吃人"事故，2014 年有 37 人死于电梯。经检测天津有 8 台吃人电梯都被撤离运行现场。例如，据《中国质量报》

――――――――

① 《2014 年中国重特大事故盘点》，http://www.51benan.com/zhuan。

报道，2015 年湖北安良"7·26"电梯致人死亡事故原因调查的结果是苏州申龙电梯股份公司和湖北荆州市安良百货集团有限公司要负主要责任。直接原因是机器出现故障，间接原因是出现故障后应急处置措施不当，电梯安全监管服务未落实到位，尤其是未对员工进行应急培训与演练。除产品设计不合理、安全防护措施考虑不足等原因外，存在质量体系运行不规范、维护保养记录服务不到位等问题。① 2017 年 10 月 31 日，重庆市永川区来苏镇金山沟煤矿发生瓦斯爆炸事故造成 33 人死亡。11 月 24 日，江西丰城发电厂三期在建项目工地冷却塔施工平台坍塌，造成 74 人死亡，两人受伤。据不完全统计，2017 年我国在生产安全领域除 24 起特别重大、重大事故外，还有若干较大生产安全事故，主要涉及冶金机械、煤矿、仓储、化工等行业。这亟待政府提供科学组织、操作规程、安全培训、事故警示教育等方面的安全保障服务。

表 5-4   生产安全服务满意度调查

		迫切需要提供的公共安全服务是生产安全服务			
		频率	百分比（%）	有效百分比（%）	累积百分比（%）
有效	否	1090	67.9	67.9	67.9
	是	516	32.1	32.1	100.0
	合计	1606	100.0	100.0	

数据来源：根据课题组 2014 年的调研数据分析所得。

近年来，最能引人注目与深思的两起特大安全生产事故。一是 2014 年 8 月 2 日江苏昆山经济技术开发区中荣金属制品有限公司抛光二车间发生特别重大铝粉尘爆炸事故，截至 2014 年 12 月 31 日事故造成 146 人死亡、114 人受伤，直接经济损失 3.51 亿元。② 在此背景下，全国人大常委会通过了新修订的《中华人民共和国安全生产法》并于 2014 年 12 月 1 日实施，全面加大用人单位和监管部门的法律责任。二是 2015 年"8·12"

---

① 《湖北荆州电梯事故：电梯商和商场负主责》，《中国质量报》2015 年 7 月 29 日。http://www. hi. chinanews. com/hnnew/2015-07-29/391635. html。

② 戴佳：《最高检查办江苏昆山粉尘爆炸事故牵出 7 人受贿犯罪》，《检察日报》2015 年 1 月 4 日。

爆炸事故发生在天津滨海新区塘沽开发区的东疆保税港区瑞海国际物流有限公司所属危险品仓库，截至 9 月 7 日导致 161 人遇难，包括公安消防人员（23 人）、天津港消防人员（73 人）、民警（11 人）与其他人员（54人）；失联者人数 12 人，包括公安消防人员（1 人）、天津港消防人员（7人）与其他人员（4 人）。住院治疗人数 255 人，累计出院 543 人。① 因此，政府在生产领域的安全服务需要从以下几个方面入手。一是依据《中华人民共和国安全生产法》（2014）、《中华人民共和国特种设备安全法》（2013）、《国家安全生产监督管理总局令》、安监局文件通知、国务院文件通知以及 AQ/CG 标准等法律法规，列出安全生产标准清单。二是重构生产领域的安全保障服务模式，政府要依法对企业进行全程监管，强调政府主管单位、安全生产监督管理、环保、消防等部门相关负责人以及主管的直接负责人的责任意识与使命意识，防止陷入"高标准、低覆盖"与"立法硬、执法软"的循环怪圈。三是尊重公民权利意识和法治意识的觉醒，促使企业具备生产安全设施与安全生产条件，引导群众的情绪防止负面效仿效应，在阳光下进行管理与提供服务，消除信息不透明、不对称的现象。四是通过文化宣传唤起所有社会成员的环保意识，并为之提供安全保障服务。

3. 网络领域亟待法律规范与引导服务

随着技术与网络逐渐成为现代人生活中的重要组成元素，互联网成为这个时代不可回避的"关键词"。互联网技术的发展推动政治、经济与社会生活领域全方位的变革，网络空间的治理与网络安全服务是当前必须应对的挑战。所谓网络安全服务实质上就是全方位的"管家服务"，还意味着"数据安全、隐私安全、账号安全、下载安全以及电脑健康"②，提供者已成为互联网时代用户使用计算机和智能手机的真正"管家"——协助用户做出选择的助手，或者某种意义上代替用户实施选择的代理人。互联网用户在网络安全服务软件的"指导"下，给电脑做"体检"、锁定浏览器主页、修复"高危漏洞"、清理"垃圾文件"和"恶评插件"、禁用或延迟启用软件，甚至下载新软件与卸载旧软件。在此过程中，用户系统存在

---

① 贾立梁、陈庆滨：《天津港"8·12"火灾爆炸事故遇难者人数仍为 161 人》，央广网2015 年 9 月 7 日。

② 参见《360 公司简介》，http：//www.360.cn/about/index.html。

很多安全隐患，桌面互联网、移动互联网的流量入口很容易被"把控"，这导致网络安全服务满意度不高（见表5-5）。

表5-5　　　　　　　　　　　　网络安全服务满意度调查

		迫切需要提供的公共安全服务是网络安全服务			
		频率	百分比（%）	有效百分比（%）	累积百分比（%）
有效	否	1008	62.8	62.8	62.8
	是	598	37.2	37.2	100.0
	合计	1606	100.0	100.0	

数据来源：根据课题组2014年的调研数据分析所得。

为应对当前网络安全方面的挑战，政府要提供法律规范与引导服务。具体而言，政府提供网络安全服务应包括以下几个方面。一是通过服务重组、用户参与服务组件提供以充分利用互联网的Web核心技术提升网络服务创新能力，以Web资源的方式抽象和开放网络中的低层和高层能力。二是基于Web资源的网络安全服务重组应对现有网络安全服务的挑战，借助于虚拟化安全设备（实现资源抽象和重组）和软件定义安全（分解基本功能并提供按需安全服务）来构建支持可替代的资源抽象的安全服务方式，通过合并功能和计算降低安全服务成本、提升性能，从而为网络用户提供更有效的安全保护。三是优化网络基础设施，不断改进安全产品。四是基于网络安全需求的服务编制架构安全服务系统，确保组合服务满足对供应链完整性攻击的安全防御策略要求以保护关键资产。探索供应链模型支持服务重组安全模型的层次结构，借助于开放、动态、完整的评估方式提升网络服务供应商的可信度，以不断创新服务模式与降低成本构建尽可能安全的组合服务。五是规范与引导提供组合社交网络用户信息管理的访问控制服务。在利益主体日益多元化的社会，通过网络用户需求去推进可操作的服务创新。[1]

---

[1]　裴晓峰：《基于WEB资源的未来网络安全服务研究》，硕士学位论文，北京邮电大学，2014年。

4. 人身安全领域亟待提供普教服务

随着我国城镇化的快速推进，大批的农民土地被征用，大批农民涌入城市寻找就业机会和更舒适的生活。因而，城市形成了一个特殊的群体即农民工（从事城镇化建设中最危险最脏最累的工作且长期游离于城市与农村之间，在城乡二元的治理格局下社会保障与福利的差异可能导致其心理的失衡），农村形成了一个特殊的群体即留守儿童（缺少父母情感上的关注和呵护以及思想上的教育与引导，自我保护意识淡薄，极易受到伤害），这些特殊群体由于各方面的差异与心理上的失衡，又由于市场竞争环境中贫富分化的加剧引发了更多的社会问题，这都要求政府提供更多的人身安全保护服务（参见表 5 - 6）。这不仅关乎社会的稳定与和谐，也关乎全体社会成员合法权益的维护。

表 5 - 6　　　　　　　　　　**人身安全服务满意度调查**

		迫切需要提供的公共安全服务是人身安全服务			
		频率	百分比（%）	有效百分比（%）	累积百分比（%）
有效	否	946	58.9	58.9	58.9
	是	660	41.1	41.1	100.0
	合计	1606	100.0	100.0	

数据来源：根据课题组 2014 年的调研数据分析所得。

为解决人身安全风险防控问题，提高人身安全服务满意度，政府要深入了解与分析人身安全受到威胁的原因，提供更多的人身安全服务。一是完善人身安全保护的法律法规；二是打破城乡分割的管理体制，改革附在户籍上的社会保障制度；三是通过安全监督视频管控系统（通过音视频传送、互动交流、高清晰监控、音视频资料存储进行安全监督）创新安全监督管理方式，及时消除各类人身安全风险；四是通过人的城镇化实现农民的身份转换、就业方式以及精神文化由乡到城的转变；五是加大对人身安全风险防范的宣传并提供普教服务。

5. 食药品领域亟待解决其外部性问题

随着经济的迅速发展和人们生活水平的提高，食品药品行业获得空前的发展，同时也遇到了"毒奶粉""问题疫苗""地沟油"等触目惊心的乱象。当前，我国食品药品安全问题呈现出新老问题并存、源头污染问题以及食品药品安全风险的信息交流渠道不畅通等特征。当前，我国食品安全服务满意度有待提升（参见表5-7），食药品领域主要存在以下几个方面的问题：病原体（微生物）污染问题、生产者的食品安全意识比较薄弱、食品药品流通环节经营秩序不规范、城乡差异大发展不平衡、新技术新资源带来食品药品安全隐患、研究发现的新问题、安全标准体系滞后、检测水平低、监管模式落后、安全保障队伍素质有待提升、安全法律体系不健全等。

表5-7　　　　　　　　　食品安全服务满意度调查

		迫切需要提供的公共安全服务是食品安全服务			
		频率	百分比（%）	有效百分比（%）	累积百分比（%）
有效	否	275	17.1	17.1	17.1
	是	1331	82.9	82.9	100.0
	合计	1606	100.0	100.0	

数据来源：根据课题组2014年的调研数据分析所得。

食品药品安全问题是国计民生的大问题，其外部性关乎社会成员的身体健康与生命安全，也关乎社会的和谐与经济的稳定。因此，政府要对食品药品进行全过程的监管，以预防为主提供食药品安全服务，尽可能地解决其外部性问题，必须从以下几个方面入手。一是不断完善食药品领域的法律法规（包括《食品安全法》《产品质量法》《散装食品卫生管理法》《药品管理法》），通过机构整合联合执法来加强各部门的沟通与协调以形成合力；二是加强对食品药品源头污染的治理；三是加强行业自律，充分发挥行业协会的积极作用；四是加强舆论监督，提高公民素质，提高食品药品安全意识；五是创新食品药品监管模式；六是合理配置食品药品监管主体的结构与权力。[①]

①　张艳英、贾青辉、张香斋：《食品药品安全存在的问题分析与对策》，《畜牧与饲料科学》2013年第6期。

二 公共交通、基础设施服务质量不高

公共交通、环境保护、道路等基础设施服务是"生命线""富国线"。我国公共交通、城市基础设施建设跟不上经济发展相应的机动车增长的步伐，也存在不文明的交通行为等现象，交通拥堵、打车难等公共交通、基础设施服务等方面的问题，成为影响社会成员的生活质量以及城乡经济和社会发展的"头号难题"。

1. 公共交通领域服务的缺陷

近年来，我国交通运输事业飞速发展，但交通参与者的综合素质与汽车文明发展不适应、车辆的安全性能与群众平安出行需要不协调、道路安全设施与整体基础设施建设不匹配等问题日益突出。据统计，我国平均每41秒钟就会发生一起车祸，每天有近40名中小学生死于道路交通事故，我国在道路交通安全方面与美国、日本等发达国家还有很大差距。① 许多道路存在交通安全隐患漏洞，重特大道路交通事故时有发生。2015年上半年共发生交通事故19起，特别是交通运输重特大事故12起，同比增加6起。道路交通发生重特大事故9起，同比增加4起，主要集中在客车和旅游大巴。② 据不完全统计，2017年前3季度铁路、道路交通运输事故发生共170多起，死亡人数近600人。③ 基于此，道路交通安全服务分配亟待提供普教服务的领域是：重点运输企业、辖区道路交通安全隐患点、交通秩序乱地区、存在过多交通违法行为的重点车辆、勤务管理等；需要重点治理交通违法行为、逾期未检验和报废车辆、多发易发路段、农村集镇交通秩序、高危营运车辆违法和高危车辆夜间通行等六大交通安全隐患。④

---

① 《天祥拓展道路交通安全领域业务》，http：//www. instrument. com. cn/news/20140715/136573. shtml。

② 《道路交通领域安全事故多发 大客车成重点监管对象》，http：//mp. weixin. qq. com/s?_biz = MzA4NTk2OTQ4MA = = &mid = 208478181&idx = 2&sn = eb10464b340d766454eec2632662f15a&3rd = MzA3MDU4NTYzMw = = &scene =6#rd。

③ 《2017年安全生产事故案例》，http：//www. 17jiaoyu. com/bangzhu/anli/201702/20170206164351_300149. html。

④ 王全印：《排查整治交通安全隐患 六大领域是整治重点》，《太仓日报》2015年7月20日。

表5-8 交通安全服务满意度调查

迫切需要提供的公共安全服务是交通安全服务

		频率	百分比（%）	有效百分比（%）	累积百分比（%）
有效	否	616	38.4	38.4	38.4
	是	990	61.6	61.6	100.0
	合计	1606	100.0	100.0	

数据来源：根据课题组2014年的调研数据分析所得。

维护道路交通安全不仅要求公共交通部门提供安全服务，而且要求道路交通运输企业、驾乘人员、普通行人共同合作来实现。道路交通安全管理不只是规划、建设和维护道路基础设施相关方的责任，而且是每个参与道路使用群体的共同责任。因此，政府在履行基本公共服务分配的职能时，要从以下几个方面去改变目前交通安全服务满意度不高（参见表5-8）的状况。因此，宏观层面要界定交通的可达性、市场份额与质量标准，并且制定相应的公共交通政策反映社会成员的需求；微观层面要完成政策目标向产品服务定位的转化，确保公共交通系统的有效性；实际操作层面确保公共交通的生产和消费能有效地监控交通服务的效率与质量。具体而言，要实现"随到随有"，提供"门到门"的公共交通服务，减少公共交通安全事故，就必须从以下几个方面入手：一是大力宣传交通安全，提升全社会法治文明意识，减少严重交通违法行为；二是充分利用地理信息系统（GIS）技术为道路交通安全提供信息整合的支撑服务；三是通过排查整改进一步改善公共交通安全环境；四是通过完善公共交通的法律法规，从源头上在提供服务的同时加强监管，落实交通安全主体责任；五是加强路面执法管控，维护道路通行秩序。

2. 公共基础设施供给不足

第一，公共交通设施供给不足。随着城市化的快速发展，城市规划发展"千城一面"，都致力于"摊大饼"式的空间扩张，公共基础设施供给明显不足主要体现为以下几个方面。一是各地机动车过快增长，车流量急剧增大，而道路建设远远落后于汽车的增长速度。二是就业与居住失衡、缺乏配套服务等新城建设问题，既包括就业与居住区域之间的交通缺乏有效的就业与住房供给平衡机制，又包括社区配套服务设施不完善而造成居民跨地区长距离的交通出行满足其餐饮购物、休闲娱乐、就学就医等日常生活需求等。三是城市路网和公共交通体系不完善，交通管理设施建设水平低等问题，既包括城市路网主次干道路的等级配备不合理，又包括机动车与非机动车使用同一道路系统等使道路功能规划不清晰。根据学者对我国38个主要城市的调研情况看，2014年和2013年交通拥堵状况满意度得分位于前3位的是拉萨、长沙、银川，天津居于第7位，上海居于第12位，北京位于第30位。[1] 就农村而言，公共交通设施建设任重道远，面临多重挑战，既包括资金来源单一（县乡村）与不到位的问题，又包括技术力量落后的问题。因此，当前无论城乡首要的任务都是提高公共交通设施满意度（参见表5-9）。

表5-9　　　　　　　　　　公共交通设施满意度调查

满意的公共基础设施服务是公共交通设施					
		频率	百分比（%）	有效百分比（%）	累积百分比（%）
有效	否	803	50.0	50.0	50.0
	是	803	50.0	50.0	100.0
	合计	1606	100.0	100.0	

数据来源：根据课题组2014年的调研数据分析所得。

　　第二，环境卫生设施供给不足。我国很多地方尤其是经济落后地区与小康社会的建设存在较大差距。一是环境卫生设施配备总量不足，设施不能满足社会成员的需求（参见表5-10）主要表现为缺少建筑垃圾填埋场，严重影响环境卫生；生活垃圾清运路途较远；各类垃圾收集设施不够完备，特别是缺少密闭式的垃圾堆放房以及群众对环卫设施的排斥心理使得各种垃圾桶、果壳箱选址困难，且数量上难以满足日常需要，出现垃圾、粪便随意倾倒等行为。二是垃圾无害化处理水平低（全

---

[1]　钟君、吴正杲等：《中国城市基本公共服务力评价（2012—2013）》，社会科学文献出版社2013年版，第186页。

国的平均生活垃圾无害化处理率为 52.12%），直接影响生态环境和人体健康。三是环卫机构不健全，经费投入机制还不够完善：环卫经费总量不足，环卫经费投入形式比较单一，环卫经费投入不够均衡。四是农村环卫垃圾处置工作严重滞后，城乡接合部村庄环境脏、乱、差问题日益凸显。①

表 5 – 10　　　　　　　　　　　环境卫生设施满意度

		频率	百分比（%）	有效百分比（%）	累积百分比（%）
满意的公共基础设施服务是环境卫生设施					
有效	否	1233	76.8	76.8	76.8
	是	373	23.2	23.2	100.0
	合计	1606	100.0	100.0	

数据来源：根据课题组 2014 年的调研数据分析所得。

第三，公园绿地广场等公共场所供给不足。随着市场经济的深入推进与城市化的快速发展，公园绿地广场（即公园性质的绿地有综合公园、社区公园、专类公园、带状公园和街旁绿地五大类）等公共场所日渐缩小，公共空间日益被挤占，目前社会成员所在区域对公园绿地广场的满意度并不高（参见表 5 – 11）。作为城市建设用地、绿地系统和市政公用设施重要组成部分的公园绿地和开放空间是衡量城市整体环境水平和居民生活质量的一项重要指标。人口迅猛地向城市集聚，城市飞速膨胀，形成了城市钢筋混凝土森林。基于此，政府对基本公共服务分配的责任与使命是不断提升社会成员的生活质量，其中一个重要方面是向公众开放更多的以游憩与休闲为主要功能的公园绿地广场，提高人均公园绿地面积，并提供相应的游憩设施和服务设施，从而实现健全生态、美化景观、防灾减灾等综合功能。

---

① 《推进城乡环境卫生一体化，建设美好新农村》，http：//govinfo. nlc. gov. cn/nxfz/xxgk/jfqrmzfzwxx/201207/t20120717_ 2258072. html？ classid = 464。

表 5 - 11 公园绿地广场满意度调查

			满意的公共基础设施服务是公园绿地广场		
		频率	百分比（％）	有效百分比（％）	累积百分比（％）
有效	否	843	52.5	52.5	52.5
	是	763	47.5	47.5	100.0
	合计	1606	100.0	100.0	

数据来源：根据课题组 2014 年的调研数据分析所得。

基于此，从保护生态、促进城乡可持续发展的角度看，政府落实公共基础设施分配的责任越来越成为人们关注的焦点。一是从宏观与微观两个层面系统地规划与落实我国公共基础设施的供给。二是政府需要增加对交通、环卫、绿地等基础设施的投资并且使之逐步走向开放。三是充分发挥基础设施的健身、保护、生态、文化、景观、价值等各种功能。四是根据开放空间服务对象的变化，提供与公众需求相应的基础设施服务。[①]

3. 公共基础设施使用低效

"三农""城镇化"问题是困扰与拓展我国经济发展的重要问题，政府多措并举取得成效，但当前我国基础设施供需体制中还存在许多问题与缺陷，导致基础设施的使用低效，严重地阻碍经济发展和民众生活质量的提高。以水资源为例，我国大规模地建设农业水利基础设施，灌溉面积从 1593 万公顷（1949 年）扩大到 9497 万公顷（1995 年），为保障我国农业经济迅速发展和社会长期稳定创造了条件，但粗放型的农业水利基础设施发展模式，未建立良性运行机制而致使用低效。城市公共基础设施随着城镇化的发展而日渐增多，以公共健身设施为例，有些质量较差、配套设施不全、利用效率不高、浪费比较严重（参见表 5 - 12）。

---

① 郝凌子：《城市绿地开放空间研究》，硕士学位论文，南京林业大学，2004 年。

表 5 - 12　　　　　　　　　　公共健身设施服务满意度调查

		满意的公共基础设施服务是公共健身设施			
		频率	百分比（%）	有效百分比（%）	累积百分比（%）
有效	否	1205	75.0	75.0	75.0
	是	401	25.0	25.0	100.0
	合计	1606	100.0	100.0	

数据来源：根据课题组 2014 年的调研数据分析所得。

　　要解决公共基础设施使用低效的问题，既要进行制度设计与机制创新，建立统筹城乡的公共产品供给制度，创新消费者的需求表达机制，推进基础设施建设筹资方式的创新，构建完善的监督管理机制，提高资金和设施的使用效率；又要具体分析公共基础设施运行主体、运行的组织制度、运行的市场机制，运用更有效的制度和政策工具来提高公共基础设施的运行效率。[①] 因此，要从三个方面入手合理规划配套措施，优化公共基础设施运营结构，引导公民合理使用，以解决公共基础设施供给与使用低效的问题。一是要基于资本逻辑的所有者权力处理好公共基础设施供给者与上级主管部门之间双重博弈的激励机制，使供给者受监督与市场竞争的双重约束，既对上级领导负责又对消费者负责，解决公共基础设施毁损、老化、使用低效等严重问题。二是以互补性制度供给参与公共基础设施建设，汇合不同的激励约束，使提供公共基础设施的耗费能够得到足额、及时、均衡的补偿，从而使公共基础设施有效运行。三是规范公共基础设施供给与使用权，实现基础设施运行机制的激励相容和决策的分散化，使基础设施的运行服务主体多元化；汇合不同的激励约束，改变单一的管理方式，优化基础设施运行机制。

　　4. 公共基础设施服务意识欠缺

　　公共基础设施服务是一项惠及千家万户的民心工程、德政工程。但通过社会成员对公共交通、基础设施服务的满意度即包括对公共交通的拥堵度、便利度、舒适度、典型交通问题以及对基础设施服务的整体满意度等

[①] 刘艳平：《农村基础设施建设中的地方政府职能研究》，硕士学位论文，山东农业大学，2009 年。

可以看出我国在公共交通、基础设施服务的失衡，图书馆博物馆文化馆服务满意度比较低（参见表5－13）。

表5－13　　　　　　图书馆博物馆文化馆服务满意度调查

		满意的公共基础设施服务是图书馆博物馆文化馆			
		频率	百分比（％）	有效百分比（％）	累积百分比（％）
有效	否	1257	78.3	78.3	78.3
	是	349	21.7	21.7	100.0
	合计	1606	100.0	100.0	

数据来源：根据课题组2014年的调研数据分析所得。

建设城乡公共交通基础设施服务一体化，政府要不断提高公共基础设施服务意识，而推进此项工作必须抓好以下几个方面：优先发展公共交通战略服务，完善配套的基础设施建设，提高公共交通出行比例；提供城乡生活垃圾一体化基础设施服务与农村居民环境意识教育服务，实现城乡生活垃圾一体化与统筹城乡协调发展相结合以及垃圾减量化、资源化、无害化相结合；增加公共资源供应量提升其循环能力，加快道路交通基础设施建设，建立长效服务机制，提高基础设施服务的信息化水平；运用政府和市场合作来加强提供基础设施服务，政府政策要在环境卫生等基础设施的投入上给予倾斜，建立适合市场经济的运行模式，使政策扶持与市场化运作相结合解决利益供给不足的问题，并引导社会成员合理使用基础设施。

三　公共教育、就业服务分配不均

一个国家和社会的稳定与发展程度取决于公共教育与就业服务的水平。教育公平成为全世界所有国家和所有与教育问题有关的人最关心的问题。在共筑中国梦——实现中华民族伟大复兴——人民共享出彩机会的过程中，政府要保证人民平等参与、平等发展的权利，就必须合理配置公共服务类社会价值资源，尤其要解决以教育与就业公平为载体的基本公共教育与就业服务均等化等重要民生问题。

1. 就业渠道狭窄、信息公开不够

就业是求职者进入市场经过搜寻、匹配、转换、就业稳定几个环节而获得收入的重要途径。以大学生、农民工、弱势群体尤其是女性就业为例，提供稳定的就业、推动市民化却面临着城市就业渠道狭窄（参见表5-14）、就业指导服务提供不够（参见表5-15）、就业信息不对称（参见表5-16）、职业流动频繁、工作环境不如意等挑战。

表5-14　　　　　　　　　就业渠道服务满意度调查

		\multicolumn{4}{c}{应该着重加强的就业服务是增加就业渠道}
		频率	百分比（％）	有效百分比（％）	累积百分比（％）
有效	否	573	35.7	35.7	35.7
	是	1033	64.3	64.3	100.0
	合计	1606	100.0	100.0	

数据来源：根据课题组2014年的调研数据分析所得。

表5-15　　　　　　　　　就业指导服务满意度调查

		\multicolumn{4}{c}{应该着重加强的就业服务是提供就业指导}
		频率	百分比（％）	有效百分比（％）	累积百分比（％）
有效	否	916	57.0	57.0	57.0
	是	690	43.0	43.0	100.0
	合计	1606	100.0	100.0	

数据来源：根据课题组2014年的调研数据分析所得。

表5-16　　　　　　　　　公开就业信息服务满意度调查

		\multicolumn{4}{c}{应该着重加强的就业服务是公开就业信息}
		频率	百分比（％）	有效百分比（％）	累积百分比（％）
有效	否	838	52.2	52.2	52.2
	是	768	47.8	47.8	100.0
	合计	1606	100.0	100.0	

数据来源：根据课题组2014年的调研数据分析所得。

在就业服务领域，不同就业群体受初始禀赋、就业愿望与不对称就业信息的约束，就业服务渠道、偏好、信息及其性别差异对就业机会具有显著性影响。一是利用社会网络搜寻就业，降低交易成本。二是提高收入水平与享受社会福利是不同就业群体的双重目标。就业服务供给者要基于判断就业双因素（收入与福利）的重要次序，构建以生存导向的抑或发展为导向的就业匹配的决策机制。三是劳动力市场摩擦以及诱发性就业需求会放大现实匹配与预期效果之间的误差引发不同就业群体的工作转换行为。基于就业流动渠道受阻与先天禀赋单向作用于工作转换的现实，构建"工作转换—个人禀赋"的交互作用机制，根据工作转换与资本积累之间的互动效应提供就业服务。四是通过制度变革使不同就业群体获得福利权，并通过稳定的就业实现其融入社会的诉求。

为民众提供就业服务是直接影响其生活质量的主要因素。政府要解决民众尤其是弱势群体就业面临的就业渠道狭窄、就业信息不对称、隐性失业显性化与就业意愿差异较大等巨大挑战。一是制定法律法规保障不同群体的就业知情权，通过收集市场就业信息、提供就业信息服务、用人单位就业信息告知等手段保障不同群体就业知情权的实现，充分的就业信息服务使不同就业群体能理性地进行选择与职业规划，实现就业供需平衡。[1] 二是要尽快消除农村土地产权制度、征地安置政策等制度设计与制度安排的缺陷。三是要从根本上解决失地农民个体的文化与劳动技能局限、自救积极性脆弱、职业流动性不充分甚至劳动观念狭隘等问题。四是各地应因地制宜、因人而异地提供多种就业服务方式，采用以土地换就业、一次性货币补偿、以土地换社保、留地集中安置、土地股份合作制等模式来化解失地农民的就业问题。五是政府要督促相关企业实行男女同工同酬，落实妇女就业的各项社会保障措施，改善其就业的社会环境，以不断拓宽就业渠道。

2. 公共教育服务资源不均

据统计，1978—1998 年来自农村的北大学子比例约占三成，20 世纪 90 年代中期开始下滑，2000—2011 年考上北大的农村子弟只占一成左右，2012 年上升至 12.5%，2013 年达到 14.2%。清华大学 2010 级农村生源仅占 17%。中国重点大学农村学生比例自 1990 年不断滑落。[2]

2007 年在全国农村、2008 年在全国城镇实现了九年制免费义务教育。以东中西部各地区 2007—2009 年普通中、小学生均公共财政预算教育事业

---

① 严鸿雁：《大学生就业信息不完全的市场不利影响与就业知情权保障》，《当代教育论坛》2015 年第 2 期。

② 翁洹：《中国名校生源急剧变迁农村学生难入名牌大学》，《南方周末》2011 年 8 月 6 日。

费为例，上海、北京、天津、西藏的生均教育投入远远超过全国平均水平，而河南、贵州远远低于全国平均水平，可以看出公共财政教育事业投入的不均衡而导致各地区教育服务资源极不均衡（参见表5-17、表5-18）。

表5-17　　　　　　　　　2007—2009 年东中西部普通小学
生均公共财政预算教育事业费（元）

	2007 年	2008 年	2009 年
上海	11498.99	13016.14	14792.68
北京	7316.16	10111.51	11662.02
天津	4956.36	6850.83	9131.43
山东	2396.58	2908.50	3221.62
湖南	1905.43	2327.61	2791.13
河南	1392.91	1640.03	1949.00
贵州	1466.39	1852.96	2302.56
西藏	4648.19	5061.95	6302.33
全国	2207.04	2757.53	3357.92

数据来源：根据2007、2008、2009 年《全国教育经费执行情况统计公告》计算所得。

表5-18　　　　　　　　　2007—2009 年东中西部普通初中
生均公共财政预算教育事业费（元）

	2007 年	2008 年	2009 年
上海	13122.69	15473.62	18224.25
北京	10358.08	13224.85	15581.06
天津	5537.86	7779.00	11083.16
山东	3387.00	4389.46	4907.13
湖南	2660.86	3611.40	4508.75
河南	1909.95	2436.10	2965.13
贵州	1741.50	2310.83	2698.18
西藏	4758.66	5965.68	7157.09
全国	2679.42	3543.25	4331.62

数据来源：根据2007、2008、2009 年《全国教育经费执行情况统计公告》计算所得。

自《中华人民共和国义务教育法》（1986）颁布后，各级政府依法实施九年义务教育取得显著成绩。如果要保障每一个孩子都有上学的机会，就必须抓好贫困地区教育，统筹城乡义务教育资源均衡配置。2014年基础教育满意度平均得分56.31分，比2013年下降2分。38个主要城市的基础教育满意度排名靠前5位的城市是拉萨、青岛、上海、宁波、厦门。我国解决教育服务资源不均衡问题的当务之急是要创新教育发展模式、扩大农村生源比例，尤其要提高西部地区人口知识水平和人力资源质量，实现城乡与各地区的经济社会协调、可持续发展。因此，政府要均衡城乡间、各地区间的公共教育资源，实现公民享有公共教育资源的起点公平与机会公平；逐步完善我国的考试制度，解决"一考定终身"的问题：一是完善自主招生，逐级放权，给学生更多的选择机会；二是进一步提升农村生源，实现各区域公共教育资源配置的均衡化；三是落实素质教育，摒弃应试教育，培养教育客体的想象力与创造力。①

3. 教育、就业服务结构不均

全面建设小康社会，需要有相应的各级人才保障。当前我国高中级应用型人才非常缺乏，尤其是高级技工的短缺将成为制约企业发展的瓶颈之一。深入分析其原因，除经济和社会快速发展、需求旺盛外，从教育、就业服务结构看存在以下问题：一是职业教育特别是高等职业教育服务资源不足，职教服务质量不高，无法满足企业对高、中级技工的需求，从而出现"用工荒"与大学生"一职难求"并存的现象；二是企业和社会缺乏培养应用型人才的服务机制；三是社会对技工价值取向存在偏差，重干部、轻工人，重知识、轻技能的观念以及职教服务待遇地位低于普教服务的待遇地位，这极大地挫伤了人们对技能追求与从事职教服务的积极性。目前我国开拓就业服务领域满意度低（参见表5-19），丰富就业形式满意度有待提升（参见表5-20）。

---

① 刘琼莲：《论基本公共教育服务均等化及其判断标准》，《中国行政管理》2014年第10期。

表 5 – 19　　　　　　　　　　开拓就业领域满意度调查

应该着重加强的就业服务是开拓就业领域					
		频率	百分比（%）	有效百分比（%）	累积百分比（%）
有效	否	894	55.7	55.7	55.7
	是	712	44.3	44.3	100.0
	合计	1606	100.0	100.0	

表 5 – 20　　　　　　　　　　丰富就业形式满意度调查

应该着重加强的就业服务是丰富就业形式					
		频率	百分比（%）	有效百分比（%）	累积百分比（%）
有效	否	924	57.5	57.5	57.5
	是	682	42.5	42.5	100.0
	合计	1606	100.0	100.0	

数据来源：根据课题组 2014 年的调研数据分析所得。

均衡教育、就业服务结构必须从以下几个方面着手：营造应用型人才培养服务的舆论环境，充分利用媒体为应用型人才提供培训服务的机会；统筹职教与普教，提供应用型人才培养服务，统筹高、中等职教与普教服务，调整现有教育服务资源的布局结构，深入实施"农民培训工程和职工双证制教育培训工程"，提供教育和就业培训服务；面向社会和市场探索以就业为导向的职教发展模式，基于产业结构调整、第三产业、主导性产业发展提供职教服务。

因此，基本公共教育与就业服务均等化应该致力于健全公平就业的法律体系和监督机制，完善反对就业歧视的法规政策；规范招人用人制度，创新劳动关系协调机制；健全面向全体劳动者的职业培训制度，完善就业技能培训、岗位技能提升工作机制、政策和措施，创新技能人才培养模式；建构城乡一元化公共教育体制尤其要均衡不同区域内的教育资源投资；优化教育投资结构，实现投资体制多元化；建立公共教育服务评估的指标体系，高效使用公共教育服务资源；完善公共教育服务的配套政策，保证教育主客体身心的和谐发展。[①]

---

① 刘琼莲：《论基本公共教育服务均等化及其判断标准》，《中国行政管理》2014 年第 10 期。

四　公共卫生基本医疗服务分配失衡

1993 年，世界银行在发展报告中首次提出公共卫生服务和基本临床服务概念。① 此后，世界各国在学术界与实务界的推动下逐步关注公共卫生和基本医疗服务。我国基本卫生医疗服务分配中的"基本"标准是指与现阶段的经济发展水平、人的需求、医疗水平以及政府提供公众可支付能力之内的医疗服务相匹配的一系列衡量指标，而公共卫生服务是强调以健康为中心，维护社会成员的利益和公共权利，由政府通过制定公共政策等方式来履行监督与管理职能以保障公共卫生服务的可及性与便利性。我国公共卫生基本医疗服务在 2003—2009 年发展较快，政府对公共卫生基本医疗事业投入增加以及产出能力增加，受益方也有很大的扩展，但由于长期欠账使其产出水平与经济发展以及居民生活水平提高的矛盾依然突出，我国不同地区、人群与城乡之间公共卫生基本医疗服务分配仍然存在失衡的现象。全国平均水平为 1，北京、上海公共卫生基本医疗服务远高于全国平均水平，而黑龙江、福建、安徽分配相对进步率低（参见表 5 - 21）。

表 5 - 21　　全国省、自治区、直辖市公共卫生基本医疗服务均等化相对进程

	2003 年	2004 年	2005 年	2006 年	2007 年	2008 年	2009 年
北京	1.52	1.59	1.67	1.65	1.71	1.78	1.64
天津	1.23	1.28	1.17	1.24	1.22	1.18	1.11
上海	1.66	1.71	1.69	1.70	1.66	1.70	1.57
重庆	0.73	0.73	0.78	0.76	0.76	0.80	0.82
安徽	0.92	0.88	0.81	0.76	0.76	0.78	0.80
黑龙江	1.06	0.98	0.98	0.96	0.93	0.90	0.97
福建	1.00	1.01	1.00	0.97	0.90	0.92	0.89
甘肃	0.70	0.71	0.77	0.78	0.81	0.85	0.96
河南	0.85	0.84	0.87	0.88	0.81	0.83	0.85
新疆	1.08	1.06	1.04	1.01	0.99	0.98	0.98

　　数据来源：卢洪友等：《中国基本公共服务均等化进程报告》，人民出版社 2012 年版，第 84 页。

---

　　①　世界银行：《1993 年世界发展报告》，中国财政经济出版社 1993 年版，第 8—11 页。

1. 公共卫生基本医疗服务投入失衡

当前反映我国公共卫生基本医疗服务的投入主要包括经费保障程度（包括卫生医疗服务占用资源比和人均卫生医疗服务资源量）、物质基础设施（卫生医疗机构固定资产）、人力资源投入（主要包括公共卫生医疗机构的人员数量和人员素质）。根据《中国卫生统计年鉴》和《中国统计年鉴》的数据，主要通过对东中西部地区政府卫生医疗支出在 GDP 中的比重与政府卫生医疗支出占财政支出的比重、人均政府卫生医疗支出、物质设施基础、卫生医疗人员数量与卫生医疗人员素质进行比较来衡量公共卫生医疗服务投入的失衡状况。从投入分配状况看，全国平均水平为 1，东部地区公共卫生基本医疗服务投入水平较高，北京、上海远高于全国水平，中部地区投入水平较低，西部地区投入相对较高（参见表 5 – 22）。

表 5 – 22　　　　　　全国省、自治区、直辖市公共卫生基本医疗
服务投入水平均等化相对进程

	2003 年	2004 年	2005 年	2006 年	2007 年	2008 年	2009 年
北京	2.34	2.51	2.72	2.68	2.46	2.49	2.07
上海	2.04	2.33	1.99	2.03	1.83	1.91	1.55
重庆	0.47	0.44	0.56	0.58	0.60	0.70	0.72
黑龙江	0.99	0.77	0.79	0.77	0.99	0.78	0.94
浙江	1.21	1.37	1.39	1.45	1.80	1.26	1.10
安徽	0.54	0.56	0.55	0.55	0.63	0.77	0.82
江西	0.63	0.67	0.65	0.64	0.83	0.83	0.88
河南	0.66	0.63	0.65	0.73	0.66	0.74	0.78
湖南	0.59	0.62	0.65	0.64	0.70	0.73	0.89
青海	1.44	1.34	1.35	1.27	1.48	1.45	1.39
云南	1.35	1.06	1.12	1.14	0.99	1.01	0.98
甘肃	0.72	0.72	0.92	0.96	0.98	1.00	1.26
新疆	1.24	1.34	1.32	1.25	1.21	1.19	1.17

数据来源：卢洪友等：《中国基本公共服务均等化进程报告》，人民出版社 2012 年版，第 85 页。

2. 公共卫生基本医疗服务产出失衡

公共卫生基本医疗服务产出反映卫生医疗资源的投入转化为实际供给的结果，主要通过公共卫生机构密度（包括人均/单位面积基层卫生机构数、人均/单位面积疾病预防控制中心数、人均/单位面积妇幼保健机构数）和公共卫生机构接纳容量（包括人均卫生机构床位数、人均基层卫生机构诊疗人次）来反映为辖区居民提供公共卫生基本医疗服务的能力与失衡状况。公共卫生基本医疗服务产出水平高于全国平均水平的省级行政区有北京、上海、浙江、新疆等 12 个，但中、西部地区的大多数省级行政区低于全国平均水平（参见表 5－23）。

表 5－23　　　　　全国省、自治区、直辖市公共卫生基本
医疗服务产出水平均等化相对进程

	2003 年	2004 年	2005 年	2006 年	2007 年	2008 年	2009 年
北京	1.40	1.42	1.36	1.34	1.48	1.50	1.51
上海	2.55	2.49	2.54	2.50	2.50	2.54	2.44
重庆	0.70	0.70	0.76	0.78	0.78	0.81	0.82
黑龙江	0.83	0.84	0.79	0.77	0.76	0.75	0.77
浙江	1.35	1.43	1.38	1.35	1.35	1.31	1.36
安徽	0.70	0.74	0.79	0.79	0.77	0.81	0.79
江西	0.65	0.67	0.68	0.73	0.74	0.79	0.77
湖南	0.90	0.87	0.91	0.94	0.92	0.95	0.92
青海	0.92	0.90	0.95	0.91	0.85	0.89	0.85
云南	0.69	0.70	0.69	0.69	0.71	0.71	0.74
甘肃	0.79	0.79	0.76	0.77	0.75	0.79	0.75
新疆	1.29	1.23	1.17	1.19	1.15	1.12	1.13

数据来源：卢洪友等：《中国基本公共服务均等化进程报告》，人民出版社 2012 年版，第 86 页。

从我国公共卫生基本医疗服务产出的情况看，东中西部发展不平衡，这虽然与各地经济发展水平并不呈现出严格的正相关关系但也存在一定的关系[1]。因此，政府要建立一套能推进基本公共卫生服务和基本医疗服务

---

[1]　徐琴：《我国省际公共卫生与基本医疗服务供给状况评估》，《财经理论研究》2013 年第 3 期。

均衡发展的绩效考核办法，为类似特点的社区卫生服务中心的绩效考核提供借鉴，以提高中西部地区各省份的公共卫生基本医疗服务能力。换言之，根据国家基本公共卫生服务规范要求，通过结合现场实际情况，按照全面性、重要性、可获得性原则建立一套新的绩效考核与分配办法，以推动基本公共卫生服务和基本医疗服务的均衡发展。①

3. 公共卫生基本医疗服务受益失衡

据阿玛蒂亚·森对公共服务效应的理解，公共卫生基本医疗服务是为保障所有社会成员都能够形成一种发展能力的手段。根据居民健康水平（居民的寿命与死亡率是从正反两个方面来反映健康水平）、孕产妇保健水平（包括孕产妇系统管理水平、分娩保障水平、查视水平和死亡率）、幼儿保健水平（包括新生儿保障水平、儿童健康水平、儿童健康管理水平）、疾病防控水平（法定报告传染病发病率和死亡率）以及城乡居民健康档案管理、健康教育、预防接种、老年人健康管理、慢性疾病管理、重性精神疾病管理、突发公共卫生事件处置、卫生监管等来分析公共卫生基本医疗服务对辖区居民的惠及程度与受益失衡状况。从公共卫生基本医疗受益保障水平看，有北京、天津、上海、内蒙古、辽宁、吉林、广东、宁夏、山东、江西、浙江等省级行政区高于全国平均水平，而湖南、广西、重庆、四川、甘肃、青海、云南、新疆等省级行政区社会成员受益远低于全国平均水平（参见表5－24）。

表5－24　　　　**全国省、自治区、直辖市公共卫生基本医疗服务受益水平均等化进程**

	2003 年	2004 年	2005 年	2006 年	2007 年	2008 年	2009 年
北京	1.19	1.21	1.26	1.22	1.28	1.36	1.25
上海	1.07	1.04	1.11	1.10	1.06	1.04	1.05
天津	1.17	1.18	1.05	1.06	1.10	1.07	1.15
重庆	0.88	0.88	0.91	0.85	0.86	0.88	0.91
宁夏	1.06	1.11	1.17	1.18	1.19	1.33	1.30

---

① 何能清、黄俊芳、廖小兵、王庆川：《实现基本医疗服务和基本公共卫生服务均衡发展的社康中心绩效管理模式探索》，《中国全科医学》2011 年第16 期。

续表

	2003 年	2004 年	2005 年	2006 年	2007 年	2008 年	2009 年
江西	1.05	1.02	1.00	1.01	1.03	1.01	1.03
河南	0.88	0.85	0.84	0.81	0.72	0.71	0.72
湖南	0.94	0.95	0.94	0.92	0.91	0.82	0.84
青海	0.59	0.60	0.67	0.72	0.77	0.75	0.64
云南	0.37	0.82	0.79	0.88	0.85	0.83	0.78
甘肃	0.67	0.67	0.70	0.69	0.72	0.76	0.78
新疆	0.91	0.84	0.83	0.78	0.73	0.73	0.68

数据来源：卢洪友等：《中国基本公共服务均等化进程报告》，人民出版社 2012 年版，第 87 页。

自"非典"发生后，加快社会发展问题提上议事日程，公共服务已经成为我国政府的一项重要职能。通过对 2003—2009 年《中国统计年鉴》《中国卫生统计年鉴》的数据分析，我国公共卫生基本医疗服务投入水平、产出水平以及受益水平呈现上升趋势，但政府分配功能体现不明显，公共卫生基本医疗服务分配失衡依然存在，即不同省区公共卫生基本医疗服务得分与全国均值的差异没有明显改善。从区域看，我国各区域公共卫生基本医疗的产出水平与受益水平都呈现出东部大于中部、中部大于西部的分布趋势，投入水平呈现出东部大于西部、西部大于中部的分布趋势。基于此，我国应该通过先行先试的政策，结合各地的实际情况来提高公共卫生基本医疗服务的能力与水平。具体而言，既要持续增加中、西部地区的公共卫生基本医疗投入特别是中央财政转移支付迫在眉睫；又要加强对中、西部地区公共卫生基本医疗服务相关工作的指导；还要针对不同区域的特点提高全体社会成员的公共卫生基本医疗服务受益水平。[1]

我国提出"新医改"方案推动公立医院改革，其本质是通过政府制定主导机制为百姓的健康提供服务，明晰公立医院存在的价值与使命，有利于我国公平、公正地实现公共卫生基本医疗服务。然而，当前医院的现状是社区医院少有人问津，大医院看病人多拥挤不堪。虽然医疗政策向社区医院倾斜，但大医院医疗服务依然很拥挤，就医人数有增无减，这主要是

---

[1] 卢洪友等：《中国基本公共服务均等化进程报告》，人民出版社 2012 年版，第 90 页。

缘于医疗服务资源不均衡和制度缺失。一方面，相比社区而言，大医院在设备、医术与服务等方面具有先天性优势；另一方面，缺少约诊机制、付费机制、医生收入机制以及基于信息共享建立的有效衔接就诊机制等约束与保障。因此，"新医改"任重道远，既要逐步缩小大医院与社区医院的差距，包括资金投入、医生、医术、医疗服务、医疗价格和医疗设备等，又要建立分级就诊体系与病例档案库，小病在社区、大病在医院就诊，实现大医院和社区可共享医生执业和病人的信息。通过政府对公共卫生基本医疗服务的分配使全体社会成员能大致均等地享有"健康服务权"。

五 户籍制度改革影响基本公共服务分配

在我国社会快速转型的过程中，户籍制度作为一种对社会关系特别是城乡关系产生重大影响的社会管理制度，明显阻滞了政府在基本公共服务领域的分配责任并且对社会和谐发展带来迟滞效应。户籍壁垒使政府的资源配置和利益分配固化了因地域、空间、身份而不同的等级体系，从而使户籍制度与推进我国基本公共服务均等化这一施政方针二者紧密相联。

1. 户籍制度的缘起与演变

1951 年 7 月我国颁布的《城市户口管理暂行条例》已废止。1955 年 6 月出台《关于建立经常户口登记制度的指示》。1958 年 1 月我国颁布了《中华人民共和国户口登记条例》，标志户籍制度的正式形成。截至目前，这一制度经历了严格限制户口迁移特别是限制农民向城市迁移（1958—1978年）、开始改革松动城乡分治（1979—1992 年）、市场力量冲击户籍制度（1992—2000 年）、小城镇户口基本放开（2001 年至今）的四个阶段。2013 年 1 月 7 日召开全国政法工作电视电话会议把户籍制度改革列为四项重点工作之一。2014 年 7 月 24 日出台的《国务院关于进一步推进户籍制度改革的意见》，强调要建立城乡统一的户口登记制度与居住证制度。

2. 户籍制度改革促进城乡公共服务发展一体化

户籍制度对身份的界定和转变的限制构成了社会分层的边界或界限，这种不平等的初始机会使一部分人养成依赖性或惰性，也使另一部分人失去发展机遇。[1] 户籍制度改革肩负的使命是破除把城乡分割对立起来的思想和以

---

① 陆益龙：《1949 年后的中国户籍制度：结构与变迁》，《北京大学学报》2002 年第 3 期。

户籍制度为基础的二元社会体制。换言之，通过改革旧有的户籍制度，要防止这种有速度但不健康（城市化率增长快但大城市面临就业困难、住房紧张、城市资源短缺、社会治安恶化、交通拥堵等困扰）、有数量但不幸福（有很多人常住城市因没有城市户籍而享受不到城市福利）、有面积但不安全（土地资源被过度开发、地产资本被过度炒作、城市房价飙升但未带来城市福利的普惠，从而使城市风险增大）的"伪"城市化蔓延。

因此，户籍制度改革要求医疗、教育、就业、住房、保险、土地等各项配套措施全面跟进，为实现城乡经济社会一体化的发展奠定人口管理制度基础，从而促进城乡公共服务的一体化发展。

3. 户籍制度改革促进全体社会成员的权利平等

户籍制度改革意味着要转变社会治理模式，即政府进行利益再分配。拓展公共服务的覆盖面，即1亿人在城镇落户的目标就是公共服务的新边界；为新型城镇的发展提供可行路径。这次户籍改革的成败取决于各种配套措施及社会福利能否普惠新来的落户者。基于此，户籍制度改革使即将落户于城镇的社会成员享有当地各种城镇基本公共服务，包括就业服务、基本养老、基本医疗卫生、住房保障以及子女义务教育等，从而实现公共福利即基本公共服务均等化。

户籍制度改革需要不断优化政府设计，使不同的城市申请落户政策的相关要求有差异：全面放开建制镇和小城市落户限制，有序放开中等城市落户限制，合理确定大城市落户条件，严格控制特大城市人口规模。因此，户籍制度改革意味着：一是取消户口性质区分破除城乡二元障碍；二是调整户口迁移政策，引导人口"梯度转移"，有效预防大城市病；三是建立完善大城市积分落户制度和居住制度，健全人口信息管理制度，促进城市管理科学有效；四是充分尊重农业转移人口意愿，确保农民"进退有据"，保障城市化安全。① 总之，这种打破以户籍或身份为操作平台和控制手段的资源配置和利益分配模式，政府赋予城市与农村居民发展的平等权。城乡经济社会发展一体化新格局迫切需要通过提供平等的劳动就业服务、医疗保健服务、教育服务等，构成一个利益辐射到所有社会成员，从

---

① 钟君、吴正杲等：《中国城市基本公共服务力评价（2014）》，社会科学文献出版社2014年版，第264—265页。

而实现平等分配包含了社会生活多个领域、措施配套、组织灵活多样的体系。理所当然，政府在基本公共服务领域的平等分配需要破除户籍制度上的障碍，使基本公共服务的供给—需求模式从户籍制度这种人口管理方式中完全剥离出来，从而促进全体社会成员享有平等的公民权利。

第三节　政府实现基本公共服务分配责任的对策

政府基本公共服务分配要实现公平与正义，让社会成员能均等地享有基本公共服务。换言之，要基于个性化需求与多元化供给来实现我国公共财政的基本目标，从而对公共支付进行补偿。因此，政府必须全面推进依法分配基本公共服务，并以此为载体推进全面建成小康社会，致力于提高基本公共服务的可及性、拓展基本公共服务的多元化、完善其需求—供给体系，通过全面深化改革与从严治党来确保基本公共服务分配的有效推进（参见图5－4）。

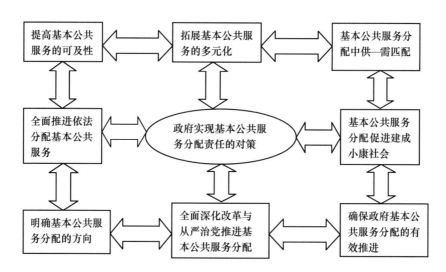

图5－4　政府实现基本公共服务分配责任的对策框架

一　提高基本公共服务分配的可及性

1. 基本公共服务分配可及性应该具备的特征

政府基本公共服务分配要尽可能地满足人民日益增长的美好生活需

要，因而要增强基本公共服务的获得性与实践性特征即平民性、回应性和真实性。一是基本公共服务分配的平民性，即基本公共服务提供者根据贴近公众、贴近生活、贴近现实的原则而思考公共服务需求方的实际收益。比如，公共卫生基本医疗服务不能照搬某个国家某种成熟的卫生医疗制度，而要基于我国现阶段的经济社会发展状况与了解消费者的卫生医疗需求有针对性地设计卫生医疗服务模式，降低社会成员的患病率和死亡率，提高其康复率和健康水平。而基本公共服务分配绩效评价要以基本公共服务的数量、质量、公共资金的使用价值以及社会效益等标准来进行衡量。二是基本公共服务分配的回应性，即基本公共服务提供方要根据需求方的反馈信息提供有效的公共服务。比如公共教育服务评价要涵盖公共教育服务的产出数量、质量、教育消费者的价值和消费者的满意度。三是基本公共服务分配的真实性，即提供公共服务之前了解需求方的真实需求，这依赖于需求表达机制与渠道的畅通。

2. 基本公共服务分配可及性的评判标准

美国健康学会（2004）把"可及性"定义为个人获得卫生保健服务的能力。有研究者主要考虑基本公共服务获得个人的、经济的和组织上的便利：既包括需求方对基本公共服务需求的认识、态度、信念及以往的经历，受社会和文化以及环境约束的影响；又包括基本公共服务收费和需求方获得所花时间；还包括获得基本公共服务的等待目录和等待时间。有研究提出服务可及性主要包括两个方面：距离上的可及性即到达服务机构的方便程度；经济上的可及性即有无支付能力。[1] 安德森认为要从环境因素、人群特征、卫生行为和健康结果 4 个方面评价公共服务测量可及性。[2] 有学者把可及性从经济的、组织的和社会、文化上的限制服务利用障碍的指标体系进行评价，认为可及性除充足供给外，还取决于承受能力、物理可及性和服务的可接受性。[3] 一是用足够的可得的卫生服务供给衡量服务可得性（如医生的数量或人均医院病床数）；二是服务利用与可及性的障碍

---

① 王伟、任苒：《卫生服务可及性概念与研究进展》，《中国卫生经济》2011 年第 3 期。

② Andersen R. M. , *Behavioral Model of Families Use of Health Services*, Center for Health Administration Studies, University of Chicago, 1968.

③ Martin Guliford, "What does 'Access to Health Care' Mean?" *Journal of Health Services Research & policy*, 2002, (7 - 3) .

（服务的可及性在利用服务中遭遇困难，包括个人的、经济的和组织上的障碍）；三是用健康状况的适当指标衡量关联性、效率与可及性（如可及性组织上的障碍可能会导致延误治疗和不满等）；四是公平与可及性（确保卫生服务资源满足不同群体的需要）。基本公共服务分配的可得性和可及性除考虑社会群体的不同观点、健康需求和物质及文化背景外，还应考虑指标的现实可操作性，关注影响人群利用公共服务的主要障碍即公共服务的经济可及性。

在利益主体日益多元化的社会中，基本公共服务可及性的评判标准应该坚持与实施多维度的、全方位的 360 度评估。一是包括公平性、满意度评价指标的学术价值标准，这是一种主观评价标准，可以借助于宣传、舆论、媒体等平台实现其目标。社会事业要充分发挥群众的力量，发动群众服务群众，个体应该主动承担相应的社会义务，参与志愿服务，国家和政府要给予志愿者法定的社会地位和权利。二是依赖于指标体系设计的操作标准，这是一种客观评价标准，可以通过制度、政策、财力、人口、管理水平等要素来衡量。通过基本公共服务城乡一体化的制度设计，抓住城乡统筹的突破口，围绕户籍、社保、子女入学等问题，完善基本公共服务体系，提高公共服务分配的公平性和可及性。逐步构建面向基层、覆盖城乡、功能完善、布局合理、建管分离的交通、水利、生态、能源和信息化公共服务设施配置格局。三是以供给和需求因素为出发点来评价基本公共服务的可及性，这是一种互动性的评价标准，主要评价指标包括地理可及性、经济可及性、可得性与可接受性四个方面。

3. 基本公共服务分配可及性的条件

我国要以基本公共服务的可及性为依据来推进基本公共服务改革与制定公共服务政策。公共服务的可及性较低主要体现为以下四个方面：一是中西部地区需求者获得公共服务的自然距离比较远或到服务提供点所需时间较长；二是为服务需求者提供时间不符合要求以及工具类型不适当；三是经济可及性不高，诸如服务价格、购买意愿、用户支付能力以及经济影响制约了需求者；四是受服务人才队伍素质的制约而导致的服务可接受性不高。

基本公共服务的可及性受制于诸多因素，包括主观动机、客观原因以及国际大环境。要改善和提高我国基本公共服务的可及性，必须创造以下几个方面的条件。一是健全与完善财富分配制度与公共服务制度。政府在进行基本公共服务分配时要提高基本卫生服务的可及性,实现基本医疗保障制度的全覆盖。二是基于发展经济与提高财政能力,加大公共服务的投入比例。政府要统筹城乡发展,均衡基本公共服务投入和分布,向贫困群体倾斜,以提高其公共服务的可及性。三是保证基础数据的统计精准,健全公共服务支付方式,完善社会救助制度。比如,可以根据家庭或者需求方个人的经济状况确定支付比例的方式,通过大病补偿制度、居家托养制度、护理制度等改善基本公共服务的可及性。四是合理配置公共资源,提高公共服务分配能力。以城乡基层公共服务机构为突破口,建立稳定的公共服务人才队伍和有效地引导社会力量发挥合力的激励机制,确保基本公共服务的质量和效率、可持续性,提高基本公共服务的公平性和可及性。

二 拓展基本公共服务责任主体的多元化

在现代社会,政府、市场与社会都是基本公共服务分配的功能主体,在公共服务供给中扮演着不同的角色,承担着不同的责任。只有寻找政府、市场与社会三者的均衡点,才能尽可能地避免政府失灵、市场失灵以及志愿失灵,提供更多更好的公共服务。

1. 政府的主导责任

政府在基本公共服务分配中承担主导责任。作为"看得见的手"的政府在保障公民权利的价值取向下,承担引导和调节市场机制在基本公共服务的供给—需求领域实现其资源配置与优胜劣汰的功能,并使之与现阶段的经济与社会水平相适应。由于基本公共服务需求主体的多元性,与之匹配的是权利与义务的对应关系表现为多层次性。

第一,政府掌握公共服务供给的决策权和执行权,承担基本公共服务分配的引导责任。一方面,政府要明确权力的边界以开展"权力—权利"的对话,政府公共服务分配要通过决策与生产的分离从而扮演好"裁判员""掌舵者"的角色,履行公共服务供给决策制定者和宏观调控者的职责,基于公民对公共服务的需求引导社会组织和公众积极参与决策,通过政策来组织和分配公共资源。另一方面,政府在公共服务供给法规、政策的制定以及在创新公共服务决策方式方面要发挥主导作用。既要提供良好的制度环境消除不确定性因素以实现社会良性运行,又要推进公共服务和产品的法治化；政府基本公共服务分配既要确立社会目标优于经济目标的决策原则，又要创新决策方式（包括听证制度、意见咨询、政务公开、权力下放等）来实现政府—市场—社会的配合与协调。[①]

第二，政府通过优化公共资源配置与协调公共服务"供—需"互动来履行基本公共服务分配的激励责任。政府要优化公共服务，主要包括优化地域配置、优化群体配置、优化数量配置、优化时间配置等方面，激励基本公共服务"供—需"互动过程中的参与者。

第三，政府通过监管公共服务"供—需"互动过程来履行监管责任。一是通过制定"供—需"双方的登记审定制度进行监管。二是制定公共服务"供—需"双方互动过程中的准入规则，通过年检、抽检等方式监督管理公共服务供给事业组织（涵盖文化、科技、卫生、就业、教育等服务领域）。既要明确公共服务企业的准入领域与程序，又要规范政府—市场之间的契约关系以及政府—公民之间的委托人—代理人关系。三是政府要通过第三方评估机构以及公共服务志愿者组织来加强对"供—需"互动过程的监管。

2. 市场（企业）的主体责任

市场主体既包括组织也包括个人，既包括营利机构也包括非营利机构。企业是社会的中坚力量与经济基础。换言之，企业是最重要的市场主体，但非唯一的市场主体。作为"看不见的手"的市场在基本公共服务分配中的责任主要包括以下三个方面。

第一，企业在基本公共服务分配中的角色定位为企业公民。企业公民的核心与实质是拥有"公民身份"的权利与义务的统一体，在政府公共服务分配中承担的社会责任成为实现企业公民的思想前提和使命意识。企业公民则是基本公共服务供给企业社会责任运动发展的必然结果。

第二，基本公共服务供给有竞争力的企业能充分发挥市场活力，提供补充就业服务。除专门提供就业服务的企业能不断完善劳动力市场外，其他企业在提供诸如咨询、卫生、教育、法律等服务时，也能缓解就业压力从而间接地提供就业服务。政府通过制定方针、政策和法律、法规规范、

---

① 廖晓明、黄毅峰：《论我国政府在公共服务供给保障中的主导地位》，《南昌大学学报》2005 年第 1 期。

支持企业的公共服务供给行为，以不同的优惠方式引导、激励企业以提高公共服务供给效率。比如，对基本公共服务供给企业给予税收优惠，根据不同的情况分别给予免征所得税、减免税优惠、适当调低所得税率或者在开办条件、物资供应、固定资产和流动资金贷款等方面给予支持和照顾，并且要保护其合法权益。

第三，通过竞争落实基本公共服务分配的效率。这既包括企业提供基本公共服务的社会经济效率，又包括基本公共服务自身的效率。社会经济效率主要表现为：一是企业在完善的市场机制指导下，高效地生产与提供基本公共服务产品，通过公共服务机制缩小贫富差距，缓解社会矛盾，为经济与社会的发展创造良好的社会环境；二是调动企业生产的积极性，高效的基本公共服务产出为基本公共服务均等化的实现提供前提基础；三是高效的基本公共服务产出有助于完善劳动力市场，是恢复和补充劳动的重要条件，促进劳动力的有序合理的流动，有利于劳动力资源的配置。

3. 社会力量的参与责任

《基本公共服务体系"十二五"规划》要求加快建立政府主导、社会参与、公办民办并举的基本公共服务供给模式。社会力量在政府公共服务分配中的责任主要包括以下几个方面：一是充分发挥营利与非营利组织甚至包括一些基层社区组织等各种社会组织的合力共同供给基本公共服务；二是确保中介组织的中立性以落实第三方评估，以更好地履行其参与责任；三是培育成熟的社会为公民参与供给公共服务提供良好的社会环境。

基于此，要调整社会力量的积极性以激励其履行其社会参与责任。一是以法律、法规、政策的形式明确规定支持社会力量发展公共服务，明晰其法律地位、权利和责任。二是畅通社会力量参与的渠道和领域，明确给予扶持的政策规定、准入范围，制定社会力量参与公共服务的税收优惠政策。三是允许社会组织根据不同服务内容和对象建立多层次的收费标准（如提供成本收费和减免收费服务），保障其福利性与公益性，并形成良性的自我发展机制。四是采取互利互惠方式，发挥各地的企事业组织以及城乡居民中的服务人才和公益人士的作用，建立服务志愿者队伍，聚合各种社会闲散力量助力公共服务建设。①

---

① 把增强：《如何动员社会力量参与公共文化服务建设》，《领导之友》2012 年第 6 期。

4. 公民的合作责任

公民在基本公共服务分配中的合作责任需要探讨两种不同群体的角色定位。一方面是作为公共权力的执掌者，也就是基本公共服务分配者，其承担的责任主要包括基本公共服务的分配决策权与分配执行权。另一方面是作为公共服务需求方的公民，主要包括以下四个方面的责任：一是作为社会参与者和服务需求者的公民应该与政府、市场与社会组织共同合作参与供给基本公共服务。二是公民要尽可能地拓宽多种渠道积极主动地参与对基本公共服务的监管。三是基本公共服务体系作为基于一定的经济与社会发展阶段实现供给—需求互动的复杂的系统工程，在供给过程中，公民只有真实地表达公共服务的需求才能有效地与基本公共服务供给方承担合作责任。四是只有充分地把公共服务需求方作为评估主体，才能有效地衡量基本公共服务的供给绩效。

三 实现基本公共服务的供给与需求的匹配性

政府落实基本公共服务的分配责任要基于公共服务客体的需求来引导和规范基本公共服务的提供和生产。

1. 完善基本生存层次公共服务的法治化

基本生存层次公共服务分配致力于满足社会成员最基本的生存需求，这直接关涉民众的基本生存问题。因此，推进基本生存层次公共服务是政府的分内职责，应通过法律政策、规章制度等刚性手段规定供给主体、程序、内容和服务对象，以实现基本生存层次公共服务完全公益化，满足公众的生存型服务需求，其重点是对一定时期或某个特定时期的社会困难群体提供特殊优待和补贴。换言之，依法界定公共服务供给主体的责任边界，明确项目内容、具体标准和实施流程，以保障社会困难群体的利益和诉求，落实基本生存层次公共服务。[①]

2. 确保精神文化层次公共服务的普惠化

精神文化层次基本公共服务要不断扩大惠及人群，增强社会成员在精神文化服务领域的获得感，主要涉及基本文化事业、义务教育服务等领域。在精神文化面前人人享有平等的权利，政府应始终坚持公平正义原则

---

① 徐凌：《以需求为导向创新政府公共服务》，《光明日报》2013 年 6 月 30 日。

面向全体社会成员提供均等化的精神文化层次公共服务。具体而言，政府公共服务分配要确保精神文化服务的普惠化，必须借助于完善财政投资运行体制、优化财政投资结构、居民需求表达机制和收入分配调节机制，合理配置城乡、区域、行业、阶层之间精神文化层次的公共服务资源，在充分尊重社会成员自主选择权的基础上，提供贴近生活、贴近实际、贴近群众的多样化不同标准的向全体公民开放的精神文化层次公共产品和服务。

3. 落实社会保障层次公共服务的专业化

社会保障层次公共服务是指为社会成员提供保障其生活需求的各种服务，主要涉及基本社会保障、公共卫生、妇幼保健、环境保护、就业等服务。因此，政府公共服务分配责任的落实需要搞好顶层设计：协调规划机构设置、权责划分、人员配置、财政支持、政策保障等各个方面；加强社会保障人才队伍的专业化培训，健全社会保障服务管理体系（包括社会保障服务供给、投入与支出、收费项目、收费标准）；规范社会保障服务管理流程，利用互联网搭建服务监督平台，健全卫生、安全等服务准入条件、运行流程、绩效标准，完善其监管体系。

4. 促进发展需求层次公共服务的市场化

发展需求层次的公共服务分配是指为社会成员提供直接或间接有利于提高其发展能力的各种服务。随着经济社会的发展，政府要持续改善公共服务的综合品质，满足公众发展需求。由于资源相对稀缺、惠及群体相对有限，导致发展需求层次服务的公益程度较弱，政府不宜直接提供却可以通过宏观管理和制度安排引导市场与社会，激发市场和社会组织的活力。例如，政府可以在某些具备市场化条件的公共服务领域采取相对灵活的主导方式和管理手段，重视平等竞争、私人参与等市场化运作机制，引导市场主体持续改善公共服务的品质。①

四　明确政府基本公共服务分配的发展方向

詹姆斯·布坎南认为："所谓财政均等是指具有相似状况的个人能够获得相等的财政剩余，要实现居民财政公平，应向财力富裕地区的居民征收一定数额的税收补助给财力贫困地区居民，这样在居民财政剩余平等实

---

① 徐凌：《以需求为导向创新政府公共服务》，《光明日报》2013 年 6 月 30 日。

现的同时，地区间的财力公平也得到了一定程度的实现。"① 而实现这个目标需要完善公共利益表达的有效机制、健全公共服务供给的约束机制与公共服务的多元化供给机制等制度环境优化措施。

1. 实现基本公共服务享有的均等化

政府通过基本公共服务的再分配功能把社会贫富差距控制在合理范围内，通过协调发展经济和社会之间的关系，以确保全体成员都享有基本的经济和社会权利，而不只是追求财力的平均化、单位化或者集团化以及用数量计算达至绝对相等的平均化。《国家基本公共服务体系"十二五"规划》从实践操作层面制定了基本公共服务国家基本标准，明确了四个主要目标：供给有效扩大、发展较为均衡、服务方便可及、群众比较满意，最终实现基本公共服务均等化。②

扩大有效供给是基本公共服务均等化的前提。从经济角度看，需要在增加基本公共服务领域的投入（总量与比例）的同时优化和调整社会资源配置方式。从政治角度看，政府通过各项制度或者公共政策更大程度地实现其代表性和责任，回应多元利益主体日益增加的基本公共服务需求，基于全体社会成员的需求来完善基本公共服务国家标准体系，不断健全标准动态调整机制。从管理视角看，社会管理的焦点在于扩大有效的基本公共服务供给。为获得预期效果，在产品和服务的提供方面可以妥善运用各种市场机制，可以通过政府、市场、社会力量等多元主体通过多种途径来提供，即公共服务供给方式多元化，实现提供主体与提供方式多元化。为实现有效基本公共服务的供给，政府既应该强调民众需求导向的观念，又应该扮演"掌舵者"而非"划桨者"的角色，还应该关注服务对象民众的回应即社会满意度。

发展较为均衡是基本公共服务均等化的基本要求。基本公共服务发展包括规模的扩大和结构的优化，最直接的因素是公共服务需方与供方的匹配。基本公共服务均衡的实质在于政府兑现保障公民享有基本公共服务权利的承诺，通过深化改革，建立与完善教育、住房、就业、卫生医疗等领

---

① 王纬：《公共服务均等化——基本理念与模式选择》，《中南财经政法大学学报》2009 年第 1 期。

② 刘琼莲、刘志敏：《社会满意度视域的基本公共服务国家标准——关于〈国家基本公共服务体系"十二五"规划〉的解读》，《中共天津市委党校学报》2013 年第 1 期。

域内的制度建设，通过具有普遍可接受或可容忍的基本公共服务结果和机会均等来限制社会的不平等。从宏观层面看，发展较为均衡是指在全国范围内合理布局人、财、物等各种资源，各地建立资源共享机制，实现基本公共服务的供给在总量和结构上与经济、社会发展的需求达到相对的均衡。从中观层面看，发展较为均衡是指要基本实现城乡间、地区间在基本公共教育、劳动就业、卫生医疗、养老服务等各种公共资源配置的均衡，尤其要实现各县域内基本公共服务的均衡发展。从微观层面看，发展较为均衡包括服务领域内资源配置的均衡、服务结果的均衡以及服务评价的均衡，尤其要明显地提高农村和老少边穷地区的公共服务供给能力、公正平等分配能力以及服务评价能力，以解决公众的住房难、上学难、看病难、就业难等问题，使全体社会成员都有均等地享有住房、教育、医疗、劳动的权利与机会。[1]

服务方便可及是基本公共服务均等化的具体方向。基本公共服务的可获得性和方便性是国家基本标准得以落实的重要衡量因素。一是要健全服务网络。低收入和贫困群体有较强的基本公共服务需要，但服务网络延伸得不够长且利用率比较低，导致基本公共服务的可及性与方便性相对不足，又由于其支付能力有限，尤其在灾难性事件出现以后，容易因病致贫或者因灾致贫。因而实现国家基本标准有赖于全面建立以基层为重点的服务网络。二是要提高针对特定领域的基本公共服务的设施标准化水平，使基本公共服务需求者能方便地获得相应的服务。比如，提高教育机构、培训机构的标准化设施是受教育者、劳动者获得便捷的教育、信息、培训服务的基础。三是要保障城乡居民就近获得服务。通过城乡基本公共服务规划一体化与服务制度衔接、加大农村基本公共服务支持力度等方式，逐渐消除在二元社会结构中基本公共服务获取的差异性，使城乡居民享受的基本公共服务具有可及性和方便性。

群众比较满意是基本公共服务均等化追求的结果。公众既是基本公共服务需求方，也可能成为供给方，政府只有清楚其需求偏好，才能避免因供给的盲目性而导致基本公共服务国家标准的低效率甚至无效率。一是要发布有助于公众表达需求的诱致性信息。在掌握了信息就能拥有权力与资

---

① 刘琼莲：《如何看基本公共服务国家基本标准》，《学习时报》2013 年 2 月 4 日。

源的当今社会，政府不仅要公开信息，更要提供信息服务以引导公众准确表达其需求偏好。二是要创新服务行政，实现公众需求表达渠道的制度化。即把为公众提供基本公共服务贯穿于政治与行政的过程中。通过各项制度以健全公众需求表达机制，实现需求表达渠道多元化。三是要积极培育社会的自主治理意识，引导社会合作共担基本公共服务的供给，并且要降低服务成本中个人负担的比率；要鼓励其他社会团体共同分担；要推进绩效评价和行政问责制。政府要把基本公共服务供给作为绩效评价的指标之一，据此来推进行政问责，并有效聚合社会资金共同提供服务，这要基于政府构建的信任与合作秩序。在实践中，政府要引导与培育各种社会资本，大力倡导横向联合，引导或鼓励公众自发成立一些民间组织对基本公共服务进行绩效评价，并根据绩效评价问责，更关注服务质量、服务需求以及公正合理等制度理性。四是要重视公众满意度。公众的需求表达渠道、与公众利益直接相关的指标以及公众对社会风气、社会体制等相关的指标的满意程度是政府首要关注的因素。而公共财政和社会资金是政府正确处理与市场、社会的关系以及追求社会公平正义、执行和体现民意的承载形式，其精神内核蕴含着由公众满意度来落实政府的引导功能以及服务者的角色定位。①

2. 促进基本公共服务供给的个性化

基本公共服务供给的个性化是指根据需求方的设定来实现，依据各种渠道对公共服务资源进行收集、整理和分类，向需求方提供和推荐相关信息，以满足其需求。从整体上说，个性化服务供给打破了传统的被动服务模式，基于制度创新以健全需求信息、建立需求档案、个性生产供给并进行策略研究，从而充分利用各种资源优势，主动开展以满足需求方个性化需求为目的的全方位服务。

第一，提高服务对象诸如残疾人、老龄人等弱势群体的个性化服务供给水平。在"积极应对人口老龄化"的部署下，我国如何才能完成应对人口老龄化这一项长期战略任务以及解决具有"未富先老"和"未备先老"特征的老龄事业发展过程中不适应、不协调、不可持续的矛盾和问题。一是为残疾人、老龄人等弱势群体提供专业化服务，并且其服务质量要逐步

---

① 刘琼莲：《如何看基本公共服务国家基本标准》，《学习时报》2013 年 2 月 4 日。

向外在化、个性化和自然化方向发展。二是针对弱势群体的个性化服务供给要建立在由恩赐式的社会救助理念逐渐转为普惠性服务制度的基础上。三是这种个性化服务供给要由注重物质供给转为提供物质、精神、保障、发展能力四者并重的服务方向发展，以满足弱势群体的生存、心理满意感、享受和发展的需求。

第二，提高基本公共服务内容的个性化供给水平。随着不同社会利益主体的多样化需求，社会的发展与科学技术的进步使服务需求经常变化，因而基本公共服务供给要从仅满足于个人家庭情感服务需求逐步转向人与人之间相互感情服务的需求再到人与自然的"和谐""协作"的高情感服务需求。换言之，基本公共服务内容的个性化供给意味着要以遵循人的本性、自然的本性与客观规律为前提，设计服务模式、服务内容以及评价服务效果。

第三，不断完善个性化服务，在生产者—供给者—需求者之间建立良好的合作伙伴关系。提供个性化服务要防止增加服务成本与管理难度、需求方个人隐私的保护，尤其是个性化服务不能只强调形式，更应该强调其内容。因此，要在共同合作的过程中兼顾各方，对公共服务的流程进行根本性的重新思考和彻底的重新设计，以改善服务的成本—质量—效率等关键评价指标，最终形成共赢的局面。

3. 推动基本公共服务供给的多元化

基本公共服务分配是针对所有社会成员进行社会资源配置的一种有效方式。随着社会经济的不断发展，社会成员对基本公共服务的需求逐渐由生存型向发展型转变。各地经济发展程度、风俗习惯、教育水平等存在差异使社会成员的需求层次与消费能力有较大差距，公众需求呈现层级化特征。换言之，社会利益主体的多元化与专业分工的精细化要求基本公共服务供给主体、内容和方式的多元化。

第一，通过精细的专业分工为残疾人、老龄人等弱势群体提供特殊服务。在为残疾人、老龄人等弱势群体提供康复、医疗、保健等特殊服务的过程中，要有针对性地为其提供相应的专业化服务，同时配备专业人员与服务设施；同时要通过完善应急机制，迅速反映其诉求，及时解决和克服服务供给不及时、服务质量、服务态度差等问题，真正维护弱势群体均等享有公共服务的权益，提高其满意度。

第二，通过区域覆盖与网络优化为全体社会成员提供最基本的保障服务。针对每个阶层的服务需求方进行深入分析，研究其所需公共服务需求进行分类，通过网络获得更多信息并不断优化信息，建立长期合作关系，实现规模效益并达到双赢，提供教育、就业、卫生医疗等专业服务，提高服务质量。在普惠性公共服务的国家基本标准前提下，为不同地区不同社会群体制定不同的基本公共服务，提供专业化服务、人性化服务和高效化服务。

第三，通过政府购买服务的方式来引导企业、社会团体和公民等社会力量共同参与供给，构建多元化的基本公共服务供给模式。

五 确保政府基本公共服务分配的有效推进

政府基本公共服务分配的合理有效推进除建立正式制度外，还要完善非正式制度，以及优化制度环境等制度配套，以协调各项基本公共服务政策与分配方式，使之实现全面可持续的发展。

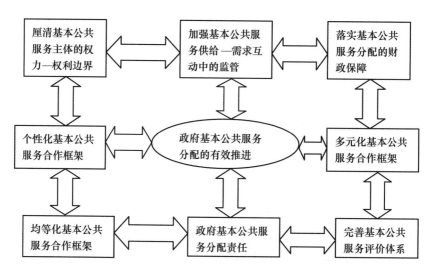

图 5-5 确保政府基本公共服务分配的有效推进框架

1. 厘清基本公共服务主体的权力—权利边界

政府基本公共服务分配的前提是厘清权力边界与权利边界，变绝对权力为相对权力。权力是政府履行职能的需要，权利是社会成员权益的表现。基于此，基本公共服务分配要以个人权利为逻辑起点，协调统一财权、用人权与事权，使行政决策权、执行权与监督权相对分离。

第一，基本公共服务分配要以个人权利为逻辑起点。在现代社会，个人权利构成了公共权力的边界和责任。基本公共服务分配要从个人平等自由的角度（包括自由权、程序权、福利权）出发，尊重个人的生命权、财产权以及迁徙自由等权利，增强基本公共服务分配者免于干预的责任与享有者免于干预的能力，从而实现个人的自由发展与全面发展。具体而言，基本公共服务分配者应该尊重个人基于自身的实际需求选择公共服务的权利，享有公共服务时"免于干预"（如不得有"被供给""被享有"）、表达需求、获得法律的程序正义的权利，以及个人应平等分享社会公共服务和福利（包括公共教育、基本健康、社会保障和保险以及人身安全、社会秩序等公共服务）的权利。基于此，政府基本公共服务分配必须"约法三章"即对个体"法无禁止即可为"、对公权力"法无授权不可为"和"法律规定必须为"。政府要承担不得干预个人自由、遵从正当程序并保障个人自由以及提供公共福利结果三个方面的责任。换言之，基本公共服务分配的逻辑起点是公共权力有责任遵从正当程序、限制或惩治侵犯个人权利者并制约其自身在个人权利范围内的行为，以保证个人权利有自由延展的空间①。

第二，政府基本公共服务分配必须协调统一财政、用人权与事权三者的关系。我国基本公共服务分配当前还存在公共服务"需求—供给"定位不清晰、公共服务人员入口管理不严、出口"刚性"以及财政拨款采用的预算体制存在弊端等很多缺陷。基于此，政府基本公共服务分配必须从以下三个方面入手。一是各级政府要依据基本公共服务国家基本标准制定基本公共服务供给程序与服务质量、需求方的表达渠道，实现供给与需求的互动不断提高基本公共服务能力；二是规范基本公共服务人才队伍的出口与入口；三是用人权、财权与基本公共服务事权相匹配，以有效防止公共权力之手对公民享有公共服务权利的侵害（公共服务供给不足以致公民权利受损），以及过度主张公共服务权利而削弱权力问题（公共服务供给超出现有财政能力）。

---

① 贾西津：《个人权利：公权力的责任与边界》，《法学研究》2009 年第 4 期。

第三，政府基本公共服务分配必须使行政决策、行政执行与行政监督权相对分离。政府在履行基本公共服务分配职能时，必须通过制定"权力清单""负面清单"以及"责任清单"的形式以明晰权力边界和责任，即明晰基本公共服务领域涉及的决策、执行、监督三者之间的边界与责任。[①]随着经济发展的快速化与社会矛盾的复杂化，基本公共服务领域的行政决策、执行与监督三种权力的主体日益多元化，这三种公权力是基于各利益主体的表达综合后而运行的结果。只有通过教育、制度与监督对基本公共服务分配中使用的行政决策、执行权力进行制约，变绝对权力为相对权力，才能依法合理用权。即通过教育、制度、监督让有权者不想、不能、不敢滥用权力，使政府基本公共服务分配者手中的权力不被沦为寻租的工具。[②]

2. 加强基本公共服务供给—需求互动中的监管

供给与需求是基本公共服务分配中的两个重要元素，二者互动是基本公共服务分配有效推进的必要但非充分条件，关键是强化基本公共服务供给—需求互动过程中的监管功能。

第一，实现基本公共服务供给—需求互动中的监管主体的多元化。政府基本公共服务分配要解决"谁来监管"的问题。作为裁判员履行基本公共服务供给的决策与监管职能，其使命是通过公共权力实现公共利益的最大化，即尽可能地提高社会成员的生活质量与生活水平。而基本公共服务供给是以需求表达为前提的，供给效果是以满足需求为衡量标准的，因此，基本公共服务需求方在基本公共服务分配中具有发言权，应该参与监管供给与需求的整个运行过程。非营利组织与第三方组织独立于基本公共服务分配过程，能有效地参与对服务需求表达渠道、服务供给的程序与质量等全方位的监管。除人大、政府、团体组织、公民等监督外，关键是政府、社会组织与需求方等都能成为基本公共服务供给—需求互动中的监管主体，实现其监管主体之间的相互制约与促进。

第二，强化基本公共服务供给—需求互动中监管内容的明朗化。政府基本公共服务分配要解决"监管什么"的问题。只有通过明确列出基本公

① 刘琼莲：《全面深化改革视域下优化基本公共服务分配研究》，《湖北民族学院学报》2017年第4期。

② 筱陈：《明晰权力边界与权利边界》，《金融博览》2011年第8期。

共服务的标准、财政投入、供给方与需求方的清单，即需求表达的渠道、主体、内容、程序与能力，服务供给的类型、供给主体的资格、供给内容的个性化、多元化以及供给与需求互动的标准、均衡点等服务清单，才能真正实现监管内容的明朗化。政府基本公共服务分配除最直接、最关键的是贯穿全程的财政监督外，还要对供给—需求互动中的政府基本公共服务总体规划（国家标准、地方标准、残疾人与退伍军人等不同群体标准）、基本公共服务技术系统（服务数据库、数据接口、数据迁移、功能模块）、基本公共服务运行系统（主体、客体、财政、过程、评估）等监管。

第三，完善基本公共服务供给—需求互动中的监管流程化、信息化。政府基本公共服务分配要解决"监管流程""监管透明"的问题。程序正义比实体正义更能赢得基本公共服务需求方的满意度，加强对政府基本公共服务分配的事前、事中、事后的监管。一是明确监管基本公共服务需求的表达流程（包括表达渠道、内容与效果）。二是明确监管基本公共服务供给的数据流程（数量、质量与效果）。三是明确监管基本公共服务供给—需求互动过程的个性化申请流程（资质、能力、财政来源、人员类别、家庭收入）。监管流程化系统为基本公共服务分配提供不可缺少的业务支撑平台，为基本公共服务供给方与需求方提供更快捷、更优质的服务，而通过对基本公共服务供给—需求互动系统的可行性、易用性与共享性进行分析，推进监管的数据信息化、流程信息化、决策信息化，最终达到监管的透明化。

3. 落实基本公共服务分配的财政保障

我国地方政府尤其是基层政府的公共服务一直处于公共财政短缺的状态。一方面，在制度内财政不足的情况下，一些基层政府甚至无力完成一般性的社会公共事务管理，不能为社会及时提供足够数量与质量的公共服务，从而导致基本公共服务供给的不均衡。另一方面，由于存在事权与财权的不对称、财政职能偏离公共性以及地方财政转移支付制度不完善、财政运行约束缺位、政绩考核机制的错位等现象，地方政府尤其是基层政府会寻求制度外供给，会导致公平性缺位、负外部性产生、官员政绩化倾向以及公共服务供给的悖论。"非典"的发生让我们看到了我国经济和社会发展"一条腿长、一条腿短"的现象，引发了对政府职能的重新思考，随后提出基本公共服务均等化的施政方针，通过建立公共财政以及相关的制度安排来履行公平正义和共同富裕的政府再分配责任。而履行这一责任的基本前提是落实基本公共服务分配的财政保障，实现基本公共服务财政能力的均等化。

第一，依法改革国家预算管理制度，实现政府基本公共服务分配预算的完整统一。一是创新编制基本公共服务预算模式。主要包括：保证编制公共服务预算的时间，统一预算口径以改革预算科目的设置体系，制定基本公共服务的定员定额标准以保证编制预算的准确可靠，全面编制基本公共服务分配预算以保证其完整统一以及采用科学先进的预算编制方法使政府基本公共服务分配预算科学合理（支出预算采用零基预算、收入预算采用标准收入预算法、财力分配采用综合财政预算）。二是规范基本公共服务分配预算执行监督体制。主要包括：实行单一账户以加强对预算资金的集中统一管理，严格预算调整与变动以增强预算的严肃性，建立科学完善的收入征管机制，避免财税政策变化对预算执行的影响以及完善预算管理监督体系。三是调整财政部门内部机构设置。主要包括：成立基本公共服务编制预算机构专门负责预算编制，成立基本公共服务总预算执行机构负责办理具体预算执行工作，以及调整各业务司/处职能强化财政对资金使用的监督检查。四是采取其他配套改革促使政府基本公共服务分配的大致均衡。主要包括：完善预算法和相关法律与政策规定，理顺分配关系以规范政府收入，完善财政体制规范中央与地方的事权和财权关系以及实施规范的政府采购制度。

第二，依法健全财政税收体制，完善财政转移支付制度。我国1994年进行分税制财政体制改革。1995年实行过渡时期转移支付办法，2000年加大对民族地区的转移支付力度，2002年开始资金统一到一般转移性支付，继续对民族自治州等实行民族地区转移支付。为完善分税制度财政体制与提供均等化的公共服务，我国建立了财政转移支付制度。所谓转移支付是指政府把收入从一个人或一个组织转移到另一个人或另一个组织，并没有相应的产品或劳务交换的发生，但能通过提供公共服务来解决无处不在的外部性问题，以维持正常的生活秩序和社会秩序。中央对地方的转移支付包括一般性转移支付、专项转移支付、税收返还以及体制补助（参见表5-25），如果要真正地履行政府再分配责任就必须依赖于克服分税制本身的缺陷，改变转移支付结构不合理、透明度和公共预算性缺乏与支付方式不合理等问题。

表 5 - 25　　　　　　　　　　中央财政对地方财政的转移支付类型

财政转移	一级指标	二级指标	对基本公共服务分配功能的影响
中央财政对地方税收返还和转移支付	一般性转移支付（财力/务性转移支付）	均衡性转移支付	通过转移支付使全国各地尤其是为生态功能区、县级和产粮大县拥有均衡的财力提供大致均等的基本公共服务
		革命老区、民族和边境地区转移支付	这些转移支付有利于提供基础设施服务与文化、教育、科技、卫生等公共服务
		调整工资转移支付	转移支付用于民生领域，提高包括职工养老、医疗等公共服务数量与质量
		农村税费改革转移支付	为农村基础设施服务提供财力保障
		缓解县乡财政困难转移支付	提高县乡工商、基层公检法司服务水平
		其他财力性转移支付	为义务教育等公益性事业服务、新型农村合作医疗服务等保驾护航
	专项转移支付	一般公共服务支出	为包括村镇（社区）办公及综合用房、村级组织活动场所等服务提供财力
		城乡社区事务支出	为城乡供水、排水设施等基础设施服务提供财务保障
		文教科卫领域的支付	更好地提供文化体育与传媒、教育、科技与医疗卫生服务提供财务保障
		社会保障和就业领域的支付	能为大致均衡各地的社会保障服务与就业服务创造财力条件
		其他公共领域的支付	转移支付能有效地提供节能环保、金融监管、资源勘探、公共安全、住房保障、灾后重建等服务
	税收返还	增值税和消费税、所得税基数、成品油税费改革税收等返还以及地方上解（主要是地方负担的出口退税）	税收返还与地方上解有利于地方增加财政收入，若按照一定的财政收入比例投入基本公共服务，能扩大地方基本公共服务规模
	体制补助	补助地方救灾和灾后恢复重建	为地方提供救灾服务以及灾后恢复重建服务进行财力补助

资料来源：根据《中国财政年鉴2013》中的有关数据整理得出。

通过推进预算管理改革、深化"收支两条线"改革、实行国库集中收付制度、清理和规范政策外补贴、明晰各级政府的事权与财权、完善政府转移支付制度（可以弥补纵向与横向财政缺口、地区性公共物品辖区间的外部效应）与无条件的均衡拨款与专项拨款等政府间转移支付制度产生粘蝇纸效应,[①] 从而大致均衡政府基本公共服务分配。

第三，依法推进财税政策措施的多元化是政府基本公共服务分配的基本保障。一是为增加有效需求，通过针对公共服务领域采取减免税、延期纳税、投资税收减免等税收优惠政策，鼓励社会力量参与公共服务的供给，以促进科技、教育、公共卫生公共服务在不同区域的发展。二是通过"立税清费"减轻企业和农民负担，推进企业和个人参与公共服务供给或生产的同时，拉动服务性消费。三是通过完善消费税制，有效或者高效地调节服务性消费需求。主要包括应适当扩大奢侈性消费税的征税范围与适当调整税收负担。根据现有市场与居民消费水平来寻求税负高低的最佳点，提高限制性消费与不可再生资源消费领域的税率，降低有潜在市场而产品积压且与日常生活相关领域的税率，以均衡基本公共服务分配。四是开征社会保障税、遗产税等具有刺激需求作用的税种，降低当前服务性消费需求的价格，以实现服务性消费需求的增长。五是治理税收流失，提供相对公平的税收环境，使资源配置趋于合理，经济结构得到优化，为扩大服务性消费创造条件。

4. 构建基本公共服务"三化"的合作提供框架[②]

在公共治理视野下，基于权利价值导向的政府基本公共服务分配要求政府、市场、社会与公民通力合作进行协调与统筹，以实现社会资源与社会机会的公平性与平等性配置。通过基本公共服务的均等化、个性化与多元化即"三化"合作战略来开展权力与权利的对话，使其在政治、经济、文化、社会等领域的服务职能落实到位。基本公共服务的个性化是基于不同需求方的个性、特质及其禀赋的差异性而产生的不同需求，鼓励多元主体参与提供与之相应的个性化服务。基本公共服务的多元化是针对不同地

---

① 这是不同于减税而产生的提供公共物品效应的理论。粘蝇纸效应即上级政府通过拨款会将接受拨款的一级政府粘住，不会将拨款用于增个人收入而是将之用于提高公共服务水平。

② 刘琼莲：《全面深化改革视域下优化基本公共服务分配研究》，《湖北民族学院学报》2017年第4期。

区、不同消费群体与城乡之间的需求方提供多元的服务形式、内容以及采用不同的提供主体。基本公共服务的均等化强调所有社会成员大致均等地享有公共服务以回应人的温饱需求、健康需求、精神需求、发展需求。

第一，实现基本公共服务主体的多元化。一方面，政府是基本公共服务分配的最终责任主体，为所有社会成员提供基本公共服务是政府的基本责任。另一方面，企业与公民、社区、社会工作者等社会力量是基本公共服务分配的重要责任主体。在法律法规与政策引导下，充分发挥市场（企业组织）、社会组织通过联合生产、签约外包、特许经营等方式为社会成员提供服务功能；社会工作者、公民及其家庭通过代用券等方式为社会成员提供最真实需求的服务，通过社区自治为社会成员提供基层保障功能。

第二，基于不同需求客体提供多样化与个性化的基本公共服务。政府基本公共服务分配要根据不同的需求方提供多样化与个性化的基本公共服务。残疾人与健全人之间、不同类型的残疾人之间、老年人群体与年轻人群体、不同职业群体、城乡之间、地区之间不同社会成员对基本公共服务的需求差异比较大。比如，以残疾人为例，其需求完全不同于健全人，而是获得与其心理、生理与身体相适应的基本公共服务。这需要政府针对不同的需求提供个性化、多样化的公共服务，以解决政治排斥（不能正常参与政治活动）、经济排斥（就业受到限制）、公共服务排斥（教育、培训与医疗卫生服务受阻）以及观念排斥（"因残而废""残疾人是负担"）问题。一是要针对残疾人面临的排斥，通过增加社会融合的新型残疾人观、开展残疾人职业培训、提供残疾人教育服务与无障碍服务以及法律制度、援助服务等，为残疾人提供符合其真实需求的政治、经济、文化和社会公共服务。二是充分利用个体心理调节机制、家庭成员协助支持系统、同事支持协助系统、专家协助支持机制、社区辅助支持系统等调适残疾人的心理并准确定位其公民角色。三是引导残疾人成立自组织能为残疾人提供更具针对性、人性化与差异化的公共服务，也能促使其积极主动地参与社会生活。①

第三，创新基本公共服务的供给方式。通过民营化、逆民营化以及新合同外包等方式，积极有效地推进政府基本公共服务分配。界定基本公共

---

①　刘琼莲：《残疾人均等享有公共服务问题研究》，天津人民出版社 2015 年版，第 284—288 页。

服务的购买内容，制定服务购买标准；通过购买社区服务，鼓励基层街道和社区进行政府采购的试点，提升社区服务能力；扩充和调节公共服务财政，鼓励和引导社会资本参与基本公共服务。公共服务合同外包实践需要致力于以下几个方面：一是坚持有限市场化理念，政府依然是基本公共服务的主要提供者，除制定和实施法律法规防止权力的滥用外，以不同群体的需求为根本，有步骤地实行基本公共服务合同外包。二是全面引入充分的市场竞争机制，包括有资质的投标者参与竞争性投标，提供服务的自由选择机会，培育接受和支持多样化的选择态度，促进政府之间的竞争。三是政府要加强全面监管：包括委托监理机构或者直接特派监督小组对承包商进行监督，强化审计监督力度，基于媒体与民众的监督健全承包人的绩效评估体系。① 四是完善法律法规，实现公共服务合同外包过程中的规范性和规则性。

第四，完善基本公共服务的合作供给机制。通过整合的、无缝隙的运行机制为公共服务需求者提供个性化、多样化服务，实现基本公共服务分配的均等化。一是在多层级诉求路径的制度设计中，形成畅通的需求表达机制。二是基于多元合作与需求的多样化、层次化与差异化形成科学的决策机制，防止决策的"有意碎片化"或"无意碎片化"（具有决策权的组织和个人从可能的多种决策方案中做出选择和决定的过程和方式，由此产生包括确定决策主体、目标与选择决策方式的规则和制度体系）。三是逐渐形成多元主体的合作共担机制，完善主体选择机制（基于均衡考虑效率与公平选择不同的公共服务主体，提供公共服务而形成的内在规定或一种制度安排）。四是基于中央政府与地方政府的财权与事权匹配，畅通转移支付制度运行渠道，完善筹资机制（为解决公共服务生产所需的资金来源与产生的成本分摊问题而进行的系列制度设计）。五是建立与现阶段基本公共服务相匹配的奖惩机制，构建基于公平正义的价值维度的绩效评价机制（包括评价主体、评价客体、反馈情况、评价维度、评价方法等）。总而言之，完善基本公共服务合作机制要牢牢把握以下几个方面：既要确定公共服务合作的内涵与和谐、动态平衡的合作目标，又要强调阶段性地实现城乡、地区与不同群体之间均等享有公共服务的合作过程以及空间、时

---

① 周伟：《公共服务合同外包：公共服务职能提供方式的变革》，《理论界》2010 年第 2 期。

间、主体、客体的多个维度之间实现合作，还要确立公共服务合作的评价标准。

第五，构建基本公共服务合作供给的网络途径。政府在基本公共服务分配中，单一供给机制已无法满足公共服务需求的现实需要。基于此，优化公共资源配置需要探索一种有效互惠协作的多中心合作供给网络即在同一特定领域采用多样化方式（复合型）的供给机制。换言之，基本公共服务分配要寻求政府—市场—社会在供给领域的合作基点，完善三方合作的自由选择机制、互补合作机制与相互信任机制。政府受公民委托代其行使公共权力因而有制度权威和制度资源优势，市场由于其开放与公平的交换机制而具有改革研究和信息资源优势，"第三部门"与公民个体由于其独立性与广泛性能聚合社会网络资本，充分挖掘三者的优势的同时要防止"政府失灵""市场失灵""志愿失灵"的产生，以满足当前日益增长的基本公共服务需求。因此，政府基本公共服务的多元合作供给：不仅要基于信任这一合法性，树立为社会成员提供公共服务的使命意识与责任意识，即政府要"以人为本""以需求为本"，承担"裁判员"角色，强调成本意识与公平意识，确定服务标准与项目，强调公共服务供给项目的经济预算与预算控制，致力于改变弱势群体起点的不平等并创造平等的机会，为其提供参与社会和发展的机会并拓展其发展空间；而且要基于规范这一制度保障，建立事前公开为主，事前、事中、事后监督相结合，合理分配财政，稳步增加卫生医疗、教育、就业等公共服务支出；还要基于合作这一互动平台，在全社会形成"信任—互惠—合作"的价值观与社会，建立起"政府—社会组织—社区—家庭—朋友"的社会支持网络。

政府基本公共服务分配需要运用整体主义的思维与机制来解决我国公共服务面临的碎片化与棘手的问题。一是构建通过纵向和横向协调的思想和行动来实现基本公共服务有效供给的整体性模式以整合基本公共服务功能。二是借助社会结构创新机制，促进多元主体的"双向度"互动以实现公共服务供给主体的整合——达成"合作伙伴"关系。三是基于促进政治、经济、文化与社会以及人力资源的发展与贫困免除等公共服务条件的整合，落实合作无缝隙供给机制。

政府基本公共服务分配要充分利用现代网络技术平台，基于当前的管理、需求主体、决策、主体选择、筹资机制以及绩效评价机制，探索出信息互通、业务规范准则、协同互动、整合层级监管的"一盘棋"机制。基于不同区域的经济发展水平与各地区之间的差异性、需结合城乡、不同区域之间以及不同需求的特点探索政府基本公共服务分配的实现机制。实现基本公共服务供给过程中的运行信息化、数据全员化、资源共享化、操作规范化、服务人性经、服务个性化、工作常态化、队伍职业化，通过转变服务与管理方式，实现公共服务效率、效力与公平的均衡，提供成本低、方便、有效、优化的公共服务。[①]

5. 完善基本公共服务分配的评价体系

第一，确定基本公共服务分配的评价指标与标准。政府基本公共服务分配的评价指标体系按照层次分析的方法，根据评价对象间的相互关系构筑多层次评价指标体系。一是以所有社会成员享有大致均等的基本公共服务作为总目标层，逐步呈现不同区域之间、城乡之间、不同社会群体之间以及残疾人与健全人之间大致均等地享有基本公共服务的态势。二是随着社会经济的发展基于公众的需求不断完善准则层。三是完善由直接可度量指标构成的指标层。因此，政府基本公共服务分配主体要基于公众的需求为各种不同类型的社会成员提供服务，具体包括有形设施的满足度、公共服务分配效率、公共服务分配主体的情感投入率、公共服务分配者素质评价、公众对基本公共服务分配的满意度五个方面（参见表5-26）。

表5-26 基本公共服务分配指标体系建设的评价标准

基本标准	定性标准	定量标准	评估方式
有形设施的满足率	公共交通服务（专用公交车、地铁站等）	新投入、已使用、在建、筹建的公共服务项目与机构的个数、建设用地面积（平方米）、建设规模（平方米）、总投资（万元）与公共服务享有人数的比率	以公共服务分配主体的授意成效与客体的感受比所获得的客观数据作为衡量标准
	基础设施服务（娱乐、文化、体育等）		
	弱势群体（老年、残疾人等）托养、教育、康复设施		
	就业培训机构（特技、职业、安全培训）		

---

① 刘琼莲：《全面深化改革视域下优化基本公共服务分配研究》，《湖北民族学院学报》2017年第4期。

续表

基本标准	定性标准	定量标准	评估方式
公共服务分配效率	就业培训与技能的有效性	培训经费、项目、文化体育参与人次、活动项目与成本—收益比率，城乡、地区等服务分配效率	通过分析公共服务分配客体的客观数据得出的结论
	文化、体育活动服务参与性		
	地区、城乡、不同群体差距		
	公共服务成本—收益之间的协调性		
情感投入率	心理咨询、法律服务投入	分配心理与法律等服务与交流的人次与频率，信息服务网站数目	公共服务的多方分配主体发挥合力做出的评价
	文化、信息服务投入		
	与外界交流的环境、手段		
公共服务分配者素质评价	公共服务决策者与管理者的管理能力与服务水平	公共服务决策者、管理者、分配者等的信息公开、培训情况以及公共服务的宣传情况	基于客观数据的主观测评
	公共服务分配者的专业知识与技能		
	志愿者、义工的服务精神		
公众对基本公共服务分配的满意度	最低生活保障、扶贫、保险、社会救助能满足基本生活	公众对生活保障、扶贫、保险、预防、康复、就业、教育等各项服务需求与供给之比，而得出其满意率	根据公众公共服务需求方的主观感觉对客观数据做出的评价
	预防、康复、就业方便及时		
	文化、读书等活动		
	法律援助与法律服务		
	公交、安全、住房的保障		

第二，明晰基本公共服务分配的满意度评价方法。公共服务满意度是政府基本公共服务分配的客观反映，能够准确和客观地反映公共服务分配的现状与公共服务的真实质量。一是设定科学的具有可操作性的基本公共服务满意度评价指标体系；二是完善地方政府政绩考核评价办法，强化基本公共服务能力评价；三是启动信息技术分析基本公共服务数据；四是明确中央与地方政府的事权与财权，改善公共服务的质量与效率，提升公众基本公共服务满意度。

第三，建立基本公共服务分配体系的结构评价与开放性评价。基本公共服务分配的结构性评价是指根据公共服务分配的目标、内容、过程、供给数量与质量等元素进行评估能为实现基本公共服务均等化而做出的贡献。基本公共服务分配体系的开放性评价是指基于公共服务供给方与需求方"协商"而形成的"心理建构"，基本公共服务分配要强调以公民为本位、以"人"为前提的服务精神，兼用质性与定量的方法激励各种社会力量达成共识，而公共服务分配者在这个"协商"过程中没有任何特权，坚持价值无涉心甘情愿地成为一个公共服务的分配者。一是其价值取向为提升公共服务分配主体的服务能力与公共服务客体的需求表达能力，这个基本公共服务分配过程是公共服务供给与需求相匹配的认识、研究、反思的过程，并得出描述性的、反思性的评价结果。二是基本公共服务分配的开放性评价没有统一不变的公共服务标准，而是按照"价值多元性"的理念进行评价。三是基本公共服务分配的开放性评价对基本公共服务分配者的心理压力小，易为基本公共服务分配者所接纳。

第四，构建基本公共服务分配的效益评价体系。基本公共服务分配中效益评价主要是评估政府、市场与社会等各方力量为需求方提供预防、康复、教育、就业、扶贫与社会保障等服务的效度，以及为经济与社会发展做出的贡献。事实上，要构建完善的基本公共服务分配的效益评价体系，就必须要基于动态而开放的公共服务分配理念，包含道德构成、法律构成、制度构成和组织构成四个部分，能加速推进基本公共服务分配的有效实施。①

基本公共服务分配强调政府承担"兜底"的责任，大致均等地享有基本公共服务是公民的权利，核心是机会均等与公众满意，确保公众公平分享公共财政和经济社会发展的成果。正如西蒙所言："我们只是想接近真理；我们还不能找到一个能够囊括全部真理，且不含任何杂志的公式；纵然是一个相当复杂的公式，我们也不奢求。"② 因此，基于各方力量与资源构建多元行动者间的竞争—合作网络来供给公共服务是一种相对较优的理性选择。事实上，基本公共服务分配具有明显的工具性特征，是在肯定和确保社会成员的基本权利及其义务和机会的自由平等的基础上，对实际存在着的"社会的与经济的不平等"进行普遍有利的合理性调节和再分配，

---

① 刘琼莲：《全面深化改革视域下优化基本公共服务分配研究》，《湖北民族学院学报》2017年第4期。

② ［美］埃莉诺·奥斯特罗姆：《公共事物的治理之道——集体行动制度的演进》，余逊达等译，上海三联书店2000年版，第8页。

使社会的和经济的不平等"合乎每个人的利益",尤其要"适合于最少受惠者的最大利益"。政府基本公共服务分配是人类追求社会公平与公正的基本手段,最终满足人的多元化需求,实现真正的人性关怀。从微观层面看,基本公共服务分配的目标是推进基本公共服务均等化。从中观层面看,通过各地方政府财政能力的均等化和基本公共服务供给能力的均等化来实现全体公众消费能力的均等化。从宏观层面看,基本公共服务分配并非人类社会追求的终极目的,而是人类社会由必然王国走向自由王国的手段之一。①

<hr />

① 刘琼莲、刘志敏:《社会满意度视域的基本公共服务国家标准——关于〈国家基本公共服务体系"十二五"规划〉的解读》,《中共天津市委党校学报》2013 年第 1 期。

第六章　自然资源管理及其
分配公平问题

　　自然资源是指自然生成或自然存在的物质资源，它为人类提供生存、发展、享受的自然物质与自然条件。自然资源是生产力的核心要素，是经济和社会发展的基础。20 世纪以来，全球范围的科技革命带来了经济和社会的快速发展，而这种发展很大程度上是建立在消耗大量自然资源的基础上的，由此导致人口、资源与环境的矛盾也日益突出。我国是当今世界上最大的发展中国家，正处在经济社会快速发展的阶段，需要大量的资源进行经济和社会建设，满足人们日益增长的物质和文化需要。近年来，自然资源供需矛盾日益凸显，成为制约国民经济发展的瓶颈，资源的开发、利用和保护等问题也日益受到重视。

　　自然资源是上天的礼物，每个人都蒙受大自然的恩惠，资源的多少和分布都是不以人的意志为转移的。对于国家及其人民来说，是否拥有充足的资源很大程度上是运气问题。现实的自然资源空间分布是不均衡的，资源利用的水平是有差异的，对于经济和社会发展的效应则具有不确定性。资源的合理配置是实现效率的基础，但资源配置的失衡也是引发公平问题的关键。长期以来，由于粗放型的经济增长方式，我国资源的利用是低效率的，而且由于资源管理制度上的弊病，资源出让和收益分配存在着大量不公平的问题。这不仅加剧了社会的分配不公以及行业差距、收入差距和贫富差距等，而且也带来了代际间不公平的问题。

　　自然资源是公共资源，是具有公共性并应该共享的资源。市场机制在配置资源方面容易导致公用地悲剧和反公用地悲剧，也会由于集体行动的逻辑和囚徒困境导致资源的不合理使用。作为公共权力机关，政府是公共资源的管理者，在自然资源管理方面具有良好的主体优势。公共资源的配置和管理也是政府的基本职能之一，合理配置公共资源，不断提高其配置效率，充分发挥政府角色，是各级政府的重要责任。接下来这个部分我们主要从自然资源管理及其利用的角度来考察当前中国的分配公平问题。

第一节　中国自然资源的基本情况

作为生产投入的未经人类劳动加工而自然存在的物质以及可利用的条件，自然资源是指在特定的时间和技术条件下，能产生经济和社会价值，从而提高人类福利的自然界中一切物质和非物质的总称。[①]

自然资源种类繁多，形态各异，具体包括水资源、土地资源、海洋资源、森林资源、矿产资源、气候资源，以及各种动植物资源等。

根据资源使用的特性，一般可以将自然资源分为两种——非耗竭性和耗竭性自然资源。当潜在供给无限时，其价格将基本等于零，这类供给无限的自然资源通常被称为非耗竭性自然资源，如海水、空气、阳光、自然风等；而当供给绝对有限时，其价格将主要取决于社会需求，这类供给绝对有限的自然资源被称为耗竭性自然资源，其中主要包括土地、矿藏等不可再生资源，以及风能、太阳能、潮汐能等可再生资源。当然，随着经济和社会的发展，非耗竭性资源也会产生供给和需求问题。这里主要讨论耗竭性自然资源。

从自然、经济和社会等各个方面来考察，自然资源具有下述基本特性。

第一，系统性。自然系统是一个相互联系、相互影响、相互依存、相互制约的生态系统。自然资源的开发利用会对环境或社会等产生影响，影响到生态系统的平衡，如对森林资源的过度砍伐会导致水土流失加剧和生物多样化锐减等后果。自然资源的系统性决定了自然资源的开发、利用和保护都具有极强的外部性。由于人类知识的有限性，有些外部性还不是短期内能发现或了解的，比如重要水利工程对生态环境的影响就很难预判和评估。外部性的存在导致私人成本与社会成本、私人收益与社会收益出现偏离，从而无法形成合理的市场价格，也容易导致资源配置的失衡。这就

[①]　郑晓曦、高霞：《我国自然资源资产管理改革探索》，《宏观管理》2013 年第 1 期。

导致对自然资源的开发和利用很难预见到可能产生的系统性后果，包括正面的和负面的，也很难用简单的市场价格来反映自然资源的稀缺程度及其开发和利用程度。

第二，不均衡性。自然资源是依托空间而存在的，具有严格的地域属性，具有不均衡性。不同国家或不同地区资源的组合和匹配不一样，因此资源开发和利用的可能性也不一样。所以与其他消费品不同，自然资源最大的特点是受地理空间的限制。比如根据政府管理的属地原则，山西的煤炭实际上由山西省政府进行统一管理，贵州省的旅游资源也基本上是服务于贵州的经济和社会发展。自然资源归不同的地区开发或利用，直接带来了地区之间的经济和社会发展差异。但这种由于资源分配的地区差异而形成的收益差异，并没有使人们认为这些是不公平的。这就好比是华北地区的人们不会因为西南地区拥有丰沛的水资源而感到不公平，广东省也不会因为山西省煤炭资源丰富而要求重新再分配资源。

第三，稀缺性。自然资源是稀缺的，存量是有限的。稀缺性一方面是不可再生资源的存量逐渐减少，另一方面是可再生资源的再生能力的下降，最终结果都是资源的短缺。稀缺性不是绝对的，而是相对于人类需求和技术水平而言的，在农业社会，土地是稀缺的，工业革命之后，矿产资源变成稀缺性资源。绝大部分自然资源都不是取之不尽、用之不竭的，矿产资源更是用一点少一点。如果无序开采和浪费使用，就会导致资源的枯竭。对于水土、森林和草原等资源来说，一旦开采利用超过了某种程度，便会导致生态系统不可逆转的破坏。自然资源的稀缺性也导致了社会上个人或利益集团竞相追逐对资源的占用，因为一旦拥有了这种资源的使用权或收益权，就意味着获得了某种带有垄断性的利益。因而产生了资源利用过程中不可逆性的问题，增加了资源利用的风险和成本。受到边际效应规律的影响，人们会竞相提高贴现率，加速开采和利用自然资源，以快速获得回报，最终不可避免地加速了资源的匮乏甚至枯竭。

第四，有价性。一片原始森林，即便不论其经济价值高低，其存在本身就是有价值的。这种价值是生态价值，还可能是文化价值，是难以用金钱来估量的。自然资源具有可利用性，既能够满足人类的需求，也能给人们带来利益。值得注意的是，自然资源概念偏重于其对人类所具有的价值，是从满足人类需要的角度来认识和理解这些要素的价值。换言之，能够为人类所利用的环境要素就是自然资源。自然资源具有可用性，可以被人们开发和利用，具有多种功能和用途。自然资源是经济和社会活动的基础，更是人类经济活动的重要资本。自然资源不是可以随意取用的无价物品，它是有价值和价格的，可以按照市场规律进行交易和管理。当然，区别于市场上其他类型的商品，自然资源的定价是非常复杂和困难的。

第五，非排他性。自然资源的受益者众多，人们都可以利用和消费它，很难将任何个人排斥在外。一些自然资源是流动的，占据特定的空间形式，具有全面持久的开放进入的特征，因此将自然资源转化成可以私有的资源形式，排斥其他人的进入，常常需要支付高昂的成本。自然资源在创造私人产权和防止外部性方面存在困难，财产权利很难被量化和清晰化。其原因在于（1）无法对资源进行分割，排他在技术上是不可能的；（2）排他的成本很高，经济上无效率；（3）出于公众利益或政府利益的考虑，不需要排他。公共资源的非排他性特征导致人们在利用自然资源时容易忽略所带来的后果，也就是正负外部性。

除了上述自然资源的共通特性之外，作为世界上最大的发展中国家，我国自然资源有自身的一些特点。这些特点影响了对于资源的开发和利用。

一　自然资源总量较大

我国陆地面积约 960 万平方公里，居世界第 3 位。其中耕地面积20.26 亿亩，居世界第 4 位；森林面积 31046 万公顷，森林覆盖率为21.63%，居世界第 6 位，草地面积约 4 亿公顷，居世界第 2 位；湿地总面积 3848.55 万公顷，也是位居世界前列。水资源总量为 27957.86 亿立方米，居世界第 6 位；已探明矿产储量占世界矿产资源总量的 12%，居世界第 3 位，其中，钨、锑、稀土、钒和钛等探明量居于世界首位，铜、铅、铁等主要矿产资源探明量居于世界第 3 位，矿物按 45 种主要矿产资源的潜在价值计算，居世界第 3 位；水能、太阳能、煤炭资源分别居世界第 1位、第 2 位和第 3 位。庞大的自然资源总量为我国社会主义现代化建设提供了良好的物质基础，也提出了建构可持续发展的生态文明的要求。中国以占世界上 9% 的耕地、6% 的水资源、4% 的森林、1.8% 的石油、0.7%的天然气、不到 9% 的铁矿石、不到 5% 的铜矿、不到 2% 的铝土矿，养活占世界 22% 的庞大人口，协调人与自然的关系任务艰巨。

二 自然资源类型丰富

我国的生物多样性丰富而又独特，具有如下几个方面的主要特点：物种丰富；特有物种属、种繁多；区系起源古老；栽培和家养动物及野生亲缘种质资源异常丰富；生态系统丰富多彩；空间格局繁杂多样。我国孕育了极其丰富的植物、动物、微生物物种和丰富的生态组合，是全球 12 个"巨大多样性国家"之一。我国现有种子植物 3 万余种，其中全世界 12 科 71 属 750 种种子植物中，我国就有 11 科 34 属 240 多种。动物则汇合了古北界和东洋界的大部分种类。我国约有脊椎动物 6266 种，约占世界脊椎动物种类的 10%，其中鸟类 1244 种，占世界总数的 13.7%，居世界首位；鱼类 3862 种，占世界总数的 20%，居世界前列。我国矿产资源亦相当丰富，目前我国已发现 171 种矿产资源，查明资源储量的有 158 种。其中石油、天然气、煤、铀、地热等能源矿产 10 种，铁、锰、铝、铜、铅、锌等金属矿产 54 种，石墨、磷、硫、钾盐等非金属矿产 91 种，地下水、矿泉水等水气矿产 3 种。我国还有"稀土之王"之称，稀土矿产占世界总储量的 80%；非金属矿产储量名列世界前三位的有 10 余种，其中菱镁矿、石膏、石墨、萤石、重晶石、滑石、硅灰土等储量居世界前三位。

三 人均自然资源量少

但遗憾的是，由于我国人口总数庞大，有超过 13 亿的人口，我国各类自然资源人均占有量基本都低于世界平均水平。2013 年国家发布的相关数据显示，我国水资源人均占有量仅为世界人均占有量的 1/4，并且分布极不均衡，地区差异很大。人均森林面积 0.145 公顷，不足世界人均占有量的 1/4，矿产资源人均探明储量占世界平均水平的 58%，居世界第 53 位。石油、天然气等对工业经济发展极其重要的矿产，人均探明储量相当于世界平均水平的 7%。其他资源我国人均值与世界平均水平的比值大概是——土地资源为 1/3，草原资源为 1/3。其中，我国的耕地资源不仅人均数量少，而且后备资源也不足。我国人均粮食产量是加拿大的 1/5，人均棉花产量是美国的 1/3；人均肉类是加拿大的 1/4。此外，由于观念和技术上比较落后，我国的资源利用效率较低，致使我国成为世界上单位 GDP 能耗最高的国家之一，如我国每万元产值耗水量比国际水平高 5 倍，总能耗是世界平均水平的 3 倍，美国的 4.3 倍，德国和法国的 7.7 倍，日本的 11.5 倍。这就更是加剧了资源的紧张。

四　自然资源质量参差不齐

在土地资源方面，我国耕地质量总体较差，第二次全国土地调查（2007 年启动）的耕地质量等别成果显示，全国耕地平均质量等别为 9.96 等，总体质量偏低，优等地面积仅占全国耕地评定总面积的 2.9%；高等地面积占全国耕地评定总面积的 26.5%，中低等耕地面积占耕地评定面积的 70.6%。草地资源主要分布在干旱、半干旱地区与山区，资源质量整体较差。森林资源则较好，一等森林地大约占 66%。在地下矿产资源方面，除煤炭以外，多数矿产资源都是贫矿多而富矿少，共生矿多而单一矿少，中小型矿多而大型矿少。例如在铁矿的保有储量中含铁量大于 80% 的富矿只占到总储量的 7.1%，90% 以上为贫矿。据统计，铁、锰、铜、磷的贫矿所占比例分别为全国总储量的 97%、94%、65%、93%。此外我国矿产资源中伴生复杂矿多，单一矿少，使矿物加工、金属分离和提取费用增高。我国有些矿种虽然储量大，但矿石品位低，杂质较多，产地较分散，开发难度较大，有的矿种计算储量的标准又较低，如富铁矿石我国是以含铁量 30% 为标准的。相比国外，我国矿石的实际储量还很低，开发难度更大。

五　自然资源空间分布不均衡

我国疆域辽阔，资源空间分布不均衡，给自然资源的开发利用带来了一定的障碍，提高了经济和社会发展的成本，也直接导致了地区发展不平衡。总体上讲，我国自然资源分布的东西差异大，南北资源组合的差异大。其中耕地、水、森林等资源的 90% 以上集中在东半部，而能源、矿产等地下资源和天然草原等相对集中于西部；长江以北平原广，耕地多，占全国总量的 63.9%，但水资源较少，仅占全国总量的 17.2%，比如华北地区就长期受到干旱缺水问题的困扰，水资源短缺与经济社会发展以及生态环境保护之间的矛盾越来越突出。长江以南地区山地面积大，耕地面积少，仅占全国耕地总量的 36.1%，但水资源占到全国总量的 82.8%。长江以北煤炭资源占到全国的 90%，山西、内蒙古、新疆、陕西、宁夏五个省（区）就占全国煤炭总储量的 70%，而长江以南地区则严重缺乏能源。

六 自然资源短缺情况日益加剧

随着人口的大量增长，经济发展对资源需求的依赖程度越来越高，自然资源的日益短缺将成为国民经济和社会持续、快速、健康发展的重要制约因素，尤其是北方广大地区的水资源短缺，全国耕地资源不足和退化，以及森林消失和草原退化等问题。据统计，全国有近 400 个城市存在缺水问题，其中约 200 个城市严重缺水，北京、山西、山东、河北等地的城市地下水位普遍下降，日缺水量达 1600 万吨以上，农业每年因灌溉水不足减产粮食 250 多万吨，工农业生产和居民日常生活都受到了很大的影响。根据北京市 2015 年发布的消息，北京市水资源严重短缺，对外依赖严重，2015 年南水北调江水累计入京量突破 5 亿立方米，达到当年用水总量（8.18 亿立方米）的 60% 以上。此外随着资源供需缺口不断加大，我国石油、铁、铜、铝和钾盐五大矿产的进口量大幅攀升，对外依存度都超过 50%。①

第二节 我国自然资源管理的制度架构

自然资源种类繁多，形态各异，具体可划分为矿产资源、国土资源、水资源、生物资源、森林资源、海洋资源等，其利用和管理都非常复杂。由于自然资源产权的多样性和复杂性，很难形成最优的制度安排。在自然资源总量或流量既定的条件下，自然资源的利益相关者为了争夺资源的效益，很容易出现零和博弈，导致严重的低效率使用。因此实现自然资源的合理和持续使用，需要具有行使强制性权威又能提供诱导性措施的政府组织的介入。与通过市场机制等方式进行自然资源的配置一样，政府通过行政机制进行资源的配置是自然资源管理的重要途径。

从理论上分析，相对于其他组织而言，政府组织作为国家意志的实施者，在解决自然资源的集体行动方面具有比较优势。首先，政府作为国家所有权的代表，具有制定与维护自然资源使用规则的责任和义务，在管理和支配自然资源方面具有不容置疑和无可挑战的权威性地位；其次，产权界定和权利实现的过程是一个利益分配的过程，由于社会成员的权力资源

---

① 《五大矿产对外依存度均超五成》，http://finance.qq.com/a/20120423/000526.htm。

和财富实力存在差异，导致各利益相关者在谈判中讨价还价的能力不同，政府的介入有利于保护弱者，实现公平；最后，自然资源的产权界定及其维护都需要投入很大的成本，而政府介入所具有的规模效应可大为降低公共资源产权的界定成本。①

自然资源是关系到经济和社会发展的战略性资源，是经济和社会发展的物质基础。否则巧妇难为无米之炊，不仅人们的基本生存和生活需要无从谈起，社会的发展和进步也将成为无本之木，无源之水。正因如此，每个国家都采取措施对自然资源进行管理。自然资源管理是指国家及其有关各部门依据相关法律法规，通过行政手段、法律手段、经济手段和技术手段对自然资源的分配、开发、利用、调度和保护等进行协调、管理、监督和控制的过程。自然资源管理是国有资产管理体系的重要组成部分，管理的目的是利用和维护国有资源，合理高效开发和利用自然资源，促进经济发展与生态保护的协调，最终取得良好的经济效益和生态效益。

制度是历史形成的，是长期演化的结果。我国当前的自然资源产权制度是经过数十年的改革和发展而确立起来的。1954 年新中国颁布的第一部宪法就规定，全民所有制是"国民经济的领导力量和国家实现社会主义改造的物质基础"，"矿藏、水流、由法律规定为国有的森林、草地和其他自然资源，都属于国家所有"，正式确立了自然资源产权的国家所有制度。②虽然以后宪法历经修改，但国家所有制延续并巩固下来。

这一阶段可以说是我国自然资源产权制度的初创阶段，自然资源公有制被认定为是社会主义制度的典型特征，国家所有权是自然资源公有制的主导形式，集体所有权则是集体所有制的表现形式。自然资源成为禁止流通物，一切资源交易的行为都被视为对社会主义公有制的侵蚀和破坏。由于不允许交易和流通，自然资源的价值和效率无从实现，资源产品低价成为长期困扰经济增长与社会发展的障碍。③

党的十一届三中全会以后，我国开始从传统的计划经济逐步向有计划

---

① 参见李强《政府自然资源管理介入度探析——基于集体行动角度的考察》，《人文杂志》2012 年第 4 期。

② 左正强：《我国自然资源产权制度变迁和改革绩效评价》，《生态经济》2008 年第 11 期。

③ 肖国兴：《论中国自然资源产权制度的历史变迁》，《郑州大学学报》（哲学社会科学版）1997 年第 6 期。

的商品经济直至社会主义市场经济的过渡，对资源的利用和保护进入了一个新的历史阶段，自然资源产权制度也实现了从行政管理制度向法律制度的转变。从 1982 年的《宪法》开始，《森林法》（1984 年）、《草原法》（1985 年）、《渔业法》（1986 年）、《民法通则》（1986 年）、《矿产资源法》（1986 年）、《土地管理法》（1986 年）、《水法》（1985 年）、《野生动物保护法》（1985 年）相继出台，确立了自然资源管理的基本框架。立法进度之快、立法数量之多都是前所未有的。

随着我国经济体制改革步伐的加快，尤其是随着社会主义市场经济的发展，20 世纪 70 年代末和 80 年代初起草和制定的各种自然资源单行法的计划经济色彩浓厚，已经越来越不适应经济和社会的发展，迫切需要做出适当的调整。经济快速发展与自然资源相对稀缺的矛盾，也要求改革现行自然资源产权制度。① 在这种发展背景下，法律制度对自然资源产权制度的规范也发生了重要的变化，对资源价值、资源开发利用以及有偿交易等的认识逐渐清晰。相应地，自然资源有偿使用制度逐步确立，使用经营权流转也获得了法律认可，自然资源的产权交易也开始起步。

2007 年，经过多年反复的审议和修改，全国人大五次会议高票通过物权法。作为调整公私财产关系的重要法律，物权法对于完善产权制度建设、充分发挥动产、不动产及其他财产的效用、保护物权人的合法权益具有重要的意义。在自然资源产权方面，物权法吸收和借鉴其他自然资源保护法律的经验，做出了许多具体而合理的规定，确定了对产权人与用益物权人的保护制度，丰富了自然资源的所有与利用关系，其主要内容包括，自然资源的所有制以公有制为主，属于公有的资源范围非常大，公有的资源都是关键而重要的资源，集体和非公所有权则受到一定的限制。②

产权制度是自然资源管理的根本性制度，决定着资源的占有、利用、处分和收益等。根据宪法、物权法和自然资源管理的各单行法，我国自然资源的管理已经确立起了自然资源的公有制。在所有权上，现行自然资源所有权实行的是国家所有和集体所有的二元结构，自然资源基本归国家所有，有法律明文规定的部分资源归集体所有。使用权依据资源种类以及用

---

① 左正强：《我国自然资源产权制度变迁和改革绩效评价》，《生态经济》2008 年第 11 期。
② 方正：《新物权法与自然资源产权制度》，《法律经纬》2007 年第 12 期。

途不同，又细分为土地的承包经营权、建设用地使用权、矿业的探矿权和采矿权等，可以通过法律规定、承包经营、许可证等形式取得。

从产权性质看，自然资源的产权制度是介于完全的公有产权与私有产权之间的一种中间形态。公有产权占主体，自然资源的所有权和连带的收益权属于国家和集体。但其余的各项权利，如使用权、转让权则可以通过有偿转让或协议等方式在不同的主体之间进行分配，建立起排他的私有产权，如国家、集体所有的资源也可以为个人所使用。因此，同一种权利可以由多个人拥有，只要每个人拥有的权利互不重合。

从产权结构看，一方面，所有权与使用权是分离的，所有权主体既可以享有完整的所有权与使用权，也可以把使用权分离出去由其他的产权主体所有。另一方面，使用权与转让权也是分离的，使用权主体拥有使用权、经营权、收益权，但不一定拥有转让权，因为有些资源使用权的转让是被法律禁止的，比如法律禁止土地买卖，国家土地所有权一般不能流转，因而对国有土地的处分权实质上是对土地的使用权而言的。

我国的宪法、物权法等一系列法律为我国丰富的自然资源完成了"国家确权"。但国家作为一个抽象的实体无法行使权利，因此必须要通过法律赋予政府代表国家行使自然资源所有权，也就是由政府机构代理管理权和收益权等。政府作为国家所有权的代表，具有制定与维护公共资源使用规则的责任和义务，在管理和支配公共资源方面具有不容置疑的权威性地位。但自然资源国家所有不是政府所有，政府行使自然资源国家所有权，只是代表国家行使所有权，而不是拥有资源的所有权。集体所有权则由一定范围内的集体经济组织或者集体成员代表来行使。

自然资源归国家和集体所有，决定了自然资源的所有权及其连带的收益权只能是属于国家和集体，但其余各项权利，如使用权、支配权等仍可以通过有偿转让或协议方式建立排他性的权力。[①] 此外，国家不可能包揽所有的自然资源开发活动，让更多的社会主体参与资源的开发利用，引入市场竞争机制，可有效降低资源的开发成本，提升资源的使用效率。社会主体参与开发的途径主要是依法获得自然资源的使用权，进行自然资源产权交易，有偿获得自然资源使用权。

---

① 谢地：《论我国自然资源产权制度改革》，《河南社会科学》2006 年第 5 期。

自然资源收益在国家的财政中占有重要地位。世界主要国家获取资源收益的方式多种多样，主要包括出售、出租、入股、直接经营等方式。我国实行的是自然资源的全民所有制，通过法律赋予政府代表国家行使自然资源所有权，也由政府机构代理资源管理权以及收益的使用权。政府从自然资源开发中获取收益的手段主要是对开发者征收各种税费和建立国有企业。1984 年国务院颁布《资源税条例（草案）》，开始征收资源税。随后几经改革，逐步形成了普遍征收、级差调节的税制，明确了从量定额征收的办法，资源税的征收范围也不断扩大。

具体来说，由于自然资源的种类和性质不一样，管理体制也有所差异，下面我们主要以矿产、土地、水和森林等自然资源为例，来考察我国自然资源管理的制度架构。

一 矿产资源管理的法律制度体系

矿产资源是自然资源提供给人类的宝贵财富，是全社会的共同财富。矿产资源是人类生存和社会发展的物质基础，是不可再生的耗竭性资源，因此必须要加强规划和管理。中国古代很早就实行了盐铁专卖的制度，即古代的"禁榷"制度。盐铁专卖制度起源于春秋时期管仲改革的"管山海"政策，目的是"收山泽之利"。国家依次垄断日常工商用品的生产和销售，利用垄断价格获取高额利润。盐铁专卖制度增加了国家财政收入，也有利于巩固中央集权，但也容易滋生腐败，甚至是与政权的兴衰密切相关。[1]

能源和矿产资源管理伴随地质工作而前进和发展，是我国最早设立行政机构进行专门管理的资源门类之一。1950 年，政务院第 47 次会议通过成立"一会"（中国地质工作计划指导委员会）和"一会"领导下的"两所"（中国科学院地质研究所、中国科学院古生物研究所）、"一局"（矿产地质勘探局）的报告。由此，地质和矿产（含能源资源）工作正式纳入国家计划，成为各项经济工作的先行。其后，历史上从事过能源和矿产管理的行政机构还有：地质部、冶金工业部、化学工业部、建筑材料工业部、第二机械工业部、煤炭工业部、石油工业部、电力工业部、能源部、地质矿产部。到1998 年，矿产资源行政管理职能被整体性划入新成立的

---

① 吕芙蓉：《略论中国历代盐铁专卖制度及其启示》，《财经政法资讯》2011 年第 2 期。

国土资源部。2008 年成立国家能源局，2010 年设立国家能源委员会，2013 年重组能源局，将其划入发展和改革委员会管理。

经过多年的探索，我国已经形成比较完备的矿产资源方面的法律制度体系，即矿产资源法、行政法规、部门规章、地方性法规和规章等。其中，1986 年开始颁布实施《中华人民共和国矿产资源法》，1996 年通过修正案。这是矿产资源管理工作的基本法，是矿产资源管理相关法律、法规、政策、文件等的出发点。《矿产资源法》确立了矿产资源管理的基本制度，主要有矿产资源国家所有、矿产资源集中统一管理和分级管理、矿产资源规划、矿产资源勘查开采审批登记管理、探矿权采矿权有偿取得、矿产资源有偿开采、矿产资源勘查开采监督管理等制度。

为了实施矿产资源法，国务院相继出台了大量配套的实施性法规，如《矿产资源法实施细则》《矿产资源勘查区块登记管理办法》《矿产资源开采登记管理办法》《探矿权采矿权转让管理办法》《矿产资源补偿费征收管理规定》《矿产资源监督管理暂行办法》《地质灾害防治条例》等。国土资源部颁布的矿产资源管理部门规章还包括《违反矿产资源法规行政处罚办法》《矿产资源登记统计管理办法》等。各地方省级政府还先后出台了矿产资源管理条例，也颁发了大量相关的规范性文件。

矿产资源管理是国家行政管理机关对矿产资源进行规划决策、调解控制和监督协调，以保障矿产资源开发利用取得良好经济、社会和环境效益的公共管理行为。根据现有的法律制度体系，矿产资源归国家所有，由国务院行使国家对矿产资源的所有权。国务院地质矿产主管部门是矿产资源管理行政机关，目前国务院赋予国土资源部地质矿产管理的职能。省、自治区、直辖市人民政府地质矿产主管部门（国土资源厅）主管本行政区域内矿产资源勘查、开采的监督管理工作。矿产资源管理的利益相关者不仅包括各级政府，还包括各种地矿企业和其他相关机构及个人。"现行的矿产资源管理体制是国家在对矿产资源这一物质实体享有绝对所有权的基础上，通过自上而下的集权管控方式将全国的矿产资源切割分配给包括实际享有经济特权的国有企业在内的各类经济主体，通过行政性收费及其他方式干预其开发活动"，具有浓厚的行政色彩。①

---

① 刘欣：《构建新的矿产资源管理体制》，《国土资源通讯》2004 年第 9 期。

我国《宪法》和《矿产资源法》明确规定，矿产资源属国家所有，由国务院行使国家对矿产资源的所有权。《矿产资源法》第5条规定，"国家实行探矿权、采矿权有偿取得的制度"，"开采矿产资源，必须按照国家有关规定缴纳资源税和资源补偿费。"一般来说，矿产资源有偿使用制度包括矿业权有偿取得制度与矿产资源有偿开采制度两个部分。探矿权价款、采矿权价款中央与地方二八分成。矿产资源补偿费由中央与地方五五分成，中央与少数民族自治区矿产资源补偿费按照四六分成。矿产资源税从1984年开征，最初只对煤炭、石油、天然气等优等资源矿山征收。1994年改为对全部矿产品从量定额计征。资源税的征税范围包括矿产品和盐两类资源。资源税属于地方税，归地方财政管理。

通过矿产资源管理体制改革，转变政府部门职能，完善了矿产资源管理体制，加强了矿产资源的战略规划与宏观管理，逐步形成了适应市场经济体制的矿产资源管理体系，包括建立了完善的分类分级管理体制和四级三类规划①体系，推进了矿产资源开发秩序整顿规范和资源开发整合。但矿产资源管理的现实问题依然较多，比如宪法和法律规定矿产资源实行国家所有（即全民所有），但现实中的国家所有权只是一种抽象模糊的"终极所有权"，存在着"所有权虚置"的问题。由于国家所有权落实不到位，中央与各级地方政府之间存在利益博弈以及责权利不清的情况。法理上只有国务院代表国家行使自然资源的所有权，并没有赋予地方各级政府的相应权利，但实际上地方政府实际上却成为矿产资源所有权的"实际权利行使人"。通过行政代理进行"分类分级管理""以政代权"，矿产资源国家所有权虚置，产权关系模糊，理论上的国家所有权实际上转化为各级地方政府的行政管理权。②

二 土地资源管理的法律制度体系

土地是国家的基本要素之一，是人类生存和栖居的场所。土地制度是国家制度的基础性制度。中国土地制度历史悠久，特色鲜明。土地是人民

---

① 四级三类规划体系是指2005年以来逐步形成的国家、省级、市级、县级四级矿产资源规划和总体规划、专项规划、区域规划三类规划。

② 《需进一步完善矿产资源管理体制》，http://finance.eastmoney.com/news/1371，20150716528075685.html。

赖以繁衍生息的最重要的资源。人类社会的政治和经济冲突往往与土地资源和土地权利的分配有关，[①]"对于中华农耕文明来说，土地和土地制度是治国安邦的头等大事，与江山社稷和人民福祉息息相关。"[②]古往今来，所有的国家和朝代都下大力气进行土地管理，一些重要的经济和政治改革也都瞄准了土地问题。

中华人民共和国的第一个土地管理机构为政务院 1949 年设立的内务部地政司。其后，又历经了建筑工程部、农业部土地利用总局、农垦部、城市服务部、农业区划委员会，1986 年 2 月，国务院常务会议决定组建国家土地管理局，隶属国务院，负责全国土地、城乡地政的统一管理工作。1998 年 3 月 10 日，第九届全国人民代表大会表决通过《关于国务院机构改革方案的决定》。根据这个决定，由地质矿产部、国家土地管理局、国家海洋局和国家测绘局共同组建国土资源部，负责全国的土地资源管理工作。

中华人民共和国成立以来，我国土地管理模式大致经历了"统管—分管—统管"三个阶段。第一阶段（1949—1955）由中央人民政府内务部地政司主管全国地政，第二阶段（1955—1986）土地管理职能分散于农村和城市政府各级有关用地部门，城市用地由房产局管理，农业部管理农村土地，铁道部管理铁路用地，交通部管理公路等交通用地，林业部管理林业用地，水利部管理水利工程用地等。1982—1986 年，国家实行城乡分管的体制。第三阶段（1986 年至今）成立国家土地管理局，行使统管全国土地的工作职能，从中央到地方各级政府设置土地管理部门，实行全国城乡土地统一管理制度[③]，并形成了中央、省（自治区、直辖市）、市（地）、县（市）、乡（镇）五级管理体制。

根据《土地管理法》及相关法律法规的规定，我国实行土地的社会主义公有制，即全民所有制和集体所有制。全民所有即国家所有的土地的所有权由国务院代表国家行使。土地实行分级管理体制。2004 年国务院调整了省级以下国土资源主管部门干部管理体制，实行省级以下垂直管理体制

①　程雪阳：《中国现行土地管理制度的反思与重构》，《中国土地科学》2013 年第 7 期。

②　郭雪剑：《中国古代土地制度演变的特点和规律》，《学习与探索》2016 年第 1 期。

③　王万茂：《中国土地管理制度：现状、问题及改革》，《南京农业大学学报》（社会科学版）2013 年第 4 期。

（省到中央并不垂直），上收省级以下政府土地管理的权力，强化对国土资源的宏观管理。由此而形成了"条块结合"以"块块为主"的分级管理体制，即在业务上实施垂直管理，土地职能部门接受自上而下的条条管理；在行政上实施分级管理，即土地职能部门还要接受本级政府的领导，实施块块管理。2006 年国务院建立国家土地督察制度，设立国家土地总督察、副总督察，向地方派驻 9 个国家土地督察局，代表国家土地总督察履行监督检查职责，强化中央集中统一的管理。

总体上讲，我国是"相对集中管理、自上而下监督的土地统一管理模式"，即国务院国土资源行政主管部门统一负责全国土地的管理和监督工作，实行国家、省、市、县四级管理，在干部管理体制上实行中央与省双层管理，省级以下垂直管理。① 其主要内容是：（1）国有制和集体所有制并存的公有制；（2）所有权与使用权相分离；（3）以耕地保护为目标的用途管制机制；（4）政府主导的市场化土地配置机制；（5）集中统一为主的管理体制。这种土地管理体制也产生了大量的不公正问题，其中包括，"禁止集体土地入市，造成两种产权不平等，妨碍了农民集体参与工业化、城市化的机会，严重损害了农民的利益"，"新征建设用地，首先转化为集体所有，征地补偿还是维持计划经济时代的地价制度，补偿费还是由政府来定，而不是市场价，从而就从农民身上拿走了巨额的财产"，"各级政府，尤其是地方政府建立了庞大的'卖地财政'，从而极大地压榨了农民的合法收入，扩大了社会贫富差距"，"征地补偿不公正，征地程序不合理，以及救济程序严重匮乏，造成政府征地权力几乎不受法律约束。土地合法权利得不到合法保障，导致征地纠纷、征地腐败越来越严重"等。②

具体来说，《土地管理法》关闭了乡村土地市场，使农民和农民集体地失去了土地的自主开发权，结果是导致了农民的日趋贫困，城乡差距进一步扩大，③ 确定的农用地征收补偿范围太窄，补偿标准很低。被征用人的利益在土地征用补偿中没有得到相应的体现。而且土地征收费用的分配机制不合理，过多主体参与土地收益分配，导致集体经济组织和农民个人

---

① 刘守英：《中国城乡二元土地制度的特征、问题与改革》，《国际经济评论》2014 年第 3 期。

② 《〈土地管理法〉存在九大弊端》，http：//opinion. caixin. com/2012 – 02 – 16/100357298. html。

③ 程雪阳：《中国现行土地管理制度的反思与重构》，《中国土地科学》2013 年第 7 期。

获取的补偿收益锐减。[①] 在土地增值收益分配上，也存在各利益主体得失不公的弊病。土地增值收益的分配结果是，农民得到农业用途的倍数补偿；土地用途转换时的增值收益归地方政府获得、使用与支配；土地未来增值收益主要归土地占有者，部分归地方政府。这造成原集体所有者合法获得的补偿过低，城市化农民补偿不规范、不透明、无原则，以及政府获得土地一次性增值收益过高，但未来增值收益流失，房地产商和购房者支付一次性土地出让费用过高、获得未来土地增值收益过高，成为"当前收入分配不公的制度性因素之一"[②]。

三 水资源管理的法律制度体系

我国是世界上开发水利和防治水患最早的国家之一，历史上很早就设立了水行政管理机构，例如隋唐设有水部，明清设置了都水司，民国期间水事管理多次变迁，1947 年成立水利部主管水利。[③] 中华人民共和国成立后，中央人民政府设立水利部，而农田水利、水力发电、内河航运和城市供水分别由农业部、燃料工业部、交通部和建设部负责管理，水行政管理并不统一。后经多次变革，农田水利和水土保持工作归水利部主持，水利部与电力工业部两次合并又分开。目前水利部是统一进行水行政管理的主管部门。2008 年国务院大部制改革后，根据相关规定，水利部对水资源保护负责，环境保护部对水环境质量和水污染防治负责。但水资源保护、水环境质量和水污染防治的职责也包含了相互交叉的内容。

依照《水法》的规定，水资源属于国家所有，国务院代表国家行使水资源的所有权。国家对水资源实行流域管理与行政区域管理相结合的管理体制。国务院水行政主管部门负责全国水资源的统一管理和监督工作，国务院水行政主管部门在国家确定的重要江河、湖泊设立流域管理机构，在所管辖的范围内行使法律、行政法规规定的和国务院水行政主管部门授予的管理和监督职责，目前国家共设立长江、黄河、淮河、海河、珠江、松辽水利委员会和太湖流域管理局七大流域管理机构。地方各级水行政机构

---

① 邢发齐：《我国现行土地征收制度利弊研究》，《河北法学》2009 年第 9 期。
② 刘守英：《中国城乡二元土地制度的特征、问题与改革》，《国际经济评论》2014 年第 3 期。
③ 何士华、徐天茂、武亮：《论我国水资源管理的组织体系和管理体制》，《昆明理工大学学报》（社会科学版）2004 年第 1 期。

分为省（自治区、直辖市）、地（自治州、盟）、县（市、旗、区）三级。县以下的区乡级设水利管理站或水利管理员（专职或兼职），隶属关系有的作为县级水利行政机构派出的事业单位，有的则为区乡政府的事业单位。

政府其他职能部门依照职责分工，负责水资源的开发、利用、节约和保护等有关工作。[①] 水资源可细分为地下水和地表水，管理包括水资源的利用、勘探和保护等，相关工作涉及的政府部门很多，具体包括国土资源部、环境保护部、住房和城乡建设部等。比如对于地下水管理，国土部侧重于地下水超采、地面塌陷、海水入侵等地质问题；水利部侧重于水资源开发利用及水位、水量等；环保部主要是针对地下集中型饮用水源的保护。在城市水资源管理方面，水利部主要涉及水资源的规划、调度和分配等，住房和城乡建设部则偏向于对城市用水排水功能的建设维护、卫计委侧重于饮用水水质以及是否对身体健康造成损害，而环保部主要看是否已经造成或存在潜在的环境危害。

水资源具有随机性、易污染性、流动性以及利害两重性等特征，水资源涵盖到人口、工业、农业和生态等各个方面。我国水资源总量居世界第6位，但人均水资源仅为世界人均水平的1/4，位列世界第88位。长期以来，我国水资源的利用和分配是一种指令型配置模式，主要通过行政手段来配置水资源，实行国家养水，福利供水，水资源价格扭曲，形成"市场失灵"和"政府失效"：前者是指水价大大低于生产成本，价格无法起到调节供求的杠杆作用，用水过度增长；后者是指即使水价提高到弥补供水成本的水平，还是低于水资源的社会成本（外部成本和机会成本），造成潜在的用水效率损失和生态环境破坏。最终结果都是难以实现水资源的合理分配和有效利用，既缺乏效率，又偏离公平。[②]

在当前中国经济社会，迅速发展的时期，水资源的需求不断增加，水资源的保护日益严峻，水资源在国民经济各部门和各环节中的优化配置变

---

① 比如在 2015 年国务院发布的《水污染防治行动计划》中，对于各项工作，直接列出牵头部门、参与部门和落实部门，直接列出来的政府部门就包括环境保护部、水利部、工业和信息化部、科技部、商务部、住房和城乡建设部、发展与改革委员会、农业部、国土资源部、国家质检总局、交通运输部、海洋局、财政部、海关总署、银监会、证监会、保监会、人民银行等。

② 常书铭：《中国水价改革路径探索》，《中国党政干部论坛》2014 年第 4 期。

得极其重要。近年来，随着水资源稀缺性日益显现，水资源的分配实质上是各区域和各基层的利益分配。一些水利工程本质上是根据各城市 GDP 来分配水量，是各城镇综合实力竞争的结果，这将强化原有的利益分配格局，扩大区域发展差距。[①] 在城市管理中，水权的分配日益敏感，水价调整直接关系到人们的切身利益，水价调整的听证会往往成为社会关注的焦点，如何保障和维护弱势群体的利益，也是水价调整所必须要考虑的问题。

四　森林资源管理的法律制度体系

森林资源是林业赖以生存、发展以及生态建设的物质基础，主要包括林地、林木、野生动植物、湿地类型的自然保护区、森林公园等。森林资源能够释放氧气、净化空气和保持水土等，具有经济、生态和文化等多种效益。森林资源的属性决定其具有很强的外部性，包括正外部性和负外部性，是属于比较典型的公共物品。人们既能够从良好的森林资源中获得好处，也能因为滥砍滥伐而深受其害，因此森林资源的管理和维护通常需要政府扮演积极有为的角色。

中华人民共和国成立以来，各级林业行政主管部门负责对森林资源进行宏观管理和业务指导。1949 年我国成立中央人民政府林垦部，对全国林业实行统一的宏观管理。1951 年 11 月 5 日改为中央人民政府林业部，垦务工作则交中央人民政府农业部主管。1956 年 5 月 12 日，全国人民代表大会常务委员会决定成立中华人民共和国森林工业部，林业部与森林工业部分离，各自行使职能。1958 年第一届全国人民代表大会第五次会议决定将林业部和森林工业部合并为林业部。1970 年，国务院将林业部与农业、农垦、水产等 5 个单位合并成立农林部，下设林业组。1978 年，国家林业总局成立。1979 年，农林部撤销，分别成立农业部和林业部，林业部主管全国营林和森林工业工作。1998 年，林业部改为国家林业局，为中华人民共和国国务院专责国家林业事务的直属机构，级别上为副部级。

根据 2008 年公布的《国家林业局主要职责、内设机构和人员编制规

---

① 杨云彦、石智雷：《南水北调与区域利益分配——基于水资源社会经济协调度的分析》，《中国地质大学学报》（社会科学版）2009 年第 3 期。

定》，国家林业局的主要职责共有 13 项，具体包括负责全国林业及其生态建设的监督管理；组织、协调、指导和监督全国造林绿化工作；承担森林资源保护发展监督管理的责任；组织、协调、指导和监督全国湿地保护工作；组织、协调、指导和监督全国荒漠化防治工作；组织、指导陆生野生动植物资源的保护和合理开发利用；负责林业系统自然保护区的监督管理；承担推进林业改革，维护农民经营林业合法权益的责任；参与拟订林业及其生态建设的财政、金融、价格、贸易等经济调节政策，组织、指导林业及其生态建设的生态补偿制度的建立和实施等。根据上述职责，国家林业局设 11 个内设机构。

目前世界上国有森林的管理体制主要有中央政府主导的垂直管理、以州为主体的垂直管理、以省为主的分级协调、管理与经营分离四种管理体制。[①] 目前我国森林资源的管理体制以高度垄断和统一的政企合一的管理体制为主，体制运行中存在模糊性和随意性的问题。随着行政管理体制改革的演进，森林资源管理体制也不断变化，缺乏系统性和稳定性。目前来说，基本已经形成了自上而下的直线式的林业管理体制。从中央到地方各级政府都设置了林业管理机构，负责森林资源的管理工作，国有林场也都设有专门的管理机构，配备相应的管理人员，一些地区乡镇还设立林业工作站，具体承担基层的森林资源管理工作。

就其性质来说，我国森林资源管理体制是"政资合一"和"政企合一"的，国有林业企业隶属于各级林业主管部门，林业主管部门直接管理国有森林资源，国有林业企业的领导由林业主管部门任命，或者由林业主管部门的行政领导兼任。对于森林资源的主管部门来说，特别是县市级的林业管理机构，既担负着行政管理职能，又担负着所有权管理职能，既承担行政决策、行政执法和协调监督等功能，又负责行业管理以及森工企业的经营和管理，这些都造成了森林资源管理体制的定位混乱和功能失调。

根据宪法规定，森林属于国家所有，即全民所有。森林资源包括森林、林木、林地以及依托森林、林木、林地存在的野生动物、植物、微生物。森林资源除了具有资产与自然资源的一般特征外，还具有可再生性。

---

① 陈文汇、刘俊昌：《国外主要国有森林资源管理体制及比较分析》，《西北农林科技大学学报》（社会科学版）2012 年第 4 期。

森林具有经济效应，能提供木材和各种林产品，还可发挥巨大的公益效应，具有净化空气、涵养水源、保持水土、维护生态平衡等功能。"森林是可再生的资源库、能源库和储碳库，林业是循环经济体和低碳经济的重要组成部分，具有十分广阔的发展前景，成为国家转变经济发展方式的重要抓手。"①

　　森林资源的管理与保护直接涉及广大人民群众的利益。在 2008 年以来的集体林权制度改革过程中，如何确保林农或农民的权益，统筹兼顾各方利益，确保林农或农民得到实惠，生态环境受到保护等，始终是改革进程中的重要问题。同时，公众积极参与国有森林资源的管理也是非常重要的，但国有森林资源管理通常较为注重生产效益，而忽视了关系到公共利益的生态效益；国家投资的林业工程项目，决策方式高度集中，缺少民众参与，不能给当地居民带来经济效益，公众态度比较消极；公众缺乏合适的参与途径，知情权和参与权得不到制度保障，以至于民意表达不足，沟通协商不够。

　　此外，国家还通过法律、行政和技术等手段，对草原和海洋资源等进行规划、保护、建设和利用，对资源开发和利用的情况进行管理和监督。这既有相关的法律制度，比如《草原法》等，也有相应的组织机构，比如海洋局等。

　　经过新中国成立以来 70 多年的变革和调整，从矿产到土地，从水利到森林，从草原到海洋，最重要自然资源的管理机构的设置也几经变更，但总体看来自然资源管理部门数量呈下降趋势，形成了"三部一委加一局"的管理架构和"集中统一管理与分类、分部门管理相结合、中央政府与地方政府分级管理相结合"的管理体制。土地、矿产、海洋三类资源中的大部分类别和大部分职能集中统一由国土资源部管理；而水、石油、天然气、森林、草原，则相对独立地分别由水利部、国家发改委（能源局）、林业局、农业部实行分部门管理。国土资源部、水利部、农业部、发改委、林业局这"三部一委加一局"共同形成了地、矿（含能源）、水、林、草、海六类最重要的自然资源的管理格局。

　　法律制度规定了自然资源管理的制度。比如土地管理法规定，国务院

---

①　贾治邦：《我国森林资源管理工作"十二五"展望》，《林业经济》2001 年第 6 期。

土地行政主管部门统一负责全国土地的管理和监督工作。县级以上地方人民政府土地行政主管部门的设置及其职责，由省、自治区、直辖市人民政府根据国务院有关规定确定。矿产资源法规定，国务院代表国家行使矿产资源的所有权。国务院授权国务院地质矿产主管部门对全国矿产资源分配实施统一管理。国务院地质矿产主管部门主管全国矿产资源勘查、开采的监督管理工作。国务院有关主管部门按照国务院规定的职责分工，协助国务院地质矿产主管部门进行矿产资源勘查、开采的监督管理工作。省、自治区、直辖市人民政府地质矿产主管部门主管本行政区域内矿产资源勘查、开采的监督管理工作。省、自治区、直辖市人民政府有关主管部门，协助同级地质矿产主管部门进行矿产资源勘查、开采的监督管理工作。设区的市人民政府、自治州人民政府和县级人民政府及其负责管理矿产资源的部门，依法对本级人民政府批准开办的国有矿山企业和本行政区域内的集体所有制矿山企业、私营矿山企业、个体采矿者以及在本行政区域内从事勘查施工的单位和个人进行监督管理，依法保护探矿权人、采矿权人的合法权益。

具体来说，国土资源部负责矿产资源、土地资源和海洋资源的合理利用与保护工作，负责规范国土资源权属管理，承担优化配置国土资源的责任。农业部承担农村经营管理体制的责任，负责指导管理农村土地承包、耕地使用权流转等工作。水利部负责保障水资源的合理开发利用，对生活、生产经营和生态环境用水进行统筹兼顾，对水资源实施统一监督管理；国家林业局主要负责组织、指导森林资源的管理，组织全国森林资源调查，并进行动态监测和统计，审核监督森林资源的使用，组织编制森林采伐限额，确保森林资源的合理开发利用；而国家发展与改革委员会在自然资源管理中，主要是为推进可持续发展战略，负责节能减排的综合协调工作，参与编制资源节约和综合利用的重大问题。而具体管理工作则集中在其他四个部门。①

在地方政府层面，涉及资源管理的组织机构相对较多，自然资源管理的集中性程度比较弱，而且地区之间的差异性也比较大。各级地方政府相关主管部门按照职责分工，依据法律、政策和中央或上级的要求等，负责

---

① 根据国土资源部等政府门户网站信息整理所得，http：//www. mlr. gov. cn/bbgk/。

同级政府有关资源的管理工作。涉及国家层面的重大资源问题，如大型的石油能源项目，需要由中央政府制定政策和方针或指导意见，由各地方政府参照执行和实施。对一些地方性的问题，如小规模的砂石开采，各地可根据实际情况自行决策。一些地方如果草原、森林面积比较大，就会设置专门的机构加以管理，而那些没有大草原或大森林的地方，也就没有必要设置这样的专门机构。地方上的自然资源管理机构因资源禀赋的差异而有所不同。

自然资源的管理虽然都关注自然资源的保护和可持续利用，但自然资源的类型和性质不同，管理的目标和内涵也有所不同。对于可再生资源（动物、植物和微生物等）而言，管理的关键是形成符合自然资源系统演进规律的行为，实现永续利用。对不可再生的非耗竭性资源（土地等）而言，重点在于将技术、政策、社会经济规划和有关的环境因素结合在一起，同时达到保持和提高生产和服务的水平（生产率）、降低生产风险（安全性）、保护自然资源潜力（保护性）、经济上可行（可行性）、社会可接受性（认同性）的目标；对永续又可耗竭性资源（水资源等）而言，重点在于实现资源利用率和增长率之间的均衡，促进其合理开发利用，提高资源利用的经济、社会和生态效益。对不可再生的耗竭性资源（石油、煤、铁等矿产资源）而言，关键在于提高资源的利用率，实现资源利用在代际间的均衡。[①]

第三节　自然资源的分配及其公平问题

自然给予人类丰富多样的资源。人类的活动无不涉及自然资源的开发和利用。人类的繁衍生息须臾离不开各种各样的自然资源。每一种资源都与社会的进步和发展息息相关。在人类社会的特定历史阶段，自然资源比较充裕，人与人之间没有竞争，人们可以比较随意地利用土地、草原和森林等，因此也不存在竞争和冲突的问题。当人类还没有进步到利用煤炭、石油或天然气等矿产资源之前，这些自然资源也不成为人们关注的问题。

但在既定的技术和社会条件下，可供人类享用的自然资源必然是稀缺

[①]　参见陈秋红《自然资源可持续管理的制度选择》，《中国农村观察》2008 年第 6 期。

的。任何自然资源，相对于人类无限的需求而言，都是有限的和稀缺的。"资源是由人而不是由自然来界定的"。① "无论是一种资源、利益，还是一种权利或权力，只要它是有价值的和稀缺的，就会存在分配问题，就会在参与分配的主体之间形成一定的分配关系。"② 自然资源的稀缺性引发了自然资源的分配问题，即自然资源归谁所有，由谁来利用，谁从中获益等问题就成为社会生活必须要面对的问题。分配的模式、制度和规则，决定了自然资源的占有、使用、收益和处分等，成为经济、社会和政治生活斗争的焦点，也成为公平和正义问题关注的对象。

自然资源是指自然生成或自然存在的资源，它能为人类提供生存、发展、享受的自然物质与自然条件。纯粹的自然资源是经济学的公共物品概念，具有两个基本特性：一是"非排他性"，即自然资源向所有人开放，人人都可以使用公共资源；二是"非竞争性"，即一个人的占用或使用并不影响其他人的使用等。但这只是理想情境，实际的自然资源基本上是准公共物品，具有不同程度的"排他性"和"竞争性"，从而决定了人们不可能都得到和享用自然资源。

自然资源的概念区别于公共物品的概念，包含了三个方面的特殊性。第一，资源是可消费的，也是可分配的，更重要的是，资源是价值创造的基础。作为经济和社会活动的重要基础，资源的消费也是利用的过程，能够产生新的价值，带来更高的收益。第二，在公共物品的概念框架中，政府主要是扮演着提供者（而不仅仅是生产者）的角色，而在公共资源的概念框架中，政府承担的是实际的控制者和分配者的角色。第三，物品的概念更多是静态的概念，对应着的是消费，资源的概念则是动态性的，对应着的是开发和利用，后者更深入地嵌入到社会的生产和分配结构中去，对社会的公平和正义具有更加深刻的作用。

我国宪法、物权法以及其他关于自然资源的单行法律都对自然资源的所有权做出了明确的规定，确立自然资源的国家所有和集体所有的二元所有结构。自然资源属于国家所有既不是自然存在的现象，也不是宪法给国家设定的目的，而是用以实现国家目的的手段，它的价值主要是工具性

---

① ［英］朱迪·丽丝：《自然资源：分配、经济学与政策》，蔡运龙等译，商务印书馆2002年版，第21页。

② 孟庆瑜、范海玉：《论分配关系中的法律》，《河北法学》2005年第12期。

的。实质上，自然资源属于国家所有就是实行国家对生产资料和人类生存条件的国家垄断。这不只是对经济制度的安排，不只是沿着经济活动的规律所做出的选择，而是一个完整的社会制度建设方案的组成部分。

相对于个人财产制度，国家财产制本质上是一种国家垄断。"我们可以称自然资源归国家所有为自然资源国家垄断。"① 相对于个人的自由财产权有多种主体，自然资源国家垄断不是这样的所有权。它的主体是唯一的，这个主体是国家。在国家财产制面前，作为义务主体的私人不得分享国家的垄断地位。自然资源国家垄断仅仅存在于国家和私人这一对关系中。宪法确定河流、土地和海洋等属于国家的国家财产制之后，这种制度所在的唯一的社会关系是国家和私人的关系。不仅这种关系是唯一的，其权利主体和义务主体都是不可取代的，而且这一关系的权利主体和义务主体的地位是不可颠倒的。

从历史上看，为了获取自然资源带来的收益，基于自然资源的收益很大程度上具有坐地收钱的性质，国家大多时候都是不容置疑的垄断者，个人或私人则永远是国家垄断制度要防范的对象。相对于自由财产权意味着财产的所有权人可以随时发生变化，自然资源国家垄断不允许自然资源脱离国家的掌控，成为个人或私人所有的对象。国家财产权制度还意味着，公共福利或公共利益具有价值优先性。自然资源国家垄断制度是实现公共福利的工具，也是实现和维护公共福利优先性的手段。总之，国家对自然资源的所有不同于公民权利，它其实不是权利，而是权力，是垄断权和专权。这种权力是管理权，即通过管理实现公共福利。②

自然资源是社会共同的财富，属于全体国民所有，直接影响着经济和社会的发展。自然资源利用和收益的方式决定了社会的分配格局，影响着社会的公平和正义。公平和正义都是内涵丰富的概念，也是充满分歧和争议的概念。传统理论对公平和正义的研究主要集中于收入分配方面。对公共资源的研究很多，更多的是探讨资源利用的效率与经济社会发展的关系。

我们认为，自然资源的公平问题主要涉及两种性质的公平问题，一是

① 徐祥民：《自然资源国家所有权至国家所有制说》，《法学研究》2013 年第 4 期。
② 徐祥民：《自然资源国家所有权至国家所有制说》，《法学研究》2013 年第 4 期。

代际公平，二是代内公平。由于环境污染危害大、时间长，环境的外部性具有代际性特点。代际公平主要与资源的可持续利用有关，关注的是不同代人之间的利益比较，具体问题包括现代人对自然资源的消费是否适度，现代人的经济活动是否破坏了后代人的发展基础，现代人对自然资源基础及后代人的补偿行为能否实现。代内公平主要与不同地区、不同个人和集团对资源的利用及收益有关。

自然资源是人类生存与发展的物质基础，是不可替代的生产要素。人类可持续发展的诉求与自然资源的有限性，要求经济活动中消耗的自然资源必须要以某种方式得到补偿或替代。长期以来，自然资源参与价值与财富的创造，却没有参与发展成果的分配。自然资源恢复更新所需要的资金没有正常的来源渠道，资源的消耗得不到及时的补偿或替代。

自然资源是有价值的，价值创造与价值分配是统一的，因此自然资源也应该参与分配。劳动力与自然资源是基本的生产要素。如果自然资源是共有的，丰富的，每个人都能自由享用，那么市场交易的只是花费在商品上的劳动量。但自然资源不是共有的，也不是取之不尽用之不竭的，因此为了人类社会的可持续发展，自然资源的损耗必须要得到补偿，交换价值中就应该包含由于自然资源损耗而包含的价值。因此，自然资源与人类劳动一样，也是价值的源泉。二元价值论也规定了分配制度，即生产活动中必要的代价消耗必须在分配中得到补偿或替换。价值理论与分配制度是直接对应的。其中价值理论对价值源泉的追溯需要抽象的逻辑分析方法，剥离复杂的表面现象找到价值的本质，而分配是一个操作水平的现实的问题，不能把生产要素的贡献抽象掉。（准确测定和衡量各要素生产贡献的大小，在技术上是非常困难的。把任何一个要素的贡献率准确地剥离出来也几乎是不可能。）合理的分配制度既不能把创造价值的主体——人类劳动与自然资源——排斥在分配之外，也不能否认对价值创造有间接作用的派生要素的贡献。生产要素的作用都是不可替代的，对于生产都是有贡献的，都有权力参与分配。因此，按要素的生产贡献分配是现实的、合理的制度选择。

劳动、资本和资源是社会生产的基本要素，劳动与资本、资源结合的方式决定了劳动能够创造财富的多少，也决定了这些财富按照什么方式进行分配。其中产权制度是"一系列用来确定每个人相对于稀缺资源使用时的地位的经济和社会关系"，是规定公民与社会不同群体拥有的劳动、资本和资源相结合的条件和权利，对于收入分配的结果及其公平性具有决定性的作用。公共资源的产权制度确定了资源的所有权、使用权、收益权和处分权等基本权利，规定了社会成员之间权利的分配，实质上也决定了社会成员之间的地位和关系，尤其是收入分配体系中的地位、关系和利益损益。

在传统的经济体系中，生产力水平比较低下，简单的商品生产以手工劳动为主，商品生产者之间劳动的物质条件和技术水平差异不大，生产所需要的自然资源相对充裕，所以非劳动因素在商品价格中并不重要，商品交换以等量劳动交换为基础，商品价格围绕由社会平均劳动时间所决定的商品价值而波动。在简单商品生产的私有制产权制度下，劳动者或商品生产者是资本、劳动和商品的所有者，生产是劳动与资源、资本的自然的直接结合，交换只是商品所有权的交换，在观念上和实践上都不存在资源与资本参与价值分配的问题。商品市场是竞争性市场，交易双方交易地位和权利平等。就此而言，社会价值的分配是公平的按劳分配。

伴随着人口的迅速增长、生产规模的扩大和科技水平的不断提高，自然资源普遍呈现出稀缺性，重要的自然资源日见短缺，资本在经济和社会发展过程中的作用日益凸显，资源产权对于收入分配的决定性作用越来越大。资源和资本的话语权越来越重要，没有资源和资本要素的普通劳动者，只能依附于资源和资本要素。多数商品生产者失去资源和资本要素产权沦为无产阶级。因此，资本主义商品生产的要素产权制度为：土地（资源）和资本所有权分别归地主和资本家所有，劳动者除劳动力外一无所有；商品生产在利益相互独立的产权结合下才能进行，即土地的使用权、资本的经营权通过产权交易契约为职能资本家所有；正常条件下，商品市场和资本市场都是竞争性的。

市场经济要求，要素产权束的分离，特别是产权的自由交易，土地和资本因而具有了价值或价格。非劳动要素产权参与商品价值分配，商品价格由围绕商品价值波动变为围绕由资本平均利润率规律决定的生产成本价格波动；由于资源与资本要素为占人口少数的地主和资本家所垄断，劳动者在产权交易中处于不利的地位，不得不接受按劳动力价值而不是按劳动价值分配，剩余价值被地主、资本家阶级以地租、利息和利润形式瓜分。

显然，在资源和资本产权为地主、资本级垄断的资源产权制度下，有产阶级凭借生产资料产权垄断剥削了无产阶级创造的剩余价值，收入分配是不公平的。

劳动者和生产资料是物质资料生产不可或缺的最基本要素。但现代社会的劳动者和生产资料处于分类的状态。劳动者与生产资料的结合，是人类进行社会劳动生产所必须具备的条件。没有它们的结合，就没有社会生产劳动。自然资源进入劳动生产环节，就成为生产要素。

根据马克思主义政治经济学原理和市场经济的按生产要素分配的原则，分配不公、收入差距扩大的原因是由资源分配不公造成的。马克思说，"消费资料的任何一种分配，都不过是生产条件本身分配的结果。生产条件的分配，则表现生产方式本身的性质。""既然生产要素是这样的分配，那么自然而然地就要产生消费资料的现在这样的分配。"这就表明，如果离开资源分配的研究，则无法解决分配不公问题的，这才是解决贫富差距问题的关键所在。①

由生产关系决定的分配，主要是指初次分配，是由经济关系所决定的分配，不管人们认为公平还是不公平，都是难以改变的。政府对于初次分配能起到的调节作用非常有限，因为工资是由生产方式和市场供求关系决定的，政府最多只能对最低工资规定限额，对高收入者征收个人收入所得税。如果政府强行干预市场规律，就会引发更大的不公平。政府所主导的二次分配，属于社会公平的领域，可以通过公共政策来调节，但除此之外，社会中大量存在的是由资源分配不公所导致的收入分配不公平。

分配的公平也是资源分配的公平，收入分配很大程度是资源分配的结构所决定的。在现代经济社会体系中，谁掌握了对资源的控制权，谁就掌握了分配的主导权，具有决定收入分配的能力。资源导致的分配不公主要从三个途径显现出来。

一 城乡收入差距与土地制度

众所周知，城乡收入差距是中国社会最大也最严重的社会差距之一。

---

① 何伟：《资源分配不公决定收入分配不公——再论公平与分配不能联姻》，《中国流动经济》2006 年第 7 期。

改革开放至今，在城乡分割的体制下，城乡收入差距经历了波浪式演进的历程[1]。全国城镇居民人均年可支配收入从 1978 年的 343 元提高到 2013 年的 26955 元，提高 77.6 倍；同期农村居民人均年纯收入由 134 元增加到 8896 元，增加 66.4 倍。城乡收入差距比例从 1978 年的 2.57∶1 扩大到 2005 年的 3.21∶1，2009 年更是达到最高的 3.33∶1，成为世界上收入差距最大的国家之一。

在国家采取多种措施（包括取消农业税、新型农村合作医疗、新农村建设、以工补农、以城带乡和新型城镇化等）缩小城乡差距的情况下，从 2010 年开始，我国城乡收入差距逐渐缩小，2013 年城乡居民收入比缩小到 3.03∶1，2014 年继续下降到 2.92∶1。2015 年，城镇居民人均可支配收入为 31195 元，农村居民人均可支配收入为 11422 元，城乡收入比为 2.73∶1。城乡收入差距比持续缩小，但收入差距绝对额仍在扩大，自 2008 年突破 1 万元后，到 2013 年后扩大到 1.8 万元。[2]

城乡收入差距是社会发展失衡的重要体现，也是制约经济社会发展的重要瓶颈。导致城乡收入差距的原因很多，比如城乡二元经济结构、户籍制度的差别、社会保障制度的差异、国家政策的倾斜以及农业比较收益低等。但其中最为关键的，是由作为农村基本经济制度的农村土地产权制度决定的，农民最重要的资产——土地被征用，但大多数农民却被排除在土地增值收益之外。造成我国农村落后、农民贫困的现状固然存在很多原因，但城乡二元的土地制度以及由此造成的农民权利的贫困恐怕是其中最为重要的原因。"我国土地制度的立法通过对集体土地所有权从使用权、收益权到处分权各项权能的限制和剥夺，使集体土地所有权变得支离破碎，难以有效地抵承担起亿万农民基本权利保障的重任。"[3]

根据我国 1982 年宪法和《土地法》的规定，"中华人民共和国实行土地的社会主义公有制，即全民所有制和劳动群众集体所有制"。具体来说，城市的土地属于国家所有，农村和城市郊区的土地，除由法律规定属于国家所有的以外，均属于农民集体所有。这就确立了中国城市土地国有制和

---

[1] 1978 年以来，城乡居民收入差距经历了"两降、两升"的过程，其中 1984 年为最低点，收入比为 1.84∶1，2009 年为最高，2010 年开始持续下降至今。

[2] 参见曹光四、张启良《我国城乡居民收入差距变化的新视角》，《调研世界》2015 年第 5 期。

[3] 陈晓军：《我国土地二元所有制的失衡与立法矫正》，《北方法学》2010 年第 6 期。

农村土地集体所有制并存的二元制土地所有制架构。"城乡二元土地制度是计划经济向市场经济转变过程中的产物，是城乡二元制度派生出来的"。"城乡二元土地制度是城乡二元制度的重要组成部分。"通过《宪法》《土地法》《农村土地承包法》等法律制度而制度化和结构化，其中最重要的是城乡分割的户籍制度和土地制度。①

城乡二元的土地所有制模式的实质是，在尊重城乡现实差别的基础上，消灭土地的个人私有制，确立土地的社会主义公有制。从理论和立法上讲，国家所有制和集体所有制并不存在孰优孰劣或何者为先的问题，二元制的土地所有制模式是平等的关系，差别只不过是调整的土地范围有所不同。但在实际运行中，以公有制的纯粹性或范围大小来判断所有制的优劣的观点根深蒂固。其结果就是，国家所有优于集体所有，与国家所有权相比，集体所有权更容易受到侵害。由于集体所有的土地只能依法变更为国有土地才能进入市场，因此国家土地所有权实质上对集体土地所有权具有了优先性。

根据现行法律，我国土地资源的配置在城乡有着不同的实现方式。任何单位和个人不得侵占、买卖或者以其他方式非法转让土地。土地使用权可以依法转让。国家为了公共利益需要，可以依法对土地实行征收或者征用并给予补偿。我国《土地法》规定，城市国有土地"以出让等有偿使用方式取得"，即通过买卖由市场机制配置。城市国有土地使用权的出让，由政府出售给单位或个人（国有土地交易一级市场），单位和个人可以转让所拥有的土地使用权（二级市场交易）。由于政府出让的土地使用权包含着土地的处分权和完整收益权，这种使用权是完全意义上的经济所有权。

但农村集体土地则必须通过国家征收，转变为国有土地才能进入市场，即必须通过行政机制以征地方式实现其第一次也是最后一次使用权意义的出让配置。随着集体土地转变为国家用地，土地的性质也由农业用地转变为建设用地了。当然，农村用地分为农业用地和建设用地。土地法规定农村集体组织的任何单位和个人进行建设，需要使用土地的，必须依法

---

① 许经勇：《我国城乡二元土地制度的负面效应与改革路径研究》，《东南学术》2016 年第 1 期。

申请使用国有土地。这就意味着，农村集体所有的建设用地也必须转变为国有土地才能进行买卖，进入土地市场。因此，我国农村集体所有的土地是被完整地隔离在土地市场之外的。

有效的所有权应包含完整的占有、使用、收益和处分的权能。作为所有权，不同的所有权所包含的权利内容及其范围应当是相同的。但集体土地所有权的内容和实现方式实际上都受到诸多的限制。在使用权上对集体土地所有权人的土地所有权进行了较为严格的限制，集体土地只能用于农业生产目的，剥夺了集体土地所有者对土地进行开发和建设的权利，导致集体土地所有权的弱化；在收益权上，集体所有权人的收益权受到制度性的剥夺，集体土地的价值被大大降低，集体土地所有权人无法获得集体土地的增值价值；集体土地除了很小的一部分可以用于建设用地，基本上被排除在合法的转让主体之外，集体所有权人被剥夺了自由处分土地的权力。①

根据法律法规的规定，土地管理的各项工作由国土资源部和地方政府土地管理部门承担，但这种管理基本限于行政和技术管理，国务院和中央政府职能部门的土地权力实际上被虚化了，有关土地的各项权能基本掌握在市县政府手中。政府拥有"土地最终支配权和终极所有权"是"城乡二元土地制度的基本特征"。② 由于市县政府是土地征收的实施主体和土地一级市场的唯一供地主体，土地用途转换时的第一道也是最重要的增值收益归地方政府获得、使用与支配。政府低价征得土地，然后高价在市场上出让，其中的差价就变成政府的收益。土地价格的剪刀差是地方政府热衷征地和卖地的根源。在实际操作当中，具体采用哪种出让方式由政府决定，不同的出让方式价格相差很大，出让的收益如何分配也具有很大的弹性。

根据现行法律规定，在国家征收过程中，对于被征收土地的土地所有者和土地使用者对土地的投入和收益造成的损失必须要给予补偿。土地征收时按被征收土地的原用途补偿，补偿的范围非常狭窄。农用地征用的补偿范围主要包括土地补偿费、劳动力安置补助费、地上附着物和青苗的补偿费。补偿的范围仅限于与土地有直接联系的损失，而对被征收入的间接

---

① 陈晓军：《我国土地二元所有制的失衡与立法矫正》，《北方法学》2010 年第 6 期。
② 何立胜：《我国城乡二元土地产权特性》，《贵州社会科学》2011 年第 10 期。

损失根本没有考虑，比如残余土地补偿、工事费补偿、相邻地损害、移迁费补偿、营业损失和租金损失等；补偿的权利仅限于土地所有权，而不包括农民享有的土地承包权等土地其他项权利；补偿作为劳动力货币安置方案，没有对农民的医疗和养老保障给予补偿。

补偿标准低也是征地过程中的重要问题。按照《土地管理法》征用补偿标准，补偿原则是以"土地原用途"为依据，即只承认土地作为农用地时的价值，征用耕地的补偿费用包括：（1）土地补偿费，为该耕地被征用前3年平均年产值的6—10倍。（2）安置补助费，每一个需要安置的农业人口的安置补助费标准，为该耕地被征用前3年平均年产值的4—6倍。每公顷被征用耕地的安置补助费，最高不得超过被征用前3年平均产值的30倍。（3）被征用土地上的附着物和青苗补偿标准，按省、自治区、直辖市规定。（4）征用城市郊区的菜地，用地单位应当按照国家有关规定缴纳新菜地开发建设基金。而实际补偿费的确定往往存在很大的弹性空间，通常采用就低不就高的做法。

现行征地补偿标准为"产值倍数法"，土地补偿费以农地收益为基础来进行计算，并没有反映农地转为非农地的实际损失和预期收益。1999—2004年全国共征地1330.6万亩，支付给农民的征地补偿费用平均每亩为2.547万元。而土地转为建设用地出让后，扣去开发成本等方面的费用，纯收益远高于征地补偿费。如2003年平均每亩出让收入为18万元，平均每亩出让纯收益为6万元；2004年平均每亩出让收入为23.55万元，平均每亩出让纯收益为8.59万元。土地出让纯收益有相当一部分是从农民征地补偿费中压出来的。基础设施建设项目，尤其是地方政府重点项目，与其他项目相比，征地补偿费明显偏低，有的甚至低于法定标准。在国外，建设高速公路的土地取得成本一般占工程总投资的50%—60%，而我们只占10%—15%。

过去10年来，土地出让金一直是地方政府财政收入的主要来源之一，[①] 但其背后却是广大农民的利益受损。有研究认为，农民获得的征地补偿费不及土地出让金的1/10，甚至仅有1/30左右。有关调查显示，在

---

① 我国土地出让金占地方政府财政收入比重在2013年达到顶点，为59.8%，2014年回落至56.2%，部分省市土地财政甚至达到75%左右。

土地专用增值收益中，地方政府获得 60%—70%，村级集体组织获得 25%—30%，真正到农民手中的已经不足 10%。1979 年至 2001 年全国通过征地从农民手中获取的利益超过 2 万亿元。改革开放到 2006 年左右，国家从农村征用了 1 亿多亩耕地，按每亩 10 万元计算，最高达十万多亿元，但真正到农民手中的不足 7000 亿元。改革开放以来，低价"剪刀差"为 5 万亿至 10 万亿元。其中大部分被征用地的农民都没有得到土地权益的应有补偿。① 由于处于博弈的弱势地位，农民在征地之后还缺乏必要的生活收入和就业安置，② 也更难获得其他福利保障。

在目前的社会发展阶段，我国城市的住房已经高度商品化，可以自由买卖，土地价格通过房地产市场"资本化"到了房子的价格中，市民购买或出卖房屋的价格，不仅包含了地面建筑的价格，还包含了土地本身的价格，这就意味着市民实际上拥有土地的所有权，因为土地价格是土地所有权在经济上的实现形式。而在农村，虽然法律承认土地是属于农民集体所有，但由于农村的住房还没有商品化，不能像市民一样自由买卖，不存在土地所有权在经济上的实现形式，其所有权就不能得到落实。同时，拥有住房财产权的城市居民，住房具有抵押融资的功能，而拥有住房财产权的农村居民，住房则不具备抵押融资的功能。这也是广大农民的财产性收入远远不如城市居民以及城乡居民财产性收入差距拉大的重要原因之一。③

总之，在二元的土地产权制度下，占人口大多数的农民没有对现代经济生活十分重要的土地资源的产权，其土地产权仅限于农业经营，农民没有重要资源和工业资本相结合的劳动权利，农村经济主体也没有产品的自由交易权。而占人口少数的城市居民尤其是公有制身份的劳动者拥有与工业资本和重要资源相结合的垄断性劳动权利，在国家更高程度公有制的政治偏好和价格剪刀差政策下，城乡之间、不同公有制程度行业间的劳动者，无论是政治地位上，还是经济收入和福利方面，都形成了巨大的差异。

---

① 孔祥智：《城乡差距是怎样形成的——改革开放以来农民对工业化、城镇化的贡献研究》，《世界农业》2016 年第 1 期。

② 王华春、唐任伍、杨丙见：《土地市场二元结构行为分析——建构节约型社会的一种思路》，《山东社会科学》2006 年第 6 期。

③ 许经勇：《我国城乡二元土地制度的负面效应与改革路径研究》，《东南学术》2016 年第 1 期。

二 行业收入差距与资源垄断

伴随着我国经济的快速发展，我国已经成为全球经济增长最为强劲的世界经济体之一，成为第二大经济体，中国居民总体收入也持续增加，但收入差距扩大的问题也日益凸显，而行业收入差距较大是居民收入差距中比较显著的方面。这两年收入差距逐步缩小，但垄断行业与非垄断行业的收入差距仍然明显，行业工资极值比平均保持在 6 倍左右。这几年我国垄断行业的职工平均工资是全国水平的 5—10 倍。① 而且这种收入差距还有扩大的趋势。

垄断行业主要是指那些依靠国家特殊政策或专有技术垄断整个行业生产与经营的行业，如石油、盐业、电信、金融、供热、自来水、煤气、电力、航空、铁路等。垄断部门依靠无偿或低偿占有相关自然资源，用行政性的垄断手段获取超额的垄断利润，再实行市场的分配原则，员工的收入普遍较高，导致各行业职工收入差距扩大。民间流传着这样一种说法："银行加证保（证券、保险）、'两电'（电力、电信）加'一草'（烟草）、石油加石化，看门的也拿不少。"

正如俗语所说，女怕嫁错郎，男怕入错行，我国行业间工资差距为此提供了佐证。曾几何时，我国收入最高的行业是地质勘探、水利管理和农资管理等行业。比如 1990 年，职工平均工资最高的 5 个行业是采掘业 2718 元、电力煤气供水 2656 元、地质水利 2465 元、交通运输邮电 2426 元、科学技术服务 2403 元；职工平均工资最低的行业是农业 1541 元。收入最高的采掘业和收入最低的农业之间的比例为 1.76∶1。但风水轮流转，改革开放之后，随着经济结构的调整，特别是一些新兴行业的出现，行业差距出现了巨大的转变。

《中国薪酬报告》显示，在 1988 年，收入最高行业是最低行业的 1.58 倍，随后行业差距逐年扩大，到 2005 年达到 4.88 倍，为历年最高。2005 年后差距虽然略有下降，但幅度较小，到 2010 年为 4.66 倍，2011 年为 4.48 倍。2012 年，工资收入最高行业金融业是最低行业农、林、牧、渔

---

① 崔友平：《缩小行业收入差距须破除行政垄断》，《红旗文稿》2015 年第 11 期。

业的 4.3 倍。① 我国行业收入差距非常明显。传统垄断行业的行业收入依然遥遥领先于其他行业。历年来收入最高的行业大多是传统垄断性行业，比如金融保险业、电力煤气、水生产和供应、交通运输仓储、通信和房地产等。农林牧渔仍然是传统的弱势产业。新兴高科技行业也开始超过传统行业，成为工资增长较快的行业。

1980 年行业职工工资的标准差系数仅为 20.44%，2000 年升至 26.11%，2008 年达到创纪录的 38.80%，2012 年为 35.45%，仍在高位运行。从 20 世纪 90 年代中期开始，垄断行业平均工资与全社会平均水平的差距开始不断拉大。最高职工工资与最低职工工资之比在 1983—1992 年 10 年内均不超过 2 倍，1993 年突破 2 倍，到 1998 年则达到 2.35 倍，2006 年开始突破 4 倍，2011 年为 4.17 倍，2012 年略有下降，为 3.96 倍。而平均工资最高行业与最低行业之差则从 1978 年的 458 元，相当于当年职工平均工资的 74.5%，至 2012 年上升为 67056 元，相当于当年职工平均工资的 143.4%。如果考虑到各行业在住房、医疗、福利及其他非工资性货币收入方面的差别，收入差距扩大的趋势将更加突出。

自 1996 年以来，中国垄断行业与非垄断行业之间收入差距拉大趋势明显，平均年均扩张速度达到 43%。垄断行业中收入排在前几位的分别是航空运输业、银行业、烟草制品业、石油和天然气开采业，非垄断行业中排在后几位的分别是纺织业、餐饮业和农林牧渔业，行业工资极值比平均保持在 6 倍左右。与非垄断行业相比，垄断行业职工工资不仅在绝对量上而且在增长速度上都占有绝对优势。到 2008 年，证券业就业人员的平均工资已达到 167995 元，在 15 个垄断行业中增幅最大，达到了 93.8%，而农、林、牧、渔业就业人员在这两年中的工资增幅只有 35.5%。航空运输业、银行业和烟草业职工人均收入在 2010 年分别为 91913 元、81533 元和 78675 元，而农业、林业和畜牧业人均收入分别为 15495 元、15499 元和 14175 元。

改革开放至今，进入职工工资最高前三名的行业共有 7 个（地质勘探业、电力煤气水的生产供应业、采掘业、金融保险业、房地产业、建筑业、交通运输仓储邮电通信业），其中前 5 个行业（地、电、采、金、房）

---

① 《行业收入差距有多大》，http://news.xinmin.cn/domestic/2015/03/10/27011379.html。

都曾在不同年份占据过第一的位置。随着时间的推移，传统的具有高劳动强度、艰苦、危险等特征的高工资行业（如建筑、地质、采掘等行业）逐渐被挤出职工工资最高行业的行列。例如，1978 年建筑业的行政垄断程度与全社会的平均水平差别不大，加之建筑业劳动强度大、危险、艰苦的特点，其相对工资水平略高于社会平均工资水平。

自改革开放以来，建筑市场完全放开，行业进入的门槛较低，多元所有制得到快速发展，90 年代中期以后，尽管其职工工资的绝对水平仍在增长，但其相对水平却在下降，以至于逐步低于全社会平均水平。最近 20 年建筑业的行政垄断程度仅高于农业，成为垄断程度最低的行业，尽管其仍然有劳动强度大、危险和艰苦的特点，但相对工资水平一直名列倒数几位。而一些原来职工工资并不太高，但具有比较高的垄断程度的行业（如电力水煤气生产供应业、金融保险业和房地产业）则陆续进入前三的行列。①

比如根据 2005 年度中央企业财务统计年报，169 家中央企业 2005 年度共获利 6276.5 亿元，同比增加 27.9%。利润排名前 40 家的企业，瓜分了 6000 多亿元央企利润的 95%。其中 12 家企业利润超过了 100 亿元。"十二家豪门"主要来自石油化工、冶金、通信、煤炭、交通运输和电力系统，即传统的煤、电、油、运行业。"十二豪门"囊括了央企总利润的 78.8%。"十二豪门"财大气粗的后面，是央企员工令人艳羡的收入，"十二豪门"员工工资是全国平均工资水平的 3—4 倍。如果再计算社保、医保和公积金以及其他福利等收入，这个差距就会更大。②

客观地说，我国的贫富差距和收入差距有多个方面的原因，具体来说，各个行业之间的性质不同、技术水平不同、人力资源状况不同等，都是导致行业收入差距的重要原因，也与机会不平等、权力寻租和国家产业政策的调整以及经济发展的大趋势等密切相关。其中，自然资源的不合理分配占据着重要的位置。"十二豪门"囊括了央企总利润的 78.8%，说明市场竞争过程已经出现了较大的不平等。"十二豪门"员工工资是全国平均工资水平的 3 倍到 4 倍，显现出的是结果的不平等。这些数据可以充分

① 崔友平：《缩小行业收入差距须破除行政垄断》，《红旗文稿》2015 年第 21 期。

② 汪生科：《豪门盛宴：央企"十二强"收入调查》，http://finance.qq.com/a/20060711/000177.htm。

证明，在行业垄断下，经济收益进一步向上游集中，谁拥有垄断权，谁掌握了垄断性资源，谁能获取资源的红利，谁的利润就高，工资福利就高，待遇就好。

许多学者的研究都已经认识到了行政垄断与行业间的收入差距具有密切关系，认为行政垄断是垄断行业收入过高的主要原因。垄断行业依靠低偿或无偿获取公共资源，控制本行业商品和服务的经营活动，控制销售价格获取高额利润，排除或阻挠其他人的进入，限制或不允许竞争，独享经济利润，在内部系统及其成员中进行分配。事实上，不但是经济效益较好的垄断行业工资偏高，就是一些整体亏损的垄断性行业也能获得大量政府补贴，① 也不耽误其保持较高的工资水平。这样由于所有者的缺位，利益分配不是从国家利益和所有者利益出发，而是更加注重本行业或本企业的利益，结果必然是拉大了垄断行业与其他行业之间的收入差距。

行政垄断所垄断的是资源和机会。资源不仅包括可以作为生产要素的水、土地和矿产等自然资源，还包括由政府许可或批准的证件和牌照等社会资源。前者（自然资源）具有很高的市场价值和盈利潜能，作为社会经济活动的条件或要素，直接进入社会生产过程，通过转化为更有价值的产品和服务而获取利润。后者（社会资源）虽然不直接进入社会生产过程，也不能转化为更有价值的产品和服务，但却是社会建构的产物，属于社会共有的资源，是进行社会生产的前提条件。自然资源和社会资源都由政府进行管理，政府可决定谁有资格和能力来利用这些资源。这些资源都是公共资源，是属于国家、社会和人民群众的资源。

在现行的管理体制下，公共资源按照产业或行业的方式加以利用，被扭曲为特殊产业或行业的资源。通常垄断行业职工的平均工资水平是全国

---

① 比如自 2004 年以来，中石油中石化两家公司共获得国家财政补贴 1258.83 亿元，其中，中石油获得补贴 484.38 亿元，中石化获得补贴 774.45 亿元。其中自 2007 年获得补贴 11.10 亿元后，中石油每年拿到的财政补贴均超过 10 亿元。2011 年至 2013 年，连续 3 年成为 A 股"补贴王"，分别获得补贴 67.34 亿元、94.06 亿元、103.47 亿元。2005 年至 2008 年的 A 股"补贴王"是中石化，分别获得补贴 94.15 亿元、51.61 亿元、48.63 亿元和 503.42 亿元。特别是，央企上缴的红利还出现了回流现象。2012 年央企上缴红利不足千亿元，仅有 7.2% 用于民生支出，且大部分收益因科技创新、节能减排、脱困补助、产业结构调整等原因重新返回到央企内部。多年来，仅"两桶油"以炼油业务亏损为名，就累计申请获得财政补贴合计高达 2500 亿元左右（根据新闻报道资料汇总整理）。

平均水平的5—10倍。在中国，社会服务业和农林牧渔业职工平均工资最低，而电力、通信、金融保险业等垄断行业的收入最高，且不同行业职工平均最高值与最低值的比值仍在继续扩大。在垄断行业与竞争行业的收入差距中，其不合理部分超过了50%。① 这些部分来自垄断地位，而不是该行业员工的人力资本、个人能力和努力等。根据2010年统计局公布的数据，中国证券业的工资水平比职工平均工资高6倍左右，收入最高和最低行业的差距达11倍。人力资源和社会保障部工资研究所发布的最新数据，这一差距又扩大到15倍。如果把证券业归到金融业一并计算，行业差距也高达6倍。其他市场经济国家的行业收入差距，根据人力资源和社会保障部国际劳工保障研究所提供的资料，2006—2007年最高和最低行业工资差距，日本、英国、法国约为1.6—2倍左右，德国、加拿大、美国、韩国则为2.3—3倍。

从目前的资料看，中国行业收入差距已跃居世界之首，已经超过巴西。如此巨大的行业收入差距是市场竞争的结果吗？是不同行业人力资源水平所带来的合理结果吗？答案却是，这很大程度上是由于市场准入方面的行政限制带来的结果。国家发改委就业和收入分配司编辑出版的《中国居民收入分配年度报告（2008）》分析认为，行政性垄断行业的收入有三分之一是靠各类特许经营权获得的。再深入分析还涉及资源税、资源产品价格等问题。打破行政性垄断，合理调整行业之间的收入水平以及推进与此相关的资源税、资源产品价格改革，实现合理的行业收入差距，当然是政府的责任。②

行业收入差距过高的直接原因就是垄断行业依靠行政垄断行为，垄断自然资源（石油或天然气等自然资源）或社会资源（金融资质、房地产领域和通信领域等），利用优势地位谋求高额的垄断利润。行政垄断是计划经济体制的残留和畸变，即政府及其经济管理部门利用职权，通过排斥、限制、妨碍或消除企业间公平竞争的不正当行为。与经济垄断和自然垄断不同，行政垄断是凭借行政权力而人为形成的。其特性是，政府依靠行政

---

① 俞俭：《垄断与竞争行业收入差距中不合理部分超50%》，http://finance.sina.com.cn/china/20130413/160815139217.shtml。

② 宋晓梧：《中国行业收入差距扩大至15倍，跃居世界之首》，http://business.sohu.com/20110209/n279249865.shtml。

命令的方式制造市场进入障碍和市场歧视，保护某些行业的既得利益，限制竞争，保护落后，政企不分，官商一家，通过立法自己给自己授权，使行政垄断合法化。具体来说，我国的行政垄断与自然垄断又是紧密联系在一起的，金融保险业、电力煤气、石油化工、交通运输、邮电通信、房地产业基本都是自然垄断和行政垄断并存的领域。

三 代际不公平与资源利用

传统经济学注重在狭小的时空中配置资源，其发展方式是靠消耗现有的自然资源来维持的，其后果是自然资源和生态环境的破坏，以及由此造成的人类长期经济和社会发展的资源短缺。虽然有关资源枯竭的观点还值得商榷，但资源是稀缺的和有限的，对资源的过度消耗甚至浪费显然是不负责任的。当代人在利用自然资源来满足自身的利益和需要的同时，也应该考虑到对后代人的责任，兼顾后代人的需要，给后代人的生存和发展留下必要的资源。

改革开放以来，我国社会主义现代化建设取得了举世公认的伟大成就，经济增长方式转变也取得了很大成效。产业结构逐步转型和升级，科学技术进步对经济增长的贡献率在不断提高，不少行业、企业和产品的能耗和物耗水平逐步下降，生态环境治理也日渐成效。但也要清醒地看到，我国仍然没有走出粗放型的经济增长方式，粗放型的经济增长带来经济发展的高速度，但却是以牺牲环境和损耗资源为代价的，存在着"高投入、高消耗、高污染、低效率"的问题，在有些地区、有些行业和有些企业还相当突出。

中国经济几十年的快速增长直接导致对自然资源的巨大需求。中国从死气沉沉的农业国家迈向欣欣向荣的工业强国，以人类历史上前所未有的速度和规模消耗资源。中国经济的飞速发展让不计其数的人摆脱了贫困，走向更加富足的生活，但背后却是巨大的代价，即资源的迅速枯竭和环境的大范围退化。30 年来，中国从对矿物、化石燃料和其他原材料消耗不太多的国家迅速发展成为全球第一大资源消耗国。中国 2008 年消耗的这些原材料多达 226 亿吨，几乎占全球消耗总量的 1/3，远远高于 1970 年 17 亿吨的消耗量。与全球第二大资源消耗国美国相比，中国的资源消耗量是美国的 4 倍。①

从资源消耗角度看,我国的能源消耗增长速度惊人。我国能源消耗总量巨大,能源消耗已占到全球总量的 1/5,是世界上能源消耗最多的国家,是煤炭和电力等能源消耗最多的国家,也是温室气体排放最大和空气污染最严重的国家。我国人均能源消耗是全球平均水平的 115%,二氧化碳排放是全球平均水平的 140%,而人均 GDP 只有全球平均水平的 70%。截至 2011 年底我国能源消费总量为 34.8 亿吨标准煤,比 2010 年增长 7%,是 1978 年的 6.09 倍。2011 年我国人均能源消耗量已高达 2589 千克标准煤,是 2001 年的 2.19 倍,已超过世界人均水平。② 2012 年我国一次能源消费量达 36.2 亿吨标准煤,约占全世界总能耗的 21.3%,但只创造了全世界 11.6% 的 GDP。我国 2013 年和 2014 年能源消费总量分别为 41.7 亿吨和 42.6 亿吨标准煤,占全球能源消费总量的 20% 左右。2013 年中国 GDP 是全球总量的 12.3%,但却消耗了全球 21.5% 的能源,是国外的两倍。③

1983 年我国成品钢材消费量仅为三千多万吨,2003 年我国的钢材消费量已经达到大约 2.5 亿吨,20 年增长了 8 倍,接近美国、日本和欧盟钢铁消费量的总和,约占世界总消费量的 25%。2014 年全球成品钢材表现消费量达到 15.373 亿吨,中国成品钢材表现消费量为 7.108 亿吨,占世界 46.2%。2014 年全球人均成品钢材表现消费量为 216.6 千克,而中国人均钢材表现消费量为 510.0 千克。中国水泥产量和消耗量均占全球的 60% 左右,2013 年全球水泥产量合计达 40 亿吨,中国为 24.2 亿吨,占全球总产量的 58.6%。中国 2011 年至 2013 年水泥消费总量 64 万亿吨,超过美国 1901 年至 2000 年百年 45 万亿吨的水泥消费总量。④ 根据 BP 公司《世界能源统计评述》,从 2009 年至 2014 年的六年间,电力消费增加了 17%,而中国增加了 52%,美国只增加 4%。由于中国的经济快速发展,

① 联合国环境报告:《中国已成为全球最大资源消耗国》,http://finance.cankaoxiaoxi.com/2013/0805/250186.shtml。

② 数据来源:国家统计局网站,统计年鉴。

③ 李毅中:《我国创造 12.3% 全球 GDP,能耗是国外 2 倍》,http://finance.sina.com.cn/hy/20141114/094520818640.shtml。

④ 明华:《中国 3 年水泥用量超美国百年》,http://finance.sina.com.cn/stock/usstock/c/20150327/085721824277.shtml。

在 2011 年发电量已经超过美国，成为世界上最大的电力生产国。[1]

从资源利用效率来看，我国仍然处于粗放型增长阶段。以单位 GDP 产出能耗来计算能源利用效率，我国与发达国家差距非常大。我国单位 GDP 能耗是国际水平的 2 倍，是美国的 4 倍。中国每创造 1 美元国民生产总值，消耗掉的煤、电等能源是美国的 4.3 倍、德国和法国的 7.7 倍、日本的 11.5 倍。近 10 年能源消费弹性系数平均超过 0.7，也就是说，GDP 要增长 1 个百分点，总能耗要增长 0.7 个百分点。[2] 中国每增加单位 GDP 的废水排放量比发达国家高 4 倍，单位工业产值产生的固体废弃物比发达国家高十多倍。中国单位 GDP 的能耗是日本的 7 倍、美国的 6 倍，甚至是印度的 2.8 倍。[3] 我国单位 GDP 能耗约为世界平均水平的 2 倍，单位 GDP 能耗不仅高于发达国家，也高于巴西、墨西哥等发展中国家。[4] 国家能源研究中心的数据表明，每创造 100 万美元的国内生产总值，中国的能源耗费是美国的 2.5 倍，是欧盟的 5 倍，几乎是日本的 9 倍。[5]

根据 2009 年的资料，我国的总体能源利用效率为 33% 左右，比发达国家低出约 10 个百分点。电力、钢铁、有色、石化、建材、化工、轻工、纺织 8 个行业主要产品单位能耗平均比国际先进水平高 40%；机动车油耗电量水平比欧洲高 25%，比日本高 20%；单位建筑面积采暖能耗相当于气候条件相近发达国家的 2—3 倍。[6] 中国每消耗 1 吨标煤的能源仅创造 14000 元人民币的 GDP，而全球平均水平是消耗 1 吨标煤创造 25000 元 GDP，美国的水平是 31000 元 GDP，日本是 50000 元 GDP。[7] 每 1000 美元

① 明华：《中国 3 年水泥用量超美国百年》，http：//finance. sina. com. cn/stock/usstock/c/20150327/085721824277. shtml。

② 王山山：《工业能耗占总能耗超 70%，资源压力倒逼中国节能降耗》，http：//www. chinanews. com/gn/2013/08－13/5153788. shtml。

③ 杜丁：《研究报告称我国单位 GDP 能耗是日本 7 倍美国 6 倍》，http：//news. qq. com/a/20120904/000754. htm。

④ 张平：《中国单位 GDP 能耗是世界平均水平 2.2 倍》，http：//www. chinanews. com/cj/2011/12－28/3565364. shtml。

⑤ 《文汇报》记者：《中国成为电力浪费大户，能源消耗是美国 2.5 倍》，http：//www. freshpower. cn/news/news_ detail. asp？NewsId=14555。

⑥ 周英峰、蒋旭峰：《我国总体能源利用效率比发达国家低约 10 个百分点》，《资源节约与环保》2009 年第 2 期。

⑦ 张旭东：《中国人均能源消耗 2.67 吨标煤，节能压力大》，http：//www. yicai. com/news/3154496. html。

GDP 排放的二氧化硫，美国为 2.3 千克，日本为 0.3 千克，而中国高达 18.5 千克。①

　　调查显示，我国是全世界自然资源浪费最严重的国家之一，在 59 个接受调查的国家中排名第 56 位。② 资源浪费的主要原因包括四种，具体是，传统生产方式造成的浪费、生产技术工艺落后造成的浪费、营运管理水平低下造成的浪费、思想观念滞后造成的浪费。③ 我国人均水资源拥有量仅为世界平均的 1/4，但用水浪费却非常惊人，水资源循环利用率比发达国家低 50% 以上。农村农业灌溉用水消耗量巨大，约占全社会用水总量的 45%。相对粗放的灌溉方式导致水资源浪费巨大，有的农田产出甚至接近"一斤粮食一吨水"的程度。全国 657 个城市有三百多个属于"严重缺水"和"缺水"的城市。④ 全国城市缺水总量达 70 亿立方米以上。由于管网老化、质量不过关、建设标准低等因素，"城市输水管网漏失率在 15% 左右，如果加大投入修整使漏失率降低到 5% 的水平，即可节水 52 亿立方米。"这相当于 2000 多个昆明湖水量，接近南水北调中线工程年规划调水量 100 多亿立方米的一半。此外，一些缺水城市"圈水造景"之风泛滥，城市社会"滴水式流失"非常普遍，加之个人缺乏节水习惯，家庭用水重复利用率过低等，也加剧了水资源的浪费。⑤

　　我国是一个土地资源紧张的国家，但土地资源浪费的情况非常严重。目前许多城市摊大饼式的城市化导致土地浪费非常严重，土地城市化的速度大大地超过了人口城市化的速度，城镇规模过度扩张，人均建设用地高于国家标准，也高于许多土地资源丰富的国家。在现有的土地产权和征用制度下，地方政府以各种开发区为名，大搞圈地运动，全国各类开发园区有 5524 个，开发园区过多过滥，土地闲置率过高，导致土地资源严重浪

① 李飞：《资源消耗严重》，http：//www. qstheory. cn/tbzt/jkjjfzfszb/bjfx/201006/t20100608_32582. htm。

② 《我国已经成为自然资源浪费最严重的国家之一》，http：//www. 365wj. com/news/show - 13092. html。

③ 《瞭望》新闻周刊记者：《资源浪费威胁中国长远发展》，http：//www. lwgcw. com/NewsShow. aspx? newsId = 35092。

④ 刘诗平等：《全国 657 个城市有 300 多个"缺水"》，http：//news. 163. com/14/0518/12/9SHDCAEB00014AED. html。

⑤ 上述水资源浪费的部分内容参见《水资源浪费面面观》，《瞭望新闻周刊》2014 年第 31 期。

费，土地利用率低下，农民失地失业。万元 GDP 耗用土地面积超过发达国家 10 倍以上。我国城市化过程中主要用来建开发区的工业用地平均占城市用地的 40%—50%，发达国家则是 10%—15%。"目前我国城市低效用地占 40% 以上，处于低效利用状态的城镇工矿建设用地约 5000 平方公里，占全国城市建成区的 11%。"① 而且由于城乡户籍管理体制等原因，城市化造成了大量的失地农民和大量虽然进了城，却并没有真正成为市民的城市化"农民工"。农村人口向城市转移，农村的宅基地和农田被大量闲置，很多农村出现了空心村。

中国电力发展方式也尚未摆脱传统体制的束缚。与美国相比，中国电站每发 1 度电要多浪费 1/5 的能源。中国的空调比世界平均水平多耗能 1/5，吞噬了大量宝贵的能源。与发达国家相比，中国平均每千瓦时供电煤耗高 60—70 克标准煤左右，线损率高 2%—3%，火电厂耗水率每千瓦时高 40% 多，主要电力企业劳动生产率不到世界先进水平的 1/3。电力企业交叉补贴和关联交易普遍存在，降低了电力运营效率，增加了用户负担。浪费问题也困扰着发电和传输。电网科技落后，年久失修，不堪重负，多达 1/10 的电能在路上就白白浪费了。尽管政府允许民资和外资进入发电领域，但是电网仍然由几个大型国有企业控制着。最糟糕的浪费发生在负责把电力传送到千家万户的国有电力公司。长久以来，它们只保留一定比例的利润，剩下的全交给地方政府，这种体制让它们没有升级改良设备的动力。许多城市形象工程也是浪费电力的大户。②

总之，我国目前的环境污染地域广，从经济发达的东部地区和南部地区向中西部地区和北部地区迅速蔓延至全国；空间上，从天空到海洋，从陆地到河流，从地表到地下；无论是空气、水源还是土壤，都存在着严重的污染，而且污染的程度也高。环境污染的代价也是惨重的，既包括了财产性损失，也包括健康损失，计算起来非常困难。世界银行 2007 年发布的报告称，中国每年因污染导致的经济损失达 6000 亿至 18000 亿人民币，占 GDP 的 5.8%，其中医疗卫生费用占 GDP 的 3.8%。环保部环境规划院

---

① 初日：《中国土地开发浪费惊人，存在"圈而不建"等乱象》，http://www.chinanews.com/gn/2014/06-29/6330634.shtml。

② 参见《文汇报》记者《中国成为电力浪费大户，能源消耗是美国 2.5 倍》，http://www.freshpower.cn/news/news_detail.asp? NewsId=14555。

的研究表明，2010 年环境污染所带来的损失达 1.1 万亿元，占当年 GDP 的 3.5%（除去医疗卫生费用）。2011 年环境污染带来的损失占中国 GDP 的比重可能达到 5%—6%，达到 2.35 万亿—2.82 万亿元。按此推算，2013 年中国的环境污染经济损失约为 2.94 万亿—3.53 万亿元，而 2014 年的污染损失可达 3.82 万亿元。还有大量人口因为环境污染而失去健康，甚至是死亡。①

我国这三十多年的经济增长是在资源能源大量消耗甚至浪费的情况下实现的，粗放型经济增长方式的后果和代价是非常严重的。自然资源的过度损耗带来了生态的失衡，制约着经济和社会的可持续发展，也削减了后代人可利用资源的数量，给后代人的生存和发展增加了负担，损害了后代人应有的公平权利。这种粗放型的经济发展道路是不可能长期维系的。正如 2013 年 9 月 9 日李克强在英国《金融时报》上发表的署名文章《中国将给世界传递持续发展的讯息》中说到的，"中国已经不可能沿袭高消耗、高投入的老旧模式"。② 2015 年李克强在政府工作报告中又一次指出，我国发展面临着资源环境约束加大，劳动力等要素成本上升，高投入、高消耗、偏重数量扩张的方式已经难以为继。③

第四节　我国自然资源制度方面的基本问题

由于我国自然资源管理体制尚不完善，降低了资源利用的效率，造成了资源的巨大浪费，更损害了社会公平和正义，相关的具体问题很多，比如政府把自然资源无偿或低偿划拨给企业使用，自然资源的经济性和稀缺性没有在价格中得到体现，导致对自然资源超量的、破坏性的和掠夺性的开采；资源被无节制地开发和利用，违背了可持续发展的理念和原则，不仅对经济增长的质量造成严重的不良影响，还损害了子孙后代的利益；资

---

① 覃涵：《数据：中国环境污染年失 3 万亿，死逾百万人》，http：//news. qq. com/a/ 20151226/014438. htm。

② 李克强：《中国已不可能沿袭高消耗高投入旧模式》，http：//finance. people. cn/n/ 2013/0909/c1004 - 22861774. html。

③ 李克强：《高投入高消耗扩张的发展方式难以为继》，http：//news. sina. com. cn/c/2015 - 03 - 05/095431570750. shtml。

源开发者从廉价的资源中获得巨大的收益，国家作为自然资源的所有者得不到应有的收益，广大民众也享受不到资源开发和利用的红利。自然资源管理体制的问题包括诸多方面，其中主要是与法律上的产权制度和行政上的管理制度密切相关。理解自然资源配置的问题及其所导致的公平和正义问题，需要深入考察自然资源的产权制度和行政管理制度。

一 自然资源产权制度及其问题

作为一个经济学的概念，产权是为了解决人类社会中对稀缺资源争夺的冲突所确立的竞争规则。[①] 从法律上说，根据《牛津法律大辞典》，产权（财产所有权）是指"存在于任何客体之中或之上的完全权利，它包括占有权、使用权、出借权、转让权、用尽权、消费权和其他与其相关的权利"。自然资源产权是自然资源所有权人或用益权人在不违背法律和损害第三人利益的情况下，可以根据自己的意愿自由行使并且其行使不受他人干涉的关于资源的权利，主要由自然资源的所有权、使用权、收益权等子权利构成。产权界定越明确，产权的价值就越大，资源被无偿占有的可能性就越小，资源配置的效率就越高。

中华人民共和国成立以来，经过长期的演进和发展，我国自然资源产权制度改革取得了一定的成效，但与其他行业和部门相比，自然资源产权制度的改革是缓慢的，市场化改革的步伐严重滞后，跟不上整个国民经济改革和发展的步伐，自然资源开发和利用的效率也相对较低。由于我国自然资源本身就相对缺乏，自然资源产权制度改革滞后对国民经济的不利影响也越来越明显。[②]

首先，1949 年中华人民共和国成立后，我国建立了国有/国营为主的资源产权制度：城市土地和主要自然资源实行国家所有制，资源的开发利用和资源产品的加工销售，均由国有企业进行垄断经营；农村土地及次要山林等资源实行集体所有和集体经营。但农村资源集体产权仅限于农副业生产和集体对生产劳动的组织，其生产经营权仍然受到国家计划指令、统购统销和计划价格的控制，农业土地资源向更高使用价值方向转移时则需

---

① 张五常：《共有产权》，《经济解释——张五常经济论文选》，商务印书馆 2000 年版，第427 页。

② 左正强：《我国自然资源产权制度变迁和改革绩效评价》，《生态经济》2008 年第 11 期。

要国家征用变更为国有产权，因此农村资源的集体产权实质上仍然是国家产权。

改革开放之前，在生产力水平落后、人口与资源关系紧张和原始积累不足的条件下，为推进工业化建设的进程，赶超西方发达国家，国家在国有国营为主的资源产权制度基础上，建立了限制劳动力自由流动、不同所有制公民资源与政治经济权利等级差异的社会经济制度,[①] 即城乡分隔的户籍制度。其中农民被限定在农村地区，不能参与现代化和工业化进程，农、轻和重产品计划价格存在剪刀差，自然资源被无偿划拨使用，资源配置和利益分配都向更高等级的公有制部门及其职工倾斜。

在计划经济时代，以资源国有国营为基础的社会经济制度，主要是实现了对社会资源的人为的等级化分配，并没有实现按劳分配的公平目标。在收入分配方面，尽管党和政府的政策文件等都宣示实行按劳分配，但仍然没有能摆脱按要素产权分配的客观经济规律。[②] 城市中各部门和生产单位内部表面上的分配平均主义，掩盖着城乡、行业或不同所有制单位之间因资源产权差异及其决定的政治经济权利差异所导致的收入分配差距。按人均 GDP 方差系数计算，地区间收入差距从 1952 年的 0.58 升到 1978 年的 0.79。[③] 在社会总体物质水平较低的条件下，分配差距的问题被有意无意地漠视了。

在快速实现工业化方面，除了集中全社会力量建设的部分行业取得了快速发展外，大多数工业部门仍然技术落后，盈利水平很低，发展非常有限。除大中城市和大工业或重工业基地发展出具有孤岛性质的现代化社区外，占人口绝大多数的农村和城市地区，仍然没有摆脱传统农业社会的落后面貌。更重要的是，重工业优先的赶超战略，破坏了农、轻、重产业的合理比例，高积累的政策破坏了积累与消费的正常关系，个人、经济组织和地方政府缺乏自主产权和经济自由，损害了人们劳动和创造积极性，最终使国民经济走向崩溃的边缘。

改革开放以来，随着经济体制改革的深入，绝大多数商品价格都逐步

---

① 林光彬：《等级制度、市场经济与城乡收入差距扩大》，《管理世界》2004 年第 4 期。

② 李铁映：《关于劳动价值理论的读书笔记》，《中国社会科学》2003 年第 1 期。

③ 陈志武：《国有制和政府管制真的能促进平衡发展吗？——收入机会的政治经济学》，《经济观察报》2006 年 1 月 2 日。

实现了市场化，农民取得了相对稳定的承包土地经营权，（国有）企业取得生产经营自主权，自然资源的使用权或开采权也开始走向市场化。但是国家对国有制或公有制的政治偏好依旧，利益分配的倾斜性原则没有改变，计划经济时期存续下来的资源配置低效率和城乡、行业及地区间收入分配不公的问题依然如故。而且，由于资源配置方式的僵化和低效与收入分配的市场化之间的矛盾愈发严重，现行资源产权制度的深层次问题也日益显现。

由于农村土地产权的权利贫困，农民农业劳动的边际收益接近于零。由于市场地位不平等，农民工进入城市后只能从事低收入、高强度和高危险的工种；国有垄断部门经营资源产业，拥有体制赋予的政治经济地位和市场优势，获取大大高于其真实贡献的非正常收入；政府权力运行不规范，政府主管部门及其官员、国企管理层很容易与体制外寻租者相互勾结，利用体制漏洞掠取巨额的资源租金，加剧了合法利益的流失；而权利贫困的弱势群体（包括资源部门的普通工人和管理者）的正当权益无从得到保障……这些都直接导致了贫富差距拉大的后果。

有学者指出，资源开发秩序混乱，资源浪费非常严重，资源交易腐败频发，尤其是日益严重的环境污染和生态破坏，说明了自然资源本身配置的低效率。[①] 还有学者指出，在自然资源公有制条件下，国有企业对资源产权和资源产业的行政垄断，是社会福利损失最大、租值耗散最多、技术进步最慢、质次价高的效率最差的垄断；资源产权贫困的农村与掌控资源产权的城市形成了"非洲与欧洲的对比"，资源产权贫困的资源富饶地区与工业化程度较高的资源输入地区之间的发展差距越来越大，社会经济发展高度不平衡。[②]

改革开放以来我国社会经济得到了迅速发展，但这并不能说明现行资源产权制度及相应的社会等级经济制度的优越性。这一方面是资本产权制度改革和资源产权制度有所改善，对外开放、引进外资与技术，使生产力得到解放和发展的结果；另一方面是未来发展高负债的结果：金融资本负债，国有银行高比率的巨额坏账，人口红利损失与养老保障"黑洞"；资

---

① 郭国荣、方虹：《我国资源产权制度安排的缺陷与优化》，《产权导刊》2006 年第 4 期。

② 陈志武：《国有制和政府管制真的能促进平衡发展吗？——收入机会的政治经济学》，《经济观察报》2006 年 1 月 2 日。

源生态环境资本负债，日益严重的资源枯竭和环境污染与生态破坏；社会资本负债，贪腐问题愈演愈烈，社会诚信和道德水平下降；社会公平的缺失和社会不稳定因素的增加。

面对日益严重的社会、经济和生态环境的可持续发展危机，必须要深入审视自然资源的产权制度。

1. 公有产权所有者虚位

根据我国现行法律制度，自然资源所有权仅限于国家和集体，严重阻碍了自然资源市场化的进程。国家和集体的虚拟性和抽象性，导致了权利具体行使者的不确定性，不能充分行使所享有的所有权能，既对所有物的占有、使用、收益和处分等。比如国务院代表国家或全体人民行使国有自然资源的所有权，但国务院实际上并不能对所有自然资源真正行使所有权，而只能由相关的职能部门去行使管理和监督职权，比如水利行政主管部门或土地行政主管部门等。事实上代表国家行使所有权的机构有国家机关、国家举办的事业单位、国家出资的企业等。比如国有土地所有权由国务院行使，但实际中却是由地方政府资源管理部门代为行使，部分重点国有林区名为国家所有，实践中却沦为地方和企业自管自用。

由于所有者的虚位，自然资源所有权的主体和内容并不是很明确，各级政府和集体经济组织的权利行使范围也没有做细致的规范，自然资源因而就成为无主的"公地"，形成著名的"公用地悲剧"：一方面，产权主体虚位导致出现"有人上树摘果，无人浇水施肥"的局面；另一方面，责任主体虚位则形成"不花白不花，白花谁不花"的结果。所有的组织和个人都竭力从自然资源上分一杯羹，人们无所限制地向大自然索取，但却没有人对自然的破坏和浪费负责任。产权所有者的"虚置"最终致使国家所有权与集体所有权都得不到很好的体现与保障，造成自然资源利益分配上的矛盾和冲突，也导致利益主体注重眼前利益而难以顾及自然资源的可持续发展，最终导致环境资源的极大破坏。①

2. 所有权和管理权不分

在我国，自然资源或者属于全民所有（即国有），或者属于农村集体所有。属于集体所有的自然资源的开发利用，是政府监管的对象，资源的

---

① 方正：《新物权法与自然资源产权制度》，《法律经纬》2007 年第 12 期。

所有者和管理者是明确分开的。但是，属于全民所有的自然资源的资产权益却没有明确的利益代表人。在实际操作过程中，往往是由各级政府的行政管理部门行使所有者代表的职能，也就是所谓集"裁判员"和"运动员"于一身。国家所有权和集体所有权在实际运行中常常被异化为部门所有、地方政府所有、企业所有、社团所有甚至个人所有，国有资产的巨大收益不断流入某些部门、集体或者个人的口袋，国有资产大量流失，也激发了严重的社会矛盾。自然资源管理中的许多突出问题，都是从所有权与管理权部分开始的。

举一个例子，我国政府为了保护农业特别是为了保证粮食生产，确立了"严格保护耕地"的基本国策，确立了耕地保护的明确目标，提出集约利用和盘活土地存量的方针。但是长期以来，各地方的城市建设，走的均是外延扩张和大量消耗土地资源的路子，占用了大量的优质耕地，城市在土地存量利用上粗放低效、浪费严重。政府作为国有土地所有权的代表，有权以出让或抵押方式经营土地，政府经营土地的收入成为城市建设资金的主要来源。这就导致地方政府不断占用耕地，经营土地。而且为了保证政府经营土地的收入，农村和农民成为首当其冲的利益受损者。① 面对强势的政府，民众的合法权益很难得到保证。

3. 产权形式较为单一

根据宪法和有关法律的规定，我国现行自然资源所有权实行的是国家所有和集体所有的二元结构，自然资源基本上归国家所有，有法律明文规定的部分资源归集体所有。国家所有权是我国自然资源公有产权的主导形式。自然资源成为国家和集体所有权的专有物，成为禁止流通物，资源产品也成为限制流通物。即使在公有产权内部的国家与集体之间、集体与集体之间的产权变动，也不能通过交易进行，而是通过行政行为进行。政府既行使自然资源的所有权和使用权等权利，也具有对于自然资源的行政管理权。在实际当中，政府对资源的管理主要是行使行政管理权，而不是进行资源产权管理，促进资源的优化配置和公平交易等，从而破坏了产权追逐经济效率的动力结构，也使资源行政管理无效率与低效率成为常态，资

---

① 黄小虎：《把所有者和管理者分开——谈对推进自然资源管理改革的几点认识》，《红旗文稿》2014 年第 5 期。

源浪费和环境污染也普遍存在。①

总体上看，当前我国主要自然资源的产权制度仍然是公有制。任何产权制度都不是完美无缺的，都有其优劣利弊。对于一些具有较大外部性的战略性资源，采取公有制的成本相对较低，可以较好地防止私人所有权可能导致的垄断和经济外部性，也可以是有效率的。但是对那些外部性不大、具有较大竞争性和排他性的自然资源，公有制可能不利于发挥市场机制的作用，降低其竞争力和资源配置效率，引入私人所有权则可以增加市场的竞争力和发挥市场机制的作用。因此，单一的或完全公有制产权并不利于自然资源的开发、利用和保护，而应根据自然资源的不同特征和不同地位建立与之相适应的所有权制度。

4. 资源使用权不完整

我国在规定自然资源属于国家和集体所有的同时，并未从物权角度对自然资源使用权做出明确规范，资源使用权不完整，权、责、利不统一。自然资源所有人与使用者在利用过程中的权利与义务没有从法律中体现出来，造成对使用者缺乏必要的约束和限制。比如在土地、矿产资源产权的使用权运行中，由于担心使用期限问题而出现追求短期效益，造成土地退化、矿产被掠夺性开采。② 现行自然资源开发利用权的交易，是政府直接主导和参与下的"管理的交易"，而不是"买卖的交易"。政府既是管理者，又是交易者，行政管理权与产权代理人身份混同，不仅导致产权功能和价值的弱化，而且也成了寻租的重要源泉。③ 此外，由于缺乏有效的监督和问责机制，政府及其行政主管部门直接决定着资源如何开发以及开发到什么程度，但却并不对资源开发及其后果承担明确的责任。

在农村土地问题上，由于"有意识的制度模糊"④，集体所有权概念是模糊的，法律对集体所有权没有做出明确的界定，集体所有权的主体不明

---

① 参见陈星、陈亚芹《化解公地悲剧的自然资源产权之路》，http：//finance. sina. com. cn/roll/20061011/17532978165. shtml。

② 邓宗豪：《基于两种产权观的我国自然资源与环境产权制度构建》，《求索》2013 年第 10 期。

③ 参见陈星、陈亚芹《化解公地悲剧的自然资源产权之路》，http：//finance. sina. com. cn/roll/20061011/17532978165. shtml。

④ 孟光辉：《有意识制度模糊下的法律困境与冲突——我国农村集体土地的权力现状分析》，《现代经济探讨》2015 年第 1 期。

确，导致农民个人应有权利的虚化。对于农村土地，农民拥有承包土地的经营权，但却没有土地的交易权。受到集体土地所有权法律地位的制约，国家享有集体土地所有权的最终处分权，集体土地所有人并没有主动处分土地的权利，而只能根据公共利益的需要，把土地所有权让渡给国家，土地流转不顺畅，农业规模化、农业经营多样化和生产要素资本化等无从实现，农村土地资本化过程中真正的受益人的权益得不到保护。同样，在矿产资源的开发利用上，承包者由于对使用权方面存在着不稳定的预期，对矿产资源进行破坏性的开采，导致矿难不断出现。同时，对资源使用监督不到位，致使资源的可持续利用难以实现。

5. 产权无偿或低偿出让

在自然资源公有所有权的长期影响下，各级政府及其官员局限于"资源无价"的观念中，在将自然资源使用权出让时，常常采用无偿或者低偿的方式，即通过审批的方式，将自然资源的使用权以许可证的方式给予企业，比如矿产资源的非竞争性出让形式，即"行政机关对申请人的申请材料予以审查，做出无偿将自然资源使用权出让给申请人的许可决定的方式"①。无偿出让的方式不能通过市场竞争机制来体现国有自然资源使用权的经济价值，不利于最大化地增加国家财政收入，而且该方式容易诱发官员的寻租行为，成为腐败的温床。此外，这种使用特许实施方式使得行政机关拥有过大的行政裁量权，还可能导致最需要自然资源使用权的公民或经营主体无法获得所需的自然资源使用权。

在自然资源无偿使用条件下，开发商有获取更多自然资源开发利用许可证的驱动。受经济利益的驱使，企业会在许可规定的时间和范围内尽可能开发利用自然资源，而不将自然资源的生态等价值计入其成本。企业理性的结果就是自然资源的过度开发和利用。同时，各级政府和部门在出让自然资源使用权时，无法得到自然资源使用权转让的收益，长此以往，各级政府和部门就丧失了监督管理自然资源使用的积极性，也缺乏相应的资金来对自然资源开采引发的生态环境问题进行整治。结果是开发商获得了自然资源开发中的绝大多数的收益，社会财富转移到少数企业和部门，而

---

① 欧阳君君：《论我国自然资源使用特许的实施方式及其改革》，《云南大学学报》（法学版）2016年第1期。

整个社会的自然资源使用效率不高，自然资源流失和浪费严重，生态环境遭到破坏。

6. 公共产权的代理难题

自然资源所有权归国家和集体所有，作为国家政权的行政机构，国务院并不是真正的自然资源所有者，它只是代表国家行使对自然资源的所有权，充当代理人的角色。国务院不可能控制所有的自然资源，为了有效地管理自然资源，国务院将权力分解，委托中央政府各部门和地方政府管理自然资源，地方政府经国务院授权可以行使一定权限的自然资源所有权。各部门和地方政府又不可能完全控制和管理这些资源，他们也必须寻找代理人来对自然资源进行直接管理。这样，自然资源的产权必然被层层委托给众多具体代理人去行使，由此形成多层次的赋权体系，其间包含了多个中间环节。

从"委托—代理"的角度看，作为委托人的国家与作为代理人的各级政府及其职能部门，具有不同的目标或效用函数，也面临不同的约束条件。在从国务院到省市县级政府的逐级代理链条中，各个行动者的目标选择和行动性质的差异都越来越大。各级代理人的行为目标往往并不与国家的利益目标相一致。对各级地方政府来说，其目标通常不是整个社会的利益或者福利最大化，而往往是其自身的目标，比如大力开发自然资源促进地方经济增长，从而也获得良好的政绩表现。到下一级代理人，其目标可能就更偏向于自身的利益。在个人利益或部门利益的驱使下，就很容易出现寻租问题，忽略自然资源的可持续发展。

二　自然资源行政管理制度的问题

长期以来，我国对自然资源的管理，主要采取计划经济的做法。自然资源企业的生产与经营活动，全部由政府统筹、安排和包揽，从事自然资源经营的国有企业既不是资源产权主体，也没有独立的投资产权人格。并且，由于资源产权制度为资源行政管理制度所替代，自然资源产权管理及其运作的规则大都是由政府制定的。资源行政管理既缺乏法律根据，又没有司法监督，公权力难以避免地迈向异化，成为各级政府及部门牟取私利的工具。20 世纪 80 年代后期以来的政府设租与寻租行为，"无不起源于

50—60 年代的资源行政管理"①。在不完善的产权制度和行政管理制度下，自然资源实质上成为个别人或利益集团的盘中餐。

现行的自然资源管理体制按自然资源的属性分别设立管理机构，管理机构几经变化和调整，形成了分散的、互相牵制的、耗散管理体制。比如在矿产资源管理上，中华人民共和国成立后，中央人民政府成立统一规划全国地质矿产工作的管理机构——中国地质工作指导委员会，1952 年成立地质部，1953 年成立了全国矿产储量委员会，1955 年成立了全国地质资料管理机构，地质勘查和矿产资源、储量、地质资料管理有了统一的管理机构和职能。但是，由于矿产勘查开发工作实行高度计划经济的体制，由国家投入、多部门勘查，找到矿后再由国家投资，由工业部门组织开采，形成了分散的管理格局。其他如水、生物、海洋、气候资源等也根据这种经济体制要求由不同部门分别管理。

总体来看，当前我国自然资源行政管理制度方面主要存在如下几个方面的问题。

1. 部门之间职权交叉不清

我国政府中与自然资源管理相关的一级部门主要为：国家发展与改革委员会、国土资源部、农业部、水利部和国家林业局等。② 在分部门管理的管理体制下，不同的部门为了争夺资源而相互斗争，也根据各自的偏好和利益来占有、利用和处置资源，按照不同的逻辑去追求资源效益的最大化和公共利益的最大化，既难以形成合力，提高资源利用的效率，更容易顾此失彼，相互掣肘。各部门之间自然资源资产管理权责界限的不清晰，导致资源环境监管长期处于混乱、无序局面，造成自然资源的掠夺性开发与使用，影响资源配置效率。

经过多轮改革，虽然原有的部门分割管理体制朝集中方向发展，但集中程度尚不能适应市场经济发展的要求，多头管理和各自为政的问题还非常突出。比如，目前矿产资源统一由国土资源部管理，但是在进行探矿、采矿等活动时，国土资源部负责矿产资源的合理利用，企业需向国土资源部提交申请探矿或者采矿许可证，国土资源部根据实际情况审批，而一些

---

① 参见陈星、陈亚芹《化解公地悲剧的自然资源产权之路》，http://finance.sina.com.cn/roll/20061011/17532978165.shtml。
② 苏迅、方敏：《我国自然资源管理体制特点和发展趋势探讨》，《中国矿业》2004 年第 12 期。

矿产资源（如煤炭、石油等）由国家能源局管理，需要能源局审批开采项目，一些在水中的矿产开采，还需经过水利局的审批。多头管理增加了企业的成本。国资委作为国有矿产企业的出资人身份也处于虚置状态，也不能准确掌握资源类国有资产是否发挥了应有的价值以及是否得到了对等的补偿等情况，监管也就失去了意义。

以水资源管理为例，新修订的《水法》规定国家对水资源实行流域管理与行政区域管理相结合的管理体制，国务院水行政主管部门负责全国水资源的统一管理和监督工作。但在实际管理中则存在多个管理部门分别管理水资源的各项事务，其中地表水的开发、利用和保护主要由水利部门负责，水体的污染与防治则由环境保护部门负责，地下水监测及地下水污染防治则由国土资源部门负责，城市和工业用水，城市给排水工程规划、建设和管理由建设部门负责，农业用水、渔业水环境主要由农业部门负责，流域生态、水源涵养林的保护与管理则由林业部门负责，内陆航运与污染控制由交通部门负责……在这种部门分割的管理体制下，各涉水部门的管理职责既有交叉，又有缺位，各部门间只有分工，缺少协作，导致水资源管理长期处于水量与水质、地表水与地下水、流域与区域、农村与城市分割的状态，不利于开发、利用、节约、保护、管理水资源和防治水害，更无法实现管理的整体效益。

在多头管理的体制下，国土空间和自然资源管理的职能分散，各部门分片管，分行业管，职能交叉重叠，部门相互掣肘，导致国土空间和自然资源管理碎片化。一是多头管理问题突出。涉及国土空间管理和资源用途管制的部门多达十余家，比如住房和城乡建设部、国土资源部、环保部、发展与改革委员会、农业部、海洋局等，在分散、分片和分类管理中，九龙治水现象非常普遍，导致没有一个部门对特定区域的自然资源问题真正负责。同时，由于不同部门对于自然资源内涵界定的不同，以单一目的为主导实行的空间开发利用或保护，容易破坏生态环境本身的系统性，造成资源利用的浪费、低效乃至破坏。通常，各部门各地方为了自身或本地方的利益，往往滥行使其管理批准权限，使得某些资源的开发一哄而上。反之，如果没有利益和好处，就都推诿责任和逃避问题。

2. 法律法规不健全

近年来，随着我国经济和社会的快速发展，自然资源的开发和保护受到了党和政府的高度重视，相继颁布了许多相关的法律法规，如《环境保护法》《森林法》《水法》《矿产资源法》等。目前，我国已经初步形成了以宪法为依据，以物权法和环境保护法为基础，以单项专门法为主干，以其他法律法规、地方性法规相配套，以国际条约为补充的自然资源开发利用保护体系的基本法制框架。[①] 尽管目前有许多法律法规对自然资源进行管理，但实际上却没有达到预想的目标，资源浪费、环境破坏的现象仍然十分严重。

第一，缺乏高位的综合法对自然资源进行整体性和综合性开发和保护。我国宪法中虽有多个条文规定了自然资源保护，但过于抽象、原则和空洞；《环境保护法》将自然资源保护规定为环境保护的两大内容之一，但并没有明确规定自然资源保护的实施原则、可操作的制度以及监督管理机制，再加上《环境保护法》并非宪法所规定意义上的"基本法律"，所以无法适用资源综合性管理的要求。[②] 加之由于我国立法体制受行政体制的制约，一些自然资源法是由相关资源管理行政部门负责起草的，各部门往往较多从本部门和本系统出发来考虑问题，这就使得各部门法都片面侧重于某项自然资源的管理或某些方面的利益，而缺乏整体的配合，一些法律条文之间还有相抵触的情况。[③]

第二，法律条文过于原则和空洞，缺乏具体性和可操作性。如《环境保护法》第59条规定："企业事业单位和其他生产经营者违法排放污染物，受到罚款处罚，并被责令改正。"但这一条规定并未提出排放污染物的判定标准，如在实际操作中排放污水、废气等处罚的标准是否一致、单位排放量污染物的处罚金是多少、排放量达到多少才可以启动处罚和责改程序等细节标准均未体现，给了监管和执行部门较大的自由裁量权。而且我国自然资源管理的法律条文还有不少这样的笼统规定，缺乏对行为人行为具体和细节的界定，这样也使得违法者有机可乘，钻法律的空子，同时也增加了实施的难度，往往造成以行政处罚代替法律惩罚的局面。

第三，部门法之间交叉冲突。由于历史和现实的原因，我国自然资源资产分别由多个部门管理与多项法律规制，部门管理上分为林业、水利、

① 秦天宝：《完善我国自然资源保护的立法》，《社会科学》1999年第6期。
② 秦天宝：《完善我国自然资源保护的立法》，《社会科学》1999年第6期。
③ 周觅：《中瑞自然资源管理之比较》，《湖南师范大学社会科学学报》2012年第3期。

土地、矿产和环境五大资源管理部门，法律规定上分为水、土、矿三类和种植业、畜牧业、渔业、林业及矿业五大部门，自然资源资产混合规制与交叉规则并存。单部门管理造成了单类自然资源资产产权法群以单类自然资源资产品种法为主的特征。这些导致了单行法律规则比较零散，规则内容相互脱节，相互"打架"的现象频发，多头立法、多"部"划权、交叉执法、立法与监管空白并存，呈现出九龙治"水"却群龙无首的状况。

在自然资源单行法方面，调整对象存在着交叉和重叠现象，比如《渔业法》所规定的渔业生产活动其实就是对水资源的一种开发、利用和管理，就此而言，《渔业法》的调整对象被包含在《水法》的调整对象之内了。一些自然资源领域却处于无法可依的状态，比如湿地、石油、国家森林公园等。就自然资源单行立法的目的来说，大多数自然资源单行法都以经济利益为立法目的，如《水法》《森林法》《土地管理法》《矿产资源法》等大多着眼于社会主义建设和人民生活的需要，强调生态目的的法律屈指可数，主要有《草原法》《野生动物保护法》和《水土保持法》。[①]

3. 缺乏系统开发和规划

党的十八届三中全会上公告中指出，"用途管制和生态修复必须遵循自然规律，如果种树的只管种树、治水的只管治水、护田的单纯护田，很容易顾此失彼，最终造成生态的系统性破坏。"2015年12月，中共中央、国务院颁布的《生态文明体制改革总体方案》提出六大生态文明理念内之一就是"山水林田湖是一个生命共同体"理念，指出"按照生态系统的整体性、系统性及其在规律，统筹考虑自然生态各要素、山上山下、地上地下、陆地海洋以及流域上下游，进行整体保护、系统修复、综合治理，增强生态系统循环能力，维护生态平衡"。[②] 这些实质上都是聚焦于自然资源管理体制缺乏系统的开发和规划的问题。

生态系统是一个有机联系的系统，各种自然资源要素相互关联，相互影响。自然资源的综合效应是自然资源综合管理体制的根本要求，任何一种资源开发利用都不是只影响一种资源因素，"矿的不只影响矿、水的不只影响水、土的不只影响土"，各种资源相互联系、相互影响是必然的，这也是中

---

① 李丽娟：《论我国自然资源单行立法之间的矛盾与冲突》，《工会博览》2011年第7期。

② 宇振荣：《"山水林田湖"统一管护生和谐》，http://www.gtzyb.com/lilunyanjiu/20151228_91914.shtml。

央要"山水林田湖"统筹考虑的本质要求。当前的资源管理主要问题也在此，管矿只管矿，只注重矿的利用而不管对地下水水系、水质的影响。

由于我国自然资源管理职能分散，各部门分片管、分行业管，职能交叉重叠，部门相互掣肘，导致管理碎片化、系统性缺失等问题突出。以水资源管理为例，目前水资源管理中，管水源的不管供水、管供水的不管排水、管排水的不管治污、管治污的不管回用，地表水与地下水分割，城市与农村分割，流域管理与行政管理相脱节等。又如能源管理和储备职能划归发改委能源局，重要矿种的开发利用规划职能也是由发改委主导。

当前，国家层面的综合性空间规划主要有全国主体功能区规划、全国土地利用总体规划、全国城镇体系规划，以及林地保护和利用规划、生态功能区规划、全国草原保护利用规划等多个专项规划。但这些规划既没有实现国土空间的全域覆盖，又常常被条块分割，先入为主，难以对整个国土空间进行有效统筹，实现国土空间的有效保护、合理布局和优化利用。在同一行政层级，规划间的层级管控关系不明确，规划体系不清晰，规划约束性不强、协调性不高、系统性缺失。比如，主体功能区规划理应是一切涉及空间规划的基本遵循，但由于该规划局限于功能区的划分，且相对宽泛，对空间布局和利用的约束性和操作性不强，在其他规划中未能有效体现、落实。还比如，一直以来，国土部门认为土地利用总体规划对城乡建设等其他规划具有管控作用，但土地利用总体规划经常随着城市建设规划而被不断修改、调整，大量良田沃土被不断蚕食。

4. 自然资源的家底不清

一些国家人口少，资源紧张程度不高，因此不摸资源家底，也不清楚自然资源究竟有多少。我国人口众多，资源紧张，生态环境破坏严重，因此经常需要摸清自家资源的家底。由于历史的原因，我国自然资源分别由多个部门监管，例如土地管理部门、矿产管理部门、农业管理部门、畜牧业管理部门等。在部门分管体制下，每个部门都要编制全国性的规划，为此都要搞全国性的资源调查。但由于各个部门使用不同的调查技术，采取不同的技术标准，调查的结果差异很大，甚至相互"打架"。① 比如查明储

---

① 黄小虎：《把所有者和管理者分开——谈对推进自然资源管理改革的几点认识》，《红旗文稿》2014 年第 5 期。

量、探明储量、基础储量、保有储量、工业储量、可采储量……由于不同时期的分类统计标准不一样，这些不同的名词就足以让人眼花缭乱，摸不着头脑。

比如从 20 世纪 80 年代开始，土地管理部门耗费 10 年的时间，搞了第一次全国土地的详细调查，声称是有史以来第一次摸清了土地的家底。根据调查结果，1996 年全国有耕地 19.51 亿亩。随后土地管理部门据此提出全国耕地保有量的"红线"，即不能少于 18 亿亩。2007 年林业管理部门发布消息称，从 1999 年到 2007 年，全国"退耕还林"3.65 亿亩。如此算来，19.51 亿亩减去 3.65 亿亩，土地实际上只剩下不到 16 亿亩？由于国家对"退耕还林"都支付定额财政补贴，因而林业部门的这个数字是有依据的。这个数字否定了土地部门历时 10 年的调查结论，也意味着土地部门的红线标准实际上是不存在的。那么耕地面积究竟是多少，多少耕地是真正用于粮食种植的，这些都需要更真实准确的数据。

水利部 2016 年 1 月公布《地下水动态月报》中，其中"地下水水质"一项显示，Ⅳ—Ⅴ类水占 80% 左右。这被媒体解读为"我国地下水八成不能饮用"。但水利部解释说，这里的地下水数据是浅层水源地下水监测数据，不是饮用水水源，目前地下水饮用水源主要是取自深层地下水，而且数据只是监测点的水质。水利部还补充道，我国目前水质达标率为 85%。而环保部公布的 2015 年上半年全国环境质量状况显示，我国地下饮用水水源地中 87.1% 达标。到底哪些监测点水质没达标，环保部并没有同时公布。除了水利部，国土资源部每年也会在《国土资源公报》中公布地下水监测状况。梳理国土资源部的监测结果我们发现，从 2011 年至 2015 年，监测点中较差水和极差水相加的比例，从 55% 上升到 61% 左右，好水（优良、良好、较好）总体比例未见提升。① 可见全国水质状况究竟如何，还需要更加精确和科学的权威数据。

数据真实性和科学性的重要价值是不言而喻的。由于缺乏科学的数据，不知道自然资源的实际状况，就影响了决策者做出判断和决策。这些从长远来看，既不利于制定经济和社会发展的战略，也制约着生态环境的

---

① 需要注意的是，水质中的Ⅳ类水是不适合人类饮用的水，Ⅴ类水的污染更加严重，是对人非常有害的。国土资源部的监测点与水利部的监测点并不重合，所以导致了监测结果的差异。水利部的监测点多为浅层地下水，而国土资源部的监测点多为深层地下水。

维持和保护。

5. 监管职权相互冲突

从环境保护的角度说，必须要对土地利用变化引起的生态环境的变化进行监管。但在目前部门分管的体制下，土地管理部门负责土地的利用问题，环境保护部门只能主要管污染物排放的问题。而土地管理的主要职责不是环保，由此就产生了环境保护的监管盲点。比如土地管理部门一度为了"双保（保发展，保耕地）"的目标，鼓励各地开发沿海滩涂和低丘缓坡等未利用土地。但这些所谓未利用地，只是人类未利用而已。对于生态环境来说，它们却还发挥着极其重要的生态功能。打着开发利用的旗号，对这些资源的开发利用会打破这种平衡，造成恶劣后果，给环保部门的监管带来一定障碍。①

资源或者是流动的，或者是固定的，但都不是按照地区分割和部门管理的方式而存在的。在分部门的管理体制下，各部门各管一片，各管一面，空间利用重叠、功能布局冲突问题普遍存在。比如除了耕地和现有林地外，对于某个区域中的一些未利用地，国土资源、农业、林业三家以不同形式管理，国土部门按未利用地在用途上可作为耕地开垦的后备资源，林业上将其作为宜林地，农业部门则将其作为其他荒草地。林业规划中被确定为"宜林地"，土地利用总体规划中却被称为可作为耕地后备资源的"未利用地"，城乡建设规划中又可能规划为城市"建设预留区"。

因此，资源利用就会常常出现大量内耗、冲突、浪费和重复投资现象，比如土地部门开发未利用地的土地整治活动，会被林业部门认为是破坏森林的违法活动；某一片水肥条件好的未开发地块（如荒草地），本可开垦为耕地、作为建设占用的补充耕地资源，却被林业部门规划为宜林地、拟造林区，国土部门在开垦这类土地时既要缴费，又可能被林警处罚。又比如林业部门刚植树不久的地方，因占补平衡需要被国土部门开垦为耕地，不几年又因城市扩张或工业发展需要被作为建设用地，造成人力、物力的极大浪费。

值得指出的是，作为行政权力权限争夺的产物，各自然资源单行法以

① 黄小虎：《把所有者和管理者分开——谈对推进自然资源管理改革的几点认识》，《红旗文稿》2014 年第 5 期。

各行政部门的利益为基础，不可避免地形成了监管职责上的矛盾和冲突。如《水法》规定，在行洪、排涝河道和航道范围内开采砂石、砂金，必须报经河道主管部门批准，涉及航道的，由河道主管部门会同航道主管部门批准。而矿石、沙金属于矿产资源范畴，按照现行《矿产资源法》的规定，地质矿产部门也可以进行管理。这就导致部门管理上的冲突，地质矿产部门批评水利部门降低收费标准吸引沙农，造成资产流失，水利部门又指责地质矿产部门发证时不指定地段，容易造成大堤堤脚裸露和危及大堤安全等险情。诸如此类管理权限规定的矛盾和冲突，必将导致管理权限配置不合理，极大地增加了自然资源的资源纠纷，极为不利于我国自然资源的可持续发展。

上述这些矛盾冲突，固然与各部门工作人员的素质有关系，也与部门主义的行政思维密切相关，但根本原因还在于自然资源管理体制不合理。正如习近平总书记所指出的："由一个部门负责领土范围内所有国土空间用途管制职责，对山水林田湖进行统一保护、统一修复是十分必要的。"

第五节　改善自然资源管理体制的对策和建议

自然资源是经济社会发展不可或缺的物质基础，当前我国正面临着"资源约束趋紧、环境污染严重、生态系统退化"的严峻形势。自然资源种类繁多，完善自然资源的管理体制，促进社会的公平和正义，涉及多方面的法律制度。党的十八大以来，我国大力推进生态文明建设，并把制度建设和体制机制改革放在重要位置。2013 年党的十八届三中全会上通过的《中共中央关于全面深化改革若干重大问题的决定》提出了许多针对性的政策，如健全自然资源资产产权制度和用途管制制度，制定生态保护红线与健全生态环境保护责任追究制度和环境损害赔偿制度，建立自然资源有偿使用制度和生态补偿机制，编制自然资源资产负债表，推行领导干部自然资源资产离任审计，建立公共资源出让收益合理共享机制等。

党中央国务院 2015 年印发《生态文明体制改革总体方案》，在健全国家自然资源资产管理体制方面，提出"按照所有者和监管者分开和一件事情由一个部门负责的原则，整合分散的全民所有自然资源资产所有者职责，组建对全民所有的矿藏、水流、森林、山岭、草原、荒地、海域、滩涂等各类自然资源统一行使所有权的机构，负责全民所有自然资源的出让等。"党的十九大报告对改革生态环境监管体制进一步做出了重要部署，提出"加强对生态文明建设的总体设计和组织领导，设立国有自然资源资产管理和自然生态监管机构，完善生态环境管理制度，统一行使全民所有自然资源资产所有者职责，统一行使所有国土空间用途管制和生态保护修复职责，统一行使监管城乡各类污染排放和行政执法职责。"浙江、青海和吉林等地还开展了自然资源资产统一监管和生态环境保护统一监管的试点工作。其他监管领域的体制改革也在持续推进中，这些也都还需要一个过程。

为深入推进自然资源的管理，进一步提高资源利用效率，促进社会的公平和正义，我们主要就如下几个问题提出对策和建议。

一 完善自然资源产权制度

对于资源的效率及其配置来说，产权问题是决定性的。完善自然资源的产权制度是改善自然资源管理体制的根本。自然资源产权制度改革必须要实现国家政策目标与微观经济主体行为目标的激励相容，即让资源可持续利用的正外部性都转化为资源所有者和使用者的收益，一方面要保证国家的财政收益和生态目标，减少"政府失灵"，另一方面要实现私人的经济效益，减少"市场失灵"，最终实现自然资源价值的最大化，既是经济和社会效应，也是生态和文化效应。

1. 明确所有权主体

针对自然资源"所有者虚位"的问题，必须要建立健全自然资源权利制度，依法明确自然资源权利的种类、名称、主体与客体、内容与限制及其取得与丧失等。其中最根本的是明确自然资源的所有权，包括国家所有权和集体所有权。明确国家所有权，就是要明确哪些权利属于中央政府、哪些属于省政府、哪些属于市县政府、哪些属于乡镇政府；明确集体所有权，则要分别明确乡镇农民集体、村农民集体和村民小组农民集体享有的权利。要明确国家所有者地位，将所有权主体具体化，比如森林是全民所有的，全面所有的森林谁来代表呢？国务院，国务院到底是谁？其实还是具体管理部门有代表职责，但究竟如何行使代表职责，都没有任何法律和制度依据。① 因此加快设立统一的自然资源资产管理部门，统一行使各级国有自然资源资产所有者职责。明确自然资源资产管理和资源监管部门的职责分工，即管理部门主要负责监管自然资源资产的数量、范围和用途，落实自然资源资产所有权人的权益，监管部门主要负责自然资源的保护与修复。而在依法明确权利和义务以及满足公共利益最大化的条件下，完全可以把一些资源的使用权转让给特定的社会主体，提高资源利用的效率和效益。

2. 实现产权多样化

在产权改革的路径选择上，应该坚持折中的公、私产权相结合的混合产权制度，以使产权制度与市场经济体制以及资源的可持续利用相协调。② 为此就要实现产权主体的多元化，真正发挥产权的约束和激励功能。根据自然资源产权多样化特征，分门别类建立起多样的所有权体系。对于产权界限比较清晰的自然资源，如森林、草原、矿山等，在平衡公共利益及所有者与使用者利益前提下，根据其使用、经营的公共性和外部性大小，可以将自然资源的所有权分配或拍卖给国家、地方政府、企业和个人等不同的产权主体；对于产权边界模糊、难以界定、外部性大的自然资源，如海洋水产资源、地下水资源等，应在坚持公共产权主体的基础上，改变政出多门的所有权结构，由统一的自然资源资产管理部门实行单一化管理。可以把部分自然资源的所有权私有化，形成公私产权对接的自然资源产权混合市场。通过适当引入自然资源私有化，探索解决公共租金流失、价格机制失效、使用权过度滥用等问题。

3. 切实保障经营使用权

对公共性和外部性很强的自然资源，应实行使用权和经营权的结合，由公共事业部门去经营，或在政府的严格管制下由一般企业去经营。而对排他性、竞争性强、公共外部性相对较弱的自然资源，应明确做到使用权与经营权分离，让经营权自主进入市场交易。引入民营企业、外资企业等非国有企业参与自然资源产权的经营和竞争，国有企业退出并不直接关系国计民生的自然资源的经营领域，形成多元化的自然资源经营制度。切实

---

① 邹春霞：《中央官员：中国将建立管理自然资源的"国资委"》，http：//finance. if-eng. com/a/20140921/13132339_ 0. shtml。

② 谢地：《论我国自然资源产权制度改革》，《河南社会科学》2006 年第 5 期。

保障自然资源的使用权，要健全自然资源资产使用权权能，提高自然资源资产利用效率。在明确使用权的基础上，深入细化使用权，比如强化农村土地承包权的物权特性，细化承包权、经营权、转包权、转让权、入股权、租赁权、抵押权、处分权、收益权等各项具体权能、权责、权利，保证土地流转的规范化，提升经营效率。延长自然资源资产的使用权期限，保证自然资源的可持续利用。

4. 依法行使国家所有权

各级政府要转变观念，要做到"有所为，有所不为"，依法管理和行使自然资源所有权，把政府的职能转变到加强监督、监管和服务上面来，更多地着眼于实现生态环境目标。首先，政府在管理和行使自然资源所有权的过程中，应该保障和维持自然资源的公共性，保证民众平等地获得自然资源，而不是被个别人独占成为谋求私利的工具。其次，政府应以非营利目的管理自然资源，尽管自然资源的所有权由政府行使并管理，但是不应具有排他性，不得设立权力门槛和经济障碍，妨碍社会民众得到公用性财产的用益权。再次，不得剥夺民众对自然资源的合理占有和使用，特别是那些非商品化的自然资源，是民众生存和生活所依赖的基本资源，无须加工便可供民众使用，自然资源的国家所有不应当剥夺民众这些公共资源的合理和有限度的占有和使用。最后，要注重环境保护和资源的可持续性开发利用。大多数自然资源都具有不可再生性，自然资源开发不能竭泽而渔，耗竭本代人和后代人的资源。政府要向开发者征收生态补偿费作为基金，将其合理取用维持自然资源的可持续性开发和利用。

5. 完善产权流转制度

虽然自然资源的垄断经营有其必要性和合理性，但垄断永远是效率低下的重要根源。促进自然资源的配置效率，必须要打破垄断格局，建立产权交易市场，完善产权运作的制度，规范资源管理的程序，依照市场竞争规则实现产权多元化，让市场这只"看不见的手"来配置公共资源。产权要实现自由流转，首先要进一步明确权利的内容及其边界；其次要理清产权背后个人与组织的权责关系和行为限度；再次要对政府权力做减法，保证资源产权能够自由交易，发挥好市场的资源配置能力；最后要实现权利主体政治和法律地位的平等化，保障其公平的市场地位和竞争机会。只有满足了上述条件，才能降低自然资源产权流转造成的国有资产损失风险、居民权利受侵风险、生态环境承担的外部性风险等。此外，政府应加快建立全国统一公开的信息平台，将各地资源类国有资产的产权流转信息及时发布到信息平台，保证产权流转的顺畅，提高资源的使用价值，优化资源配置。比如矿业权的流转，建立一个全国性的现代矿业权交易信息网络，提供地勘成果等公益资料，及时发布矿业权出让和转让信息①，使全社会都能够及时查询矿业权流转的相关政策信息，提高管理效率。

6. 探索建立市场化定价制度

虽然我国已经初步建立起资源的有偿使用制度，但由于法律的不完善、体制改革不配套和操作上的不规范等，仍有许多自然资源被无偿使用，得不到应有的补偿，资源无价、原材料低价、产品高价的价格扭曲现象严重。对此应该全面推行自然资源市场化定价制度和有偿使用制度。在明确自然资源产权归属的基础上，要充分发挥市场的作用，进一步放宽价格管制，建立健全自然资源定价制度，让市场在自然资源价格形成中发挥决定性作用，使价格能够真实反映资源的稀缺性和生态环境的成本，抑制对自然资源的过度需求，保证自然资源利用的合理性、交易的公平性和生态的可持续性。同时，要加大力气建立健全自然资源的评估和核算体系，为确立生态服务市场交易制度、生态转移支付制度、生态补偿制度、环境污染责任保险制度等提供科学依据。以此为基础，全面推行自然资源的有偿使用制度，尤其要深化资源产品价格形成机制和有偿使用制度的改革。

二　建立健全自然资源管理制度

党的十八届三中全会审议通过《中共中央关于全面深化改革若干重大问题的决定》，强调用制度保护生态环境，实行最严格的源头保护制度、损害赔偿制度、责任追究制度、环境治理制度和生态修复制度，提出建设系统完整的生态文明制度体系的要求，明确健全自然资源资产产权制度、用途管理制度、资产管理体制、有偿使用制度、生态补偿制度、保护管理体制等重要改革内容。在全面深化改革的背景下，自然资源管理改革也在逐步推进之中。进一步健全国家自然资源管理体制，也将迈入全面深化和重点攻坚的新阶段。

---

① 谢小妮：《矿业权出资的法律问题》，硕士学位论文，山西财经大学，2011 年。

在新的社会发展阶段，改革和完善自然资源管理体制改革的总体目标应当是，按照《决定》的精神和要求，以实现国家利益和公共利益为目标，以推进自然资源综合治理体系和治理能力现代化为主线，坚持自然资源管理和生态环境管理相协调，坚持资源的集中统一管理与分类分级管理相结合，加快分离国家对全民所有自然资源资产行使所有权并进行管理和国家对国土范围内自然资源行使监管权，加快形成"系统完备、科学规范、运行有效"的国土空间开发、资源节约利用、生态环境保护的体制机制，增强自然资源管理的系统性、整体性和协同性，加快形成资源与生态环境协调发展、人与自然和谐发展的新格局。

在具体的改革进程中，坚持党的十八大以来党中央的改革精神，自然资源管理体制变革的方向应该是，建设与完善权责明晰、监管有效和运行规范的自然资源管理权体系，逐渐形成逻辑清晰、目的明确、制度健全、配合顺畅、工具配套、监管有力、反应迅速的自然资源管理制度体系，其中包括自然资源资产产权登记与档案制度、培育与创立自然资源资产市场、针对政府管理者的自然资源资产离任审计、针对所有主体的生态环境损害责任终身追究、常规自然资源资产与生态环境保护管理等。在自然资源资产产权制度逐渐演进的过程中，所有权体系建设与管理权体系建设将会协同发展。

1. 建立自然资源资产统一确权登记制度

山水林湖田是统一完整的生态系统，多头监管的体制严重影响了自然资源的保护和利用。对于自然资源管理体制改革，党的十八届三中全会指出，"对水流、森林、山岭、草原、荒地、滩涂等自然生态空间进行统一确权登记，形成归属清晰、权责明确、监管有效的自然资源资产产权制度。"党的十九大报告提出，设立国有自然资源资产管理和自然生态监管机构；统一行使全民所有自然资源资产所有者职责，统一行使所有国土空间用途管制和生态保护修复职责，统一行使监管城乡各类污染排放和行政执法职责，整合职责和机构，形成监管合力，成为优化自然资源管理的必然趋势。

因此要逐步统一登记机构，整合登记机构的职责，将自然资源资产的登记整合到一个部门负责；统一法律依据，整合现有关于自然资源资产登记的法律法规，制定专门的法律作为统一登记的法律依据；统一权利证书，减少证书的种类，减少办证的环节；统一登记程序、统一登记的表册卡簿、整合原有分散登记的档案资料、建设统一的信息系统等，逐步对土地、矿产、森林、山岭、草原、荒地、滩涂、海域、水流等自然资源所有权实行全面登记，对自然资源使用权实行全部登记，同时建立登记信息依法公开查询系统，实现登记机构、依据、簿册和信息平台"四统一"。

2. 完善自然资源用途管制制度

目前，我国自然资源资产定位不清，还没有建立明确的用途管理体系。对此应以用途管制为核心，通过对自然资源法律、规划、考核、审计制度的综合运用，不断完善国家对自然资源的监管和利用。建立覆盖全部国土的用途管制制度，不仅是对耕地要实行严格的用途管制，对天然草地、林地、河流、湖泊湿地、海面、滩涂等生态空间也要实行用途管制，严格控制随意转为建设用地，确保生态空间面积不减少。要加快建立科学的资源环境承载能力监测预警机制，在典型地区资源环境承载力评价监测示范研究的基础上，探索建立动态监测与预警机制，管制不同主体功能区域内国土资源的开发利用与保护情况。探索利用承载力指标进行国土空间用途管制的途径与方式，允许地方探索通过发展飞地经济、提高生态补偿和转移支付额度等模式，妥善处理划定限制开发区和禁止开发区与地方经济发展之间的矛盾冲突，建立以资源环境承载力为基础的发展权补偿制度。

3. 构建监管分离协调的管理体制

要理顺国家自然资源管理体制，按照所有者和管理者分开的原则，坚持一件事由一个部门来管理的思路，落实全民所有自然资源资产所有权，建立统一行使全民所有自然资源资产所有者职责的体制，授权其行使所有者的占有权、使用权、收益权、处置权等各项权利，对各类全民所有自然资源资产的数量、范围、用途进行统一监管，享有所有者权益，实现权责利的统一。建议组建国家自然资源综合协调委员会，承担决策、监管、政策等方面的统筹协调任务。其下设立独立的国家自然资源监督管理机构，作为自然资源综合协调委员会的执行机构，与自然资源的专业管理部门相互独立，相互配合，相互监督，负责统一行使国有自然资源资产管理、执法监督和不动产登记管理。

4. 建立健全核算和审计制度

完善自然资源管理体制，强化自然资源的效益和生态环境的保护，关键是要正确引导和约束政府及其官员做出科学的决策。为此，一要对各地区进行生态资源测算，开展自然资源资产的调查、登记、评估和入账等工作，建立自然资源资产核算体系。明确规定自然资源及其负债的内容以及核算标准，构建自然资源资产负债表，形成生态资产清单和管理数据库。对自然资源资产进行量化和标准化，通过存量、消耗、结余（正或负）进行衡量。二要强化组织领导和工作协调，制定科学的考核方案和指标体系，实行自然资源资产离任审计制度，建立生态环境损害责任终身追究制。三要推进信息公开，建立自然资源台账制度，充分利用各类媒体途径，利用电视、网络、报纸等渠道，共享资源统计信息，接受社会公众监督，建立及时的吸纳和反馈机制。

5. 完善激励约束机制

完善自然资源类国有资产管理体制的激励约束机制，必须要大力建立健全一套完整的责任追究体系和管理绩效评估体系。要以建章立制为基础，对表现良好的管理者和生产或经营企业给予奖励，对那些随意或不合理开发利用自然资源甚至破坏生态环境的管理者和企业要给予严厉的惩罚，依法取消其市场资格。对于在自然资源管理中表现突出的管理者可以给予职位升迁、工资报酬等适当奖励。对于资源领域的各类企业资源管理部门应设立企业行为档案，形成诚信记录，对那些行为表现良好、积极进行技术创新、科学保护生态环境的企业，应给予税费优惠或者行政许可上的优先权，对造成国有资产严重流失和生态环境破坏的管理者和企业，则进行严厉的惩罚。同时为避免地方政府的不正当竞争行为，减少自然资源的浪费，必须建立完善的政府绩效考核机制，降低经济发展指标在政府管理绩效考核中所占的比例，将生态环境、自然资源利用率等相关生态指标纳入政府绩效考核体系，促进自然资源的合理开发利用。

三　改进自然资源收益分配机制

一般而言，自然资源的收益主要包括三类：一是经营性收益；二是资产性收益；三是出让性收益分配。从收益支配主体来看，分为中央政府和地方政府。中央政府作为自然资源所有权人与宏观调控主体，主要关注资源储量、开发持续性、财政收支稳定性以及区域之间的协调发展；地方政府则需更多关注本地的经济发展状况和生态环境的保护，关注财富积累、公共服务和民众福利以及可持续发展能力提升。中央政府与地方政府之间资源收益的合理分配，是为了促进区域和城乡之间的协调发展，既避免资源丰裕区域的过度繁荣，也要避免其陷入资源优势陷阱。

从收益的使用途径看，主要包括：（1）财富的直接分配，如阿拉斯加建立的永久基金从自然资源收入中提取25%以上的权利金置入其中，阿拉斯加的公民每年都能享受到基金收益，分配的标准取决于在阿拉斯加州以最长25年为限的居住年限；（2）改善当地生产生活条件，将资源租金用于改善生产条件，提供更多的就业岗位，提升劳动者的工资水平，以增加当地居民收入。如挪威通过工会制度，普遍提高劳动者工资水平；（3）公共物品投入，将资源收入用于当地的公共物品和公共服务，如教育、医疗、卫生等；（4）社会保障和居民福利投入，即运用资源收益建立社会保障基金和养老基金，提升居民福利水平。如智利建立养老储备基金，为政府将来的养老负债提供资金支持。

我国自然资源以公有制为主，自然资源开发利用的大部分收益应用于发展经济、改善民生、保护环境、促进公平等。但由于收益分配机制不合理，当前我国在自然资源收益分配上存在诸多问题。这些问题不仅降低了资源配置的效率，使得原本应由全民共享的收益，却被少数人占有，拉大了财富分配差距，加剧了社会不公，也带来了代际不公平的后果。

2012年的《政府工作报告》中首次提出"建立公共资源出让收益的全民共享机制"，引起社会各界的关注和热议。党的十八大报告提出，"建立公共资源出让收益合理共享机制"。党的十八届三中全会通过了《中共中央关于全面深化改革若干重大问题的决定》，再次强调要"建立公共资源出让收益合理共享机制"。这包括国有土地、海洋、森林、矿产、水等资源出让机制，要更加公开公平公正，出让收益必须主要用于公共服务支出。公共资源管理体制改革将出让收益合理共享机制作为一种重要"再分配调节机制"，为公共资源出让制度改革指明了方向。作为全面深化改革的重要任务之一，建立自然资源全民共享机制是深化收入分配制度改革的重要举措，还对实现公共服务均等化具有重要意义。

建立公共资源收益合理共享机制要以做强做大国有资产为基础，以合理分配国有资产收益为手段，着眼于加大民生投入、完善民生保障体系和推进基本公共服务均等化，最终实现自然资源的收益共享。其中比较重要的改革领域包括：第一，规范土地资源出让，提高土地出让收益，把土地出让收益做到应收尽收，纳入财政预算进行统筹安排，明确支出取向，确保公共资源合理共享。第二，要引入竞争机制，逐步形成资源开采权的市场价格机制，实现自然资源向资产和资本的转化，提高自然资源收益，提高资源配置的效率。第三，加强对国有企业经营性收入、资产收益和其他收益的监管，提高国有企业利润上缴比例，确保国有资产保值增值，合理分配国有资产收益，加强对民生领域的投入，确保人民群众共享改革和发展的成果。

建立合理的自然资源收益共享机制，关键在于合理地确定中央政府、地方政府、经营企业和资源所在地居民等多方社会主体的收益比例，保证各方都能合理共享自然资源所带来的收益，加强公共资源收益形成和分配的法治化管理，将自然资源收益纳入预算管理体制和制度的调节范畴，提高自然资源收益的共享水平。下面主要从收益共享制度方面提一些对策和建议。

1. 自然资源收益的法治化和民主化

自然资源收益必须要实现法治化和民主化。首先，出台自然资源及其收益监管方面的法律，对自然资源收益的征收、管理、分配、使用、监督等都做出详细而具体规定，约束自然资源收益的收、支、管、用行为。其次，从法律上明确自然资源收益中中央政府、地方政府及各政府部门以及各相关企业的利益、权限和责任。通过建立自然资源用途管制制度和规范的资源开发利用规划，严禁有关部门无序或违规出让。再次，对于重要的尤其是牵涉面较大的自然资源出让，应严格履行民主决策程序，加大信息公开的力度，充分利益相关的意见，就出让范围、出让条件、受让主体、补偿方案等征询民意，尤其是要征询自然资源所在地及附近居住的居民的意见。最后，要完善民主机制，严格遵循民主流程，保证自然资源出让过程和收益分配过程公开透明，接受社会监督。

2. 完善自然资源出让管理制度

无论是从横向社会公平和纵向代际公平的角度考虑，自然资源的开发利用都必须做到合理有序。为了更好地实现社会公共利益，提高自然资源的利用效率，国家必须要健全建立国土空间规划体系，全面实行自然资源用途管制制度，加强自然资源总体利用规划等制度建设，着重加强土地宏观调控和管理的政策措施。为此应大力完善自然资源出让的"招拍挂"制度。调整土地资源管理体制，改革建设用地供应的管理方式。进一步完善国有土地使用权和矿业权出让制度。特别要着力解决一些政府官员插手干预土地使用权、矿业权出让的问题，防止权力寻租和权钱交易等腐败行为。要加快建立健全公共资源价值评估技术与制度建设，为公共资源的出让提供科学的标准和尺度。此外，要创新公共资源出让方式，对不同类型资源设定不同的出让方式和管理模式，对国家战略性资源的开发使用采取折股、公私合营等方式，建立自然资源开发收益可持续共享机制。

3. 规范自然资源收益预算管理

预算约束不到位是自然资源收益流失或不规范的重要原因。为此，首先，打破部门利益的格局，将自然资源收集纳入财政预算范围，按照法定的程序统筹使用，尤其是要将更大比例用于保障和改善民生的教育、卫生、社保、就业、环保等支出领域。其次，探索将土地出让收支从政府性基金预算中独立出来，建立"公共产权收益预算"，陆续将矿业权价款等其他自然资源出让收益均纳入其中，用自然资源出让收益建立普惠全民的均等化的"国民基础社会保障包"，从而充分体现全民共享。最后，要完善国有资本经营预算制度，提高国有资本收益上缴公共财政的比例，更多用于保障和改善民生。扩大国有资本经营预算实施范围，红利征收要覆盖全部国有企业，分类别、有重点地逐步提高红利征收比例，提高资源类国有企业中垄断程度高、资源占有量大的一些企业的红利收取比例。①

4. 探索建立自然资源公共信托基金

自然资源的国家所有"本质上乃是全民所有"，这还没落实在法律制度和利益共享上，还出现了自然资源的"私有化"和"权贵化"现象，损害了社会的公平和正义。② 一方面社会保障的基金投入严重不足，另一方面是土地矿产等自然资源形成了巨大的收益，成为少数人致富的工具。因此更好地实现自然资源全民共享的目标，可以考虑建立自然资源公共信托基金，即以全民所有的自然资源租金收益的一部分为基础，以公共信托基金的方式积累和投资，由全国社会保障基金理事会管理，并委托专业基金

---

① 上述三个方面的对策建议参见刘尚希、樊轶侠《公共资源产权收益形成与分配机制研究》，《中央财经大学学报》2015 年第 3 期。

② 吴卫星：《论自然资源公共信托原则及其启示》，《南京社会科学》2013 年第 8 期。

投资机构进行投资运营，其收益用于资源补偿、环境保护、民生福利、社会保障等的资金管理制度。自然资源的全民直接共享机制，国际上不乏成功的案例，比如挪威主权财富基金（又称石油基金或者称政府养老基金）。这不仅可以提升全民的福祉，促进社会的公平，也有利于资源收益的代际调整，跨代平衡国家财富和社会资源。[1]

5. 建立可持续发展的体制

自然资源的可持续利用提出了代际公平的要求。可持续发展包括了资源、环境、经济、社会和人口在内的全面协调发展，即经济、社会和自然的可持续发展。其中公平的原则要求自然资源的开发利用要保障代际公平。[2]建立可持续发展的体系，就是将可持续发展的原则融入制度框架中去，建立符合可持续发展思维的经济核算体系，建立绿色 GDP 核算方法；转变经济结构，大力引导环境友好型企业的发展；要制定资源环境发展的战略规划，完善可持续发展方面的法律法规建设；转变政府及其官员政绩评价的方式，建立起与可持续发展相适应的绩效评价体系，加大对生态环境问题的问责；加大科技投入和技术创新，为可持续发展提供技术支撑，推动节能和低碳技术的广泛应用；以人为本，强化宣传和教育，打造可持续发展的社会价值体系，提升社会公众的环境保护和生态文明的意识。

---

[1] 参见俞梅珍《从自然资源全民所有制到全民共享机制——对建立以社会保障为功用的自然资源公共信托基金的探讨》，《改革与战略》2014 年第 12 期。

[2] 丁小飞：《代际公平与可持续发展》，《理论观察》2009 年第 6 期。

第七章　国家荣誉的权威性
分配及其公平问题

自古至今，不论是什么时代，每一个国家、不同的政府都要设置一些荣誉称号，授予给那些达到条件或符合标准的个人或集体。"社会把荣誉赋予或分配给社会所需要的思想、言论和行动；换言之，人通过他的符合社会需要的思想、言论和行动而获得荣誉。"[①] 国家荣誉主要是由政府以及其他社会主体的活动尤其是他们之间的互动所建构起来的，国家荣誉的建构和分配不同程度地表达了民族的精神、治国者的要求、社会的需要和民众的意志等。

国家颁授荣誉的活动是国家治理的重要手段之一，也是社会进行价值的权威性分配的主要途径。因为国家荣誉不仅是指简单在荣誉称号及其看得见的符号本身，而且包含着出于国家意志的一整套意识形态、伦理道德和价值准则，还有由国家根据一定标准所给予的物质奖励、福利保障甚至特权。荣誉的获得者作为英雄模范人物（后面统称为"英模人物"）由此获得国家的认可，能够享有某种程度的福利和特权，并且也起到了典型或榜样的作用，用以规范其他个人或社会组织的目的，从而具有鲜明的规训色彩。

第一节　国家荣誉的概念、性质及其类型

荣誉（honor）是一种古老的社会文化现象，存在于每一个民族的历史传统之中，是构成民族精神或文化精神的重要元素。"荣誉一直都是影响

---

① 赵嘉文：《名利辩证》，《西南民族大学学报》（哲学社会科学版）2008 年第 1 期。

人类行为的重要因素。""现代荣誉的概念起源于古希腊和古罗马。"① 早在古希腊时代，英雄们"为了荣誉而在战争中表现勇敢，是他们的首要美德。""英雄们价值观的核心内容是所谓'荣誉'。他们为'荣誉'而战，为'荣誉'而献身。"② 每个英雄都有自己的荣誉，也努力去追求自己的荣誉。③

世界各国都有一些关于荣誉的名言警句，具体如"没有了名誉，就没有了生命"（英国）、"美名胜于美貌"（美国）、"高尚的人重视荣誉胜过生命"（德国）、"失去朋友胜于失去财产，而失去名誉则毁了一生"（西班牙）、"宁肯丧失生命，也不失掉名誉"（土耳其）、"声誉比金子更可贵"（罗马尼亚）、"人生仅一世，而流芳则千年"（日本）……每个民族都赋予荣誉以重要价值，也倡导和鼓励人们去珍视、维护和追求荣誉。

中国社会自古以来也都非常重视名节和名声。所谓"礼义廉耻，国之四维"，意思是个人具有正确的荣辱观，关系到国家的治乱兴亡。儒家传统重视"名节"，为此不惜舍生取义，杀身成仁。孟子提出的"仁则荣，不仁则辱"，荀子提出的"先义后利者荣，先利后义者耻"，都成为儒家学说的经典教条。孔子说，"君子疾没世而名不称焉"，屈原说，"老冉冉其将至兮，恐修名之不立"，优秀的知识分子大多满怀不能建立不朽名声的忧惧。

古代的孔孟之道推崇气节，立志于实现"大丈夫"的人格理想，努力做到"富贵不能淫，贫贱不能移，威武不能屈"。无论战乱时期，还是和平年代，"格物致知，修身齐家，治国平天下"，"了却君王天下事，赢得身前身后名"，都是儒家知识分子梦寐以求的理想，其中道德理想和家国情怀是息息相通的。文天祥写下"人生自古谁无死，留取丹心照汗青"的千古名句，慷慨赴死，表明了对于名节与生死的选择。俗语说，"雁过留声，人过留名"，"宁可流芳百世，不可遗臭万年"，"爱惜羽毛"，珍视荣

---

① ［美］杰伊·M. 沙夫里茨、E. W. 拉塞尔、克里斯托弗·P. 伯里克：《公共行政导论》（第六版），刘悦生等译，中国人民大学出版社 2011 年版，第 141—142 页。

② 丛日云：《西方政治文化传统》，黑龙江人民出版社 2002 年版，第 19—20 页。

③ 需要注意的是，古希腊英雄所追求的荣誉与现在的荣誉概念是有区别的，它是指根据正义的原则按别人的功绩给予个人的权利，或个人对这项权利提出的要求，并且在为捍卫拥有的权利而斗争的过程中，必要时（有人提出对立的要求或争执）可对执掌一定权利的人（或觊觎这一权利的人）直接使用武力。

誉永远都是社会主流价值观的重要组成部分。

一　荣誉和国家荣誉的概念

什么是荣誉？哲学家认为"从客观来讲，荣誉是他人对我们的评价和观感；就主观方面来讲，荣誉是我们对这些评价和观感的重视。"① 《韦伯斯特大辞典》将荣誉定义为良好的名声或者公众的尊敬，即荣誉来自客体的评价和肯定。这个概念强调了客体的作用，却忽视了主体对荣誉的感受。相反，《伦理学词典》将荣誉界定为是自我价值、尊严的意识和源自于他们的祖先和血统的相应行为准则。这个定义强调了荣誉是主体的意识，是主体对自我价值和尊严的感受。

在《现代汉语词典》中，广义的荣誉意为光荣的或美好的名声或名誉，狭义的荣誉则是指个人或团体由于出色地履行职责或义务而获得公认的赞许和奖励，以及与之相应的主观上的肯定性感受，所以荣誉是客观评价和主观感受的统一。《中国大学生百科知识》一书则指出，"荣誉就是社会公众对某人或某个集体所做出的道德行为的赞扬和肯定，同时也包含着行为主体因意识到这种肯定和褒奖所产生的道德情感。"②

事实上，荣誉既是主体的意识，也来自客体的评价，是两者互为作用的产物。作为一种社会建构物，荣誉源自于获得他人认可和尊重的内在需要。每个人都希望拥有荣誉，得到他人的认可，获得他人的尊重。"拥有荣誉意味着有资格获得他人的尊重"③，尊重和敬仰都是荣誉的对应物。换言之，个人荣誉是社会对于一个人的高尚品质和不平凡行为的价值估价，是对其品行给予的奖赏。荣誉是认可和尊重的表现形式，不同的荣誉、荣誉的多少、荣誉的高低，显示出认可和尊重的量级。

荣誉，顾名思义，就是"光荣的名誉"，是美好的名声，"是外界对一个人名声的评价"，④ 是基于某些行为和事迹而对于个体品行的评价和认

①　［德］阿图尔·叔本华：《情爱与性爱》（叔本华短文集），陈小南等译，大众文艺出版社1999年版，第144—145页。

②　田保传、陶国富、黄晔建：《中国大学生百科知识》，同济大学出版社1996年版，第275页。

③　［美］奎迈·安东尼·阿皮亚：《荣誉法则：道德革命是如何发生的》，苗华建译，中央编译出版社2011年版，第13页。

④　［美］杰伊·M. 沙夫里茨、E. W. 拉塞尔、克里斯托弗·P. 伯里克：《公共行政导论》（第六版），刘悦生等译，中国人民大学出版社2011年版，第144页。

可。荣誉是人们所需要的，个人根据自己的需求以最有利于自己的方式进行道德活动，追求个人利益的最大化。"欲多而物寡，寡则必争矣"，"个人的道德需求的满足活动，引起了资源的分配。这种资源分配是在历史的和当前的国家体系内确定下来的。"[1] 而国家荣誉就是国家权威性机构（目前主要是党和政府及其职能部门）为了表彰或嘉奖为国家和社会做出突出贡献的杰出人士而授予的荣誉称号，比如"劳动模范""先进工作者""道德模范""抗震救灾先进个人""高等学校教学名师奖""三八红旗手"，等等。

需要注意的是，我们这里的"国家荣誉"不是"国家的荣誉"的含义，即"国家作为国际社会的一分子所拥有的荣誉"，比如奥运会上的体育运动员以自己的努力拼搏为国家争取到了荣誉，这种"国家荣誉"的主体或获得者是国家。在历史上，这种性质的"国家荣誉"主要是君主个人关心的问题，是相对于其他国家而言的国家所拥有的荣誉。这是其他国家所没有的，或者是还没有得到的。但我们这里的"国家荣誉"则是指"国家通过某种途径和方式授予个人或社会组织的荣誉"，荣誉的主体或获得者是个人、集体或社会组织。

"在国家诸项道德职能中，最重要的一项，是对人们在道德生活中满足自身利益需求时所需要的道德利益进行权威性分配。"[2] 自古至今，每一个国家都向其国民颁发和授予某些荣誉。相对于社会认可意义上的一般性的荣誉，国家荣誉是对荣誉的概念化、具体化和制度化，是得到国家意志认可和支持的正式的荣誉。作为对个人和群体进行社会控制的道德制度的一部分，对国家荣誉建立和授予活动所做的正式的制度安排就是国家荣誉制度。"国家荣誉制度有别于行政和管理层面的奖励、评优和评比，也不同于职衔、学衔或晋级。""从本质上说，国家荣誉制度是国家政治制度的一个组成部分。"[3] 正如恩格斯所说，"每个社会集团都有它自己的荣辱观。"[4] 国家根据自己的标准来建立起荣誉制度，向那些符合荣誉标准和条件的人颁发和授予荣誉。

---

① 丁大同：《国家与道德》，山东人民出版社 2007 年版，第 187 页。
② 丁大同：《国家与道德》，山东人民出版社 2007 年版，第 171 页。
③ 马抗美：《关于建立中国特色国家荣誉制度的思考》，《中国人才》2013 年第 3 期。
④ 《马克思恩格斯全集》（第 39 卷），人民出版社 1979 年版，第 251 页。

权利、荣誉和职权是社会承认关系的三种基本表现形式，从农业社会进入工业社会，权利实现了对人的生命的普遍和平等承认，赋予自然生命的人以社会生命。但在法律制度承认个人的一般性特性之外，社会重视的中心问题是衡量个体的特殊价值。这就是通过授予荣誉来承认或重视个体的价值。"人们不仅要求法律所承认的一切人都拥有的社会生命，而且要求这以社会生命的特殊价值得到承认。""荣誉就是人的社会生命实现的标志，荣誉的差等可以在一定程度上反映人的社会生命实现的状况。"因此，荣誉具有"社会标识"的功能，是对个体社会生命的实现程度的承认。①

在现代国家中，虽然存在着立法机关、行政机关和司法机关的划分，但作为行政机关的政府扮演着国家代言人的角色，是国家意志重要的表达者，更是国家权力的直接执行者，代表国家颁发或授予的荣誉，具有很高的权威性。同时，我国是中国共产党领导下的社会主义国家，中国共产党是唯一的执政党，是中国特色的社会主义建设事业的领导核心。由中国共产党的机关（比如宣传部和文明办等）评选的荣誉也体现着国家的意志和需要。实际上，许多荣誉的评选和表彰是在中国共产党、人大、政府及其职能部门以及社会组织等的协作中完成的。

因此，为了更全面地分析国家是如何通过颁授荣誉来实现对国家的治理，价值分配是如何通过荣誉制度来实施和操作的，并深入考察与国家荣誉分配过程及其结果相关联的公平和正义问题，我们这里将笼统地分析以党和政府及其职能部门颁发和授予的荣誉，而不局限于由政府及其职能部门组织实施的荣誉制度。

二 作为治理工具的国家荣誉

荣誉意味着个人美好的品行，是值得人们认可和尊敬的东西，也构成了其他人效仿和学习的对象。正如企业凭借其物美价廉的产品或高效优质的服务而赢得良好的市场声誉一样，一般意义上的个人荣誉主要是指个人因其良好的道德品行或杰出的个人成就而获得的美好的名声。但社会层面的荣誉主要是以口耳相传的方式非正式地形成的，充满了变动性、偶然性

---

① 张康之、张乾友：《权利、荣誉与职权：承认的三种形式》，《北京行政学院学报》2010年第6期。

和不确定性和变动性。

对于个人来说，荣誉是一种信号机制，标明了个人的品行状况。不同的荣誉包含了不同的内涵和标准，给出关于个人品行的素描。相应地，对于他人来说，荣誉是一种简化认识的机制，方便人们快速地获得关于个人品行的信息。而对于社会来说，荣誉就不但是一种简化交易成本的信息机制，而且也是一种规范和控制个人的软性机制。在形成和传播荣誉的过程中，社会的价值观也得以传播和渗透到社会的各个角落，引导公众的价值标准和行为选择。

因此，荣誉不仅是一种对个人品行的权威性认证，也是一种具有能动性的社会治理工具，在国家治理的过程中发挥着重要的功能。只有从功能的角度去考察荣誉，才能更好地把握国家荣誉的含义和价值，弄清楚国家荣誉运作过程中的基本问题。这也是我们这里分析和理解国家荣誉的基本立场。

古语说，"赏以兴公"，"赏赐知其所施，则勇士知其所死"。赏罚之道，是国家治理的重要技术。没有赏罚，没有奖励与惩戒，就没有办法约束不恰当的行为，也难以激励有价值的德性和品行。"在国外一些国家的行政实践中，'功勋荣誉制度'作为一些国家行政奖励体系的重要组成部分，是政府实现行政目标和预期的重要手段之一。"① 区别于一般性的道德荣誉或市场荣誉，国家荣誉是一种国家行为，是对于个人品行的权威性认证。建立什么样的荣誉称号，按照什么标准来授予荣誉，应该怎样对待那些获得荣誉的人，每一项国家荣誉都必须要回答这些基本的问题，而每一个问题的答案都是国家意志的体现和表达。

建构国家荣誉，塑造和宣传英模人物，号召社会民众向他们学习，"是国家政权实现政治动员、进行政治社会化的重要方式。""英模群体承载着国家的主流政治理念和价值取向，通过各种媒介走向广大民众，担负起增强民众对置身其中的政治制度的认同感、提高政治系统内部的凝聚力，从而维护国家与社会稳定、巩固政权合法性的重任。"为了实现特定的政治议程、政策意图和国家目的，树立相关的荣誉，塑造英模人物，就起到了组织社会力量，整合社会资源、提升民众认同等目的。② 从国家治

① 张树华、潘晨光等：《中外功勋荣誉制度》，中国社会科学出版社 2011 年版，前言第 2 页。
② 赖静萍：《当代中国英模塑造现象探源》，《东南大学学报》（哲学社会科学版）2011 年第 5 期。

理的角度，国家荣誉具有丰富的含义。

第一，国家荣誉是一种权威性的信息认证技术。信息是国家治理的基础，复杂多样的事实只有经过权威性的认证，才能成为国家治理能够运算和操作的事实。在各种各样的社会要素中，如果不能搜集和整理关于个人的信息，就不能鉴别和评判个人的品行及其表现，也就不可能实现对人的治理。在国家治理的过程中，国家从来都不是外部环境被动的适应者，而是时刻用自己的办法去塑造民众的行为和思想。现代国家一方面通过人口调查等手段来掌握全体国民的自然信息，包括年龄、婚姻状况和受教育程度等，另一方面通过颁授国家荣誉来给人们的品行进行"打分"或"赋值"，国家借此将社会民众纳入评估体系，对个人和组织的行为进行鉴定和评判，向那些符合国家所定义的良好品行的个人颁授荣誉，就具有强烈的支配和控制的含义。

第二，国家荣誉是柔性的权力控制技术。如同通过法律制度来实施社会控制一样，国家荣誉也是政府发挥职能作用的重要形式。"除了命令、强制和惩罚之外，荣誉奖赏是激励和促进民众自愿做出设立者所期望的行为的重要手段。"[1] 如果说法律制度的控制是从"坏"的方面来管理国民的行为，解决社会的矛盾纠纷，那么授予荣誉的手段则是从"好"的方面来强化民众，避免矛盾纠纷的出现。"实际上，政府对道德生活的控制和干预，除了运用惩罚的手段外，还常常会采用奖赏手段来激励美德的行为，褒奖是促进公民服从的激励手段"[2]。而从某种意义上，这也可以说是国家治理能力不足的结果，因为"政府要对社会生活各领域的一切事物实行全面管理，从效率和效果来看，都是非常困难的，实际上也不可能。在操作中，政府只有困难通过抓重点、抓典型、抓两头来实行管理。"[3] 国家需要庞大的惩戒机构来制裁违反法律制度的行为，但却不可能建立同样庞大的机构来授予荣誉——至少是不经济的。因此荣誉制度也可以说是一套相对低成本的权力控制技术。

第三，国家荣誉是权力渗透的重要途径。通常，民众的品行尤其是个

---

① 张树华、潘晨光等：《中外功勋荣誉制度》，中国社会科学出版社 2011 年版，前言第 2 页。
② 丁大同：《国家与道德》，山东人民出版社 2007 年版，第 207 页。
③ 刘林平、万向东：《论"树典型"——对一种计划经济体制下政府行为模式的社会学研究》，《中山大学学报》（社会科学版）2000 年第 3 期。

人的道德问题，属于社会的领域或者个人的范畴，很大程度上处于国家的权力系统之外。但如何塑造和控制自己的国民，却是每个国家都不能忽视的问题。国家荣誉是国家活动，其中建立什么荣誉称号的决定、定义荣誉的规则以及授予荣誉的标准等，都表明国家有权力来评估社会民众的优劣或好坏，从而给社会行动者个人及其相互之间的关系都打上权力的烙印。作为对于个人品行的评价机制，国家荣誉就是以国民个人和社会组织的品行为评判对象，对其进行优劣比较，给他们打上荣誉的标签，这就很大程度上分享了社会进行道德评价的裁决权。所以说，建构国家荣誉的过程延伸了国家权力的触角，也重建了国家与社会的联系，特别是将社会与个人置于国家的裁判之下。国家承认具有优良品行或杰出表现的人，给予他们以权威性的荣誉，表达国家的关切和希冀，体现了国家权力向社会领域的扩展，也具有社会整合的重要意义。

第四，荣誉是国家进行动员的重要工具。国家授予荣誉并给予精神和物质的奖励，是激励民众的公共精神和公共行为的基本手段。人们竞争荣誉的过程使得民众被逐步纳入国家的意志系统，国家意志就得以作为普遍的标准而影响人们的选择和行为。正如研究者所指出，为了鼓励男子参加战争，免去他们的后顾之忧，提升军队的士气，"国家颁发的贞节牌坊实际上就成了一种皇权国家的军事动员艺术。"[1] 虽然社会中的个人并不会时刻以获得荣誉来指导和评判自己的行为，也很少有人始终根据英模人物来安排自己的生活，但被授予荣誉的那些人却为社会树立了恰当行为的"活标本"，对普通民众产生积极的影响。荣誉由此而得到活生生的表达，也构成民众恰当行为的界碑。当国家需要民众的时候，就可以激活或用这些荣誉符号，发挥符号的力量。

第五，国家荣誉是一种社会重视的再分配。与金钱和权力的社会分配一样，社会重视是社会认可的重要方面，也是社会认可的表达形式。根据不同的标准和流程，社会将不同的资源分配给社会中的个人，以表彰个人的价值和贡献。人们靠自己的努力获得成就，表现出良好的品行，得到社会的重视，获得相关的资源，也是个人自我实现的途径之一。其中，以国家荣誉形式获得社会重视，最终依赖于国家分配公共资源来确认并彰显这

---

① 喻中：《贞节牌坊背后的制度信息》，《比较法研究》2010 年第 5 期。

种社会重视，让重视变成看得见摸得着的东西。对社会重视进行再分配，"是正义社会制度建构中的重要内容"①。政府通过荣誉机制将声誉、权威、财富等资本分配给具有特定品行的社会成员，建构起与基于资本和权力而获得的重视相并列的评价体系，同时也给社会成员提供了一个争取社会重视的制度平台。

第六，国家荣誉具有强大的规训或驯化的能力。作为个人行为的强化和激励机制，国家荣誉具有显著的光环效果和示范效应，它不但能激起个人的自我认同感，同时又能赢得外界的尊重和效仿，发挥出"带头作用、骨干作用和桥梁作用"正如托尔维克所言，"荣誉，在它最受人们重视的时候，比信仰还能支配人们的意志；而且，在人们毫不迟疑和毫无怨言服从信仰的指挥时，也会基于一种虽然很模糊但很强大的本能，感到有一个更为普遍、更为古老和更为神圣的行为规范存在。"② 荣誉带给获得者巨大的自我认同和满足感，同时也带给了其他社会主体感染力、认同感和示范效应。通过设置并执行高标准的品行标准，国家荣誉发挥出类似于法律制度的实质性的奖励和惩罚等规训功能，对个人行为和社会活动形成深刻而强大的干预。

三 中外国家的荣誉现象及其实践

在人类文明的历史长河中，功勋荣誉制度源远流长，名目繁多。在不同的历史时期，大多数国家都设立了符合文化特色和满足国家需要的功勋荣誉表彰制度。"在世界各国，一个稳定的、具有良好历史传统的政府均设有统一的、权威的功勋荣誉表彰制度。""功勋荣誉制度是国家政治制度的重要组成部分，是政治正当性、稳定性和正统性的象征"③。

"自古皇王，褒崇勋德"，"崇贤旌善，王教所先"。中国自古以来就建立了各种形式的表彰制度，并通过表彰制度来进行社会教化。

我国的荣誉制度最早可以追溯到上古时期的"爵制"。赐爵一直是中

---

① 王晓升：《略论社会重视的分配与再分配——一个政治哲学的思考》，《天津社会科学》2010年第4期。

② ［法］托克维尔：《论美国的民主——关于美国和民主社会中的荣誉》，董良果译，商务印书馆1988年版。

③ 张树华、潘晨光、祝伟伟：《关于中国建立国家功勋荣誉制度的思考》，《政治学研究》2010年第3期。

国古代为维护政治统治而运用的政治手段，也是最常见的荣誉奖励表现形式，并与国家的官制密切相关。"中国古代的勋爵制包括封爵制度及带有荣誉性质的官职制度"①。依据封赏对象的不同，封爵可分为两种情况：一是对于皇帝有着亲缘关系的皇亲国戚进行封爵，二是对文武官员进行论功行赏。爵不具备行政职能，主要是用来确定皇亲或功臣等的政治名位、社会等级和经济权利。具体的制度包括爵位（包括王、公、侯、伯、爵等）、加官（即本官之外另加其他虚衔官职）和散官（无固定职事的官员品阶）、勋官（不理事的散职）、赐姓（由皇帝赐予姓氏以褒奖恩宠的臣子）以及诰命夫人等。

在我国"大一统"的政治传统中，国家通过各种方式来表彰忠孝节义廉等性质的典范人物，以维护社会的道德体系，巩固政治秩序。其主要形式就是各种旌表。作为政治褒奖的形式，旌表起源于先秦时期，历代王朝都非常重视对民众的表彰。从宋朝到明清朝，旌表制度越来越成熟，大量的孝子和节夫涌现出来，但各种形式的愚孝和愚节也越来越多，大量的旌表活动给国家财政带来了沉重的负担，也削弱了荣誉制度的影响力。与此同时，一些地方乡规族约便发展起来，对那些无法得到朝廷旌表的本地或本族人进行表彰。旌表通常先由地方政府上报朝廷，获准后再赐予匾额，建造牌坊，竖立碑文，以示表彰。旌表体现了统治者的执政思想和治民策略，是儒家思想对民众进行渗透的结果，也具有社会自治的含义。

清朝末期，随着国门开放，清政府学习西方，建立了一套宝星制度。宝星最早是与西方交往礼节上的互赠之物，后来逐渐成为对有功劳的"洋人"的奖赏方式，具有浓厚的外交色彩，再后来奖励范围扩大，逐渐推及国人。"中华民国"成立后，取消了长期存在的爵制等社会奖励制度。民国初年，陆军部制定了《勋章章程》，后政府又陆续出台《颁给勋章条例》等相关法令，建立了多种勋章制度。"民国"三十年制定《勋章条例》，其后经多次修正，扩大了颁赠勋章的种类和范围。南京国民政府设置了多种勋章和奖章，包括军事勋章和一些非军事勋章，其中以采玉大勋章、青天白日勋章为主要代表。这些勋章制度的探索，逐渐完成了与现代西方国家荣誉制度的接轨。

---

① 张树华、潘晨光：《中外功勋荣誉制度》，中国社会科学出版社2011年版，第1页。

早从苏维埃政府①和延安时期开始，中国共产党就逐渐掌握了塑造英模的技术，将其作为发展生产、动员民众和思想政治工作的重要形式。从抗日战争时期到解放战争时期，中国共产党利用舆论工具宣传和塑造了一大批家喻户晓、人民群众耳熟能详的英模人物，比如刘胡兰、董存瑞、王克勤、张思德等。中华人民共和国成立以后，国家荣誉制度历经创建和发展、干扰和破坏、恢复和发展、发展和完善等不同发展阶段，② 目前已经初步形成了遍及社会各领域、多层次的国家荣誉制度。

　　当前我国的国家荣誉名称多种多样，涉及范围广泛，评审主体复杂，很难用一套标准去对国家荣誉进行完整的归类。这里主要按照国家荣誉所指向的社会生活领域进行分类，具体如下。

　　第一，生产建设领域。这是为促进经济和社会发展而设立的荣誉称号，主要是对工业交通、基本建设、农林水利、财贸金融、文化、教育、新闻、出版、卫生、科研、体育、公安、机关团体等各行各业做出杰出或重大贡献的职工进行表彰。1950 年中央人民政府决定召开第一次全国劳模大会，对为社会主义经济建设和社会发展做出杰出贡献的人士授予"全国劳动模范"称号，同级的还有"全国先进工作者"和"全国先进集体"的荣誉称号。1960 年全国妇联在国际妇女节五十周年之际，设立了针对妇女先进人物和先进集体的"三八红旗手"和"三八红旗集体"称号。80年代，中华全国总工会设立了"五一劳动奖章"和"五一劳动奖状"，奖励为经济建设和社会发展做出突出贡献的先进个人和集体。

　　第二，军事领域。这主要是表彰在政治和军事方面表现杰出的军人。1955 年全国人民代表大会常务委员会依据《宪法》规定，对在红军时期、抗日战争时期和解放战争时期参加革命战争有功人员进行表彰，分别授予"八一勋章"和"八一奖章""独立自由勋章"和"独立自由奖章""解放勋章"和"解放奖章"等。1979 年中国人民解放军总政治部颁发了中国人民解放军英雄模范奖章和立功奖章。其中由中共中央军委授予英雄称号的，颁发一级英雄奖章；由军区和军种、兵种领导机关授予英雄或模范称

---

　　① 陈家墩、姚荣启：《劳模历史探源（上）——毛主席出席在瑞金召开的劳模会》，《工会信息》2015 年第 11 期。

　　② 张树华等：《中国功勋荣誉制度》，http：//www.china.com.cn/news/zhuanti/09rcbg/2009 – 09/21/content_ 18568777_ 13. htm。

号的，颁发二级英雄模范奖章。立三等功、二等功、一等功的，分别颁发三等功、二等功、一等功奖章。1988 年，人民解放军重新实行军衔制，颁发中国人民解放军功勋荣誉章，对在革命战争时期入伍或参加革命工作的军队离职休养干部，分别颁发"红星功勋章""独立功勋章""胜利功勋章"等。

第三，科技领域。科技领域的荣誉称号主要有以下三个方面：（1）中国院士制度，其前身最早可追溯到 1928 年成立的"中央研究院"，是国家设立的科学技术方面的最高学术称号，包括中国科学院院士和中国工程学院院士，从 1990 年开始，院士（学部委员）每两年增选一次。（2）国务院特殊津贴，是 1990 年设立的给予对高层次专业人才和高技能人才的奖励，由国家财政每人每月发给 600 元津贴（1900 年至 2008 年每人每月 100 元），按规定每两年选拔一次享受政府津贴人员。（3）1999 年国家颁布实施《国家科学技术奖励条例》，设立了国家最高科学技术奖，完善了四大科学技术奖，即国家自然科学奖、国家技术发明奖、国家科学技术进步奖、中华人民共和国国际科学技术合作奖。

第四，科技教育领域。为了提高教师地位和待遇，中华人民共和国成立之初就设立了"特级教师"荣誉称号。1956 年教育部起草了《关于提高中小学教师待遇和社会地位的报告》，对"有特殊贡献的优秀教师，给以特级待遇"，"文革"后重新恢复发展教育领域相关制度，改革开放以后教育部颁布了《中国教育改革与发展纲要》，提到要对优秀教师和教育工作者给予物质和精神奖励，对有突出贡献的教师给予津贴。就目前来讲教师荣誉体系有两项主要的评选，一个是特级教师称号，另一个是全国优秀教师和优秀教育工作者称号。为了营造"尊重知识、尊重人才"的社会氛围，1990 年党中央和国务院决定给予做出突出贡献的专家学者、技术人员发放政府特殊津贴。"国务院特殊津贴"是国家对高层次专业人才和高技能人才的奖励制度。教育领域的其他荣誉称号还有"教学名师奖""教学成果奖"等。

第五，文化艺术领域。中华人民共和国成立以来，各级党和政府及其职能部门设置了各种形式的文化艺术奖项。例如中宣部针对文艺类图书、电影、电视剧片、戏剧、歌曲领域设立的精神文明建设"五个一工程"奖；文化部针对写作、戏剧、电影、歌曲等领域设置了"人民艺术家"称号系列，如"人民艺术家""人民作家""人民歌唱家"等，中国作家协会主办的"茅盾文学奖"等。除此之外，各个文化艺术领域也设立相应的奖励，如电影"百花奖"和"华表奖"、话剧"金狮奖"、曲艺"牡丹奖"、舞蹈"荷花奖"、电视"金鹰奖"、戏剧"梅花奖"、书法"兰亭奖"、摄影"金像奖"等。① 这些奖项为社会民众所熟知，在相关领域中具有较高的专业性和权威性。

第六，公务员领域。相对于其他领域，目前我国对公务员的奖励已经建立了比较规范的制度体系，《中华人民共和国公务员法》（从第 48 条到第 52 条）和《公务员奖励规定（试行）》针对公务员奖励以及授予荣誉称号等做出了详细的规定。奖励对象包括公务员个人和集体，奖励分为嘉奖、记三等功、记二等功、记一等功和授予荣誉称号。目前比较有影响的荣誉称号是"人民满意的公务员"和"人民满意的公务员集体"荣誉称号。从 1996 年开始至 2013 年，全国已经举行了八届"人民满意的公务员"和"人民满意的公务员集体"的评选活动。同时，地方省（市、区）级党和政府也举行"人民满意的公务员"和"人民满意的公务员集体"的评选，但届次较少，各地也都不一样。

此外，国家还会临时性地对一些做出重大贡献的人物给予一个独一无二的荣誉。例如为纪念我国原子弹、氢弹的成功研制以及人造卫星的成功研制，中共中央、国务院、中央军委 1999 年对做出突出贡献的 23 位科学家授予"两弹一星"功勋奖章。2003 年以来，随着神州系列飞船成功飞入太空并顺利返航，中共中央、国务院、中央军委对完成太空探索的飞行员授予"航天英雄"荣誉称号，向他们颁发"航天功勋奖章"和"航天英雄"等荣誉证书。2008 年"5·12"汶川地震后，中共中央、国务院和中央军委共表彰"全国抗震救灾英雄集体"319 个，"全国抗震救灾模范"522 名，其中包括追授雷勇等 5 名牺牲者。

就西方国家的情况来看，欧洲国家的勋章制度历史悠久，最早可追溯到古希腊古罗马时期。如今欧洲国家仍在使用的一些概念和名词，例如"荣誉""功绩"和"英勇"等，都起源于古希腊古罗马时期。但现代荣誉制度却并不是直接由那一时期的荣誉制度发展而来，而是起源于中世纪的骑士团。进入 19 世纪后，工业化和科学技术迅猛发展，社会和政治的

---

① 《全国文艺类奖项一览表》，http://bbs.china-shufajia.com/thread-108550-1-1.html。

变迁要求建立新的荣誉制度，将奖赏对象拓展至经济、政治和军事领域的普通民众、下级军官和士兵等。于是欧洲各国的现代功勋制度开始逐步发展和完善。[①] 当今世界，除了瑞士不设立和授予任何勋章之外，世界其他各国都建立起具有本国特色的功勋荣誉制度。

英国是世界上最早设立国家荣誉制度的国家之一，迄今已有660多年的发展历程。英国国家荣誉制度的荣誉奖项，主要有奖章、骑士勋章以及勇士奖章，根据候选人贡献和工作领域的不同而授予相应的荣誉，每一种荣誉又会分成不同的等级，其中"嘉德勋章"是英国的最高荣誉奖励，只有极少人能够获得。在英国，每位公民都能提名候选人，参与荣誉评选。女王是国家的象征性元首，也代表着英国政府，只有女王有权授予各项荣誉称号，但女王大多时候只能根据首相的建议来颁授荣誉。国家荣誉表彰的主要事宜则是由内阁仪式秘书处负责管理。英国的荣誉制度具有浓厚的封建色彩，有严格的评选程序，但却没有成文立法。近年来英国的国家荣誉制度大有平民化的趋势，2006年英国99岁的布朗太太因七十多年里一直坚持经营自家的餐饮店Fishandchips，经营英国的传统食品炸鱼和薯条，始终为社区居民提供优质的食品和服务，赢得了良好的声誉，而被授予了MBE"员佐勋章"。[②]

美国的国家荣誉制度可追溯到18世纪。与欧洲国家的功勋制度起源过程中具有强烈的宗教色彩不同，早期美国的国家荣誉都带有浓厚的军事色彩，功勋荣誉主要是军事性的，平民荣誉很少。直到第二次世界大战之后，美国的荣誉制度才开始向非军事领域发展，包括平民荣誉和专业荣誉在内的非军事荣誉大量涌现，表彰在各行各业做出突出贡献的平民、公务员和专业人士，并逐渐形成了一套比较完善的国家荣誉制度。凡是对美国做出贡献的人士，都有机会获得美国政府给予的殊荣。当前美国的国家荣誉主要由总统和国会颁发，荣誉奖项包括军事荣誉（如荣誉勋章和模范服役十字勋章等）、平民荣誉（如总统自由勋章和总统公民奖章等）和专业荣誉（如费米奖和国家科学奖等）三大部分组成，国家荣誉大多没有等级

---

① 参见张树华、潘晨光等《中外功勋荣誉制度》，中国社会科学出版社2011年版，前言第2—3页。

② 《九旬老太获殊荣，英国荣誉制度：体现平民化趋势》，http://www.legaldaily.com.cn/hqfz/content/2008-01/16/content_783565.htm。

之分，注重精神性奖励。[①]

　　法国的功勋制度的历史可以追溯到中世纪的骑士团。法国的国家荣誉制度源于早期拿破仑·波拿巴 1802 年创立的荣誉军团。1962 年法国颁布《荣誉军团与军功奖章法典》，建立了国家功勋勋章制度，法国的国家荣誉制度趋于精简和统一。法国现存的正式荣誉勋章分为国家级和部门专业级两种。国家级的荣誉勋章一共有三种，分别是荣誉军团勋章、军队荣誉勋章和国家功绩勋章。这些勋章以国家的名义颁发，由共和国总统签署荣誉状。[②]法国的国家荣誉制度简单明确，等级分明，坚持评选标准，保证质量，有很大的社会影响力。比如著名的法兰西院士，自 1635 年成立以来，始终保持 40 人的规模，被称为"圣人"和"不朽者"。[③]

　　俄罗斯早在沙俄时期就形成了比较完整的国家荣誉奖励体系。1699 年彼得一世就设立了第一枚勋章——圣安德烈勋章。苏联时期设置了很多重要的荣誉，比如 1934 年确立"苏联英雄"的称号，1939 年设立"金星奖章"，表彰为国家立下英雄壮举的个人或组织。除《俄罗斯联邦宪法》外，还颁布了《俄罗斯联邦国家奖励条例》对每项具体奖励的奖励章程和说明，如《"俄罗斯联邦英雄"称号章程》《圣乔治勋章颁发条例》等。[④]俄罗斯设立了专门的国家奖励委员会，任何符合条件的个人和团体都可以申请国家奖励，包括长期定居的外国公民和无国籍人士，奖励注重精神上的宣传和重视，大多不设物质奖励。俄罗斯现有的国家荣誉主要包括"俄罗斯联邦英雄"称号、俄罗斯联邦勋章、奖章、徽章和荣誉称号。

　　在殖民地时期，澳大利亚作为英帝国的属国，承袭着英国的勋荣制度。1931 年澳大利亚获得内政外交独立自主权，但很长时间内都是澳大利亚自身的勋荣制度与英制勋荣制度体系并存。1975 年，英国女王颁文正式批准澳大利亚自主建立荣誉功勋奖励制度，澳大利亚的荣勋制度体系开始逐步完善，而一些实行了近 200 年的英国勋荣制度及英帝国的各项奖励办

　　① 文娥：《美国的国家荣誉制度概述》，《国外社会科学》2010 年第 1 期。

　　② 张洪浩：《法国的国家荣誉制度》，http：//www. culturalink. gov. cn/portal/pubinfo/001/20110930/0b433aa2e1be42148ce15b8e479c9c69. html。

　　③ 林卫光：《法兰西院士被尊为"圣人"》，http：//www. people. com. cn/GB/paper68/16697/1469724. html。

　　④ 王文臻、祝伟伟：《俄罗斯的国家荣誉制度》，《俄罗斯中亚东欧市场》2010 年第 4 期。

法也开始逐步废止。根据澳大利亚政府公布的数据，目前澳大利亚有 53 种荣勋奖项，其中最高的国家级荣誉是澳大利亚勋章，用以嘉奖为澳大利亚做出突出贡献的人。近 20 多年来，澳大利亚重点是发展了军功勋奖和对社会公共服务领域做出贡献者的奖励，并且也设立了针对科教文化等领域的政府级奖项。①

总的来说，当代西方国家的和地区的许多功勋荣誉都具有很强的历史传承性。欧洲的勋章制度甚至可以追溯到古希腊和古罗马时期。定期颁发勋章和授予荣誉在许多国家也成了悠久的历史传统。相关的功勋荣誉种类繁多，包括有勋章（order）、奖章（medal）、徽章或佩章（badge）、十字章（cross）、星章（star）、勋标（citation）、肩章（sash）、奖状（certificate）、称号（title）等，其中以勋章和奖章为主要表现形式。这些功勋荣誉重视精神鼓励和奖赏，以法律法规为基础，制度化、程序化和法律化程度很高。一些国家的功勋荣誉还具有国际影响力，比如英国的"嘉德勋章"、法国的"荣誉军团勋章"和美国的"费米奖"等，这些已经成为各个国家软实力的重要标志。②

第二节　国家荣誉现象的多元主体及其社会建构

我们认为，国家荣誉是社会建构起来的，是历史的和传统的。社会建构是一个复杂而模糊的概念，它主要是从社会过程的角度来理解的知识的生产及其传播，"认为任何知识和事实都是历史的产物，是被社会、政治、文化、经济和种族等因素形塑而成的。"③ 社会建构主义强调社会事实是通过语言而历史地建构起来的，是社会互动、协商和共识的产物。从社会建构主义的角度来理解，国家荣誉就是社会建构的结果，是历史的和文化的，是社会行动者的利益和需求及其相互作用的产物。

正如研究者所指出的，英模人物"身上汇聚着国家上层意志与民间社

---

① 唐磊：《澳大利亚功勋荣誉制度简介》，《国外社会科学》2010 年第 1 期。

② 张树华、潘晨光、祝伟伟：《关于中国建立国家功勋荣誉制度的思考》，《政治学研究》2010 年第 3 期。

③ 韩志明、韩阳：《社会建构主义视阈下的公共行政》，《中国社会科学报》2013 年 2 月 9 日。

会的互动力量"[1]。英模人物既是国家意志的符号化表达，也是社会民众意愿的存在方式。接下来需要思考的问题是，社会中的个人和组织是怎样围绕国家荣誉而展开互动的？其中，党和政府建立起荣誉称号，并为其订立规则，将其意志嵌入到规则中去；公众是国家荣誉的消费者，为获得国家荣誉而竞争，也接受国家荣誉的暗示、引导和激励；社会组织是国家荣誉的实施者，利用荣誉来达成特殊的目标，其中新闻媒体是树立和传播荣誉的舞台，并因此而分享和获取注意力资源。

一　国家荣誉的权威性分配及其机制

"在任何政体，荣誉性质的奖励都广泛存在"[2]。国家是理性的行动者，有自己的意志和需要。颁授荣誉需要消耗公共资源，因此也需要进行理性选择。相应地，国家荣誉是国家理性的表达形式，是国家实现其目的和意志的工具。在不同的社会历史时期，国家荣誉是经济和社会等特定需要的产物，服务于国家的目的和需要，尤其是在动员、激励和规训社会民众方面扮演着重要角色。

战国时期，秦国地处中西部，民风尚勇强悍，经济文化落后，又受到关东大国的排挤，军事上和政治上都面临巨大的危机。商鞅变法在秦国全面推行军功爵制，爵位高于官位，把军功提到前所未有的高度，重建了以爵禄和军功为标准的社会等级秩序。军功爵既是一种国家荣誉，也是一种政治资本，又能获得田宅、赐邑、役庶子和减免刑罚等特权。军功爵制"能够更好地激励平民充分发挥才智为国拼争"，"使秦国形成了全民皆兵的举国体制，锻造出一支无论在规模还是质量上都远超六国的'虎狼'之师"，[3] 为秦国吞并六国和一统天下奠定了基础。[4]

妇女贞节的观念源远流长。早在西汉时期，政府开始通过设立奖励性规定，鼓励丧夫的妇女不得另嫁他人。东汉政府的奖励性规定进一步具体

---

① 姚力：《新中国成立初期的劳模表彰及其社会效应》，《党的文献》2013 年第 4 期。

② 姚东旻：《荣誉、地位的最优分配：组织中的非物质激励》，中国人民大学出版社 2015 年版，第 5 页。

③ 周建波、张博、周建涛：《秦军功爵制的经济学分析——兼论秦军功爵制功效何以远超六国》，《经济学》（季刊）2014 年第 1 期。

④ 董平均：《从功利主义价值取向看军功爵制对秦人社会生活的影响》，《人文杂志》2006 年第 3 期。

化。经过历朝历代的演进，关于贞节的制度安排更加完善发达，并形成了贞节牌坊这样一个制度化的符号。宋朝之前，对妇女守贞并没有硬性规定，最多是政府鼓励和表彰而已。但宋朝之后，随着具有浓厚禁欲色彩的程朱理学的兴起，政府也通过竖立贞节牌坊来鼓励妇女守节。贞节牌坊的实质"是对于丧夫妇女放弃再嫁权利的一种奖励，一种补偿。它不是一个惩罚性的制度符号，而是一个奖励性的制度符号"。君主体制下的政府推行贞节牌坊制度，"实际上是在追求一种潜在而深远的政治利益"，即巩固以忠君思想为基础的政治意识形态。[1] "朝廷旌表这种行为也是对男人为国效忠的引导和鼓励。"[2]

作为具有自主性的制度体系，国家具有独立的意志、利益和需要，国家的运行有其内在逻辑，管理国家机构的人也有自己的意志。荣誉作为国家激励和规范民众的柔性技术，主要是通过国家给予正面的强化来鼓励国家所需要的行为。这个过程建构了国家与社会之间的互动，也为权力的支配和干预提供了条件。

在当代中国特色的现实语境中，国家吸取传统社会的治理智慧，建构起数量庞大的荣誉称号，也通过颁授国家荣誉来管理国家和社会。从国家的立场来看，荣誉现象的运作实际上对应于各种形态的"树典型"的活动。完全可以说，"树典型"是荣誉运作的机制，英模人物是"树典型"的结果，两者是一个问题的两个方面。

"作为一种政治行为，'树典型'在中国可以说是古已有之"。古代社会实行政治专制主义，推崇集体取向的价值观，追求德治的治国理想，为了对民众和官僚进行教化，国家树立了无数"孝子""节妇"和"烈女"典型，也表彰了许多忠诚和廉洁的官员。这种性质的"树典型活动实质上是一种以'忠'、'孝'为核心的伦理至上的政治评价模式，这种权威评价活动把有利于维持统治秩序的思想、理论灌输给全体社会成员，把整个社会成员的思想、言论、行动纳入大一统的轨道"。[3]

---

① 喻中：《贞节牌坊背后的制度信息》，《比较法研究》2010 年第 5 期。

② 徐淑霞：《儒学催化的牌坊文化解析》，《河北师范大学学报》（哲学社会科学版）2010 年第 1 期。

③ 苗春凤：《当代中国社会树典型活动的文化传统探析》，《河南大学学报》（社会科学版）2011 年第 6 期。

"但作为一种自觉的、得到广泛遵从和应用的政治治理方式，其出现却还是最近几十年的事。""'树立典型'就是中国共产党延伸政治权力和政治文化的一种重要方式。"① 从过去高度集中的计划经济时代到现在的社会主义市场经济时期，"树典型"的做法盛行，社会中充满了各种典型。"这些典型由于得到官方媒体和文件的认可，具有政治属性，是名副其实的政治典型。"政治典型是"建构公共生活不可或缺的重要元素和镶嵌在政治景观中的连续不断的亮点，进而演化为中国共产党治理国家与社会的得心应手的工具，在当代中国政治生活中占据着重要的地位"。②

早从陕甘宁边区政府开始，面对复杂的政治和军事任务，中国共产党就开始学会并掌握了"树典型"的工作，并根据不同历史时期的现实任务而将其发扬光大。它是"中国共产党延伸政治权力和政治文化的一种重要方式"，③ 也切实地推动了经济和社会发展等各项工作的开展。

比如，1940 年之后，陕甘宁边区遭遇军事包围和政治封锁，中国共产党面临着严峻的生存挑战和生活压力，民众对中国共产党及其所辖政府有所不满。寻找和树立符合政治需要的"劳动英雄"，就成为中国共产党开展劳动竞赛、进行整治动员、改进与民众的关系以及重建乡村秩序的重要手段。作为"推动生产建设工作的组织形式和工作方法"，延安时期的英模表彰运动，是"面临现实难题时的一种脱危解困手段"，起到了巨大的社会动员和激励作用，也帮助中国共产党渡过了难关。④

"树典型"具有严格的历史规定性，与特定的时代背景、社会任务和政治使命等都密切相关，体现了党和政府特定时期的权力意志、主要任务和价值导向。比如"劳模的评选标准，在很大程度上体现了一定时期中共中央和人民政府所倡导的行为方式与价值观念，它与当时的社会经济等的发展密切相关。"⑤ "纵观中国共产党的发展历史，树典型活动始终是党进行政治整合、社会整合和文化整合的一种重要机制，是党的政治优势和长

① 冯仕政：《典型：一个政治社会学的研究》，《学海》2003 年第 3 期。

② 董颖鑫：《从理想性到工具性：当代中国政治典型产生原因的多维分析》，《浙江社会科学》2009 年第 5 期。

③ 冯仕政：《典型：一个政治社会学的研究》，《学海》2003 年第 3 期。

④ 孙云：《延安时期劳模表彰运动的实际功效——以吴满有形象的建构及影响为例》，《党史研究与教学》2013 年第 2 期。

⑤ 游正林：《我国职工劳模评选表彰制度初探》，《社会学研究》1997 年第 6 期。

期坚持的主要思维方式、工作方法，在革命战争年代与社会主义建设时期都发挥了积极的作用。"①

具体来说，在革命战争时期，树典型活动以战争需要为中心，重点是树立英勇杀敌、奋勇牺牲的战士典型，父母、妻子或兄弟等送亲人参军上战场的"拥军"家属典型，以及后方发展经济支持战争的农民和工人模范。

中华人民共和国成立初期，为了发展农业生产，恢复和发展国民经济，推动国家工业化建设，支持抗美援朝战争，落实"三反"、"五反"和"三大改造"等，就树立了大量具有"平凡性和奉献性"的典型人物、

改革开放之后，国家的主要任务转移到经济和社会发展上来，需要充分调动全社会的力量投入到现代化建设事业中去，从教育、科技、文化、经济到意识形态等各个领域，都相继推出了一大批的典型人物，树典型活动的范围更大了，目的性更强了，制度化水平更高了。②

典型代表着更高，也意味着更好，更重要的是，典型的所作所为隐含着有利于维护政治统治的价值和规范。"典型能够有效地将政治权威的意识形态灌输到民众的日常生活中去。'树典型'的核心技术是抓取群众在日常生活中非常熟悉的个人、组织、行为或话语，对这些事务进行重新定义和诠释，将其升华为符合政治权威意愿的意识形态符号，用以表达各项方针政策的内涵和期望。这样，精英的意志就得到了表达，也有了更高的能见度，在精英的价值与普通民众日常生活之间的互动过程中，精英的话语得以灌注到日常生活中去，潜移默化地改变群众的价值取向和认知框架"。③

典型是从大众中遴选出来的，被党和政府给予特别的优待，具体包括政治的、经济的和社会的稀缺资源，因此他们忠诚于政治权威，为政治权威承担着心照不宣的义务。主要作为制度外的角色，典型通常就是所谓的积极分子或先进分子。政治权威动用强大的宣传工具，将某些个人或组织树立为典型，通过对具有某些品行特征的事件进行阐释或解释，从而以典型为切入点，强制性地向社会民众灌注一套关于典型品行及其价值观的认知框架，这就很大程度上将民众的价值体系及其实现过程纳入政治权威认

① 苗春凤：《"树典型"活动的历史演进及其引申》，《重庆社会科学》2012 年第 3 期。
② 参见苗春凤《"树典型"活动的历史演进及其引申》，《重庆社会科学》2012 年第 3 期。
③ 冯仕政：《典型：一个政治社会学的研究》，《学海》2003 年第 3 期。

定和允可的意识形态框架中来，维护和巩固社会的主流意识形态。

颁授荣誉也意味着无可替代的权威地位。人们认可并接受甚至努力争取这种荣誉，也表明了对国家及其权威性的认可和接受。就颁发和授予荣誉来说，"它不但会为获得者带来荣誉，也会为提供者带来荣誉。它将表现和证明授予者有正确的价值观；从这个具体意义上说，授予荣誉比获得它更神圣"①。在这一点上，颁授荣誉也许并不需要多少付出，但其产出和收获却是巨大的。

二 社会民众对国家荣誉的竞争和消费

个人的需求是多样化的，个人既有物质层面的需要，也有精神层面的要求。所有的荣誉都主要是通过满足人们的精神需求来发挥对个体的激励作用。对于理性的个人来说，如果说国家荣誉能够满足人们的精神需要，而且还能带来其他积极的政治和社会效应，那么国家荣誉就是值得追求的东西。其中，国家荣誉既可以直接满足个人的精神需求，也可能是满足个人其他目标的手段。事实上，虽然国家可以根据自己的意志和需要去分配荣誉资源，但个人也可以决定是否以及如何去竞争和消费国家荣誉。

《牛津英语大词典》认为，荣誉是对价值或者等级的高度的尊重、尊敬或敬重，是有差别的赞美与嘉许。这个概念"强调了荣誉的差异性"，也就是说，"与自由、平等概念不一样，荣誉不是每个人都应拥有的基本权利。""正是因为荣誉的分配具有差异性，才使得荣誉具有与众不同的意义，并成为人类行为的重要动力。"② 真正有价值的荣誉必然是稀缺的。荣誉是一种"稀缺资源"，③ 是少数人才能享有的资格和待遇。如果荣誉像空气一样"泛滥"，那它也就会像空气一样"低贱"。荣誉的泛滥必然导致荣誉的变质。如果人们不再关注和珍视荣誉，荣誉的功能和价值就无从谈起。

荣誉具有强大的正向激励功能，也具有潜在的负向惩罚功能。"成为典型的过程中必然充满竞争。这种竞争也许不是树立典型的初衷，但却是

---

① ［法］埃米尔·涂尔干：《社会分工论》，渠东译，生活·读书·新知三联书店2009年版，第582页。
② 苏平：《试析国际关系中的荣誉因素》，《欧洲研究》2009年第2期。
③ 孙立平：《劳模评选的尴尬》，《中国改革》2005年第6期。

价值极大的副产品，因而被大力提倡。在竞争情境下，竞争的参与者'都有争取达到有限目标的强烈愿望和动机，同时也具有一定的压力，促使人们你追我赶，争取好的工作成绩'"。① 甚至学习典型的活动也是具有竞争性的，因为学习的过程和效果也可以被树立为新的学习的典型，并获得相关的政治和经济待遇等。

荣誉并不只是简单的荣誉称号，而且包括了各种看得见或看不见的福利和特权。要想让荣誉具有吸引力，所有国家在给予英模人物以公开认可和权威认证的同时，必须要注入或捆绑必要的利益元素。比如对于劳模就规定了有生活困难、下岗、医疗报销和社会救助等方面的优先照顾。就其他大多个人荣誉称号管理的文件来看，没有"对于获得个人荣誉称号者予以重用或优先的规定"②。但在事实上，在提拔或重用等方面，荣誉自然而然地带着耀眼的光环，因为符号资本可以转换成政治资本、经济资本和社会资本等。

对于荣誉获得者来说，荣誉背后的利益包括"增加工资和福利；提高知名度和社会声望，提高社会地位；扩大交往圈和社会关系网络，特别是增加同上级接触和交往的机会；获取政治资本，巩固政治地位。"③ 当然，其中最直接的利益是奖金，比如 2015 年广州市出台《广州市见义勇为人员奖励和保障实施办法》，明确市一级见义勇为人员最高标准可给予 100 万元的奖励，保安员、辅警、治安联防员、户口协管员、交通协管员等也纳入见义勇为范畴。

树立先进典型也是"上级领导的功劳和政绩的重要体现，会获得种种回报"。各级领导千方百计地制造典型以显示自己的政绩。④ "官员的仕途很大程度上取决于上级的态度，但上级不可能及时地、完整地掌握每个下级的政绩。因此，在政绩的管辖范围内尽可能多地树立典型，就成为仕途竞争的重要策略。""配合有关部门和领导树立典型，有利于维持部门之

①　董颖鑫：《从理想性到工具性：当代中国政治典型产生原因的多维分析》，《浙江社会科学》2009 年第 5 期。

②　田丰韶：《当前我国个人荣誉评选制度的缺陷与改革方向》，《理论与改革》2010 年第 1 期。

③　刘林平、万向东：《论"树典型"——对一种计划经济体制下政府行为模式的社会学研究》，《中山大学学报》2000 年第 3 期。

④　刘林平、万向东：《论"树典型"——对一种计划经济体制下政府行为模式的社会学研究》，《中山大学学报》2000 年第 3 期。

间、上下级之间的良好关系，从而有利于政绩的仕途。"①

因此，国家荣誉可以说是政绩的符号。许多地方政府都热衷于参与"全国优秀旅游城市""全国文明城市""全国卫生城市""全国十佳放心单位""全国文明单位"等评选活动。因为一旦得到上级或领导权威性的认可，随之而来的就是各种财政拨款、社会消费、城市投资等各种经济利益。同时，对于政府及其官员来说，争取并获得这些荣誉称号的工作，就成为他们领导水平、业务能力和工作业绩的表征，让上级或领导看到他们的努力和付出，这反过来也激发了他们追求荣誉的动力。

社会组织也是国家荣誉场域中的重要行动者。如同个人一样，各种组织为了获得生存与发展的资源，相互之间展开激烈的竞争。作为一种无形资产，国家荣誉可以社会组织带来大量潜在的或显性的利益。比如一些企业想方设法去给自己"贴金"，致力于获得诸如"中国名牌""世界百强""国家免检产品""中国驰名商标"等称号，以获得市场竞争的优势地位。一些企业还通过对国家荣誉称号进行冠名来获得社会形象，履行社会责任。比如宝山钢铁股份有限公司向中华环境保护基金会捐赠 5000 万元，专门用于开展"中华环境奖"，"中华环境奖"也随即更名为"中华宝钢环境奖"。

英模人物的塑造有赖于政府倡导、新闻报道、文学创作、仪式展演等的共同参与。人们接受英模人物的影响，也不断对英模人物进行新的诠释和表达。"每个历史时期都存在如何叙述和培养当时所需要的典范人物的问题，典范人物的地位与形象也随不同的时代氛围和人群的需求，被不断评论、想象和塑造。"历史上的岳飞崇祀与形象塑造就与时局的变动紧密相连，比如宋元明清时期，政府与民间着力彰显的是其事迹所体现出的"精忠"和"忠孝"的内涵；抗日战争时期，政府和民间则借助岳飞"民族英雄"的形象来凝聚各方力量，坚定抗战意志，提升全民同仇敌忾的抗日精神。②

同样的例子，在不同的社会时期，雷锋精神也被赋予不同的内涵。1973 年以前的立足点是爱憎分明的阶级立场中的"爱"的层面；1973——

① 冯仕政：《国家、市场与制度变迁——1981—2000 年南街村的集体化与政治化》，《社会学研究》2007 年第 2 期。

② 何玉红：《岳飞崇祀与抗战宣传》，《光明日报》2015 年 3 月 25 日。

1976 年的重点是关注爱憎分明的阶级立场中的"憎"的一面；1977—
1982 年强调雷锋的阶级立场与维护社会公德并重，并转向"钉子"精神；
1983—1989 年改革的需要被融入雷锋精神，并概括为"傻子"精神与
"螺丝钉"精神；1990 年后强调风险精神和牺牲精神；1993 年用爱国主义
精神赋予雷锋精神以新的内涵。与此同时，雷锋精神也先后发挥不同的政
治功能，具体则是"政治运动的风向标""构建或者维护政治权威的工
具""社会风气的调节杠杆"。①

最后，一项有影响力的国家荣誉绝对离不开公众的参与。因为没有这
种参与，国家荣誉就失去了其存在的价值，也不可能发挥国家治理的作
用。但正是这种参与，也形成了公民与国家之间的"合作"。

以现代人的眼光看，古代的贞节牌坊制度鼓励妇女守节，是非常黑
暗、残酷和不人道的制度，但不容否认的是，国家也给予守节妇女及其家
族许多现实的福利和特权，比如免除劳役和减免赋税等。"贞节牌坊所宣
扬的贞节观念及其生活方式，实际上也满足了丧夫妇女的某些需要。因
此，历史上的丧夫妇女选择守节，不选择再嫁，在很大程度上也是她们自
己理性思考的结果。"② 古代封建"政府仅仅凭借一个符号性的贞节牌坊，
并不足以驱使大量的妇女选择守节。政府主动提供的贞节牌坊之所以受到
家族、妇女的接受，在传统中国长期畅销不衰，说明这个符号性的产品满
足了家族、妇女的内在需要"③。

自古以来，不乏有识之士对男女不平等以及贞节观念的激烈批判，但
女性贞节的观念已经深入人心，成为社会观念的有机组成部分，历朝历代
的节烈妇女依然不绝于书。"可见贞节观的盛行并非仅仅是统治思想单方
面作用的结果，奉行贞节孝义也有可能成为各阶层女性争取身份认同的一
种手段。"④ 换言之，对贞节的奖励体现了国家的意志，符合等级制度下男
权的利益，但也具有保护和支持女性利益的作用。我们这里并不是为贞节
牌坊进行辩护，而是要阐明，国家荣誉只有符合民众的理性选择，具有激
励相容的效果，得到民众的参与之后，才能真正生根发芽，具有生命力。

---

①　吴海刚：《雷锋的媒体宣传与时代变革》，《二十一世纪》2001 年 4 月号总第 64 期。

②　喻中：《贞节牌坊背后的制度信息》，《比较法研究》2010 年第 5 期。

③　喻中：《贞节牌坊背后的制度信息》，《比较法研究》2010 年第 5 期。

④　秦博、程晨：《明清社会贞烈风气的社会文化背景阐释》，《文史杂志》2015 年第 2 期。

在当前高度网络化的时代，国家荣誉的运作过程越来越多地需要民众的参与，也想方设法鼓励民众的参与。在这个过程中，公民参与权、知情权、表达权和监督权的空间越来越大，人们通过联合推选候选人、网上投票、新闻评论和话题讨论等方式，参与到荣誉评选的过程中去，从而促成了人们对于荣誉的集体围观、鉴赏和消费。随着公民个人自由的拓展，个人与国家之间的关系也有了更多可选择的空间，荣誉可以不再是一种外在的和异己的东西，而更多成为个人参与和选择的结果。

三　新闻媒体的传播和建构功能

在当代中国社会，新闻媒体作为信息传播的平台，"不仅仅是传播的工具、手段，它还是特定意识形态和文化价值观的载体。"[1] 一方面，新闻媒体在思想上、组织上、行动上接受党和政府的领导，是党和政府意志表达和政策宣传等的喉舌，另一方面新闻媒体是社会的公器，是处理社会大众意见的工具，在民意沟通、信息传播和引导舆论方面发挥着举足轻重的作用。

一般来说，党和政府及其职能部门是国家荣誉实践的关键主体，国家荣誉实践具有高端性、权威性和重要性，也有很大的社会影响力，新闻媒体也不可能充耳不闻，视而不见。聚焦和参与国家荣誉实践既是新闻媒体的工作和职责，也符合新闻媒体及其从业者的利益。事实上，在国家荣誉实践中，从发布评选通知到网络推荐候选人到英模人物的社会公示等各个环节，新闻媒体都参与其中，发挥着平台、桥梁和中介的作用。

信息及其传播是有成本的。实际上，公众想要获知英模人物的信息是非常困难的，大多时候，人们只能借助于新闻媒体的工作才能了解英模人物的情况，因此公众实质上是通过新闻媒体来间接地认识和理解英模人物的。在这个意义上，新闻媒体不仅是为国家荣誉实践提供方便的信息发布栏，对英模人物的品行、事迹和成就等进行广而告之，而且还通过采访和报道来建构英模人物的高大形象，扩大英模人物的社会影响，进行价值观念的塑造和意识形态的传播。

---

[1]　李春娟：《大众传媒的本质属性与权力特征》，《扬州大学学报》（人文社会科学版）2003年第6期。

值得注意的是，传播就是力量。随着信息时代的来临，新闻媒体正在实现"华丽的转身"，即从荣誉的传播者转身为荣誉的生产者，即利用新闻媒体的公信力去生产和分配社会认可。比如，中央电视台从 2002 年启动"感动中国年度人物"评选活动，得到全国数十家媒体的合作和支持，它们充分利用电视、广播、报纸和网络等媒体优势，发动群众参与投票，每年评选出 10 位感动中国的人物。由于中央电视台拥有国家电视台的特殊身份，中央电视台所推出的荣誉称号也基本上被看作是国家意志的表达。

"感动中国年度人物"通过梳理本年度内发生的或引起社会广泛关注的大小新闻事件，以"感动"为评选标准，以典型人物为对象，理性运用媒介的情感诉求，梳理和标榜社会道德典范，传播社会的主流价值观，[①]具体如诚信、奉献、孝顺等。经过十余年的坚持和发展，"感动中国年度人物"节目已经成为国内最具影响力的媒体人物榜，也被誉为"一年一度的情感盛宴"和"年度精神史诗"等。这些对发掘和传播社会主流价值具有积极的作用。而且由于中央电视台强大的影响力，评选出的英模人物也都有很高的社会认知度和美誉度。

"大众传媒既生产意义也生产利润，这两者控制着公共传播的机制"[②]。也就是说，和追求意义一样，追逐利益也是新闻媒体的天然属性。为了获取利益（包括物质利益和观念利益），媒体在传播荣誉的过程中会"鼓励人们尽量去消费，并把这种消费活动作为人类存在的意义"。[③] 在国家荣誉实现的过程中，媒体的主要角色、功能及其活动包括：

（1）建构荣誉需求。新闻媒体通过对社会中的"耻辱"或"恶劣"现象（如缺乏诚信、公德沦丧和弱势群体艰难的生存处境等）进行聚焦，激发社会公众的关注和重视，提出关于应然价值的思考。其中，媒体主要扮演着（负面）信息提供者和公共讨论的组织者的角色，并通过对现象的诠释来提出问题，设置公众议程，激发民众对于良好品行的期待和想象。

---

① 王炎龙：《社会荣誉分配的公益表达与价值诉求——基于 2002—2013〈感动中国〉评选分析》，《现代传播》2014 年第 5 期。

② ［加］罗伯特·A. 海科特、威廉姆·K. 凯佈尔：《媒介重构公共传播的民主化运动》，李异平、李波译，暨南大学出版社 2011 年版，第 19 页。

③ 黄蓉、滕朋：《论消费主义价值观对大众传媒的影响》，《兰州学刊》2005 年第 5 期。

（2）提供荣誉产品。由于荣誉称号泛滥，部分国家荣誉的公信力不足，一些有影响力的媒体开始探索建构荣誉符号，向社会公众输出具有特殊含义的荣誉产品，比如《南方周末》等报纸杂志推出的"年度人物"评选等，既吸引了社会公众的广泛参与，也引发了较大的社会反响。

（3）培养荣誉市场。国家荣誉是一个复杂的名利场，在大众传播和网络传播的时代，新闻媒体是这个名利场的搭建者，也是影响甚至主导名利场的重要主体。一方面，人们以各种方式接近媒体，把自己置于舆论的聚光灯下，借助媒体来表达自我；另一方面，媒体通过对英模人物的关注、诠释和表达，使荣誉符号成为社会资源分配的重要元素。

（4）鼓励荣誉消费。新闻媒体也是荣誉消费的媒介，媒体可以提供资金、开辟渠道，推动个人参与到荣誉的场域中来，鼓励人们来体验和消费荣誉，具体包括为候选人投票、与英模人物互动、体验英模人物的生活、学习英模人物的事迹、为英模人物提供帮助和支持……这些活动增加了人们对于英模人物的认同，也有助于提升国家荣誉的影响力、感召力和亲和力。

总的来看，主要如下几个方面的原因使得新闻媒体获得实质性的权力，在国家荣誉领域能够发挥重要的作用。

首先，根据我国现有的新闻管理体制，新闻媒体都在党和政府的领导下工作，属于"事业单位"，是"党和政府的喉舌"，因此它们参与国家荣誉活动，不仅在业务上有其合理性和必要性，而且也具有政治上的权威性。

其次，随着市场化改革的推进，新闻媒体之间的竞争越来越激烈，许多新闻媒体逐渐获得了更多的社会认可，具有越来越强大的公信力，也具有足够的经济实力去重建和诠释社会事实，为社会生活确立法则、标准和秩序。

最后，面对网络的挑战，新闻媒体开辟平台和通道，将广大民众吸纳到荣誉现象及其过程中来，扩展了荣誉的社会民意基础，赋予荣誉分配以公共理性和合法性，也巩固和再生产了自身的话语权和影响力，满足自己的利益需要。

但是，当具有强烈官方色彩的新闻媒体以中立姿态进入国家荣誉的领域，其定位、身份和表现都充满了模糊甚至暧昧的色彩：一方面，新闻媒体以貌似超然的姿态为社会确立道德准则，运用市场的逻辑去建构英模人物；另一方面，新闻媒体又处于政治意识形态的笼罩之下，服务和满足于权力的需要。说到底，荣誉的市场并不是独立的，新闻媒体也是不纯粹的。"媒体以它貌似独立的意志构建着政治"，① 但更加重要的是，政治早已经建构了并不独立的新闻媒体。

新闻媒体主导的荣誉项目，将价值观渗透在具体的人物和事件中，提升了价值表达的效果，具有吸引眼球的巨大效应。但这种荣誉毕竟不同于党和政府依据相关法律对公民品行的褒奖，新闻媒体以"感动"为核心的价值观着眼于"实现自我价值的最高层次，倡导对人生价值的极致追求，如勇于牺牲、敢于抗争、舍己为人等。这种主流价值观的极致追求虽撼天动地，但是高姿态的落地在某种程度上与人性违背，忽视了平民意识，这与真正实现主流价值观的质朴落地有一定隔阂"②。所以汹涌澎湃的"感动"固然很好，但却不一定是可以学习和复制的，因而很难说具有良好的治理价值。

"大众传媒是既定工业社会秩序的文化武器，主要用来维护、建立和巩固传统的信仰与行为，而不是去改变、威胁或削弱它。"③ 巩固和维护现有的社会秩序，构成了新闻媒体参与国家荣誉实践的根本立场。一方面，通过对英模人物宣传，新闻传媒将复杂的真实世界予以简化，营造出道德化的媒介现实，满足公众的道德需求。另一方面，"现代传播媒介是一种对个人或社会进行影响、操纵、支配的力量。"④ 通过对"媒介现实"的选择性传播，新闻媒体决定了公众能看到和不能看到什么以及所见所闻的次序，从而对公众形成支配和控制。最终"通过大众媒体制造和控制的舆论，从而达到强化社会各阶层对现有社会秩序及其政策的支持的目的"⑤。

第三节　国家荣誉分配的正式结构和动态过程

国家荣誉称号建立起来之后，就需要将其颁授给那些有资格获得这些

---

① 李宏、刘佳：《传媒政治研究评述》，《现代传播》2006 年第 1 期。

② 王炎龙：《社会荣誉分配的公益表达与价值诉求——基于 2002—2013〈感动中国〉评选分析》，《现代传播》2014 年第 5 期。

③ 章辉美：《大众传媒与社会控制——论大众传媒的社会控制功能》，《社会科学战线》2005 年第 3 期。

④ 李春媚：《大众传媒的本质属性与权力特征》，《扬州大学学报》（人文社会科学版）2003 年第 6 期。

⑤ 樊浩：《大众传媒与社会控制》，《新闻出版与交流》2000 年第 5 期。

荣誉称号的人。从结构上讲，这意味着什么主体依据什么标准、采用什么方式将国家荣誉颁发授予给什么人；而从过程上看，国家荣誉分配的过程包括宣传启动、推荐申报、评议审核、表彰授勋和宣传学习等基本环节。下面我们就分别从结构和过程两个方面来把握国家荣誉的分配。

一　国家荣誉分配的正式结构

国家荣誉的分配结构是指国家荣誉活动的参与者及其相互关系等，具体则包括荣誉分配的主体、分配的对象、分配的客体以及分配的标准等。

1. 颁授主体

国家荣誉拥有宪法和法律基础。《宪法》第 67 条第 16 款规定，全国人民代表大会常务委员会可以"规定和决定授予国家的勋章和荣誉称号"；第 80 条规定，中华人民共和国主席"根据全国人民代表大会的决定和全国人民代表大会常务委员会的决定"，可以"授予国家的勋章和荣誉称号"；第 42 条第 3 款规定，"国家提倡社会主义劳动竞赛，奖励劳动模范和先进工作者"，这可以看作是劳动模范或先进工作者等国家荣誉的宪法基础，但这里并没有指出颁授荣誉的主体。《地方各级人民代表大会和地方各级人民政府组织法》第 44 条第 14 款规定，县级以上的地方各级人民代表大会常务委员会可以"决定授予地方的荣誉称号"。

因此，根据法律规定，颁授国家荣誉的主体是全国人民代表大会常务委员会，但这要由国家主席来授予；地方各级国家荣誉的授予由地方各级人民代表大会常务委员会负责组织实施。除了这种国家层面的荣誉，各级党委、政府及其职能部门根据需要，也会评选出各种各样的荣誉，因此宽泛意义上的国家荣誉的颁授主体是多样化的，具体来说，国家荣誉授予的主体既包括国务院及其职能部门，又包括各级地方政府及其职能部门，还包括具有（半）政府性质的社会团体、工会、基金会等。

荣誉评选工作的筹备委员会通常由多个党和政府部门负责组织实施，比如 2000 年全国劳动模范和先进工作者表彰大会筹备委员会及其办公室成员，就包括了国务院秘书长、人事部部长、教育部部长、北京市副市长、新华社社长、中宣部副部长、团中央书记处书记、全国妇联副主席等多个方面的负责人。"中国杰出（优秀）青年卫士"的评选和授予工作则由共青团中央、公安部、司法部、财政部、最高人民法院、最高人民检察院等 12 个主体共同组织，具体事宜则由设在共青团中央的评选活动组委会办公室负责。

虽然很多时候需要多个主体联合负责具体荣誉的评选工作，但通常也有牵头或单独负责的主体。比如，国务院负责全国劳动模范和先进工作者的评定，文化部负责全国先进文化地区和先进文化集体的评定，教育部、人事部及其附属工会、学会负责"全国模范教师""优秀教育工作者"的评定，全国妇联独家负责"三八红旗手"的评定，中华总工会负责"全国五一劳动奖章"的评定等。

国家荣誉评选的主体会出现混乱和交叉之处。例如"人民艺术家"称号在不同时期就是由不同主体授予的：1951 年北京市人民委员会和各界人民代表会议协商委员会联席会议把"人民艺术家"的荣誉奖状授予作家老舍先生；1953 年，文化部把"人民艺术家"的称号授予画家齐白石；2004 年国务院把"人民艺术家"的荣誉称号授予豫剧表演艺术家常香玉；2004 年武汉市政府把"人民艺术家"称号授予给了"顶碗皇后"夏菊花。这就出现了同一个荣誉称号由中央或地方等不同主体来授予的情况。

对于国家荣誉的颁授主体，总体上可分为如下三种情况：

一是最高级别的国家荣誉的颁授主体通常是中共中央、国务院以及中央军委等，例如"两弹一星功勋奖章""航天英雄奖章""国家科学技术进步奖"以及"全国劳动模范"等。这些奖项代表了最高国家荣誉，是对于获奖者品行和成就的最高表彰，颁奖通常由中共中央总书记、国家主席、国务院总理或国家军委主席等党和国家领导人来授予。

二是一般性的国家级荣誉的颁授主体比较复杂，既可能是中国共产党的机关或部门，如中共中央组织部或文明办，也可能是政府机关及其相关单位，如国务院及其职能部门，还有可能是一些具有半政府性质的社会群团、基金会、协会、委员会等。比如"中华宝钢环保奖"组织委员会由全国人大环境与资源保护委员会、全国政协人口资源环境委员会、国家环保部、中华环境保护基金会等 10 余家部委和单位组成。

三是地方级的国家荣誉。颁授主体包括省、市、县、自治区、自治市、自治县等各级人大、党委和地方政府。地方级的国家荣誉的设置一般与国家级的国家荣誉设置非常类似，以便为国家级的国家荣誉评定提供依据，比如各地省市评选的劳动模范、先进个人、优秀教师等。

2. 表彰对象

国家荣誉的分配对象是指国家荣誉所颁授给的人或组织。一般来说，受到个人主义观念的影响，西方国家比较注重对个人的奖励，而很少会把集体或组织作为国家荣誉的表彰对象。特别是，政府的行政单位本来就是国家的代表，因此无论表现多么优秀，也不太适合作为国家的表彰对象，但可就公务员个人的技能和业务表现授予内部管理奖或业务奖等。

我国国家荣誉的授予对象表现出了对个人和集体并重的局面，一般重要的国家荣誉会同时对个人和集体进行表彰。比如"人民满意的公务员"和"人民满意的公务员集体"的评选中，既有颁授给个人的"人民满意的公务员"称号，也有颁授给集体的"人民满意的公务员集体"；全国劳动模范既有授予个人的"全国劳动先进工作者"和"先进生产者"，也有授予集体的"全国劳动先进集体""先进单位"和"先进企业"等。

对集体的奖励也体现在"成果奖"上，比如2014年授予"网络计算的模式及基础理论研究"国家自然科学奖一等奖，授予"哺乳动物多能性干细胞的建立与调控机制研究"等45项成果国家自然科学奖二等奖……以集体为对象的国家荣誉是对集体成员共同努力所取得的成就的认可。2002年至2013年12年中，中央电视台的"感动中国年度人物"的评选，"群体奖占总奖项数的13.7%，个人奖占86.3%"，[①] 2008年评出了4个集体奖项，包括唐山十三农民兄弟、张艺谋奥运团队、神七航天员和全体中国人。给集体颁授奖项是集体主义价值观的表达，具有激发集体凝聚力的作用。

根据专业性程度，国家荣誉可以区分为综合性国家荣誉和专业性国家荣誉。综合性国家荣誉涵盖的社会成员较为广泛，如全国劳动模范和五一劳动奖章等，对评选对象没有专业、行业、成就、身份、地位等方面的明确要求，只要是具有相关的品行表现或显著贡献，均可以成为此类国家荣誉的授予对象。当然，道德模范的评选也区别为不同的类型，具体如诚实守信、孝亲爱老、助人为乐、爱岗敬业等，但这些也跟专业或身份无关。

专业性的国家荣誉的授予对象并非是全体国民，而是特定专业或行业领域中符合荣誉标准的个人或集体，其中对行业、技能或成果都有较为明

---

① 王炎龙：《社会荣誉分配的公益表达与价值诉求——基于2002—2013〈感动中国〉评选分析》，《现代传播》2014年第5期。

确的要求，只有在一定专业领域内具有较高的技能水平或做出了重要贡献的人，才能成为此国家荣誉的授予对象，例如教育领域的"国家级教学名师"、科技领域的"国家科学技术奖"、艺术领域的"人民艺术家"称号、公务员领域的"人民满意的公务员"和电影行业的"华表奖"等。

3. 分配客体

国家荣誉分配的客体是指党和政府给予英模人物哪些方面的回报或报偿，即将什么东西给予这些具有良好品行、取得巨大成就和做出巨大贡献的个人。荣誉的内容是名声和名誉，那么党和政府所给予的就是公开的认可和尊重。但区别于社会其他主体颁授的荣誉，国家荣誉是根据法律制度而建构起来的权威性的认可和尊重。这些是无形的，也是难以测量的。

实际上，所有的国家荣誉都包含了物质奖励和精神奖励两个方面。其中，"物质奖励指以各种物质待遇为主作为奖励手段的一种奖励形式，包括奖金、奖品、晋升工资、休假疗养、改善住房条件、提供研究经费等等，旨在满足获奖者的物质需要。精神奖励则是指授予荣誉为主的一种奖励形式，如勋章、奖章、奖杯以及各种荣誉称号等，旨在满足获奖者的精神需要。"① 当然，荣誉称号所内含的认可、尊重和褒奖等，是最重要的精神元素。

在实践中，大部分国家荣誉都确立了"精神奖励和物质奖励相结合，以精神奖励为主"的评选标准，但精神和物质的主次或比重则依具体情况而定。比如国家最高科学技术奖有 500 万元的奖励，但规定其中 450 万元用于科研经费，而剩下的 50 万元才归获奖者个人或团队所有。国家荣誉制度很少明确规定应该给予英模人物多少物质奖励，并且大多只是有限的物质奖励。但国家荣誉也意味着相应的政治待遇、经济优待和福利保障等，尤其是在工资、晋升、住房等方面的优待。比如杨利伟 2003 年飞入太空时刚被授予上校军衔，成为"航天英雄"后 2004 年就被破格提拔为大校，2008 年又跨入少将序列，其荣誉与晋升相得益彰。

国家荣誉表彰形式主要有授予荣誉称号、勋章、奖章、奖状、证书和嘉奖令等，其中授予荣誉称号是国家荣誉的主要形式。一般而言，在对英模人物授予荣誉称号的同时，会授予与荣誉称号相对应的奖章或证书。

---

① 左高山：《论国家功勋奖励制度的内涵与结构》，《科技进步与对策》2007 年第 7 期。

4. 评选标准

国家荣誉种类繁多，名目各异，目标也不一样，因此颁授荣誉的标准也很不一样。总体上说，国家荣誉主要是基于个人或组织的品行标准或成就标准（包括贡献值）而颁授的，不同的评选标准甚至很难有可比性和通约性，比如一个道德上的好人与一个成就卓著的人，就很难用同一套标准来进行评价，而且这样的比较甚至都毫无意义。

不同的荣誉奖项的评选标准或条件是不一样的，比如科技领域的国家荣誉会把科技贡献作为评选标准，体育领域的会把体育竞技的水平作为评判标准，道德领域的会把道德品质及行为作为评选的标准，生产建设领域的则会把经济效益等作为评选标准……这些又可以细化为名次、知名度、前沿性、影响力、经济效益、社会认可和群众支持等基本要求。

由于主要是对品行和成就进行评价，评选标准不可避免包含了大量定性的语言，比如重要的、显著的、突出的或前列的等概念，基本上很难转化为量化的或指标化的标准体系。大体来说，各种评选标准大体可分为政治法律标准、社会伦理标准、经济效益标准和个人成就标准。

政治法律标准主要着眼于推选人的政治立场以及是否遵守法制等，基本要求是"热爱祖国""热爱社会主义""政治立场坚定""坚持四项基本原则""拥护改革开放的方针政策"等，具体就是不能违反工商、税务、计划生育、环境保护等方面的相关规定。[①] 政治法律标准是国家荣誉的通用标准，具有一票否决的含义，适用于每一项国家荣誉称号。

社会伦理标准主要是注重推荐人的道德品行，这些基本上都植根于社会主流价值体系中的基本道德品质，比如奉献、诚信、敬业、孝顺和助人为乐等。全国道德模范划分为"助人为乐模范"和"孝亲爱老模范"等五种类型，就基本上涵盖了社会基本的道德领域。社会伦理标准主要适用于道德模范等荣誉领域，也对其他领域的英模人物评选具有参考作用。

相对于其他标准，经济效益标准是较为客观的或可测量的标准，具有较大的能见度，也有很强的可比较性。例如授予国家技术发明奖的标准之

---

① 2005 年以来，国家在劳动模范评选的推荐程序上设置了事前监管环节，要求被推荐的企业负责人须经工商、税务、人力资源和社会保障、安全生产、环保、卫生计生、审计、纪检监察等部门签署共 8 个部门意见，私营企业负责人还要征求统战部门和工商联 2 个部门意见。

一是，"经实施，创造显著经济效益或者社会效益"。经济效益标准是功利主义逻辑的产物，也符合于世俗主义的价值取向。经济效益标准并不意味着"唯利是图"、"一切向钱看"和"有钱意味着一切"，但容易引发道德主义立场的批判。

成就贡献标准是各个专业技术领域国家荣誉的基本要求，比如科技、技能、研发、教学、文化艺术等领域，荣誉评选的标准主要都是围绕个人的技能高低、成就水平和贡献大小来制定的，具体如取得了国际领先的技术创新、推动了科技的重大进步和赢得了重要的竞技赛事等。如果说社会伦理标准主要是过程标准，那么成就标准更多是结果标准，而且基本上不涉及对个人品行的考量。

表 7 – 1　　　　　　　　　**国家荣誉评选的基本标准**

国家荣誉评选的基本标准	
政治法律标准	热爱祖国、信念坚定、为国争光、遵守法律法规、没有犯罪记录、服从党的领导、忠于社会主义事业、坚持四项基本原则、拥护改革开放的方针和政策
社会伦理标准	爱岗敬业、诚实守信、正直勇敢、孝亲爱老、扶危济困、艰苦朴素、无私奉献……对社会主义伦理道德、精神文明建设及其宣传和推广起到了积极的作用
经济效益标准	保护了国家财产，在发明创新、技术革新或节能减耗等方面做出了突出贡献，提高了行业领域的技术水平、竞争能力和创新水平，获得了巨大的经济效益
个人成就标准	自强不息，百折不挠，艰苦卓绝，追求上进，创造了显著的工作业绩，取得了杰出的个人成就，尤其是对文化、科学、技术的发展产生了重要的推动作用

既然有评选荣誉称号的标准，同时也有不能获得荣誉称号的标准，具体如受到过刑事处罚的、偷税漏税的、受到党纪政纪处分的、违反计划生育政策的以及违反环境保护、安全生产、劳动用工等方面规定等。此外也规定了撤销荣誉称号的标准，比如伪造或编造虚假事迹骗取荣誉的、受到党纪或政纪处分、受到刑事处罚等。

二　国家荣誉实践的动态过程

事物运行的过程是理解事物的重要基础。国家荣誉授予的过程始终是一个上下各个层级互动、不同阶段环环相扣的过程。每一个阶段都有其主要任务，具有不同的特点。

1. 宣传启动

国家荣誉的宣传启动阶段，首先是拟定和颁布评选章程，发布正式的评选通知，组织临时性的评委会，召开筹备工作会议。比如劳动模范的评选由表彰筹备委员会来组织评选。评委会由党和政府领导人、职能部门负责人、相关行业领域的领导人、专家或代表等共同组成。评委会下面设立办公室等，主要由职能部门的工作人员组成，负责初评和评奖活动的日常工作。比如道德模范的评选由党的文明办负责组织，劳动模范的评选由总工会的经济技术部负责。

在自下而上的推荐过程中，各级政府启动荣誉评选的时间是不一样的。从逻辑上说，基层和地方都必须要早于中央，提前进入评选阶段。不同荣誉项目启动的时间和节奏也各不一样，但也基本形成了比较固定的规律。① 比如中国科学院和中国工程院院士增选基本上是每两年进行一次，基本上是从3月开始报送材料，到10月份终选结束，年底之前公布新院士名单。1989年以来全国劳动模范和先进工作者表彰工作基本形成了每五年一次的固定届次，每次评选表彰先进个人3000名左右，评选工作必须要在4月份前后产生评选结果，并留足公示期，以在五一国际劳动节之际予以公布和表彰。

发布启动阶段最重要的工作就是发布章程或通知，明确规定评选的规则和要求，确定评选的原则、标准、条件、时间安排和名额分配以及推荐评选的方法等。比如由中央先下发《关于做好×××××××评选表彰工作的通知》，对荣誉项目的名称、目的、范围、名额、推荐程序、组织领导、评选要求、奖励内容都有详细的规定，并附上领导小组名单和申报审批表。② 随后各级地方政府结合中央要求和地方情况，逐级出台相关规定和通知。

---

① 从历史上看，国家荣誉评选的节奏和时间也是灵活变动的。比如，广播影视华表奖始于1957年，其前身是文化部优秀影片奖，每年评选一次。中断了22年之后，1979年继续进行评审，每年一届。除1986年与1987年、1989年与1990年合并评奖外，仍为一年一届，1994年开始使用"华表奖"名称，2005年确定为每两年举办一次。根据第十五届"华表奖"章程，华表奖在2013年7月份评选，8月份举行颁奖典礼。

② 《关于做好第八届全国"人民满意的公务员"和"人民满意的公务员集体"评选推荐工作的通知》，http://www.fjrs.gov.cn/xxgk/cszy/khjcpxc/bzjl/201306/t20130608_595887.htm。

如果需要引起更加广泛的关注和重视，相关部门还会通过举办启动仪式和动员大会，电视、广播、报纸、网络等各种媒体反复宣传《通知》的内容及要求，引起全民关注和讨论，烘托荣誉评选的舆论氛围。例如第四届全国道德模范的评选会专门召开了电视电话会议，并让中央文明网、中国网络电视台承办评选工作，扩大公众的知晓度和参与度。① 一些荣誉评选还通过网络投票的方式来吸引公众的参与。此外，相关部门负责人也会通过网络和新闻媒体等途径，对荣誉评选制度或政策的原则和精神及其操作细则等进行公开解读，以阐明评选的具体规则。

2. 推荐申报

在评选工作正式启动后，各个地方党和政府、职能部门以及基层单位将落实通知的要求，细化评选的各项规则，在本地区或本系统进一步进行名额分配，宣传评选政策和规则，物色恰当的人选，组织申报或推荐，申报和推荐自下而上进行，逐级申报，层层推荐。个人能否受到推荐，除了个人的表现优异、成绩突出和事迹动人等客观因素之外，制度和程序方面的两个因素是"决定性的"，"一是有没有'名额'；二是能不能得到基层单位的推荐"。②

名额主要是根据地方人口总数或行业职工总数等情况来计算，而较少考虑其他特殊因素。根据具体的国家荣誉项目，评选的比例结构通常会综合考虑中央或地方、先进地区与落后地区、领导与群众、农民与工人、男性与女性、汉族与少数民族等各方面的差异和平衡，并且通常会就领导干部、企业负责人、女性、残疾人和少数民族等名额及其比例做出明确规定。针对领导干部的比例限制，通常直接规定不许某些级别的领导参加评选，主要是防止个别人依靠权力来谋求私利；保证农民、妇女和少数民族等的比例，则是为了保障弱势群体的利益。

推荐通常由基层单位或是群众通过信函、电话、电子邮件等多种方式进行民主推荐。需要注意的是，其中大多数国家荣誉评选都不接受个人申报，比如大众电影百花奖直接向各电影制片单位发出通知，各电影制片单位按照规则和要求提出候选名单，不接受任何个人申报

---

① 王梦婕：《第四届全国道德模范评选表彰活动电视电话会议召开》，http://www.jhnews.com.cn/wmw/2013-04/15/content_ 2743245.htm。

② 游正林：《我国职工劳模评选表彰制度初探》，《社会学研究》1997年第6期。

或参选；有些也允许社会民众的广泛参与，比如中华环境奖规定了填表自荐、他人推荐和单位推荐等参评方式，既可以是个人和集体推荐，也可以是自荐。总体上说，目前国家荣誉的评选由个人自荐或他人推荐的还比较少。

申请人或是被推荐人需要填写表格，其中包括个人姓名等基本信息、学习和工作经历、主要事迹、重要贡献和成就状况等。申请人或被推荐人的材料经过遴选之后，要广泛征求相关部门及人员的意见，在本单位内部进行公示，把没有异议的拟推荐人加盖公章后上报。比如"人民满意的公务员"评选中被推荐者要征求纪检、监察、计划生育等部门意见，并按照干部管理权限，征得有关部门同意后，在所在单位公示7个工作日，无异议后把拟推荐的候选人材料上报给表彰工作领导小组。①

3. 评议审核

评议审核阶段的主要任务就是确认英模身份。评议审核主要包括三种情况。

（1）组织机构内部的层层审核评选，一般要经过多个层级的审核，层层报批，例如省级劳动模范的评选需要所在单位的意见、基层工会的意见、县政府、市政府、省政府等多个层级的政府部门的审核同意方可确定。

（2）成立专家评审委员会或工作小组负责评审，包括初审和复审两个步骤。初审主要是形成一个差额或等额的候选人名单，或是确定出重点的评审对象，并上报事迹材料和审批表。复审是通过对初审后上报的名额进行差额或等额筛选后，确定最终的拟表彰名单，并进行信息公示。

（3）以公众投票结果为主的评审，把经过多种方式获得的候选人名单通过公告、报纸、电视和网络平台等进行公示，根据公众投票来决定结果，比如全国道德模范的评选，采用社会公众自行投票、万名公众代表投票、全国活动组委会投票，最终由国家统计局对这些选票进行汇总，确定最终人选。②

在国家荣誉评选的章程或规则中，大多强调要走群众路线，要求自下

① 《第八届全国"人民满意的公务员""人民满意的公务员集体"推荐对象公示》，http://www.sxgov.cn/content/2013-10/25/content_3811754.htm。

② 《评选表彰第四届全国道德模范实施办法》，http://www.wenming.cn/ddmf_296/jj_ddmf/201304/t20130413_1172823.shtml。

而上，逐级审核，层层把关。但除了一些通过网络投票方式来进行的评选之外，普通群众主要是以组织调查、职工全体大会或代表大会等形式进行的，参与深度是非常有限的，主要是提供程序上的合法性支持。[①] 一旦推荐者被上报上去，就由各级领导小组成员、评委会以及外聘的评审专家来进行审核了。

公示是评议审核阶段的重要环节。随着知情权意识的发育，荣誉评审的过程越来越多地强调公示环节，而且公示也是加强社会监督、扩大英模人物影响力的重要手段。比如从 2005 年开始，全国劳动模范和先进工作者的评选就实行"两审三公示"，"两审"是指初审和复审，"三公示"则是指在本人所在单位、所在地区或行业和全国进行公示。

评审结果的公示时间有长有短，并没有统一的规定，一般以 5—7 天为比较常见，比如省市级评选劳动模范或先进工作者通常公示期为 7 天（也算作 5 个工作日）。较长的有 20 天甚至 30 天的，比如 2012 年国家能源科技进步奖终审评审结果公示期为 30 天。

由于国家荣誉主要是由地方政府推荐，中央机关审核和通过，因此也面临着被撤销的问题。很多荣誉称号都有因为各种原因而被刷下来的。比如 2015 年全国劳模评选就从公示名单中刷下来 18 人。[②]

4. 表彰授勋

在评审结果公示无异议之后，获得荣誉奖项的人选就确定了下来，接下来就是由评选机构或活动组委会等下发表彰决定或获奖名单，公布获得表彰的个人和集体。这通常需要以正式文件（红头文件）公开发布，由地方或中央领导人签署，并通过电视、广播报刊和网络等形式发布。一些荣誉奖项颁发有比较固定的时间，比如"全国劳动模范"主要集中在"五一劳动节"期间颁发（平时也有少量颁发），其他荣誉奖项颁发的时间则不太固定。

为了显示国家荣誉的权威性和庄重性，在表彰决定下发后，还要召开表彰大会，举行勋章、奖章、奖状、奖牌、证书、奖品等的授予仪式。表彰大会通常选择在（人民）大会堂举行，一般流程是先奏国际歌或国歌

① 游正林：《我国职工劳模评选表彰制度初探》，《社会学研究》1997 年第 6 期。

② 《那些被连夜撤销的"全国劳模"》，http：//politics. people. com. cn/n/2015/0430/c1001 - 26930461. html。

等，由党和政府领导人宣布名单，表达祝贺，发表致辞，倡导公众向英模人物学习；然后受奖人员依次列队，走上主席台，由领导人颁发奖状或授予勋章；最后，颁奖领导和受奖者以及嘉宾等一起接受拍照和录像等；同时整个会场播放着欢快喜庆的音乐，大量新闻媒体的记者进行全程跟踪，甚至进行电视或网络的现场直播。

授予荣誉的过程还包括了大量相关的庆贺活动，比如党政领导人的接见和赞扬，在奖励大会之前作为受奖代表与党政领导人见面，在表彰大会之后与领导人集体握手、单独合影或共同进餐等。这些也都被视为英模人物享有的荣誉。对于受到中央表彰的英模人物，地方党和政府还会组织迎接活动，比如到机场或火车站隆重迎接，召开小范围的座谈会。此外，党政领导也通过为英模人物题词等来表彰英模人物，比如先后有 13 位中央领导人为雷锋题词，号召人们学习雷锋精神。

一般来说，荣誉的级别高低直接体现在出席颁奖的党和国家领导人级别的高低上。荣誉的等级越高，出席颁奖的党政领导人的级别也越高。如果是最高级别的国家荣誉，比如国家科学技术奖等，通常需要国家主席和国务院总理等国家领导人共同出席，其他党和国家领导人也都会参加，并根据职务性质和级别高低，分别担任主持、讲话和颁奖等工作。

在颁奖典礼上，英模人物只会拿到勋章或荣誉证书等，奖金在表彰仪式结束之后再陆续办理。不同的奖励，奖金有多有少。比如全国劳动模范2005 年之前的奖金只有 5000 元，从 2005 年开始才涨到 1 万元。

5. 宣传学习

在对英模人物的认定结束后，最重要的工作就是组织各种宣传和学习活动，号召人们向英模人物学习。通常在评选过程中，已经对他们的品行及其事迹进行了宣传报道，但这个阶段主要是面向全体公众"泛泛而谈"的，其目的主要是让大家了解他们的情况，激发公众关注的热情。只有在正式授予英模人物荣誉称号之后，才能利用他们的符号作用，进行定向和定点的宣传教育，号召人们向他们学习。

对英模人物的宣传是一场铺天盖地的舆论攻势，包含了一套复杂而又程序化的"组合拳"。其中，宣传主要由党和政府的宣传部门（机构）来做，而英模人物所在的组织或单位也发挥着重要的辅助作用，其中对劳动模范的宣传主要是总工会牵头的工作。宣传的方法和手段不一而足，包括利用新闻媒体宣传英模人物的故事、事迹和成就，比如电视或报纸上开辟专栏；打出或张贴宣传英模人物的横幅、标语和口号，利用电子滚动屏播出英模人物获得的荣誉称号；通过各种文艺创作——如诗歌、相声或舞蹈等——来宣传英模人物。

对英模人物的宣传具有强烈的运动式治理的特征，这集中体现在诸如"（××先进事迹）宣讲团"或"（××模范）宣传（教育）月"等活动上。"宣讲团"一般由宣传部门或文明办等负责组织，宣讲团成员由英模人物数人组成。如果英模人物是已经过世的人，那么就要由了解英模人物先进事迹的个人，比如同事、工友、下级以及他们的妻子或丈夫等来进行宣讲。各人分工合作，从不同的角度讲述英模的动人事迹，立体呈现出英模人物的崇高形象。宣讲团到地方或基层单位进行巡回宣讲，相应的基层单位还要组织学习和讨论。

宣传主要是各地总工会牵头制定和实施宣传学习方案，其间还会安排技能竞赛、演讲比赛、专题片播放、宣传图片展等配套性活动，以吸引人们的参与。比如，2014年山西省总工会决定在全省范围内集中开展"劳模宣传月"活动，主要互动包括展开劳模宣传，通过事迹报告会和文艺慰问等方式展示劳模风采；再就是组织"晒劳模故事"等网络评选活动，此外，还为特困企业或特殊行业的职工开展健康讲座或卫生咨询等志愿服务。①

对英模人物的宣传既增加了他们自身的荣誉感和自豪感，也能引导和带动人们的学习。具体在基层单位中，主要是通过开展征文比赛、召开专题座谈会、提交学习材料、召开学习总结大会等方式来进行动员，并以此来呈现学习效果。

第四节　公众对国家荣誉的认知与理解的实证分析

有效的国家荣誉必须是要有能见度的，是能被社会公众所接受和认可

---

① 《山西省总工会开展"劳模宣传月"活动》，http：//www.tynews.com.cn/shanxi/content/2014-04/12/content_113019.htm。

的，是需要活在社会公众的心中的，更是能发挥示范和榜样作用。说到底，这是一个社会认知方面的问题，即社会公众是否知道荣誉称号，是如何理解国家荣誉的，以及对英模人物是否认可等。为此我们设计了 10 个问题来考察社会公众对国家荣誉的认知和理解。下面就以问卷调查所获得的数据对国家荣誉的社会认知状况进行分析，同时结合相关现象来探讨国家荣誉实践中的利弊得失。

一　整体偏低且具有差异性的知晓度

功勋荣誉制度源远流长。自中华人民共和国成立至今，我国已经逐步建立起覆盖社会各个领域的国家荣誉体系，相关的规章制度日益健全，具体的荣誉称号五花八门，颁授荣誉的形式各种各样，荣誉的影响范围也大有差异。

目前由国家颁授的荣誉称号究竟有多少？2006 年至 2009 年，全国共清查出各种评比达标表彰项目 148405 个，保留了 4218 个项目，总撤销率为 97.16%。① 所保留下来的项目数量也是非常惊人的，其中除了少数由社会组织颁授的外，大多数都是以党和政府的名义颁授的荣誉称号。许多评比达标表彰项目也在进行不断的调整中。

但人们是否知道这些荣誉呢？对此，调查问卷列举了全国劳动模范、全国先进生产者、国家技术发明奖、国务院特殊津贴、中国科学院院士、人民艺术家、全国抗震救灾模范、中华环境奖、华表奖、中华慈善奖、航天英雄、人民满意的公务员共 12 个荣誉称号，来测定国家荣誉的社会知晓度。这些也是覆盖面比较宽、社会影响比较大、舆论关注度比较高的荣誉称号。

调查结果显示，对上述 12 个荣誉称号都不知道的占 4.7%，知道 3 个以内的有 29.4%，知道 4—6 个的占 65.5%，知道 7 个以上的占 34.5%。其中知道 1 个以上的占了九成以上，知道 3 个以上的占到了 70% 左右，可以说绝大多数公众都对国家荣誉有所了解，有些荣誉称号则有较高的社会知晓度。

---

① 《全国评比达标表彰协调工作小组负责人就规范评比达标表彰活动工作答本网记者问》，http：//news. xinhuanet. com/politics/2011 - 09/25/c_ 122085252. htm。

对数据的进一步分析可以发现，知道 4 个及以上荣誉称号的被调查者，65% 拥有大专以上学历，知道 7 个以上荣誉称号的被调查者，大专及以上学历更是占了七成左右。相关分析可以发现受教育程度与知晓度之间存在一定的相关关系。通过方差齐性检验，在总体方差无显著差异的前提下，F 值为 19.978，其对应的概率 P 值接近于 0，可见受教育程度对国家荣誉的知晓状况具有显著影响。

调查数据还显示，体制内（主要是指在党政机关或企事业单位中）的被调查者对国家荣誉的知晓度要明显高于非体制内人员。在知道 3 个以上国家荣誉的被调查者中，职业为国家和社会管理者、专业技术人员和办事人员的被调查者占了将近一半，而其他职业的知晓情况则比较平均。但相关分析显示，职业与知晓度之间只有较弱的相关关系。利用 LSD 法对职业与国家荣誉进行两两检验发现，知晓度的差异主要集中在农民、工人、个体工商户、商业、服务业、流通业从业者、自由职业者与国家和社会管理者、专业技术人员、办事人员之间。

进一步要追问的是，了解国家荣誉的人是在荣誉颁授过程的哪个阶段了解到这些情况的呢？对于"您通常是在哪个环节了解到国家荣誉称号"的问题，被调查者选择"征集人选阶段"的人为 7.3%，选择"公示评选阶段"的人占 17.4%，选择"颁奖表彰环节"的人占 57.9%，选择"宣讲学习阶段"的人也是 17.4%。就此可以看到，绝大多数社会公众是通过表彰大会和颁授典礼等才接触或了解到国家荣誉的。

目前国家荣誉评选包括自上而下的安排部署、自下而上的组织推荐以及专家或领导评选以及颁奖等基本环节，大多选择政府网站、党报党刊等进行公示，宣讲学习也只有基层单位中的个别人能够参加，因此大多数人都缺乏参与机会，很难接触到相关信息，甚至也不予关心。相对而言，对英模人物的表彰通常会召开隆重的表彰大会，有较高级别的党和政府领导人参加，由他们来主持会议、发表讲话或颁发奖状等，因此有较高的社会能见度。

从调查结果看，4.7% 的公众对问卷列举的 12 项国家荣誉一无所知，这个比例虽然较低，但根据我国庞大的人口基数推算，所对应的人数也是非常多的。这也许是调查问卷列举的荣誉称号恰好是被调查者所未听说过的。不过，在多达四千多个的评比达标表彰项目中，问卷所列举的已经是具有较高社会知晓度的荣誉称号。如果对这些荣誉称号都还知之甚少，那么知道其他生僻、冷门的或地方性、专业性的荣誉称号的人恐怕就更少了。

对于"您参与过国家荣誉的评选活动（包括参评和参选）吗"的问题，回答"没有"的占总体人数的72%，回答"1—2次"的占20.7%的比例，回答"3—4次"的占4.9%的比例，回答"5次及以上"的占2.4%。可见大多数人都没有参与国家荣誉实践，并且这也佐证了上述人们很少在评选阶段接触到国家荣誉的结论。其中参加过评选活动次数最多的是国家与社会管理者、专业技术人员和办事人员，在参加过一次以上评选活动的被调查者中，这三类群体超过了六成。

从东中西部的情况来看，同地区之间对国家荣誉的知晓情况分布基本平衡，西部地区相比于中东部地区，民众对国家荣誉的知晓率总体较低。但对数据的相关分析发现，地区与国家荣誉知晓度虽然存在相关，但程度很低，方差分析中也没用通过检验（P = 0.250 > 0.05），因此地区对国家荣誉知晓度没有什么影响。实际上，地区之间的微弱差异主要集中在不同地区的农村之中，即在农村地区中，知晓3个以上国家荣誉的东部地区的被调查者要高于西部地区的被调查者将近10个百分点，而城市和乡镇则没有这么明显。这也说明东部地区公众具有一定的认知优势。

在知晓3个以上国家荣誉的群体中，基本呈现出收入越高的人对国家荣誉的知晓度也越高的趋势。相关分析中可以看出二者之间具有相关性，但是相关程度不高。在通过方差齐性检验的前提下，显著性水平小于0.05，证明不同收入水平之间对国家荣誉的知晓度有显著差异。一般来说，学历和职业与收入有着直接关系，从学历和职业的交叉分析中，也可以看到收入较高的人群对国家荣誉的知晓度也比较高。从全部样本的情况来看，1500—5000这个收入分段最为集中，这个收入群体大部分都是工薪阶层（国家与政府管理者、专业技术人员、办事人员），所以其对国家荣誉的知晓度也比较高。

表7-2　　受教育程度、职业、地区、收入与国家荣誉知晓情况的方差分析

受教育程度与国家荣誉知晓情况的方差分析				
	平方和	df	均方	F	显著性
组间	126.968	9	14.108	19.978	0.000
组内	1127.010	1596	0.706		
总数	1253.978	1605			

职业与国家荣誉知晓情况的方差分析				
	平方和	df	均方	F	显著性
组间	61.506	11	5.591	7.474	0.000
组内	1192.471	1594	0.748		
总数	1253.978	1605			

地区与国家荣誉知晓情况的方差分析				
	平方和	df	均方	F	显著性
组间	2.167	2	1.084	1.388	0.250
组内	1251.810	1603	0.781		
总数	1253.978	1605			

收入与国家荣誉知晓情况的方差分析				
组间	50.161	5	10.032	13.334	0.000
组内	1203.817	1600	0.752		
总数	1253.978	1605			

二　多元而趋于理性化的社会认知

在当今信息化和网络化的时代，借助报纸、电视和网络等信息渠道，各种国家荣誉的评选表彰活动频频出现在人们的视野中。但公众究竟是如何理解或看待国家荣誉的呢？公众期待的国家荣誉应该是什么样的呢？

首先要问的是，国家荣誉的目的何在？对应的问题是，"您认为国家授予荣誉称号最主要的目的是？"被调查者选择"给予无私奉献者以承认和补偿"的被调查者占13.8%，选择"表彰先进者并激励其他人努力"的比例是31.7%，选择"树立榜样引导社会的价值取向"的比例为48.5%，是比例最高的选项，而选择"推动政府有关公共政策的落实"的则仅为6%。

接近一半的人认为，国家荣誉是为了发挥英模人物的激励和引导作用，但只有很少人认为这是对于无私奉献者的承认和补偿。而对于无私奉献的英模人物（如见义勇为的英雄）来说，国家荣誉既是对于他们的权威性认可，也能给以物质或经济上的重要补偿。认为评比表彰能够推动相关公共政策落实的人很少。实际上，作为得到广泛遵从和应用的治理方式，"树典型"是党和政府推动工作的重要方式，[①] 而"树典型"的结果就是各种形式的荣誉称号，其极端的情形正所谓是"不表彰不落实，不评比不工作"。

第二个问题是，"您认为国家荣誉称号中最重要的是？"其中71.9%的人选择了"社会认可"，16.2%的人认为是"名誉声望"，6.8%的比例认为是"经济实惠"，5%的人认为是"晋升机会"，0.1%的人认为是其他。从认识层面上来讲，大部分公众显然都看重国家荣誉回归名望或名声的本质。超过10%的人认为国家荣誉能带来"经济实惠"和"晋升机会"，这些观点也许是"非主流的"，但也是客观存在的事实，即获得国家荣誉的人会拥有更多的经济实惠和晋升机会。人们能坦然承认这一点，表明了社会公众国家荣誉观念的理性化。

对于"您认为国家荣誉最应该授予给谁？"的问题，选择"为社会树立道德榜样的人"的比例占到34.8%，回答"取得了巨大个人成就的人"的比例占8%，选择"无私奉献他人和社会的人"的比例为36.1%，回答"在平凡岗位上做出业绩的人"的比例为21.2%。四个答案可分别对应四种价值立场，即（1）"奉献取向"，看重个人对他人和社会做出无私的奉献；（2）"道德取向"，着眼于个人的品行为社会树立道德典范；（3）"平凡取向"，推崇普通人在平凡的工作中做出杰出的业绩；（4）"成就取向"，重视个人取得突出或重大的成就。

从调查结果来看，从（1）到（4）这四种立场的支持者逐次递减，其中偏向"奉献取向"和"道德取向"的人相当，是比例最高的，这集中体现在经典意义上的劳动模范或道德楷模身上，而"成就取向"的支持者最少。由此不难推导出某种"公众的意见"，即国家荣誉应当立足于价值观的领域，向无私奉献、坚持道德原则和平凡而杰出的普通人授荣誉，而不

---

① 冯仕政：《典型：一个政治社会学的研究》，《学海》2003年第3期。

应过多着眼于个人的成就。至少，在一个具有公正的报酬体系的社会中，个人的成就能得到相当的物质报偿，也会获得良好的名望和声誉。

　　有研究者指出，"世界上许多国家的国家级奖励不设任何物质奖励"，而更多是"表示对获奖者的重视和精神鼓励"①。而我国目前的国家荣誉基本上都是采用物质鼓励和精神奖励相结合的做法，通过多种途径给予英模人物适当的物质奖励，其中金钱奖励的金额从几百元、数千元到数十万上百万元不等，其他还包括补（津）贴、住房、医疗和休假等福利待遇。根据荣誉颁授的层次或级别不同，奖金和福利待遇等也有相应的差别。

　　那么，公众是怎么看待国家荣誉中的物质利益的呢？调查结果显示，对于"我认为应该给予获得国家荣誉的人更多的物质利益"的问题，11.3%的人选择了"非常同意"，35.1%的人选择了"基本同意"，30%的人选择了"不一定"，16.9%的人选择了"不太同意"，6.7%的人选择了"非常不同意"。可见，接近一半的人是赞成给予英模人物物质奖励的，超过两成的人反对给予英模人物过多的物质利益，三成左右的人则摇摆不定。而已有的调查也得出过相近的结论，即近七成网友赞成国家荣誉应配套物质奖励。一些反对者并不是直接反对物质奖励，而是担心物质奖励会导致荣誉的变质。②

　　对这个问题的回答没有明显的集中趋势，这说明对于要不要提高国家荣誉的"含金量"，公众意见是分散的。事实上，国家荣誉的物质奖励很容易走向两个极端：一方面，国家荣誉并没有给基层的英模人物带来物质生活上的巨大改观，比如根据全国总工会开展的省部级以上劳动模范生活状况的专题调研，月收入低于3000元的占到47.41%，许多年龄大的劳模基本生活都较为困难；③另一方面，许多国家荣誉具有很高的"含金量"，以至于个别人不惜弄虚作假以获得荣誉，比如原铁道部副总工程师、运输局局长张曙光曾索取巨额贿赂以用于参选院士。④因此对于国家荣誉的物

　　①　张树华、贺慧玲：《国外功勋荣誉制度对我国的借鉴意义》，《人民论坛》2012年第36期。

　　②　方可成：《谁最有资格获得国家荣誉》，《国际先驱导报》2008年1月14日。

　　③　陈郁：《我国省部级以上劳模半数月收入在3000元以上》，http://money.163.com/14/0821/14/A466UPAF00253B0H.html。

　　④　徐蕊等：《现状：院士评选越来越需要"运作"》，http://news.sina.com.cn/c/2013-09-12/071028195361.shtml。

质奖励有不同的意见是不足为怪的。

如何理解英模人物的社会角色？对于"我认为获得国家荣誉的人要承担更多的社会责任"的问题，25.9%的人选择了"非常同意"，42.5%的人选择了"基本同意"，22.2%的人选择了"不一定"，7.2%的人选择了"不太同意"，2.1%的人选择了"非常不同意"。由此可见，接近七成的被调查者对英模人物抱有非常高的期许，认为不需要给予英模人物压力和负担的人只有不到一成，而超过1/5的人对此持模棱两可的态度。

需要指出的是，荣誉是对人过去表现的评价。英模人物的荣誉虽然能表明他们过去的品行、贡献或成就，但却不可能保证他们将来必然有什么样的作为和表现。在现实中，英模人物最后走向沉沦或堕落的大有人在。但既然英模人物继续享受国家给予的福利待遇，他们就有义务去承担公共责任，扮演好自己的社会角色，而民众的期许也给他们施加了隐性的约束。

在认知问题上，对被调查者的职业、受教育程度、地区、收入和其对国家颁授荣誉的目的、国家荣誉称号中最重要的内容、国家荣誉最应该授予给谁等进行交叉分析，没有发现显著的规律性，交叉分布比例比较平均。相关分析也基本验证了这一点，变量之间的相关程度很低。

三　较低的社会认可度与弱示范效应

改革开放之前，树立榜样的褒奖形式与持续广泛的社会动员联系在一起，国家荣誉的示范效应是非常明显的。"尤其是在上世纪五六十年代，许多中国人都真诚地学习和实践雷锋、焦裕禄身上体现出来的克己奉公、无私奉献的利他精神。"[1]"以铁人王进喜为代表的劳动模范曾经成为激励无数人的动力，可以说是当时整个社会生活能够有效运作的不可或缺的一环。"[2]

正如人们所看到的，在国家塑造英模人物的过程中，"一切宣传都为同一目标服务，所有宣传工具都被协调起来朝着一个方向影响个人"。[3]

---

[1]　赖静萍：《当代中国英模塑造现象探源》，《东南大学学报》（哲学社会科学版）2011年第5期。

[2]　孙立平：《劳模评选的尴尬》，《中国改革》2005年第6期。

[3]　［英］弗里德利希·冯·哈耶克：《通往奴役之路》，王明毅等译，中国社会科学出版社1997年版，第146页。

"赏罚，国之大信"，在当前价值观多元化的社会中，英模人物的社会形象逐渐转变，人们对国家荣誉的理解也有了巨大的变化。那么国家荣誉的公信力和影响力究竟如何？社会民众是否认可国家荣誉以及英模人物呢？

我们首先来考察公众对英模人物的认可情况，为此设定的态度量表题是，"我认为获得国家荣誉的人都是名副其实的"，被调查者中只有7.2%的人表示"非常同意"，有24.2%的人表示"基本同意"，表示"不一定"的人有47.9%，接近一半的比例，"不太同意"的人有13.6%，"非常不同意"的人有7.2%。结果显示，认为英模人物名副其实的人刚超过三成，英模人物的公信力并不算高，而对英模人物持质疑或否定态度的人则接近于七成。

反观事实，在当前国家荣誉的实践中，许多荣誉称号成了领导者的盛宴，一些人为了获得国家荣誉不惜弄虚作假，个别贪腐分子原来竟然是荣誉等身之人，一些不良企业及其负责人拥有大量荣誉称号……这些玷污了国家荣誉的神圣性和纯洁性，让英模人物失去了感召力和说服力。因此人们对英模人物有更多的质疑是合乎逻辑的。此外，许多人不认可英模人物可能是一个信息问题，即对英模人物的品行和事迹根本不了解，因此也就谈不上认可与否了。

接下来，在回答"我认为国家荣誉对社会公众有很大的示范作用"的问题时，仅有16.4%的人表示"非常同意"，48.7%的人表示"基本同意"，表示"不一定"的有24.5%，"不太同意"的有8%，"非常不同意"的也有2.4%。数据显示，六成以上公众基本上认同国家荣誉具有很大的示范作用，但否认国家荣誉具有很大示范作用的人也超过了10%，但加上对国家荣誉示范作用持不确定态度的，不认可国家荣誉的功能性作用的人超过了三成。

从功能上讲，设立国家荣誉就是要号召、鼓励以及推动人们去学习英模人物，以引导和规范社会公众的观念、思想和行为。即便大多数人认为英模人物具有示范作用，也不意味着人们一定会向英模人物学习，更不必然像英模人物一样去行动。但必须要看到的是，对英模人物的认可是国家荣誉功能性作用发挥的前提。否则，如果人们根本不认可国家荣誉及其英模人物，也就不可能去学习和效仿他们，荣誉的工具性价值也就要大打折扣了。实际上，从技术上讲，许多英模人物因为下述情由而难以发挥有效的示范和榜样作用。

1. 离普通人生活世界较为遥远的英模人物，比如两弹一星元勋或者航天英雄等，诚然是小众领域的杰出代表，他们的英雄事迹并不完全被外界所知道，他们的工作经历和生活环境是很难复制的；诸如袁隆平或姚明等专业领域的成功者，他们赖以成功的自身禀赋和外部支持通常不是一般人所具备的。这些人的成功及其品质并不是能简单学习得到的。

2. 许多英模人物可以说也就是生活世界的普通人，他们只是在特定社会历史时期因为某一方面的特殊品行而获得国家荣誉，比如基层的或一线的劳动模范或先进工作者的经济收入和社会地位并不一定很高，许多人获得荣誉之后还需要党和政府的帮助才能维系生活，甚至很难成为世俗意义上的成功者，因此他们作为榜样的作用是有限的。

3. 见义勇为、抗震救灾或孝亲爱老等领域的英模人物可以为社会树立精神标杆，维系、巩固和弘扬社会的主流价值，但其处境、条件和时机很大程度上都是特殊的和偶然的，是可遇不可求的，人们也不可能为了学习而学习，专门去创造机会（设计一场需要见义勇为的场景？）来效仿这些性质的英模人物。就此而言，许多人不具备学习的必要性和可行性。

4. 值得注意的是，国家荣誉评选中往往存在一种倾向，"不幸的死者和绝症患者经常成为各类荣誉奖项的获得者。这些荣誉的获得者被人为树立成'不食人间烟火'的'超人'形象，使得荣誉制度的激励、凝聚与示范作用无从发挥。"[①] 如果许多英模人物"好人没有好报"——事实上社会上也不乏许多英雄"流血又流泪"的悲剧，残酷的现实就会抑制人们学习和效仿他们的动力。

进一步追问的是，每一个人都需要学习英模人物吗？学习英模人物是一种强制性义务吗？2014年教育部公布《中小学生守则（征求意见稿）》，删除了原有《中小学生守则》中关于"见义勇为，敢于斗争"等要求的规定。相比于过去全民动员学习英模人物，对向英模人物学习做出限制或设定边界，彰显出人道精神的进步，也表明了学习英模人物可以是有限度的，而不是必须的或强迫的。而且，学习的自主权属于个人自己，是否要向英模人物学习关键取决于英模人物的感召力和影响力，这绝不是简单的

---

① 方可成：《谁最有资格获得国家荣誉》，《国际先驱导报》2008年1月14日。

引导甚至强迫能够做得到的。

值得注意的是，现代社会各种个人价值观日益崛起，很大程度上消解了英模人物的示范和榜样作用。对于大多数普通民众来说，良好的品行、无私的贡献和杰出的成就都是可望而不可即的东西，至少也可以说是崇高而遥远的东西，人们更为需要的或更想去做的，是按照自己的方式和条件去度过平凡而简单的生活，在日复一日油盐柴米酱醋茶的平淡生活中送走似水年华。毕竟不是每个人都能成为英模人物的，甚至也没有必要每个人都成为英模人物。现代法治社会的基础是遵守法律制度和基本道德规范的公民，而不必须是道德高尚、品行高洁或功成名就的人。

最后，我们想从被调查者的眼光来考察国家荣誉存在哪些问题？为此提出的问题是，"您认为国家荣誉体系的主要问题是（可多选）"，根据目前理论界的流行观点，问卷设置了 12 个备选项。从统计结果来看，问题选项从多到少依次是：评选过程不透明（54.1%）、结果公示走形式（42%）、公众认可度较低（36.4%）、评选申报走关系（35.4%）、名额配置指标化（34.4%）、监督渠道不畅通（33.4%）、评选标准不清（32.7%）、评选主体混乱（27.7%）、荣誉称号资本化（15.4%）、奖项设置随意（13.8%）、缺乏退出机制 12.8%、其他（0.6%）。

由于法律制度还不健全，党和政府颁授荣誉的过程中，可以说或多或少都存在这里所列举的问题。从调查结果来看，最严重的问题主要是透明度低、形式化严重、认可度低等。这些是国家荣誉体系中比较突出的问题，也是改进和完善国家荣誉体系需要着力突破的问题。总体上看，被调查者的意见是比较分散的，也是比较均衡的。

此外，对这部分数据的交叉分析也没有发现显著的规律性，相关分析也表明样本中数据之间不存在显著相关性。从原因上分析，对于国家荣誉的认可主要是看法或态度类问题，很多都是个人化的意见，与被调查者的职业、受教育程度、收入等没有显著的关系。

从上述调查数据可以看到，社会公众偏向于支持将国家荣誉应用于道德领域，而不是奖赏那些取得了成就的个人，也赞同给予他们必要的物质奖励，但显然也对过度功利化的物质奖励充满疑虑，对英模人物发挥积极的示范或榜样作用具有较多期待。特别是，虽然人们认为需要发挥英模人物的功能性作用，但持怀疑态度的人也占了较大的比例。这既显示出社会公众对英模人物的认可危机，也表明对英模人物的宣传和学习效果欠佳。因此，仅仅是评选出英模人物是不够的，而是要树立起能被公众普遍接受和认可的英模人物，并且让英模人物能够切实发挥其号召力和影响力。

从近年来国家荣誉（如全国劳动模范和人民最满意的公务员荣誉称号等）评选表彰工作的趋势来看，党和政府都非常重视评选出更多基层的普通劳动者，同时也在增加对英模人物的物质奖励和福利待遇等，让他们得到应有的社会尊重。这些对于重建对英模人物的社会尊重无疑是非常重要的。但值得警惕的是，过度的物质奖励或福利待遇有可能加剧国家荣誉的功利化倾向，进而诱发更多沽名钓誉或弄虚作假等问题。并且，究竟是更多地将荣誉授予给价值观领域的楷模，还是取得巨大成绩或成就的成功者，这种道德与功利之间的选择也是社会公众和国家所要共同斟酌的问题。

第五节　国家荣誉权威性分配中的公平性问题

对于当前国家荣誉的制度及其实践，人们已经从不同方面指出了其中存在的问题，具体如缺乏统一的法制规范、荣誉称号泛滥成灾、评选程序比较混乱、权力干预非常严重、监督渠道不畅通、缺乏严格的退出机制等。这些问题是普遍性的，也是一般性的。古人云，"赏罚之政，谓赏善罚恶也。赏以兴公，罚以禁奸。赏不可以不平，罚不可以不均。"否则不仅损害国家荣誉的权威性，诱发了对荣誉的不正当追求，而且也破坏社会的公平和正义。为此，我们主要是从公平和正义的视角来考察国家荣誉分配中的问题，具体则从制度规范、主体结构、评选对象、评选程序和退出机制五个方面进行分析。

一　制度规范不健全

良好的制度规范是国家荣誉的基础。目前国家荣誉缺乏统一的法律制度，相关的规章制度过于零碎化。除了公务员领域的《公务员法》、科技领域的《国家科学技术奖励条例》和军事领域的《中国人民解放军纪律条令》等有相对明确的制度规范外，大部分的国家荣誉评选活动都还存在着各行其是和混乱零散的问题。"国家没有一部专门关于荣誉称号评选、授予及管理的法律，因此个人荣誉称号评选制度呈现出很多的地方特征和部门特征。"①

目前建立国家荣誉体系的依据主要是全国性的《宪法》和地方性的《地方各级人民代表大会和地方各级人民政府组织法》。对公务员的奖励主要依据《公务员法》第 49 条、第 50 条和第 51 条以及《公务员奖励规定（试行）》来进行。对军人颁授荣誉称号可以根据《中国人民解放军纪律条令》来执行。相关条款确定了奖励的目的、原则、权限、项目和条件等，但都没有对实施的程序和办法等做出细致规定，操作性还不够。

实际上，很多名目的荣誉评选还没有明确的法律依据。为了工作上的需要，各级党和政府及其职能部门都开展评比表彰达标活动，奖项设置高度同质化，奖励范围相互交叉，各种奖项之间不仅无法进行横向的比对，以防止重复奖励，造成资源浪费；而且纵向上很难区分出不同奖项的层次、等级和价值，以强化荣誉体系的激励作用。比如，对于生产建设领域的最高级奖项"全国劳动模范"和教育领域的最高级奖项"全国模范教师"，就很难分出哪个荣誉的级别更高一些。

法律制度的缺失为评比表彰达标项目的泛滥打开了方便之门。一些部门、行业和机构随意设置奖励项目，奖励项目过多过滥，奖励标准不一，荣誉称号满天飞，严重削弱了荣誉的价值与权威，也诱发和纵容了追逐名利的行为，甚至成为"权力贴金"的工具。比如在重庆市打黑案件中落网的陈光明，曾经获得过"全国十大女杰""全国劳动模范""全国三八红旗手"等荣誉称号。

二　颁授主体较混乱

当前国家荣誉名目繁多，花样翻新。从各级党和政府到党群组织以及社会团体，都在实施各种表彰评比达标活动。

国家荣誉的颁授主体是评选荣誉称号的实施者及责任承担者。从主体上看，新出台的《中华人民共和国国家勋章和国家荣誉称号法》第 6 条规定，"全国人民代表大会常务委员会决定授予国家勋章和国家荣誉称号。"但这是特指作为国家最高荣誉的国家勋章和国家荣誉称号。而其他一般性

---

① 田丰韶：《当前我国个人荣誉评选制度的缺陷与改革方向》，《理论与改革》2010 年第 1 期。

国家荣誉的评选主体则相当混乱，既包括党、政府相关机构部门以及军队的相关管理部门，例如中共中央、国务院、中央军委、中共中央宣传部和中央军委政治工作部等；又包括国务院的下属机构和直属机构，例如科技部、文化部、教育部、民政部等；还包括中央的各种群团组织，例如全国妇联、中央文联、全国总工会、共青团中央等；还有一些社会组织和新闻媒体等，例如中华环境保护基金会、中国作家协会、中国美术家协会、中央电视台。多样化的主体削弱了国家荣誉的权威性。

颁授荣誉奖项的主体数量是不一样的。其中有单个主体表彰的国家荣誉，比如国家科学技术奖由国务院设立；有多个主体联合表彰的国家荣誉，如全国劳动模范由党中央、国务院联合表彰；有比较少主体联合表彰的国家荣誉，例如五四青年奖章是由共青团中央和中华全国青年联合会联合表彰；也有比较多主体联合表彰的，例如全国道德模范由中宣部、中央文明办、中央军委政治工作部、中华全国总工会、共青团中央、全国妇联等多个部门联合表彰；"人民满意的公务员"和"人民满意的公务员集体"评选由中共中央组织部、中共中央宣传部、人力资源和社会保障部与国家公务员局联合进行。多部门之间的联合评选是开展评选工作的基础，但也容易出现沟通不畅、责任不清以及搞平衡等方面的问题。

最后是监管责任的缺位。对于各种评选表彰和达标项目，目前还没有一个明确的机构或部门来对其进行规范和管理，国家监管的责任严重缺失。对于什么机构或部门才有资格向公民授予荣誉，可以授予什么样的荣誉，应该承担什么监管责任，这些都基本上是处于放任自流的状态。国家荣誉评选缺乏顶层设计，各地方、各部门、各领域等都根据需要设置荣誉奖项，造成了荣誉资源的极大浪费，也削弱了国家荣誉的价值。

三 评选标准不清晰

人的品性是不可以量化和标准化的，高尚的品行和杰出的贡献等也是不可以用数字来说明的。但对于国家荣誉体系的运行来说，明确、具体、可操作的评选标准无疑是进行国家荣誉评选的基本前提。

目前国家荣誉的评选活动大都依据的是定性的描述。在相关的评选条件、细则、实施办法等规章制度中，"突出的"和"杰出的"、"重要的"和"重大的"、"显著的"和"卓著的"等，都是比较常见的字眼。这些描述以差别化的方式对个人的品行、成就或贡献等进行界定，缺乏量化标准，不具有操作性。因此最后都是依据参与评选活动的人尤其是评审的领导或专家的主观评判，他们的偏好、见识和能力决定了具体的评选标准的取舍及其高低。

在评选制度还不健全的条件下，如果主观性标准主导国家荣誉的评审，容易导致偏见、歧视甚至腐败等问题。特别是，荣誉评选通常采取的是自下而上逐级遴选和上报的方式，中央或上级单位不了解被推选人的情况，基层单位及其领导人才是决定人选的关键。因此谁能符合"重大""突出""卓越""显著""杰出"的标准，就会存在很大的不确定性，需要很多人为的考量和权衡，一些有背景、有关系、有门路的人——尤其是掌握权力资源的人——就可能获得不应有的优先性。

新闻媒体报道，面对优厚的物质待遇和社会名望，不少位高权重的官员、政协代表、央企高管等都违规参选院士。比如 2009 年"中国科学院新增的 35 名院士中，8 成是高校或研究机构的现任官员；中国工程院新增的 48 名院士中，超过 85% 是现任官员。工程院 60 岁以下新当选的院士中，均有校长、院长、副院长、董事长等职务"，其中仅有一名台湾学者杨永斌是没有行政职务的。① 如果荣誉称号都成了领导或官员的"盘中餐"，势必将加剧社会的不公平，也会损害荣誉的公信力。

需要注意的是，不同名目的荣誉的评选标准也十分模糊，许多英模人物都会获得大量不同名目的荣誉称号。例如北京公交售票员李素丽 1996 年先后被授予了"五四奖章""全国三八红旗手""全国职业道德标兵"和"全国优秀共产党员"等多个荣誉称号。多项荣誉表明了对于英模人物的充分和全面肯定，但也会使英模人物的形象更加空洞化和模糊化，削弱了特定荣誉称号的典型性和示范性，甚至让一个人获得多项荣誉，也加剧了国家荣誉分配过程中的拥挤和紧张。

对有些品行的奖励还面临无名可属的尴尬，例如抗震救灾英雄模范可以颁授给在地震灾害等中表现突出的个人和组织，但对于在其他自然灾害或是抢险救灾中表现突出的个人和集体，却还没有可授予的荣誉奖项，最后往往是临时性地命名为"××先进个人"或是"××先进集体"，呈现

---

① 王婧：《两院被指变成"高官俱乐部"》，《共产党员》2010 年第 3 期。

出某种随意性。

四　评选程序不合理

当前绝大部分国家荣誉的评选采取的是自下而上层层推选的模式。基层党政机关、企事业单位和社会组织等是推荐的主体，个人通常是没有资格推荐的。① 采用这种方式是由基层单位的信息优势决定的，因为基层单位才最了解候选人的生活和工作等情况，才能对候选人各方面的情况进行审查。相对于个人推荐可能导致的混乱和无序，将推荐权交给基层单位是合理的，可行的。但由于结构性和习惯性的因素，基层单位领导的权力缺乏监督，群众的知情权非常有限，参与权没有保障，推荐权最后实际上掌握在少数领导者手中，极有可能受到私利、人情和关系等诸因素的影响，以至于掌握并接近权力资源的人更容易获得荣誉的光环，而使国家荣誉的评选丧失公平性。

就审核评议阶段来说，目前国家荣誉的审核评议主要是由上级或中央组织评审专家队伍，来审核下级或地方政府逐级上报的文本材料（荣誉评选很少有需要面试或答辩的），而对被推荐人的实际情况可以说是一无所知。因此，对于评委会的专家们来说，现有的荣誉表彰审核大多还只是停留在盖章或是签字阶段，短时期内进行"批量审核"成为荣誉评审的常态，有些时候为了追求工作效率，甚至不做审核而直接予以默认——上级或中央由于不了解被推荐人的具体情况，也只能根据下级部门的"同意"而跟着"同意"。由于缺乏有效的信息工具，评审机构很难获得更有价值或更高质量的信息，因此基层或地方推荐上来的，也就基本上可以当选，这样也就给那些伪造材料骗取荣誉的人以投机钻营的巨大空间。

公示是荣誉评选过程中的重要环节，但大多公示都还是流于形式，并没有起到接受群众监督的作用。其原因在于：一是公示的信息大多非常简单，通常都是聊聊数百字（甚至仅仅是一二百个字）的个人简介，包括姓名、性别、民族等个人信息以及上学和工作的经历，信息量非常有限，民众不了解他们的具体情况，监督就根本无从谈起；二是个别单位为了公示

---

① 全国道德模范的评选可以由广大群众推荐候选人。群众可以向所在省（区、市）活动组委会推荐人选，也可以直接向全国活动组委会推荐人选。既可以通过网络推荐，也可以写信推荐。

而公示，故意把应该公示的内容置于不引人注目的地方，甚至也不明确告知公示的有效日期，从而混淆人们的视线，逃避监督；三是即便将需要公示的内容予以公开，明确告知公示的要求，但由于大部分的公示都缺乏良好的异议反馈机制，即对于公示内容有意见的，应该向谁举报，需要提供什么证据，以及如何进行处理等，都没有明确的说明，于是人们也不愿意自找麻烦，公示也就沦为了走过场。更多的情况则是，由于大多数人对国家荣誉的评选缺乏信任，不愿意去关注，事不关己高高挂起，因此也就不在乎公示不公示，更无所谓去"较真"，比如了解候选人究竟是什么情况，里面是不是有什么猫腻等。

五　颁授对象不明确

国家荣誉应该授予给什么人？谁有资格来获得国家荣誉？这是国家荣誉必须要明确的基本问题。党的十七大报告提出，"设立国家荣誉制度，表彰有杰出贡献的文化工作者"。但国家荣誉应该是面向全体国民的。"国家荣誉授予的范围，应当涵盖全体公民，不论男女老幼、不分年龄、职业，无论是工人、农民、干部、个体经营者和企业家，还是学生、退休人员、文化工作者以及科研人员等，如果为国家、为社会做出了杰出的贡献，创造了巨大的社会价值，就都应该获得国家荣誉，都应该被授予国家荣誉勋章，而不仅仅止于文化工作者。"[1]

在比较专业性或行业性的荣誉领域，比如授予军人、教师或公务员的荣誉，以及在基于特殊事件的国家荣誉中，比如航天英雄称号和见义勇为英雄称号，当事人的专业或身份是比较明确的，因此荣誉应该授予什么人显然是非常清楚的。但在一些身份边界模糊不清的荣誉领域，就很容易出现利用身份符号来谋求荣誉的行为。比如在2003年河南省濮阳市市级劳模的评选中，一些领导干部隐瞒自己的领导职务，以工人、农民或专业技术人员的身份申报劳动模范称号。"在公示的300名劳模候选人名单中，有大约20%是以工人、农民、科技人员等虚假身份参评的副科级以上领导"。[2]

---

① 易京茶：《国家荣誉制度应面向所有公众》，《法制日报》2007年12月8日。

② 李钧德：《领导身份变脸只为想当劳模，河南濮阳将认真调查此事》，http://news.xinhuanet.com/newscenter/2003 - 04/28/content_ 852194. htm。

所以，为了防止领导干部利用权力"与民争名"，国家荣誉的评选通常会坚持"面向基层"或"面向一线"的原则，明确规定不同类型人选的比例。比如，2015年贵州省启动劳动模范评选，重点面向一线，要求企业职工人选不低于总数的45%，其中一线职工和专业技术人员不少于企业职工人选的57%，企业负责人不超过企业职工人选的20%，并明确中央管理的企业负责人不参加评选，……机关事业单位人选不超过总数的35%，其中县处级干部不超过机关事业单位人选的20%，并明确副厅级（含）以上干部不参加评选。① 一些具体的荣誉领域还会规定，已获得荣誉称号的人，不能再参加下一届的评选表彰。②

值得注意的是，"改革开放30年来，'劳动'的概念和'劳模'的构成都在悄悄地发生变化。"不同的劳模定义，决定了什么人有资格获得劳模的荣誉。比如从20世纪50年代到70年代末，劳模主要定位在"一线工人"，大部分都属于吃苦耐劳型的"老黄牛"类型。随着科学技术、管理和精神财富的创造活动得到认可，科学家、技术人员、个体户、企业家等社会成员越来越多地进入到劳模的队伍。③ 劳模范围的扩大表明了国家荣誉的开放性和动态性，也说明国家荣誉的整合能力的扩张。很显然，如果国家荣誉只是着眼于社会中的一部分人，这些也只是财富最少拥有者，而不是全体公民，也不是拥有较多财富的富人，甚至不是大部分人的话，他的公平性和正义性就值得怀疑了。④

六 退出机制不到位

荣誉称号是对于英模人物过去的品行、表现及其价值或贡献的认可，但环境是变化的，人也是会变化的，良好的品行并不总是能够轻易得到保持。一些英模人物由于某方面的品行而获得荣誉，但并不意味着个人的其他方面也同样美好，更不意味着他们以后也能严格以模范的高标准来要求

---

① 《贵州启动劳动模范评选，重点面向基层一线劳动者》，http://news.163.com/15/0402/14/AM735SFC000146BE.html。同样的，2015年1月1日两院院士增选工作启动，根据新的院士增选实施办法，其中要求"处级以上干部原则上不得成为院士候选人"，就是要避免行政干预的影响。

② 比如武汉市规定，已经获得武汉市功勋市民、模范市民、文明市民荣誉称号者不再参加下一届的评选表彰。

③ 徐翔：《劳模评选的嬗变》，《中国社会保障》2004年第7期。

④ 曾祥委：《"劳模"制度的反思》，《特区实践与理论》2009年第6期。

自己。这方面的例子很多，比如 2008 年汶川地震中的"最牛志愿者"陈岩，先后获得"全国抗震救灾模范"等数十项省部级荣誉称号，最后因涉嫌经济诈骗而锒铛入狱；① 曾经获得"全国道德模范"和"全国三八红旗手"等荣誉称号的何涛，因为涉嫌买卖国家机关证件罪而被拘捕。②

　　具体来说，国家荣誉主要是以个人的事迹或贡献为依据来进行评定的。根据个人事迹授予的国家荣誉主要是道德品行方面的荣誉称号，比如"全国劳动模范"和"全国道德模范"等。在国家荣誉体系中，更多的是根据个人的成就或贡献而颁授的国家荣誉，如国家科技进步奖和中科院院士等，尤其是一些终身成就奖，如"杂交水稻之父"袁隆平 2013 年获得"中国消除贫困奖"的终身成就奖。其中，个人的成就或贡献不会因为时间而改变其价值，一些追赠授予的国家荣誉（比如 2004 年国务院追授常香玉"人民艺术家"荣誉称号）也是非常稳定的，不因为时间而改变。但个人的品行是随着个人和环境而变化的，因此所授予的国家荣誉就很容易受到不确定性的挑战。

　　由于缺乏有效的制度建设，没有建立起灵活的动态管理体系，加上各种评比表彰项目繁多，许多国家荣誉基本上都是"只管评，不管撤"，"只管挂牌，不管摘牌"。一旦这些"荣誉称号"到手，便成为一些个人或单位终身享用的"金字招牌"，给他们带来源源不断的好处。但荣誉只代表过去，并不代表未来。一些个人或单位获得荣誉之后，或者自我满足，不思进取，或者忘乎所以，居功自傲，导致荣誉名不副实。"这不仅背离了荣誉称号设立的初衷，而且会损害政府部门的公信力，甚至会在社会上产生不良的社会风气。"③

　　特别是，一些贪腐官员往往都有过显赫的荣誉。荣誉是对于过去品行或成就的认证，即便是一个贪官，过去可能也做出了某些贡献，获得了相应的荣誉。但荣誉不能保证个人永远不会犯错误。如果触犯了党纪国法，无论个人曾经拥有什么样的荣誉，就应该适时地撤销他们的荣誉，以维持荣誉应有的尊严、价值和功能。

---

① 《昔日抗震小英雄雷楚年涉嫌诈骗 46.3 万受审》，http：//www.infzm.com/content/105298。

② 《全国道德模范何涛涉嫌买卖国家机关证件被抓》，http：//news.ifeng.com/a/20140804/41432405_0.shtml。

③ 陈开冬：《"荣誉称号"应该动态管理》，《经济参考报》2012 年 3 月 22 日。

上面这是从制度的角度来分析国家荣誉体系中的问题。除此之外，从社会的方面来分析，也存在一些不公平和不合理的问题。比如，荣誉实践过程中存在着"赢者通吃"的现象，意思是指"当一个人获得某种成就之后，各种荣誉和鼓励就会向他聚拢"。①"某方面取得成就或声望，许多原本不属于他的社会资源都会聚拢而来"。比如四川省彭州市公安局民警蒋敏因为在汶川地震救灾中的优异表现而先后被人力资源和社会保障部、公安部、妇联等单位授予全国抗震救灾模范、全国公安系统一级英雄模范、全国三八红旗手、抗震救灾优秀纪检监察干部等荣誉称号。②

由于获得荣誉能给个人带来巨大的光环效应，提高个人的知名度和识别度，获得荣誉的人就能更加容易获得更多其他的荣誉。这种情形是符合情理的。但这也是荣誉评选机制运作的结果。一些国家荣誉在评选表格中往往需要候选人在申报材料中填写"何时在何地获得过何种荣誉"等内容，也就是说个人曾经获得过的荣誉也是评选新的荣誉的参考标准，这种机制显然也在某种程度上形成和加剧了荣誉评选的"马太效应"。

如果仅仅是已经获得的荣誉增加了英模人物获得荣誉的优势，这至少还是符合公平原则的。但如果是利用公共权力来为自己谋求荣誉，就破坏了国家荣誉的价值和声誉。在国家荣誉的评选过程中，一些领导大量挤占了生产一线劳动者申报的名额和比例，导致许多优秀的劳动者因名额限制而不能参加申报，劳动者与领导干部的参评难成比例，本末倒置，也造成了申报劳模中实际的不公平、不平等。③对于真正美好的东西来说，给予多少荣誉都是不过分的。但给予个人名目繁多的荣誉也会降低荣誉本身的价值，模糊了英模人物应有的面目。而且重复奖励也有浪费公共资源的嫌疑。

当然，对于英模人物是否应该获得某些荣誉，也可以具体问题具体分析。比如我国著名篮球明星姚明先后获得了"十大杰出青年""上海市劳动模范""上海市新长征突击手标兵""全国劳动模范"等一系列重量级荣誉。但由于姚明个人的努力已经赢得了巨大的市场回报，所以更值得思考的是，究竟是姚明需要这些荣誉称号，还是这些荣誉称号更需要他？人

---

① 孙立平：《劳模评选的尴尬》，《中国改革》2005 年第 6 期。
② 刘斌、杨佳秋：《国家荣誉是一项"系统工程"》，《南方周末》2012 年 10 月 19 日。
③ 景志强：《隐瞒身份申报劳模的背后》，《中国青年报》2004 年 4 月 30 日。

们所忧虑的是，由于姚明原本就已经功成名就，因而可能因其名人效应而挤压了普通劳动者获得荣誉的空间。甚至还有人从根本上质疑授予姚明"全国劳动模范"荣誉的做法是否必要。

相对于给予姚明的"锦上添花"的荣誉，作为表彰和补偿的"雪中送炭"的荣誉显然更能得到人们的理解和支持。比如2012年因为救助学生而双腿被碾压的黑龙江"最美女教师"张丽莉，先后获得"全国优秀教师""全国三八红旗手""全国五一劳动奖章"等荣誉称号。张丽莉勇救学生的人格品质是高尚的，但她付出的代价也是沉重的。大量荣誉是对她人格品质的认可和赞誉，也可以说是对于她遭受伤害的补偿，包括选举她为黑龙江省残联第五届主席团副主席等。就此而言，无论授予她多少荣誉，可以说都是非常公平的，也是人们能够接受和理解的。

第六节　进一步思考及对策建议

国家荣誉是对于个人或组织品行的权威性的认可，更是基于个人对于社会认可的精神需求而建构起来的激励机制。对于荣誉的追求内在于人的欲求体系之中，仅仅是获得荣誉称号本身也足以带给人们精神上的满足。事实上，与荣誉称号捆绑的利益以及附加在荣誉上的潜在利益，进一步激发了人们去追逐和享受荣誉。但也诱发了各种弄虚作假、巧取豪夺和沽名钓誉等问题。

国家荣誉是国家治理的工具。国家荣誉的目的是通过树立标兵、榜样和模范等来实现规范个人行为的目标。荣誉是国家治理不可或缺的"软资源"。党和政府设定一项荣誉，建立一套规则，决定用什么方式来分配荣誉，哪些人可以得到这些荣誉，应该以什么方式来对待那些获得荣誉的人……这些是通过具有权威性地位的党和政府运用其所控制的公共资源来实现的，具有实质性的分配含义。

从操作上说，所有国家荣誉都通过对社会成员的品行或表现进行测量或赋值来决定差等次序，从而决定将国家荣誉授予给什么人，并给予制度化的区别对待。其背后的含义是，一项关于个人品行评定的荣誉，也就意味着党和政府决定性地掌控了对于个人品行的话语权。通过将荣誉与具体的福利和特权捆绑在一起，就为国家引导和调控社会运行以及个人行为提供了工具。

真正有价值和有生命力的荣誉称号也是社会建构起来的。有效的荣誉制度必须要有广泛的知晓度。只有许多人知道的荣誉，才是真正的荣誉。荣誉只有被看得见，受到人们的认可，才能彰显荣誉的价值，才能影响那些看到它的人们。对于大多数荣誉来说（涉及国家秘密的除外），没有公民和社会组织的广泛参与，荣誉都将变得毫无意义，也不可能发挥示范和激励作用。

社会根据个人的品行来进行资源的分配，不同的人根据其技能和付出来获得薪酬、利润和社会认可等。但许多社会行为都具有外溢效应，良好的品行并不总是能得到合理的回报。就此而言，作为权威性分配的重要途径，国家荣誉通过向那些具有优良品行、取得杰出成就或做出巨大贡献的人给予必要的认可或补偿，不仅有利于实现应得的公平，也有利于形成良性的社会激励。

国家荣誉在规范社会行为、动员社会民众和贯彻国家意志方面都具有实质性的功能。国家借助荣誉机制来对社会民众的品行进行评价，建立起国家与公民之间的沟通机制。通过建构起对于伦理道德的话语权，国家实现了对个人和社会的支配和控制。但如上所述，区别于着眼于过错行为的刑罚制度，国家荣誉是柔性化的正向激励技术，主要是通过表彰先进、典型和模范来引导和规范社会行为。法律制度是道德标准的底线，对所有人都必须要一视同仁，并有严厉的制裁措施，因此是能够自我实施的。而国家荣誉推崇的伦理道德的"最高标准"，实际上是对不同的人予以区别对待，缺乏惩戒机制，因此是难以自我实施的。

从技术上说，国家荣誉（包括评比达标表彰）是一种容易操作的技术，技术门槛非常低，操作起来非常简单，因此得到广泛的应用。国家荣誉过多过滥其实也正好是印证了这一点，即如果荣誉机制的技术要求很高，不方便操作，也就很难如此普遍和流行。这个问题的另一面就是，国家荣誉机制也是国家治理技术单一化和贫乏性的集中体现，即如果国家有其他的激励和动员机制，也就不需要依赖于荣誉机制。特别是，由于荣誉评价标准具有动态性和不确定性，尤其是大多数人实质上不可能达到伦理道德的最高标准，因此依赖授予荣誉来进行的治理只能作为辅助性的治理手段。

中国自古以来就有悠久的国家表彰的传统。以忠孝节义为核心的表彰体系，对于维护皇权统治、政治稳定和社会秩序都产生了积极而深远的影响。中国共产党在其革命和建设的历史上，创造性地利用并发扬了"树典型"的机制，在经济和社会发展方面都产生了显著的效果。但其副产品却是，"树典型"机制的广泛应用也导致了荣誉称号的泛滥成灾，更形成了国家治理的路径依赖以及治理技术和治理知识的锁定。

从根本上说，通过荣誉的国家治理是国家制度化水平较低的产物。受到传统治理思维的影响，治理资源的严重不足迫使决策者通过树立典型来进行社会动员，实现国家发展的目标。无论什么事情，从植树造林、环境卫生到政治运动，"树立标杆，树立典型，然后无数的人学着去做，就成为运作社会生活的一种有效方式"。但这是"社会生活程序化、规则化程度低的产物"。①

进入新世纪，国家已经意识到当前评比达标表彰项目泛滥成灾的问题，也不断提出了加快建立统一的国家功勋荣誉制度的要求。

1996年，中共中央办公厅、国务院办公厅印发《关于严格控制评比活动有关问题的通知》，要求各地区各部门按照要求，认真清理整顿各类评比达标活动。2006年，国务院办公厅转发监察部等部门《关于清理评比达标表彰活动的意见》，要求全面清理擅自举办、随意设置、变相收费、过多过滥、不切实际的评比达标表彰活动。随后各级党和政府陆续清理一大批评比达标表彰项目，比如2006年至2009年，全国共撤销各种评比达标表彰项目144187个，② 2013年国务院取消"全国水库移民后期扶持工作先进集体和先进工作者"等76项评比达标表彰评估项目，2014年国务院取消"全国民族体育先进集体、先进个人和民族体育科学论文评选"等19项评比达标表彰项目，2015年国务院决定取消"保监会系统五一劳动奖状"等评比达标表彰项目10项。

建立健全国家功勋荣誉制度的设想，最早是从人才工作的层面提出来的，其目的是实施人才强国和科技兴国计划，强化对优秀人才的奖励。早在2002年，中共中央办公厅和国务院办公厅印发的《2002—2005年全国

---

① 孙立平：《劳模评选的尴尬》，《中国改革》2005年第6期。

② 《全国评比达标表彰工作协调小组负责人就规范评比达标表彰活动工作答本网记者问》，http://news.xinhuanet.com/politics/2011-09/25/c_122085252.htm。

人才队伍建设规划纲要》中指出，"建立人才的国家级功勋奖励制度。对有突出贡献的会计人员和高层管理人员实行重奖。"2003 年发布的《中共中央、国务院关于进一步加强人才工作的决定》中也明确提出，建立规范有效的人才奖励制度，"建立国家功勋奖励制度，对为国家和社会发展做出杰出贡献的各类人才给予崇高荣誉并实行重奖"。

党的十七大报告中提出，"设立国家荣誉制度，表彰有杰出贡献的文化工作者"。这是我国首次正式提出建立国家荣誉制度，具有重要的开创性的历史意义。2007 年底，人事部部长尹蔚民在全国人事厅局长会议上宣布，要"抓紧研究建立国家荣誉制度和政府奖励制度框架，启动行政奖励法、国家勋章法的研究论证工作"。党的十八大报告继续提出，"建立国家荣誉制度，形成激发人才创造活力、具有国际竞争力的人才制度优势"。再次重申要建立国家荣誉制度，要"坚持党管人才原则，把各方面优秀人才集聚到党和国家事业中来"。这样"由'设立'到'建立'，由'表彰文化工作者'到'形成人才制度优势'，反映出中央对国家荣誉制度在思想认识上的深化，同时也预示着国家荣誉制度的建立将会实现实质性的突破"①。

党的十八大以来，习近平总书记多次对党和国家功勋荣誉表彰工作做出重要指示，强调要充分发挥党和国家功勋荣誉表彰的精神引领、典型示范作用，推动全社会形成见贤思齐、崇尚英雄、争做先锋的良好氛围。2015 年 12 月 14 日，中共中央政治局会议审议并通过了《关于建立健全党和国家功勋荣誉表彰制度的意见》，阐述了建立和健全党和国家功勋荣誉表彰制度的重要意义，对党和国家功勋荣誉表彰制度做了整体设计，明确由勋章、荣誉称号、表彰奖励组成，并对评选、颁授和待遇等做出了相应规定，为做好功勋荣誉表彰工作提供了依据。成立党和国家功勋荣誉表彰工作委员会，负责党和国家功勋荣誉表彰工作的协调、政策制定和督促落实，牵头组织有关功勋荣誉表彰的评选、颁授和典礼工作。12 月 27 日，第十二届全国人民代表大会常务委员会第十八次会议通过《中华人民共和国国家勋章和国家荣誉称号法》，为功勋荣誉表彰制度奠定了法制基础。

经过长期的探索，目前国家基本构建了"1＋1＋3"的党和国家功勋

----

① 马抗美：《关于建立中国特色国家荣誉制度的思考》，《中国人才》2013 年第 3 期。

荣誉表彰制度体系，即党中央制定一个指导性文件，即《关于建立健全党和国家功勋荣誉表彰制度的意见》；全国人大常委会制定一部法律，即《中华人民共和国国家勋章和国家荣誉称号法》；有关方面分别制定的党内、国家、军队 3 个功勋荣誉表彰条例。2016 年 4 月，党中央决定成立党和国家功勋荣誉表彰工作委员会，负责统筹协调党和国家功勋荣誉表彰工作，起草制定了党内、国家、军队 3 个功勋荣誉表彰条例。

根据新确立的党和国家功勋荣誉表彰制度体系，国家荣誉称号授予在经济、社会、国防、外交、教育、科技、文化、卫生、体育等各领域各行业做出重大贡献、享有崇高声誉的杰出人士。其中"共和国勋章"授予为党、国家和人民的事业做出巨大贡献、功勋卓著的杰出人士，是国家最高荣誉；"七一勋章"授予在中国特色社会主义伟大事业和党的建设新的伟大工程中做出杰出贡献的党员，是党内最高荣誉；"八一勋章"授予在维护国家主权、安全、发展利益，推进国防和军队现代化建设中建立卓越功勋的军队人员，是军队的最高荣誉。为记载上述功勋荣誉获得者及其功绩，还专门设立了党、国家、军队功勋簿。

虽然现代国家都设立了不同名目的荣誉制度，荣誉评选或授予的制度化程度越来越高。但从其根本上说，通过荣誉的国家治理是国家制度化水平较低的产物。受到传统治理思维的影响，治理资源的严重不足使得决策者通过树立典型来进行社会动员、规制社会性和实现国家发展的目标。无论什么事情，从植树造林、环境卫生到政治运动，"树立标杆，树立典型，然后无数的人学着去做，就成为运作社会生活的一种有效方式"。但这是"社会生活程序化、规则化程度低的产物"。① 随着社会生活程序化和规则化程度的提高，社会动员的方式也应该逐步让位于科层化的方式，激励机制也应该"由树立标兵转变为常规化、制度化的激励机制"。②

从理性化的情形来说，在一个开放而自由的社会，良好而健全的市场体系会形成公平的激励体系，奖赏那些精明、勤劳和勤奋的人，使他们得到公平合理的回报，包括得到普遍的社会认可。但就国家荣誉的性质来说，由于它主要褒扬和鼓励的是"在市场或其他领域无法得到奖励的"行

---

① 孙立平：《劳模评选的尴尬》，《中国改革》2005 年第 6 期。
② 孙立平：《劳模评选的尴尬》，《中国改革》2005 年第 6 期。

为，这些行为也许没有市场价值，甚至都不太为他人所知道，也无法从市场上得到相应的报酬，但却有着维系和彰显道德伦理的作用，对于社会的良性运行具有重要意义，因此"政府不仅应当去做，而且要多多地做"①。这也就确定了国家荣誉的方向。

国家究竟应该设置哪些荣誉？总的来说，必须要合理区分国家与社会的边界，市场能够发挥激励作用的地方，政府就应该避免无谓的插手，而社会能够自我调适的伦理道德问题，国家也应该尽可能置身事外，以避免损害市场和社会的健康和活力。国家要"褒扬和鼓励的一定要是非政府部门特别是私人部门无法褒扬和鼓励的行为"②。国家荣誉制度要坚持"有所为，有所不为"，即在尊重人类普世价值的基础上，对具有良好品行、取得杰出成就和做出重大贡献的人颁发荣誉，但公权力要有明确的界限，不应涉及有争议的领域，不能为了吸引眼球而标新立异。③

基于上述多方面的分析和思考，为了更好地实现价值的权威性分配，提高国家荣誉的权威性、公信力和公正性，国家荣誉制度需要从如下方面进行发展和完善。

一 完善国家荣誉的法律制度

建立和完善高度规范和统一的国家荣誉制度。规范国家荣誉的荣誉称号名称、层次、范围以及组织管理部门等，尤其是要防止法律制度的冲突和打架。目前应在《中华人民共和国国家勋章和国家荣誉称号法》的基础上，理清国家荣誉与其他全国性荣誉称号的关系，明确授予国家荣誉的动议、标准、程序和待遇等操作性规则。应该严格根据相关法律制度，谨慎设置和颁授国家荣誉称号，应当"征求和尊重民众的意见，在社会达成普遍共识以后再设立或颁发相关国家荣誉"④。从地方层面来看，针对地方政府颁授荣誉重复而混乱的局面，地方人大和政府应结合地方的实际情况，

---

① 孙立平：《劳模评选的尴尬》，《中国改革》2005 年第 6 期。
② 孙立平：《劳模评选的尴尬》，《中国改革》2005 年第 6 期。
③ 沈开举：《维护国家荣誉制度的权威和公信力》，《人民论坛》2012 年第 36 期。
④ 沈开举：《维护国家荣誉制度的权威和公信力》，《人民论坛》2012 年第 36 期。比如 1963 年时任美国总统肯尼迪准备恢复设立总统自由奖章，以表彰在艺术、科学、教育等方面做出贡献的人士，并进行了民意调查，咨询民众是否支持设立该奖项。

出台地方荣誉评选的制度体系①，对评选领域、名称、范围、程序以及组织领导部门等进行规定，各部门各领域则颁发评选的具体细则办法，规范荣誉评选活动，提高荣誉评选的公正性和权威性。

二　规范整顿各种荣誉评选活动

国家荣誉奉行稀缺性法则，越少越珍贵，越多越贬值。针对我国目前荣誉评选过多、过杂和泛滥等问题，必须要坚持少而精的原则，对各种表彰和评选活动进行全面的清理整顿，坚决取消那些过时的、不适用的或相互抵触的荣誉项目，对同一性质或同一类型的行为要避免重复设奖，同时也要避免综合性荣誉与单一领域的荣誉交叉重叠，保证荣誉称号的稀缺性和特殊性，避免国家荣誉资源的浪费，努力形成国家级的、高层次的和知名度高的重要奖励。"国家荣誉制度应以精神奖励为主，适当的物质奖励。不要让荣誉制度承载过多的待遇。"② 只有这样才能提高荣誉称号的纯粹性、权威性和神圣性，真正奖励那些为社会做出贡献的人员，唤起人们对国家荣誉的热情、兴趣和信心。

三　健全国家荣誉评选审核制度

参考国外荣誉制度的先进经验，建立健全相关的规章制度，成立常态化的国家荣誉评选和管理的组织机构，对相关组织部门及操作人员进行专业培训，提高荣誉评选的技术和方法，尤其是要改进和优化信息机制，多方面保证相关信息的真实性和准确性，严格组织纪律，在考察、推选、审核过程中要对候选人的经历和成果展开调查，一旦发现评选材料中存在弄虚作假、捏造事实或是候选人存在问题的，应及时采取措施，终止或撤销

---

① 地方政府已经开始了建立城市荣誉制度的探索，比如，武汉市 2012 年提出要"建立城市荣誉制度，设立功勋市民、模范市民、文明市民等荣誉称号"，发布了《关于建立武汉城市荣誉制度的意见》；2012 年以来，扬州市先后出台《关于建设扬州城市荣誉体系的意见》《扬州市帮扶礼遇道德模范、"扬州好人"和优秀志愿者实施意见》等具体办法，先后推出包括"十大扬州好人""十大功臣""十大能工巧匠""十大杰出青年"等项目，涵盖经济、文化、民生等重要领域，兼顾少年、青年和老年各个年龄段，贯穿工薪阶层、在校学生、残疾人等各方面；宁波市在引导广大市民争做"文明有礼宁波人"的基础上，构建了由两月一评的"宁波好人"、一年一评的"最美宁波人"、两年一评的"宁波市道德模范"组成的道德荣誉体系。

② 柳霞：《设立国家荣誉制度，但别承载过多待遇》，《光明日报》2013 年 3 月 8 日。

荣誉表彰，保障荣誉称号的权威性。另外，对那些事迹模糊、贡献不突出、影响力不大，"可授予可不授予"的候选人坚决不予授予，保障荣誉称号的稀缺性和神圣性。尤其是要注意防止领导干部利用权力来为自己谋求私利，沽名钓誉，与民争名。

四　畅通社会监督异议反馈渠道

扩大民众参与，重视民众意见，充分发挥人民群众和新闻媒体等在荣誉称号评选过程中的积极作用，是实现公平和公正的重要途径。首先，要提高信息公开的力度，充分落实公众的知情权和参与权，在依法保障个人隐私的前提下，尽力提供更多更全面的信息，将候选人的事迹、经历、行为和贡献等予以公开；其次，要全方位提高评选工作的开放性和透明度，将各个环节都置于公众看得见的地方，也要让公众能方便地参与其中，尤其是要让新闻媒体全程参与进来，发挥新闻媒体的监督和评价作用；最后，畅通异议反馈的渠道，提供邮箱、电话、在线举报等多样化的反馈渠道，安排专职人员负责，接受人民群众的意见和建议，并认真处理相关的意见，使社会监督落到实处。

五　建立国家荣誉的退出机制

现有国家荣誉的管理制度主要是针对荣誉评选活动的管理制度，注重荣誉奖励授予，而缺乏必要的评价和管理，更没有建立适当"退出"机制。获得荣誉只出不进，荣誉称号一旦获得，没有必要的年限和时效限制，以至于成了个人的终身荣誉，并自始至终保持相应的特权、福利和待遇，也容易增加国家财政负担。甚至经常发生一些荣誉获得者违反了法律法规受到惩处，却还依然保持荣誉称号的尴尬。为此必须要加强对英模人物的追踪管理和后续监管，建立健全荣誉退出的制度、机制和标准，打破国家荣誉中的终身制问题。比如，党的十八届三中全会通过的《中共中央关于全面深化改革若干重大问题的决定》，就首次提出要"实行院士退休和退出制度"，解决院士荣誉的终身制问题。新出台的《中华人民共和国国家勋章和国家荣誉称号法》也对撤销国家勋章和国家荣誉称号做出了规定。这些为探索国家荣誉的退出问题提供了探索空间。

六　推进对国家荣誉评选的问责

在当前国家荣誉评选的过程中，由于上级或中央政府难以逐个了解大量参评人或被推选者的信息，因此真正决定评选结果的是基层或地方政府及其相关部门，甚至是取决于其中的个别领导人和负责人。对此，必须要强化对国家荣誉评选的问责，明确推荐单位及其领导人的责任，一方面要通过完善国家荣誉的制度安排来压缩骗取荣誉行为的空间，另一方面则要通过严厉的问责来惩戒欺世盗名的恶劣行径。一旦发生候选人或被推选者存在骗取荣誉的问题，就应严厉追究各级党和政府或相关部门及其领导人的责任，具体可包括取消荣誉称号、公开披露其行为、进行行政处罚和实施经济上的惩戒等。只有这样才能保障各级评选单位在荣誉表彰活动中依法评选，保障荣誉评选的公正性和权威性。

总之，国家荣誉对于国家治理、资源配置和人才激励以及社会进步都具有重要的积极作用。必须要从各个方面建立和完善相关的法律制度，提高法律制度的权威性、公平性和可操作性，真正发挥荣誉制度的社会价值、治理功能和激励效果。

附录一　社会民众对于收入分配制度改革的认知调查

改革开放四十余年来，中国的经济和社会发展取得了巨大的成就，但收入分配差距方面的问题也日益凸显，成为制约经济、社会健康和可持续发展的重要瓶颈。收入分配制度改革是决定改革和发展大局的基础性问题，也是社会各阶层民众密切关注的重大问题。目前，党和政府已经将收入分配制度改革问题提上议事日程，但对于社会民众对收入分配的状况以及对于收入分配改革的认知和意愿仍然缺乏实证的认识。

为此，我们国家哲学社会科学基金重点项目"面向公平正义和共同富裕的政府再分配责任研究"课题组面向全国（除港、澳、台地区）31个省市区进行了一次问卷调查，课题组采用分层抽样和随机抽样相结合的方法，共发放问卷1856份，实际收回问卷1813份，其中有效问卷1606份。有效问卷率为96.45%。下面我们就以问卷调查所获得数据为基础，着重分析当前社会民众对于收入分配制度改革的认知状况。

一　对于社会收入分配状况的感知

收入分配制度改革首先需要考察社会收入分配的状况，这方面的经济调查数据已经很多，比如有关居民收入和收入差距的调查，许多关于基尼系数的测算也不同程度揭示了社会收入分配差距的整体状况。但是，收入分配状况的客观情况是问题的一个方面，对事实的感知和态度则是问题的另一个方面。为此，本课题首先就个人对于分配状况的感知和态度方面的情况进行了调查。

首先，个人收入是理解收入分配制度的起点，对个人收入是否感到满意，是人们判断收入分配制度和分配不公状况的基础。在回答"你对于个人目前的收入状况感到满意"的量表题中，有4.17%的人对此非常同意，33.31%的人表示基本同意，17%的人对此选择同意，也有33.81%的人则不太同意，11.71%的人非常不同意。满意的比率总体上要高于不满意的比率，但非常不同意的比例要远高于非常同意的比例。而相关性分析表明，满意或者不满意与户籍、职业和地域之间并没有显著的关系。

对于普遍存在的收入差距问题，人们是从什么角度感知和理解到的呢？对于"您认为当前收入差距最突出的表现是什么"的问题，39.29%的人选择了"行业差距"，所占的比例最高，这说明人们更多是从行业差距的经验中感受到收入不平等的状况。最低的选项是"城乡差距"，占12.89%。而选择"地区差距"和"阶层差距"的，分别占到23.79%和24.03%，两者基本持平，但都低于"行业差距"，远高于"城乡差距"。实际情况是，地区差距、城乡差距、阶层差距和行业差距都是较为严重。因此这个结果与经验事实之间存在较大的差距。可能的解释就是，人们对其他方面的差距问题缺乏直观而深入的了解，而对行业差距及其造成的相对不公平的感受比较深刻。

什么因素影响了人们的收入水平，并形成了明显的收入差距呢？调查显示，在个人因素方面，选择"岗位职务""专业技能""工作业绩""教育水平"和"工作年限"的人分别占到48.13%、42.15%、36.49%、31%、28.33%，另有5.54%的人选择了"其他"。在社会因素方面，"政策导向""市场公平""权力干预""权利保障""机遇运气"的选项依次是58.66%、33.50%、31.76%、28.27%、24.40%，另有2.37%的人认为是"其他"。其中，个人因素中的"岗位职务"和"专业技能"与社会因素中的"政策导向"，都是非常显著的因素。问卷所列举的因素都有比较高的选择，这表明决定收入差距的因素是非常复杂的和不明确的。被调查者对影响个人收入的因素归因的多样性，表明了人们对于这个问题的认识是比较全面的，中肯的，而不是片面的，偏激的。

众所周知，在新闻媒体的渲染下，严重的贫富分化和分配不公等问题似乎已经导致社会上出现了较为严重的"仇富"心理。当然，如果说人们有某种程度的"仇富"心理的话，那也不意味着人们仇视一切富有的人，而只是对那些利用不当或非法手段致富的人非常不满和愤慨。那么，这就涉及人们是如何理解"先富起来"的人是怎么富起来的呢？"先富起来"的人的社会认可度究竟有多高呢？根据"您认为先富起来的人获取财富主要是依靠什么"这个问题的答案，72.10%的人认为是"机遇"，57.85%的人认为是"政策"，48.31%的人选择了"劳动"，46.07%的人认为是"权力"，4.67%的人表示是"不清楚"，还有1.93%的人认为是"其他"。从统计数据来看，人们认为机遇、政策和劳动等因素是决定财富的重要因素，那么这个结果就某种程度上否定了"仇富"心理的合理性和正当性。当然，民众也看到了权力因素是非常关键的。

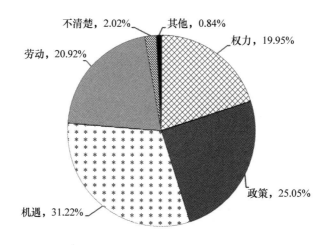

图附 1-1　先富起来的人获得财富主要是依靠什么

公民一方面需要获得公平合理的收入，另一方面也需要防止合法权益的损害。事实上，由于多方面的原因，目前我国公民的合法权益还缺乏应有的保障，各种侵犯公民合法权益的事情时有发生，从不良企业的假冒伪劣到政府部门的滥用职权等，都不同程度地损害了公民的收入和福利等。但导致公民合法权益受到侵害的主要问题是什么呢？36.11%的人选择了"社会治安混乱"，39.16%的人认为是"企业不良行为"，59.40%的人认为是"行政监管不力"，48.76%的人认为是"政策法规漏洞"，54.23%的人认为是"政府权力滥用"，1.37%的被调查者认为是"其他"。但无论是企业的不良行为，还是政府的权力滥用等，基本上也都可以说是与政府的不作为或者乱作为密切相关的问题。因此，保障公民权益，促进公平的收入分配，关键的问题仍然是，政府应该做什么以及应该如何做。

二　对于社会分配不公及其原因的思考

已经有大量的资料表明，我国的收入差距和贫富差距都在日益拉大。但收入差距究竟是什么原因导致的？是哪些因素影响了收入分配的结果？对此，研究者已经进行了深入的研究，提出了许多学理性解释。但研究者终归是小众群体，他们能想到的未必是普通民众能够想得到的，而且普通民众也很少能听到他们的声音。那么，对于这些问题，普通人的认识和思考是怎样的呢？

是什么导致了社会的分配不公？这个问题包含了不同的答案。理论研究者通常将其归因于市场体制不完善、政府干预过多、权力滥用和腐败比较严重等多个方面的问题。这些理论解释自然也构成了民众认知的基本理路。从调查结果上看，同意（包括非常同意和基本同意）"造成分配不公的主要原因"是"市场体制不完善""政府干预过多""权力滥用和腐败"的分别有60.28%、51.12%和74.66%。相反，对上述几个方面的因素表示"非常不同意"的则分别是3.30%、2.74%和1.93%，而表示"不太同意"的分别占9.09%、11.83%和6.04%。可见被调查者对这个问题的认知具有较高的集中性和显著性。

政府在收入分配体系中扮演着重要角色。政府分配的对象除了公共财政，最重要的就是各种公共资源，这包括诸如有形的矿产资源、基础设施和无形的文化娱乐设施等。对这些公共资源的分配对民众的收入和福利具有直接而重要的影响。在"您认为公共资源分配过程中最严重的问题是"的回答中，31.07%的人认为是"权力欠约束"，24.91%的人认为是"信息不公开"，18.62%的人认为是"机会不均等"，12.14%的人认为是"规则欠公平"，另有7.66%和5.60%的人分别选择了"程序较烦琐"和"政策不稳定"。进而对于"您认为影响公共资源分配的关键因素是什么"的问题，43.77%的人选择的是"领导决定"，25.65%的人认为"法律制度"很重要，19.86%的人认为存在着"潜规则"，只有5.73%和4.98%的人分别认为是社会舆论和个人努力的结果。"权力欠约束"和"领导决定"的选项表明公共资源在配置上人治色彩非常严重。

收入、福利和权利是社会分配体系及其制度安排的结果，但也离不开公民个人的努力争取。而且，公民利益表达的行为倾向性，不仅表明了公民的理性精神和权利意识，也提供了对公共治理体系及其效率的检验。

首先，公民权利是非常重要的，公民必须要认真对待自己的权利。在"您会通过阅读就业协议或劳动合同来了解自身权利吗"的问题中，46.33%的人表示"会认真阅读就业协议或劳动合同"来了解自身权利，25.33%的人"会大概浏览一下"，22.04%的人则是"遇到事情才会关注"，另有6.10%的人表示"不会关注"。可见超过七成的被调查者已经具备了较强的权利意识，并且会比较认真地对待个人权利和义务的问题，但也有接近三成的人还需要提高个人的权利意识。

对于是不是要"积极向所在企业或单位表达利益诉求"的问题中，24.22%的人对此表示非常同意，接近半数的人（46.20%）选择了基本同意，19.24%的人对此不一定同意，8.28%的人对此不太同意，2.05%的人则对此非常不同意。从数据上看，倾向于同意的比例（70%）远远高于选择不确定和不同意（30%）的比例，但较高比例的"基本同意"也表明许多人实质上是犹豫不决和举棋不定的，而这也间接反映出利益表达的环境充满了很大程度的不确定性。而且这种情况与职业和地区之间缺乏显著的相关性。

当权利受到侵害的时候，人们更愿意选择什么诉求渠道呢？最受青睐的显然是新闻媒体，其中42.28%的人选择了"网络等新媒体"，30.32%的选择是"广播、电视和报纸等传统媒体"，这个结果显示出网络等新媒体的巨大优势，也与此前其他类似研究的调查发现是较为契合的。接下来是选择"司法诉讼""信访"和"党委和政府"的，分别是33.44%、30.14%和25.28%，司法诉讼的法治诉求和以信访、党委和政府为代表的人治取向，在民众的选择体系中不分伯仲。也有13.08%的人选择了"人大和政协"，而这甚至略低于选择"工会、共青团和妇联等社会团体"的13.64%。选择行政复议和听证会的也有9.34%和6.54%。选择的多元化也能表明公众可选择范围的广泛性。

最后，假如生活遇到严重的困难，人们会向慈善组织求助吗？从调查数据看，只有6.97%的人选择了"积极向慈善机构积极求助"，最多的人则是选择"看情况向慈善机构求助"，占到33.81%，27.90%的人坚持

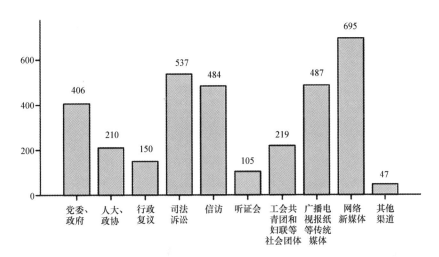

图附 1 - 2　您表达自己权利诉求的渠道主要?

"不会向慈善机构求助",31.32% 的人 "想不到向慈善机构求助"。在现代社会中,以慈善事业为主的 "第三次分配" 显然是越来越重要了,但却有近六成的人不去理睬慈善组织的功能,超过三成的人甚至都没有这个意识或者概念,可以折射出我国慈善事业发展严重滞后的问题。要让人们接受慈善观念,推动慈善事业的快速发展,尤其是提升慈善组织的公信力和独立性等,无疑需要长期而艰巨的努力。

三　对于收入分配制度改革的展望

党的十八大以来,收入分配制度的改革已经启动,各级党和政府也都开始了深入的摸索。对此,民众的期许或展望是什么样的呢?

在 "您认为实现社会财富公平分配最需要做的是什么" 的问题中,36.74% 的人认为最需要做的是 "完善市场经济体制",35.55% 的认为是 "加强权力制约和监督",21.05% 的认为是 "大力转变政府职能",只有6.66% 的人选择了要 "发挥社会组织的作用"。这种判断与上述对于 "是什么导致了社会的分配不公" 的问题的答案是基本对应的。经济体制、权力监督和政府干预等问题是决定着收入分配结果的重要原因,因此也应当是收入分配制度改革的对象。

如上所述，行业差距是社会民众较为关注的收入差距问题，关于如何解决垄断企业收入差距的争论也是由来已久。对于"应该如何调节垄断企业的员工收入"的问题，44.71%的人认为应当要"实现同工同酬"，23.79%的人倾向于"限制高管的工资"，17.50%的人认为是"提高利润上缴比例"，14.01%的人认为要"提高资源使用价格"。从数据上看，引起广泛争议的"同工同酬"和"高管工资"问题已经有了比较高的社会认可度，因此选择这两个选项的人比较多。"提高利润上缴比例"和"提高资源使用价格"也都是解决垄断企业收入差距的重要措施，但这两个问题具有一定的专业性，也缺乏应有的关注和重视。

　　教育、医疗、社保和就业等，都是最基本的民生问题，也是近年来公众舆论密切关注的焦点问题。近年来，各级政府公共财政大力向民生领域倾斜，取得了有目共睹的成绩。在"您认为调节收入差距最有效的财政投入领域是什么"的问题中，选择最多的是"社会保障"，占到45.21%，反映出民众对社保的高度关注；但令人意外的是，选择"就业"的只有16.81%，同选择"教育科技"的（18.56%）大致相当；而选择"医疗"竟然是最低的，只有8.59%，还略低于选择"基础设施"的10.83%。目前医疗保障体系的问题很多，民众对医疗问题的重视是毋庸置疑的，每年全国两会期间民众关注的热点问题中，医疗改革问题都是名列前茅的问题。那么，对于这个调查结果，可能解释就只能是，许多人理解的社会保障概念已经包含了医疗保障的内容。

　　据统计，政府财政收入已经占到GDP的重要份额。政府是分配财政蛋糕的重要主体，政府如何花钱对于建立公平正义的分配秩序是非常关键的。那么怎么才能"让政府的钱花得更加科学合理"呢？10个选项由高到低依次是（如图附1-3所示）：遏制官员腐败（58.28%）、严肃财政纪律（52.86%）、促进财政公开（50.13%）、推进社会监督（43.71%）、控制三公消费（42.09%）、广泛吸纳民意（41.39%）、避免政绩工程（33.94%）、加大审计力度（33.38%）、降低决策失误（24.35%）、加强人大监督（22.79%）。总体上看，这些有助于实现财政收入公平分配的措施都受到了被调查者的重视，其中促进财政公开和推进社会监督受到关注的程度较高，这应该是与近年来信息公开和公民参与蓬勃发展的潮流高度吻合的；控制三公消费问题近年来的曝光率很高，因此也就比较靠前；但权力腐败问题显然更具有敏感性，"遏制官员腐败"无可争议地成为公众聚焦的问题；人大监督和审计监督对于看好政府的"钱袋子"诚然是非常重要的，但民众似乎并不乐观，人大监督甚至只是垫底的选项。

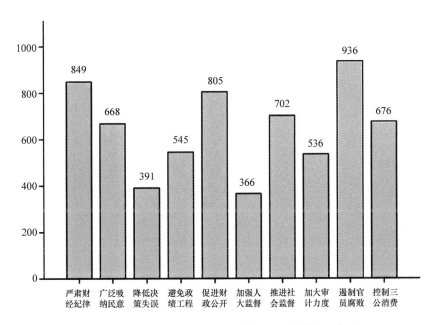

图附 1 - 3　您认为让政府的钱花得更加科学合理应该

党的十八届三中全会提出，要处理好政府和市场的关系，"使市场在资源配置中起决定性作用"。这个论述指出了全面深化经济体制改革的重点和方向。但社会民众对于实现改革的目标是否充满信心呢？调查结果显示，只有 9.34% 的人表示"非常有信心"，38.73% 的人表示"有信心"，36.74% 的人则表示"说不好"，11.89% 的人对此"没有信心"，3.30% 的人对此是"非常没信心"。对此有信心（包括选择非常有信心和有信心的）的比例还不到 50%，与观望者或迟疑者大致持平。调查结果无法揭示人们为何有信心或没有信心，但这个结果可以表明实现"市场在资源配置中起决定性作用"将是非常艰难的，也是充满了不确定性的。

最后，建立公平公正的分配体系，必须要充分保障公民的基本权利。而通过积极提出权利诉求，公民也可以争取更加有利的机会、福利和待遇，并能够倒逼政府或企业的改革和进步。对于"公民提出更多的权利诉求能推动政府的改革和进步"的问题，28.58%的人对此是"非常同意"，40.85%的人表示"基本同意"，21.23%的人选择了"不一定同意"，6.72%的人对此是"不太同意"，仅有2.62%的人表示"非常不同意"。由此不难推断，我国大多数公民已经具有了较为积极的和能动的权利意识，也对运用权利的积极效应有较大的信心。这将是全面深化改革必不可少的社会观念基础。

四　进一步的思考和认识

收入分配关系到每个人的切身利益，也对社会的稳定、和谐和可持续发展具有重大意义。在收入分配制度改革的问题上，每个人都有自己的认知和思考。在一场关系到每个人切身利益的重大改革中，没有人能够置身事外，也没有人可以无动于衷。而且，为了实现公共决策的科学化和民主化，研究者和决策者至少应该了解普通民众的意愿和想法，并且努力争取将改革的宏大目标、行动方案、操作方法等与社会民众的认知、意愿和要求等协调起来。

特别需要指出的是，在当今网络舆论风生水起的时代，网络舆论俨然成为"真实"和"全部"的民意，但事实并非如此。对于长期缺乏利益表达传统的民众来说，网络确实提供了意见表达的重要平台。但网络民意并不是完全的民意，也不等于完全真实的民意。决策者至少同样也需要去关注那些并没有通过网络呈现出来的民意，去打捞那些网络世界之外的沉没的声音。只有客观和全面地把握民众的心声和意愿，消除网络及其所带来的信息鸿沟对民意的曲解和误导，才能形成民主和科学的决策，提高公共决策的质量，提高改革成功的可能性。

不患寡而患不均，"蛋糕"的生产是重要的，"蛋糕"的分配更为重要。在当前深化改革的关键时期，分配不公问题已然是全民关切的重要问题。从调查数据来看，民众对收入分配及其改革问题的认知基本上是积极的和乐观的。首先，大多数人对自己的收入状况是较为满意的，非常不满意的比例并不算高；其次，人们认为导致收入分配差距的因素是非常复杂的，因而不是片面地理解收入差距，简单地否定高收入者；再次，人们基本上都注意到了市场体制、政府干预和权力腐败等因素对于收入分配格局的影响，也意识到领导和权力等因素对收入分配结果的重要影响；最后，对于发挥市场对于资源配置的决定性作用，提高权利诉求能推动政府的改革和进步，民众大体上是保持谨慎的乐观主义的。这些显示出民众的认知是较为理性的，也表明民众实际上具有较高的思维水平。

但其中所包含的问题是需要加以深入分析的，也是非常值得深思的。比如人们更多关注行业差距，而不是地区差距或城乡差距等，可能是因为人们对身边的收入差距问题更为敏感，而对与自己较为遥远的他者的世界不是很感兴趣，这某种程度上也是公共精神缺失的体现；超过三成的人不会认真对待自己的合同权利，也不会积极地向所在企业或单位表达利益诉求，应该是部分人长期对权利保障体系缺乏信心，因此也就有了消极的行为倾向；对于要选择什么途径来维护自己的权益，人们不出所料地瞩目于网络和新闻媒体等工具，这从一个侧面表明了人们对于正式的权利保障体制及其效率的失望；在对于如何控制政府的财政开支的问题，本来应该大有作为的人大监督和审计监督，却只有最低程度的社会认可度，这归根结底是人大监督和审计监督虚弱所导致的，这也是值得深思的。

从本次调查的统计结果来看，被调查对象的认识和思考也许较为零碎化，不够深刻，缺乏洞见力，甚至与某些研究者和决策者所了解到的情况也不太一样，但也具有较大的合理性和启发性。这些意见不仅是指出了目前的问题所在，也提出了改革的方向问题。事实上，对于权力监督力度不够、市场体制还不健全、资源分配中的不公平等基本问题，党和政府的决策者已经看到了这些问题，社会民众更是有许多切身的感受。因此，如果能够对民众的认知加以科学的引导，将能够孕育和凝聚成强大的改革共识，形成推动改革的巨大力量。

在党和政府的高度重视下，收入分配制度改革正在逐步展开，社会的利益格局将会持续出现重大的变化和调整。在这个过程中，改革的决策者和操作者都必须要全面整合支持改革的社会力量，真正树立以人为本的科学发展观，脚踏实地地规划、制定和实施改革方案，努力让人民群众更多更好地共享改革和发展的成果。但同样应该注意的是，要时刻关注民众的认知和态度，做到既要认真对待和充分尊重民意，又要防止混乱的民意对改革的干扰。积极呼应民意固然是党和政府的责任所在，但正确地识别和引导民意则要求党和政府具有更高的能力和智慧。

此外，党和政府仅仅是倾听民众的意见还是不够的，更需要创造坚实的制度条件和良好的舆论环境，让更多的民众能够自主地表达自己的意见，并积极主动地参与到各个层面的改革进程中来，从而不仅能够更好地表达他们的心声，也可以实质性地改变既有的权力结构，促进收入分配不断趋向公平和正义。

附录二 "政府再分配责任研究"调查问卷

问卷编号：_____审核：_____

"政府再分配责任研究"调查问卷

尊敬的朋友，您好！

政府在社会价值资源的分配中扮演着重要角色，发挥着关键作用，承担着巨大责任。本问卷主要就您对政府分配的客观认知和主观感受等情况进行调查，为进行政府分配责任的研究提供科学依据。

问题的回答没有对错之分，您只要根据个人情况实事求是地填写就行。对于您的个人信息及回答，我们将严格按照相关法律规定予以保密，不会泄露给他人，并且只用于科学研究，请您放心填写，不要有任何顾虑。

课题组全体人员衷心感谢您的协助与配合！

国家社会科学基金重点项目"面向公平正义
和共同富裕的政府再分配责任研究"课题组
2014 年 1 月

A. 您的基本信息（请在符合您情况的选项上画"√"）

A01. 您的性别是

1. 男　　　　　　2. 女

A02. 您的出生年月是

_____年____月

A03. 您的民族是_____族

A04. 您的户口所在地是

1. 城市   2. 乡镇   3. 农村

A05. 您目前的最高教育程度是（包括目前在读的）

1. 没有学校教育经历   2. 小学   3. 初中

4. 普通高中   5. 职高、中专、技校   6. 高职

7. 大学专科   8. 大学本科   9. 研究生

10. 其他（请注明：_____）

A06. 您的政治面貌是

1. 共产党员   2. 民主党派   3. 无党派人士

4. 共青团员   5. 群众

A07. 您的职业是

1. 农民   2. 工人

3. 国家与社会管理者（党政机关、事业单位和社会团体中的领导干部等）

4. 经理人员   5. 私营企业主

6. 专业技术人员（党政机关、企事业单位中从事专业性工作的人员）

7. 办事人员（各种机关、单位和组织中的基层管理人员）

8. 个体工商户   9. 商业、服务业、流通业从业者

10. 自由职业者   11. 无业

12. 其他（请注明：_____）

A08. 您的月平均收入水平是（单位为元，包括工资、奖金、补贴及其他收入）

1. 1500 以下   2. 1501—3000   3. 3001—5000

4. 5001—8000   5. 8001—10000   6. 10000 以上

A09. 您每月平均生活支出是（单位为元，主要是指衣食住行方面的基本花销）

1. 1000 以下   2. 1001—1500   3. 1501—2500

4. 2501—4000   5. 4001—6000   6. 6001—8500

7. 8500 以上

B. 核心问题（请在符合您情况和看法的选项上画"√"，没有注明可多选的均为单选）

B01. 您的单位进行过工资集体协商吗（没有单位的受访者不用回答）

1. 有　　　　　　2. 没有　　　　　　3. 不知道

B02. 您认为影响收入的个人因素主要是（可多选）

1. 工作业绩　　　2. 专业技能　　　　3. 岗位职务

4. 教育水平　　　5. 工作年限　　　　6. 其他（请注明：_____）

B03. 您认为影响收入的社会因素主要是（可多选）

1. 政策导向　　　2. 权力干预　　　　3. 市场公平

4. 权利保障　　　5. 机遇运气　　　　6. 其他（请注明：_____）

B04. 您认为当前收入差距最突出的表现是

1. 地区差距　　　2. 行业差距　　　　3. 阶层差距

4. 城乡差距

B05. 您认为调节收入差距最有效的财政投入领域是

1. 基础设施　　　2. 教育科技　　　　3. 社会保障

4. 医疗　　　　　5. 就业

B06. 您认为实现社会财富公平分配最需要做的是

1. 完善市场经济体制　　　　　2. 大力转变政府职能

3. 加强权力制约和监督　　　　4. 发挥社会组织的作用

B07. 您近三年的年平均慈善捐赠支出有（单位为元，包括所捐赠物品的价值）

1. 100 以下　　　2. 101—400　　　　3. 401—700

4. 701—1000　　5. 1001 以上

B08. 您在生活遇到较大困难时会向慈善机构求助吗

1. 会积极求助　　2. 看情况求助

3. 不会求助　　　4. 想不到

B09. 您认为个人所得税政策存在的主要问题是（可多选）

1. 起征点较低　　2. 征税范围过窄

3. 税率较高　　　4. 调节高收入效果不明显

B10. 您认为调节垄断企业员工收入最好的方法是

1. 限制高管工资　　　　　　2. 实现同工同酬

3. 提高资源使用价格　　　　4. 提高利润上缴比例

B11. 您认为市场经济的发展会（可多选）

1. 增强自主观念　　　　　　2. 扩展权利范围

3. 提供财富机遇　　　　　　4. 提高社会效率

5. 导致唯利是图　　　　　　6. 引发金钱崇拜

7. 带来人的异化　　　　　　8. 产生贫富分化

B12. 您认为让政府的钱花得更加科学合理应该（可多选，不超过5项）

1. 严肃财经纪律　　　　　　2. 广泛吸纳民意

3. 降低决策失误　　　　　　4. 避免政绩工程

5. 促进财政公开　　　　　　6. 加强人大监督

7. 推进社会监督　　　　　　8. 加大审计力度

9. 遏制官员腐败　　　　　　10. 控制三公消费

B13. 您认为市场机制在资源配置中

1. 效率高，公平度高　　　　2. 效率低，公平度低

3. 效率高，公平度低　　　　4. 效率低，公平度高

B14. 您认为公共资源分配过程中最严重的问题是

1. 权力欠约束　　　　　　　2. 信息不公开

3. 规则欠公平　　　　　　　4. 机会不均等

5. 程序较烦琐　　　　　　　6. 政策不稳定

B15. 您认为影响公共资源分配的关键因素是

1. 领导决定　　　　　　　　2. 法律制度

3. 社会舆论　　　　　　　　4. 个人努力

5. 潜规则

B16. 您在寻求政府帮助时遇到"门难进、脸难看、事难办"的情况

1. 很多　　　　　　　　　　2. 不多

3. 没有　　　　　　　　　　4. 不知道

B17. 您平时主要的文化体育活动是（可多选）

1. 唱歌跳舞　　　　　　　　2. 运动健身

3. 上网娱乐　　　　　　　　4. 看书读报

5. 听广播　　　　　　　　　6. 看电视

7. 看电影   8. 逛公园

9. 看展览   10. 其他（请注明：＿＿＿＿＿）

B18. 影响您光顾公共文化场所的主要原因是（可多选）

1. 没时间   2. 没兴趣

3. 不了解   4. 收费高

5. 交通不便   6. 设施不完善

7. 其他（请注明：＿＿＿＿＿）

B19. 您平均每年光顾公共文化场所

序号	公共文化场所类别	0 次	1—3 次	4—6 次	7 次以上
1	图书阅览类（图书馆等）	A	B	C	D
2	文化展示类（博物馆、美术馆、纪念馆等）	A	B	C	D
3	影视演出类（电影院、音乐厅、剧院等）	A	B	C	D
4	群众文艺类（文化馆、文化广场等）	A	B	C	D
5	基层文化站（社区阅览室、农家书屋等）	A	B	C	D

B20. 您认为最需要改进的基本公共医疗服务是

1. 医术水平   2. 职业道德

3. 服务质量   4. 医疗设备

5. 药品价格

B21. 您比较满意的公共基础设施服务是（可多选）

1. 公共交通设施   2. 公园绿地广场

3. 公共健身设施   4. 环境卫生设施

5. 图书馆、博物馆、文化馆

6. 其他（请注明：＿＿＿＿＿）

B22. 您认为应该着重加强的就业服务是（可多选）

1. 增加就业渠道   2. 提供就业指导

3. 公开就业信息   4. 开拓就业领域

5. 丰富就业形式

B23. 您认为迫切需要提供的公共安全服务是（可多选）

1. 交通安全服务   2. 生产安全服务

3. 网络安全服务　　　　　4. 资金安全服务

5. 人身安全服务　　　　　6. 食品安全服务

B24. 您认为迫切需要加强的养老服务是（可多选）

1. 增加养老机构数量　　　2. 提高养老服务质量

3. 规范养老机构管理　　　4. 改善就近医疗服务

5. 增加老年活动中心　　　6. 提供送餐服务

7. 倡导义工服务

B25. 您认为义务教育中比较严重的问题是（可多选）

1. 教育理念滞后　　　　　2. 资源分配不均

3. 财政投入不足　　　　　4. 资金使用低效

5. 教育效果悬殊

B26. 您比较满意的公共教育是（可多选）

1. 幼儿教育　　　　　　　2. 义务教育

3. 高中教育　　　　　　　4. 高等教育

5. 职业技术教育　　　　　6. 老年人教育

7. 残疾人教育　　　　　　8. 干部培训

9. 成人教育

B27. 您对住房保障服务提供的建议是（可多选）

1. 扩大公租房的建设　　　2. 增加两限房的供给

3. 健全住房保障政策　　　4. 调控商品房的价格

5. 放宽购买经适房的条件　6. 确保住房质量

B28. 下列由政府授予的荣誉称号您知道的有

> ①全国劳动模范；②国家技术发明奖；③全国先进生产者；
> ④国务院特殊津贴；⑤中国科学院院士；⑥人民艺术家；
> ⑦全国抗震救灾模范；⑧中华环境奖；⑨华表奖；
> ⑩中华慈善奖；⑪航天英雄；⑫人民满意的公务员

1. 0 个　　　　　　　　　2. 1—3 个

3. 4—6 个　　　　　　　　4. 7 个以上

B29. 您通常是在哪个环节了解到政府荣誉称号

1. 征集人选阶段　　　　　2. 公示评选阶段

3. 颁奖表彰阶段　　　　　4. 宣讲学习阶段

B30. 您参与过政府荣誉的评选活动（包括参评和参选）吗

1. 没有 2.1—2 次

3.3—4 次 4.5 次以上

B31. 您认为政府授予荣誉称号最主要的目的是

1. 给予无私奉献者以承认和补偿 2. 表彰先进者并激励其他人努力

3. 树立榜样引导社会的价值取向 4. 推动政府有关公共政策的落实

B32. 您认为政府荣誉称号中最重要的是

1. 社会认可 2. 名誉声望

3. 经济实惠 4. 晋升机会

5. 其他（请注明：＿＿＿＿＿＿＿）

B33. 您认为政府荣誉最应该授予

1. 为社会树立道德榜样的人 2. 取得了巨大个人成就的人

3. 无私奉献他人和社会的人 4. 在平凡岗位上做出业绩的人

B34. 您认为政府荣誉体系的主要问题是（可多选）

1. 评选主体混乱 2. 奖项设置随意

3. 评选标准不清 4. 名额配置指标化

5. 推选申报走关系 6. 评选过程不透明

7. 结果公示走形式 8. 监督渠道不畅通

9. 缺乏退出机制 10. 荣誉称号资本化

11. 公众认可度较低 12. 其他（请注明：＿＿＿＿＿＿＿）

B35. 您知道的宪法规定的公民基本权利有（可多选）

1. 平等权：法律面前一律平等

2. 政治权利：选举权和被选举权、批评建议权、监督权

3. 政治自由：言论、出版、结社、集会、游行、示威等自由

4. 人身自由 5. 宗教信仰自由

6. 社会经济权利：劳动权、休息权、物质帮助权等

7. 社会文化权利和自由：受教育权、科学研究和文学艺术创作等自由

B36. 您认为公民权利来源于

1. 生来就有 2. 宪法赋予

3. 公民争取 4. 不太清楚

B37. 您会通过阅读就业协议或劳动合同来了解自身权利吗

1. 会认真阅读　　　　　　　2. 大概浏览一下

3. 遇到事情才会关注　　　　　4. 不会关注

B38. 您认为导致公民合法权益受到侵害的主要是（可多选）

1. 社会治安混乱　　　　　　　2. 企业不良行为

3. 行政监管不力　　　　　　　4. 政策法规漏洞

5. 政府权力滥用　　　　　　　6. 其他（请注明：_____）

B39. 您认为先富起来的人获取财富主要依靠（可多选）

1. 权力　　　　2. 政策　　　　3. 机遇

4. 劳动　　　　5. 不清楚　　　6. 其他（请注明：_____）

B40. 您表达自己权利诉求的渠道主要是（可多选）

1. 党委、政府　　2. 人大、政协　　3. 行政复议

4. 司法诉讼　　　5. 信访　　　　　6. 听证会

7. 工会、共青团和妇联等社会团体

8. 广播、电视、报纸等传统媒体

9. 网络等新媒体　10. 其他（请注明：_____）

C. 态度量表（请在对应您态度的数字上画"√"）

序号	对于以下说法您的态度是	非常同意	基本同意	不一定	不太同意	非常不同意
C01	我对自己目前的收入状况很满意	1	2	3	4	5
C02	我认为工会对个人收入有很大的影响	1	2	3	4	5
C03	我认为工资集体协商对个人收入的影响很大	1	2	3	4	5
C04	我认为失业保险对个人的保障作用很大	1	2	3	4	5
C05	我认为平等的政治权利有利于缩小收入差距	1	2	3	4	5
C06	我认为经济实力对公民政治权利影响很大	1	2	3	4	5
C07	我认为公民应积极向所在企业或单位表达利益诉求	1	2	3	4	5
C08	我认为公民应积极向党和政府表达利益诉求	1	2	3	4	5
C09	我认为公民提出更多的权利诉求能推动政府的改革和进步	1	2	3	4	5

续表

序号	对于以下说法您的态度是	非常同意	基本同意	不一定	不太同意	非常不同意
C10	我认为政府在保障公民权利方面发挥了很大作用	1	2	3	4	5
C11	我认为市场经济为实现公民权利创造了更多条件	1	2	3	4	5
C12	我对民生领域的公共政策很满意	1	2	3	4	5
C13	我对政府提供的住房保障很满意	1	2	3	4	5
C14	我对政府信息公开的现状很满意	1	2	3	4	5
C15	我认为政府对待信息公开的态度很积极	1	2	3	4	5
C16	我对政府提供的公共安全服务很满意	1	2	3	4	5
C17	我对政府提供的公共文化服务满意	1	2	3	4	5
C18	我了解政府救助的相关政策	1	2	3	4	5
C19	我认为政府救助对社会弱势群体的帮助很大	1	2	3	4	5
C20	我认为应加大政府救助的投入力度	1	2	3	4	5
C21	我认为政府救助体现了公平正义	1	2	3	4	5
C22	我认为发展慈善事业对缩小贫富差距作用很大	1	2	3	4	5
C23	我认为应该给予获得政府荣誉的人更多的物质利益	1	2	3	4	5
C24	我认为政府荣誉对社会公众有很大的示范作用	1	2	3	4	5
C25	我认为获得政府荣誉的人要承担更多的社会责任	1	2	3	4	5
C26	我认为获得政府荣誉的人都是名副其实的	1	2	3	4	5
C27	我对实现"市场在资源配置中起决定性作用"很有信心	1	2	3	4	5
C28	我认为造成分配不公的主要原因是市场体制不完善	1	2	3	4	5
C29	我认为造成分配不公的主要原因是政府干预过多	1	2	3	4	5
C30	我认为造成分配不公的主要原因是权力滥用和腐败	1	2	3	4	5

此信息仅供课题组回访所用，不会泄露个人信息，请放心填写！

被访者姓名		手机号码	
其他联系方式		访问地点	
访问日期		月　日　时　分到　时　分	

问卷填写到此结束，感谢您的热心参与！

请调查员填写

访问员姓名		访问员编号	

参考文献

一 马列经典著作和党及国家领导人著作

《马克思恩格斯全集》第 1 卷，人民出版社 1956 年版。

《马克思恩格斯全集》第 1 卷，人民出版社 1995 年版。

《马克思恩格斯全集》第 21 卷，人民出版社 1965 年版。

《马克思恩格斯全集》第 2 卷，人民出版社 1957 年版。

《马克思恩格斯全集》第 30 卷，人民出版社 1995 年版。

《马克思恩格斯全集》第 30 卷，商务印书馆 1974 年版。

《马克思恩格斯全集》第 39 卷，人民出版社 1979 年版。

《马克思恩格斯全集》第 3 卷，人民出版社 1972 年版。

《马克思恩格斯全集》第 3 卷，人民出版社 2002 年版。

《马克思恩格斯全集》第 46 卷上，人民出版社 1980 年版。

《马克思恩格斯文集》第 1 卷，人民出版社 2009 年版。

《马克思恩格斯文集》第 2 卷，人民出版社 2009 年版。

《马克思恩格斯文集》第 3 卷，人民出版社 2009 年版。

《马克思恩格斯文集》第 4 卷，人民出版社 2009 年版。

《马克思恩格斯文集》第 5 卷，人民出版社 2009 年版。

《马克思恩格斯文集》第 8 卷，人民出版社 2009 年版。

《马克思恩格斯选集》第 2 卷，人民出版社 1973 年版。

《马克思恩格斯选集》第 3 卷，人民出版社 1995 年版。

《邓小平文选》第 3 卷，人民出版社 1993 年版。

《习近平总书记系列重要讲话读本》，学习出版社、人民出版社 2016 年版。

《习近平：决胜全面建成小康社会　夺取新时代中国特色社会主义伟大胜
利——在中国共产党第十九次全国代表大会上的报告》，人民出版社

2017 年版。

二 中文著作

白景明：《公共经济》，人民出版社 1994 年版。

卞耀武、李元：《中华人民共和国土地管理法释义》，法律出版社 1998 年版。

蔡晓明：《生态系统生态学》，科学出版社 2000 年版。

陈端洪：《宪治与主权》，法律出版社 2007 年版。

陈新汉：《权威评价论》，上海人民出版社 2006 年版。

陈振明：《竞争型政府》，中国人民大学出版社 2006 年版。

陈志龙：《城市地下空间总体规划》，东南大学出版社 2011 年版。

陈宗胜：《经济发展中的收入分配》，上海三联书店 1991 年版。

陈宗胜：《收入差别、贫困及失业》，南开大学出版社 2000 年版。

程燎原、王人博：《权利及其救济》，人民出版社 1998 年版。

程延园：《集体谈判制度研究》，中国人民大学出版社 2004 年版。

丛日云：《西方政治文化传统》，黑龙江人民出版社 2002 年版。

邓国胜：《非营利组织评估》，社会科学文献出版社 2001 年版。

丁大同：《国家与道德》，山东人民出版社 2007 年版。

董克用：《中国转轨时期薪酬问题研究》，中国劳动社会保障出版社 2003 年版。

樊勇明、杜莉：《公共经济学》，复旦大学出版社 2001 年版。

傅红伟：《行政奖励研究》，北京大学出版社 2003 年版。

高峰、丁为民等：《发达资本主义国家的所有制结构研究》，清华大学出版社 1998 年版。

高峰：《发达资本主义国家的垄断与竞争》，南开大学出版社 1996 年版。

郭忠华：《公民身份与社会阶级》，人民出版社 2007 年版。

韩福国：《新型产业工人与中国工会》，上海人民出版社 2007 年版。

韩继志：《政府机构改革》，中国人民大学出版社 1999 年版。

胡鞍钢：《第二次转型》，清华大学出版社 2003 年版。

黄佩华：《中国地方财政问题研究》，中国检察出版社 1999 年版。

黄仁宇：《万历十五年》，中华书局 1982 年版。

及聚声：《行政事业单位国有资产管理新模式》，经济管理出版社 2002 年版。

姜文来：《水资源价值论》，科学出版社 1998 年版。

井敏：《构建服务型政府》，北京大学出版社 2006 年版。

敬乂嘉：《合作治理》，天津人民出版社 2009 年版。

孔泾源：《中国居民收入分配年度报告》，经济科学出版社 2005 年版。

寇铁军：《中央与地方财政关系研究》，东北财经大学出版社 1996 年版。

雷明：《可持续发展下绿色核算》，地质出版社 1999 年版。

李传军：《管理主义的终结》，中国人民大学出版社 2007 年版。

李海青：《权利与社会和谐——一种政治哲学的研究》，山东人民出版社 2009 年版。

李惠斌、李义天编：《马克思与正义》，中国人民大学出版社 2010 年版。

李金昌：《生态价值论》，重庆大学出版社 1999 年版。

李金昌：《资源经济新论》，重庆大学出版社 1995 年版。

李克穆：《中国宏观经济与宏观调控概说》，中国财政经济出版社 2007 年版。

李焱胜：《徽章及其收藏》，湖北人民出版社 1998 年版。

梁建章：《网络社会的崛起》，上海交通大学出版社 2000 年版。

梁晓文：《是帮手，不是对手——访天津富士通天电子有限公司总经理音羽良二》，《和谐与跨越》（下卷），天津人民出版社 2006 年版。

林来梵：《从宪法规范到规范宪法——规范宪法学的一种前言》，法律出版社 2001 年版。

刘军宁：《共和·民主·宪政》，上海三联书店 1998 年版。

刘琼莲：《残疾人均等享有公共服务问题研究》，天津人民出版社 2015 年版。

刘宇飞：《当代西方财政学》，北京大学出版社 2000 年版。

卢洪友：《中国基本公共服务均等化进程报告》，人民出版社 2012 年版。

卢正涛：《新加坡威权政治研究》，南京大学出版社 2007 年版。

鲁鹏：《制度与发展关系研究》，人民出版社 2002 年版。

陆学艺：《当代中国社会结构》，社会科学文献出版社 2010 年版。

陆学艺等：《社会蓝皮书：2013 年中国社会形势分析与预测》，社会科学文献出版社 2012 年版。

马起华：《政治理论》（第 2 册），台湾商务印书馆 1977 年版。

孟庆瑜：《自然资源法基本问题研究》，中国法制出版社 2006 年版。

穆怀中：《国民财富与社会保障收入再分配》，中国劳动社会保障出版社 2003 年版。

戚渊：《论公民权行使的条件》，载龚祥瑞主编《宪政的理想与现实——宪法与宪政研究文集》，中国人事出版社 1995 年版。

钱阔、陈绍志：《自然资源资产化管理》，经济管理出版社 1996 年版。

钱穆：《中国历代政治得失》，生活·读书·新知三联书店 2005 年版。

邱霈恩：《国家公务员公共服务能力》，中国社会科学出版社 2004 年版。

任剑涛：《伦理王国的构造》，中国社会科学出版社 2005 年版。

任宗哲、卜晓军：《中国公共服务城乡均等化供给——基于制度分析的视角》，社会科学文献出版社 2013 年版。

桑东莉：《可持续发展与中国自然资源物权制度之变革》，科学出版社 2006 年版。

盛洪：《现代制度经济学》，北京大学出版社 2003 年版。

石美遐：《劳动关系国际比较》，中国劳动社会保障出版社 2010 年版。

史瑞杰：《当代中国政府正义问题研究》，天津人民出版社 2013 年版。

史瑞杰：《效率与公平：社会哲学的分析》，山西教育出版社 1999 年版。

孙亦军：《资源与环境资产管理及其财税对策》，经济科学出版社 2009 年版。

唐末兵：《中国转轨时期所有制结构演进的制度分析》，经济科学出版社 2004 年版。

田保传、陶国富、黄晞建：《中国大学生百科知识》，同济大学出版社 1996 年版。

王春正：《我国居民收入分配问题》，中国计划出版社 1995 年版。

王浦劬：《政治学基础》，北京大学出版社 2006 年版。

王希：《原则与妥协：美国宪法的精神与实践》，北京大学出版社 2014 年版。

王彦章：《清代的奖赏制度研究》，安徽人民出版社 2006 年版。

王振中：《中国转型经济的政治经济学分析》，中国物价出版社 2002 年版。

文正邦：《有关权利问题的法析学思考》，张文显、李步云编《法理学论丛》（第 1 卷），法律出版社 1999 年版。

吴次芳：《中国土地制度改革 30 年》，科学出版社 2009 年版。

吴锦良：《政府改革与第三部门发展》，中国社会科学出版社 2001 年版。

夏勇：《人权概念起源》，中国政法大学出版社 2001 年版。

夏勇：《走向权利的时代》，中国政法大学出版社 2000 年版。

肖滨：《现代政治中的公民身份》，人民出版社 2010 年版。

肖国兴、肖乾刚：《自然资源法》，法律出版社 1999 年版。

徐家良：《中国第三部门研究》，上海交通大学出版社 2011 年版。

许经勇：《中国农村经济制度变迁六十年》，厦门大学出版社 2009 年版。

薛暮桥：《中国社会主义经济问题研究》，人民出版社 1979 年版。

杨团：《非营利机构评估》，华夏出版社 2001 年版。

姚东旻：《荣誉、地位的最优分配：〈组织中的非物质激励〉》，中国人民大学出版社 2015 年版。

艺衡、任珺、杨立青：《文化权利：回溯与解读》，社会科学文献出版社 2005 年版。

俞可平：《政府创新的理论与实践》，浙江人民出版社 2005 年版。

袁贵仁：《马克思的人学思想》，北京师范大学出版社 1996 年版。

原崇信：《区域财政研究》，经济科学出版社 2001 年版。

张东生：《中国居民收入分配年度报告（2013）》，中国财政经济出版社 2013 年版。

张凤阳：《政治哲学关键词》，江苏人民出版社 2006 年版。

张岂之：《中国传统文化》，高等教育出版社 2006 年版。

张树华、潘晨光：《中外功勋荣誉制度》，中国社会科学出版社 2011 年版。

张文显：《法学基本范畴研究》，中国政法大学出版社 1993 年版。

张五常：《共有产权》，《经济解释——张五常经济论文选》，商务印书馆 2000 年版。

张耀灿：《中国共产党思想政治教育史论》，高等教育出版社 2006 年版。

张宇燕：《经济发展与制度选择》，中国人民大学出版社 1992 年版。

赵人伟：《中国居民收入分配再研究》，中国财政经济出版社 1999 年版。

赵勇：《城乡良性互动战略》，商务印书馆 2004 年版。

赵志耘：《财政支出经济分析》，中国财政经济出版社 2002 年版。

钟君、吴正杲等：《中国城市基本公共服务力评价（2014）》，社会科学文献出版社 2015 年版。

周志忍：《当代国外行政改革比较研究》，国家行政学院出版社 1999 年版。

三 外文著作

［澳］欧文·休斯：《公共管理导论》，彭和平译，中国人民大学出版社 2001 年版。

［冰］思拉恩·埃格特森：《经济行为与制度》，吴经纬等译，商务印书馆 2004 年版。

［德］哈贝马斯：《公共领域的结构转型》，曹卫东等译，学林出版社 1999 年版。

［德］马克思：《机器、自然力和科学的应用》，中国科学院自然科学史研究所译，人民出版社 1987 年版。

［德］叔本华：《情爱与性爱》（叔本华短文集），陈小南等译，大众文艺出版社 1999 年版。

［法］埃米尔·涂尔干：《社会分工论》，渠东译，生活·读书·新知三联书店 2009 年版。

［法］布尔迪厄：《文化资本与社会炼金术术》，包亚明编译，上海人民出版社 1997 年版。

［法］米歇尔·福柯：《规训与惩罚》，刘兆成等译，生活·读书·新知三联书店 2003 年版。

［法］皮凯蒂：《21 世纪资本论》，巴曙松等译，中信出版社 2014 年版。

［法］托克维尔：《论美国的民主——关于美国和民主社会中的荣誉》，董良果译，商务印书馆 1988 年版。

［法］托尼·安德烈阿尼：《作为肯定辩证法的社会主义》，《国外理论动态》2003 年第 2 期。

［韩］金秀坤：《韩国劳资关系》，方振邦译，经济科学出版社 2005 年版。

［加］罗伯特·A. 海科特、威廉姆·K. 凯偌尔：《媒介重构：公共传播的民主化运动》，李异平、李波译，暨南大学出版社 2011 年版。

［加］威尔·金里卡：《当代政治哲学》上卷，刘莘译，上海三联书店

2003 年版。

［美］埃莉诺·奥斯特罗姆：《公共事务的治理之道》，余逊达译，上海三联书店 2000 年版。

［美］艾伦·德肖维茨：《你的权利从哪里来》，黄煜文译，北京大学出版社 2014 年版。

［美］艾伦·伍德：《马克思对正义的批判》，载李惠斌、李义天编《马克思与正义》，中国人民大学出版社 2010 年版。

［美］布坎南：《公共物品的需求与供给》，马珺译，上海人民出版社 2009 年版。

［美］大卫·科茨：《新自由主义的进入危机和终结阶段》，丁为民等译，《国外理论动态》2007 年第 12 期。

［美］大卫·科茨：《新自由主义时代经济增长的矛盾：当代美国经济的积累和危机》，丁为民等译，中央编译出版社 2014 年版。

［美］戴维·奥斯本、特德·盖布勒：《改革政府——企业精神如何改革着公营部门》，吴爱明、夏宏图译，中国人民大学出版社 2001 年版。

［美］戴维·奥斯本、特德·盖布勒：《改革政府》，周敦仁等译，上海译文出版社 1996 年版。

［美］丹尼尔·贝尔：《资本主义文化矛盾》，赵一凡等译，生活·读书·新知三联书店 1992 年版。

［美］丹尼斯·朗：《权力论》，陆震纶等译，中国社会科学出版社 2001 年版。

［美］费雪：《州和地方财政学》，吴俊培译校，中国人民大学出版社 2000 年版。

［美］戈登·图洛克：《收入再分配的经济学》（第 2 版），范飞等译，上海人民出版社 2008 年版。

［美］哈尔·R. 范里安：《微观经济学：现代观点》，费方域等译，上海三联书店 1994 年版。

［美］赫德森：《国际贸易与金融经济学：国际经济中有关分化与趋同问题的理论史》，丁为民等译，中央编译出版社 2014 年版。

［美］亨利·蔡尔兹·默文：《托马斯·杰斐逊评传》，北京大学出版社 2013 年版。

〔美〕亨廷顿：《变化社会中的政治秩序》，王冠华、刘为等译，生活·读书·新知三联书店 1989 年版。

〔美〕杰伊·M. 沙夫里兹、E. W. 拉塞尔、克里斯托弗·P. 伯里克：《公共行政导论》（第六版），刘悦生等译，中国人民大学出版社 2011 年版。

〔美〕卡罗尔·佩特曼：《参与和民主理论》，陈尧译，上海人民出版社 2006 年版。

〔美〕考特：《法和经济学》，张军等译，上海三联书店 1991 年版。

〔美〕科恩：《奖励的惩罚》，程寅等译，上海三联书店 2006 年版。

〔美〕科斯：《财产权利与制度变迁》，刘守英译，上海三联书店 1994 年版。

〔美〕克鲁格曼：《宏观经济学》，赵英军等译，中国人民大学出版社 2009 年版。

〔美〕奎迈·安东尼·阿皮亚：《荣誉法则：道德革命是如何发生的》，苗华建译，中央编译出版社 2011 年版。

〔美〕伦斯基：《权力与特权：社会分层的理论》，关信平等译，浙江人民出版社 1988 年版。

〔美〕罗纳德·德沃金：《认真对待权利》，信春鹰译，中国大百科全书出版社 1998 年版。

〔美〕罗斯托：《从起飞进入持续增长的经济学》，贺力平译，四川人民出版社 1988 年版。

〔美〕罗斯托：《经济增长的阶段：非共产党宣言》，郭熙保等译，中国社会科学出版社 2001 年版。

〔美〕马克·林德：《反萨缪尔森论》（上），梁小民译，上海三联书店 1992 年版。

〔美〕马歇尔：《经济学原理》，朱志泰译，商务印书馆 1997 年版。

〔美〕迈克尔·贝勒斯：《程序正义》，高等教育出版社 2005 年版。

〔美〕迈克尔·麦金尼斯：《多中心体制与地方公共经济》，毛寿龙、李梅译，上海三联书店 2000 年版。

〔美〕齐雅德·胡萨米：《马克思论分配正义》，载李惠斌、李义天编《马克思与正义》，中国人民大学出版社 2010 年版。

〔美〕乔治·施蒂格勒：《产业组织与政府管制》，潘振民译，上海三联书店、上海人民出版社1996年版。

［美］萨缪尔·亨廷顿：《现代化：理论与历史经验的再探讨》，罗荣渠译，上海译文出版社1993年版。

［美］萨瓦斯：《民营化与公私部门的伙伴关系》，周志忍译，中国人民大学出版社2002年版。

［美］斯通：《政策悖论》，顾建光译，中国人民大学出版社2006年版。

［美］托马斯雅诺斯基：《公民与文明社会》，柯雄译，辽宁教育出版社2000年版。

［美］肖特：《自由市场经济学》，叶柱政译，中国人民大学出版社2012年版。

［美］亚历山大：《家与市民社会》，邓正来译，中央编译出版社1999年版。

［美］约翰·贝米拉·福斯特等：《全球经济停滞与中国》，张峰译，《国外理论动态》2013年第11期。

［美］约翰·肯尼克思·加尔布雷思：《富裕社会》，赵勇等译，江苏人民出版社2009年版。

［美］约翰·罗尔斯：《正义论》，何怀宏等译，中国社会科学出版社1988年版。

［美］约翰·罗尔斯：《政治哲学史讲义》，杨通进、李丽丽、林航译，中国社会科学出版社2011年版。

［美］约翰·罗尔斯：《作为公平的正义——正义新论》，姚大志译，上海三联书店2002年版。

［美］珍妮特·登哈特、罗伯特·登哈特：《新公共服务——服务，而不是掌舵》，丁煌译，中国人民大学出版社2004年版。

［南］斯韦托扎尔·平乔维奇：《产权经济学》，蒋琳琦译，经济科学出版社1999年版。

［日］坂入长太郎：《欧美财政思想史》，张淳译，中国财政经济出版社1987年版。

［瑞典］托马斯·思德纳：《环境与自然资源管理的政策工具》，上海人民出版社2005年版。

世界银行：《1993年世界发展报告》，中国财政经济出版社1993年版。

［印］阿玛蒂亚·森：《贫困与饥荒——论权利与剥夺》，王宇等译，商务印书馆 2001 年版。

［英］阿克顿：《自由与权力》，侯健等译，商务印书馆 2001 年版。

［英］安格斯·麦迪森：《世界经济千年史》，武晓鹰等译，北京大学出版社 2003 年版。

［英］本·法因等：《重读〈资本论〉》，魏埙等译，山东人民出版社 1993 年版。

［英］布鲁厄：《马克思的帝国主义理论》，陆俊译，重庆出版社 2003 年版。

［英］大卫·哈维：《对〈21 世纪的资本〉的再思考》，丁为民等译，《国外理论动态》2014 年第 9 期。

［英］弗里德利希：《自由秩序原理》，上海三联书店 1997 年版。

［英］哈耶克：《通往奴役之路》，中国社会科学出版社 1997 年版。

［英］克莱尔·肖特：《消除贫困与社会整合：英国的立场》，陈思译，《国际社会科学》（中文版）2000 年第 4 期。

［英］克莱尔·肖特：《消除贫困与社会整合：英国的立场》，《国际社会科学》（中文版）。

［英］尼古拉斯·巴尔：《福利国家经济学》，中国劳动社会保障出版社 2003 年版。

［英］约翰·穆勒：《政治经济学原理及其在社会哲学上的若干应用》，赵荣潜等译，商务印书馆 1991 年版。

［英］朱迪·丽丝：《自然资源：分配、经济学与政策》，蔡运龙等译，商务印书馆 2002 年版。

［英］朱利安·罗威、大卫·路易士：《环境管理经济学》，贵州人民出版社 1985 年版。

Andersen R. M. , *Behavioral Model of Families Use of Health Services*, *Center for Health Administration Studies*, University of Chicago, 1968.

Carl Wellma, *Real Rights*, Oxford：Oxford University Press, 1995.

David M. Gordon, *Fat and Mean*, The Free Press, 1996.

Devine, J. N. , *An Introduction to Radical Theory of Economic Crisis. in The Imperiled Economy*, *Book*, *Macroeconomics from a Left Perspective*, Radical Political Economics, 1987.

Gordon, *David M. and Richard Edwards and Michael Reich. Segmented Work, Divided Workers*, Cambridge University Press, 1988.

Halina Nie' c. *Cultural Rights and Wrong: A Connection of Essays in Commemoration of the 50 the Anniversary of the Universal Declaration of Human Rights*, Paris: Unesco, 1998.

Jacob Schoenhof, *Wages and Trade in Manufacturing Industries in America and Europe*, Hardpress, 1884.

Juan J. Linz, Alfred Stepan, *Problems of Democratic Transition and Consolidation*, Baltimore: The John Hopkins University Press, 1996.

Kotz, D. M., "Neoliberalism and the Social Structure of Accurrmulation Theory of Long-Run Capital Accumulation", *Review of Radical Political Economics*, 2003.

Kuznets, "Economic Grow thandincome Inequality", *American Economic Review*, Vol. 45, No. 1, March, 1955.

Martin Guliford, "What does 'Access to Health Care' Mean? Journal of Health Services", *Research&policy*, 2002.

Milton Friedman, The Methodology of Positive Economics, *In Essays In Positive Economics*, Chicago: University of Chicago Press, 1966.

Raymong S. Hartman, and David R. Wheeler, *Schumpeterian Wave of Innovation and infrastructure Development in Great Britain and the United States: The Kondratieff Cycle Revisited*, In Research in Economic History, edited by P. Uselding, Vol. 4, Greenwich, Conn, JAI Press, 1979.

Richard M. Titmuss, *An Introduction to Social Policy*, London: Allen and Unwin, 1974.

Robert Buchele and Jens Chritiansen, *Labor Relations and Productivity Growth in Advanced Capitalist Economies*, Review of adical Political Economics, 1999.

Robert Buchele and Jens Chritiansen, "Labor Relations and Productivity Growth in Advanced Capitalist Economies", *Review of Radical Political Economics*, 1999.

Slicher, Sumner H., *The Turnover of Factory Labor*, New York: D. Appleton, 1919.

T. H. Marshall, *Citizenship and Social Class. In Sociology at the Crossroads and Other Essays*, London: Heinemann Educational Books Ltd, 1963.

四　中文期刊

把增强：《如何动员社会力量参与公共文化服务建设》，《领导之友》2012
　　年第 6 期。

柏良泽：《公共服务界说》，《中国行政管理》2008 年第 2 期。

鲍盛祥：《职工持股后的心理行为变化——基于心理所有权理论的实证分
　　析》，《管理科学》2005 年第 6 期。

曹光四、张启良：《我国城乡居民手收入差距变化的新视角》，《调研世
　　界》2015 年第 5 期。

常书铭：《中国水价改革路径探索》，《中国党政干部论坛》2014 年第
　　4 期。

常兴华：《初次分配和再分配：一个也不能少》，《社会观察》2013 年第
　　3 期。

陈斌开、张鹏飞、杨汝岱：《政府教育投入、人力资本投资与中国城乡收
　　入差距》，《管理世界》2010 年第 1 期。

陈朝龙、阎庆民：《职工持股计划与股票期权计划——中国企业激励之
　　路》，《财经科学》2000 年第 5 期。

陈家墩、姚荣启：《劳模历史探源（上）——毛主席出席在瑞金召开的劳
　　模会》，《工会信息》2015 年第 11 期。

陈家刚：《协商民主：概念、要素与价值》，《中共天津市委党校学报》
　　2005 年第 3 期。

陈培秀：《"权利资本"初论："人的发展经济学"有待回答的一个论题》，
　　《改革与战略》2009 年第 2 期。

陈秋红：《自然资源可持续管理的制度选择》，《中国农村观察》2008 年第
　　6 期。

陈文汇、刘俊昌：《国外主要国有森林资源管理体制及比较分析》，《西北
　　农林科技大学学报》（社会科学版）2012 年第 4 期。

陈晓军：《我国土地二元所有制的失衡与立法矫正》，《北方法学》2010 年
　　第 6 期。

陈宗胜、周云波：《体制改革对城镇居民收入差别的影响——天津市城镇
　　居民收入分配差别再研究》，《中国社会科学》2001 年第 6 期。

谌林：《马克思对正义观的制度前提批判》，《中国社会科学》2014 年第 3 期。

程雪阳：《中国现行土地管理制度的反思与重构》，《中国土地科学》2013 年第 7 期。

崔友平：《缩小行业收入差距须破除行政垄断》，《红旗文稿》2015 年第 11 期。

邓宗豪：《基于两种产权观的我国自然资源与环境产权制度构建》，《求索》2013 年第 10 期。

丁为民等：《中国企业劳动关系：转型，紧张，迈向和谐》，《当代世界与社会主义》2008 年第 1 期。

丁为民：《企业劳动关系与经济绩效变动》，《福建论坛》2004 年第 3 期。

丁为民：《新自由主义体制下经济增长的矛盾与危机》，《经济学动态》2009 年第 3 期。

丁小飞：《代际公平与可持续发展》，《理论观察》2009 年第 6 期。

丁晔：《只有社会主义道路才能摆脱依附与危机——访埃及著名经济学家萨米尔·阿明》，《马克思主义研究》2016 年第 3 期。

董平均：《从功利主义价值取向看军功爵制对秦人社会生活的影响》，《人文杂志》2006 年第 3 期。

董颖鑫：《从理想性到工具性：当代中国政治典型产生原因的多维分析》，《浙江社会科学》2009 年第 5 期。

段中桥：《历史唯物主义与马克思的正义观念》，《哲学研究》2015 年第 7 期。

樊浩：《大众传媒与社会控制》，《新闻出版与交流》2000 年第 5 期。

方正：《新物权法与自然资源产权制度》，《法律经纬》2007 年第 12 期。

冯丹阳、陈雅玲：《工资集体协商中政府角色与力度探讨》，《法制博览》2012 年第 8 期。

冯力：《工资集体协商在深圳》，《中国劳动保障》2009 年第 10 期。

冯仕政：《典型：一个政治社会学的研究》，《学海》2003 年第 3 期。

冯仕政：《国家、市场与制度变迁——1981—2000 年南街村的集体化与政治化》，《社会学研究》2007 年第 2 期。

郭国荣、方虹：《我国资源产权制度安排的缺陷与优化》，《产权导刊》

2006 年第 4 期

郭庆旺、贾俊雪：《公共教育政策、经济增长与人力资本溢价》，《经济研究》2009 年第 10 期。

郭雪剑：《中国古代土地制度演变的特点和规律》，《学习与探索》2016 年第 1 期。

何立胜：《我国城乡二元土地产权特性》，《贵州社会科学》2011 年第 10 期。

何能清、黄俊芳、廖小兵、王庆川：《实现基本医疗服务和基本公共卫生服务均衡发展的社康中心绩效管理模式探索》，《中国全科医学》2011 年第 16 期。

何士华、徐天茂、武亮：《论我国水资源管理的组织体系和管理体制》，《昆明理工大学学报》（社会科学版）2004 年第 1 期。

何伟：《资源分配不公决定收入分配不公——再论公平与分配不能联姻》，《中国流动经济》2006 年第 7 期。

洪朝辉：《论中国城市社会权利的贫困》，《江苏社会科学》2008 年第 2 期。

黄蓉、滕朋：《论消费主义价值观对大众传媒的影响》，《兰州学刊》2005 年第 5 期。

黄少安、刘明宇：《权利的不公平分配与农民的制度性贫困》，《制度经济学研究》2005 年第 3 期。

黄小虎：《把所有者和管理者分开——谈对推进自然资源管理改革的几点认识》，《红旗文稿》2014 年第 5 期。

贾西津：《个人权利：公权力的责任与边界》，《法学研究》2009 年第 4 期。

贾治邦：《我国森林资源管理工作"十二五展望"》，《林业经济》2001 年第 6 期。

康纪田：《公平配置权力是收入分配改革的核心》，《华东经济管理》2010 年第 11 期。

孔祥智：《城乡差距是怎样形成的——改革开放以来农民对工业化、城镇化的贡献研究》，《世界农业》2016 年第 1 期。

赖静萍：《当代中国英模塑造现象探析》，《东南大学学报》（哲学社会科学版）2011 年第 5 期。

李春媚：《大众传媒的本质属性与权力特征》，《扬州大学学报》（人文社会科学版）2003 年第 6 期。

李佃来：《"正义"的思想谱系及其当代建构——从马克思到分析的马克思主义》，《学术月刊》2012 年第 11 期。

李宏、刘佳：《传媒政治研究评述》，《现代传播》2006 年第 1 期。

李丽娟：《论我国自然资源单行立法之间的矛盾与冲突》，《工会博览》2011 年第 7 期。

李楠：《中国所有制结构演变对收入分配的影响》，《经济与管理研究》2007 年第 9 期。

李强：《政府自然资源管理介入度探析——基于集体行动角度的考察》，《人文杂志》2012 年第 4 期。

李铁映：《关于劳动价值理论的读书笔记》，《中国社会科学》2003 年第 1 期。

李晓春：《论权利的要素和本质》，《广西政法管理干部学院学报》2006 年第 6 期。

廖晓明、黄毅峰：《论我国政府在公共服务供给保障中的主导地位》，《南昌大学学报》2005 年第 1 期。

林光彬：《等级制度、市场经济与城乡收入差距扩大》，《管理世界》2004 年第 4 期。

林毅夫、刘培林：《何以加速增长，惟解自生难题——〈前 10 年的转轨——东欧和前苏联的经验和教训〉述评》，《经济学季刊》2003 年第 3 期。

林勇、张宗益：《禀赋差距还是权利缺失：区域经济发展差距理论与实证研究》，《中国人口资源与环境》2008 年第 1 期。

刘长庚、张松彪：《权利配置与我国城乡居民收入差距》，《经济问题探索》2015 年第 3 期。

刘畅：《社会保险缴费水平的效率研究——基于天津市的实证分析》，《江西财经大学学报》2007 年第 1 期。

刘驰：《当前工会推进工资集体协商存在的难题及对策》，《中国劳动关系学院学报》2011 年第 8 期。

刘林平、万向东：《论"树典型"——对一种计划经济体制下政府行为模式的社会学研究》，《中山大学学报》（社会科学版）2000 年第 3 期。

刘娜、刘娜：《网络空间的话语抗争与议题协商——以网络事件中公民权利议题的讨论为例》，《新闻大学》2012 年第 3 期。

刘琼莲、刘志敏：《社会满意度视域的基本公共服务国家标准——关于〈国家基本公共服务体系"十二五"规划〉的解读》，《中共天津市委党校学报》2013 年第 1 期。

刘琼莲：《论基本公共服务均等化的实质》，《教学与研究》2009 年第 6 期。

刘琼莲：《论基本公共服务均等化的制度建构》，《学海》2009 年第 2 期。

刘琼莲：《论基本公共教育服务均等化及其判断标准》，《中国行政管理》2014 年第 10 期。

刘琼莲：《试论残疾人均等享有公共服务的哲学与伦理》，《伦理学研究》2014 年第 2 期。

刘琼莲：《试论基本公共服务均等化及其系统》，《江汉论坛》2010 年第 8 期。

刘尚希、樊轶侠：《公共资源产权收益形成与分配机制研究》，《中央财经大学学报》2015 年第 3 期。

刘守英：《中国城乡二元土地制度的特征、问题与改革》，《国际经济评论》2014 年第 3 期。

刘闻佳：《从"富士康事件"看新生代农民工的心理现状及对策》，《长江论坛》2010 年第 4 期。

刘欣：《构建新的矿产资源管理体制》，《国土资源通讯》2004 年第 9 期。

刘远举：《收入分配改革：权力和权利》，《南风窗》2013 年第 5 期。

陆益龙：《1949 年后的中国户籍制度：结构与变迁》，《北京大学学报》2002 年第 3 期。

吕芙蓉：《略论中国历代盐铁专卖制度及其启示》，《财经政法资讯》2011 年第 2 期。

罗志先：《关于统筹推进城乡社会保障体系建设的思考》，《实事求是》2013 年第 1 期。

马抗美：《关于建立中国特色国家荣誉制度的思考》，《中国人才》2013 年第 3 期。

马岭：《宪法权利与法律权利》，《环球法律评论》2008 年第 1 期。

孟光辉：《有意识制度模糊下的法律困境与冲突——我国农村集体土地的权力现状分析》，《现代经济探讨》2015 年第 1 期。

孟庆瑜、范海玉：《论分配关系中的法律》，《河北法学》2005 年第 12 期。

苗春凤：《当代中国社会树典型活动的文化传统探析》，《河南大学学报》（社会科学版）2011 年第 6 期。

苗春凤：《"树典"活动的历史演进及其引申》，《重庆社会科学》2012 年第 3 期。

莫纪宏：《论文化权利的宪法保护》，《法学研究》2012 年第 1 期。

宁向东、高文瑾：《内部职工持股：目的与结果》，《管理世界》2004 年第 1 期。

欧阳君君：《论我国自然资源使用特许的实施方式及其改革》，《云南大学学报》（法学版）2016 年第 1 期。

乔珍：《我国城镇最低工资标准制定程序问题与建议》，《经济视角》2013 年第 36 期。

秦博、程晨：《明清社会贞烈风气的社会文化背景阐释》，《文史杂志》2015 年第 2 期。

秦晖：《转轨经济学中的公正问题》，《战略与管理》2001 年第 2 期。

秦天宝：《完善我国自然资源保护的立法》，《社会科学》1999 年第 6 期。

沈开举：《维护国家荣誉制度的权威和公信力》，《人民论坛》2012 年第 36 期。

史瑞杰：《从古代分配正义到现代分配正义——西方分配正义思想的演进理路及其启示》，《新视野》2016 年第 3 期。

史瑞杰：《公平、正义、公正及其关系辨析》，《红旗文稿》2013 年第 22 期。

史瑞杰、韩志明：《收入分配制度改革的反思》，《政治学研究》2014 年第 3 期。

苏平：《论国际关系中的荣誉因素》，《欧洲研究》2009 年第 2 期。

苏迅、方敏：《我国自然资源管理体制特点和发展趋势探讨》，《中国矿业》2004 年第 12 期。

孙立平：《劳模评选的尴尬》，《中国改革》2005 年第 6 期。

孙云：《延安时期劳模表彰运动的实际功效——以吴满有形象的建构及影响为例》，《党史研究与教学》2013 年第 2 期。

唐磊：《澳大利亚功勋荣誉制度简介》，《国外社会科学》2010 年第 1 期。

唐未兵、傅元海：《所有制结构变迁对我国居民收入差距的阈值效应》，《马克思主义研究》2013 年第 2 期。

田丰韶：《当前我国个人荣誉评选制度的缺陷与改革方向》，《理论与改革》2010 年第 1 期。

王成礼：《权利与权力的博弈均衡》，《天津社会科学》2009 年第 2 期。

王华春、唐任伍、杨丙见：《土地市场二元结构行为分析——建构节约型社会的一种思路》，《山东社会科学》2006 年第 6 期。

王晋斌、李振仲：《内部职工持股计划与企业绩效——对西方和我国企业案例的考察》《经济研究》1998 年第 5 期。

王婧：《两院被指变成"高官俱乐部"》，《共产党员》2010 年第 3 期。

王天笑：《论"网络公民问责"的异化及其消解》，《理论导刊》2011 年第 1 期。

王万茂：《中国土地管理制度：现状、问题及改革》，《南京农业大学学报》（社会科学版）2013 年第 4 期。

王伟、任苒：《卫生服务可及性概念与研究进展》，《中国卫生经济》2011 年第 3 期。

王纬：《公共服务均等化——基本理念与模式选择》，《中南财经政法大学学报》2009 年第 1 期。

王文臻、祝伟伟：《俄罗斯的国家荣誉制度》，《俄罗斯中亚东欧市场》2010 年第 4 期。

王晓升：《略论社会重视的分配与再分配——一个政治哲学的思考》，《天津社会科学》2010 年第 4 期。

王炎龙：《社会荣誉分配的公益表达与价值诉求——基于 2002—2013〈感动中国〉评选分析》，《现代传播》2014 年第 5 期。

魏杰：《我国就业问题的逆向思考》，《改革与理论》2002 年第 9 期。

文娥：《美国的国家荣誉制度概述》，《国外社会科学》2010 年第 1 期。

吴海刚：《雷锋的媒体宣传与时代变革》，《二十一世纪》2001 年第 64 期。

吴宏洛：《工资集体协商制度的中国实践及其讨论》，《中国工人》2011 年第 3 期。

吴理财：《文化权利概念及其论争》，《中共天津市委党校学报》2015 年第 1 期。

吴清军：《集体协商与"国家主导"下的劳动关系治理——指标管理的策略与实践》，《社会学研究》2012 年第 3 期。

吴卫星：《论自然资源公共信托原则及其启示》，《南京社会科学》2013 年第 8 期。

萧灼基：《"重资轻劳"必须改变》，《商界名家》2005 年第 5 期。

筱陈：《明晰权力边界与权利边界》，《金融博览》2011 年第 8 期。

肖国兴：《论中国自然资源产权制度的历史变迁》，《郑州大学学报》（哲学社会科学版）1997 年第 6 期。

谢地：《论我国自然资源产权制度改革》，《河南社会科学》2006 年第 5 期。

谢玉华：《别将工资集体协商做成政府和工会的自娱自乐》，《中国工人》2012 年第 1 期。

谢玉华等：《集体协商功能及影响因素：中外文献比较与启示》，《中国劳动关系学院学报》2012 年第 10 期。

谢玉华：《工资集体协商：能否走出协调劳动关系的"第三条道路"？》，《社会主义研究》2011 年第 3 期。

谢玉华、郭永星：《中国式工资集体协商模式探索——武汉市餐饮行业工资集体协商调查》，《中国劳动关系学院学报》2011 年第 12 期。

邢发齐：《我国现行土地征收制度利弊研究》，《河北法学》2009 年第 9 期。

徐家良、赵挺：《政府购买公共服务的现实困境与路径创新：上海的实践》，《中国行政管理》2013 年第 8 期。

徐琴：《我国省际公共卫生与基本医疗服务供给状况评估》，《财经理论研究》2013 年第 3 期。

徐庆：《论中国经济的四元结构》，《经济研究》1996 年第 11 期。

徐淑霞：《儒学催化的牌坊文化解析》，《河北师范大学学报》（哲学社会科学版）2010 年第 1 期。

徐祥民：《自然资源国家所有权至国家所有制说》，《法学研究》2013 年第
　4 期。

徐翔：《劳模评选的嬗变》，《中国社会保障》2004 年第 7 期。

许经勇：《我国城乡二元土地制度的负面效应与改革路径研究》，《东南学
　术》2016 年第 1 期。

许淑萍：《论我国基本公共服务绩效评估的价值取向》，《理论探讨》2013
　年第 6 期。

严鸿雁：《大学生就业信息不完全的市场不利影响与就业知情权保障》，
　《当代教育论坛》2015 年第 2 期。

杨春学：《如何压缩贫富差距？——美国百年历史的经验与教训》，《经济
　学动态》2013 年第 8 期。

杨芳：《从专业化到"碎片化"——社会分工对人的发展的影响分析》，
　《理论月刊》2010 年第 7 期。

杨伟民：《社会政策与公民权利》，《江苏社会科学》2002 年第 3 期。

杨文森：《邓小平的共同富裕道路与第三次分配》，《重庆工学院学报》
　2009 年第 6 期。

杨叶红、刘峰：《重大行政决策中协商民主的困境与突围》，《中国井冈山
　干部学院学报》2010 年第 1 期。

杨宜勇、邬凯英：《新加坡劳动就业政策及启示》，《中国经贸导刊》2005
　年第 3 期。

杨云彦、石智雷：《南水北调与区域利益分配——基于水资源社会经济协
　调度的分析》，《中国地质大学学报》（社会科学版）2009 年第 3 期。

姚力：《新中国成立初期的劳模表彰及其社会效应》，《党的文献》2013 年
　第 4 期。

尹奎杰、刘彤：《论社会弱势群体权利的政治表达机制的完善》，《理论探
　讨》2009 年第 2 期。

游正林：《60 年来中国工会的三次大改革》，《社会学研究》2010 年第
　4 期。

游正林：《我国职工劳模评选表彰制度初探》，《社会学研究》1997 年第
　6 期。

俞梅珍：《从自然资源全民所有制到全民共享机制——对建立以社会保障

为功用的自然资源公共信托基金的探讨》，《改革与战略》2014 年第
12 期。

郁建兴、楼苏平：《公民社会权利在中国：回顾、现状与政策建议》，《教
学与研究》2008 年第 12 期。

喻中：《贞节牌坊背后的制度信息》，《比较法研究》2010 年第 5 期。

曾祥委：《"劳模"制度的反思》，《特区实践与理论》2009 年第 6 期。

张军、陈诗一、张熙：《中国工业部门的生产率变化与要素配置效应：
1993—2006》，《东岳论丛》2010 年第 10 期。

张康之、张乾友：《权利、荣誉与职权：承认的三种形式》，《北京行政学
院学报》2010 年第 6 期。

张树华、贺慧玲：《国外功勋荣誉制度对我国的借鉴意义》，《人民论坛》
2012 年第 36 期。

张树华、潘晨光、祝伟伟：《关于中国建立国家功勋荣誉制度的思考》，
《政治学研究》2010 年第 3 期。

张艳英、贾青辉、张香斋：《食品药品安全存在的问题分析与对策》，《畜
牧与饲料科学》2013 年第 6 期。

章辉美：《大众传媒与社会控制——论大众传媒的社会控制功能》，《社会
科学战线》2005 年第 3 期。

赵嘉文：《名利辩证》，《西南民族大学学报》（哲学社会科学版）2008 年
第 1 期。

郑晓曦、高霞：《我国自然资源资产管理改革探索》，《宏观管理》2013 年
第 1 期。

周建波、张博、周建涛：《秦军功爵制的经济学分析——兼论秦军功爵制
功效何以远超六国》，《经济学》2014 年第 1 期。

周觅：《中瑞自然资源管理之比较》，《湖南师范大学社会科学学报》2012
年第 3 期。

周伟：《公共服务合同外包：公共服务职能提供方式的变革》，《理论界》
2010 年第 2 期。

周英峰、蒋旭峰：《我国总体能源利用效率比发达国家低约 10 个百分点》，
《资源节约与环保》2009 年第 2 期。

朱新武：《2009 年度经济述评："V 字"是怎样炼成的》，《中小企业管理

与科技》2010 年第 2 期。

左高山：《论国家功勋奖励制度的内涵与结构》，《科技进步与对策》2007
年第 7 期。

左正强：《我国自然资源产权制度变迁和改革绩效评价》，《生态经济》
2008 年第 11 期。

五　中文报纸

陈开冬：《"荣誉称号"应该动态管理》，《经济参考报》2012 年 3 月
22 日。

陈志武：《国有制和政府管制真的能促进平衡发展吗？——收入机会的政
治经济学》，《经济观察报》2006 年 1 月 2 日。

戴佳：《最高检查办江苏昆山粉尘爆炸事故牵出 7 人受贿犯罪》，《检察日
报》2015 年 1 月 4 日。

方可成：《谁最有资格获得国家荣誉》，《国际先驱导报》2008 年 1 月
14 日。

冯蕾、鲁元珍：《2014 年 31 省份人均收入排行公布》，《光明日报》2015
年 2 月 28 日。

韩志明、韩阳：《社会建构主义视阈下的公共行政》，《中国社会科学报》
2013 年 2 月 9 日。

何玉红：《岳飞崇祀与抗战宣传》，《光明日报》2015 年 3 月 25 日。

胡锦涛：《高举中国特色社会主义伟大旗帜　为夺取全面建设小康社会新
胜利而奋斗——在中国共产党第十七次全国代表大会上的报告》，《光明
日报》2007 年 10 月 15 日。

胡锦涛：《坚定不移沿着中国特色社会主义道路前进为全面建成小康社会
而奋斗——在中国共产党第十八次全国　代表大会上的报告》，《光明日
报》2012 年 11 月 8 日。

景志强：《隐瞒身份申报劳模的背后》，《中国青年报》2004 年 4 月 30 日。

林毅夫：《"赶超战略"恶化收入分配》，《经济参考报》2002 年 9 月
18 日。

刘斌、杨佳秋：《国家荣誉是一项"系统工程"》，《南方周末》2012 年 10
月 19 日。

刘琼莲：《如何看基本公共服务国家基本标准》，《学习时报》2013 年 2 月
4 日。

柳霞：《设立国家荣誉制度，但别承载过多待遇》，《光明日报》2013 年 3
月 8 日。

孙琳：《让公共财政的阳光普照每一个人——与西南财大教授朱明熙谈基
本公共服务均等化》，《四川日报》2007 年 3 月 5 日。

王全印：《排查整治交通安全隐患六大领域是整治重点》，《太仓日报》
2015 年 7 月 20 日。

王晓慧：《发改委今年出台收入分配细则：城乡收入差 20 倍》，华夏时报
2014 年 1 月 4 日。

王振中：《劳动与资本在分配中的地位》，《中国社会科学院院报》2003 年
1 月 19 日。

翁洹：《中国名校生源急剧变迁农村学生难入名牌大学》，《南方周末》
2011 年 8 月 6 日。

徐科：《财税改革落脚点：让富人穷一些，让穷人富一些》，《证券日报》
2013 年 11 月 22 日。

徐凌：《以需求为导向创新政府公共服务》，《光明日报》2013 年 6 月
30 日。

《中共中央关于全面深化改革若干重大问题的决定》，《光明日报》2013 年
11 月 14 日。

钟超、杨亮：《2016 年中央一般公共预算支出》，《光明日报》2016 年 3 月
31 日。

后　记

　　本书是国家社科基金重点项目"面向公平正义和共同富裕的政府再分配责任研究"（批准号：13AZZ001）的最终成果。从 2013 年 6 月获批立项到 2018 年 5 月结项鉴定为"良好"，项目研究历时五年。在这里，首先感谢全国哲学社会科学规划办公室的信任和大力支持。

一

　　本项目成果是效率与公平的政策选择、实践运行与本人学术研究的心路历程及其内在逻辑相互作用的结果。从政策选择和实践运行的社会背景看，改革开放后首先提出的是"让一部分人先富起来"的政策，以便实现先富带动后富、最终达到共同富裕的社会主义价值目标。"让一部分人先富起来"的政策打破了"文化大革命"中长期形成的平均主义大锅饭局面，极大地促进了经济社会发展。

　　但是，由于配套保障政策欠缺，这一政策也带来一些社会问题，贫富差距扩大就是最大的问题。因此，收入分配政策随之进入一个逐步调整和完善的过程。1987 年党的十三大报告明确提出"在促进效率提高的前提下体现社会公平"；1993 年党的十四届三中全会首次明确提出，个人收入分配要"体现效率优先、兼顾公平的原则"；2002 年党的十六大报告提出"初次分配注重效率，再分配注重公平"，2006 年党的十六届六中全会通过的《中共中央关于构建社会主义和谐社会若干重大问题的决定》，第一次在党的文件中不再提"效率优先、兼顾公平"；2007 年党的十七大报告提出"初次分配和再分配都要处理好效率和公平的关系，再分配更加注重公平"；2012 年党的十八大报告重申"初次分配和再分配都要兼顾效率和公平，再分配更加注重公平"，并且提出八个坚持中的一个重要坚持就是"必须坚持维护社会公平正义"，认为"公平正义是中国特色社会主义的内在要求。要在全体人民共同奋斗、经济社会发展的基础上，加紧建设对保障社会公平正义具有重大作用的制度，逐步建立以权利公平、机会公平、规则公平为主要内容的社会公平保障体系，努力营造公平的社会环境，保障人民平等参与、平等发展权利"；2017 年党的十九大报告多次强调公平正义，在"八个明确"的第二个明确和"十四个坚持"的第八个坚持中，都提到"不断促进人的全面发展、全体人民共同富裕"，并且提出两个同步即"坚持在经济增长的同时实现居民收入同步增长、在劳动生产率提高的同时实现劳动报酬同步提高"，强调"履行好政府再分配调节职能，加快推进基本公共服务均等化，缩小收入分配差距"。至此，收入分配政策及其制度建设进入新阶段。

二

之所以不厌其烦地回顾"效率优先、兼顾公平"政策的发展演变，是在于我的学术方向就是以这一政策的演变历程作为研究对象，并在理论研究与现实实践的互动中获得一系列研究心得和研究成果。从 1999 年出版《效率与公平：社会哲学的分析》（山西教育出版社 1999 年版）到如今 20年的时间中，我的研究经历了从效率与公平的一般研究到教育领域效率与公平的特殊研究、从制度的公平正义和政府正义再到政府再分配责任研究这样一个发展过程。在《效率与公平：社会哲学的分析》中，提出了效率与公平是一种结构性存在和结构性关系的新观点，并依此对"效率优先、兼顾公平"的内在矛盾和现实困境做了深入的理论分析。这些理论主张曾被评价为"真是一个独特的见解"，并被看作是南开大学社会哲学研究的重要成果之一。上述工作不仅具有理论上的开拓创新意义，也成为其后放弃"效率优先、兼顾公平"的表述而强调"再分配更加注重社会公平"政策选择的理论先声。

在对效率与公平的一般研究之后，我转而对教育领域的效率与公平进行研究，因为在《效率与公平：社会哲学的分析》一书最后一节，我写道："通观历史上思想家们尽管对效率和公平问题持有这样那样的不同看法，但在一点上他们却相当的一致，即对教育事业的重视，虽然在如何发展教育和教育的内容等问题上他们的观点并不相同。我们甚至可以说，人类自身发展过程中所遇到的难题的深层原因在于教育：或者是教育的不发达，或者是教育内容本身存在着问题，或者是二者兼而有之。这说明，效率和公平的矛盾是人类自身发展过程中凸显出来的难题，而解决这一难题的唯一出路，仍然要在人类自身的发展过程中求解答案，而教育就是人类自身发展的不可缺少的一种途径或手段。"其后，有关教育问题的研究形成"高等教育发展中的效率与公平问题研究"课题，并获得全国教育科学十五规划教育部重点课题（批准号：DIA030169）资助，在该课题结项成果基础上修改完成的《从精英教育到大众教育——高等教育发展中的效率与公平问题研究》一书，由高等教育出版社于 2008 年出版。

人是教育的产物，在家庭教育、学校教育和社会教育中，学校教育对于人的成长和全面发展发挥着其他教育不可替代的作用。然而，作为公共资源的学校教育，要确保每个人公平享有受教育的权利以充分发挥教育资源的配置效率，制度的公平正义就成为核心和关键。"正义是社会制度的首要价值，正像真理是思想体系的首要价值一样。"（罗尔斯语）因此，在完成教育部哲学社会科学规划项目（批准号：08JA810019）基础上出版的《当代中国政府正义问题研究》（天津人民出版社 2013 年版）一书，就是专门研究和探讨制度正义和政府正义问题的著作。当然，无论是制度正义还是政府正义，都不是抽象的而是具体的现实的，政府再分配责任就是政府正义真实而具体的存在。这就是现在完成的这个国家社科基金重点项目的历史由来和演变逻辑。在本书中，我们从社会分配性问题出发，在价值分配体系的多维框架下，以权力/权利作为核心变量，研究权力/权利的重新配置对社会公平正义和共同富裕的影响，以全面深入研究政府责任特别是再分配责任。这一研究思路与党的十九大报告提出的社会主要矛盾的转化所引发的人民美好生活需要的变化，即与人民"不仅对物质文化生活提出了更高要求，而且在民主、法治、公平、正义、安全、环境等方面的要求日益增长"的重大判断是完全一致的。

三

今年是改革开放 40 周年。40 年来，从粗放式发展到科学发展再到高质量发展，效率水平在不断提高；人民生活从温饱到小康再到"一个都不能少"的全面小康社会，公平正义的范围和程度也在不断扩大和提升。我是 1978 年应届考上大学的，真正是与改革开放同行：我们既是改革开放的受益者、见证者，又是改革开放的参与者、研究者。作为学者参与改革开放，就是以理论的方式研究改革开放和服务改革开放，为效率的不断提高和公平正义的不断提升鼓与呼，充分发挥理论对实践的引领作用。我们的研究也确实产生了良好的社会影响，围绕效率与公平研究所形成的系列成果，不仅受到学术界的高度重视，而且多次获得天津市哲学社会科学和教育科学优秀成果奖励。

那么，在效率与公平全面提升的今天，还有哪些障碍是我们应该进一步克服的呢？在我看来，长期在计划经济体制下形成的思维方式惯性，就是看不见摸不着但又经常时隐时现地阻碍进一步改革开放的深层根源。在改革开放 30 周年之时，我在《光明日报》（2008 年 10 月 8 日）发表的《思想解放与思维方式转型》中指出："对于思想解放而言，实践能观察，行动可触摸，它们都属于思想解放的显性方面。而对于隐含在行为活动背后的思想观念及其更深层思维方式，则是看不见摸不着的东西。但就是这看不见摸不着的思维方式，成为思想解放的难点，也是我们判断思想是否解放以及解放程度的重要标准。我们甚至可以这样说，只有实现思维方式转型，才能真正推动思想观念变革和行为活动创新；只有思维方式转型才能保证思想解放的持续性和巩固思想解放的成果。"今天看这些观点，对于纪念改革开放 40 周年仍然具有现实意义，对于效率与公平的理论研究和实践操作而言，尤其值得运用这些认识进行深入研究。非常巧合的是，恰好在今年年初，我的导师陈宴清教授提出要从政治思维方式更新的理论角度解读习近平新时代中国特色社会主义思想，随后，这一构想以"新时代政治思维方式研究"课题被列为天津市哲学社会科学重大项目，该项目的成果形式是一套八卷本的"新时代政治思维方式研究丛书"，每一卷为一子课题，其中"新政治思维视域中的效率与公平"子课题，陈老师指定由我牵头完成。因此,"面向公平正义和共同富裕的政府再分配责任研究"项目的结束,同时又是在此基础上新的研究的开始。重整行装,我会沿着效率与公平的研究方向和路径继续奋勇前行。

四

本书是政治哲学、政治学、经济学、公共管理等学科专家学者通力合作的成果。在项目研究和书稿撰写过程中,课题组于 2015 年 10 月中旬在天津召开了"分配正义与国家治理"全国性学术研讨会,来自北京大学、清华大学、中山大学、吉林大学、武汉大学、南开大学等全国 40 余家学术单位的学者,分别就"正义思想与全球正义""公共服务与国家治理""正义的理论与实践""社会治理与协商民主""分配正义的社会安排""社会分配的领域与问题"等主题进行了广泛深入的交流研讨,为课题研究贡献了最新学术资源和学术成果。在研究过程中,课题组还召开了 10 次小型学术研讨会,就研究和写作过程中的问题及时进行研讨。在研期间,课题组成员围绕各自承担的研究任务,在学科级和 CSSCI 期刊等重要期刊发表论文 30 篇,这些论文得到学术界和实践领域专家的广泛关注。

在以上研究基础上形成的本书,各章作者分别是:第一章引论由史瑞杰撰写,其中第二节由高景柱(天津师范大学政治与行政学院教授、博士)撰写;第二章由李欣(天津商业大学马克思主义学院讲师、博士)撰写;第三章由丁为民(天津师范大学经济学院教授、博士)撰写;第四章由陈桂生(天津师范大学政治与行政学院教授、博士)撰写;第五章由刘琼莲(中共天津市委党校公共管理学院教授、博士)撰写;第六章、第七章由韩志明(上海交通大学国际与公共事务学院教授、博士)撰写。

本书完稿于 2016 年 10 月,之后进行了两次较大修改,在此次提交出版社前,各章作者又根据党的十九大精神和最新数据做了必要的修改完善。由于是多学科合作的成果,在概念的理解和使用、具体论述等方面存在不同甚至殊异。在统稿过程中,在不影响理论贯通和逻辑一致的前提下,尽量保持学科特点和个人写作风格。当然,本书的文责理应由我负责。

在项目研究过程中,各位课题组成员克服困难积极参与各项工作,做出了重要贡献；时任天津师范大学政治与行政学院教授的韩志明博士做了大量基础性工作和研究的组织工作，保障了项目研究的顺利开展和最终成果的完成；时任天津社会科学院副院长的王立国研究员和南开大学周恩来政府管理学院的王星教授，是申报课题组的重要成员，他们由于另有研究任务没能全程参与课题研究，但在开题和问卷设计中他们都给予很多专业贡献；作为课题组秘书，我的博士韩阳在研讨会组织、资料收集、纪要撰写、信息上报以及财务等方面做了大量繁杂的事务性工作；各位作者的研究生，在课题调研和研究过程中做了许多工作，天津师范大学团委在组织课题调研中给予大力支持，各位调研员尽心竭力做好每一份问卷的调查和收集整理工作，他们的名字太多恕不在这里一一列出；天津师范大学科研处、政治与行政学院、政治文明建设研究院，对课题研究给予多方面大力支持；天津社会科学院科研处在本书出版过程中做了细致的具体工作；在本书写作过程中，我们参考了大量学术界的研究成果，已在注释和参考文献中列出，但仍不免有所遗漏；在这里，我们郑重向列出名字和没有列出名字、向列出成果的作者和吸收了但没有列出成果的作者，向所有关心和支持本项目研究的朋友们，表示最诚挚的谢意。

史瑞杰

2018 年 12 月 18 日于天津社会科学院

　　由于出版环节等方面的问题，在书稿交由原定出版社后，历经一年半仍没有出版的确定日期，故又交与中国社会科学出版社出版。中国社会科学出版社许琳副编审热情、高效的工作，使本书得以顺利在该社出版。特此鸣谢！

史瑞杰

2020 年 6 月 19 日于天津市政协文化和文史资料委员会